Paul Alef
Bernd Hartmann, Dipl.-Vw.
Horst Lase
Helmut Stein, Dipl.-Vw., Dipl.-Hdl.

Der Personalfachkaufmann

Lehrbuch zur Weiterbildung

3., überarbeitete und erweiterte Auflage

Die Verfasser und ihre Buchabschnitte

Paul Alef, bearbeitet von Helmut Stein	1; 4.5
Bernd Hartmann	4.3
Horst Lase	4.1; 4.2; 4.4; 6; 7
Helmut Stein	1; 2; 3; 5; 7

Die Deutsche Bibliothek – CIP-Einheitsaufnahme

Der **Personalfachkaufmann** : Lehrbuch zur Weiterbildung / Paul Alef ...
– 3., überarb. und erw. Aufl.. – Hamburg : Feldhaus, 2001
   ISBN 3-88264-291-2

ISBN 3 88264 **291** 2

Satz und Gestaltung: FELDHAUS VERLAG, Hamburg
Druck und Verarbeitung: WERTDRUCK, Hamburg
Gedruckt auf chlorfrei gebleichtem Papier

Vorwort

Wer den Entschluss fasst, eine Fortbildung zur Personalfachkauffrau / zum Personalfachkaufmann anzustreben, sieht sein berufliches Wirken als Dienstleistung am Menschen: bestimmt eine der schönsten und zugleich anspruchsvollsten Aufgaben – denn Dienstleistung setzt sich aus dienen und leisten zusammen! Die von wirtschaftlichen Notwendigkeiten bestimmten Anforderungen des Unternehmens müssen mit den sehr unterschiedlichen und individuellen Vorstellungen und Ansprüchen der Mitarbeiter und Mitarbeiterinnen in Einklang gebracht werden.

Neben Verständnis, Einfühlsamkeit und Verhandlungsgeschick setzt diese Position umfangreiche Kenntnisse der volks- und betriebswirtschaftlichen Zusammenhänge, der rechtlichen Gegebenheiten, der pädagogischen und psychologischen Grundlagen sowie der Organisation und Funktion des Personalwesens im Gefüge des Unternehmens voraus.

Das Werk entspricht in seiner differenzierten Gliederung dem Rahmenstoffplan und den Lernzielen des Deutschen Industrie- und Handelstages (DIHT). Die Rechtsquellen sind auf dem Stand vom 1. November 2000. Es informiert ausführlich über

- das Handwerkszeug der **Arbeitsmethodik**
- die erforderlichen **volks- und betriebswirtschaftlichen Grundlagen**
- die notwendigen Kenntnisse im **Arbeits-, Sozial- und Berufsbildungsrecht**
- das Fachwissen in der **Personalarbeit** und in der **Personalpolitik**
- die Möglichkeiten einer ertragsorientierten **Personalentwicklung** und
- die Grundlagen des Erstellens und des Auswertens von **Statistiken**.

Den einzelnen Lernabschnitten sind insgesamt 196 **Fragen zur Kontrolle** beigegeben, **Lösungsvorschläge** findet man am Schluss des Werkes. Das abschließende Kapitel gibt wichtige Hinweise zur **Prüfung vor der Industrie- und Handelskammer** und enthält einen **Übungssatz** für die vier Klausurfächer mit Lösungsansätzen. Die **Literaturhinweise** sind auf dem neuesten Stand. Ein ausführliches **Stichwortverzeichnis** erleichtert während des Fortbildungslehrgangs und in der täglichen Berufspraxis die Nutzung als Fundstelle.

Die Autoren des Werkes sind erfahrene Trainer und Praktiker des betrieblichen Personalmanagements, die dieses Buch nach den neuesten didaktischen und methodischen Erkenntnissen erstellt haben. Sie empfehlen, im Rahmen der Fortbildung zum Personalfachkaufmann auch die Qualifikation zum geprüften Ausbilder / zur geprüften Ausbilderin gemäß der Ausbilder-Eignungsverordnung zu erwerben. Damit verfügen die Personalfachkaufleute über eine abgerundete und nicht zuletzt sie selbst bestätigende Qualifikation.

Unseren Mitarbeitern und Mitarbeiterinnen danken wir für die tatkräftige Unterstützung und dem FELDHAUS VERLAG für die so konstruktive Zusammenarbeit.

Wir wünschen allen Nutzern des Werkes viel Erfolg – nicht nur in der Fortbildungsprüfung, sondern vor allem für ihr berufliches Wirken!

Die Autorengemeinschaft

Inhaltsverzeichnis

Helmut Stein

2   Volks- und betriebswirtschaftliche Grundlagen   39

Helmut Stein

3   Arbeits-, Sozial- und Berufsbildungsrecht   93

Horst Lase, Bernd Hartmann, Paul Alef

4 Personalarbeit und Personalpolitik

Der Personalfachkaufmann © FELDHAUS VERLAG, Hamburg

Horst Lase

Paul Alef, Helmut Stein

Helmut Stein

5 Personalentwicklung 381

Horst Lase

6 Statistik 443

7 Die Prüfung vor der Industrie- und Handelskammer

1 Arbeitsmethodik

1.1 Die Arbeitsmethodik und ihre Bedeutung für das »Lernen zu lernen«

Das Wort »Arbeitsmethodik« weist schon darauf hin, dass etwas systematisch Aufgearbeitetes, planmäßig Durchdachtes leichter zu vorgegebenen Lern- oder Arbeitszielen führt. Methodisch gut aufbereiteter Lernstoff erleichtert »Lernen« und erhöht die Behaltenswerte.

Die seit den 70er Jahren veränderte Arbeitswelt und die kolossale Beschleunigung Mitte der 80er Jahre durch die Computertechniken erfordern ständiges Lernen und Einstellen auf neue Situationen am Arbeitsplatz. Jüngere Mitarbeiter können diese Herausforderung oft leichter bewältigen als ältere Mitarbeiter. Dies bedeutet aber nicht, dass ältere Menschen lernunfähiger wären als junge. Mit eigenen Lerntechniken kann jeder Mensch mit dem entsprechenden Leistungswillen den Berufsanforderungen gerecht werden.

1.2 Verarbeiten und Vermitteln von Lerninformationen – Besonderheiten des Lernens

Die Lernpsychologie definiert eine Fülle von Begriffen zum Thema »lernen«. Zunächst kann man feststellen, dass »Lernen« eine Veränderung des Verhaltens durch neue Informationen oder Erfahrungen bedeutet.

Man kann sich z. B. besser ausdrücken, einen PC bedienen, Lohnsteuerarten unterscheiden, die Verhaltensweisen des Kollegen oder der Kollegin besser verstehen. Mit dem Lernen verbunden sind die Behaltenswerte oder Behaltensquoten. Nicht alle erbrachten Gedächtnisleistungen bleiben uns dauerhaft erhalten. Jede Sekunde liefern unsere Sinnesorgane ca. 10 Millionen Informationseinheiten an unser Gehirn. Es wäre eine totale Überforderung, diese Informationen alle speichern zu wollen. Deshalb sorgen angeborene Filter /Speicherstationen dafür, dass nur wichtige Informationen langfristig hängen bleiben.

Durch psychologische Forschung weiß man heute, nach welchen Ausleseprinzipien diese Speicher arbeiten. Diese Kenntnis versetzt uns in die Lage, »Lernen« bewusst zu steuern und »Lernen« erfolgreich zu gestalten. Über unsere Augen, Ohren, Hauptnerven und andere Sinnesorgane (Eingangskanäle) gelangen die vielen Informationseinheiten an ein Nervengeflecht im Hirn, das diese Eindrücke für eine kurze Zeit in Form von Schwingungen, elektrischen Strömen und Impulsen festhält. Dieses Nervengeflecht, auch **Ultrakurzzeitgedächtnis** genannt, sortiert in Sekundenschnelle Eindrücke, die wir als unwichtig oder wichtig erachten. Nur Eindrücke, die besonders hervorgehoben werden, bewirken Veränderungen im Gehirn.

Dazu gehören z. B.
− Gemütsbewegungen (Emotionen)
− Erinnerungen, die an vorhandene Erfahrung anknüpfen
  (Assoziationen)
− Informationen, mit denen wir bewusst arbeiten oder
  auf die wir uns längere Zeit konzentrieren.

Was innerhalb dieser wenigen Sekunden nicht hervorgehoben wird, ist vergessen.

Ein zweiter Speicher, das **Kurzzeitgedächtnis**, übernimmt und verknüpft nun die vom Ultrakurzzeitgedächtnis weitergegebenen Informationen und versucht, diese zu erweitern und zu festigen, wenn sie wachgehalten und nicht durch zu schnelles Eintreffen von neuen Informationen gestört werden. Dieses Wachhalten muss durch Übungen und Wiederholungen aktiv genutzt werden. Je intensiver und ungestörter wir uns mit Informationen oder neuen Techniken beschäftigen, je mehr Eingangskanäle gleichzeitig, (Augen, Ohren, Hautnerven) angesprochen werden, desto mehr Verknüpfungen finden in unserem Hirn statt. Diese stellen das Gelernte im **Langzeitgedächtnis** abrufbereit zur Verfügung. Situatives, auf den Arbeitsgang abgestelltes und selbstgesteuertes, auf eigenen Aktivitäten beruhendes Lernen wird heute von jedem Mitarbeiter erwartet und gehört zur beruflichen Handlungsfähigkeit.

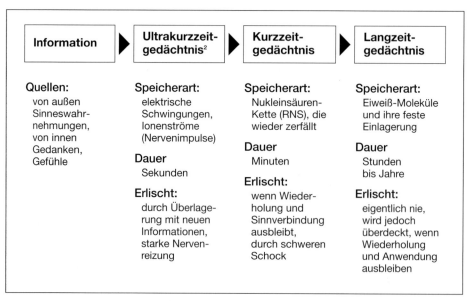

Quelle: Vester: Denken, Lernen, Vergessen, Deutscher Taschenbuch Verlag

1.2.1 Individuelles Lernen, Konzentration, Zeitprobleme

Nicht immer reicht die Zeit am Arbeitsplatz, um sich ausreichend mit Neuheiten auseinanderzusetzen. Die anfallende Arbeit, Telefonate, Kollegengespräche usw. lassen oft eine konzentrierte Auseinandersetzung mit neuen Dingen nicht zu. Eine alte Seglerweisheit besagt aber:»Nicht wie der Wind weht, sondern wie ich die Segel setze, darauf kommt es an«. Wenn »Neues« im Langzeitgedächtnis abrufbereit zur Verfügung gestellt werden soll, muss man dafür die entsprechende Zeit einplanen.

Sich in einem Lehrgang Wissen anzueignen, ist durch kontinuierliches Lernen vorteilhafter und stressfreier, als unter Termindruck einen Gewaltakt vollziehen zu wollen. Die Aufnahmefähigkeit ist individuell. Ermüdungserscheinungen sollten als Signal der verminderten Lernfähigkeit betrachtet werden.

Lernerfolge können leichter erreicht werden, wenn der Lernprozess in sechs Lernstufen nach dem Pädagogen und Psychologen Heinrich Roth gegliedert wird:

1. Stufe: Motivation
Versuchen Sie nicht zu lernen, wenn Sie dies nur als Last empfinden. Sie verschwenden Ihre Zeit.

2. Stufe: Schwierigkeiten
Sie müssen markieren, welche Lerninhalte Ihnen schwierig erscheinen, damit diese mit besonderer Konzentration angegangen werden können.

3. Stufe: Lösung
Es handelt sich um die in Stufe 2 erkannten Schwierigkeiten. Sie dürfen erst dann weiterlernen, wenn diese für Sie erkennbar behoben sind.

4. Stufe: Tun und Ausführen
Hier sollten Sie das Gelernte an Praxisbeispielen konkretisieren und damit absichern.

5. Stufe: Üben
»Wiederholung ist die Mutter des Gelernten«. Diese Stufe dürfen Sie nicht in einer Arbeitsgruppe ausführen. Die Prüfungsklausuren schreiben Sie auch allein!

6. Stufe: Übertragen (Transferleistung)
Sie setzen das Gelernte in eine geeignete reale (betriebliche) Situation um.

Richtiges Lernen

Lernen ist nur dann geglückt, wenn die gespeicherten Informationen zu einem späteren Zeitpunkt abgerufen und richtig wiedergegeben werden können. Voraussetzung hierfür ist die systematische und gründliche Er- und Verarbeitung des Lernstoffes.

– Lernzeit planen
Hierzu müssen Sie Ihre Persönlichkeitsstruktur kennen (z. B. Morgen- oder Abendmensch, Abschnitt 1.6) und Ihre anderen beruflichen und privaten Beanspruchungen beachten. Setzen Sie sich nicht unter Stress und strukturieren Sie den Stoff in erreichbare kleine Lerneinheiten. Machen Sie es sich zur Regel, vor Erarbeitung einer neuen Lerneinheit die vorhergehende zu wiederholen. Bringen Sie Abwechslung in Ihren Lernalltag, indem Sie die Fächer wechseln (mit Ausnahme der Lernzeiten vor einer Klausur, versteht sich). Es kann nicht schaden, wenn Sie sich zu Beginn des Fortbildungslehrgangs einen - flexiblen - Gesamtzeitplan erstellen: Übersicht beruhigt.

– Verschiedene Lernwege und unterschiedliche Medien nutzen
  Alle Sinnesorgane sind geeignet, Lerninhalte aufzunehmen. Mögliche Lernwege sind
  - das konzentrierte Lesen, das Sehen und Handeln (Abschnitt 1.2.3) vereinigt. Es
    beschränkt sich nicht auf das bloße Durchlesen des Textes, sondern beinhaltet
    - das Unterstreichen oder Markieren wichtiger Textpassagen (Abschnitt 1.2.3)
    - das Anfertigen von Zusammenfassungen in eigenen Worten (nichts verstehen Sie
      besser als eigene Formulierungen)
    - das Herausschreiben von Fakten, die Sie in eine Kartei aufnehmen können
    - die Aufnahme über das Gehör, durch lautes Vorlesen von Texten. Sie können das
      auch auf Band sprechen und etwa zwei Wochen vor einer Klausur noch einmal
      abhören. Das spart nicht nur Zeit - es gibt auch Sicherheit
    - die Aufnahme über das Handeln, die sich immer dann anbieten, wenn der Lern-
      gegenstand im eigentlichen Wortsinn begreifbar ist.
    - Gedächtnisbrücken bauen: Mnemotechnik, auch »Eselsbrücken« genannt
    - verfügbare Informationsquellen nutzen: Keinesfalls sollten Fachbücher oder Skrip-
      ten die einzigen Lernmedien sein. Beziehen Sie auch Fachzeitschriften und elektro-
      nische Medien ein.

– Sicherstellen des Lernerfolgs
  Unterscheiden Sie
  - Kontrollfragen zur Absicherung des Kenntnisbereichs
  - Vertiefungsfragen, die Ihre Sicherheit durch größere Plastizität erhöhen
  - Vernetzungsfragen, die Ihre Kenntnisse zu Erkenntnissen verdichten

– Arbeiten in Gruppen
  Das Bilden von kleinen (mindestens drei, nicht mehr als fünf, höchstens sechs Teilnehmer) Arbeitsgruppen kann bei der Teilnahme am Fortbildungslehrgang Personalfach-
  kaufmann/frau gar nicht dringend genug empfohlen werden! Gruppenarbeit ermöglicht
  eine kritische Auseinandersetzung mit dem Lernstoff, motiviert und erleichtert durch
  Rückkopplung das Lernen, das Verstehen und das Absichern der Thematik.

1.2.2 Eingangskanäle und Lerntechniken

Alle Sinnesorgane sind geeignet, Lerninhalte aufzunehmen. Trotzdem gibt es Menschen,
die besondere Lerntypen sind. Dies bedeutet, dass sie am besten entweder über das
Auge, das Ohr oder das Nachmachen lernen können. Die meisten Menschen können
aber einen Lernstoff am leichtesten übernehmen, wenn mehrere Eingangskanäle gleichzeitig benutzt werden, z. B. durch Sehen und Hören oder durch Sehen, Hören und Nachmachen, oder durch Hören und selbst Sprechen usw.

Besonders wichtig beim Lernen ist das Visualisieren. Die Augen haben die größten Spei-
cherplätze in unserem Gehirn. Der Lernende muss Gedanken auch in Bilder umsetzen,
um dadurch möglichst viele Eingangskanäle miteinander kombinieren zu können.

Ein Bild sagt mehr als 1000 Worte.

Eintretende Ladehemmungen durch zuviel angefallenen Stoff sind normale Erscheinungen und können unter anderem durch Lernstoffwechsel (im Lehrgang) oder Einlegen
einer Pause überbrückt werden und sollten auf keinen Fall mutlos machen. Je mehr Moti-

vation Sie für Ihr Lernziel finden, desto engagierter werden Sie Ihr Trainingsprogramm durchstehen. Versuchen Sie auch, den Lernprozessen Spaß abzugewinnen. Verdeutlichen Sie sich, welchen Erfolg Sie mit dem gesteckten Ziel erreichen.

Akive und passive Lehrmethoden beeinflussen die Haftung im Gedächtnis des Lernenden.

Der Mensch behält:

10%	_____ durch Lesen
20%	_____ durch Hören
30%	_____ durch Sehen
50%	_____ durch Sehen und Hören
70%	_____ worüber er spricht
90%	_____ von dem, was er tut

Quelle: Alef: Die Ausbildereignung, FELDHAUS VERLAG

1.2.3   Lernwege und Lernarten

Wie immer gilt es, möglichst viele Sinnesorgane zu aktivieren.

Sehen Sie gut hin, **hören** Sie motiviert zu, **lesen** Sie aktiv (evtl. Nebennotizen machen), **handeln** Sie bewusst.

Zum Sehen

– Stellen Sie sich dargestellte Abläufe und Abbildungen
  vor Ihrem geistigen Auge vor (denken Sie bildhaft).
– Ergänzen Sie Vorlagen, Zeichnungen, Abbildungen mit eigener Beschriftung.

Zum Hören

– Schreiben Sie Wichtiges mit.
– Versuchen Sie, den »roten Faden« des Vortragenden zu erfassen.
– Sprechen Sie Wichtiges laut nach (z. B. bei Audio-Kassetten).
– Denken Sie sich Fragen zu dem Gehörten aus (verstärkt die Konzentration).

Zum Lesen

– Gliedern Sie sich Ihre Vorlage
  (Text durch Markieren mit einem fluoreszierenden Filzstift).
– Schreiben Sie wesentliche Fakten (Formeln, Daten, Paragraphen) auf.
– Stellen Sie sich anschaulich vor, was Sie gelesen haben.
– Überlegen Sie, was Sie mit dem Gelesenen anfangen können.

- Überprüfen Sie, ob Sie das Gelesene mit anderen besprechen sollten.
- Planen Sie vertiefende Wiederholungen ein.
- Lassen Sie lesen. Sprechen Sie mit Mitarbeitern, Seminarteilnehmern ab, wer welchen Text »ausschlachtet« und weitergibt.

Zum Handeln

- Handeln kann sowohl Ihre motorische Fähigkeit als auch Ihre theoretische Begabung sichtbar machen.
- Überprüfen Sie, welcher Handlungsbedarf für eine Handlungseinheit besteht.
- Versuchen Sie, sich Handlungsabläufe vorzustellen.

Wie arbeitet man mit Fachliteratur (z. B. mit diesem Buch)?

Überblick verschaffen; Inhaltsverzeichnis lesen; Vorwort lesen; Einleitung der Kapitel lesen, um festzustellen, ob diese im gewünschten Zusammenhang wichtig sind.

Fragen an den Text stellen. Man liest zielgerichteter und konzentrierter, wenn man seine Fragen vorher schriftlich fixiert hat.

Lesen unter Anbringen von Markierungs-, Hinweis- und/oder Bewertungszeichen.

Kontrolle Kann ich meine Fragen hinreichend und richtig beantworten?

Vorschläge für Markierungszeichen	Bedeutung dieser Zeichen
Unterstreichung im Text	Signalwörter, Kerngedanken
Anstreichen am Rand	Wichtige Passagen
Einkreisen von Textfeldern und Verbindungen der Textfelder mit Pfeilen	Wichtige Inhalte, die in enger Beziehung zueinander stehen

Vorschläge für Hinweis- und Bewertungszeichen	Bedeutung Zeichen
Kreuz am Rand	besonders einleuchtend, klar
Fragezeichen am Rand	unklar, zweifelhaft
Winkel am Rand	Beispiel
Kreis am Rand	Zusammenfassung
Pfeil am Rand	noch einmal nachvollziehen
Lit.	Literaturhinweis

Nach Erarbeitung eines Themengebietes empfiehlt es sich, **Stichworte** aufzulisten und - nach einiger Zeit - die Stichworte abzufragen. Gleichzeitig erreicht man damit eine Strukturierung des ggf. umfangreichen Themengebietes.

1.2.4 Sammeln, verarbeiten und vermitteln von Informationen

Als Ausbildungsberater der Industrie- und Handelskammer Frankfurt am Main erhielt ich vor ein paar Jahren Besuch von zwei Auszubildenden, die sechs Wochen vor der Abschlussprüfung standen. Die beiden, 21 und 23 Jahre alt, brachten zwei übervolle Leitz-Ordner mit. In den Ordnern hatten sie alles gesammelt, was Ausbilder und Referenten in hausinternem Unterricht als Begleitmaterial oder Tischvorlage ausgehändigt hatten, mit dem Hinweis: »Wenn Sie das alles gelernt haben, brauchen Sie vor der Prüfung keine Angst zu haben«. In den Ordnern fand ich komplette Gesetzestexte, hausinterne Orgaschreiben aus allen Abteilungen, handgeschriebene, mehrfach kopierte, schlecht leserliche Referentenleitfäden, Verordnungen der Bundes- und der Landesregierung, Verträge verschiedenster Art, Zeichnungen mit handschriftlichen Referentenvermerken usw., usw. Eine Ordnung innerhalb der Ordner war nicht erkennbar. Die Fülle von Informationen hatte ihre Lernmotivation und die der anderen Prüfungskandidaten in Angst vor der Prüfung umgewandelt. In einem langen Gespräch mit den beiden und einem weiteren in der Ausbildungsstätte konnte ich mit Erfolg die Gestaltung des 14-tägigen Vorbereitungskurses auf die Abschlussprüfung beeinflussen. Alle Ordner mussten vor Beginn an die Ausbildungsleitung abgegeben werden. Die Prüfung wurde zu aller Zufriedenheit abgelegt.

Unschwer ist zu erkennen, dass auch im Sammeln, Verarbeiten und Vermitteln von Informationen methodisch vorgegangen werden muss. Der Einsatz von Ordnungsmitteln hat Priorität. Am praktikabelsten ist der Einsatz von Ordnern, die entsprechend dem Inhalt außen beschriftet werden. Ein Inhaltsverzeichnis als erste Seite im Ordner verbessert den schnellen Zugriff und kann durch eingelegte Trennblätter noch ergänzt werden. Während eines Lehrganges empfiehlt sich die Anlage mehrerer Ordner und die Ablage nach Fachgebieten. Wenn die anfallenden Unterlagen als hilfreich für weiteres Lernen erachtet werden, sollten sie alsbald im entsprechenden Ordner zugriffsicher abgelegt werden. Verfügt man über einen Computer, kann der Vorgang auch dort nach dem erwähnten Schema angelegt werden.

Jeder Lernende wird sich nicht nur auf das Lehrbuch als einziges Lernmedium festlegen. Eine Vielzahl von Informationsquellen können unterstützend herangezogen werden. Dies sind unter anderem Fachzeitschriften, spezifische Sachbücher, Fernseh- und Radiosendungen, Bibliotheken bei der Stadt oder der zuständigen Industrie- und Handelskammer. Jeder Lernende muss sich bewusst mit der Problematik des Lernens auseinandersetzen und erkennen, dass die geistige Beweglichkeit viele Türen aufschließt. Das alte Sprichwort »Halte Ordnung, liebe sie, Ordnung spart dir Zeit und Müh« wird auch den Lernenden zu überzeugenden Ergebnissen bringen. Sie werden dann z. B. feststellen,

- wie durch Ordnung Ihre Leistung steigt
- wo Ihnen schneller Zugriff optimal weiterhilft
- welche Ablage Sie häufiger brauchen oder benutzen.

Aktuelle Informationen – z. B. zur wirtschaftlichen Entwicklung oder zu Änderungen im Bereich des Arbeits-, Sozial- und des Steuerrechts – finden Sie im **Internet,** im World Wide Web (WWW). Die erste einer oft viele Seiten umfassenden Web-Site, die Homepage, verschafft einen Überblick über die Thematik, die Stichworte der angebotenen Web-Seiten. Auch durch Suchmaschinen kann das Auffinden erleichtert werden.

Neben dem Zugriff auf Expertenwissen ist das Internet – auch via eMail – ein Kommunikationsinstrument unter den Teilnehmern des Fortbildungslehrgangs: Mailinglisten können als Informationsaustauschsystem zu einzelnen Themenbereichen genutzt werden.

1.3   Protokoll- und Berichttechnik

Man löst sich heute von bisherigen, überkommenen Vorstellungen und ersetzt die früher üblichen Wortprotokolle durch Ergebnisprotokolle. Selbstverständlich entscheidet die jeweilige Situation, welche Protokollart gewählt werden soll. Der Sinn eines Protokolls ist es, Ergebnisse, Beschlüsse (z.B. vor Gericht), Vereinbarungen (z. B. bei Vertragsabschlüssen), Problemlösungen und ähnliches zur eigenen oder allgemeinen Information festzuhalten oder aktenkundig zu machen.

1.3.1   Kommunikation als Grundlage des Protokolls

Wie schon erwähnt, verändern sich in schnellem Wechsel vertraute Arbeitsformen. Der einzelne Mitarbeiter benötigt immer mehr Spezialwissen. Diese Entwicklung erhöht die Notwendigkeit der Kommunikation in mündlicher und schriftlicher Form. Mehr als früher müssen die Mitarbeiter informiert werden. Meetings auf allen Führungsebenen, Gruppengespräche, Vorträge und kommunikationsfördernde Seminare sind die unabdingbare Folge dieser neuen Arbeitswelt.

Zur Weitergabe von Informationen und zur Steuerung eigener Gedankengänge empfehlen sich **Ergebnisprotokolle, Kurz- und Gedächtnisprotokolle** von Vorträgen, Verhandlungen, Konferenzen usw. und, falls erforderlich, **wörtliche Protokolle**. Die jeweilige Protokollgrundlage bestimmt die Protokollform und den Protokollführer. Der Protokollant sollte ein geübtes Kurzzeitgedächtnis und die Fähigkeit haben, Wesentliches von Unwesentlichem selektieren zu können. Ist die Protokollanfertigung nicht für den Eigengebrauch bestimmt, muss sie sachlich orientiert, ohne eigene Wertung geführt werden.

1.3.2   Das Protokoll

Wenn es auch keine einheitlichen Richtlinien für die Niederschrift eines Protokolls gibt, sollte die äußere Form doch immer den gleichen Rahmen haben. Beachten Sie, dass jede Protokollierung eine Präsentation bestimmter Zielvorgaben ist.

Wichtig ist, dass die Präsentationsziele im Protokoll wiederzufinden sind. Liegt eine Tagungsordnung vor, orientiert sich das Protokoll an den jeweils abgehandelten Tagungsordnungspunkten, zum Beispiel:

Die Teilnehmer werden im Protokoll aufgeführt, oder es wird dem Protokoll eine Anwesenheitsliste beigefügt.

Protokolle sollten kurzfristig den Teilnehmern und /oder den gewünschten Adressaten zugestellt werden.

Musterprotokoll

Protokoll der Sitzung – des Gruppengesprächs – des Vortrags

am _____ , Uhrzeit von _____ bis _____

Ort: z. B. Industrie- und Handelskammer Frankfurt am Main, Raum 24

Thema: _____

Referent/Gesprächsleiter: _____

TOP I _____

TOP II _____

TOP III _____

Ende der Sitzung – des Gruppengesprächs – des Vortrages

1.3.2.1   Protokollarten

– **Das Ergebnis- oder Verlaufsprotokoll** hält fest, welchen Verlauf, welche Ergebnisse und Abstimmungen die Sitzung ergeben hat. Hier wird auch der Verlauf der Gespräche oder Diskussionen ohne wörtliche Wiedergabe jeder Äußerung dokumentiert. Falls erforderlich, werden auch die Namen der Diskussions- oder Gesprächsführer genannt. Diese Protokollart wird am häufigsten angewendet.

– **Das Verhandlungs- oder Beschlussprotokoll** gibt das Ergebnis von Verhandlungen zwischen Geschäftspartnern, Vertragspartnern (auch künftigen), Vertragsabschlüssen usw. wieder. Evtl. namentliche Zuordnungen zu den Wortbeiträgen (z. B. Herr Stein legt Wert auf ...)

– **Ein Wortprotokoll** erfordert die Beherrschung der Stenographie. Diese Protokollform findet in der Regel nur dort Anwendung, wo das gesprochene Wort festgehalten werden muss und der Einsatz von Tonbandgeräten nicht, oder zusätzlich, erwünscht ist. (z. B. bei Gerichtsverhandlungen, Sitzungen in Gemeindeverwaltungen, Stadtverordneten- oder Landtags- und Bundestagssitzungen).

– **Das Kurzprotokoll** gibt in Kurzfassung die wesentlichen Argumente und Inhalte einer Sitzung wieder, ohne die chronologische Reihenfolge der Rednerbeiträge zu beachten.

– **Das Gedächtnisprotokoll** wird häufig für den Eigengebrauch als Aktennotiz, als Erinnerungsstütze usw. gefertigt. Es ist eine stichwortartige Zusammenfassung von Gehörtem oder Erlebtem.

1.3.3   Der Bericht

Anders als das Protokoll ist der Bericht eine schriftliche Erarbeitung und Zusammenstellung von vorhandenen Fakten. Grundlage können die berufliche Praxis, die Auswertung von Informationsquellen oder im Alltag Erlebtes sein. Die Niederschrift eines Berichtes kann viele Quellen und Ursachen haben.

So können z. B. anfallen:

– Arbeitsberichte an Vorgesetzte über Arbeitsabläufe, Außendiensttätigkeit, Messebesuche usw.

– Berichte über Bauvorhaben, Bürgerinitiativen und ähnliches bei Kommunen

– Berichte zu entstandenen Versicherungsschäden (Unfall- oder Einbruchschäden).

Berichte müssen die geforderten Informationen enthalten und objektiv und klar formuliert sein.

1.4 Darstellungs- und Gliederungstechniken

Nicht jeder, der gut gelernt hat, ist in der Lage, das Erlernte in Wort oder Schrift wiederzugeben. Eine Abhandlung niederzuschreiben, die alle wesentlichen Fakten, eine klare Gliederung enthält und den berühmten roten Faden erkennen lässt, muss in aller Regel geübt werden. Neben der Zeitvorgabe ist das zu behandelnde Thema oder die Zielsetzung der Darstellung von Bedeutung. Werden z. B. zum Ende des Ausbildungsweges Prüfungen abgelegt, so hat man fast immer **einen Aufsatz** in vorgegebener Zeit für ein bis dahin unbekanntes Thema zu schreiben. Ausnahmen sind Diplomarbeiten oder Dissertationen zur Erlangung des Doktorgrades, die längerfristig vorbereitet werden müssen.

Bevor ein Aufsatz oder eine andere geforderte Niederschrift begonnen wird, sollte man sich konzentriert mit dem Thema beschäftigen, evtl. ein kleines Brainstorming (Ideensammlung) veranstalten und alle spontanen Einfälle zum Thema unsortiert aufschreiben. Zu überlegen ist, welche **wichtigen** Inhalte der Aufsatz oder die Niederschrift als Zielvorgabe enthalten soll. Jetzt muss die Gliederung oder inhaltliche Reihenfolge des Textes festgelegt werden. Als Rahmen empfiehlt sich folgendes Schema:

> Einleitung – Entwickeln – Hauptteil – Abschluss

Die einzelnen Punkte dieses Schemas werden bei der Niederschrift nicht besonders erwähnt. Während des Schreibens sollte immer wieder überprüft werden, ob das vorgegebene Thema auch verfolgt wird. Falls erforderlich, sollten Belege oder anderes unterstützendes Material beigefügt werden. Wesentlich ist, dass der Verfasser sowohl den einmal gewählten sprachlichen Stil als auch die äußere Form der Gliederung beibehält.

Gliederung

Man kann z. B. nicht von der **erzählenden Ich-Form** in die **dozierende Belehr-Form** wechseln oder von der äußeren **Dezimalgliederung** in ein Ziffern-Buchstabensystem wie 1 a, 1 b, usw. übergehen. Das am einfachsten zu überschauende und heute übliche Gliederungssystem ist das der Dezimalklassifikation.

Dezimalklassifikation: System Dezimalgliederung

Gliederung und äußere Form einer Niederschrift hängen von mehreren Faktoren ab, z. B. für welchen Zweck, wieviele Seiten, welche Situation, so dass eine allumfassende Empfehlung nicht abgegeben werden kann. Wichtig ist, dass der Leser durch die Gliederung leicht überschaubar den Inhalt oder für ihn wesentliche Elemente der Niederschrift aufnehmen kann.

Stufe:		
1.	1	2
2.	1.1	2.1
3.	1.2.1	2.1.1
4.	1.2.1.1	2.2.1.1
5.	1.2.1.1.1	2.2.1.1.1

Inhaltsverzeichnis

Wird einem gegliederten Text ein Inhaltsverzeichnis vorangestellt, ist das Inhaltsverzeichnis in der Regel mit der Gliederung identisch. Ist die Niederschrift dem Zweck entsprechend nicht gegliedert, aber mit einem Inhaltsverzeichnis versehen, sind den Überschriften die Seitenangaben zur besseren Auffindung beizufügen.

Eine herausragende Form der Strukturierung bietet die **Mind-Map-Technik**. Damit das Gehirn effizient auf eine Information reagieren kann, sollte die Information »funktionskonform« konstruiert sein. Statt oben auf einer Seite zu beginnen und sich vertikal nach unten zu arbeiten (lineare Strukturierung), sollte man in der Mitte mit der Zentralidee beginnen und in von diesem Zentrum ausgehenden Ästen und Zweigen die Einzelideen in einer von der Zentralidee abhängigen Form entwickeln. Das bewirkt:

- Die Zentral- oder Hauptidee (der Zentral- oder Hauptbegriff) wird deutlicher herausgestellt.

- Die »relative« Bedeutung jeder Einzelidee tritt auf- und sinnfälliger in Erscheinung: Wichtige Ideen befinden sich in der Nähe des Zentrums, weniger wichtige in den Randzonen.

- Die Verknüpfungen werden durch ihre Linienverbindungen besser sichtbar.

- Das nach allen Seiten offene Mind-Map-Schema ermöglicht es, zusätzliche Ideen einzubringen und zu verknüpfen, Zusammenhänge optisch besser zu erfassen: eine unabdingbare Qualifikation in der Informationsgesellschaft.

Grundregeln der Mind-Map-Technik

1. Beginnen Sie mit einem (farbigen) Bild in der Mitte. Ein Bild ist oft »mehr als tausend Worte wert«. Es regt kreatives Denken an und prägt sich gut ein.

2. Fügen Sie nach Möglichkeit weitere Bilder in die Mind-Map ein. Damit werden nach aller Erfahrung mehr Gehirnprozesse stimuliert.

3. Die Worte sollten in Druckschrift geschrieben werden. Beim Nachlesen ergibt dies ein fotografischeres, unmittelbareres und verständlicheres Bild. Die aufzuwendende zusätzliche Zeit wird durch Zeitersparnis bei der Auswertung mehr als wettgemacht.

4. Schreiben Sie die Wörter auf Linien und verbinden Sie jede Linie mit den anderen Linien. So wird die Grundstruktur der Mind-Map deutlich (was ihr eigentlicher Zweck ist).

5. Wörter sollten in Einheiten angeordnet sein: ein Wort je Linie. Das lässt für jedes Wort mehrere offene »Haken« und gibt den Aufzeichnungen mehr Freiheit und Flexibilität.

6. Wenn Sie durchgängig Farben verwenden, werden durch Übersichtlichkeit die Zusammenhänge noch deutlicher visualisiert.

7. Bei kreativen Tätigkeiten dieser Art sollte der Geist möglichst frei gehalten werden. Jedes Nachdenken darüber, wohin Dinge gehören und ob sie überhaupt eingebracht werden, verlangsamt den kreativen Prozess. Halten Sie zunächst einfach alles fest, woran Sie im Zusammenhang mit der Zentralidee denken und erst dann korrigieren oder ergänzen Sie.

Der erste Versuch einer Mind-Map-Aufzeichnung ist in aller Regel etwas schwierig. Versuchen Sie es trotzdem. Ihr Verstand macht einen ganz anderen Denkprozess durch als bei der linearen Strukturierung. Bei dieser bemüht man sich nämlich, die Hauptbegriffe und -ideen nacheinander auszuwählen und gleichzeitig thematisch zu ordnen - bevor man alle verfügbaren Informationen besitzt. Neue Teilinhalte, die im Verlauf der Arbeit auftauchen, können dann das gesamte Konzept umwerfen. Mit Mind-Map können Teilinhalte jederzeit mühelos ins Gesamtkonzept eingeordnet werden.

1.5 Hauptprobleme der Gruppendynamik und die Methodik der Gruppenarbeit

Jeder Mensch gehört während seines Lebens einer Vielzahl von formellen **und/oder informellen** Gruppen an. Innerhalb dieser Gruppen wird er freiwillig oder unfreiwillig seine Rolle übernehmen. Gruppen sind ein mehr oder minder fester Zusammenschluss einer überschaubaren Anzahl von Personen, die

- ein Organisationsschema haben (Aufgaben übernehmen, Aufgaben verteilen, gemeinsame Terminologien entwickeln, Rollen einnehmen),
- in der Regel gemeinsame Ziele verfolgen,
- miteinander in sozialer Beziehung stehen (kommunizieren, informieren, diskutieren, streiten, vertrauensvoll miteinander umgehen usw.).

1.5.1 Gruppenarten

1.5.1.1 Formelle Gruppen

Ihre Zusammensetzung ist von außen vorgegeben bzw. sie haben von außen vorgegebene Aufgabenstellungen, z. B. Lehrgangsklassen, Auszubildende eines Jahrganges, eine Fußballmannschaft, eingetragener Verein (e.V.), Mitarbeiter einer Abteilung.

1.5.1.2 Informelle Gruppen

Ihre Zusammensetzung ergibt sich zufällig und wird nicht von außen vorgegeben. Die Organisation, Verteilung von Rollen und Aufgaben werden von der Gruppe selbst vorgenommen, z. B. Lerngemeinschaften, Fahrgemeinschaften, Freundschaften usw.

1.5.1.3 Ad-hoc-Gruppen

Diese werden zu einem speziellen Zweck zusammengestellt und lösen sich nach Erreichen des Gruppenzieles wieder auf, z. B. Seminargruppe, Ausbildungsgruppe.

1.5.2   Rolle, Status, Gruppenverhalten

1.5.2.1   Rolle, Status

Was auch immer Ursache für eine Gruppenbildung sein kann, der Zusammensetzung der Gruppe sollte soweit wie möglich große Bedeutung beigemessen werden. **Fach-, Sozial- und Methodenkompetenz** werden individuell von jedem Gruppenmitglied eingebracht. Je nach Zielsetzung der Gruppe kann dies Einfluss auf das Gruppenverhalten und die Gruppendynamik bis zum Erreichen des Gruppenzieles haben. Wie in allen sozialen Gebilden entstehen auch in einer Gruppe besondere Regeln für das Verhalten der Gruppenmitglieder. Bedingt durch die Aufgabe oder Zielsetzung der Gruppe bildet sich ein System von **Rollen** heraus, denen im einzelnen, je nach Wertigkeit, wieder ein bestimmter **Status** zukommt. Welche Rolle ein Gruppenmitglied einnimmt, hängt im wesentlichen davon ab, was es durch seine spezielle Befähigung zum Erreichen der Zielsetzung beiträgt. Aus der Summe von Verhaltensweisen, die eine Gruppe von ihren Mitgliedern erwartet, ergibt sich also die Rolle in der Gruppe. Die **Wertschätzung dieser Rolle** ist für das Gruppenmitglied auch **Rang- und Statussymbol** innerhalb der Gruppe.

Wird bei der formellen Gruppe der Gruppenleiter von außen bestimmt, so wird diese Position in den anderen Gruppenformen in der Regel von der Gruppe selbst bestimmt. Häufig finden wir zwei Rangordnungen, die zur Bestimmung eines Gruppenführers oder Gruppenleiters beitragen können. Es kann der/die Beliebteste sein oder aber auch der/die Tüchtigste. Aufgabe des Gruppenleiters/Gruppenführers ist es, die Gruppe **zu führen**, Ziele zu setzen, Aufgaben und Rollen zu verteilen, die Gruppe zusammenzuhalten und die Gruppe nach außen zu vertreten.

1.5.2.2   Gruppenverhalten

Auch eine reife und effektive Lern- oder Arbeitsgruppe ist ganz selten harmonisch und frei von Spannungen und Konflikten. Im fachlichen, sozialen und methodischen Bereich sind innerhalb der Gruppenmitglieder ganz natürliche Konfliktstoffe enthalten. Auch wenn neue Aufgaben gestellt werden oder neue Mitarbeiter oder Lernende die Gruppe ergänzen, kann es zu Störungen kommen. Ursache kann z. B. sein, dass ein Gruppenmitglied sich inaktiv verhält und die Gruppe nur zum eigenen Vorteil benutzen möchte. Es ist kein Zeichen von Gruppenunreife, wenn Schwierigkeiten auftreten. Eine reife Gruppe kann solche Konflikte selbst lösen. Der Gruppenleiter oder Gruppenführer benötigt ein großes Potential an Führungsqualität und Integrationsfähigkeit, wenn er bei Konfliktsituationen tätig werden muss.

1.5.2.3   Gruppenarbeit

Wie bei allen Tätigkeiten in einer Gruppe, sind der Vielfalt der Aufgaben keine Grenzen gesetzt. Das für die Gruppe vorgegebene Ziel bestimmt die Gesetzmäßigkeiten der Gruppenarbeit. Wichtig ist, dass die Aufgabenstellung für jede Gruppe eindeutig benannt und eine sorgfältige und großzügig bemessene Zeitplanung vorgenommen werden. Die Gruppenarbeit ermöglicht eine kritische Auseinandersetzung mit dem Lernstoff, fördert die

Kooperationsfähigkeit, soziale Verhaltensweisen und trägt zur Meinungsbildung des Einzelnen bei. Jedes Gruppenmitglied ist aktiv an der Zielerreichung beteiligt. Durch Rückkoppelung in der Gruppe werden das Lernen und das Verständnis zur Sache erleichtert. Das Gruppenergebnis muss mit der Zielvorgabe verglichen und präsentiert werden.

»Learning by doing« ist auch für Erwachsene aktives Lernen. Gruppen- und Projektarbeiten fördern das selbstständige Denken, die Eigenverantwortung und die Handlungsfähigkeit in allen Kompetenzbereichen.

1.6 Methoden der Problemanalyse und Entscheidungsfindung

Jeder Arbeitende /Lernende hat sicher schon für sich festgestellt, dass er zu bestimmten Tageszeiten besonders gut in Form und zu anderen Tageszeiten kaum in der Lage ist, geistig konzentriert und produktiv zu arbeiten. Diesen persönlichen Arbeitsrhythmus sollte jeder für sich überprüfen und feststellen, zu welchen Tageszeiten er das Gefühl hat, am meisten oder am wenigsten leisten zu können. Der »Morgentyp« erreicht z. B. schon gegen 8.00 Uhr die optimale Leistungsfähigkeit, wogegen der »Abendtyp« die optimale Leistungsfähigkeit erst gegen 12.00 Uhr erreicht. Entsprechend unterschiedlich sinkt natürlich auch die Leistungskurve, wie die folgende Abbildung zeigt:

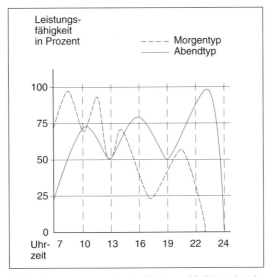

Quelle: Forschungsergebnisse des Würzburger Mediziners Jovanic,
(veröffentlicht 1974)

Gemäß dieser Erkenntnis sollten konsequenterweise schwierige Aufgaben in die beste Leistungszeit verlegt werden, zumindest sollte die Tagesplanung mit der eigenen Leistungskurve nicht total unstimmig sein. Das Leben in der Gesellschaft stellt an das Leistungsverhalten einen bestimmten Anspruch. Leistung darf aber nicht als Last oder Problem begriffen werden. Motivierte Menschen analysieren auftretende Probleme, finden die Ursache und sind dann in der Lage, richtige Entscheidungen zu treffen. Eine wichtige Voraussetzung für richtige Entscheidungen ist das Problembewusstsein. Erst wenn Probleme erkannt sind, kann man nach Lösungen suchen. Dieses **Problembewusstsein** kann trainiert werden, z. B. indem eine Anzahl auftretender Probleme systematisch angepackt, nach Lösungen gesucht wird und die Ergebnisse im Einzelnen kontrolliert werden. Das Erkennen der Schwachstellen trainiert die analytische Denkweise und reduziert den Zeitaufwand für eine systematische Entscheidung immer mehr.

Welche Vorteile bringen z. B.
– kompetentes Reagieren auf veränderte Bedingungen
– richtige Zeitplanung für den Tagesablauf
– konzentriertes, störungsfreies Arbeiten
– sachliches kundenorientiertes Telefonieren
– Ordnung am Schreibtisch
– Benutzen eines Diktiergerätes
– kein unnötiger Notizaufwand
– Kolleginnen oder Kollegen in eine Entscheidung mit einzubinden
– Erkennen von wichtiger und unwichtiger Literatur (Inhaltsverzeichnis benutzen)
– kurze Pausen, wenn Stressfaktoren normales Arbeiten nicht mehr zulassen?
Überdenken Sie in Ruhe einmal diese Fragen!

1.7 Grundlagen der Sprech- und Redetechnik

1.7.1 Kommunikation und Rhetorik

Wenn wir erklären wollen, was Kommunikation ist, muss deutlich werden, dass wir damit den Austausch von Signalen meinen, die uns helfen, mit anderen in Verbindung zu treten. Die Grundlagen jeder Kommunikation sind keinesfalls nur Worte, sondern auch paralinguistische Erscheinungen wie z. B. schnelles oder langsames Sprechen, der Tonfall, Lachen oder Seufzen, Sprachpausen oder die Körpersprache, Körperhaltung, Ausdrucksbewegungen in Mimik und Gestik, Blickkontakte usw.

Im weitesten Sinne versteht man unter **Kommunikation** den Austausch von Informationen zwischen Lebewesen und /oder Lebewesen und Maschinen (z. B. Arbeit am Computer). Die Handhabung der Kommunikation ist die **Rhetorik**. Rhetorik umfasst Ausdruckskraft, Gedächtnisstärke, Urteilskraft und ist der Inbegriff für Wissen, Denken, Sprechen unter Einsatz der rhetorischen Fähigkeiten. Die kommunikative Qualität wird entscheidend durch die rhetorischen Fähigkeiten der Beteiligten geprägt. Die Kenntnis und der Einsatz der rhetorischen Techniken (z. B. Sprache und Körpersprache) sind für jeden Menschen in nahezu jeder Situation von besonderem Nutzen. Wer hat z. B. nicht schon mit einer Mischung aus Ärger und Bewunderung erlebt, wie ihn ein Verkäufer oder Gesprächspartner mit seiner Taktik und Technik verunsichert, eingewickelt und über den Tisch gezogen hat.

1.7.2   Vortragstechnik, Stimme, Sprache

Jeder Referent, Sprecher oder Redner sollte sich bemühen, die Gesprächs- oder Tonlage nicht zu hoch und nicht zu tief zu wählen. Die Atemtechnik bestimmt einen großen Teil der Sprechtechnik und muss in aller Regel geübt werden. Um **Monotonie** zu vermeiden, soll die Stimmlage sich dem Text entsprechend verändern. Eine **nasale, schwache oder harte Stimme** ist schwer zu beheben. Hier wäre gegebenenfalls ein Sprechunterricht zu empfehlen. Die **Lautstärke** des Vortragenden hängt vom Zuhörerkreis und den Raumverhältnissen ab. Klar und deutlich muss jedes Wort zum Zuhörer dringen. Kein Buchstabe eines Wortes sollte unterdrückt und keine Endsilbe verschluckt werden. Unterschiede in der Lautstärke können Besonderheiten hervorheben. Ein überzogener Dialekt gehört nicht auf das Rednerpodium. Dies bedeutet nicht, dass man an der Aussprache nicht einen Bayer, Schwaben oder Rheinländer erkennen dürfte. Auch **die Sprechgeschwindigkeit** ist von besonderer Bedeutung. Spricht der Vortragende zu langsam oder zu schnell, lässt die Aufmerksamkeit der Zuhörer schnell nach. Mit richtig gesetzten Sprechpausen wird die Aufmerksamkeit der Zuhörer gesteigert.

Eine gute Sprachtechnik ist ausschlaggebend für den Erfolg eines Vortrages, einer Rede oder einer Präsentation jeder Art.

1.7.2.1   Körpersprache

Ein wesentlicher Moment für jeden Redner/Vortragenden ist der Augenblick seines Auftrittes. Hier wird in der Regel der erste Kontakt mit den Zuhörern hergestellt. Sympathie und Antipathie spielen (wie immer, wenn sich Menschen begegnen) eine große Rolle. Ruhig und aufrecht mit viel Selbstbewußtsein ohne Überheblichkeit sollte sich der Redner/Vortragende präsentieren. Fest auf beiden Beinen stehend und den ersten Blickkontakt bei Zuhörern suchend, kann die Redeposition eingenommen werden. Durch natürliche Bewegungen kann der Redner/Vortragende seine eigene Erregung oder Spannung abbauen. Unter Bewegungen sollte aber kein unkontrolliertes Auf- und Abgehen, mit den Fingern spielen oder sich am Kopf kraulen verstanden werden. Auch sollten die Hände niemals in der Tasche stecken. Die Körpermotorik soll das Gesprochene unterstreichen und darf nicht das Gegenteil bewirken. Mit zunehmender Sicherheit des Redners/ Vortragenden wirkt die verbale Kommunikation dann meist auch überzeugender. Wo, wann und wie die Hände z. B. das Gesprochene unterstützen sollen, ist eine individuelle Angelegenheit und entwickelt sich aus dem Temperament des Einzelnen.

Werden **visuelle Hilfsmittel** eingesetzt, müssen diese vom Redner/Vortragenden beherrscht werden.

1.7.2.2 Die Rede-Angst

Bei aller Kommunikationsfreude ist die **Rede-Angst** oft die geheimnisvolle Bremserin unseres Denk- und Sprechvermögens. Überzogene Nervosität, Schweißausbrüche, überhöhter Blutdruck, Verunsicherung zählen zu dem Teufelskreis der Rede-Angst. Doch woher rührt diese Angst vieler Redner vor dem Reden? Ängstigt man sich davor, den Wortlaut der Rede oder des Vortrags zu vergessen? Dagegen würde das Manuskript oder der Stichwortzettel helfen.

Meist hat die Sprech- oder Redeangst aber ihre Ursache nur in einem mangelhaften Trainingszustand. Von Kindheit an wird die Kunst des Sprechens und Redens zu wenig geübt. Auch große Redner in Vergangenheit und Gegenwart haben zu Beginn ihrer rednerischen Tätigkeit Rede-Angst verspürt. Dies soll nicht nur ein schwacher Trost sein, sondern darauf hinweisen, dass man durch gute Vorbereitung und häufigere Übung diesen Druck überwindet. Ein Redner, der Selbstvertrauen und Entspanntheit ausstrahlt, nimmt auch die Zuhörer automatisch für sich ein.

1.7.3 Vorbereitung einer Rede

Was immer auch der Anlass einer Rede (überwiegend im politischen Raum), einer Ansprache (überwiegend bei gesellschaftlichen oder offiziellen Anlässen), oder eines Referates (überwiegend als fachlicher oder wissenschaftlicher Vortrag), sein mag: Pflicht eines jeden Redners ist es, sich mit viel Sorgfalt auf sein Thema vorzubereiten.

Je wichtiger die Funktion des Redners, desto weniger kann er es sich leisten, die Zuhörer mit Belanglosigkeiten zu langweilen. Natürlich gelten für einen Sachvortrag andere Gesetzmäßigkeiten als für eine Hochzeitsrede. In jedem Fall muss der Vortragende die Zuhörer mit auf die Reise nehmen. Eine gute Rede ist ein gemeinsamer Weg zum Erreichen des vorgegebenen Themas /Zieles.

1.7.3.1 Wichtige Schritte zur guten Vorbereitung

Eine optimale Vorbereitung ist ein wesentlicher Faktor des Erfolgs:

- Eindeutige Formulierung der Zielsetzung (auf die Zuhörergruppe abgestimmt)
- Analyse der wahrscheinlichen Teilnehmer, z. B. Bildungsstand, berufliche Position (auf welche Fragen, Fakten, Probleme erwarten die Zuhörer Antwort?)
- Stoffsammlung an der Zielsetzung orientieren und evtl. Einplanung visueller Hilfsmittel
- »Timing« der Rede so gestalten, dass kein Zeitdruck entsteht und Fragen der Zuhörer beantwortet werden können
- Gliederung der Rede, des Vortrages in Einstieg, Kern und Schluss.

1.7.3.2   Rede nach Manuskript

Diese Form der Rede (auch Vorlesung) ist die scheinbar leichteste. Das Denken geschah bereits bei der Niederschrift, und man braucht jetzt nur noch vorzulesen. Im politischen und im wissenschaftlichen Bereich wird oft davon Gebrauch gemacht. Bei der Fertigung des Manuskripts ist darauf zu achten, dass man so schreibt, wie man spricht. Beim Vorlesen ist der Redner an das Manuskript gebunden. Der Blickkontakt zu den Zuhörern kann nur selten und kurz sein. Die Gefahr, eine Zeile zu überspringen, ist für den Ungeübten recht groß. Wichtig ist, dass die Zuhörer durch Dynamik und Melodik der Stimme angesprochen werden. Keinesfalls soll eine Manuskript-Rede ein mechanisches, hingeleiertes Ablesen sein: Es muss lebendig vorgetragen werden.

1.7.3.3   Rede nach Stichwortzettel

Auch die Rede nach dem Stichwortzettel bedarf – genau wie die Manuskriptrede – einer sorgfältigen Vorbereitung. Auch hier muss nach der Zielgruppenanalyse mit dem Sammeln und Sichten des Stoffes begonnen werden. Besonders ratsam ist es, mit einer Stichwortaufzeichnung zu beginnen. Man schreibt das Thema auf mit allem, was dazu einfällt. Stoffsammlungen aus Fachbüchern, Zeitungen usw. können die Aufzeichnungen unterstützen. Bei dieser Tätigkeit wird man feststellen, wie sich die eigenen Gedanken immer stärker auf die Rede konzentrieren. Die Aufzeichnungen sind Grundlage für die endgültige Formulierung und Gliederung der Rede in Stichworten. Um einen leichteren Überblick zu haben, empfiehlt es sich, die Redegliederung (Einstieg – Kern – Schluss) auf jeweils andersfarbigem Papier zu erstellen. Für den Anfänger ist es ratsam, Redeeinstieg und Redeschluss wörtlich aufzuschreiben und mit der aufgezeigten Vortragstechnik vorzulesen. Dies gibt Sicherheit für einen guten Einstieg und einen gewollten guten Abgang.

Die hohe Kunst der freien Rede erreicht man in der Regel erst nach einiger Zeit rednerischer Tätigkeit. Diese wird von den Zuhörern am meisten bewundert und geschätzt.

Grundüberlegungen für jede Redegliederung sind:

– ob man beim Einstieg gleich zur Sache kommen will oder besser eine gefühlvolle Einstimmung wählt
– wie man den Redekern als Botschaft überzeugend an die Zuhörer bringt
– wie man die Rede gut zeitlich und mit einem echten »Aha-Effekt« beendet.

Ob sie zum Schluß mit tosendem Beifall oder mit einem Verlegenheitsklatschen entlassen werden, entscheiden sie durch Inhalt und Darbietungsform ganz alleine.

1.7.4   Diskussionstechnik

»Diskussion« stammt aus dem Lateinischen und bedeutet soviel wie auseinanderschneiden, auseinandernehmen von Sachverhalten und meint heute im weitesten Sinne einen »Meinungsaustausch«, einen »Meinungsbildungsprozess«. Viele Gespräche werden als Diskussion bezeichnet, obwohl sie meistens nur ein Gedankenaustausch oder eine Aussprache sind. In einer Diskussionsrunde kann es viele verschiedene Ansichten zu einem strittigen Thema geben. Als Merkmal der Diskussion gilt, dass ganz bewusst eine kontroverse Auseinandersetzung geführt wird, um einen Sachverhalt zu klären.

Wird eine Diskussionsrunde anberaumt, muss der Einladende darauf achten, dass die verschiedenen Meinungen und Sichtweisen deutlich zum Ausdruck kommen. Bei aller Auseinandersetzung soll es trotzdem sachlich und unpolemisch zugehen. Der Gesprächs- oder Diskussionsleiter muss gegebenenfalls persönliche Angriffe oder wildes Durcheinanderreden unterbinden. Eine Rednerliste und eine evtl. Redezeitbegrenzung kann – wenn es besonders hoch hergeht – von Nutzen sein. Die Begrenzung der Redezeit erspart den Teilnehmern, weitschweifigen Umwegen einzelner Beiträge folgen zu müssen. Alle Teilnehmer sollen aber ihre Position klar artikulieren.

Um einer Diskussionsrunde mehr Qualität zu geben, sollte vor Beginn die Zeitdauer festgelegt werden. Ist die Diskussion beendet, bedarf es einer Zusammenfassung, in der die gegensätzlichen Standpunkte beschrieben, Meinungsverschiedenheiten deutlich gemacht und geprüft werden. Eine gute Diskussion war auch erfolgreich, wenn eine einheitliche Meinungsbildung nicht zustande kam.

2 Volks- und betriebswirtschaftliche Grundlagen

2.1 Volkswirtschaft

Die Volkswirtschaft umfasst alles wirtschaftliche Geschehen in einem Land durch private Haushalte, Unternehmen und öffentliche Haushalte (Bund, Land, Kommune). Alle diese Einheiten einer Volkswirtschaft, die selbstständig wirtschaftliche Entscheidungen treffen, Pläne aufstellen und danach handeln, werden als Wirtschaftssubjekte bezeichnet. Eine Einzelperson kann Wirtschaftssubjekt sein, aber auch eine Personengemeinschaft mit gemeinsamer ökonomischer Willensbildung: Familie, Unternehmung, öffentlich-rechtliche Vereinigungen.

Privathaushalte sind Verbrauchseinheiten: Sie geben ihr Einkommen für den Kauf von Gütern aus (Konsum) oder sie verzichten auf Konsum (Sparen), um Vermögen zu bilden.

Unternehmen sind Produktionseinheiten: Sie stellen Güter und Dienstleistungen bereit. Den Teil der Produktion, der nicht von den Haushalten konsumiert wird – also im Bereich der Unternehmen verbleibt – wird als Investition bezeichnet.

Öffentliche Haushalte sind die Gebietskörperschaften, die Sozialversicherungen und die Hoheitsverwaltungen (z. B. Hochschulen, Bundesbank). Sie bieten Dienstleistungen an und leisten Zahlungen an private Haushalte (z. B. Kindergeld, Ausbildungsförderung) und an Unternehmen (Subventionen) = Transferzahlungen. Die Dienstleistungen der öffentlichen Haushalte sollen den Kollektivbedarf bestmöglich decken; die Transferzahlungen der öffentlichen Haushalte bewirken im großen Umfang eine Umverteilung des Einkommens.

Die Entscheidungen der Wirtschaftssubjekte stehen in engem Zusammenhang. So bedeuten z. B. die Entscheidungen der Unternehmen über den Umfang der Produktion zugleich Entscheidungen über die Zahl der benötigten Arbeitskräfte und damit über das Einkommen von Haushalten. Umgekehrt beeinflussen die Konsumentscheidungen der Haushalte die Produktionspläne der Unternehmen. Beide Bereiche werden wiederum von staatlichen Maßnahmen betroffen, z. B. von der Entwicklung der Steuerlast, von staatlichen Aufträgen, von der Geldpolitik, der Sozialgesetzgebung usw.

Falsch wäre es freilich, eine Volkswirtschaft rein additiv als Summe der Einzelwirtschaften zu sehen. Was für ein Wirtschaftssubjekt richtig ist, darf nicht ohne weiteres auf die Gesamtwirtschaft übertragen werden: Wer sich beim Besuch eines Sportwettkampfes auf eine Kiste stellt, sieht besser. Verhalten sich alle so, nutzt es keinem.

2.1.1 Volkswirtschaft im Rahmen der Wirtschafts- und Sozialwissenschaften

Man kann die Wissenschaft nach verschiedenen Gesichtspunkten unterteilen. In der letzten Zeit hat sich immer mehr die Trennung in Formalwissenschaften (z. B. Logik, Mathematik) und Realwissenschaften (Erfahrungs- oder angewandte Wissenschaften) durchgesetzt.

Die Realwissenschaften beinhalten die Geistes- und Kulturwissenschaften und die Naturwissenschaften. Zur erstgenannten Gruppe gehören die Wirtschaftswissenschaften, die Rechtswissenschaft, die Sozialwissenschaft und die Politikwissenschaft. Die Volkswirtschaftslehre gehört mit der Betriebswirtschaftslehre zu den Wirtschaftswissenschaften: Die Volkswirtschaftslehre untersucht gesamtwirtschaftliche Zusammenhänge (makroökonomische Sichtweise), die Betriebswirtschaftslehre betrachtet die einzelnen Unternehmen. Sie untersucht ihre Struktur und die betrieblichen Funktionen wie Personalwirtschaft, Materialwirtschaft, Produktion, Absatzwirtschaft und Rechnungswesen (mikroökonomische Sichtweise).

Es versteht sich von selbst, dass zwischen den Wissenschaftsbereichen enge Beziehungen, Verknüpfungen bestehen. Die Wirtschaftswissenschaften nutzen rechtswissenschaftliche, sozialwissenschaftliche und politikwissenschaftliche Erkenntnisse.

2.1.2 Grundbegriffe

Jeder Mensch hat Bedürfnisse nach Gütern und Dienstleistungen. Da diese knapp sind, müssen die Wirtschaftssubjekte wirtschaften können und Entscheidungen nach dem ökonomischen Prinzip durch rationalen Einsatz der Produktionsfaktoren treffen.

2.1.2.1 Bedürfnisse und Güter

Die Bedürfnisse kann man einteilen in Existenzbedürfnisse und in Kulturbedürfnisse. Zu den Bedürfnissen zählen aber auch z. B. das Bedürfnis nach Wertschätzung, nach Selbstverwirklichung, nach Liebe und Geborgenheit. Diese Bedürfnisse bleiben bei einer ökonomischen Betrachtung unberücksichtigt, da sie weder durch Güter noch durch Dienstleistungen befriedigt werden können.

Die **Bedürfnisse** sind quantitativ und qualitativ wandelbar. Sie werden laufend durch Technik, Mode, Werbung verändert, neue Bedürfnisse werden geweckt. Dadurch werden latente (verborgene) Bedürfnisse bewusst, und es entstehen offene Bedürfnisse. Diese Wandlungen wirken als Triebfeder des Wirtschaftsprozesses und sind die Ursache für Strukturveränderungen in der gesamten Volkswirtschaft.

Nach der Art der Bedürfnisbefriedigung unterscheidet man Individualbedarf und Kollektivbedarf.

Bedarf ist der Teil der Bedürfnisse, der durch Einsatz von Kaufkraft befriedigt werden kann. Der Individualbedarf ergibt sich aus den Entscheidungen der privaten Haushalte und umfasst alle Bedürfnisse, die der Mensch für sich allein befriedigen kann (z. B. Nahrung, Kleidung, Körperpflege). Kollektivbedarf kann nur durch eine Gruppe, ein Volk befriedigt werden (z. B. die Einrichtung von Schulen, die Aufrechterhaltung von Ordnung durch die Rechtsprechung). Über die Befriedigung des Kollektivbedarfs entscheiden politische Gremien.

Das Erfüllen von Bedürfnissen erfolgt durch **Güter**, die man in freie Güter und Wirtschaftsgüter einteilen kann. Bei den Wirtschaftsgütern unterscheidet man Sachgüter, Dienstleistungen und Rechte.

Freie Güter sind ohne Kosten nutzbar (z. B. Sonnenlicht, Regen), wirtschaftliche Güter müssen durch Kaufkraft erworben werden. Bei den wirtschaftlichen Gütern unterscheidet man Konsumgüter und Produktionsgüter. Konsumgüter dienen der unmittelbaren Bedürfnisbefriedigung. Produktionsgüter werden zur Herstellung anderer Güter eingesetzt und dienen daher nur mittelbar der Bedürfnisbefriedigung.

Zwischen Gütern können bestimmte Beziehungen bestehen, die ihren Verbrauch im Haushalt und ihren Einsatz in der Produktion betreffen.

Güter, die sich gegenseitig ersetzen und daher alternativ verwandt werden können, bezeichnet man als Substitutionsgüter. Elektrische Energie z. B. kann aus Kohle, Öl, Gas, Wasserkraft oder auch durch Atomspaltung gewonnen werden.

Komplementärgüter ergänzen sich, so dass man sie zusammen einsetzen muss, wenn man ein bestimmtes Ergebnis erzielen will. Jedes Rezept in einem Kochbuch ist eine Aufzählung komplementärer Güter.

In einer marktwirtschaftlichen Ordnung tauschen auf dem Markt die Anbieter ihre Güter gegen Geld und die Nachfrager ihr Geld gegen Güter. So entstehen Preise, die Angebot und Nachfrage zum Ausgleich bringen (können).

2.1.2.2   Notwendigkeit des Wirtschaftens

Die Notwendigkeit des Wirtschaftens ergibt sich aus der Fülle von Bedürfnissen, der Knappheit der Güter und der erforderlichen Schonung der Umwelt. Aus der Knappheit der Güter ergeben sich für jede Gesellschaft drei wirtschaftliche Grundprobleme: Was (Güterangebot), wie (Verfahrensweise) und für wen (Einkommensverteilung) produziert werden soll. Dabei müssen alle Wirtschaftssubjekte entscheiden, welche Teile des ihnen verfügbaren Einkommens konsumiert oder gespart und später investiert werden sollen.

Konsum = Ge- und Verbrauch von wirtschaftlichen Gütern zur Bedürfnisbefriedigung.

Sparen = Ansammlung von Geldkapital durch Konsumverzicht.

Investition = Bildung von Sachkapital durch Anschaffung von Anlagen und Vorräten.

Investitionen dienen dazu
- bestehende Produktionskapazitäten zu erhalten (Ersatzinvestitionen)
- die Produktionskapazitäten zu erweitern (Erweiterungsinvestitionen)
- kostengünstiger und besser als bisher zu produzieren
  (Rationalisierungsinvestitionen)
- ökologisch verträglicher zu produzieren (Umweltschutzinvestitionen).

2.1.2.3　Ökonomisches Prinzip

Ökonomische Entscheidungen müssen vernünftig (rational) getroffen werden, wenn das angestrebte Ergebnis erreicht werden soll. Als Grundprinzip rationalen Handelns gilt das ökonomische Prinzip, das als Minimalprinzip oder als Maximalprinzip formuliert werden kann:

Minimalprinzip: Ein bestimmtes Ergebnis ist mit dem geringstmöglichen Mitteleinsatz zu erreichen (Beispiel: Der Produktionsprozess soll so organisiert werden, dass die Herstellkosten so niedrig wie möglich bleiben).

Maximalprinzip: Mit gegebenen Mitteln soll ein größtmöglicher Nutzen erreicht werden (Beispiel: Gewinnmaximierungsprinzip der Unternehmen, Nutzenmaximierungsprinzip der Haushalte).

Das Minimalprinzip fordert die Sparsamkeit und das Maximalprinzip die Ergiebigkeit der Mittelverwendung. Jede Nichtbeachtung des ökonomischen Prinzips führt zu einem schlechteren Ergebnis.

2.1.2.4　Volkswirtschaftliche Produktionsfaktoren

Der Produktionsbegriff wird in der Volkswirtschaft sehr weit gefasst. Er umfasst alle Tätigkeiten von der Rohstoffgewinnung über die Be- und Verarbeitung bis hin zur Verteilung (Distribution) der knappen Güter. Man unterscheidet den primären Sektor (Landwirtschaft und Forstwirtschaft, Fischerei, Bergbau, Energieerzeugung), den sekundären Sektor (Industrie, Baugewerbe, produzierendes Handwerk) und den tertiären Sektor (Handel, Banken, Verkehr, Versicherung, sonstige Dienstleistungen). Zur Produktion von Sachgütern (materiellen Gütern) und Dienstleistungen (immateriellen Gütern) müssen Produktionsfaktoren eingesetzt werden: Arbeit und Boden als ursprüngliche Produktionsfaktoren und Kapital als abgeleiteter Produktionsfaktor (produzierte Güter zur Herstellung anderer Güter). Die Produktionsfaktoren (Input) werden im Produktionsprozess (Throughput) eingesetzt und ergeben das Sozialprodukt als Produktionsergebnis (Output).

Boden: Alle von der Natur in den Produktionsprozess eingebrachten Hilfsquellen. Er wird in der Land- und Forstwirtschaft als Anbauboden und im Bergbau als Abbauboden genutzt. Als Standortboden bestimmt er die Standortwahl der Unternehmen (Nähe von Rohstoffen, verkehrsgünstige Lage usw.).

Arbeit: Menschliche Tätigkeit, die auf Einkommenserwerb zielt. Sie umfasst also alle Erwerbspersonen eines Landes: Arbeitnehmer und Selbstständige. Tätigkeiten im privaten Haushalt zählen nicht zum Produktionsfaktor Arbeit. Der Beitrag dieses Produktionsfaktors zum Sozialprodukt hängt nicht nur von der eingebrachten Arbeitsmenge ab, sondern auch von der Qualität der Arbeit, das heißt von den eingebrachten Qualifikationen.

Kapital als volkswirtschaftlicher Produktionsfaktor ist kein Geldkapital, sondern Sachoder auch Realkapital. Dazu zählen Anlagen als Gebäude, Maschinen, Transporteinrichtungen und als Vorräte (Lagerbestände). Auch der Sozialproduktsbeitrag des Realkapitals hängt nicht nur von der Quantität, sondern auch von der Qualität (technischer Fortschritt) ab.

2.1.3 Wirtschaftssysteme und Wirtschaftsordnungen

Wirtschaftssysteme sind Modelle, die in der Realität als konkrete Wirtschaftsordnung die Volkswirtschaft eines Landes widerspiegeln.

2.1.3.1 System der freien Marktwirtschaft und System der Zentralverwaltungswirtschaft

Wirtschaften erfolgt in der Gesellschaft. Wird beim wirtschaftlichen Handeln der Freiheit des Einzelnen gegenüber den Anderen die höchste Bedeutung zugeordnet, spricht man vom Individualprinzip, da es auf dem Liberalismus fußt: Marktwirtschaft.

Wird dem gesellschaftlichen Ganzen, dem Staat der höchste Wert zuerkannt, spricht man vom Kollektivprinzip, das auf dem Sozialismus fußt: Zentralverwaltungswirtschaft.

Grundelemente beider Wirtschaftssysteme sind die Eigentumsordnung, der Koordinationsmechanismus und die Ordnungsfunktion des Staates.

Beide Systeme kommen in der Wirklichkeit in ihrer reinen Form nicht vor. Sie sind nur Denkmodelle, die die charakteristischen Elemente verdeutlichen.

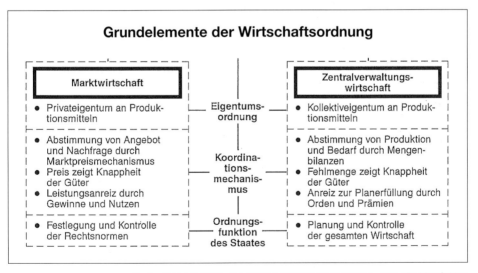

Quelle: Seidel, Temmen: Grundlagen der Volkswirtschaftslehre, Verlag Dr. Max Gehlen

2.1.3.2   Soziale Marktwirtschaft als reale Wirtschaftsordnung

1949 wurde die Soziale Marktwirtschaft als Wirtschaftsordnung in der Bundesrepublik Deutschland von Ludwig Erhard und Alfred Müller-Armack eingeführt. Sie will die grundsätzlichen Vorzüge der Marktwirtschaft erhalten und ihre Schwächen kompensieren.

Die Soziale Marktwirtschaft bringt ständig neue Herausforderungen.

Dazu gehören vor allem
- die zunehmende Beachtung ökologischer Anforderungen,
- die Beachtung des qualitativen neben dem quantitativen Wachstum und
- die Berücksichtigung der Belange der Entwicklungsländer.

Der Staat hat die Aufgabe,
- den Wettbewerb zu sichern (Wettbewerbspolitik),
- die Ergebnisse des Leistungswettbewerbs durch sozialen Ausgleich zu korrigieren (Sozialpolitik),
- das Wirtschaftsgeschehen zu gestalten und zu ordnen (Ordnungs-, Prozess- und Strukturpolitik).

2.1.4   Wirtschaftskreislauf

Das wirtschaftliche Geschehen ist verwirrend vielfältig. Unternehmen produzieren, investieren und verkaufen, private Haushalte konsumieren und sparen, öffentliche Haushalte erheben Steuern und decken den Kollektivbedarf, Preise steigen und fallen, es wird importiert und exportiert. Im Modell des Wirtschaftskreislaufs werden die vielen Vorgänge, die sich ständig im Zusammenhang von Produktion und Konsumtion wiederholen, in vereinfachter Form dargestellt.

2.1.4.1   Kreislaufdarstellung

Die für die Kreislaufbetrachtung notwendigen Größen entstehen dadurch, dass gleichartige Wirtschaftseinheiten (z. B. private Haushalte, Unternehmen, Staat, Ausland) zu Sektoren und gleichartige Transaktionen (z. B. Kauf und Verkauf von Sachgütern und Dienstleistungen) zu Stromgrößen zusammengefasst werden.

2.1.4.1.1   Einfacher Kreislauf: Unternehmen und Haushalte

Das Modell des einfachen Wirtschaftskreislaufs setzt voraus:
- Es bestehen nur zwei Wirtschaftssektoren: Private Haushalte und Unternehmen.
- Der Staat greift in das Wirtschaftsgeschehen nicht ein, und es bestehen keinerlei wirtschaftliche Beziehungen zum Ausland.
- Das Gesamteinkommen der Haushalte wird konsumiert.
- Der Kapitalstock ist dauerhaft nutzbar und wird weder vergrößert noch verkleinert.

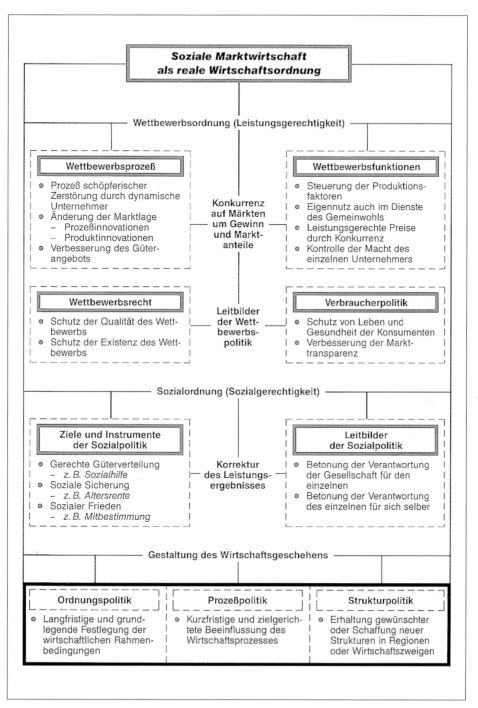

Quelle: Seidel, Temmen: Grundlagen der Volkswirtschaftslehre, Verlag Dr. Max Gehlen

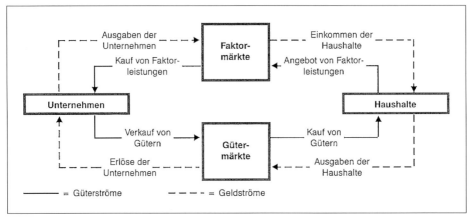

Quelle: Seidel, Temmen: Grundlagen der Volkswirtschaftslehre, Verlag Dr. Max Gehlen

Der Güterkreislauf besteht aus den Faktorleistungen der Haushalte und der Güterbereitstellung durch die Unternehmen (Güterströme oder Realströme).

Der Geldkreislauf bewegt sich gegenüber dem Güterkreislauf gegenläufig und umfaßt die Einkommen und Konsumausgaben der Haushalte, die zu Erlösen der Unternehmen werden (Geldströme).

2.1.4.1.2 Erweiterter Kreislauf: Unternehmen, Haushalte, Staat und Ausland

Das erweiterte Wirtschaftskreislaufmodell zeigt das Modell einer fortschreitenden (evolutorischen) Volkswirtschaft mit staatlichem Handel und Auslandsbeziehungen. Es entspricht in höherem Maße der Wirklichkeit. Um anschaulich zu bleiben, seien hier nur die Geldströme dargestellt (siehe Abbildung auf der folgenden Seite).

2.1.4.2 Volkswirtschaftliche Gesamtrechnung

Die **Volkswirtschaftliche Gesamtrechnung** (VGR) hat die Aufgabe, ein übersichtliches Gesamtbild des wirtschaftlichen Geschehens einer Volkswirtschaft zu geben, in dem die einzelnen Größen, wie Sozialprodukt und Volkseinkommen, sichtbar werden. Dabei wird das Modell des Wirtschaftskreislaufs zugrundegelegt. Die Ergebnisse werden jährlich vom Statistischen Bundesamt veröffentlicht. Ergänzt wird die VGR heute durch die **Umweltökonomische Gesamtrechnung** (UGR), um die ökonomischen/ökologischen Zusammenhänge und Abhängigkeiten in Zahlen erkennbar zu machen.

Die Bundesrepublik Deutschland hat seit 1990 die Statistik vom **Bruttosozialprodukt** (BSP) auf das **Bruttoinlandsprodukt** (BIP) umgestellt. Der Unterschied zwischen den beiden Begriffen besteht darin, dass das Inlandsprodukt die Güterproduktion des Inlands darstellt (Inlandskonzept). Dagegen ist im Sozialprodukt die Güterproduktion erfasst, die Inländern zur Verfügung steht (Inländerkonzept). Der Begriff »Inländer« umfasst alle natürlichen Personen mit ständigem Wohnsitz im Inland (z. B. auch ausländische Arbeitnehmer). Sämtliche Unternehmen, selbst wenn sie sich in ausländischem Besitz befinden, werden als Inländer des Landes gerechnet, in dem sie wirtschaftlich tätig sind.

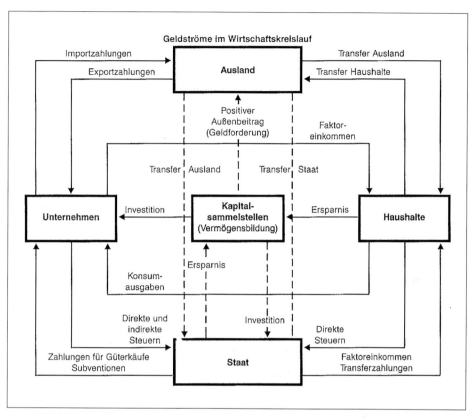

Quelle: Seidel, Temmen: Grundlagen der Volkswirtschaftslehre, Verlag Dr. Max Gehlen

BSP größer als BIP, wenn Saldo der Erwerbs- und Vermögenseinkommen zwischen In- und Ausland positiv.

BSP kleiner als BIP, wenn Saldo der Erwerbs- und Vermögenseinkommen zwischen In- und Ausland negativ.

Bei der Volkswirtschaftlichen Gesamtrechnung wird jede wirtschaftliche Tätigkeit von Haushalten, Unternehmen und der Öffentlichen Hand auf Konten vermerkt:

– **Produktionskonten** erfassen die Produktionsleistungen.

– **Einkommenskonten** zeigen, wie die Einkommen verwendet wurden und stellen die Herkunft der Einkommen dar.

– **Vermögensveränderungskonten** zeigen die Finanzierungskraft (Sparen und Abschreibungen) und die Finanzierungsverwendung (Investitionen und Nettokreditgewährung an das Ausland).

– **Außenkonten** zeigen, wie sich Leistungsexporte und -importe zueinander verhalten (Leistungsexporte abzüglich -importe = Außenbeitrag).

Die VGR wird seit 1999 in allen EU-Staaten einheitlich gemäß dem »Europäischen System der volkswirtschaftlichen Gesamtrechnungen« gegliedert. Nur so ist die erforderliche Vergleichbarkeit der Daten innerhalb des Binnenmarktes gewährleistet.

2.1.4.3　Entstehung und Berechnung des Sozialprodukts und des Volkseinkommens

Das Sozialprodukt ist die Gesamtheit der in einem Jahr gegen Entgelt produzierten und statistisch erfassten Sachgüter und Dienstleistungen. Um Preisschwankungen auszuschalten, wird das Sozialprodukt nicht nur in Marktpreisen des jeweiligen Berichtsjahres (**nominales Sozialprodukt**), sondern auch in Preisen eines Basisjahres ermittelt (**reales Sozialprodukt**).

Aus dem Bruttosozialprodukt zu Marktpreisen lässt sich das Volkseinkommen als Nettosozialprodukt zu Faktorkosten berechnen.

Bruttosozialprodukt zu Marktpreisen
– Abschreibungen
= Nettosozialprodukt zu Marktpreisen
– Indirekte Steuern
+ Subventionen
= Nettosozialprodukt zu Faktorkosten = Volkseinkommen

Abschreibungen = Wertminderung der Produktionsmittel

Indirekte Steuern = Umsatzsteuer, Verbrauchssteuern

Subventionen = staatliche Unterstützung

2.1.4.3.1　Entstehungsrechnung

Durch die Einführung des neuen Europäischen Systems Volkswirtschaftlicher Gesamtrechnungen 1995 (ESVG ´95) erfolgt europaweit eine Neugliederung in fünf Wirtschaftsbereiche. Damit wird die Vergleichbarkeit des gesamten **Produktionsergebnisses eines Jahres (Bruttoinlandsprodukt)** verbessert.

Beispiel einer Entstehungsrechnung:

Statistische Größen in Preisen von 1995	2000 in Mrd. DM
1. Produzierendes Gewerbe (ohne Baugewerbe)	894,4
2. Baugewerbe	194,1
3. Handel, Gastgewerbe und Verkehr	652,6
4. Finanzierung, Vermietung und Unternehmens- 　dienstleister (z. B. Kredit- und Versicherungsgewerbe)	1 132,2
5. Öffentliche und private Dienstleister	745,6
Alle Wirtschaftsbereiche (Bruttowertschöpfung) Nachrichtlich: Unternehmenssektor	3 666,6 3 216,9
Wirtschaftsbereiche bereinigt (Bruttowertschöpfung nach Abzug von Gütersteuern und unterstellter Bankgebühren)	3 488,1
Bruttoinlandsprodukt (real)	**3 846,0**

Quelle: Monatsberichte der Deutschen Bundesbank

2.1.4.3.2   Verteilungsrechnung

Das gesamte Volkseinkommen wird aufgeteilt in Arbeitnehmerentgelte und Einkommen aus Unternehmensgewinnen und Vermögen.

Beispiel einer Verteilungsrechnung:

Statistische Größen in jeweiligen Preisen	2000 in Mrd. DM
Arbeitnehmerentgelt Unternehmens- und Vermögenseinkommen	2 120,2 812,8
Nettosozialprodukt zu Faktorkosten (Volkseinkommen) + indirekte Steuern − Subventionen	2 942,0 } + 333,4
Nettosozialprodukt zu Marktpreisen + Abschreibungen	3 275,4 673,5
Bruttosozialprodukt zu Marktpreisen	**3 948,9**

Quelle: Monatsberichte der Deutschen Bundesbank

2.1.4.3.3   Verwendungsrechnung

Wie ein Haushaltsbuch gibt die Verwendungsrechnung Auskunft darüber, welche Teile des realen Bruttoinlandsprodukts privat und öffentlich verbraucht, investiert und exportiert wurden.

Beispiel einer Verwendungsrechnung:

Statistische Größen in Preisen 1995	2000 in Mrd. DM
Private Konsumausgaben Konsumausgaben des Staates Ausrüstungen Bauten Sonstige Anlagen (z. B. EDV-Software, Urheberrecht) Vorratsinvestitionen	2 172,0 716,2 340,0 469,8 49,3 + 29,9
Inländische Verwendung Ausfuhr Einfuhr Außenbeitrag (positiv)	3 777,2 1 279,8 1 211,0 + 68,8
Bruttoinlandsprodukt zu Marktpreisen (real)	**3 846,0**

Quelle: Monatsberichte der Deutschen Bundesbank

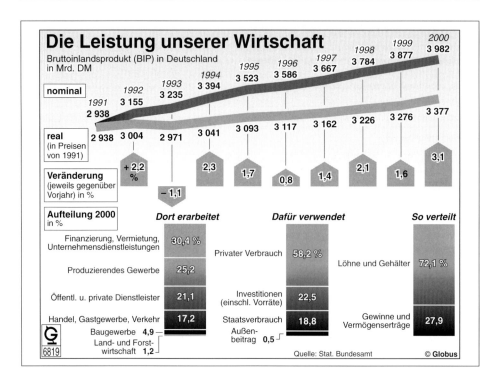

2.1.4.4 Einkommensverteilung

Man unterscheidet die **funktionelle** und die **personelle** Einkommensverteilung. Bei ersterer steht der Gesichtspunkt der Entlohnung der Produktionsfaktoren im Vordergrund. Geht man dagegen davon aus, welche Anteile des Gesamteinkommens auf die einzelnen Haushalte entfallen, dann spricht man von der personellen Einkommensverteilung.

2.1.4.4.1 Funktionelle Einkommensverteilung

Sie zeigt, wie sich das Volkseinkommen auf Lohn, Pacht, Zinsen und Unternehmergewinn verteilt: Jedem Produktionsfaktor wird eine bestimmte Einkommensart zugeordnet. Die Unternehmertätigkeit ist dem Produktionsfaktor Arbeit und dem Produktionsfaktor Kapital zuzurechnen.

2.1.4.4.2   Personelle Einkommensverteilung

Das Gesamteinkommen eines Haushalts setzt sich in der Regel aus unterschiedlichen Einkommensarten zusammen. Ein leitender Angestellter zum Beispiel bezieht außer dem Einkommen aus seiner Haupttätigkeit noch Einkommen als Eigentümer eines Mietshauses, aus Sparguthaben und Aktienbesitz und aus Artikeln, die er gelegentlich in einer Fachzeitschrift veröffentlicht.

Für den einzelnen Haushalt ist der Betrag wichtig, der für Ausgaben und für Sparzwecke zur Verfügung steht:

>   Bruttoeinkommen der privaten Haushalte
> + Transfereinkommen (z. B. Kindergeld)
> = gesamtes Bruttoeinkommen der privaten Haushalte
> – direkte Steuern (z. B. Einkommenssteuer)
> – Sozialversicherungsbeiträge der Arbeitnehmer
> = verfügbares Einkommen (privater Verbrauch und Sparen).

2.1.5   Markt und Preisbildung

Am Markt werden alle ökonomischen Beziehungen zwischen allen Anbietern und allen Nachfragern eines bestimmten Gutes in einem bestimmten Raum zu einer bestimmten Zeit abgewickelt. Man teilt ein in **Faktormärkte** (abgeleitet von den Produktionsfaktoren Arbeit, Boden und Kapital): Arbeitsmarkt, Immobilienmarkt, Geld- und Kapitalmarkt und in **Gütermärkte**: Konsumgütermarkt und Investitionsgütermarkt.

Auf einem **vollkommenen Markt** müssen vier Bedingungen erfüllt sein:
– Die Güter müssen auf allen Märkten gleichartig sein.
– Die Wettbewerbsbedingungen müssen gleich sein, d.h. niemand darf persönliche, örtliche oder zeitliche Vorteile haben.
– Jeder Marktteilnehmer muss eine vollständige Marktübersicht haben.
– Alle Marktteilnehmer treffen zum gleichen Zeitpunkt aufeinander, damit auf Marktveränderungen sofort reagiert werden kann.

Es ist offensichtlich, dass der vollkommene Markt nur als Modell gesehen werden kann. Am ehesten erfüllt die Börse die genannten Voraussetzungen.

Werden eine oder mehrere Bedingungen des vollkommenen Markts nicht erfüllt, handelt es sich um einen unvollkommenen Markt: weitaus die meisten realen Märkte.

2.1.5.1   Marktformen

Zur Untersuchung der Preisbildung auf dem Markt müssen die Märkte nach der Anzahl der Teilnehmer auf der Angebots- und auf der Nachfrageseite eingeteilt werden. Die Preisbildung vollzieht sich anders, wenn auf der Angebots- und/oder Nachfrageseite viele (**Polipol**), wenige (**Oligopol**) oder nur ein Marktteilnehmer (**Monopol**) auftreten.

Der Umfang der Gesamtnachfrage nach einem Gut ist abhängig
– vom Preis des Gutes
– vom Preis anderer Güter
– von der Bedürfnisstruktur
– vom Einkommen und
– von der Zahl der Nachfrager.

Das Gesamtangebot hängt ab
– vom Preis des Gutes
– vom Stand der Technik
– von den Preisen anderer Verkaufsgüter der Anbieter
– von den Produktionskosten
– von den Kapazitätsgrenzen und
– von der Zahl der Anbieter.

2.1.5.2 Funktionen des Preises und der Nachfrageelastizität

Preise steuern den Markt. Sie erfüllen sehr wichtige **Funktionen**:
– Sie informieren die Marktteilnehmer und sie signalisieren bei Preisänderungen künftiges Verhalten.
– Sie sorgen kurzfristig für einen Marktausgleich.
– Sie zwingen die Unternehmen zu allen Anstrengungen, ihre Marktposition zu halten oder zu verbessern.

Preisänderungen verändern aber auch die nachgefragte Menge: Steigende Preise verringern die Nachfragemenge, fallende Preise erhöhen die Menge. Diese Preis/Mengenbeziehung gibt jedoch nur die Richtung der Veränderung an. Sie sagt noch nichts aus über die Stärke der Veränderungen. Will man wissen, ob auf eine Preisänderung oder Einkommensänderung Haushalte mehr oder weniger stark reagieren, muss man die Elastizität eines Gutes feststellen. Die **Elastizität** eines Gutes ist das prozentuale Verhältnis zwischen Preisänderung oder Einkommensänderung (Ursache) zur Mengenänderung (Wirkung). Brotpreiserhöhungen können leichter durchgesetzt werden als Blumenpreissteigerungen, weil die Nachfrage nach Brot unelastisch ist, die Nachfrage nach Blumen dagegen elastisch.

Typisch für elastische Nachfrage sind Güter des gehobenen Bedarfs, typisch für unelastische Nachfrage Güter des notwendigen Bedarfs.

2.1.5.3 Wettbewerbsbeschränkungen

Die beiden wesentlichsten Voraussetzungen für das Funktionieren einer marktwirtschaftlichen Ordnung sind das Privateigentum und der Wettbewerb. Beide müssen geschützt werden. Das Privateigentum ist in der Verfassung unseres Staates geschützt. Der Wettbewerb muss beaufsichtigt und reguliert werden, um Marktmacht zu verhindern.

2.1.5.3.1　Arten der Unternehmenskonzentration

Marktmacht kann entstehen
- nach der **Produktionsstufe**: horizontale, vertikale oder diagonale Konzentration
- durch **vertragliche** und **kapitalmäßige** Bindung: Kartell, Syndikat, Konzern, Trust.

Bei der **horizontalen** Konzentration schließen sich Unternehmen der gleichen Produktionsstufe zusammen (VW, Audi, Seat), bei der **vertikalen** Konzentration sind es Unternehmen vor- oder nachgelagerter Produktionsstufen (Forstwirtschaft, Sägewerk, Möbelfabrik). Bei der **diagonalen** Konzentration steht der Risikoausgleich durch Diversifikation im Vordergrund: ein Zusammenschluss verschiedener Branchen (Oetker).

Die Unternehmenskonzentration durch vertragliche und kapitalmäßige Bindung oder durch Fusion wird ausführlich in Abschnitt 2.2.2.3 behandelt.

2.1.5.3.2　Gesetze gegen Wettbewerbsbeschränkungen

Der Aufrechterhaltung des Wettbewerbs dienen **ordnungspolitische Regelungen**:
- **allgemeine Maßnahmen** wie die Öffnung der Märkte (EU-Binnenmarkt) und die Förderung des Marktzugangs neuer Teilnehmer
- das **Gesetz gegen den unlauteren Wettbewerb** (UWG) mit Nebenrechtsvorschriften, wie z. B. Rabattgesetz, Preisangabegesetz, Zugabeverordnung
- das **Gesetz gegen Wettbewerbsbeschränkungen** (GWB), kurz Kartellgesetz.

Unter einem Kartell versteht man einen vertraglichen Zusammenschluss rechtlich und wirtschaftlich selbstständig bleibender Unternehmen einer Branche, um die Marktverhältnisse zu beeinflussen und den Wettbewerb einzuschränken.

Das GWB unterscheidet zwischen
- grundsätzlich verbotenen Kartellen (Preis-, Gebiets-, Quotenkartell)
- genehmigungspflichtigen Kartellen (Rationalisierungskartelle, Strukturkrisenkartelle = planmäßige Anpassung an verändertem Bedarf) und
- anmeldepflichtigen Kartellen (z. B. Konditionenkartell, Normenkartell).

Das Kartellgesetz richtet sich darüber hinaus gegen Konzentrationsprozesse durch Fusion (Kapitalbeteiligung ab 25%), wenn sie zur Marktbeherrschung führen können. § 24 GWB regelt die sogenannte **vorbeugende Fusionskontrolle**: Bei Unternehmenszusammenschlüssen mit einem Jahresumsatz ab 500 Millionen DM muss das Bundeskartellamt informiert werden.

2.1.6 Geld und Kredit

Durch Verwendung von Geld können Tauschprozesse einfacher und kostengünstiger abgewickelt werden. Als Tauschmittel muss das Geld allgemein anerkannt, ohne Wertverlust teilbar, transportierbar und aufbewahrbar und gegen Fälschung gesichert sein.

2.1.6.1 Geldarten und Geldfunktionen, Währungsordnung

Die Unterscheidungsformen des Geldes unterliegen ständigem Wandel. Grundsätzlich ist zwischen Bargeld und Buchgeld (Giralgeld) zu unterscheiden. **Bargeld** existiert in der Form von Münzgeld oder Papiergeld. Münzgeld gibt es als Kurantmünzen (der Metallwert entspricht dem Nennwert) und als Scheidemünzen (der Metallwert ist niedriger als der Nennwert). Papiergeld (Banknoten) ist stoffwertloses Geld: Der aufgedruckte Nennwert bestimmt seinen Wert als Tauschmittel.

Buchgeld ist stoffloses Geld und existiert nur auf den Konten der Geldinstitute. Umlaufende Schecks und Wechsel sind keine Geldart, sondern nur Geldersatzmittel. In der heutigen Zeit existiert Buchgeld auch als elektronisches Geld (auch digitales oder virtuelles Geld genannt): Die Zahlung wird über Computernetze wie Internet auf Computerkonten oder auf Chipkarten abgewickelt.

Als Geld gilt, was folgende drei Funktionen ausübt:
– Als Tausch- und Zahlungsmittel erleichtert es den Güter- und Dienstleistungsaustausch, fördert die Arbeitsteilung und ist Grundlage der Kreditgewährung.
– Als Wertaufbewahrungsmittel sichert es die Zahlungsfähigkeit und erweitert den wirtschaftlichen Entscheidungsspielraum.
– Als Wertmaßstab und Recheneinheit ist es Voraussetzung für das gesamte Rechnungswesen.

Das Währungsgesetz vom 20. Juni 1948 bestimmte für die Bundesrepublik Deutschland als Währungseinheit die Deutsche Mark und die Stückelung in 100 Pfennige. Die DM ist eine freie Währung. Die Regulierung der Geldmenge erfolgt durch Entscheidungen des Zentralbankrates der Deutschen Bundesbank entsprechend der wirtschaftlichen Entwicklung. Das Vertrauen der Bevölkerung in das Wirken der Bundesbank tritt an die Stelle der Bindung an ein Edelmetall, z. B. Gold oder Silber. Solche Währungen bezeichnet man als »gebundene Währungen«. Der Vertrag von Maastricht sieht im Bereich der EU die Umstellung aller nationalen Währungen auf eine europäische Währung vor, den »Euro«. Ab 01. Januar 2002 werden auf »Euro« lautende Banknoten und Münzen ausgegeben. Mit dem 30. Juni 2002 verlieren die nationalen Geldzeichen ihre Gültigkeit und sind damit nicht mehr gesetzliches Zahlungsmittel. Die monetäre Regelung obliegt dann der europäischen Zentralbank als Nachfolgerin des europäischen Währungsinstituts mit Sitz in Frankfurt am Main.

Die Euro-Währung ist eine freie oder manipulierte Papierwährung. Die Regulierung der Geldmenge erfolgt durch Entscheidungen des Zentralbankrates entsprechend der Geldwertstabilität und der wirtschaftlichen Entwicklung.

2.1.6.2   Europäisches System der Zentralbanken

Das ESZB besteht aus der Europäischen Zentralbank in Frankfurt am Main und den nationalen Zentralbanken der Mitgliedstaaten. Die EZB ist zuständig für die gemeinsame Währungspolitik. Ihre Organe sind

– der EZB-Rat: Mitglieder des Direktoriums der EZB und die Präsidenten der Zentralbanken der Mitgliedstaaten als Beschlussfassungsorgan;
– das Direktorium: Präsident und Vizepräsident der EZB und bis zu vier Mitglieder, die vom Europäischen Rat bestimmt werden. Das Direktorium führt die Beschlüsse des EZB-Rates aus;
– der erweiterte Rat: Präsident und Vizepräsident der EZB und die Präsidenten der Mitgliedstaaten der EU, die noch nicht Mitglied der Europäischen Wirtschafts- und Währungsunion (EWWU) sind.

Zum Bankensystem gehören außerdem alle Geschäftsbanken (privatrechtliche Unternehmen), öffentlich-rechtliche (Sparkassen), genossenschaftsrechtliche Kreditinstitute (Volksbanken) sowie Spezialbanken (z. B. Bausparkassen). Ihnen obliegt die Entgegennahme von Einlagen (Passivgeschäft), die Gewährung von Krediten (Aktivgeschäft), die Durchführung des Zahlungsverkehrs und der Handel mit und die Aufbewahrung von Wertpapieren.

2.1.6.3   Geldschöpfung und Geldvernichtung

Die Höhe des in der Volkswirtschaft umlaufenden Zentralbankgeldes wird durch Zentralbankgeldschöpfung und Zentralbankgeldvernichtung verändert. Dabei orientiert sich die EZB am Ziel eines stabilen Geldwertes bei angemessenem Wirtschaftswachstum und hoher Beschäftigung. Die Zentralbank schöpft Zentralbankgeld, indem sie Aktiva (z. B. Devisen, Wechsel, Wertpapiere) ankauft (monetarisiert). Sie bezahlt mit Forderungen gegen sich selbst in Form von Banknoten oder durch Einräumen von Sichtguthaben: Die in der Volkswirtschaft umlaufende Zentralbankgeldmenge steigt.

Zentralbankgeld wird vernichtet, wenn die Zentralbank Aktiva (z. B. Wertpapiere, Devisen) verkauft oder wenn bei ihr fällige Forderungen (z. B. Wertpapiere) eingelöst werden: Die in der Volkswirtschaft umlaufende Zentralbankgeldmenge sinkt.

Steigerungen der Umlaufgeschwindigkeit wirken wie eine Geldschöpfung, Verringerungen der Umlaufgeschwindigkeit wie eine Geldvernichtung.

2.1.6.4   Geldwert und seine Veränderungen

Bei einer Papierwährung ergibt sich der Wert der Münzen und Banknoten sowie des Buchgeldes aus dem aufgedruckten Geldbetrag = **Nominalwert**. Wieviel Güter und Leistungen man dafür kaufen kann, hängt von den Preisen ab. Dieser Tauschwert des Geldes stellt seinen wirklichen Wert dar, den **Realwert**. Man spricht auch von der Kaufkraft des Geldes.

2.1.6.4.1   Binnenwert des Geldes

Das Preisniveau einer Volkswirtschaft ergibt sich aus der Beziehung zwischen dem Gütervolumen und dem Geldvolumen.

Gütervolumen = Handelsvolumen · Preisniveau

Geldvolumen = Geldmenge · Umlaufgeschwindigkeit

Stabiler Geldwert des Geldes: Handelsvolumen und Gütervolumen entwickeln sich gleichförmig (parallel).

Fallender Binnenwert des Geldes: Geldvolumen nimmt stärker zu als Handelsvolumen.

Steigender Binnenwert des Geldes: Handelsvolumen nimmt stärker zu als Geldvolumen.

Die Messung des Binnenwertes des Geldes erfolgt monatlich durch das Statistische Bundesamt. Die Entwicklung der Konsumgüterpreise erfolgt durch die Feststellung des **Preisindex für die Lebenshaltung**. Dazu stellt das Amt einen Warenkorb zusammen und gewichtet diese Gütergruppen (Wägungsschema). Zur Zeit gilt der Warenkorb von 1995 mit rund 750 Waren und Dienstleistungen. Sie sind in zwölf Gruppen zusammengefasst: Nahrungsmittel und alkoholfreie Getränke – alkoholische Getränke, Tabakwaren – Bekleidung und Schuhe – Wohnung, Wasser, Strom, Gas und andere Brennstoffe – Hausrat und laufende Instandhaltung des Hauses – Gesundheitspflege – Verkehr – Nachrichtenübermittlung – Freizeit und Kultur – Bildungswesen – Hotels, Cafés und Restaurants – verschiedene Waren und Dienstleistungen.

Aus dem monatlich ermittelten Preisindex lässt sich die Preissteigerungsrate des betreffenden Monats für die Konsumgüterpreise im Vergleich zum selben Monat des Vorjahres errechnen. Sie wird in den ersten Tagen jedes Monats von den Medien publiziert. Im Jahresdurchschnitt 1999 belief sie sich in der Bundesrepublik Deutschland auf 1,6 gegenüber 1,4 Prozent in 1998.

2.1.6.4.2   Außenwert des Geldes, Zahlungsbilanz

Der Außenwert des Geldes wird von den Wechselkursen und vom ausländischen Preisniveau bestimmt. In der Europäischen Wirtschafts- und Währungsunion EWWU existiert ein einheitlicher Wechselkurs.

Zur Abwicklung der Außenhandelsgeschäfte sind Devisen erforderlich. Dazu zählen Guthaben bei ausländischen Banken sowie Schecks und Wechsel, die auf ausländische Währung lauten und im Ausland zahlbar sind.

Eine **Aufwertung** des EUR bedeutet, dass der Preis in EUR für die ausländische Währung (der Wechselkurs) sinkt. Damit steigt sein Außenwert: exportieren wird teurer, importieren billiger. Eine **Abwertung** des EUR bedeutet, dass der Preis in EUR für die ausländische Währung (der Wechselkurs) steigt. Damit sinkt sein Außenwert: exportieren wird billiger, importieren teurer.

Die **Wechselkurse** können vom Staat festgesetzt werden = feste Wechselkurse. Wenn sie sich auf den Devisenmärkten ohne staatliche Eingriffe durch Angebot und Nachfrage selbst bilden, handelt es sich um flexible (freie) Wechselkurse. Steigt die Nachfrage, steigt auch der Kurs bei gleichbleibendem Angebot, fällt sie, dann nimmt der Wechselkurs bei gleichbleibendem Angebot ab.

Für die Geldpolitik ist ausschließlich die unabhängige **Europäische Zentralbank** EZB zuständig. Die wechselkurspolitischen Kompetenzen liegen beim Europäischen Rat (Staats- und Regierungschefs der EU-Länder). Wechselkursvereinbarungen für den EUR gegenüber Drittwährungen kann er aber nur auf der Basis einer Empfehlung der EZB oder der Europäischen Kommission treffen. Das **Europäische System der Zentralbanken** EZSB hat die Devisengeschäfte durchzuführen und die Währungsreserven der Mitgliedsstaaten zu verwalten.

Die außenwirtschaftlichen Beziehungen sind für die deutsche Volkswirtschaft sehr bedeutsam. Sie werden laufend in der **Zahlungsbilanz** (Aktiv = Exporte, Passiv = Importe) statistisch erfasst. Sie besteht aus der **Leistungsbilanz**, den **Vermögensübertragungen** (einmalige Übertragungen wie z. B. Schuldenerlasse, Erbschaften, Vermögensmitnahmen von Aus- oder Einwanderern), der **Kapitalbilanz** (Direktinvestitionen, Wertpapieranlagen, Kreditverkehr) und der **Veränderung der Währungsreserven**. Die Leistungsbilanz setzt sich zusammen aus der Handelsbilanz (Ex- und Importe von Waren), der Dienstleistungsbilanz (Auslandsreiseverkehr und -kommunikationsverkehr), den Erwerbs- und Vermögenseinkommen (z. B. Dividende, Einkommen aus unselbstständiger Arbeit im Ausland) und der Übertragungsbilanz (laufende Zahlungen an und von internationale(n) Organisationen, bestimmte Versicherungsleistungen).

Die Leistungsbilanz der Bundesrepublik Deutschland war viele Jahre positiv: Die Exporte überstiegen die Importe. Seit 1991 weist diese wichtige Bilanz (bei durchweg positiver Handelsbilanz) einen Negativsaldo aus. Ende Dezember 1999 betrug das Defizit 35 908 Mio. DM (18 133 Mio. EUR).

2.1.6.4.3   Geldwertänderungen

Im Gegensatz zum Außenwert hängt die Kaufkraft des Geldes von den Preisen im Inland ab. Wenn sich die Preisänderungen bei den verschiedenen Gütern ausgleichen, bleibt der Geldwert stabil. Steigt oder fällt jedoch das allgemeine Preisniveau, kommt es zu einer **Deflation** oder zu einer **Inflation**.

Eine Deflation tritt dann auf, wenn das Wachstum der Geldmenge nachhaltig geringer ist als das Wachstum des realen Sozialprodukts. Das führt durch den Nachfrageausfall zu Produktionseinschränkungen, Entlassung von Arbeitskräften und Massenarbeitslosigkeit. Mögliche Bekämpfungsmittel sind die Vergrößerung der Geldmenge, die Erhöhung der Staatsausgaben oder eine Senkung der Steuereinnahmen. In der Bundesrepublik Deutschland haben wir noch keine Deflation erlebt.

Bei einem jährlichen Preisanstieg von etwa 2 bis 5 Prozent spricht man von einer schleichenden Inflation. Bei höheren Preissteigerungen kommt es zu einer beschleunigten Inflation. Die Grenzen zwischen diesen beiden Formen sind fließend. Von der schleichenden Inflation sind alle westlichen Industriestaaten in den letzten zwei Jahrzehnten mehr oder weniger stark betroffen. Dieser stetige Preisanstieg wird auch als chronische Inflation bezeichnet. Tritt die Inflation in Verbindung mit einem Rückgang der Produktion (Stagnation) und steigender Arbeitslosigkeit auf, spricht man von Stagflation.

Der Impuls zu einer Inflation kann von der Nachfrage- oder auch von der Angebotsseite ausgehen.

Die **nachfragebedingte** Inflation wird ausgelöst, wenn bei Vollbeschäftigung die Nachfrage bei konstantem Angebot steigt.

Die **angebotsbedingte** Inflation geht von der Kostenseite aus: Die Anbieter wälzen höhere Kosten auf die Preise ab.

Eine sozusagen **gesellschaftsbedingte** Inflation ist die »Anspruchsinflation«: Der allgemeine Preisanstieg wird ausgelöst durch einen höheren Anspruch der Arbeitnehmer oder der Arbeitgeber oder der Rentner oder des Staates nach einem höheren Anteil am Sozialprodukt, der das reale Wachstum übersteigt.

2.1.7   Konjunktur und Wachstum

Die Wirtschaft steht nie still. Wichtige wirtschaftliche Größen wie Produktion und Beschäftigung, Export und Import, Preise und Umsätze steigen und fallen. Ein Wachstum der Volkswirtschaft ist dann gegeben, wenn in einem bestimmten Zeitraum mehr als in der vorangegangenen Vergleichsperiode produziert worden ist.

2.1.7.1   Quantitatives und qualitatives Wachstum

Die Wirtschaft wächst, wenn die Leistung der Produktionsfaktoren pro Zeiteinheit (= Faktorproduktivität) zugenommen hat oder/und der Bestand an Arbeitskräften, Produktionsanlagen, Rohstoffen und Energie gestiegen ist. Jedes Wachstum fördert das wirtschaftliche Leben. Es muss aber zwischen quantitativem und qualitativem Wachstum unterschieden werden.

Quantitatives Wachstum ist erreicht, wenn die reale Wirtschaftsleistung im Vergleich zum Vorjahr gestiegen ist. Das ist auch bei Negativereignissen der Fall: Die Beseitigung von Umweltschäden steigert das Sozialprodukt ebenso wie die ärztliche Versorgung bei Unfällen. Außerdem werden z. B. ehrenamtliche Tätigkeiten in der Inlandsproduktberechnung genauso wenig erfasst wie die Tätigkeit der Hausfrau. Die quantitative Betrachtung muss daher um eine qualitative ergänzt werden.

Qualitatives Wachstum liegt dann vor, wenn Arbeitsbedingungen, Umweltbedingungen, soziale Erfordernisse verbessert worden sind. Die Erfassung dieses Wachstums wird heute noch zu wenig praktiziert, obwohl sich eine Sozialbilanz, eine Ökobilanz durchaus nach wissenschaftlichen Kriterien aufstellen lassen (siehe hierzu auch Abschnitt 2.1.8).

2.1.7.2   Konjunktur

Durch das Auf und Ab ökonomischer Aktivitäten ergeben sich verschiedene Arten von Wirtschaftsschwankungen:

Saisonale Schwankungen (z. B. Winterarbeitslosigkeit in der Bauindustrie, Zunahme der Einzelhandelsumsätze vor Weihnachten) haben keinen großen Einfluss auf die Volkswirtschaft.

Wachstumstrend ist die langfristige Tendenz der wirtschaftlichen Entwicklung.
Konjunkturelle Schwankungen sind mittelfristig und beziehen sich auf die gesamte Wirtschaft. Sie schwanken um den langfristigen Trend.

2.1.7.2.1   Konjunkturphasen und -zyklen

Ein Konjunkturzyklus umfasst die Phasen Aufschwung, Hochkonjunktur (Boom), Abschwung (Rezession) und Tiefstand (Talsohle, Depression).

Der **Aufschwung** ist gekennzeichnet durch zunehmende Nachfrage, bessere Auslastung der Kapazitäten und eine Entlastung des Arbeitsmarktes.

Der **Boom** ist gekennzeichnet durch Arbeitskräftemangel, erhöhte Preissteigerung auf allen Märkten und einen hohen Fixkostenanteil der Unternehmen.

Der **Abschwung** ist gekennzeichnet durch gleichzeitigen Nachfragerückgang auf den Investitions- und Konsumgütermärkten, durch Freisetzung von Arbeitskräften und eine Zunahme von Unternehmenzusammenbrüchen.

Die **Depression** wird ausgelöst durch zunehmende Arbeitslosigkeit, Verringerung der Kaufkraft und zunehmend fehlende Kostendeckung.

2.1.7.2.2 Konjunkturbeobachtung

Um die konjunkturelle Entwicklung beeinflussen zu können, muss diese beobachtet werden. Die »amtlichen« Konjunkturergebnisse werden in den **Halbjahresgutachten** der führenden Konjunkturforschungsinstitute, im **Jahresgutachten** des Sachverständigenrates und im **Jahreswirtschaftsbericht** der Bundesregierung erfasst.

Das Gesetz zur Förderung der Stabilität und des Wachstums der Wirtschaft von 1967 verpflichtet den Bund und die Länder, die Zielvorgaben des »**magischen Vierecks**« anzustreben:

– stetiges angemessenes Wirtschaftswachstum (gemessen am realen Bruttoinlandsprodukt)
– Stabilität der Währung (gemessen am Preisindex für die Lebenshaltung): erreicht bei einem Preisanstieg bis 2%/Jahr
– hoher Beschäftigungsstand (gemessen an der Arbeitslosenquote): erreicht bei 0,8% bis 3%
– außenwirtschaftliches Gleichgewicht (gemessen an der Leistungsbilanz): erreicht bei positivem Außenbeitrag von 1% bis 2%.

Ökologische Erfordernisse, also Anforderungen an die Umweltverträglichkeit, sind im Stabilitätsgesetz nicht genannt. Ihre Beachtung ist inzwischen so allgemein anerkannt, dass nicht wenige Politiker und Unternehmer vom »magischen Fünfeck« sprechen und in der Produkt- und Distributionspolitik die Umweltverträglichkeit einbeziehen (z. B. Verpackungsordnung, Verwendung von recyclingfähigen Rohstoffen und Vorprodukten, Müllentsorgung).

Zum Teil harmonisieren diese vier Teilziele der Konjunkturpolitik: Durch Arbeitsbeschaffungsmaßnahmen nehmen Beschäftigung und Wachstum zu.
Zum Teil ergeben sich Zielkonflikte: Durch niedrige Zinsen wird die Nachfrage angekoppelt, dies führt aber zu einer Gefährdung der Preisstabilität.

2.1.7.2.3 Konjunkturpolitik

Jede Konjunkturpolitik zielt darauf ab, einen beginnenden Aufschwung zu unterstützen, rechtzeitig vor einem Boom zu bremsen, dem Abschwung entgegenzuwirken und vor der Depression »durchzustarten«. **Träger der Konjunkturpolitik** sind der Staat, die Bundesbank, aber auch die Tarifvertragsparteien und nicht zuletzt die »Lobby«.

Monetäre Konjunkturpolitik

Die EZB beeinflusst den Konjunkturverlauf mit monetären Maßnahmen (siehe Abbildung auf der übernächsten Seite).

Sie kann ihre geldpolitischen Mittel mit restriktiver Wirkung (Aufschwung, Boom) oder mit expansiver Wirkung (Abschwung, Depression) einsetzen, um die wirtschaftlichen Aktivitäten (Investition, Konsum) zu dämpfen oder zu beleben.

Durch die sogenannten »ständigen Fazilitäten« (Refinanzierungsmöglichkeiten) steuert sie den kurzfristigen Geldmarktzins: Erhöhung = Zinssteigerung = Dämpfung der Nachfrage, Senkung = Zinsverbilligung = Belebung der Nachfrage.

»Mindestreserven« sind Zwangsguthaben eines Kreditinstituts bei der Zentralbank: Erhöhung = Verringerung des Kreditvolumens = Konjunkturbremse, Senkung = Mehrung des Kreditvolumens = Konjunkturbelebung.

»Offenmarktgeschäfte«: Die EZB tritt am Markt als Käufer = Zentralbankgeldschöpfung oder als Verkäufer = Zentralbankgeldvernichtung auf.

Das ESZB ist in der Ausübung seiner Befugnisse von Weisungen der nationalen Regierungen unabhängig., Probleme können sich ergeben, wenn EZB und nationale Regierungen unterschiedliche konjunkturpolitische Zielsetzungen verfolgen.

Fiskalpolitik

Der Staat greift mit finanzpolitischen Maßnahmen in den Konjunkturablauf ein. Dafür stehen ihm seine **Ausgaben** und **Einnahmen** zur Verfügung, die im Budget (Haushaltsplan) verbindlich für ein Jahr im voraus festgelegt werden und in eine fünfjährige (mittelfristige) Finanzplanung eingebettet sind. Über den öffentlichen Haushalt werden die Ausgaben (Investitionen), die ordentlichen Einnahmen (Steuern) und der Kapitalmarkt (Nettokreditaufnahme) beeinflusst. Eine Ausweitung der Ausgaben (öffentliche Investitionen) erzwingt gleichzeitig ein Zurückführen an anderen Stellen oder eine Erhöhung der Steuern oder eine Erhöhung der Kreditnachfrage der öffentlichen Hand (siehe Abbildung auf der übernächsten Seite).

Die **antizyklische** Fiskalpolitik geht davon aus, dass die Gesamtnachfrage im Vergleich zum Gesamtangebot (Produktionspotential) entweder zu hoch (Boom) oder zu gering (Rezession) ausfällt. Um die Nachfrage zu stabilisieren, setzt der Staat seine Ausgaben und Einnahmen antizyklisch (entgegengesetzt zur Konjunkturlage) ein.

Bei der **angebotsorientierten** Fiskalpolitik sollen durch eine stetige Haushaltspolitik und eine langfristige Verbesserung der Angebotsbedingungen Anreize für Investitionen und Innovationen zur Gründung neuer Unternehmen und für eine berufliche Weiterbildung gegeben werden. Damit sollen Wachstum und Beschäftigung gefördert werden, ohne dass der Geldwert gefährdet wird.

Aber auch den **Tarifvertragsparteien** kommt unter konjunkturpolitischen Gesichtspunkten eine große Verantwortung zu. Es leuchtet ein, dass beim Abschluss von Tarifverträgen die Gewerkschaften eher nachfrageorientiert (Kaufkraft) und die Arbeitgeberverbände eher angebotsorientiert (Kosten) argumentieren.

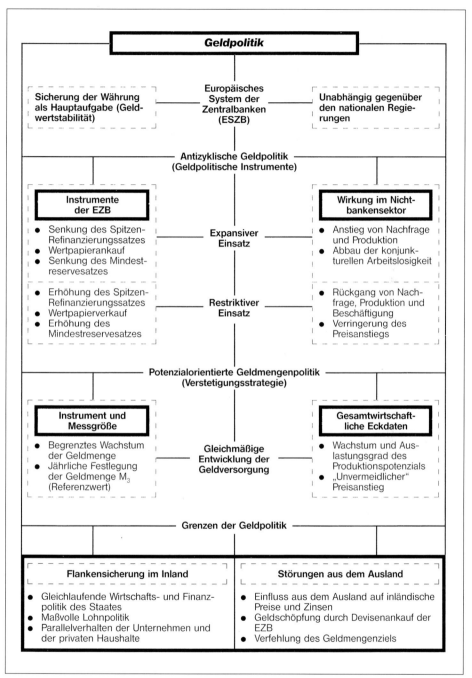

Quelle: Seidel, Temmen: Grundlagen der Volkswirtschaftslehre, Verlag Dr. Max Gehlen

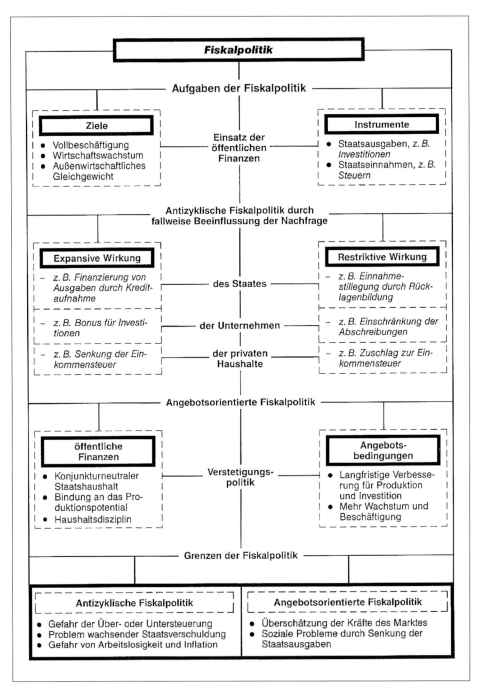

Fiskalpolitik

Aufgaben der Fiskalpolitik

Ziele
- Vollbeschäftigung
- Wirtschaftswachstum
- Außenwirtschaftliches Gleichgewicht

Einsatz der öffentlichen Finanzen

Instrumente
- Staatsausgaben, z. B. *Investitionen*
- Staatseinnahmen, z. B. *Steuern*

Antizyklische Fiskalpolitik durch fallweise Beeinflussung der Nachfrage

Expansive Wirkung

– z. B. Finanzierung von Ausgaben durch Kreditaufnahme

– z. B. Bonus für Investitionen

– z. B. Senkung der Einkommensteuer

des Staates

der Unternehmen

der privaten Haushalte

Restriktive Wirkung

– z. B. Einnahmestillegung durch Rücklagenbildung

– z. B. Einschränkung der Abschreibungen

– z. B. Zuschlag zur Einkommensteuer

Angebotsorientierte Fiskalpolitik

öffentliche Finanzen
- Konjunkturneutraler Staatshaushalt
- Bindung an das Produktionspotential
- Haushaltsdisziplin

Verstetigungspolitik

Angebotsbedingungen
- Langfristige Verbesserung für Produktion und Investition
- Mehr Wachstum und Beschäftigung

Grenzen der Fiskalpolitik

Antizyklische Fiskalpolitik
- Gefahr der Über- oder Untersteuerung
- Problem wachsender Staatsverschuldung
- Gefahr von Arbeitslosigkeit und Inflation

Angebotsorientierte Fiskalpolitik
- Überschätzung der Kräfte des Marktes
- Soziale Probleme durch Senkung der Staatsausgaben

Quelle: Seidel, Temmen: Grundlagen der Volkswirtschaftslehre, Verlag Dr. Max Gehlen

2.1.8   Ökonomie und Ökologie

Vor der Erfindung der Dampfmaschine hat es mehrere hundert Jahre gedauert, bis die jährliche Produktionsleistung verdoppelt werden konnte. In den letzten zweihundert Jahren hat sich dagegen die jährliche Produktionsleistung verzwölffacht. Diese von den Menschen geleistete Explosion der Produktivität ging aber einher mit einer immer rigoroseren Ausbeutung der Umwelt. Die Umwelt ist der Lebensraum des Menschen, aus dem er seine Nahrungsmittel und Rohstoffe gewinnt, und in den er seine Abfall- und Schadstoffe abgibt.

2.1.8.1   Ursachen der Umweltprobleme

Die zunehmende Umweltproblematik lässt sich vor allem auf drei Gründe zurückführen:

- Die Weltbevölkerung wird nach Schätzungen der UN im Jahre 2050 mit 10 Milliarden Menschen etwa viermal so hoch sein wie 1950, wenn sie im gleichen Tempo weiterwächst. Die größere Nahrungsmittelproduktion erfordert auch mehr Land, Maschinen und Dünger, wodurch die natürlichen Rohstoffe schneller ausgebeutet werden.
- Fast die Hälfte der Menschheit lebt heute in Stadtregionen. Durch diese Verstädterung entstehen riesige Abfallberge, und die Luft- und Wasserverschmutzung erreicht Ausmaße, die Menschen, Tier- und Pflanzenwelt gefährden.
- Wirtschaftliches Wachstum ohne Rücksicht auf die Umwelt (quantitatives Wachstum) führt langfristig zu einer Erschöpfung der Rohstoffreserven und zu einer Zerstörung der natürlichen Umwelt durch Schadstoffe.

Damit sind z. B. saubere Luft, reines Wasser zu einem knappen Gut geworden, das Kosten verursacht. Diese Kosten zur Erhaltung der Umweltqualität müssen im Preis zum Ausdruck kommen: Höhere Preise, die die Knappheit eines Gutes widerspiegeln, bieten Anreize zu einer sparsamen Verwendung (siehe Abbildung auf der übernächsten Seite).

2.1.8.2   Ziele der Umweltpolitik

Umweltpolitische Zielsetzungen sind

- in der Produktion: sparsame Verwendung von nichtreproduzierbaren Rohstoffen, sparsamer Energieverbrauch, Reduzierung von Schadstoffen, Wahl umweltschonender und schadstoffverhütender Produktionsverfahren
- beim Konsum: Vorrang für umweltfreundliche Produkte und sparsamer Umgang mit den Gütern, weitgehendes Recycling.

Um dies zu erreichen, müssen beim Umweltschutz vier Prinzipien beachtet werden:

Durch das **Verursacherprinzip** werden die Kosten zur Vermeidung von Umweltschäden in der Wirtschaftsrechnung der Betriebe und Haushalte berücksichtigt. Umweltbelastende Produkte werden teurer. Dadurch wird allen Umweltverschmutzern finanziell deutlich, welche Bedeutung der knappe Produktions- und Lebensfaktor Umwelt hat.

Durch das **Vorsorgeprinzip** sollen Umweltgefahren vorausschauend vermieden werden.

Das **Gemeinlastprinzip** sieht den Einsatz staatlicher Mittel vor, wenn der Verursacher nicht feststellbar ist oder die Durchsetzung des Verursacherprinzips die betriebliche Existenz gefährdet.

Das **Kooperationsprinzip** verlangt die Zusammenarbeit aller. Eine umfassende Aufklärung der Konsumenten und Produzenten in Umweltfragen schärft ihr Umweltbewusstsein und fördert umweltgerechtes Verhalten.

2.1.8.3   Instrumente der Umweltpolitik

Diese kann man in nicht-fiskalische Instrumente und (weil mit Einnahmen verbunden) in fiskalische Instrumente einteilen.

nicht-fiskalische Instrumente:
– Umweltauflagen durch umweltbezogene Ge- und Verbote
– bessere Umweltkontrolle und Ausweitung der Umwelthaftung
– Verbesserung des freiwilligen umweltbewußten Handelns.

fiskalische Instrumente:
– Umweltlizenzen bzw. -zertifikate für Umweltverschmutzungsrechte
– Umweltabgaben mit Anreiz für geringere Umweltgefährdung
– Finanzierung umweltverbessernder Maßnahmen
– umweltbedeutsame Forschungs- und Entwicklungsförderung.

Der Europäische Rat hat 1993 eine Verordnung über die freiwillige Beteiligung gewerblicher Unternehmen an ein Gemeinschaftssystem für das Umweltmanagement und die Umweltbetriebsprüfung erlassen: das EU-Öko-Audit. Das Verfahren läuft wie folgt ab:

1. Festlegung der Umweltpolitik
2. Erste Umweltprüfung (Ist-Analyse/Erst-Audit)
3. Erstellung eines Umweltprogramms und Einführung eines Umweltmanagementsystems
4. Durchführung der Umweltbetriebsprüfung (Folge-Audit)
5. Abgabe der Umwelterklärung (in der Regel jährlich)
6. Überprüfung durch zugelassene Umweltgutachter (spätestens alle drei Jahre)
7. Übermittlung der valutierten Umwelterklärung an die zuständige Stelle (national)
8. Registrierung des Betriebes (Europäische Union)
9. Erhalt der Teilnahmeerklärung (Öko-Audit-Zeichen).

Ein weiteres wichtiges Hilfsmittel für die Umweltpolitik sind Ökobilanzen, die Umweltbelastungen, die von einem Produkt, einem Produktionsprozess oder einer Unternehmung ausgehen, erfassen und bewerten.

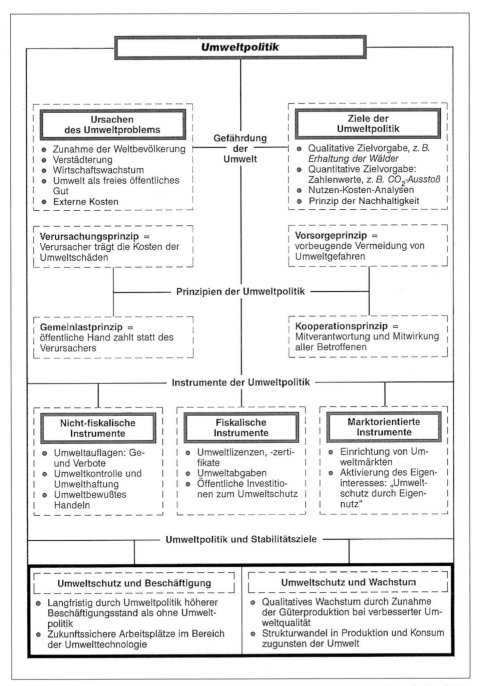

Quelle: Seidel, Temmen: Grundlagen der Volkswirtschaftslehre, Verlag Dr. Max Gehlen

Fragen zur Kontrolle

Zu Abschnitt 2.1.1 bis 2.1.3

1. Was bezeichnet man als Individualbedarf und was als Kollektivbedarf?
   Geben Sie je fünf Beispiele an!

2. Nutzen Sie das ökologische Prinzip öfter als Minimal- oder als Maximalprinzip?
   Begründen Sie Ihre Aussage!

3. Aus welchen Gründen wird der Produktionsfaktor Arbeitskraft zunehmend durch
   den Produktionsfaktor Kapital ersetzt?
   Überlegen Sie, wie der Berufstätige gegensteuern kann!

4. Welche Auswirkungen haben das Individualprinzip und das Kollektivprinzip auf die
   Wirtschaftsordnung?

5. Warum sind marktwirtschaftliche Ordnungen den zentralverwaltungswirtschaftli-
   chen grundsätzlich überlegen?

6. Warum sind in einer marktwirtschaftlich orientierten Wirtschaft Eingriffe des
   Staates unabdingbar?

Zu Abschnitt 2.1.4

7. Erläutern Sie das Modell des einfachen und das Modell des erweiterten
   Wirtschaftskreislaufs!

8. Was sind Transferzahlungen? Geben Sie drei Beispiele an!

9. Wie wird das Sozialprodukt erstellt, wie verteilt und wie verwendet?

10. Was versteht man unter der funktionellen, was unter der personellen
    Einkommensverteilung?

11. Worin unterscheiden sich Bruttosozialprodukt und Bruttoinlandsprodukt?

12. Welche volkswirtschaftliche Bedeutung hat das Sparen der privaten Haushalte?

Zu Abschnitt 2.1.5

13. Definieren Sie den Begriff »Markt«!

14. Warum gibt es in der Realität nur unvollkommene Märkte?

15. Welche Bedeutung hat die Nachfrageelastizität des Gutes auf die Preisbildung?

16. Der Preis ist eine wichtige Marktorientierungsgröße. Welche anderen Faktoren
    können Angebot und Nachfrage beeinflussen?

17. Welche Vorteile und welche Nachteile erkennen Sie im fortschreitenden
    Konzentrationsprozess in der Wirtschaft?

18. Mit welchen Gesetzen und Verordnungen versucht der Staat, wirtschaftliche
    Macht zu begrenzen?

Zu Abschnitt 2.1.6

19. Erläutern Sie die Geldfunktionen!

20. Wie stellt sich das zweistufige Bankensystem in der Bundesrepublik Deutschland dar?

21. Welche Möglichkeiten der Geldschöpfung sind Ihnen bekannt?

22. Woran erkennt man Veränderungen des Binnenwertes und des Außenwertes der Währung?

23. Wie setzt sich die Geldmenge M3 zusammen?

24. Welche Folgen kann die Einführung einer einheitlichen Währung in der Europäischen Union haben?

Zu Abschnitt 2.1.7

25. Beschreiben Sie die vier Konjunkturphasen im Modell!

26. Welches sind die Bestimmungsgrößen des magischen Vierecks?

27. Wie entstehen friktionelle, strukturelle, konjunkturelle und saisonale Arbeitslosigkeit?

28. Welche Beeinflussungsmittel stehen der monetären Konjunkturpolitik zur Verfügung?

29. Welche Beeinflussungsmittel stehen der Fiskalpolitik zur Verfügung?

30. Wie beurteilen Sie die Aussage: »Die Volkswirtschaft ist auf dem Weg von der Industriegesellschaft zu einer Dienstleistungsgesellschaft«?

2.2　Betriebswirtschaft

Die Betriebswirtschaftslehre analysiert das betriebliche Geschehen, zeigt Schwachstellen auf und entwickelt alternative Aktionsmöglichkeiten, um das Unternehmensziel – mit Ausnahme gemeinwirtschaftlicher Betriebe grundsätzlich Gewinnmaximierung – wissenschaftlich zu begleiten. Die **allgemeine BWL** beschreibt und erklärt betriebliche Bedingungen und Probleme unabhängig vom jeweiligen Wirtschaftszweig. Bei der **speziellen BWL** stehen die spezifischen Probleme des jeweiligen Wirtschaftszweigs im Vordergrund.

Die **betriebswirtschaftliche Verfahrenslehre** schließlich befasst sich mit den rechnerischen Verfahren zur Erfassung des aktuellen Betriebsgeschehens: Geschäfts- oder Finanzbuchführung, Kosten- und Leistungsrechnung, Statistik als Vergleichsinstrument und Planung als Vorschaurechnung (siehe Abschnitt 2.2.5.6.1).

Aber auch Erkenntnisse der Volkswirtschaftslehre finden in der BWL Berücksichtigung, da gesamtwirtschaftliche Bedingungen, wie z. B. die Entwicklung der Zinsen für die einzelnen Betriebe, wichtige Signale setzen. Umgekehrt wirkt sich unter anderem das Investitionsverhalten der Unternehmen auch auf die Volkswirtschaft aus.

Nach überlieferter Meinung interessiert die Betriebswirtschaftslehre nur das wirtschaftlich entscheidungsträchtige Handeln von Einzelpersonen und Unternehmen, das sich auf die Ergebnisrechnung auswirkt. H. Simon, Nobelpreisträger für Wirtschaftswissenschaften 1978, verlangt von der Betriebswirtschaftslehre auch die Beachtung der Tatsache, dass der Mensch nicht nur rational als homo oeconomicus handelt. Berücksichtigt werden müssen in der Betriebswirtschaftslehre auch die Erkenntnisse verhaltenswissenschaftlicher Nachbardisziplinen, z. B. der Soziologie und der Sozialpsychologie. Nur so können reale betriebswirtschaftliche Zusammenhänge und Bestimmungsfaktoren von Entscheidungsprozessen in Modellen sinnvoll und wirksam erklärt werden.

2.2.1　Betrieb und Unternehmung

Aus Gründen der Arbeitsteilung haben sich im Wirtschaftsleben zwei Gruppen von Einzelwirtschaften gebildet: Die privaten und die öffentlichen Unternehmen als **Produktionswirtschaften** und die privaten und öffentlichen Haushalte als **Konsumtionswirtschaften**. Betrieb heißt eine Wirtschaftseinheit, die Sachgüter bzw. Leistungen erstellt und auf Märkten anbietet. Die Unterscheidung zwischen den Begriffen »Betrieb« und »Unternehmung« wird zumeist so erklärt, dass mit dem **Betrieb** die technisch-organisatorische Einheit angesprochen wird, mit der **Unternehmung** die juristisch-finanzielle Einheit. Damit stehen beide Begriffe gleichrangig nebeneinander, da sie jeweils eine der beiden Seiten produktionswirtschaftlicher Tätigkeit bezeichnen. Es ist letztlich gleichgültig, welchen der beiden Begriffe man gebraucht.

Die Vielfalt der Betriebe kann man einteilen

– nach der Art der Leistung in **Sachleistungsbetriebe** (Herstellung von Produktions- und Konsumgütern) und **Dienstleistungsbetriebe** (Handel, Kreditinstitute, Versicherungen, Verkehrsbetriebe)

– nach dem vorherrschenden Produktionsfaktor in **arbeitsintensive** Betriebe
  (z. B. feinmechanische Industrie), **anlageintensive** Betriebe (chemische Industrie)
  und **materialintensive** Betriebe (Stahlindustrie)
– nach **Wirtschaftszweigen**:
  Industriebetriebe (Grundstoff-Investitionsgüter-, Konsumgüterindustrie)
  Handwerksbetriebe (Produktion in der Regel nur auf Bestellung)
  Handelsbetriebe (Einzelhandel, Großhandel, Außenhandel)
  Verkehrsbetriebe (Personenverkehr, Güterverkehr, Nachrichtenverkehr)
  Kreditinstitute (privatrechtlich, öffentlich-rechtlich)
  Versicherungsbetriebe (Sozialversicherung, Individualversicherung).

2.2.2 Rechtsformen der Unternehmung

Der Unternehmer wählt die Unternehmungsform, die sich am Besten für die Aufgaben
eignet, die die Unternehmung zu leisten hat: eine Einzelunternehmung oder eine Gesell-
schaftsunternehmung. Die Vorteile der Einzelunternehmung sind im wesentlichen gleichzeitig die Nachteile der Gesellschaftsunternehmen und umgekehrt.

2.2.2.1 Einzelunternehmung

In **Einzelunternehmen** (§§ 1 bis 104 HGB) leitet der Inhaber das Unternehmen selbstständig und eigenverantwortlich. Er bringt das gesamte Geschäftskapital auf und trägt
das volle Risiko. Betreibt er ein Handelsgewerbe (das ist bei jedem Unternehmen der Fall,
das einen in kaufmännischer Weise eingerichteten Geschäftsbetrieb erfordert), wird er
mit dem Zusatz »e. K.« (auch »e. Kfm.« oder »e. Kffr.«) ins Handelsregister eingetragen.
Eingetragen werden die Firma (Familienname mit mindestens einem ausgeschriebenen
Vornamen), Ort der Niederlassung, Gegenstand des Unternehmens, ggf. Prokuraerteilung. Die Unterschriften der zeichnungsberechtigten Personen müssen beim Amtsgericht
hinterlegt werden. Der Einzelunternehmer haftet mit seinem Geschäfts- und Privatver-
mögen.

Vorteile: freie und rasche Entscheidung, keine Meinungsverschiedenheiten in Führung,
Beweglichkeit und Anpassungsfähigkeit, keine Gewinnteilung.

Nachteile: keine Arbeitsgemeinschaft von qualifizierten Führungskräften, keine Risiko-
verteilung, Kapitalkraft bleibt auf eine Person beschränkt, Kreditwürdigkeit ist nicht sehr
groß, Verhältnis Eigenkapital zu Fremdkapital ist problematisch.

2.2.2.2 Gesellschaften

Zu den Gesellschaften zählen

1. die **Personengesellschaften:**
   offene Handelsgesellschaft (OHG) §§ 105 bis 160 HGB,
   Kommanditgesellschaft (KG) §§ 161 bis 177 HGB mit den unvollkommenen
   Gesellschaften
   Stille Gesellschaft §§ 230 bis 237 HGB und
   Gesellschaft bürgerlichen Rechts (BGB-Gesellschaft) §§ 705 bis 736 BGB
2. die **Kapitalgesellschaften:**
   Aktiengesellschaft (AG), Aktiengesetz,
   die Gesellschaft mit beschränkter Haftung (GmbH), GmbH-Gesetz
3. die **besonderen Gesellschaften:**
   Genossenschaft (e.G.), Genossenschaftsgesetz,
   GmbH & Co. KG – rechtlich eine Personengesellschaft, und
   Kommanditgesellschaft auf Aktien (KGaA) §§ 278 bis 290 Aktiengesetz – rechtlich
   eine Kapitalgesellschaft,
   Versicherungsverein auf Gegenseitigkeit (VVaG), Versicherungsaufsichtsgesetz.

2.2.2.2.1 Personengesellschaften und unvollkommene Gesellschaften

Die **offene Handelsgesellschaft** findet man meistens bei mittleren und kleinen Unternehmen. Als reine Personengesellschaft stellt sie sich als eine enge Arbeitsgemeinschaft aller Gesellschafter dar.

Pflichten der Gesellschafter: Leistung der Einlage, Wettbewerbsverbot, Verlustbeteiligung, unbeschränkte Haftung im Außenverhältnis.

Rechte der Gesellschafter: Geschäftsführung, Gewinnbeteiligung, Privatentnahme, Information, Vertretung der Firma im Außenverhältnis, Liquidationsanteil.

Die **Kommanditgesellschaft** wird dann gewählt, wenn der Komplementär als Geschäftsführer auch bei Aufnahme weiterer Kommanditisten als Kapitalgeber voll die Zügel in der Hand behalten will. Seine Pflichten und Rechte entsprechen denen der OHG-Gesellschafter.

Pflichten der Kommanditisten: Einlageleistung, Haftung nur mit Einlage, Verlustbeteiligung.

Rechte der Kommanditisten: Gewinnbeteiligung, Information, Widerspruchsrecht bei außergewöhnlichen Geschäftshandlungen.

Die **unvollkommenen** Gesellschaften werden nicht in das Handelsregister eingetragen. Beteiligt sich ein Geldgeber an einem Unternehmen, ohne nach außen in Erscheinung zu treten, handelt es sich um eine Stille Gesellschaft. Sie ist weder eine Einzelunternehmung noch eine echte Gesellschaft, denn der stille Gesellschafter ist nicht Mitunternehmer, sondern lediglich Darlehensgeber, der am Gewinn beteiligt ist.

Die **BGB-Gesellschaft** entsteht durch den Abschluss eines Gesellschaftsvertrages, in dem sich die Gesellschafter verpflichten, die vereinbarten Beiträge zu leisten und die Erreichung eines gemeinsamen Zieles zu fördern. Sie können sich durch mündliche oder schriftliche Vereinbarung auf Dauer oder auch nur vorübergehend zusammenschließen. Das Vermögen der Gesellschaft gehört den Gesellschaftern zur gemeinsamen Hand.

2.2.2.2.2   Kapitalgesellschaften

Die **Aktiengesellschaft** eignet sich besonders für die Verwirklichung großer wirtschaftlicher Aufgaben, da sich über die Ausgabe von **Aktien** große Kapitalbeträge aufbringen lassen. Der Mindestnennbetrag des Grundkapitals beträgt 100 000 DM (ab 1. Januar 2002 = 50 000 Euro), bei einer Aktie 5 DM (1 Euro). Stückaktien sind am Grundkapital in gleichem Umfang beteiligt. Zum Eigenkapital der Aktiengesellschaft gehören neben dem gezeichneten Kapital die Rücklagen: zum einen die Kapitalrücklage = Aufgeld (Agio) bei der Ausgabe der Aktien über Nennwert und zum anderen die Gewinnrücklage = nicht ausgeschütteter Gewinn.

Der Gesellschaftsvertrag muss notariell beurkundet werden. Die AG als juristische Person entsteht mit dem Zeitpunkt der Eintragung in das Handelsregister, Abteilung B.

Die Aktie gewährt dem Inhaber folgende Rechte:
– Anspruch auf Gewinnanteil (Dividende)
– Stimmrecht und Auskunftsrecht in der Hauptversammlung
– Bezug junger Aktien bei Kapitalerhöhung (Bezugsrecht)
– Anteil am Liquidationserlös bei Auflösung der AG.

Die **Organe** der AG sind der Vorstand, der Aufsichtsrat und die Hauptversammlung. Der Vorstand leitet die AG. Er wird vom Aufsichtsrat für höchstens fünf Jahre bestellt, Wiederwahl ist zulässig. Der Aufsichtsrat ist das überwachende Organ und wird von den Aktionären und der Belegschaft auf vier Jahre gewählt. Das beschließende Organ ist die Hauptversammlung. Sie wird in der Regel nur einmal im Jahr einberufen. Die Beschlüsse der Hauptversammlung werden mit einfacher Stimmenmehrheit gefasst; bei Satzungsänderungen ist qualifizierte Mehrheit (mindestens 75%) des Grundkapitals erforderlich.

Die AG hat einen Jahresabschluss zu veröffentlichen, der aus der Bilanz, der G+V-Rechnung, dem Anhang (Erläuterung von Bilanz und G+V) und dem Lagebericht besteht (vgl. Abschnitt 2.2.5.6.2).

Die **Gesellschaft mit beschränkter Haftung** ermöglicht die Bildung auch kleinerer Kapitalgesellschaften. Sie vereinigt bestimmte Vorteile einer OHG und einer AG. So sind die Gesellschafter der GmbH meist Geschäftsführer wie bei der OHG bei gleichzeitiger beschränkter Haftung wie bei einem Aktionär. Oft findet man die GmbH bei Familiengesellschaften, weil die Übertragung der Geschäftsanteile stark erschwert ist. Das Stammkapital beträgt 50 000 DM, ab 1. Januar 2002 = 20 000 Euro, der **Geschäftsanteil** 500 DM (100 Euro). Bei der Gründung kann nur eine Stammeinlage übernommen werden, mindestens 25% müssen eingezahlt sein. Die Satzung muss notariell beurkundet werden, die GmbH entsteht durch die Eintragung ins Handelsregister, Abteilung B.

Die **Organe** der GmbH sind der Geschäftsführer, der Aufsichtsrat (nur bei mehr als 500 Arbeitnehmern gesetzlich vorgeschrieben) und die Gesellschafterversammlung. Deren Aufgaben sind

– die Feststellung des Jahresabschlusses und der Ergebnisverwendung
– die Bestellung, Entlastung und Abberufung der Geschäftsführer
– Bestellung von Prokuristen und Handlungsbevollmächtigten
– Satzungsänderungen.

Je 100 DM Geschäftsanteil bedeuten eine Stimme.

2.2.2.2.3   Besondere Gesellschaften

Zur Gründung einer **Genossenschaft** sind mindestens sieben Genossen erforderlich. Sie stellen einen Gesellschaftsvertrag auf, der der Schriftform bedarf. Der Vorstand lässt die Genossenschaft ins Genossenschaftsregister eintragen. Damit wird diese juristische Person und zugleich Kaufmann im Sinne des HGB (Formkaufmann). Genosse wird man durch Einzahlung des Geschäftsanteils und Eintragung ins **Genossenschaftsregister**.

Die Organe sind der Vorstand (Leitung), der Aufsichtsrat (Überwachung) und die Generalversammlung (beschließendes Organ). In der Generalversammlung wird nach Köpfen abgestimmt. Die Genossenschaft muss einen Jahresabschluss und einen Lagebericht erstellen. Alle zwei Jahre (wenn Bilanzsumme größer als 1 000 000 DM = jährlich) muss vom zuständigen Prüfungsverband ein Prüfbericht erstellt und der Generalversammlung vorgelegt werden.

Die **GmbH & Co. KG** ist eine Kommanditgesellschaft, bei der der Komplementär (Geschäftsführer und Vollhafter) eine juristische Person (die GmbH) ist.

Bei der **Kommanditgesellschaft auf Aktien** (KGaA) sind die Kommanditisten über Aktien an der Unternehmung beteiligt (Kommanditaktionäre). Gründung und Organe der KGaA wie bei der AG.

Der Versicherungsverein auf Gegenseitigkeit (VVaG) ist eine mit eigener Rechtspersönlichkeit ausgestattete Privatversicherung. Die Versicherungsnehmer werden mit dem Abschluss des Versicherungsvertrages Mitglied des Unternehmens. Aus den Beiträgen werden die Leistungen bezahlt. Entstehen Fehlbeträge, werden die Beiträge erhöht. Überschüsse werden an die Versicherungsnehmer verteilt.

Die Organe entsprechen im wesentlichen denen einer Genossenschaft. Das beschließende Organ besteht nur aus Vertretern, die von den Mitgliedern des Versicherungsvereins gewählt werden: die »oberste Vertretung«.

In der Geschäftspraxis unterscheiden sich die großen Versicherungsvereine auf Gegenseitigkeit nur unwesentlich von den Versicherungs-Aktiengesellschaften.

2.2.2.3 Unternehmenszusammenschlüsse

Unternehmenszusammenschlüsse interessieren nicht nur die Betriebswirtschaftslehre, sondern auch die Volkswirtschaftslehre (vgl. Abschnitt 2.1.5.3). In der VWL steht die Wettbewerbsgefährdung im Mittelpunkt, in der BWL werden die Auswirkungen von Zusammenschlüssen für die beteiligten Unternehmen behandelt.

2.2.2.3.1 Arten der Zusammenschlüsse

Unternehmenszusammenschlüsse werden unter anderem vom Verhältnis der Partner untereinander – z. B. Koordination, Unterordnung – oder vom Umfang der gegenseitigen Abstimmung bestimmt. Am gebräuchlichsten ist die Klassifizierung nach dem Leistungsprogramm der beteiligten Unternehmen in **horizontale**, **vertikale** und **diagonale** Zusammenschlüsse. Diese sind in Abschnitt 2.1.5.3.1 behandelt.

2.2.2.3.2 Formen der Zusammenschlüsse

Die wichtigsten Formen sind die **Kooperation** als Kartell oder als Konsortium und die **Konzentration** als Konzern oder durch Fusion.

Kartelle sind in der Bundesrepublik Deutschland gemäß § 1 GWB grundsätzlich verboten. Ausgenommen vom Verbot sind genehmigungspflichtige Kartelle und bloß anmeldepflichtige Kartelle:

genehmigungspflichtige Kartelle: Strukturkrisenkartelle, Rationalisierungskartelle, Import- und Exportkartelle, Syndikate.

anmeldepflichtige Kartelle: Konditionenkartelle, Rabattkartelle, Normungs- und Typisierungskartelle, Ausfuhrkartelle.

Alle Kartelle sind in einem Kartellregister einzutragen und im Bundesanzeiger zu veröffentlichen.

In einem **Konsortium** – auch Interessengemeinschaft genannt – schließen sich Unternehmen vorübergehend meist in Form einer Gesellschaft des bürgerlichen Rechts zusammen. Konsortien sind vor allem im Bankenbereich anzutreffen, z. B. bei der Gründung von Aktiengesellschaften zur Ausgabe der neuen Aktien oder bei Großkrediten. Gegenüber Dritten wird das Konsortium durch einen zur Geschäftsführung bestellten Konsortialführer vertreten.

Bei einem **Konzern** verlieren die einzelnen Unternehmen weitgehend ihre wirtschaftliche Selbständigkeit an eine Mutter- oder Dachgesellschaft, die rechtliche Selbstständigkeit bleibt erhalten. Man unterscheidet

- **Unterordnungs- oder Beherrschungskonzern** (Mutter- und Tochtergesellschaften). Sie entstehen durch den Erwerb der Aktienmehrheit. Besitzt die Muttergesellschaft mehr als 25% des Aktienkapitals, kann sie Satzungsänderungen verhindern (Sperrminorität); besitzt sie mindestens 75% des Grundkapitals der Tochtergesellschaft, übt sie einen beherrschenden Einfluss auf die Tochtergesellschaft aus. Oft sind finanzielle, personelle und vertragliche Verflechtungen großer Konzerne so vielseitig, dass sie von einem Außenstehenden kaum zu durchschauen sind.

- **Gleichordnungskonzern** (Schwestergesellschaften). Die einzelnen Aktiengesellschaften tauschen ihre Aktien gegenseitig aus. Damit haben alle Konzernunternehmen gegenseitig Einfluss auf die Konzernpolitik, stehen aber unter einheitlicher Leitung.

- **Holding-Gesellschaft**: Die Aktionäre der einzelnen Unternehmen können ihre Aktien oder die Mehrheit ihrer Aktien auf eine Dachgesellschaft übertragen, die sie »hält« und dafür eigene Aktien ausgibt. Sie beherrscht dann alle Konzernmitglieder kapitalmäßig, ohne selbst an der Produktion oder am Handel beteiligt zu sein.

Bei der Unternehmenskonzentration durch **Fusion** ist die Verschmelzung durch Aufnahme (die verbleibende Gesellschaft nimmt das gesamte Vermögen der übertragenen Gesellschaft auf) und die Verschmelzung durch Neubildung zu unterscheiden (eine neue Unternehmung übernimmt das Vermögen der fusionierenden Gesellschaften). Die Fusionsarten sind in §§ 340 bis 353 AktG geregelt.

2.2.3   Betriebsorganisation

Zu den Grundfunktionen eines Betriebes gehören Markterkundung, Beschaffung, Lagerung, Leistungserstellung, Werbung und Absatz sowie Verwaltung. Aufgabe der Organisation ist es, Systeme zu schaffen, die durch zweckmäßige Zuordnung von Menschen und Sachmitteln die bestmögliche Erfüllung der Grundfunktionen sichern.

Aber nicht immer ist Organisation der Garant für ökonomisch sinnvolle Lösungen. Auch Disposition und Improvisation haben ihren Platz.

- **Organisation** = generelle Regelung, auf Dauer angelegt, für gleichartige, sich wiederholende Vorgänge: Stabilität.

- **Disposition** = Regelung für Einzelfälle, unterschiedliche Situation im Betriebsgeschehen: Flexibilität.

- **Improvisation** = spontane, ggf. vorläufige Regelungen für ungewöhnliche, neue Fälle: Aushilfscharakter.

Zu unterscheiden sind die Aufbauorganisation und die Ablauforganisation.

2.2.3.1 Aufbauorganisation

Die Aufbauorganisation legt die Struktur eines Unternehmens fest, in dem sie Organisationseinheiten bildet und Leitungsbefugnisse festlegt.

2.2.3.1.1 Bilden von Organisationseinheiten

Durch die Zusammenfassung von Aufgaben und Befugnissen zum Aufgabenbereich einer einzelnen Person entsteht eine **Stelle**. Sie ist die kleinste organisatorische Einheit eines Unternehmens. Die Stellen werden zu einer größeren Organisationseinheit zusammengefasst: zur **Abteilung**. Die Abteilungsbildung kann funktions-, objekt- oder phasenorientiert erfolgen. Dadurch wird eine Spezialisierung bezweckt auf eine bestimmte Verrichtung, auf ein bestimmtes Objekt oder auf eine bestimmte Phase im Arbeitsablauf. Die zeichnerische Darstellung der Unternehmensstruktur nennt man **Organigramm**.

2.2.3.1.2 Festlegen von Leitungssystemen

Leitungssysteme regeln die Beziehungen zwischen Vorgesetzten und weisungsgebundenen Mitarbeitern.

Beim **Einliniensystem** erhält jeder Mitarbeiter nur von einer Instanz seine Anweisungen. Dieses System schafft eine straffe Organisation, in der sich der hierarchische Aufbau des Unternehmens widerspiegelt.

Beim **Mehrliniensystem** erhält ein Mitarbeiter seine Anweisung von mehreren Vorgesetzten.

Das **Stabliniensystem** erweitert das Einliniensystem durch Stabsstellen (Beratungsstellen der obersten Leitungsstellen).

Die **Spartenorganisation** entsteht durch Teilung der Unternehmung in selbstständige Unternehmensbereiche nach dem Objektprinzip. Die Unternehmensleitung delegiert Entscheidungsbefugnisse an die Spartenleiter.

Die **Matrixorganisation** ergänzt eine funktionale Organisation durch Produkt-/Projektmanager. Diese Manager betreuen ein Produkt bzw. ein Projekt und koordinieren die Arbeit aller daran beteiligten Fachabteilungen.

2.2.3.2 Ablauforganisation

Die Ablauforganisation übernimmt die Gestaltung von Arbeitsprozessen durch zeitliche Abstimmung von Teilarbeiten, räumliche Zuordnung von Arbeitskräften und -mitteln und durch funktionsgerechte Ausstattung der Arbeitsplätze. Ziele sind möglichst kurze Durchlaufzeiten für die Arbeitsobjekte, die Auslastung der Arbeitskräfte und Sachmittel und eine menschengerechte Gestaltung des Arbeitsprozesses.

Bei der Ablauforganisation werden Arbeitsabläufe unter dem Aspekt »Funktion« = Art der Verrichtung, Reihenfolge/Abhängigkeit von Tätigkeiten betrachtet.

2.2.3.2.1 Funktionsorientierte Ablauforganisation

Funktionendiagramme sind besonders geeignet, kritische Tätigkeiten in einem Arbeitsablauf wie Lagerung, Verzögerung, Transport und Kontrolle hervorzuheben.

Aufgabe: Arbeitsablaufdiagramm vom Typ „Zickzack-Schema"	UE 3.3
	AUFG.

Zeit	Symbol	Nr.	Art der Arbeit
8.30	○ ▷ □ D ▽	1.	Auftrag geht per Post ein
8.30— 9.00	○ ▷ □ ⟨30⟩ ▽	2.	Wartet im Eingangskorb Verkauf
9.00— 9.10	○ ▷ ⟨10⟩ D ▽	3.	Auftragsprüfung
9.10— 9.20	○ ⟨10⟩ □ D ▽	4.	per Botendienst an Lager
9.20— 9.25	○ ▷ ⟨5⟩ D ▽	5.	Warenbestandsprüfung Lagerkartei
9.25— 9.40	⟨15⟩ ▷ □ D ▽	6.	Warenbestellung ausschreiben
9.40—10.30	○ ▷ □ ⟨50⟩ ▽	7.	Wartet im Ausgangskorb Lager
10.30—10.40	○ ⟨10⟩ □ D ▽	8.	per Botendienst an Buchhaltung
10.40—10.45	○ ▷ ⟨5⟩ D ▽	9.	Prüfung des Kontos
10.45—10.55	○ ⟨10⟩ □ D ▽	10.	per Botendienst an Verkauf
10.55—13.00	○ ▷ □ ⟨125⟩ ▽	11.	Wartezeit vor Auftragsbestätigung
13.00—13.15	⟨15⟩ ▷ □ D ▽	12.	Auftragsbestätigung wird erstellt
13.15—13.25	○ ▷ ⟨10⟩ D ▽	13.	Prüfung Auftrg.Best. auf Richtigk.
13.25—13.35	○ ⟨10⟩ □ D ▽	14.	ABest per Botendienst zur Postst.
13.25—13.35	○ ⟨10⟩ □ D ▽	15.	Lieferschein per Bote an Lager
13.25	○ ▷ □ D ⟨5⟩	16.	Auftrag in Ablage Verkauf

Summierung

Bearbeitung ——

Transporte ——

Kontrollen ——

Wartezeiten ——

Ablage ——   Minuten je Auftrag

Summierung 1. Schema		Summe	Post	Verkauf	Lager	Buchhaltung	AufBest-Büro
Bearbeitung	○						
Transport	▷						
Kontrollen	□						
Wartezeiten	D						
Ablagen	▽						

Quelle: Reetz, Seyd u.a.: Fallstudien Betriebsorganisation, FELDHAUS VERLAG

2.2.3.2.2 Zeitorientierte Ablauforganisation

Bei dieser Organisationsform werden eine **Vorgangsliste**, ein **Balkendiagramm** und schließlich ein **Netzplan** erstellt.

Die Netzplantechnik ist ein Instrument zur Planung, Überwachung und Steuerung von komplexen Aufgaben und verzweigten Arbeitsabläufen. Durch die Darstellung von Abhängigkeiten, Dauer und Terminen der Teilvorgänge erlaubt die Netzplantechnik eine relativ genaue Vorhersage wichtiger Zwischen- und Endtermine. Die Netzplantechnik weist auf zeitliche Engpässe (kritischer Weg) und auf Spielräume (Pufferzeiten) hin und zeigt Möglichkeiten, durch Beschleunigung kritischer Vorgänge die Projektdauer zu verkürzen.

2.2.3.2.3 Raumorientierte Ablauforganisation

Je häufiger persönlicher Informationsaustausch und Belegtransport stattfinden, umso wichtiger ist die räumliche Zuordnung. Kommunikationsbeziehungen können in einem **Kommunigramm** dargestellt werden. Es bildet die Grundlage für die Raumplanung. Eine optimale Raumplanung zeigt sich in einem übersichtlichen Arbeitsablauf und in kurzen Transportwegen.

Arbeitsabläufe, die unter den drei Gesichtspunkten Funktion, Zeit und Raum gestaltet wurden, entsprechen oft nicht den Erwartungen der Arbeitnehmer. Störungsfreie und schnelle Arbeitsabläufe setzen voraus, dass sich die Arbeitnehmer, die das organisatorische Konzept realisieren sollen, mit diesem auch identifizieren. Der Organisator kann einen organisatorischen Weg zwar zeigen, die Arbeitnehmer müssen ihn gehen.

2.2.4 Betriebswirtschaftliche Produktionsfaktoren

Betriebe stellen Güter her. Dazu zählt nicht nur die Herstellung von Sachgütern, sondern auch die Verteilung der Güter durch den Handel und die Ausführung von anderen Dienstleistungen, z. B. durch Banken, Speditionen, Versicherungen.

2.2.4.1 Elementarfaktoren

Zur Güterproduktion benötigt ein Betrieb Arbeitskräfte, Betriebsmittel und Werkstoffe.

Arbeitskräfte: Darunter versteht man den Einsatz der körperlichen und geistigen Fähigkeiten eines Menschen, um die betrieblichen Zwecke zu erreichen. Dazu gehören die ausführende (vollziehende) und leitende (dispositive) Arbeit. Bei der ausführenden Arbeit werden Arbeitsvorgänge erledigt, aber keine Anordnungen erteilt.

Betriebsmittel: Dazu gehören alle Einrichtungen und Anlagen, die über einen längeren Zeitraum gebraucht werden, z. B. Gebäude oder Maschinen aller Art.

Werkstoffe: Roh-, Hilfs- und Betriebsstoffe, die als Ausgangsmaterial der Fertigung dienen und bezogene Fertigteile, z. B. Reifen, Lichtanlagen, Armaturen in der Automobilindustrie, Knöpfe oder Reißverschlüsse in der Textilindustrie.

2.2.4.2   Dispositiver Faktor

Die Kombination der drei elementaren Produktionsfaktoren durch bewusstes menschliches Handeln erfolgt durch den dispositiven Faktor. Er plant, organisiert, überwacht und leitet die optimale Kombination.

Planung bedeutet die Maßnahmen festzulegen, mit denen ein bestimmtes Ziel erreicht werden kann: Produktions-, Absatz-, Personal-, Investitions-, Materialbedarfs-, Finanzplan. Die Gesamtplanung eines Betriebes fasst die Teilpläne zusammen und stimmt alle in die Zukunft gerichteten Entscheidungen aufeinander ab (Koordinierungsfunktion).

Organisation stellt die Ordnung her, in der die Aufgaben des Betriebes erledigt werden: Aufbauorganisation (»wer hat was zu tun?«) und Ablauforganisation (»wie ist etwas zu tun?«).

Überwachung ist geeignet, Fehler in der Planung und in der Organisation frühzeitig festzustellen und zu beseitigen.

Leitung übernimmt die Verantwortung für das gesamte Betriebsgeschehen: Das Management setzt die Ziele, plant die Maßnahmen, trifft die Entscheidungen und überwacht die betrieblichen Vorgänge.

Immer häufiger hängt in der heutigen Zeit der Erfolg eines Unternehmens von der Qualität des dispositiven Faktors ab. Teilweise werden an dispositiven Entscheidungen auch die Arbeitnehmer beteiligt. Eine gesetzliche Mindestbeteiligung ist garantiert durch das Betriebsverfassungsgesetz von 1972 bzw. für den öffentlichen Dienst das Personalvertretungsgesetz von 1974.

2.2.5   Betriebliche Funktionsbereiche

Das moderne Unternehmen arbeitet in sieben Funktionsbereichen: Materialwirtschaft, Produktionswirtschaft, Absatzwirtschaft, Finanzwirtschaft (Finanzierung und Investition), im Bereich Rechnungswesen, als Träger der Personalwirtschaft und im Bereich Informationswirtschaft. Vorher soll aber auf neue Anforderungen in der industriellen Leistungserstellung und im Handelsunternehmen eingegangen werden.

2.2.5.1   Betrieblicher Leistungsprozess im Industrie- und Handelsbetrieb

2.2.5.1.1   Neue Anforderungen in der Organisation der industriellen Leistungserstellung

In großen Industrieunternehmen wird **rechnerintegrierte Fertigung** (CIM) durchgeführt. Die Bedeutung von CIM ergibt sich durch das Zusammenwirken der Einzelkomponenten zu einem geschlossenen Informationsnetzwerk, das allen beteiligten Stellen Zugriff auf die gleichen Informationen erlaubt. Man spricht daher auch von CIM-Bausteinen:

– **Computer-Aided-Design** (CAD) als rechnergestützte Konstruktion von Geräten und Systemen ermöglicht, direkt am Bildschirm zu entwerfen, zu konstruieren und zu ändern. Die Entwicklung neuer oder veränderter Produkte wird damit verkürzt, und die Produktion erhält frühzeitig Zugriff auf neue Informationen.

- **Computer-Aided-Engineering** (CAE) als rechnergestütztes Ingenieurwesen in Entwicklung und Fertigung, eng mit CAD verbunden. Es simuliert auf dem Rechner den Entwicklungs- und Fertigungsvorgang in allen Einzelheiten.
- **Computer-Aided-Planning** (CAP) beinhaltet die rechnergestützte Fertigungsplanung der Arbeitsabläufe und -termine. Durch die computergestützte Planung wird der Zeitaufwand für die Aufstellung der Arbeitspläne wesentlich verkürzt.
- **Computer-Aided-Manufacturing** (CAM) umfasst die rechnergestützte Steuerung und Überwachung des Fertigungsprozesses.
- **Computer-Aided-Quality-Assurance** (CAQ) beinhaltet alle rechnergestützten Verfahren zur Planung und Durchführung der Qualitätssicherung.

Dadurch wird **Lean-Production** erreicht, was ganz einfach so beschrieben werden kann, dass von allen Ressourcen weniger eingesetzt wird als in der herkömmlichen Produktion. Die kontinuierliche Kostensenkung wird erreicht durch weniger Personal, weniger Produktionsfläche, weniger Fehler, geringere Investitionen, kleinere Lagerbestände, kürzere Entwicklungs- und Durchlaufzeiten. Das setzt voraus:

- Dezentralisierung von Aufgaben und Verantwortungsbereichen
- Anwendung des Just-in-time-Prinzips. Das bedeutet, dass nicht mehr produziert wird als nachgefragt, damit keine unnötigen Warenbestände auftreten und das eingehende Material sofort in einen fortwährenden Fertigungsfluss gebracht wird.
- Verringerung der Vorräte, um die Kapitalbindung niedrig zu halten.

2.2.5.1.2 Warenwirtschaftssystem im Handelsbetrieb

In einem gut geführten Handelsunternehmen sollen die Funktionsbereiche Beschaffung, Lagerung und Absatz in einem Kreislauf so eng miteinander verbunden sein, dass man jederzeit gezielte Informationen über das augenblickliche Tagesgeschehen erhalten kann. Das EDV-gestützte **Warenwirtschaftssystem** muss jederzeit eine mengen- und wertmäßige Kontrolle ermöglichen, die sich auf alle Stufen des Warenflusses erstreckt.

Voraussetzung ist, dass jeder Artikel eindeutig gekennzeichnet ist. Das geschieht heute im Allgemeinen durch das EAN-Codierungssystem. Dieses maschinelle »Lesen« bringt für die Kassenabwicklung erhebliche Vorteile:

- Für einen großen Teil der Artikel brauchen Preis und weitere Informationen nicht mehr eingetastet zu werden.
- Die automatische Erfassung ist einfacher, da Informationen auf dem Etikett oder im EDV-System enthalten sind.
- Die Informationsauswertung gibt tagesaktuelle Auskunft zur Bedarfsanalyse (kurzfristige Erfolgsrechnung, Limitrechnung, mittel- und langfristige Bedarfsanalyse), zur Umsatz- und Ertragsanalyse (Anzahl der Kaufverträge je Artikel, verkaufte Stückzahl je Kunde, Umsatz je Kunde) und zur Sortimentsanalyse (Sortimentskontrolle, -pflege, -aktualisierung, -eliminierung und -fortschreibung).

2.2.5.2   Materialwirtschaft

Die Materialwirtschaft hat folgende Aufgaben:

- **Beschaffung** der erforderlichen Werkstoffe und Betriebsmittel bzw. Waren
- **Lagerung** der eingekauften Materialien bzw. Waren
- **Überwachung** der Lagerbestände und der Lagerkosten.

2.2.5.2.1   Beschaffung

Der Einkauf hat die Materialien bereitzustellen. Dabei ist auf das materialwirtschaftliche Optimum zu achten: günstige Einstandspreise (= Einkaufspreis plus Beschaffungskosten), bestmögliche Eignung, benötigte Menge und termingerechter Eingang. Dazu benötigt die Einkaufsabteilung Bedarfsinformationen:

Der **Bedarfsplan** enthält die benötigten Stoffe, gegliedert nach Art, Menge, Qualität und Einsatzzeitraum. Er muss sich den Änderungen des Absatzes elastisch anpassen. Der Einkauf benötigt darüber hinaus Angebotsinformationen: Beobachtung des Beschaffungsmarktes, Erstellen einer Bezugsquellenkartei, Durchführung von Angebotsvergleichen, Erledigung der Bestellung und Überprüfung des Wareneingangs.

Durch die Just-in-time-Beschaffung werden Transport- und Lagerkosten gespart. Voraussetzungen sind, dass die Lieferzeit genau vereinbart wird und der Lieferer die Qualität der Lieferung garantiert, da für eine Produktionssynchronbeschaffung Null-Fehler-Qualität erforderlich ist.

2.2.5.2.2   Lagerhaltung

Die Lagerhaltung dient

- der **Produktionsbereitschaft** (Vorräte an Einsatzstoffen),
- der **Lieferbereitschaft** (Vorräte an Fertigerzeugnissen) und
- der **Überbrückung von Engpässen** zwischen den Produktionsstufen (Vorräte an Einzelteilen). Im Handel unterscheidet man zwischen Verkaufslager und Reservelager.

Der Raumbedarf für die Lagerung ist abhängig von der Art der Lager, der Art der Güter, von der Größe des jeweiligen Lagersortiments und von der Durchlaufzeit der Lagergüter.

Die **Lagerkosten** kann man einteilen in Vorratskosten (Versicherung, Schwund, Pflege, Verzinsung der Kapitalbindung) und Kosten der Ausstattung und Verwaltung (Personalkosten, Energiekosten, Instandhaltungskosten und Kapitalbindungskosten).

Zur Lagerüberwachung und -steuerung dienen bestimmte **Kennzahlen**, die zugleich Entscheidungshilfen für die Senkung der Lagerkosten sind:

Durchschnittlicher Lagerbestand:

$$\frac{\text{Anfangsbestand} + 12 \text{ Monatsendbestände}}{13} \qquad \text{(Monatsinventur)}$$

$$\frac{\text{Anfangsbestand} + \text{Endbestand}}{2} \qquad \text{(Jahresinventur)}$$

Umschlaghäufigkeit:
(Wie oft wurde der durchschnittliche Bestand im Jahr umgesetzt?)

$$\frac{\text{Wareneinsatz}}{\text{durchschn. Lagerbestand}}$$

(Wareneinsatz = Lagerabgang zu Einstandspreisen)

Lagerdauer:
(Wie viele Tage liegt der durchschnittliche Bestand auf Lager)?

$$\frac{360}{\text{Umschlaghäufigkeit}}$$

Lagerzins:
(Welche Kosten verursacht das im Lager gebundene Kapital?)

$$\frac{\text{Jahreszinsfuß} \cdot \text{Lagerdauer}}{360}$$

Beispiel:

Anfangsbestand : 900 000 DM, Endbestand : 700 000 DM,
Wareneinsatz : 5 600 000 DM, Jahreszinsfuß 9 %.

$$\text{Durchschn. Lagerbestand} = \frac{900\,000 + 700\,000}{2} = 800\,000$$

$$\text{Umschlaghäufigkeit} = \frac{5\,600\,000}{800\,000} = 7 \text{ mal}$$

$$\text{Lagerdauer} = \frac{360}{7} = 45 \text{ Tage}$$

$$\text{Lagerzins} = \frac{9 \cdot 45}{360} = 1,125 \%$$

Wichtige Lagerbestandsrichtgrößen sind der **Mindestbestand** und der **Meldebestand**.

Der Mindestbestand gilt als Sicherungsbestand für unvorhersehbare Fälle. Er darf nur nach Anweisung genutzt werden.

Der Meldebestand hängt vom Tagesbedarf, der Lieferzeit und dem Mindestbestand ab:
Meldebestand = Tagesbedarf mal Beschaffungszeit plus Mindestbestand.

Beispiel:

Tagesbedarf = 10 Stück, Beschaffungszeit = 5 Tage, Mindestbestand = 20 Stück

Meldebestand = (10 · 5) + 20 = 70 Stück.

Die optimale Bestellmenge ist die angestrebte Bestellmenge, für die die Beschaffungskosten je Einheit und die Lagerkosten je Einheit am niedrigsten sind.

2.2.5.3   Produktionswirtschaft

Produktionswirtschaft umfasst im weiteren Sinne die Herstellung von Sachgütern und die Bereitstellung von Dienstleistungen. Hier wird Produktionswirtschaft auf das Fertigen von Sachgütern beschränkt.

2.2.5.3.1   Fertigungsprogramm

Bei der **Planung des Fertigungsprogramms** ist festzulegen, welche Produkte in welchen Mengen und in welcher Zeit produziert werden sollen. Dabei sind Überlegungen zur Programmbreite und zur Programmtiefe anzustellen.

- **Programmbreite**: Sie gibt an, ob viele oder wenige Produktarten in vielen oder wenigen Ausführungen ins Produktionsprogramm aufgenommen werden sollen.
- **Programmtiefe**: Ein tiefes Produktionsprogramm liegt vor, wenn mehrere Fertigungsstufen von der Rohstoffgewinnung bis zur Herstellung des Fertigerzeugnisses zusammengefasst sind.

2.2.5.3.2   Fertigungsverfahren

Hier muss unterschieden werden in Fertigungstypen und Organisationstypen der Fertigung.

- **Fertigungstypen** sind Einzelfertigung, Serienfertigung, Sortenfertigung und Massenfertigung.
- **Organisationstypen der Fertigung** unterscheidet man nach dem Ausmaß ihrer Anpassungsfähigkeit (Umstellungsfähigkeit) und der Anordnung der Betriebsmittel: Werkstattfertigung, Gruppenfertigung, Fließfertigung und vollautomatische Fertigung.

2.2.5.3.3   Fertigungskosten, Produktivität

Will man Erkenntnisse über die Entwicklung der Produktionskosten erhalten, muss man die Kapazität (herstellbare Menge) und den Beschäftigungsgrad, den Kapazitätsauslastungsgrad, kennen (Verarbeitendes Gewerbe Sommer 1996 = 81,9 %).

$$\text{Beschäftigungsgrad} = \frac{\text{Istmenge} \cdot 100}{\text{Kannmenge}}$$

Beispiel:

Istmenge = hergestellte Menge, z. B. 1 400 Stück

Kannmenge = herstellbare Menge, z. B. 2 000 Stück

$$\text{Kapazitätsauslastungsgrad} = \frac{1\ 400 \cdot 100}{2\ 000} = 70\ \%$$

Fixe Kosten sind unabhängig vom Beschäftigungsgrad (z. B. Grundgebühr beim Telefon, Gehälter). Sie bleiben bis zum Erreichen der Kapazitätsgrenze gleich.

Variable Kosten sind abhängig vom Beschäftigungsgrad (z. B. Gesprächskosten beim Telefon, Fertigungslöhne). Hier unterscheidet man proportional-variable, progressiv-variable und degressiv-variable Kosten.

Die **Stückkosten** nehmen mit steigender Beschäftigung ab, weil sich die fixen Kosten auf eine größere Produktionsmenge verteilen. Diese Aussage ist im »Gesetz der Massenproduktion« niedergelegt.

Die **Produktivität** erfasst die Beziehung zwischen dem Ergebnis eines Produktionsprozesses (z. B. Stück, Kg) und den Mengen der eingesetzten Faktorleistungen (z. B. geleistete Arbeitsstunden).

$$\text{Produktivität} = \frac{\text{Leistung}}{\text{Einsatz}} = \frac{\text{Output}}{\text{Input}}$$

Die Produktivität der Arbeitsstunde ist eine wichtige Orientierungsgröße für die Tarifvertragsverhandlungen.

2.2.5.4   Absatzwirtschaft

Der Bereich Absatzwirtschaft umfasst alle Unternehmensfunktionen, die dazu dienen, erzeugte Güter und Leistungen an Verbraucher oder Wiederverkäufer abzusetzen: das **Marketing**. Dazu gehören im einzelnen: die Marktforschung, die Produkt- und Sortimentsgestaltung, die Preispolitik, die Distributionspolitik und die Informationspolitik.

2.2.5.4.1   Marketing-Instrumente

Die **Marktforschung** befasst sich mit der Beobachtung und der Analyse der Marktverhältnisse, indem sie Meinungen, Tatsachen und Motive erforscht. Die Informationen werden durch schriftliche und/oder mündliche Befragungen, durch Beobachtungen und Tests oder durch eine Panelerhebung beschafft.

Die **Produktpolitik** zielt auf das absatzmarktbezogene strategische Denken und Entscheiden im Unternehmensproduktbereich. Die Produkte müssen marktgerecht gestaltet sein, und sie müssen mittels Variation und/oder Differenzierung aktualisierbar bleiben. Bei jeder produktpolitischen Entscheidung spielt der Lebenszyklus des Produkts eine entscheidende Rolle. Als Sortiment bezeichnet man das nach Art und Qualität gestaffelte Gesamtangebot des Unternehmens. Es kann breit, flach, schmal und/oder tief sein.

Die **Distributionspolitik** beinhaltet die Wahl der Absatzwege und/oder der Absatzvermittler. Es gibt direkte und indirekte Absatzwege. Eine Fehlentscheidung kann sehr erhebliche längerfristige Nachteile bewirken. Absatzvermittler sind selbständige Kaufleute, deren know how wir uns bedienen. In den 80er und 90er Jahren haben vor allem Franchising und Leasing sehr an Bedeutung gewonnen.

Die **Informations- oder Kommunikationspolitik** fördert den Verkauf, informiert potentielle Kunden und weckt Bedarf. Ihr vierstufiger Zielkatalog wird in der AIDA-Regel zusammengefasst (Attention-Interest-Desire-Action). Die Werbearten können nach der Zahl der Werbetreibenden, nach Zahl und Art der Umworbenen und nach den verschiedenen Werbeobjekten eingeteilt werden. Nur eine sehr sorgfältige Werbeplanung ermöglicht einen Werbeerfolg. Die inhaltliche Gestaltung der Werbung kann aus einer Kurzaussage, einer Argumentation und einer Kombination aus beiden bestehen. Die Werbeerfolgskontrolle überprüft die Aufmerksamkeits-, die Gedächtnis-, die Gefühls- und die Entschlusswirkung der Werbemaßnahmen. Die Grenzen der Werbung werden durch wirtschaftliche Überlegungen, durch Gesetze und Verordnungen und durch eine freiwillige Selbstkontrolle der Wirtschaft bestimmt.

2.2.5.4.2 Marketing-Mix

Als Marketing-Mix wird die betriebsindividuelle optimale Kombination der Marketing-Instrumente bezeichnet. Man kann drei Marketing-Mix-Segmente unterscheiden: den Produkt-, den Kommunikations- und den Distributionsmix.

Mit dem **Produktmix** wird angestrebt, nur solche Produkte aufzunehmen, die im Hinblick auf Art, Qualität, Design, Styling, Preis eine optimale Lösung abgeben.

Mit dem **Kommunikationsmix** wird das Ziel verfolgt bekanntzugeben, welche optimale Problemlösung (Sortiment) das Unternehmen anzubieten hat. Dazu müssen der Außendienst, die Werbung und die PR-Abteilung aufeinander abgestimmt sein.

Mit dem **Distributionsmix** muss erreicht werden, dass das Sortiment auch tatsächlich alles bereitstellt, was im Rahmen des Kommunikationsmix versprochen worden ist.

2.2.5.5 Finanzwirtschaft

Aufgabe der Finanzwirtschaft ist es, die Unternehmung mit Kapital zu versorgen. Das Kapital kann von außen als Eigen- oder Fremdkapital in die Unternehmung fließen (**Außenfinanzierung**) oder aus dem betrieblichen Umsatzprozess beschafft werden (**Innenfinanzierung**). Das Kapital (Finanzierung = Passivseite der Bilanz) wird in Sachvermögen investiert (Vermögen = Aktivseite der Bilanz). Die **Finanzplanung** ermittelt mit Finanzierungskennzahlen Umfang und Struktur des Kapitalbedarfs. Bei den **Finanzierungsarten** unterscheidet man die Eigen-, die Fremd- und die Selbstfinanzierung und – als Sonderformen – Leasing und Factoring.

2.2.5.5.1 Finanzplanung

Die Finanzplanung ermittelt den Kapitalbedarf. Bei der Gründung einer Unternehmung muss die **Grundfinanzierung** sichergestellt werden. Hierzu zählen die Ausgaben für das Anlagevermögen, der Aufwand für den eisernen Bestand an Vorräten und der sogenannte Organisationsaufwand (z. B. für den Aufbau der Betriebsorganisation oder für Marktanalysen). Zur **Finanzierung der Betriebstätigkeit** entsteht laufender Kapitalbedarf, z. B. für den Einkauf von Werkstoffen bzw. Waren, für die Gehaltszahlung, für Energiekosten usw.

Alle Kapitalbedarfsrechnungen beruhen auf Schätzungen, können letztlich eine Unterkapitalisierung oder eine Überkapitalisierung bewirken. Die Struktur des Kapitalbedarfs (horizontal = Verhältnis des Kapitals zum Vermögen, vertikal = Verhältnis der Kapitalteile zueinander) ist in den Wirtschaftszweigen und in den Rechtsformen der Unternehmung sehr unterschiedlich. So kann im Handel das Umlaufvermögen größer als das Anlagevermögen, im Industrieunternehmen kann es umgekehrt sein. Eine Eigenkapitalquote von 25% bis 30% ist in Aktiengesellschaften durchaus der Normalfall, in Einzelunternehmen könnte diese Eigenkapitalquote zur Insolvenz führen.

Zur Beurteilung der finanziellen Lage und als Grundlage für die weitere Finanzplanung dienen Finanzierungskennzahlen.

– Die **Liquidität** ist das Verhältnis zwischen flüssigen Mitteln und kurzfristigen Verbindlichkeiten.

  Bei der Liquidität 1. Grades werden die Zahlungsmittel zu den kurzfristigen Verbindlichkeiten in Beziehung gesetzt, bei der Liquidität 2. Grades die Zahlungsmittel und die kurzfristigen Forderungen, bei der Liquidität 3. Grades die Zahlungsmittel und die kurzfristigen Forderungen und die Vorräte des Umlaufvermögens.

– Die **Rentabilität** ist das Verhältnis des Gewinns zum Eigenkapital, zum Gesamtkapital oder zum Umsatz.

Eigenkapitalrentabilität

(Unternehmer- oder Nettorentabilität)

$$\frac{\text{Gewinn} \cdot 100}{\text{Eigenkapital}}$$

Gesamtkapitalrentabilität

(Unternehmungs- oder Bruttorentabilität)

$$\frac{(\text{Gewinn} + \text{Fremdkapitalzinsen}) \cdot 100}{\text{Eigenkapital} + \text{Fremdkapital}}$$

Umsatzrentabilität

$$\frac{\text{Gewinn} \cdot 100}{\text{Umsatzerlöse}}$$

Die Aussagefähigkeit der Rentabilitätskennziffern kann durch eine Cashflow-Analyse erweitert werden. Es müssen dem Gewinn alle nicht auszahlungswirksamen Aufwendungen zugerechnet werden, da diese zur Finanzierung zur Verfügung stehen. Das sind vor allem die Abschreibungen und die Pensionsrückstellungen. Dieser **Cashflow** kann wie die Rentabilität zum Eigenkapital, zum Gesamtkapital und zum Umsatz ins Verhältnis gesetzt werden.

Alle Überlegungen zum Kapitalbedarf und seiner Zusammensetzung sind darauf ausgerichtet, der Unternehmung das **finanzielle Gleichgewicht** zu sichern. Dies ist dann gegeben, wenn einerseits die Zahlungsfähigkeit zu jedem Zeitpunkt gesichert ist und andererseits keine überschüssigen Finanzierungsmittel vorhanden sind, die die Rentabilität mindern.

2.2.5.5.2   Finanzierungsarten

Die Außenfinanzierung (Kapitalzuführung von außen) erfolgt durch **Eigenfinanzierung** (Erhöhung des Eigenkapitals) oder durch **Fremdfinanzierung** (Erhöhung des Fremdkapitals). Die Innenfinanzierung erfolgt durch **Selbstfinanzierung** (nicht verteilte Gewinne) oder aus Abschreibungen (Rückfluss finanzieller Mittel vor der Wiederbeschaffung).

Bei der Eigenfinanzierung kann zwischen der Einlagenfinanzierung bei Einzelunternehmen und Personengesellschaften und der Beteiligungsfinanzierung bei Kapitalgesellschaften und Genossenschaften unterschieden werden.

Eigenkapital steht langfristig zur Verfügung und bewirkt finanzielle Unabhängigkeit von Gläubigern. Da die Eigenkapitalgeber als Gesellschafter keinen Anspruch auf feste Verzinsung ihrer Einlage haben, kann in Verlustzeiten auf Gewinnausschüttung verzichtet und damit die Liquidität der Unternehmung verbessert werden.

Bei der Fremdfinanzierung sind die Kapitalgeber Gläubiger mit Anspruch auf feste Verzinsung und Rückzahlung des Kapitals laut Vereinbarung. Langfristige Fremdfinanzierung (Laufzeit über 5 Jahre) erfolgt in Form von Darlehen oder Obligationen (Schuldverschreibungen), mittel- und kurzfristige Fremdfinanzierung als Lieferanten-, Wechsel-, Kontokorrentkredit oder bei Kundenanzahlungen.

Bei der Selbstfinanzierung unterscheidet man die **offene Selbstfinanzierung** (nicht ausgeschüttete Gewinne) und die **versteckte Selbstfinanzierung** durch Unterbewertung von Aktiva (z. B. zu hohe Abschreibungen) oder Überbewertung von Passiva (z. B. zu hoher Ansatz von Rückstellungen). Das Kapital steht zinslos zur Verfügung, was die Gefahr von Fehlinvestitionen mit sich bringen kann.

Factoring dient der kurzfristigen Finanzierung: Das Unternehmen verkauft Forderungen an ein Finanzierungsinstitut (bei Forderungen aus Exportgeschäften = **Forfaitierung**). **Leasing** dient der langfristigen Finanzierung und hat den großen Vorteil, dass sich die gesamte Finanzierung im selben Jahr als Aufwand in der Ergebnisrechnung niederschlägt.

2.2.5.6   Rechnungswesen

Das Rechnungswesen der Unternehmung hat die Aufgabe, Informationen für interne Zwecke (Unternehmensführung und betriebliche Gremien wie Aufsichtsrat, Betriebsrat, Wirtschaftsausschuss) und externe Zwecke (Gesellschafter bei Kapitalgesellschaften, Kreditgeber, Finanzbehörden u.a.) zur Verfügung zu stellen. Alle im Rechnungswesen ermittelten Daten dienen letztlich der gesetzlich vorgeschriebenen Offenlegung der betriebsökonomischen Vorgänge und der Entscheidungsfindung in der Unternehmung.

2.2.5.6.1   Zweige und Aufgaben des Rechnungswesens

Das Rechnungswesen umfasst vier Zweige:

– Die **Finanzbuchführung** (Geschäftsbuchführung) als Zeitraumrechnung erfasst Bestände und Veränderungen des Vermögens, der Schulden und des Eigenkapitals. Die Veränderungen werden durch Buchungen dargestellt; Grundlage aller Buchungen bilden interne und externe Belege.

– Die **Kosten- und Leistungsrechnung** liefert genaue Aussagen über die Leistungsfähigkeit des Unternehmens. Sie bereitet die in der Finanzbuchführung erfassten Aufwendungen und Erträge betrieblichen Ursprungs in der Kostenarten-, Kostenstellen- und Kostenträgerrechnung auf und stellt den Kosten die Erlöse gegenüber.

– Die **Statistik** als Vergleichsrechnung ist die zahlenmäßige Erfassung betrieblicher Vorgänge in tabellarischer und/oder graphischer Form. Unterlagen liefern die Finanzbuchführung, die Kosten- und Leistungsrechnung und außerbetriebliche Veröffentlichungen (Industrie- und Handelskammer, Deutsche Bundesbank, Statistische Ämter). Die Statistik erweitert den Informationswert der Aussagen von Finanzbuchführung und Kostenrechnung und bereitet die Planung vor.

– Die **Planung** als Vorschaurechnung versucht, zukünftige Geschehnisse auf der Grundlage eines systematischen Vorgehens vorwegzunehmen. Sie befasst sich z. B. mit der Planung zukünftiger Ausgaben und Einnahmen zur Vorbereitung und Lösung von Finanzierungsproblemen im Rahmen der Beschaffungs-, Produktions- und Absatzpolitik. Zum Erstellen der Finanzplanung sind eine Kosten- und eine Umsatzplanung erforderlich.

Gesetze und Rechnungsverordnungen schreiben die Buchführungspflicht vor.

– Für alle Kaufleute im HGB §§ 238 bis 245:

»Jeder Kaufmann ist verpflichtet, Bücher zu führen und in diesen seine Handelsgeschäfte und die Lage seines Vermögens nach den Grundsätzen ordnungsmäßiger Buchführung sichtbar zu machen«.

Er muss jährlich Rechenschaft ablegen über den Stand seines Unternehmens.

– Für alle Buchführungspflichtigen in der Abgabenordnung: § 140 AO bestätigt diese Buchführungspflicht aller Kaufleute für Zwecke der Steuerberechnung. Darüber hinaus werden in § 141 AO auch Personen, die keine Kaufleute sind, verpflichtet zu bestimmten Buchführungs- und Aufzeichnungstätigkeiten (z. B. Handwerksbetriebe, kleinere Gewerbetreibende).

– Ergänzende Vorschriften liefern: HGB §§ 246 bis 263 für alle Buchführungspflichtigen, HGB §§ 264 bis 339 für alle Kapitalgesellschaften und Genossenschaften, das Aktiengesetz, das GmbH-Gesetz, das Genossenschaftsgesetz und das Einkommensteuergesetz mit Durchführungsverordnungen und Richtlinien, Körperschaft-, Gewerbeertragsteuer- und Umsatzsteuergesetz mit DV und Richtlinien.

Bei der lückenlosen Aufzeichnung der Geschäftsfälle sind die **Grundsätze ordnungsmäßiger Buchführung** (GoB) zu beachten. Sie besagen im Einzelnen:

– Keine Buchung ohne Beleg und kein Beleg ohne Buchung.

– Alle Geschäftsfälle sind zeitlich und sachlich geordnet zu erfassen.

– Es sind regelmäßige Abschlüsse zu erstellen.

2.2.5.6.2 Jahresabschluss der Kapitalgesellschaften

Gemäß HGB haben alle Erwerbsunternehmen einen Jahresabschluss zu erstellen. Dieser besteht für einzelne Unternehmen und Personengesellschaften aus der Bilanz und der Gewinn- und Verlustrechnung. Kapitalgesellschaften und Genossenschaften haben den Jahresabschluss um einen Anhang zu erweitern. Außerdem ist ein Lagebericht zu erstellen, der aber nicht Bestandteil des Jahresabschlusses ist. Der Anhang enthält erläuternde Angaben zur Bilanz und zur GuV-Rechnung, der Lagebericht gibt die Lage der Unternehmung im Markt wieder und zeichnet Entwicklungen, Trendverläufe und Unternehmensziele auf.

Inhalt der Bilanz (§ 266 HGB)

Aktiva	Bilanz		Passiva
1 Anlagevermögen		1	Eigenkapital
1.1 Immaterielle Vermögensgegenstände		1.1	gezeichnetes Kapital
		1.2	Kapitalrücklagen
1.2 Sachanlagen		1.3	Gewinnrücklagen
1.3 Finanzanlagen		1.4	Gewinnvortrag/ Verlustvortrag
2 Umlaufvermögen		1.5	Jahresüberschuss/ Jahresfehlbetrag
2.1 Vorräte			
2.2 Forderungen und sonstige Vermögensgegenstände		2	Rückstellungen
2.3 Wertpapiere		3	Verbindlichkeiten
2.4 Schecks, Kassenbestand, Guthaben bei Kreditinstituten		4	Rechnungsabgrenzungsposten
3 Rechnungsabgrenzungsposten			

Inhalt der Gewinn- und Verlustrechnung (Gesamtkostenverfahren § 275 HGB)

Umsatzerlöse
+/– Bestandsveränderungen an fertigen oder unfertigen Erzeugnissen
+ anderer aktivierter Eigenleistungen
+ sonstige betriebliche Erträge
– Materialaufwand

= Rohergebnis
– Personalaufwand
– Abschreibung
– sonstige betriebliche Aufwendungen
– Zinsen und ähnliche Aufwendungen

= Ergebnis der gewöhnlichen Geschäftstätigkeit
+/– außerordentliches Ergebnis
– Steuern

= Jahresüberschuss / Jahresfehlbetrag

Für börsennotierte Kapitalgesellschaften lässt HGB § 292a internationale Rechnungs-legungsvorschriften zu. Sie haben seit 1998 die Wahl zwischen der geschilderten HGB-Rechnungslegung (deutsches Bilanzierungsrecht) und den International Accounting Standards (IAS) und den Generally Accepted Accounting Pinziples (US-GAAP). Ab 2005 ist die Anwendung der internationalen Rechnungslegung für börsennotierte Unterneh-men Pflicht.

Der wesentliche Unterschied: Die Rechnungslegung nach HGB will ihre Adressaten (Gesellschafter, Gläubiger, Finanzamt) besänftigen. Die IAS und die US-GAAP stellen den Shareholder-Value in den Vordergrund: Der Aktionär wird durch das Ausweisen des bilanzpolitisch höchstmöglichen Gewinns genau über die Finanz-, Vermögens- und Ertragslage informiert – das Finanzamt aber auch.

Das Deutsche Rechnungslegungs-Standard-Committe (DRSC) ist beauftragt, bis zum Jahr 2005 einen verbindlichen Deutschen Rechnungslegungsstandard (DRS) zu erstellen. Bis dahin ist jede Kombination der »Rosinen« nach HGB, IAS und US-GAAP möglich.

2.2.5.7   Personalwirtschaft

Das wirtschaftliche Ziel dieses Funktionsbereichs besteht darin, das Unternehmen mit den benötigten und bestgeeigneten Mitarbeitern zu versorgen. Das soziale (humanitäre) Ziel der Personalwirtschaft besteht darin, die Arbeitsstelle so zu gestalten, dass sie den Interessen und Bedürfnissen der Arbeitnehmer gerecht werden kann. Nur der Arbeitneh-mer, der am Arbeitsplatz sein Selbstwertgefühl geachtet sieht und in seiner Persönlich-keitsentwicklung gefördert wird, ist auch ein guter Mitarbeiter. Entscheidungen sind zu treffen in den Bereichen Personalplanung, Personalbeschaffung, Personalbeurteilung und Personalentwicklung (siehe Abbildung auf der übernächsten Seite).

Die **Personalplanung** hat die Aufgabe, die für einen bestimmten Zeitpunkt erforderlichen Mitarbeiter nach Anzahl und Qualität zu ermitteln und ihren optimalen Einsatz festzu-legen. Hilfsmittel sind die Personalbedarfsanalyse und Stellenpläne mit Stellenbeschrei-bungen. Jede Personalplanung basiert auf Informationen über die Anforderungen der Arbeitsplätze einerseits und die Eignungsmerkmale des Personals andererseits.

Beispiel für den Aufbau eines Personal- und Arbeitsplatz-Informationssystems:

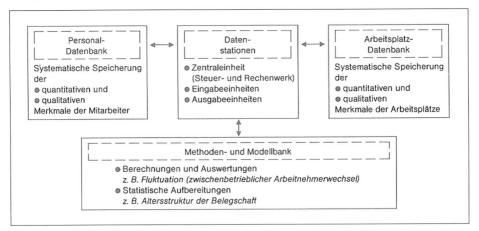

Quelle: Seidel, Temmen: Allgemeine Betriebswirtschaftslehre, Verlag Dr. Max Gehlen

EDV-gestützte Personalinformationssysteme können dem Arbeitnehmer nutzen (Versetzung, Beförderung), aber auch schaden. Es ist Aufgabe des Betriebsrates, beim Arbeitgeber einen sozialverträglichen Einsatz der neuen Informationstechnologien durchzusetzen.

Der **Personalbeschaffung** obliegt es, die erforderlichen Arbeitnehmer rechtzeitig zur Verfügung zu stellen. Ihr Aufgabenbereich beginnt mit der Personalanforderung. Eine neue oder offene Stelle kann durch bereits im Unternehmen Tätige (intern) oder von außen durch Anwerbung neuer Mitarbeiter (extern) besetzt werden. Nach § 93 BetrVG kann der Betriebsrat verlangen, dass Arbeitsplätze allgemeiner oder für bestimmte Arten von Tätigkeiten vor ihrer Besetzung innerhalb des Betriebes ausgeschrieben werden. Zunehmend werden bei kurz- oder mittelfristigen Personalengpässen Arbeitnehmer geleast: Diese Personalkosten sind für die Unternehmung variable Kosten – ein unschätzbarer Vorteil.

Im Auswahlverfahren wird geprüft, ob sich ein Bewerber für einen bestimmten Arbeitsplatz eignet. In Unternehmen mit mehr als 1 000 Arbeitnehmern kann der Betriebsrat gemäß § 95 BetrVG verlangen, dass für die personelle Auswahl bei Einstellungen und Versetzungen Auswahlrichtlinien gelten. So kann festgelegt werden, dass die fachliche Voraussetzung durch Arbeitsproben oder Tests geprüft und die persönliche Voraussetzung (charakterliche Eignung) durch ein Vorstellungsgespräch ermittelt wird.

Durch eine regelmäßige und möglichst objektive **Personalbeurteilung** erhält die Personalabteilung einen umfassenden Überblick über den Eignungsgrad und die Leistungsfähigkeit der Mitarbeiter. Nach § 82 BetrVG kann der Arbeitnehmer verlangen, dass seine Beurteilung in einem Gespräch erörtert wird. Er kann so feststellen, wie seine Leistung eingeschätzt wird und dazu Stellung nehmen. Zu dem Gespräch kann der Mitarbeiter ein Mitglied des Betriebsrates hinzuziehen. Ebenso kann er gemäß § 83 BetrVG Einsicht in seine Personalakte nehmen.

Unter **Personalentwicklung** versteht man alle Maßnahmen eines Unternehmens, durch die die Fähigkeiten der Mitarbeiter verbessert, erweitert oder verändert werden. Personalentwicklung beginnt mit dem ersten Tag der Ausbildung.

Einzelheiten zum Thema »Personalentwicklung« entnehmen Sie bitte dem Kapitel 5.

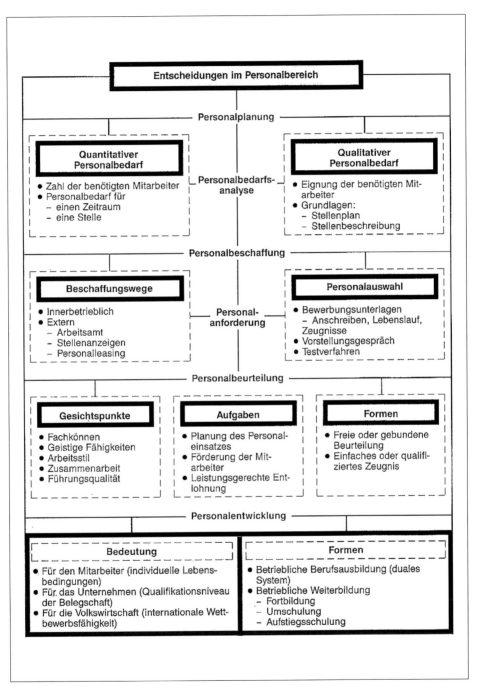

Quelle: Seidel, Temmen: Allgemeine Betriebswirtschaftslehre, Verlag Dr. Max Gehlen

2.2.5.8 Informationswirtschaft

Informationen haben den Zweck

- Handlungen vorzubereiten und durchzuführen,
- den Grad der Unsicherheit bei betrieblichen Entscheidungen zu vermindern,
- die Prozesse der Unternehmensführung bzw. Haushaltsführung zu planen (P), zu organisieren (O), zu kontrollieren (K) und sie zu verbinden sowie
- den Zusammenhang des Unternehmens mit der Umwelt zu berücksichtigen.

Die Weitergabe von Informationen nennt man **Kommunikation**. Sie ist eine Grundvoraussetzung für die zielgerichtete Zusammenarbeit aller Arbeitnehmer in der Unternehmung.

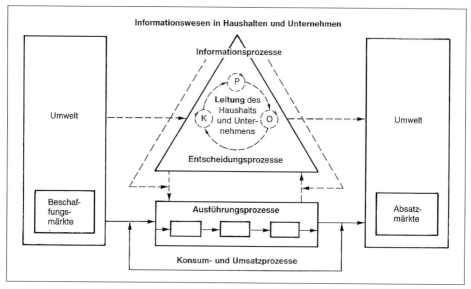

Quelle: Seidel, Temmen: Allgemeine Betriebswirtschaftslehre, Verlag Dr. Max Gehlen

Fragen zur Kontrolle

Zu Abschnitt 2.2.1 bis 2.2.3

31. Wie unterscheiden sich die Begriffe »Betrieb« und »Unternehmung«?

32. Welche Inhalte sollte ein Gesellschaftsvertrag aufweisen?

33. Wie ist die Haftung bei den Personengesellschaften geregelt?

34. Was ist das Handelsregister?

35. Welche Eintragungen werden bei Kapitalgesellschaften (Abteilung B des HR) vorgenommen?

36. Warum ist die Rechtsform bei Kapitalgesellschaften und bei Genossenschaften zwingender Bestandteil der Firmenbezeichnung?

37. Welche Vor- und Nachteile erkennen Sie im Konzentrationsprozess im Einzelhandel?

38. Welche Gesetze und Verordnungen versuchen, den Wettbewerb in der Bundesrepublik Deutschland zu regeln?

39. Wie beurteilen Sie den Vorschlag, ein Stabliniensystem einzuführen?

40. Welche Vorteile bietet die Anwendung der Netzplantechnik?

Zu Abschnitt 2.2.4 und 2.2.5

41. Welche Bedeutungen messen Sie dem dispositiven Faktor zu?

42. Wie gehen Sie vor, wenn Sie für Ihren Betrieb den optimalen Marketing-Mix zusammenstellen sollen?

43. Was versteht man unter
    – Just-in-time?
    – Lean-Production?
    – Warenwirtschaftssystem?

44. Wann entscheiden Sie sich für Eigen-, wann für Fremd- und wann für Selbstfinanzierung?

45. Welche Vorteile bietet eine differenzierte Kostenstellenrechnung?

46. Welche betrieblichen Kennziffern sind Ihnen bekannt?

47. Wie werden diese ermittelt?

48. Warum beginnt Personalentwicklung bereits während der Ausbildung?

49. »Im Einkauf liegt der halbe Gewinn!« Wie ist diese Aussage zu begründen?

50. Welche Vor- und Nachteile liegen in einem differenzierten Informationswesen?

3 Arbeits-, Sozial- und Berufsbildungsrecht

3.1 Einführung in die Rechtsordnung

Ohne Rechtsordnung ist ein sicheres, auskömmliches Zusammenleben der Menschen nicht möglich. Dies gilt für das Zusammenleben der Einzelnen untereinander, wie auch für das Verhältnis des Einzelnen zur Gesellschaft, d.h. des Bürgers zum Staat.

Die Rechtsordnung ist in unserer gesamtgesellschaftlichen Ordnung auf das Engste mit den anderen Teilsystemen verknüpft: mit der politischen Ordnung, der Sozialordnung, der Wirtschaftsordnung und der kulturellen Ordnung.

Die Rechtsordnung soll verschiedene Funktionen abdecken:

– Die **Ordnungsfunktion** sorgt für eine für alle verbindliche Ordnung, z. B. in der Erhebung von Steuern, in der Regelung des Straßenverkehrs. Diese Ordnungsregeln sind wertfrei. Problematisch wird es, wenn die Regeln als Selbstzweck mit Wertvorstellungen verknüpft werden (law and order) und die Anpassung an die Ordnung wichtiger wird als die kritische Auseinandersetzung mit und die Weiterentwicklung der Ordnung.

– Die **Sicherheitsfunktion** erfüllt die Aufgabe, den Bürger und den Staat zu schützen und Rechtsverletzungen vorzubeugen, z. B. im Strafrecht.

– Die **Ausgleichsfunktion** beruht auf der Tatsache, dass es in jeder Gesellschaft einander gegenüberstehende Interessen gibt. Sie bewirkt, dass nach Abwägen der verschiedenen Interessen gegeneinander ein Ausgleich herbeigeführt wird.

3.1.1 Grundlagen

3.1.1.1 Gesetztes Recht und Gewohnheitsrecht

Die rechtliche Ordnung erfolgt durch **gesetztes Recht** und durch Gewohnheitsrecht, wobei sich das **Gewohnheitsrecht** am gesetzten Recht orientieren muss. Die Quelle des gesetzten Rechts sind Gesetze, Verordnungen und Statuten.

Gesetze werden von der Legislative (Parlament) erlassen, **Verordnungen** von der Exekutive (Regierung), wenn ein Gesetz dazu ausdrücklich ermächtigt. Der Inhalt der Verordnung darf den Wesensgehalt des Gesetzes nicht verändern. **Statuten** (Satzungen) sind Regelungen öffentlich-rechtlicher Körperschaften wie Gemeinden, Kammern, Hochschulen, Kirchen.

Gewohnheitsrecht ist ungeschriebenes Recht. Voraussetzung für die Bildung von Gewohnheitsrecht ist langjähriges Verhalten der Gesellschaft und die allgemeine Überzeugung von der Rechtmäßigkeit dieses Verhaltens.

3.1.1.2   Privates und öffentliches Recht

Das **Privatrecht** regelt die rechtlichen Beziehungen von untereinander gleichgeordneten Personen (Individualinteresse). Es gilt der Grundsatz der Gleichordnung. Die wichtigsten Teile des Privatrechts sind das Bürgerliche Recht und das Handelsrecht.

Das **öffentliche Recht** regelt die Rechtsbeziehungen des Einzelnen zur Gesellschaft (Sozialinteresse). Der Einzelne ist untergeordnet, der Staat übergeordnet.

Das Arbeitsrecht umfasst sowohl Inhalte des privaten wie auch des öffentlichen Rechts.

3.1.1.3   Objektives und subjektives Recht

Recht kann eine objektive und subjektive Bedeutung haben. Unter **objektivem Recht** versteht man entweder das Recht in seiner Gesamtheit oder bestimmte Untergruppen rechtlicher Vorschriften, wie z. B. das für die Bundesrepublik Deutschland geltende Recht, das Straf- oder das Arbeitsrecht. Objektives Recht gilt für jedermann und regelt das Verhalten der Menschen untereinander und zum Staat.

Von **subjektivem Recht** spricht man, wenn sich aus dem objektiven Recht für den Einzelnen bestimmte Berechtigungen (Ansprüche) ergeben. Den subjektiven Rechten entsprechen immer auch bestimmte Rechtspflichten.

3.1.1.4   Rangfolge der Rechtsvorschriften

Die Regelungen im Bereich des Arbeitsrechts lassen sich einteilen in

1. **staatlich gesetztes Recht**
   Hierzu zählen das Verfassungsrecht (Grundgesetz der Bundesrepublik Deutschland, Landesverfassung) und alle einschlägigen Gesetze und Verordnungen.
   Das Gesetzgebungsrecht für arbeits- und sozialrechtliche Gesetze steht dem Bund und den Ländern zu. Die Länder üben das Gesetzgebungsrecht konkurrierend zum Bund aus. Sie können nur dann arbeitsrechtliche Gesetze erlassen, wenn der Bund von seinem Gesetzgebungsrecht keinen Gebrauch gemacht hat.
2. **vertraglich geschaffenes Recht**
   Als kollektive Rechtsquelle (Tarifvertrag, Betriebsvereinbarung) oder als individuelle Rechtsquelle (Arbeitsvertrag, Betriebliche Übung = wiederholtes bewusstes Verhalten von Arbeitgeber und Arbeitnehmern).
3. **Richterrecht** = Rechtsetzung durch die Arbeitsgerichtsbarkeit
   (vergleiche Abschnitt 3.2.6).

Die Rangordnung arbeitsrechtlicher Normen und Vorschriften entspricht der aufgeführten Reihenfolge; dem Verfassungsrecht sind alle Folgevorschriften untergeordnet:

– Verfassungsrecht
– Gesetze und Richterrecht
– Rechtsverordnungen
– Tarifvertrag
– Betriebsvereinbarung
– Einzelarbeitsvertrag
– Weisung des Arbeitgebers.

3.1.2   Grundgesetz und BGB im Arbeitsrecht

Arbeitsrechtliche bedeutsame Bestimmungen aus der Bundesverfassung finden wir in den Grundrechten:

– Anspruch auf Unantastbarkeit der menschlichen Würde (Artikel 1, Absatz 1)
– Anspruch auf Entfaltung der Persönlichkeit (Artikel 2, Absatz 1)
– Anspruch auf rechtliche Gleichheit der Menschen und auf Gleichberechtigung von Mann und Frau (Artikel 3, Absatz 1 und 2)
– Anspruch von Ehe und Familie auf besonderen Schutz durch die staatliche Ordnung (Artikel 6)
– Garantie der Versammlungsfreiheit (Artikel 8)
– Anspruch auf Vereinigungsfreiheit (Koalitionsfreiheit) von Arbeitnehmern und Arbeitgebern, die sich zu Gewerkschaften und Arbeitgeberverbänden zusammenschließen können (Artikel 9, Absatz 3)
– Garantie der Freizügigkeit im gesamten Bundesgebiet (Artikel 11)
– Garantie des Rechts, den Beruf, den Arbeitsplatz und die Ausbildungsstätte frei zu wählen (Artikel 12).

Das Bürgerliche Gesetzbuch (BGB) enthält in den §§ 611 bis 630 (Dienstvertrag) die Grundlage des Individualarbeitsrechts. Aus dem Allgemeinen Teil (1. Buch) sind besonders zu beachten:

– die §§ 104 bis 115 über die Geschäftsfähigkeit
– die §§ 116 bis 144 über Willenserklärungen und ihre Mängel
– die §§ 145 bis 157 über das Zustandekommen von (Arbeits-) Verträgen und ihre Mängel
– die §§ 186 bis 193 über Fristen und Termine
– die §§ 194 bis 225 über die Verjährung von Ansprüchen.

3.2   Arbeitsrecht

Arbeitnehmer verrichten Arbeit gegen Entgelt (wirtschaftliche Abhängigkeit) und müssen sich in die Organisation der Arbeitsstätte einfügen und den Weisungen des Arbeitgebers folgen (persönliche Abhängigkeit). Das Arbeitsrecht ist das Sonderrecht der Arbeitnehmer und im Wesentlichen ein Arbeitnehmerschutzrecht.

Gesetzlich ist der Begriff »Arbeitnehmer« nicht eindeutig festgelegt. Keine Arbeitnehmer sind

– Selbständige und Freiberufler,
– Vorstandsmitglieder einer Aktiengesellschaft und Geschäftsführer einer GmbH,
– Gesellschafter einer OHG,
– Komplementäre einer Kommanditgesellschaft,
– mithelfende Familienmitglieder und
– Richter, Beamte, Soldaten und Zivildienstleistende.

Leitende Angestellte hingegen zählen zu den Arbeitnehmern. Auch das Berufsausbildungsverhältnis ist ein Arbeitsverhältnis (vergleiche Abschnitt 3.4).

Schwierig ist die Zuordnung bei arbeitnehmerähnlichen Personen, z. B. bei Handelsvertretern, die nur für eine Firma tätig sind (Versicherung, Bausparkasse). Bei der Zuordnung kommt es auf den Umfang der Weisungsgebundenheit an.

Man kann das Arbeitsrecht in die beiden Hauptbereiche Kollektivarbeitsrecht und Individualarbeitsrecht unterteilen.

Zum **Kollektivarbeitsrecht** gehören das Mitbestimmungsrecht, das Koalitionsrecht, das Tarifvertragsrecht und das Arbeitskampfrecht. Beim Mitbestimmungsrecht unterscheiden wir das Unternehmensverfassungsrecht (vergleiche Abschnitt 3.2.1) und das Betriebsverfassungsrecht (vergleiche Abschnitt 3.2.2).

Zum **Individualarbeitsrecht** gehören das Arbeitsvertragsrecht und das Arbeitsschutzrecht.

3.2.1   Unternehmensverfassungsrecht

Das Unternehmensverfassungsrecht betrifft die Mitbestimmung des Produktionsfaktors Arbeit im Aufsichtsrat, während das Betriebsverfassungsrecht Beteiligungsrechte auf der Ebene des Arbeitsplatzes und über den Betriebsrat gewährt. Damit ist der Begriff »Unternehmung« im arbeitsrechtlichen Sinn weiter gefasst als der Begriff »Betrieb«.

Überblick über die Ebenen der Mitbestimmung

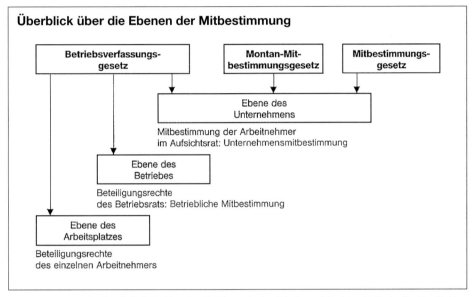

Quelle: Grill, Reip, H. u. St.: Einführung in das Arbeits und Sozialrecht, Verlag Dr. Max Gehlen

Das Unternehmensverfassungsrecht ist in der Bundesrepublik Deutschland im Montan-Mitbestimmungsgesetz von 1951, im Betriebsverfassungsgesetz von 1952 und im Mitbestimmungsgesetz von 1976 geregelt.

3.2.1.1　Montan-Mitbestimmungsgesetz von 1951

Dieses Gesetz gilt für Kapitalgesellschaften mit mehr als 1 000 Arbeitnehmern im Bereich des Bergbaus und der Eisen und Stahl erzeugenden Industrie und gewährt eine paritätische Mitbestimmung der Kapitalseigner und der Arbeitnehmer. Der Aufsichtsrat besteht aus 11 Mitgliedern: je 5 Vertreter beider Seiten, die gemeinsam ein »neutrales« 11. Mitglied wählen. Bei größeren Unternehmen setzt sich der Aufsichtsrat aus 15 oder 21 Mitgliedern zusammen. Im Vorstand werden die Arbeitnehmer durch den Arbeitsdirektor vertreten, der nicht gegen die Stimmen der Arbeitnehmer im Aufsichtsrat bestellt werden kann.

Wahl und Zusammensetzung des Aufsichtsrats nach dem Montan-Mitbestimmungsgesetz

Quelle: Grill, Reip, H. u. St.: Einführung in das Arbeits und Sozialrecht, Verlag Dr. Max Gehlen

3.2.1.2 Betriebsverfassungsgesetz von 1952

Bis 1976 musste der Aufsichtsrat aller anderen Aktiengesellschaften, Kommanditgesellschaften auf Aktien, Gesellschaften mit beschränkter Haftung (mit mehr als 500 Arbeitnehmern) und Genossenschaften nur zu einem Drittel aus Vertretern der Arbeitnehmer bestehen. Von der Pflicht zur Drittelbeteiligung befreit sind Familienbetriebe und Tendenzbetriebe (politische, konfessionelle, karikative, erzieherische, wissenschaftliche und künstlerische Betriebe).

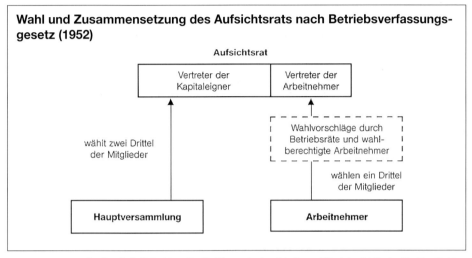

Wahl und Zusammensetzung des Aufsichtsrats nach Betriebsverfassungsgesetz (1952)

Quelle: Grill, Reip, H. u. St.: Einführung in das Arbeits und Sozialrecht, Verlag Dr. Max Gehlen

3.2.1.3   Mitbestimmungsgesetz von 1976

Es gilt für Kapitalgesellschaften außerhalb der Montan-Mitbestimmung mit mehr als 2 000 Arbeitnehmern. Das Gesetz legt fest, dass

– der Aufsichtsrat paritätisch mit Vertretern der Kapitaleigner und der Arbeitnehmer besetzt ist,
– Personal- und Sozialfragen durch einen Arbeitsdirektor als Mitglied des Vorstands betreut werden,
– bei Stimmengleichheit im Aufsichtsrat die Stimme des Vorsitzenden den Ausschlag gibt. Der Aufsichtsratvorsitzenden ist in der Regel ein Vertreter der Kapitaleigner. Der Aufsichtsrat besteht
  bei bis zu 10 000 Beschäftigten aus je 6 Vertretern beider Seiten,
  bei über 10 000 bis 20 000 Arbeitnehmern aus je 8 und
  bei über 20 000 Arbeitnehmern aus je 10 Vertretern beider Seiten.

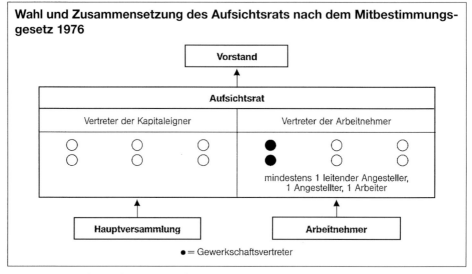

Wahl und Zusammensetzung des Aufsichtsrats nach dem Mitbestimmungsgesetz 1976

Quelle: Grill, Reip, H. u. St.: Einführung in das Arbeits und Sozialrecht, Verlag Dr. Max Gehlen

Diese Mitbestimmung ist zwar zahlenmäßig paritätisch, aber ungleichgewichtig zum Vorteil der Kapitaleigner: Der Vorsitzende ist deren Vertreter, und der Arbeitnehmergruppe ist außerdem ein leitender Angestellter zugeordnet, dessen Tätigkeit sich wohl eher der Seite der Kapitaleigner zuordnen läßt.

3.2.2   Betriebsverfassungsrecht

Das Betriebsverfassungsgesetz von 1972 in seiner gültigen Fassung ab 1. Januar 1989 – eine am 14. Februar 2001 vom Bundeskabinett beschlossene Neufassung wird im Sommer 2001 verabschiedet – bietet die arbeitsrechtliche Grundordnung auf Betriebsebene. Es regelt die Zusammenarbeit zwischen Arbeitgeber und Arbeitnehmer und beschränkt die Direktionsbefugnisse der Betriebsleitung. Die Beteiligung der Arbeitnehmer an betrieblichen Entscheidungsprozessen erfolgt durch den Betriebsrat.

Unabhängig davon hat der Arbeitnehmer gemäß §§ 81 bis 85 **individuelle Rechte**, die er persönlich wahrnehmen kann:

– Recht auf Unterrichtung über seine Aufgaben und die damit verbundene Verantwortung sowie über die Einordnung seiner Tätigkeit in dem betrieblichen Arbeitsablauf sowie das Recht auf Unterrichtung über Unfall- und Gesundheitsgefahren am Arbeitsplatz und über Maßnahmen und Einrichtungen zur Abwendung dieser Gefahren (§ 81 Absatz 1)
– Recht auf Anhörung in betrieblichen Angelegenheiten, die seine Person betreffen S(§ 82 Absatz 1)
– Recht auf Erörterung der Beurteilung seiner Leistungen (§ 82 Absatz 2)
– Recht auf Einsicht in seine Personalakte (§ 83)
– Recht auf Beschwerde, wenn er sich benachteiligt oder ungerecht behandelt fühlt. Die Beschwerde kann der Arbeitnehmer bei der zuständigen Stelle des Betriebs (§ 84 Absatz 1) vorbringen. Der Betriebsrat ist verpflichtet, Beschwerden von Arbeitnehmern entgegenzunehmen und, falls er sie für berechtigt hält, beim Arbeitgeber auf Abhilfe hinzuwirken (§ 85 Absatz 1).

3.2.2.1   Betriebsverfassungsrechtliche Organe

Die Vertretung der Beschäftigten eines Betriebes – mit Ausnahme der leitenden Angestellten – wird durch den **Betriebsrat** wahrgenommen. Bestehen in einem Unternehmen mehrere Betriebe, wird auf Unternehmensebene ein **Gesamtbetriebsrat** (§§ 47 bis 53 BetrVG) gebildet. Für einen Konzern kann durch Beschluss der einzelnen Gesamtbetriebsräte ein **Konzernbetriebsrat** (§§ 54 bis 59 BetrVG) gebildet werden. In Betrieben mit mindestens zehn leitenden Angestellten kann aufgrund des Sprecherausschussgesetzes vom 20. Dezember 1988 ein **Sprecherausschuss** gebildet werden. Der Begriff »Leitender Angesteller« ist in § 5 Absatz 3 BetrVG definiert.

3.2.2.1.1   Betriebsrat

Betriebsräte können in Betrieben mit mindestens fünf ständig Wahlberechtigten für die Dauer von vier Jahren gewählt werden. Das **aktive Wahlrecht** besitzen alle volljährigen Arbeitnehmer und Auszubildende, die Zahl der Betriebsratsmitglieder hängt von der Zahl der wahlberechtigten Arbeitnehmer ab und wird im § 9 BetrVG vorgeschrieben. Sind in einem Betrieb Arbeiter und Angestellte beschäftigt, so müssen diese in einem mehrköpfigen Betriebsrat anteilmäßig vertreten sein (§ 10). Kandidieren (= **passives Wahlrecht**) können alle Arbeitnehmer, die das aktive Wahlrecht besitzen und dem Betrieb mindestens sechs Monate angehören. Wiederwahl ist zulässig. Während der Amtszeit und ein weiteres Jahr besteht für Betriebsratsmitglieder Kündigungsschutz.

3.2.2.1.2   Jugend- und Auszubildendenvertretung

Jugend- und Auszubildendenvertreter können bei vorhandenem Betriebsrat in Betrieben mit mindestens fünf jugendlichen Arbeitnehmern und/oder Auszubildenden unter 25 Jahren für zwei Jahre gewählt werden. Das aktive Wahlrecht besitzen minderjährige Arbeitnehmer und Auszubildende bis zur Vollendung des 25. Lebensjahres. Die Zahl der Mitglieder wird im § 62 BetrVG vorgeschrieben. Bestehen in einem Unternehmen mehrere Jugendvertretungen, so ist auf Unternehmensebene eine Gesamt-Jugend- und Auszubildendenvertretung zu errichten (§ 72 Absatz 1). Kandidieren können alle ständig Beschäftigten, die das 25. Lebensjahr noch nicht vollendet haben. Wiederwahl ist zulässig, während der Amtszeit und ein weiteres Jahr besteht Kündigungsschutz. Auszubildende Mitglieder der Jugend- und Auszubildendenvertretung haben das Recht, in den letzten drei Monaten ihrer vertraglich vereinbarten Ausbildungszeit schriftlich die Übernahme in ein Arbeitsverhältnis zu beantragen (§ 78 a).

Die Jugend- und Auszubildendenvertretung kann zu allen Sitzungen des Betriebsrates einen Vertreter entsenden. Werden im Betriebsrat Angelegenheiten behandelt, die besonders jugendliche Arbeitnehmer und Auszubildende betreffen, so hat zu diesem Tagesordnungspunkt die gesamte Jugend- und Auszubildendenvertretung ein Teilnahmerecht. Die JAV-Vertreter haben in der Sitzung des Betriebsrates Stimmrecht, soweit die zu fassenden Beschlüsse überwiegend jugendliche Arbeitnehmer und Auszubildende betreffen (§ 67 BetrVG).

Alle Einzelheiten zur Durchführung von Wahlen zum Betriebsrat und zur JAV sind in der 1. Verordnung zur Durchführung des Betriebsverfassungsgesetzes (WahlO 1972) geregelt.

3.2.2.2   Tätigkeit des Betriebsrats

Der Mitwirkungsbereich des Betriebsrats ist sehr vielfältig. Es ist daher nur schwer nachzuvollziehen, dass in vielen Betrieben auf die Einrichtung dieser Interessenvertretung der Arbeitnehmer verzichtet wird. Nach einer Untersuchung des IAB hatten 1999 nur 20,9 % aller berechtigten Betriebe, die aber zusammen 73 % aller Arbeitnehmer beschäftigen, einen Betriebsrat. Das hängt in erster Linie von der Betriebsgröße ab: Betriebe mit 5-20 ständig Beschäftigten = 6,6%, mit 21-100 Arbeitnehmern = 35,2%, mit 101-299 Arbeitnehmern = 76,7%, mit 300-1000 Arbeitnehmern = 89,7% und mit über 1000 Arbeitnehmern = 98%.

3.2.2.2.1   Allgemeine Aufgaben

§ 80 Absatz 1 BetrVG:

Der Betriebsrat hat folgende allgemeine Aufgaben:

1. Darüber zu wachen, dass die zugunsten der Arbeitnehmer geltenden Gesetze, Verordnungen, Unfallverhütungs-vorschriften, Tarifverträge und Betriebsvereinbarungen durchgeführt werden;
2. Maßnahmen, die dem Betrieb und der Belegschaft dienen, beim Arbeitsamt zu beantragen;
2a. Die Durchsetzung der tatsächlichen Gleichberechtigung von Frauen und Männern, insbesondere bei der Einstellung, Beschäftigung, Aus-, Fort- und Weiterbildung und dem beruflichen Aufstieg, zu fördern;

3. Anregungen von Arbeitnehmern und der Jugend- und Auszubildendenvertretung entgegenzunehmen und, falls sie berechtigt erscheinen, durch Verhandlungen mit dem Arbeitgeber auf eine Erledigung hinzuwirken; er hat die betreffenden Arbeitnehmer über den Stand und das Ergebnis der Verhandlungen zu unterrichten;

4. die Eingliederung schwerbehinderter und sonstiger besonders schutzbedürftiger Personen zu fördern;

5. die Wahl einer Jugend- und Auszubildendenvertretung vorzubereiten und durchzuführen und mit dieser zur Förderung der Belange der in § 60 Absatz 1 genannten Arbeitnehmer eng zusammenzuarbeiten; er kann von der Jugend- und Auszubildendenvertretung Vorschläge und Stellungnahmen anfordern;

6. die Beschäftigung älterer Arbeitnehmer im Betrieb zu fördern;

7. die Eingliederung ausländischer Arbeitnehmer im Betrieb und das Verständnis zwischen ihnen und den deutschen Arbeitnehmern zu fördern.

Zur Durchführung dieser Aufgaben ist der Betriebsrat rechtzeitig und umfassend vom Arbeitgeber zu unterrichten, er kann auch nach Vereinbarungen mit dem Arbeitgeber Sachverständige hinzuziehen.

3.2.2.2.2 Beteiligungsaufgaben

Neben diesen grundsätzlichen hat der Betriebsrat sogenannte Beteiligungsaufgaben wahrzunehmen, in deren Rahmen er seine Rechte ausübt. Diese sind abgestuft in

– **Informationsrechte**: Der Betriebsrat hat ein Fragerecht, der Arbeitgeber hat eine Erläuterungspflicht.

– **Mitspracherechte**: Anhören des und Erörterung mit dem Betriebsrat durch den Arbeitgeber.

– **Widerspruchsrechte**: Der formale Widerspruch des Betriebsrats führt zu einer Nachprüfung durch das Arbeitsgericht.

– **Mitbestimmungsrechte**: Der Betriebsrat kann die Einführung einer bestimmten Regelung verlangen (Initiativrecht).
Arbeitgeber und Arbeitnehmer können die Regelung nur gemeinsam treffen. Es besteht Einigungszwang. Kommt eine Einigung nicht zustande, dann entscheidet die Einigungsstelle (siehe Abschnitt 3.2.2.4).

Informationsrecht, Mitspracherecht und Widerspruchsrecht werden unter dem Begriff »Mitwirkungsrecht« zusammengefasst und der (echten) Mitbestimmung gegenübergestellt.

Inhaltlich betreffen die Beteiligungsaufgaben des Betriebsrats

– soziale Angelegenheiten,
– personelle Angelegenheiten,
– wirtschaftliche Angelegenheiten.

Soziale Angelegenheiten

Der Betriebsrat hat, soweit eine gesetzliche oder tarifliche Regelung nicht besteht, in folgenden Angelegenheiten mitzubestimmen (§ 87 BetrVG):

1. Fragen der Ordnung des Betriebs und des Verhaltens der Arbeitnehmer im Betrieb;

2. Beginn und Ende der täglichen Arbeitszeit einschließlich der Pausen sowie Verteilung der Arbeitszeit auf die einzelnen Wochentage;

3. Vorübergehende Verkürzung oder Verlängerung der betriebsüblichen Arbeitszeit;

4. Zeit, Ort und Art der Auszahlung der Arbeitsentgelte;
5. Aufstellung allgemeiner Urlaubsgrundsätze und des Urlaubsplans sowie die Festsetzung der zeitlichen Lage des Urlaubs für einzelne Arbeitnehmer, wenn zwischen dem Arbeitgeber und den beteiligten Arbeitnehmern kein Einverständnis erzielt wird;
6. Einführung und Anwendung von technischen Einrichtungen, die dazu bestimmt sind, das Verhalten oder die Leistung der Arbeitnehmer zu überwachen;
7. Regelungen über die Verhütung von Arbeitsunfällen und Berufskrankheiten sowie über den Gesundheitsschutz im Rahmen der gesetzlichen Vorschriften oder der Unfallverhütungsvorschriften;
8. Form, Ausgestaltung und Verwaltung von Sozialeinrichtungen, deren Wirkungsbereich auf den Betrieb, das Unternehmen oder den Konzern beschränkt ist;
9. Zuweisung und Kündigung von Wohnräumen, die den Arbeitnehmern mit Rücksicht auf das Bestehen eines Arbeitsverhältnisses vermietet werden, sowie die allgemeine Festlegung der Nutzungsbedingungen;
10. Fragen der betrieblichen Lohngestaltung, insbesondere die Aufstellung von Entlohnungsgrundsätzen und die Einführung und Anwendung von neuen Entlohnungsmethoden sowie deren Änderung;
11. Festsetzung der Akkord- und Prämiensätze und vergleichbarer leistungsbezogener Entgelte, einschließlich der Geldfaktoren;
12. Grundsätze über das betriebliche Vorschlagswesen.

Personelle Angelegenheiten

Hier unterscheidet das Gesetz zwischen den allgemeinen personellen Angelegenheiten (§§ 92 bis 95), den Angelegenheiten der Berufsbildung (§§ 96 bis 98) und den personellen Einzelmaßnahmen (§§ 99 bis 105).

Zu den **allgemeinen personellen Angelegenheiten** rechnen:

– die Personalplanung (§ 92)
– die Ausschreibung von Arbeitsplätzen (§ 93)
– der Inhalt von Personalfragebögen und Beurteilungsgrundsätze (§ 94)
– die Festlegung von Auswahlrichtlinien für Einstellungen (§ 95).

In Angelegenheiten der Personalplanung hat der Betriebsrat nur ein Informations- und Mitspracherecht. Für die Gestaltung von Personalfragebögen, Beurteilungskriterien und Einstellungsrichtlinien gewährt das Betriebsverfassungsgesetz ein echtes Mitbestimmungsrecht, ebenso in Fragen der Berufsbildung. Bei **personellen Einzelmaßnahmen** hat der Betriebsrat ein Widerspruchsrecht (z. B. bei der Kündigung eines Arbeitnehmers, § 102 BetrVG). Der Betriebsrat kann im Bereich personeller Einzelentscheidungen die Zustimmung verweigern bei

– Einstellung von Arbeitnehmern,
– Eingruppierung in Tarifgruppen,
– Umgruppierung innerhalb der Tarifgruppen sowie
– Versetzung von Arbeitnehmern auf andere Arbeitsplätze.

Der Betriebsrat kann seine Zustimmung nur verweigern, wenn bestimmte Gründe vorliegen, die im § 99 Absatz 2 BetrVG aufgezählt sind. Verweigert der Betriebsrat seine Zustimmung, so ist die Verweigerung unter Angabe von Gründen innerhalb einer Woche nach Unterrichtung dem Arbeitgeber schriftlich mitzuteilen. Geschieht dies nicht rechtzeitig, so gilt die Zustimmung als erteilt (§ 99 Absatz 3 BetrVG). Verweigert der Betriebsrat seine Zustimmung, so kann der Arbeitgeber beim Abreitsgericht beantragen, die Zustimmung zu ersetzen (siehe Abschnitt 3.2.4.3).

Wirtschaftliche Angelegenheiten

Hierzu gehören insbesondere nach § 106 Absatz 3 BetrVG

1. Die wirtschaftliche und finanzielle Lage des Unternehmens;
2. Die Produktions- und Absatzlage;
3. Das Produktions- und Investitionsprogramm;
4. Rationalisierungsvorhaben;
5. Fabrikations- und Arbeitsmethoden, insbesondere die Einführung neuer Arbeitsmethoden;
6. Die Einschränkung oder Stillegung von Betrieben oder Betriebsteilen;
7. Die Verlegung von Betrieben oder Betriebsteilen;
8. Der Zusammenschluss oder die Spaltung von Unternehmen oder Betrieben;
9. Die Änderung der Betriebsorganisation oder des Betriebszwecks sowie
10. Sonstige Vorgänge und Vorhaben, welche die Interessen der Arbeitnehmer des Unternehmens wesentlich berühren können.

Unterschieden werden muss die Beteiligung des **Wirtschaftsausschusses** und die des Betriebsrats bei Betriebsänderungen (**Erstellen eines Sozialplans**).

Der Wirtschaftsausschuss ist in Betrieben mit über 100 ständig Beschäftigten zu bilden. Er besteht aus 3 bis 7 Mitgliedern, die vom Betriebsrat bestellt werden. Der Ausschuss hat

---

Bereiche und Stufen der Beteiligungsrechte des Betriebsrates (nach BetrVG)

Bereiche / Stufen	soziale Angelegenheiten	personelle Angelegenheiten	wirtschaftliche Angelegenheiten
Informations-recht			Wirtschaftsausschuß in allen wirtschaftlichen Angelegenheiten § 106 BetrVG
Mitspracherecht		Fragen der Personalplanung § 92 BetrVG	
Widerspruchsrecht (Entscheidung durch Arbeitsgericht)		Personelle Einzelmaßnahmen (z. B. Einstellung) § 99 BetrVG	
Mitbestimmungsrecht (Entscheidung durch Einigungsstelle)	alle in § 87 BetrVG aufgezählten sozialen Angelegenheiten	Gestaltung von Personalfragebögen Beurteilungsgrundsätze § 94 BetrVG, Auswahlrichtlinien für Einstellungen § 95 BetrVG, Fragen der Berufsbildung § 96 BetrVG	Fragen des Sozialplans § 112 BetrVG

Quelle: Grill, Reip, H. u. St.: Einführung in das Arbeits und Sozialrecht, Verlag Dr. Max Gehlen

gegenüber dem Arbeitgeber ein Beratungsrecht und gegenüber dem Betriebsrat eine Unterrichtungspflicht. Der Unternehmer hat gegenüber dem Wirtschaftsausschuss eine Unterrichtungspflicht. Eine echte Mitbestimmung ist nicht gegeben.

§ 112 BetrVG regelt die Vereinbarung eines Sozialplans bei geplanten Betriebsveränderungen. Dieser ist eine Betriebsvereinbarung (siehe Abschnitt 3.2.2.3), die Ansprüche gegen den Arbeitgeber aufstellt, z. B. Abfindungsgeld bei Arbeitsplatzverlust, Sicherung der betrieblichen Altersversorgung. Kommt eine Einigung über den Sozialplan nicht zustande, entscheidet die Einigungsstelle. Bei der Erstellung des Sozialplans besteht damit eine echte Mitbestimmung.

3.2.2.3   Betriebsvereinbarung und Regelungsabrede

Gemeinsame Entscheidungen zwischen Arbeitgeber und Betriebsrat werden in einer **Betriebsvereinbarung** oder einer – schwächeren – **Regelungsabrede** (Betriebsabsprache) schriftlich dokumentiert.

Eine Betriebsvereinbarung kann nur über Inhalte geschlossen werden, die im Betriebsverfassungsgesetz ausdrücklich als Aufgaben des Betriebsrats aufgeführt sind. Sie schafft zwingendes Recht und ist insoweit dem Tarifvertrag vergleichbar. Nur für den Arbeitnehmer gegenüber dem Tarifvertrag günstigere Regelungen sind möglich.

Die **Betriebsvereinbarung** wird durch schriftlichen und unterschriebenen Vertrag zwischen Arbeitgeber und Betriebsrat wirksam oder durch Beschluss der Einigungsstelle. Eine **erzwingbare Betriebsvereinbarung** liegt vor, wenn sie ggf. von einer Seite über die Einigungsstelle durchgesetzt werden kann. So kann der Betriebsrat zum Beispiel eine Betriebsvereinbarung zur Verteilung der wöchentlichen Arbeitszeit erzwingen, ohne dass sich der Arbeitgeber diesem Bestreben entziehen kann. Von einer freiwilligen Betriebsvereinbarung ist dann auszugehen, wenn keine Seite auf ihren Abschluss einen Rechtsanspruch hat (z. B. Maßnahmen zur Förderung der Vermögensbildung).

Die **Regelungsabrede** ist eine formlose Vereinbarung, die einen Beschluss des Betriebsrats voraussetzt. Durch die Regelungsabrede werden Pflichten und Rechte zwischen den Beteiligten begründet, nicht aber unmittelbar zwischen Arbeitgeber und dem einzelnen Arbeitnehmer.

3.2.2.4   Einigungsstelle

§ 76 Absatz 1-4 BetrVG:

(1) Zur Beilegung von Meinungsverschiedenheiten zwischen Arbeitgeber und Betriebsrat, Gesamtbetriebsrat oder Konzernbetriebsrat ist bei Bedarf eine Einigungsstelle zu bilden. Durch Betriebsvereinbarung kann eine ständige Einigungsstelle errichtet werden.

(2) Die Einigungsstelle besteht aus einer gleichen Anzahl von Beisitzern, die vom Arbeitgeber und Betriebsrat bestellt werden, und einem unparteiischen Vorsitzenden, auf dessen Person sich beide Seiten einigen müssen. Kommt eine Einigung über die Person des Vorsitzenden nicht zustande, so bestellt ihn das Arbeitsgericht. Dieses entscheidet auch, wenn kein Einverständnis über die Zahl der Beisitzer erzielt wird.

(3) Die Einigungsstelle fasst ihre Beschlüsse nach mündlicher Beratung mit Stimmenmehrheit. Bei der Beschlussfassung hat sich der Vorsitzende zunächst der Stimme zu enthalten; kommt eine Stimmenmehrheit nicht zustande, so nimmt der Vorsitzende nach weiterer Beratung an der erneuten Beschlussfassung teil. Die Beschlüsse der Einigungsstelle sind schriftlich niederzulegen, vom Vorsitzenden zu unterschreiben und Arbeitgeber und Betriebsrat zuzuleiten.

(4) Durch Betriebsvereinbarung können weitere Einzelheiten des Verfahrens vor der Einigungsstelle geregelt werden.

§ 76a (1) Die Kosten der Einigungsstelle trägt der Arbeitgeber.

In der Regel hat der Spruch der Einigungsstelle den Rechtscharakter einer Betriebsvereinbarung.

3.2.3   Kollektivarbeitsrecht

Grundsätzlich kann das Arbeitsrecht in zwei Bereiche gegliedert werden: das kollektive und das individuelle Arbeitsrecht. Während das individuelle Arbeitsrecht das Arbeitsverhältnis zwischen dem einzelnen Arbeitgeber und dem einzelnen Arbeitnehmer regelt (siehe Abschnitt 3.2.4), bezieht sich das kollektive Arbeitsrecht auf das Recht zwischen den sogenannten Sozialpartnern. Es umfasst die beiden Bereiche **Tarifvertragsrecht** und **Betriebsverfassungsrecht** (siehe Abschnitt 3.2.2).

3.2.3.1   Koalitionsrecht

Grundgedanke des kollektiven Arbeitsrechts ist die **Koalitionsfreiheit**, die in Artikel 9 Absatz 3 GG garantiert wird:

> Das Recht, zur Wahrung und Förderung der Arbeits- und Wirtschaftsbedingungen Vereinigungen zu bilden, ist für jedermann und für alle Berufe gewährleistet. Abreden, die dieses Recht einschränken oder zu behindern suchen, sind nichtig, hierauf gerichtete Maßnahmen sind rechtswidrig. Maßnahmen nach den Artikel 12a, 35 Absatz 2 und 3, Artikel 87a Absatz 4 und Artikel 91 dürfen sich nicht gegen Arbeitskämpfe richten, die zur Wahrung und Förderung der Arbeits- und Wirtschaftsbedingungen von Vereinigungen im Sinne des Satzes 1 geführt werden.

Solche Vereinigungen (Koalitionen) sind die Gewerkschaften und die Arbeitgeberverbände.

Die bei weitem größte **gewerkschaftliche Organisation** ist der Deutsche Gewerkschaftsbund (DGB), der in der Bundesrepublik 1949 als Dachorganisation autonomer Gewerkschaften gegründet wurde. Die Gewerkschaften des DGB sind in der Regel nach dem Industrieverbandsprinzip – ein Betrieb, eine Gewerkschaft – organisiert. Nur sie (und nicht der DGB als Dachverband) sind »tariffähig«. Die Deutsche Angestelltengewerkschaft (DAG) als gewerkschaftliche Einheit zur Organisation der Angestellten ist in Berufsgruppen organisiert. Als christlich orientierte Richtungsgewerkschaft versteht sich der Christliche Gewerkschaftsbund Deutschlands (CGB) mit seinen Einzelgewerkschaften.

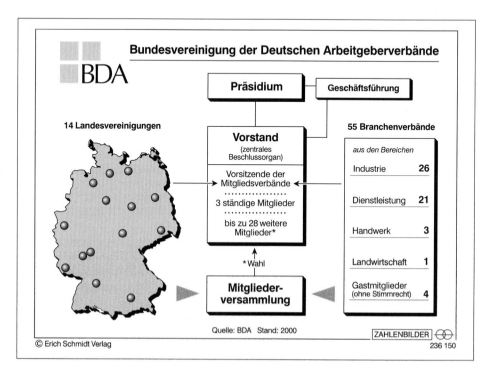

1998 waren 10,28 Mio. Arbeitnehmer oder 32,2 Prozent aller Arbeitnehmer (einschließlich Beamte) gewerkschaftlich organisiert. 1991 waren es noch 40,6 Prozent.

Die Arbeitgeberverbände sind für die Wahrnehmung der sozialpolitischen Belange ihrer Mitgliedsunternehmen zuständig. Die Bundesvereinigung der Deutschen Arbeitgeberverbände (sie vertritt rund 85 % aller im Privatbesitz befindlichen Unternehmen) ist nicht selbst an Tarifverhandlungen beteiligt, kann aber grundlegende Positionen der Arbeitgeberpolitik formulieren.

Neben den traditionellen Gebieten des Arbeitsrechts, der Lohn- und Tarifpolitik, des Arbeitsmarktes und der Sozialversicherung gehören unter anderem Fragen der Wirtschafts- und Sozialverfassung, der betrieblichen Personalpolitik und der Aus- und Fortbildung zu ihrem Aufgabenbereich.

Arbeitgeberverbände und Gewerkschaften müssen sich parteipolitisch neutral verhalten.

Der Begriff der **Tarifautonomie**, das heißt das Recht der Tarifvertragsparteien, Verträge miteinander zu schließen, ohne dass hierzu vom Staat oder Dritten Vorschriften oder Einschränkungen erfolgen, geht auf Artikel 9 Absatz 3 GG zurück.

3.2.3.2   Tarifvertragsrecht

Rechtsgrundlage für den Tarifvertragsbereich ist das **Tarifvertragsgesetz** (TVG) in der Fassung vom 25. August 1969.

Ein Tarifvertrag erfüllt eine Schutzfunktion, eine Ordnungsfunktion und eine Friedensfunktion.

Schutzfunktion: Die im Tarifvertrag ausgehandelten Bedingungen sind Mindestbedingungen für die Mitglieder, d.h. Abweichungen nach unten sind nicht möglich. Sie sollen garantieren, dass auf dem Arbeitsmarkt trotz aller notwendigen Flexibilität eine Ausbeutung der Arbeitskraft durch den stärkeren Marktpartner nicht erfolgen kann. Insbesondere die Rationalisierungsschutzabkommen aufgrund des technischen Fortschritts sind ihrer Schutzwirkung für den Arbeitnehmer nicht zu überschätzen.

Ordnungsfunktion: Der Tarifvertrag als Bestandteil des kollektiven Arbeitsrechts regelt die Arbeitsbedingungen (im Entgelttarifvertrag die Bezahlung, im Manteltarifvertrag die übrigen wichtigen Arbeitsbedingungen wie Wochenarbeitszeit und Urlaub). Nach der letzten Arbeitsstättenzählung von 1987 ordnet der Tarifvertrag damit den Produktionsfaktor »Arbeit« in rund 2,1 Millionen Betrieben mit rund 22 Millionen Beschäftigten.

Friedensfunktion: Das Tarifvertragsgesetz regelt u.a. die Einleitung und Durchführung von Arbeitskampfmaßnahmen. Diese Regelung hat wesentlich dazu beigetragen, dass die Arbeitswelt in der Bundesrepublik Deutschland im internationalen Vergleich die wenigsten Kampftage/Jahre aufzuweisen hat (siehe Abschnitt 3.2.3.3).

3.2.3.2.1   Tarifvertragsarten

Grundsätzlich sind zu unterscheiden der Entgelttarifvertrag (Lohn- und Gehaltstarifvertrag) und der Rahmentarifvertrag (Manteltarifvertrag).

Im **Entgelttarifvertrag** wird die Bezahlung der Arbeitskraft vereinbart, unterteilt in Entgeltgruppen je nach Schwierigkeit der Arbeit und Vorbildung der Arbeitskräfte. Grundlage für die tarifliche Eingruppierung einer Tätigkeit ist vielfach die mittlere Lohngruppe (= 100%). Durch Zu- oder Abschläge werden die Tariflöhne der übrigen Lohngruppen errechnet.

Der **Rahmentarifvertrag** enthält grundsätzliche Bestimmungen: Eingruppierungen in Lohn- oder Gehaltsklassen; Lohnfortzahlung bei Krankheit, Unfall und sonstigen Beurlaubungen; Zulagen und Zuschläge für Erschwernisse, Schmutz, Gefahren, Mehrarbeit, Schichtarbeit, Nachtarbeit, Sonn- und Feiertagsarbeit; Lohnformen wie Leistungs- und Zeitlohn; Prämien, Erfolgsbeteiligungen, Jahresabschlusszahlungen, 13. Monatseinkommen; vermögenswirksame Leistungen; Arbeitszeit; Urlaub, Urlaubsentgelt und Urlaubsgeld; Kurz- und Mehrarbeit; Nebentätigkeiten; Wettbewerbsabreden.

Ein Tarifvertrag entsteht in fünf Schritten:

1. Während der Laufzeit des alten Tarifvertrages wird durch die Tarifkommission der Gewerkschaft mit einem Kündigungsschreiben die Tarifrunde eröffnet.
2. Darauf folgt das Forderungsschreiben der Gewerkschaft.
3. Die Tarifkommission der Arbeitgeber macht sodann ein (niedrigeres) Angebot.
4. Eintritt in die Verhandlungen der Tarifkommission. Sie dauern meist mehrere Sitzungen.
5. Ergebnis: neuer Tarifvertrag.

Kommt keine Einigung zustande, wird durch eine zwischen den Tarifpartnern vereinbarte **Schlichtungsstelle** versucht, doch noch zu einem Abschluss zu kommen. Gelingt dies nicht, bleibt als letztes Mittel der Arbeitskampf (siehe Abschnitt 3.2.3.3).

3.2.3.2.2 Tarifvertragsinhalte und ihr Geltungsbereich

Zu unterscheiden sind

der **obligatorische Teil**: Er enthält die Pflichten und Rechte der Tarifvertragsparteien (zum Beispiel Friedenspflicht, Urabstimmung) und der

normative Teil: Er enthält die Pflichten und Rechte der Mitglieder der Tarifvertragsparteien (zum Beispiel Tarifbindung, Laufzeit, Allgemeinverbindlichkeitserklärung).

Größere Bedeutung kommt dem normativen Teil zu. Er enthält

- Inhaltsnormen, z. B. Entgelthöhe, Urlaub, Zulagen, Kündigungsfristen
- Abschlussnormen, z. B. Formvorschriften für den Abschluss des Arbeitsvertrages
- Betriebsnormen, z. B. Arbeitsschutzregelungen
- betriebsverfassungsrechtliche Normen, z. B. Regelungen über die Geschäftsführung des Betriebsrats
- Normen über gemeinsame Einrichtungen, z. B. Lohnausgleichskassen in bestimmten Branchen.

Der Geltungsbereich eines Tarifvertrages wird fachlich, räumlich, zeitlich und persönlich bestimmt:

- **fachlich**: Festlegung durch die Tarifpartner oder durch die Betriebe, für die der Tarifvertrag gilt.
- **räumlich**: Die Lohnhöhe ist oft von Bundesland zu Bundesland verschieden; Regelungen wie Urlaub, Arbeitszeit sind im Allgemeinen im Bundesgebiet gleich. Zu unterscheiden sind Tarifverträge, die für das ganze Bundesgebiet (Bundestarifvertrag), für ein Land (Landestarifvertrag), für eine Region (Regionaltarifvertrag) oder nur für bestimmte Orte gelten.
- **zeitlich**: Die Laufzeit des Entgelttarifvertrages ist kurz, z. B. ein Jahr. Der Rahmentarifvertrag wird meist für mehrere Jahre geschlossen.

– **persönlich**: Grundsätzlich nur für organisierte Arbeitnehmer und Arbeitgeber. Bei Allgemeinverbindlichkeitserklärungen durch den Bundesminister für Arbeit und Sozialordnung gilt der Tarifvertrag für alle Arbeitnehmer und Arbeitgeber der betreffenden Branche und des betreffenden Gebiets.

3.2.3.3   Arbeitskampfrecht

Das Arbeitskampfrecht beruht fast ausschließlich auf der Rechtsprechung der Gerichte (Richterrecht). Das Bundesarbeitsgericht hat bereits 1955 ausdrücklich festgestellt, dass Arbeitskämpfe in der freiheitlichen, sozialen Grundordnung der Bundesrepublik Deutschland zugelassen sind.

Rechtmäßig ist ein Arbeitskampf unter Beachtung folgender Grundsätze:

– Er darf nur von Tarifvertragsparteien geführt werden.
– Sein Ziel muss tarifvertraglich festlegbar sein.
– Es darf nicht gegen die Friedenspflicht verstoßen werden.
– Die Verhältnismäßigkeit der Mittel muss gewahrt bleiben und vor dem Arbeitskampf müssen alle Verhandlungsmöglichkeiten ausgeschöpft sein (Ultima-Ratio-Prinzip).
– Zwischen den Tarifvertragsparteien muss ein ausreichendes Gleichgewicht bestehen (Kampfparität).

3.2.3.3.1   Arbeitskampfinstrumente

Der **Streik** setzt eine Urabstimmung unter den Mitgliedern der streikenden Gewerkschaft voraus. Er bewirkt, dass die Hauptpflichten der Vertragsparteien aus dem Arbeitsvertrag (Arbeitspflicht und Entgeltzahlungspflicht) ruhen, das Arbeitsverhältnis bleibt aber grundsätzlich bestehen. Ein Streik, der nicht von der Gewerkschaft getragen wird, ist ein »wilder Streik«. Durch die Teilnahme an einem wilden Streik können sich Arbeitnehmer schadenersatzpflichtig machen. Sie stellt darüber hinaus eine Arbeitsverweigerung dar, die den Arbeitgeber nach einer Abmahnung zur Kündigung des Arbeitsverhältnisses berechtigen kann. **Warnstreiks** sind kurzfristige Arbeitsniederlegungen, mit denen geplant wechselseitig Betriebe bestreikt werden, um Druck auf laufende Verhandlungen auszuüben. Nach Ablauf der Friedenspflicht sind diese nach einem BAG-Urteil grundsätzlich erlaubt.

Die **Aussperrung** setzt eine Urabstimmung unter den Mitgliedern des aussperrungswilligen Arbeitgeberverbandes voraus: ein Nichtgewähren der Erbringung der Arbeitsleistung bei Verweigerung der Entgeltzahlung. Entsteht eine Aussperrung als Reaktion auf einen Streik, wird dies als **Abwehraussperrung** bezeichnet, die nach der BAG-Rechtsprechung grundsätzlich erlaubt ist.

Sind die Arbeitnehmer Mitglied einer streikenden Gewerkschaft, zahlt diese Streikunterstützung aus. Nichtmitglieder haben bei Bedürftigkeit einen Anspruch auf Sozialhilfe nach dem Bundessozialhilfegesetz.

Für die Unternehmen führen Arbeitskämpfe in jedem Fall zu Gewinneinbußen, für den Staat zu einem Rückgang der Steuereinnahmen (z. B. Einkommen-, Umsatzsteuer).

3.2.3.3.2 Ablauf eines Arbeitskampfes

Dem Arbeitskampf ist zu seiner Vermeidung ein Schlichtungsverfahren vorgeschaltet und/oder zu seiner Beendigung nachgeschaltet. Wenn die Schlichtung scheitert, ist die Friedenspflicht aufgehoben.

Beispiel des Ablaufs einer Tarifauseinandersetzung mit Arbeitskampf

Forderung der IG Chemie, Papier, Keramik:		Angebot des Arbeitgeberverbandes der chemischen Industrie:	
	5%		1 %
Begründung:		**Begründung:**	
Erwarteter Produktionsfortschritt	1%	Erwarteter Produktionsfortschritt	0 %
Erwartete Inflationsrate	3%	Erwartete Inflationsrate	1,5%
Umverteilungsforderung	1%		1,5%
	5%	bereits gezahlte Lohndrift	0,5%
			1 %
Umverteilungsforderung ist die Forderung nach einer höheren Lohnquote. In manchen Tarifauseinandersetzungen fordern die Gewerkschaften absolute Lohnsteigerungen (z. B. 100,00 DM Mehreinkommen für jede Tarifgruppe) und neben diesem Sockelbetrag eine prozentuale Einkommensverbesserung.		**Lohndrift** ist der Unterschied zwischen dem tarifvertraglich festgelegten Mindestlohn und dem Effektivlohn, d.h. dem tatsächlich gezahlten übertariflichen Lohn.	

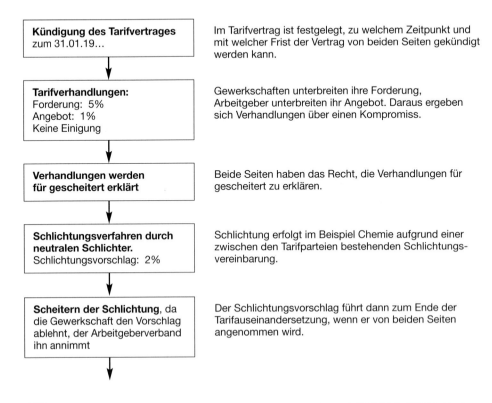

Kündigung des Tarifvertrages zum 31.01.19…

Im Tarifvertrag ist festgelegt, zu welchem Zeitpunkt und mit welcher Frist der Vertrag von beiden Seiten gekündigt werden kann.

Tarifverhandlungen: Forderung: 5% Angebot: 1% Keine Einigung

Gewerkschaften unterbreiten ihre Forderung, Arbeitgeber unterbreiten ihr Angebot. Daraus ergeben sich Verhandlungen über einen Kompromiss.

Verhandlungen werden für gescheitert erklärt

Beide Seiten haben das Recht, die Verhandlungen für gescheitert zu erklären.

Schlichtungsverfahren durch neutralen Schlichter. Schlichtungsvorschlag: 2%

Schlichtung erfolgt im Beispiel Chemie aufgrund einer zwischen den Tarifparteien bestehenden Schlichtungsvereinbarung.

Scheitern der Schlichtung, da die Gewerkschaft den Vorschlag ablehnt, der Arbeitgeberverband ihn annimmt

Der Schlichtungsvorschlag führt dann zum Ende der Tarifauseinandersetzung, wenn er von beiden Seiten angenommen wird.

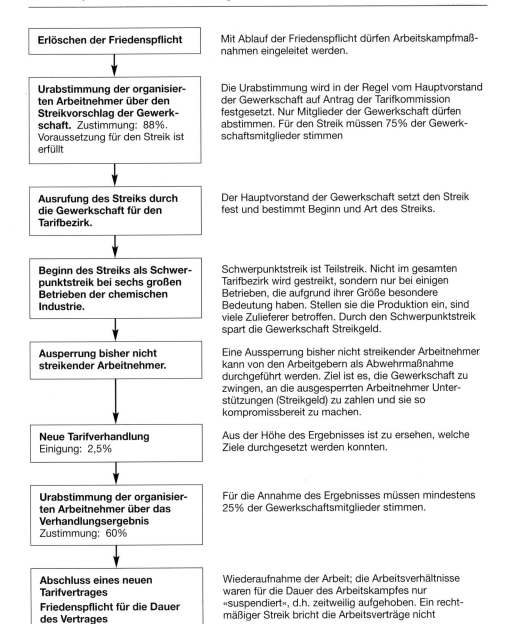

Erlöschen der Friedenspflicht	Mit Ablauf der Friedenspflicht dürfen Arbeitskampfmaßnahmen eingeleitet werden.
Urabstimmung der organisierten Arbeitnehmer über den Streikvorschlag der Gewerkschaft. Zustimmung: 88%. Voraussetzung für den Streik ist erfüllt	Die Urabstimmung wird in der Regel vom Hauptvorstand der Gewerkschaft auf Antrag der Tarifkommission festgesetzt. Nur Mitglieder der Gewerkschaft dürfen abstimmen. Für den Streik müssen 75% der Gewerkschaftsmitglieder stimmen
Ausrufung des Streiks durch die Gewerkschaft für den Tarifbezirk.	Der Hauptvorstand der Gewerkschaft setzt den Streik fest und bestimmt Beginn und Art des Streiks.
Beginn des Streiks als Schwerpunktstreik bei sechs großen Betrieben der chemischen Industrie.	Schwerpunktstreik ist Teilstreik. Nicht im gesamten Tarifbezirk wird gestreikt, sondern nur bei einigen Betrieben, die aufgrund ihrer Größe besondere Bedeutung haben. Stellen sie die Produktion ein, sind viele Zulieferer betroffen. Durch den Schwerpunktstreik spart die Gewerkschaft Streikgeld.
Aussperrung bisher nicht streikender Arbeitnehmer.	Eine Aussperrung bisher nicht streikender Arbeitnehmer kann von den Arbeitgebern als Abwehrmaßnahme durchgeführt werden. Ziel ist es, die Gewerkschaft zu zwingen, an die ausgesperrten Arbeitnehmer Unterstützungen (Streikgeld) zu zahlen und sie so kompromissbereit zu machen.
Neue Tarifverhandlung Einigung: 2,5%	Aus der Höhe des Ergebnisses ist zu ersehen, welche Ziele durchgesetzt werden konnten.
Urabstimmung der organisierten Arbeitnehmer über das Verhandlungsergebnis Zustimmung: 60%	Für die Annahme des Ergebnisses müssen mindestens 25% der Gewerkschaftsmitglieder stimmen.
Abschluss eines neuen Tarifvertrages **Friedenspflicht für die Dauer des Vertrages**	Wiederaufnahme der Arbeit; die Arbeitsverhältnisse waren für die Dauer des Arbeitskampfes nur «suspendiert», d.h. zeitweilig aufgehoben. Ein rechtmäßiger Streik bricht die Arbeitsverträge nicht

Quelle: Grill, Reip, H. u. St.: Einführung in das Arbeits- und Sozialrecht, Verlag Dr. Max Gehlen

3.2.3.3.3 Neutralität der Bundesanstalt für Arbeit

Sie ist im SGB III, Viertes Kapitel § 146 festgeschrieben:

(1) Durch die Leistung von Arbeitslosengeld darf nicht in Arbeitskämpfe eingegriffen werden. Ein Eingriff in den Arbeitskampf liegt nicht vor, wenn Arbeitslosengeld Arbeitslosen geleistet wird, die zuletzt in einem Betrieb beschäftigt waren, der nicht dem fachlichen Geltungsbereich des umkämpften Tarifvertrages zuzuordnen ist.

(2) Ist der Arbeitnehmer durch Beteiligung an einem inländischen Arbeitskampf arbeitslos geworden, so ruht der Anspruch auf Arbeitslosengeld bis zur Beendigung des Arbeitskampfes.

(3) Ist der Arbeitnehmer durch einen inländischen Arbeitskampf, an dem er nicht beteiligt ist, arbeitslos geworden, so ruht der Anspruch auf Arbeitslosengeld bis zur Beendigung des Arbeitskampfes nur, wenn der Betrieb, in dem der Arbeitslose zuletzt beschäftigt war,

    1. dem räumlichen und fachlichen Geltungsbereich des umkämpften Tarifvertrages zuzuordnen ist oder

    2. nicht dem räumlichen, aber dem fachlichen Geltungsbereich des umkämpften Tarifvertrages zuzuordnen ist und im räumlichen Geltungsbereich des Tarifvertrages, dem der Betrieb zuzuordnen ist,

    a) eine Forderung erhoben worden ist, die einer Hauptforderung des Arbeitskampfes nach Art und Umfang gleich ist, ohne mit ihr übereinstimmen zu müssen, und

    b) das Arbeitskampfergebnis aller Voraussicht nach in dem räumlichen Geltungsbereich des nicht umkämpften Tarifvertrages im wesentlichen übernommen wird.

3.2.4 Individualarbeitsrecht

Das Arbeitsverhältnis zwischen dem einzelnen Arbeitgeber und Arbeitnehmer wird durch das individuelle Arbeitsrecht geregelt. Es gliedert sich in das **Arbeitsvertragsrecht** und das **Arbeitsschutzrecht**. Daneben ist das **Recht der Arbeitsgerichtsbarkeit** (siehe Abschnitt 3.2.6) besonders für das individuelle Arbeitsrecht bedeutsam.

Obwohl das Individualarbeitsrecht Teil des Privatrechts ist, wird der Grundsatz der Vertragsfreiheit durch eine Vielzahl von gesetzlichen und tariflichen Bestimmungen eingeengt. Auch wenn Arbeitgeber und Arbeitnehmer übereinstimmen, können zwingende Regelungen z. B. des Arbeitszeitgesetzes, des Jugendarbeitschutz- oder des Mutterschutzgesetzes oder tarifliche bzw. Betriebsvereinbarungen nicht zum Nachteil des Arbeitnehmers vertraglich geändert werden.

Der **Arbeitgeber** ist eine natürliche oder juristische Person, die aufgrund eines Vertrages Arbeitsleistungen beansprucht und bezahlt. **Arbeitnehmer** ist eine natürliche Person, die zur Arbeitsleistung gegen Entgelt verpflichtet ist. Die Unterscheidung zwischen Arbeitern und Angestellten ist heute nur noch im Sozialversicherungsrecht von Bedeutung. Für leitende Arbeitnehmer gelten verschiedene gesetzliche Schutzvorschriften nicht. Der Gesetzgeber hat in Ergänzung des § 5 BetrVG in den Absätzen 3 und 4 abgegrenzt, wer leitender Angestellter ist. Wenn alle materiellen Kriterien hinsichtlich Verantwortung, Selbständigkeit der Entscheidungsbefugnis, Zugehörigkeit zu einer Leitungsebene noch Zweifel offen lassen, ob ein Arbeitnehmer leitender Angestellter ist, entscheidet letztlich die Höhe des Jahresarbeitsentgeltes. Maßgeblich ist das Überschreiten des dreifachen der Bezugsgrößen nach § 18 Sozialgesetzbuch IV.

Der Arbeitsvertrag ist ein Dienstvertrag im Sinne von § 611 BGB. Für ihn gelten deshalb die Vorschriften des allgemeinen Teils des Schuldrechts (§§ 241 bis 432 BGB). Ein Arbeitsvertrag, der im Sinne der §§ 134, 138 BGB gegen gesetzliche Verbote oder gegen die guten Sitten verstößt, ist nichtig.

Seit dem 1. Januar 2001 haben Arbeitnehmer in Betrieben mit mehr als 15 Beschäftigten (dazu zählen nicht die Auszubildenden, wohl aber alle Teilzeitkräfte) unter bestimmten Voraussetzungen einen Rechtsanspruch auf Umwandlung ihres »normalen« Arbeitsvertrages in ein Teilzeitarbeitsverhältnis (siehe auch Abschnitt 3.2.4.4)

3.2.4.1   Begründung des Arbeitsverhältnisses

Die Anbahnung eines Arbeitsverhältnisses kann durch Vermittlung des Arbeitsamtes (kostenfrei), durch private Vermittler (kostenpflichtig), durch innerbetriebliche Stellenausschreibung, durch Zeitungsinserate erfolgen. Das **Einstellungsverfahren** wird unternehmensindividuell gestaltet. Im Allgemeinen folgen der Auswertung der Bewerbungsunterlagen ein Testdurchlauf, dann das Einholen von Referenzen, das Ausführen von Einstellungsgesprächen und die Einstellung, der ggf. eine ärztliche Untersuchung vorausgeht.

Wenn der Betrieb einen Bewerber zur Vorstellung auffordert, hat er gemäß § 670 BGB die Bewerbungskosten zu tragen, wenn nicht im Einladungsschreiben dies ausdrücklich ausgeschlossen wird. Zwingend beachtet werden muss § 99 Absatz 1 Satz 1 und 2 BetrVG.

> In Betrieben mit in der Regel mehr als 20 wahlberechtigten Arbeitnehmern hat der Arbeitgeber den Betriebsrat vor jeder Einstellung, Eingruppierung, Umgruppierung und Versetzung zu unterrichten, ihm die erforderlichen Bewerbungsunterlagen vorzulegen und Auskunft über die Person der Beteiligten zu geben; er hat den Betriebsrat unter Vorlage der erforderlichen Unterlagen Auskunft über die Auswirkungen der geplanten Maßnahme zu geben und die Zustimmung des Betriebsrates zu der geplanten Maßnahme einzuholen. Bei Einstellungen und Versetzungen hat der Arbeitgeber insbesondere den in Aussicht genommenen Arbeitsplatz und die vorhergesehene Eingruppierung mitzuteilen.

Das am 28. Juli 1995 in Kraft getretene »Gesetz über den Nachweis der für ein Arbeitsverhältnis geltenden wesentlichen Bedingungen« (NachwG) verlangt die Schriftform. Es gilt für alle in der Privatwirtschaft oder im öffentlichen Dienst beschäftigten Arbeitnehmer einschließlich der leitenden Angestellten. § 2 NachwG bestimmt, dass die Schriftform spätestens einen Monat nach dem vereinbarten Beginn des Arbeitsverhältnisses vorliegen muss und Angaben enthalten muss über Beginn des Arbeitsverhältnisses und Dauer einer Befristung, Arbeitsort, Aufgabenbeschreibung, Arbeitsentgelt, Arbeitszeit, Urlaubsdauer, Kündigungsfristen, geltende Kollektivvereinbarungen.

3.2.4.2   Pflichten und Rechte der Vertragsparteien

Wie bei jedem gegenseitigen Vertrag ergeben sich auch beim Arbeitsvertrag aus den Pflichten des einen Vertragspartners die Rechte des anderen.

3.2.4.2.1   Arbeitnehmer

Seine **Pflichten** können in der Arbeitspflicht, der Treuepflicht und der Schadenersatzpflicht zusammengefasst werden.

Arbeitspflicht

Der Arbeitnehmer hat seine Arbeitsleistung persönlich zu erbringen. Sie kann grundsätzlich nicht durch Dritte erfüllt werden (§ 313 BGB). Der Umfang der Arbeitspflicht ist in der Regel im Vertrag festgelegt (z. B. in der Stellenbeschreibung). Innerhalb des Rahmens, den der Arbeitsvertrag vorgibt, kann der Arbeitgeber Einzelanweisungen geben, die der Arbeitnehmer zu befolgen hat.

Aus der **Treuepflicht** ergeben sich verschiedene Unterlassungspflichten:

– Die Verschwiegenheitspflicht: Der Arbeitnehmer muss Betriebs- und Geschäftsgeheimnisse hüten und darf den Ruf des Arbeitgebers nicht schädigen. Der Verrat von Geschäftsgeheimnissen wird nach § 17 des Gesetzes gegen den unlauteren Wettbewerb (UWG) mit Freiheits- oder Geldstrafen belegt.

– Das Schmiergeldverbot gemäß § 12 UWG.

– Das Wettbewerbsverbot gemäß §§ 60 und 61 HGB während des Arbeitsverhältnisses. Nach Ablauf des Arbeitsverhältnisses kann ein Vertrag gegen das Wettbewerbsverbot vereinbart werden (§ 74 HGB). Nach jüngster Rechtsprechung des Bundesarbeitsgerichtes darf der Betrieb eines eigenen Handelsgewerbes nur untersagt werden, wenn dies den früheren Arbeitgeber schädigen kann.

Schadenersatzpflicht

bei schuldhafter Pflichtverletzung gemäß § 276 BGB. Das Bundesarbeitsgericht hat die Haftungshöhe begrenzt.

Die **Rechte des Arbeitnehmers** umschließen:

– Beschäftigung entsprechend der vereinbarten Tätigkeit
– Vergütung und Urlaub
– Zeugniserteilung und Aushändigung der Arbeitspapiere nach Beendigung des Arbeitsverhältnisses
– Erstellen eines Zwischenzeugnisses auf Antrag
– Anhörung und Erörterung betrieblicher Angelegenheiten, die seine Person betreffen
– Einsichtnahme in die Personalakte
– Beschwerde, wenn er sich benachteiligt oder ungerecht behandelt fühlt.

3.2.4.2.2   Arbeitgeber

Pflichten

– Entgeltzahlungspflicht gemäß § 611 BGB und § 3 Entgeltfortzahlungsgesetz bei unverschuldeter Krankheit
– Beschäftigungspflicht (auch bei ausgesprochener Kündigung)
– Fürsorgepflicht verpflichtet zur Beachtung aller zum Wohl des Arbeitnehmers erlassenen Rechtsvorschriften wie Jugendarbeitsschutzgesetz, Mutterschutzgesetz, Beschäftigtenschutzgesetz

- Gleichbehandlungspflicht verbietet Schlechterstellung einzelner Arbeitnehmer aus sachfremden Gründen
- Informations- und Anhörungspflicht des Arbeitnehmers in allen betrieblichen Angelegenheiten, die seine Person betreffen
- Zeugniserteilungspflicht bei Beendigung des Arbeitsverhältnisses je nach Wahl des Arbeitnehmers als einfaches oder als qualifiziertes Zeugnis.

Die **Rechte des Arbeitgebers** zielen auf die Erfüllung der Arbeitspflicht und der Treuepflicht durch den Arbeitnehmer. Sein Weisungsrecht ermöglicht es ihm, zusätzlich zur Stellenbeschreibung Art und Umfang der Arbeitsleistung näher zu bestimmen. Das Weisungsrecht kann der Arbeitgeber auf Vorgesetzte des Arbeitnehmers übertragen.

3.2.4.3   Beendigung des Arbeitsverhältnisses

Das Arbeitsentgelt bildet für den Arbeitnehmer zumeist eine Existenzgrundlage. Die Regeln, mit denen das Arbeitsverhältnis beendet werden kann, suchen diesen Gesichtspunkt zu berücksichtigen.

3.2.4.3.1   Befristeter Vertrag, Zweckvertrag, Anfechtung des Vertrages, Aufhebungsvertrag, Änderungskündigung

Ein Arbeitsvertrag endet als befristeter Vertrag ohne Kündigung mit Zeitablauf, als Zweckvertrag – z. B. Ausbildungsvertrag – ebenso durch Erreichen des Zwecks.

Voraussetzung für einen befristeten Vertrag ist in der Regel, dass ein sachbedingter Grund vorliegt, der die Befristung rechtfertigt. Die Kündigungsschutzbestimmungen des Kündigungsschutzgesetzes (siehe Abschnitt 3.2.4.3.5) – z. B. § 1 sozial ungerechtfertigte Kündigung – und die Mitbestimmungsrechte des Betriebsrats gemäß § 102 BetrVG kommen nicht zur Geltung.

Ein befristetes Probearbeitsverhältnis kann vor Ablauf ordentlich gekündigt werden, wenn dies vertraglich vereinbart worden war. Davon zu unterscheiden ist die Probezeit während eines unbefristeten Vertrages. Hier müssen für die Probezeit besonders vereinbarte Kündigungsfristen vorliegen.

Anfechtung eines Arbeitsvertrages ist möglich wegen Irrtum gemäß § 119 BGB und wegen Täuschung gemäß § 123 BGB. Der erste Fall kommt selten vor, häufiger ist die Täuschung, z. B. durch Verschweigen von Angaben im Personalbogen. Soweit diese für die Tätigkeit bedeutsam sind, hat der Arbeitnehmer eine Offenbarungspflicht. Die Rechtsprechung geht davon aus, dass ein anfechtbarer Arbeitsvertrag ab dem Zeitpunkt der Erklärung der Anfechtung nichtig ist.

Bei Tod des Arbeitnehmers endet das Arbeitsverhältnis, da der Arbeitnehmer seine Dienstleistung persönlich zu erbringen hat. Bei Tod des Arbeitgebers bleibt das Arbeitsverhältnis bestehen. Der Erbe gilt als neuer Arbeitgeber. Dasselbe gilt bei Übergang der Firma auf einen neuen Inhaber: Der Nachfolger tritt gemäß § 613a BGB in den bestehenden Arbeitsvertrag ein.

Bei Erreichen des Rentenalters endet das Arbeitsverhältnis nur dann automatisch, wenn im Arbeitsvertrag oder im Tarifvertrag oder in einer Betriebsvereinbarung dies eindeutig vorgesehen ist. Auch bei Eröffnung des Vergleichs- oder Konkursverfahrens bleibt das Arbeitsverhältnis bestehen. Der Vergleichs- oder Konkursverwalter kann fristgemäß kündigen.

Durch **Aufhebungsvertrag** (§ 305 BGB) kann das Arbeitsverhältnis in gegenseitigem Einvernehmen jederzeit beendet werden. Der Arbeitnehmer muss dabei zwingend beachten, dass er bei Aufhebung für 12 Wochen kein Arbeitslosengeld enthält (§ 144 SGB III).

Eine **Änderungskündigung** wird vom Arbeitgeber ausgesprochen, wenn das Arbeitsverhältnis unter veränderten Bedingungen fortgesetzt werden soll. Vorher ist der Betriebsrat zu hören. Wird die Änderung vom Arbeitnehmer nicht angenommen, erfolgt anschließende Kündigung.

3.2.4.3.2   Ordentliche Kündigung

Jede Kündigung ist eine einseitige empfangsbedürftige Willenserklärung, ein Arbeitsverhältnis von einem bestimmten Zeitpunkt an beendigen zu wollen. Schriftform ist zweckmäßig, aber nicht gesetzlich vorgeschrieben (Ausnahme: Berufsausbildungsvertrag), kann aber im Arbeitsvertrag, in einer Betriebsvereinbarung oder tarifvertraglich vorgesehen sein. Ohne Anhörung des Betriebsrats ist jede Kündigung rechtsunwirksam. Hat der Betriebsrat gegen eine ordentliche Kündigung Bedenken, muss er dies innerhalb einer Woche dem Arbeitgeber mitteilen (bei außerordentlichen Kündigungen innerhalb drei Tagen). Bei leitenden Angestellten gilt entsprechend § 31 Absatz 2 SprAuG.

Die gesetzlichen Kündigungsfristen für alle Arbeitnehmer legt § 622 BGB fest. Die Grundkündigungsfrist beträgt vier Wochen zum 15. oder zum Ende jedes Kalendermonats. Für langjährig Beschäftigte (ab 2 Jahren nach Vollendung des 25. Lebensjahres) gibt das Gesetz längere Kündigungsfristen vor, die nur bei einer Kündigung durch den Arbeitgeber gelten. Arbeitnehmer haben grundsätzlich die 4-Wochen-Frist einzuhalten. Wird die Kündigungsfrist nicht eingehalten, bleibt die Kündigung mit Wirkung zum nächstzulässigen Kündigungstermin wirksam. Tarifvertraglich vereinbarte Kündigungsfristen können die gesetzlichen über- oder unterschreiten, im Einzelarbeitsvertrag vereinbarte Kündigungsfristen dürfen nur länger sein als die im BGB vorgeschriebenen.

Kündigt der Arbeitnehmer fristgerecht, ist das Vorliegen eines sachlichen Grundes nicht erforderlich (Ausnahme: Berufsausbildungsvertrag nach der Probezeit). Kündigt der Arbeitgeber, dann muss dies »sozial gerechtfertigt« sein (§ 1 Absatz 2 Kündigungsschutzgesetz), d.h. der Grund muss in der Person des Arbeitnehmers oder in seinem Verhalten liegen oder betrieblich bedingt sein (siehe Abschnitt 3.2.4.3.5).

Arbeitgeber haben eine Reihe von Kündigungsverboten zu beachten, die im Mutterschutzgesetz, Betriebsverfassungsgesetz, Schwerbehindertengesetz, Arbeitsplatzschutzgesetz vorgeschrieben sind.

Eine ordentliche Kündigung, deren Gründe in der Person oder im Verhalten des Arbeitnehmers liegen, kann in der Regel nur nach einer **Abmahnung** erfolgen. In der Abmahnung muss

– das Fehlverhalten genau beschrieben werden,
– ausgewiesen werden, dass dieses Verhalten nicht gebilligt wird und
– auf eine Kündigung im Wiederholungsfall hingewiesen werden.

Der Betriebsrat muss bei einer Abmahnung weder unterrichtet noch gehört werden. Zwischen zwei Abmahnungen oder einer Abmahnung und der Kündigung muss dem Arbeitnehmer ausreichend Zeit und Gelegenheit eingeräumt werden, sein Fehlverhalten zu korrigieren. Die Abmahnung ist Bestandteil der Personalakte.

3.2.4.3.3 Außerordentliche Kündigung

Eine außerordentliche Kündigung ist nur bei Vorliegen eines »wichtigen Grundes« möglich und in den §§ 626 bis 628 BGB geregelt.

> § 626: Das Dienstverhältnis kann von jedem Vertragsteil aus wichtigem Grund ohne Einhaltung einer Kündigungsfrist gekündigt werden, wenn Tatsachen vorliegen, aufgrund derer dem Kündigenden unter Berücksichtigung aller Umstände des Einzelfalles und unter Abwägung der Interessen beider Vertragsteile die Fortsetzung des Dienstverhältnisses bis zum Ablauf der Kündigungsfrist oder bis zu der vereinbarten Beendigung des Dienstverhältnisses nicht zugemutet werden kann.

Die Kündigung kann nur innerhalb von 2 Wochen erfolgen. Die Frist beginnt mit dem Zeitpunkt, in dem der Kündigungsberechtigte von den für die Kündigung maßgebenden Tatsachen Kenntnis erlangt. Der Kündigende muss dem anderen Teil auf Verlangen den Kündigungsgrund unverzüglich schriftlich mitteilen.

Bei befristeten Arbeitsverhältnissen, Berufsausbildungsverhältnissen nach der Probezeit, Betriebsratsmitgliedern und älteren Arbeitnehmern mit tariflichem Kündigungsschutz ist eine ordentliche Kündigung nicht möglich, wohl aber eine außerordentliche.

Anerkannt als Gründe für eine außerordentliche Kündigung sind z. B. für den Arbeitgeber: Vorlage falscher Zeugnisse, Diebstahl, Betrug, grobe Beleidigung oder Tätlichkeit, eigenmächtiger Urlaubsantritt oder Urlaubsverlängerung, Trunksucht. Nicht anerkannt werden von der Rechtsprechung in der Regel mangelhafte Arbeitsleistung oder Unfähigkeit.

Gründe für den Arbeitnehmer können sein: Nichteinhalten der Hauptpflichten des Arbeitgebers, schwere Verstöße gegen das Beschäftigtenschutzgesetz.

Innerhalb der 2-Wochen-Frist des § 626 BGB muss der Betriebsrat beteiligt werden. Dieser kann Bedenken gegen die außerordentliche Kündigung innerhalb 3 Tagen schriftlich mitteilen, ohne damit die außerordentliche Kündigung rechtswirksam verhindern zu können.

3.2.4.3.4 Massenentlassung

Diese liegt vor, wenn innerhalb eines Monats in Betrieben von 21 bis 59 Arbeitnehmer = 5 Arbeitnehmer, in Betrieben von 60 bis 499 Arbeitnehmer = 10% oder mehr als 25 Arbeitnehmer und in Betrieben über 500 Arbeitnehmern = 50 Arbeitnehmer entlassen werden. Sie sind gemäß § 17 Absatz KSchG beim Arbeitsamt anzeigepflichtig. Die Stellungnahme des Betriebsrats muss beigefügt werden.

Solche anzeigepflichtigen Massenentlassungen werden nur mit Zustimmung des Landesarbeitsamtes vor Ablauf eines Monats wirksam. Das Landesarbeitsamt kann im Einzelfall bestimmen, dass die Entlassungen nicht vor Ablauf von längstens zwei Monaten nach Eingang der Anzeige wirksam werden. Werden zur Auswahl der Mitarbeiter, welche entlassen werden sollen, **Auswahlrichtlinien** erarbeitet, so bedürfen sie der Zustimmung des Betriebsrats. Wird gegen die erlassenen Auswahlrichtlinien verstoßen, kann der Betriebsrat seine Zustimmung zu Kündigungen verweigern.

Bei Massenentlassungen kann ein **Sozialplan** zwischen Unternehmer und Betriebsrat abgeschlossen werden. Inhalte eines Sozialplans können sein:

– Abfindungszahlungen
– Gewährung oder Abgeltung von Urlaubsansprüchen
– Freistellung zur Suche eines neuen Arbeitsplatzes und Übernahme von Kosten der Arbeitsplatzsuche
– Bezahlung von Umzugskosten und Verlängerung von Mietverträgen für werkseigene Wohnungen

- Weitergewährung von betrieblichen Darlehen
- Erhaltung von Anwartschaften auf eine betriebliche Altersversorgung
- Übernahme von zukünftigen Verdienstminderungen.

Kommt eine Einigung über einen Sozialplan nicht zustande, so entscheidet die Einigungsstelle über die Aufstellung eines Sozialplans (§ 112 Absatz 4 BetrVG).

3.2.4.3.5   Kündigungsschutz

Das Kündigungsschutzgesetz von 1969 (KSchG) gibt dem Arbeitnehmer das Recht, durch das Arbeitsgericht nachprüfen zu lassen, ob die Kündigung »sozial gerechtfertigt« ist. Es gilt gemäß § 23 nicht für Betriebe, in denen fünf oder weniger Arbeitnehmer (ohne Auszubildende) beschäftigt sind und setzt eine mindestens sechsmonatige Betriebszugehörigkeit voraus.

Damit eine Kündigung nach § 1 Absatz 2 KSchG sozial gerechtfertigt ist, muss der Kündigungsgrund bedingt sein

- **in der Person** des Arbeitnehmers: mangelnde körperliche oder geistige Eignung, Ungeschicklichkeit, mangelnde Ausbildung, mangelnde Fähigkeit, sich die erforderlichen Fähigkeiten zu erwerben, lang andauernde Erkrankung, ohne dass die Genesung abzusehen ist.
- **im Verhalten** des Arbeitnehmers: wiederholte Unpünktlichkeit, Beleidigungen, schlechte Arbeiten, Verstöße gegen Gehorsams- und Verschwiegenheitspflicht.
- **betriebliche Erfordernisse**: Absatzschwierigkeiten, Rohstoffmangel, Einführung arbeitssparender Maschinen, Änderung der Produktionsmethoden, Stillegung einzelner Abteilungen, Betriebseinschränkungen.

Ist einem Arbeitnehmer aus dringenden betrieblichen Erfordernissen gekündigt worden, so ist die Kündigung trotzdem sozial ungerechtfertigt, wenn der Arbeitgeber bei der Auswahl der zu kündigenden Arbeitnehmer soziale Gesichtspunkte nicht oder nicht ausreichend berücksichtigt hat. Zwischen solchen Arbeitnehmern, deren Tätigkeit vergleichbar ist und die deshalb gleichermaßen für eine Kündigung in Betracht kommen, ist eine Auswahl nach sozialen Kriterien erforderlich: Dauer der Betriebszugehörigkeit, Lebensalter, Familienstand, Zahl der unterhaltspflichtigen Kinder.

Auf Verlangen des Arbeitnehmers hat der Arbeitgeber dem Arbeitnehmer die Gründe anzugeben, die zu der getroffenen sozialen Auswahl geführt haben. Der Arbeitnehmer hat die Tatsachen zu beweisen, die die Kündigung als sozial ungerechtfertigt erscheinen lassen (§ 1 Absatz 3 Satz 3 KSchG).

Ebenfalls sozial ungerechtfertigt ist eine Kündigung, wenn die Weiterbeschäftigung des Arbeitnehmers nach zumutbaren Umschulungs- oder Fortbildungsmaßnahmen oder unter geänderten Arbeitsbedingungen möglich ist, und der Arbeitnehmer sein Einverständnis hierzu erklärt hat (§ 2 Absatz 1 KSchG).

Der Arbeitnehmer kann gemäß § 4 KSchG innerhalb von drei Wochen nach Zugang der Kündigung Klage beim Arbeitsgericht auf Feststellung erheben, dass die Kündigung sozial ungerechtfertigt sei. Wird diese Frist versäumt, dann gilt die Kündigung als von Anfang an rechtswirksam. Hat außerdem der Betriebsrat frist- und ordnungsgemäß der Kündigung widersprochen, muss der Arbeitgeber auf Verlangen des Arbeitnehmers diesen nach Ablauf der Kündigungsfrist bis zum rechtskräftigen Abschluß des Rechtsstreits bei unveränderten Arbeitsbedingungen weiterbeschäftigen (§ 102 Absatz 5 BetrVG).

Wenn ein Arbeitnehmer vor dem Arbeitsgericht klagen will, muss er eine entsprechende Klageschrift mit den entsprechenden Anträgen bei Gericht einreichen. Will der Arbeitnehmer die Klage selbst ohne Prozessvertreter erheben, kann er dazu die Hilfe der Geschäftsstelle des Arbeitsgerichts in Anspruch nehmen.

Wenn die Kündigung nach Auffassung des Gerichts unwirksam war und dem Arbeitnehmer die Fortsetzung des Arbeitsverhältnisses nicht zuzumuten ist, kann das Gericht das Arbeitsverhältnis gemäß § 9 Absatz 1 Satz 1 KSchG auf Antrag des Arbeitnehmers auflösen und den Arbeitgeber zur Zahlung einer angemessenen Abfindung verurteilen. Als Abfindung ist gemäß § 10 Absatz 1 KSchG ein Betrag bis zu 12 Monatsverdiensten festzusetzen. Bei einem Alter ab 50 Jahren und einer Betriebszugehörigkeit von mindestens 15 Jahren kann die Abfindung schließlich 18 Monatsverdienste gemäß § 10 Absatz 2 KSchG erreichen.

Besteht nach dem Gerichtsurteil das Arbeitsverhältnis fort, muss sich der Arbeitnehmer gemäß § 11 KSchG auf das Entgelt, das ihm der Arbeitgeber für die Zeit der Entlassung schuldet, anrechnen lassen, was er durch anderweitige Arbeit verdient hat oder hätte verdienen können. Soweit der Arbeitnehmer in der Zwischenzeit Arbeitslosengeld bezogen hat, muss der Arbeitgeber dieses der Stelle erstatten, die es geleistet hat.

3.2.4.4 Besondere Arten von Arbeitsverhältnissen

Hierzu zählen

- das **Berufsausbildungsverhältnis** (siehe Abschnitt 3.4). Rechtsgrundlage: Berufsbildungsgesetz vom 14. August 1969
- das **befristete Arbeitsverhältnis**. Rechtsgrundlage (bis Ende 2000): Beschäftigungsförderungsgesetz vom 26. April 1985
- das **Teilzeitarbeitsverhältnis**. Rechtsgrundlage: Beschäftigungsförderungsgesetz
- das **Leiharbeitsverhältnis**. Gesetzliche Grundlage: Arbeitnehmerüberlassungsgesetz (AÜG) in der Fassung vom 03. Februar 1995.

Das Beschäftigungsförderungsgesetz lief zum 31. Dezember 2000 aus. An seine Stelle ist am 1. Januar 2001 das **Gesetz über Teilzeitarbeit und befristete Arbeitsverhältnisse** getreten.

Ein Anspruch auf Teilzeitarbeit besteht in allen Betrieben ab 16 Beschäftigten nach sechsmonatigem Arbeitsverhältnis. Der Teilzeitwunsch muss drei Monate vorher angekündigt werden. Eine Ablehnung setzt betriebliche Gründe voraus, z. B. eine wesentliche Beeinträchtigung der betrieblichen Organisation, der Arbeitsabläufe, der Sicherheit oder unverhältnismäßig hohe Kosten für den Arbeitgeber.

Der Betriebsrat muss über bestehende Teilzeitarbeit unterrichtet werden.

Befristete Arbeitsverträge können mit Arbeitnehmer/innen ohne Vorlage eines Sachgrundes für die Dauer von zwei Jahren bei höchstens dreimaliger Verlängerung bei Neueinstellung und für Beschäftigte ab dem 58. Lebensjahr abgeschlossen werden. Alle befristet Beschäftigten müssen über evtl. freie Dauerarbeitsplätze informiert werden.

Der Betriebsrat muss über den Anteil der befristet Beschäftigten an der Gesamtzahl der Beschäftigten unterrichtet werden.

Entsprechend dem Rahmenstoffplan für den Fortbildungslehrgang »Personalfachkaufleute« beschränken wir uns an dieser Stelle auf die Rechtsstellung des freien Mitarbeiters, des Leiharbeitnehmers und der Praktikanten/Volontäre.

3.2.4.4.1   Freie Mitarbeiter

Freie Mitarbeiter werden im Rahmen eines Vertrags beschäftigt, ohne dass der Vertrags-partner Steuern und Sozialversicherungsbeiträge zahlt. Die Abgrenzung zur Arbeitnehmerei-genschaft im Sinne des Arbeitsrechts wird oft nicht genau gesehen. Freie Mitarbeiter sind im Rahmen eines Dienstvertrages nicht – wie Arbeitnehmer – in die Betriebsorganisation einge-bunden. Bei Streitigkeiten ist das Amtsgericht/Landgericht zuständig. Erbringt ein soge-nannter freier Mitarbeiter seine Leistung in einem Betrieb innerhalb der betriebsüblichen Arbeitszeiten in Zusammenarbeit mit den »Festangestellten«, wird ggf. ein AG/AN-Verhältnis vorliegen. Der Arbeitgeber macht sich gegenüber dem Finanzamt und den Sozialversiche-rungsträgern regresspflichtig und der »freie Mitarbeiter« kann bei Vertragsbeendigung Sozialwidrigkeit nach § 1 KSchG einklagen.

Ein sogenannter freier Mitarbeiter, der die Frage seiner Arbeitnehmereigenschaft klären will, kann vor dem Arbeitsgericht Feststellungsklage erheben, ob er Arbeitnehmer oder freier Mitarbeiter ist.

3.2.4.4.2   Arbeitnehmerüberlassung

Zunehmend lassen sich Arbeitgeber als Entleiher Arbeiten nicht von angestellten Arbeit-nehmern ausführen, sondern besorgen sich Leiharbeitnehmer. Für den Entleiher sind damit die Personalkosten variabel – ein kaum zu überschätzender Vorteil. Die Überlas-serfirma muss über die Erlaubnis der Bundesanstalt für Arbeit verfügen (§ 1 AÜG).

Ein Leiharbeitsverhältnis liegt vor, wenn ein Arbeitgeber einen Arbeitnehmer für eine begrenzte Zeit an einen anderen Arbeitgeber zur Arbeitsleistung ausleiht und ihn dessen Weisungsrecht unterstellt. Die Pflicht zur Entgeltzahlung hat weiterhin der Verleiher. Seine Arbeitsleistung schuldet der Arbeitnehmer jedoch dem Arbeitgeber, auf den der Anspruch auf die Arbeitsleistung übergegangen ist. Der Verleiher darf dem Entleiher denselben Leih-arbeitnehmer nicht länger als zwölf Monate überlassen.

Das Arbeitsverhältnis zwischen dem Verleiher und dem Leiharbeitnehmer darf gemäß § 3 Absatz 1 AÜG grundsätzlich nicht befristet werden, es sei denn, dass sich aus der Per-son des Arbeitnehmers ein sachlicher Grund ergibt. Wenn der Verleiher keine Beschäfti-gungsmöglichkeiten mehr findet, behält der Arbeitnehmer den Anspruch auf das Arbeit-sentgelt.

Vom AÜG nicht erfasst werden Werkverträge gemäß §§ 631ff BGB.

3.2.4.4.3   Praktikanten/Volontäre

Bei beiden liegt ein Arbeitsverhältnis im Rahmen der Ausbildung vor. Praktikanten unter-scheiden sich von Volontären dadurch, dass erstere in keinem förmlichen Ausbildungs-verhältnis (z. B. Schule, Hochschule) stehen. Nur im Einzelfall ist zu klären, ob bei Prakti-kanten und Volontären ein Vertragsverhältnis gemäß § 19 Berufsbildungsgesetz vorliegt. Unumstritten ist, dass bei einem Praktikantenverhältnis der Arbeitgeber lediglich ver-pflichtet ist, dem Praktikanten das Erlernen der Kenntnisse und Fertigkeiten zu ermögli-chen. Eine Vergütungspflicht besteht nicht.

3.2.5   Arbeitnehmerschutzrecht

Der Arbeitnehmer bedarf als der wirtschaftlich schwächere Partner im Beschäftigungs-verhältnis des besonderen Schutzes. Die **Sozialversicherung** bewahrt ihn vor finanziel-len Problemen beim Eintritt des Versicherungsfalles, die **Gewerkschaften** unterstützen seine Position auf dem Arbeitsmarkt, der **Staat** erlässt Schutzgesetze (Legislative) und -Verordnungen (Exekutive) und lässt deren Einhaltung von Aufsichtsbehörden (Amt für Arbeitsschutz und Sicherheitstechnik) überwachen. Über das **Arbeitsgericht** (Arbeits-vertrag) und das **Sozialgericht** (Sozialversicherung) kann der Arbeitnehmer seine Rech-te einklagen.

Mit dem am 1. Januar 1999 in Kraft getretenen Gesetz zu Korrekturen in der Sozialversi-cherung und zur Stärkung der Arbeitnehmerrechte wurden Änderungen vorgenommen im Kündigungsschutzgesetz, Betriebsverfassungsgesetz, Entgeltfortzahlungsgesetz, Bundesurlaubsgesetz, Arbeitnehmerentsendungsgesetz und im SGB III (Arbeitsförde-rung), IV (Gemeinsame Vorschriften für die Sozialversicherung), V (Krankenversicherung) und VI (Rentenversicherung). Am 1. April 1999 ist das Gesetz zur Neuregelung der gering-fügigen Beschäftigungsverhältnisse (630 DM-Gesetz) und am 1. August 1999 das Vor-schaltgesetz zum Arbeitsförderungsrecht (SGB III) in Kraft getreten.

3.2.5.1   Umfang des Schutzrechts

Zu unterscheiden sind arbeitsrechtliche Schutzbestimmungen des **Arbeitnehmers als Vertragspartner** und Vorschriften, die dem **körperlichen Schutz des Arbeitnehmers** dienen. Letztere kann man einteilen in den **Betriebsgefahrenschutz** und den **sozialen Arbeitsschutz**. Zu letzterem gehören der Arbeitszeitschutz, der Urlaubsanspruchs-schutz und der Kündigungsschutz (die für alle Arbeitnehmer gelten) und die Schutzmaß-nahmen für bestimmte Arbeitnehmergruppen.

Rechtsvorschriften aus dem **Arbeitsvertragsrecht** enthalten neben dem Grundgesetz, dem BGB, dem HGB und der Gewerbeordnung:

Gesetz über die Zahlung des Arbeitsentgelts an Feiertagen und im Krankheitsfall (Entgeltfortzahlungsgesetz) vom 26. Mai 1994

Gesetz zum Schutz der Beschäftigten vor sexueller Belästigung am Arbeitsplatz (Beschäftigtenschutzgesetz) vom 24. Juni 1994

Mindesturlaub für Arbeitnehmer (Bundesurlaubsgesetz, BUrlG) in der Fassung vom 27. Juli 1969

Kündigungsschutzgesetz (KSchG) in der Fassung vom 25. August 1969

Gesetz über den Schutz des Arbeitsplatzes bei Einberufung zum Wehrdienst (Arbeitsplatzschutzgesetz, ArbPlSchG) in der Fassung vom 21. Mai 1988

Gesetz zur Verbesserung der betrieblichen Altersversorgung (BetrAVG) vom 19. Dezember 1974, zuletzt geändert durch Gesetz vom 22. Dezember 1999

Neufassung des BetrAVG mit Wirkung vom 01. Januar 1999: § 3 Absatz 1, § 7 § 8 Absatz 2 Satz 1, § 9, § 11, § 17 Absatz 2

Altersteilzeitgesetz (ATZG) vom 23. Juli 1996, zuletzt geändert durch Gesetz vom 22. Dezember 1999

Arbeitsförderungsgesetz (AFG) vom 25. Juni 1969 (seit 1998 = SGB III: Arbeitsförde-rung vom 24. März 1997), zuletzt geändert durch Gesetz vom 22. Dez. 1999

Rechtsvorschriften aus dem eigentlichen **Arbeitnehmerschutzrecht** finden sich in:

Gesetz über Betriebsärzte, Sicherheitsingenieure und andere Fachkräfte für Arbeitssicherheit (Arbeitssicherheitsgesetz, ArbSichG) vom 12. Dezember 1973, geändert
durch Gesetz vom 19. Dezember 1998

Arbeitszeitgesetz (ArbZG) vom 06. Juni 1994

Arbeitsschutzgesetz (ArbSchG) vom 07. August 1996

Gesetz zum Schutz der Beschäftigten vor sexueller Belästigung am Arbeitsplatz
(BeschäftigtenschutzG) vom 24. Juni 1994

Gesetz zum Schutze der erwerbstätigen Mutter (Mutterschutzgesetz, MuSchG) in
der Fassung vom 17. Januar 1997

Mutterschutzrichtlinienverordnung (MuSchRiV) vom 15. April 1997

Gesetz über die Gewährung von Erziehungsgeld und Erziehungsurlaub (Bundeserziehungsgeldgesetz, BErzGG) in der Fassung vom 31. Januar 1994

Reichsversicherungsordnung (RVO) in der Fassung vom 15. Dezember 1924, zuletzt
geändert durch Gesetz vom 22. Dezember 1999: §§ 195 bis 200 = Leistungen bei
Schwangerschaft und Mutterschaft

Gesetz zum Schutze der arbeitenden Jugend (Jugendarbeitschutzgesetz,
JArbSchG) vom 12. April 1976, geändert durch Gesetz vom 26. Januar 1998

Gesetz zur Sicherung der Eingliederung Schwerbehinderter in Arbeit, Beruf und
Gesellschaft (Schwerbehindertengesetz, SchwbG) in der Fassung vom 26. August
1986

Gesetz zur Regelung der gewerbsmäßigen Arbeitnehmerüberlassung (Arbeitnehmerüberlassungsgesetz, AÜG) in der Fassung vom 03. Februar 1995, geändert
durch Gesetz vom 29. Juni 1998

Gesetz zur Bekämpfung der Schwarzarbeit (SchwarbG) in der Fassung vom
06. Februar 1995

Heimarbeitsgesetz (HAG) vom 14. März 1951.

Rechtsvorschriften aus dem **kollektiven Arbeitsrecht**:

Gesetz über die Festsetzung von Mindestarbeitsbedingungen vom 11. Januar 1952

Tarifvertragsgesetz (TVG) in der Fassung vom 25. August 1969

Betriebsverfassungsgesetz (BetrVG) in der Fassung vom 23. Dezember 1988, zuletzt
geändert durch Gesetz vom 19. Dezember 1998

Erste Verordnung zur Durchführung des BetrVG vom 16. Januar 1972 (WahlO 1972)

Umwandlungsgesetz (UmwG) vom 28. Oktober 1994

Gesetz über Europäische Betriebsräte (EBRG) vom 28. Oktober 1996

Gesetz über Sprecherausschüsse der leitenden Angestellten (Sprecherausschuss-
gesetz, SprAuG) vom 20. Dezember 1988

Gesetz über die Mitbestimmung der Arbeitnehmer in den Aufsichtsräten und
Vorständen der Unternehmen des Bergbaus und der Eisen und Stahl erzeugenden
Industrie (Montan-Mitbestimmungsgesetz, Montan-MitbestG) vom 21. Mai 1951 mit
Ergänzungsgesetz (MitbestErgG) vom 07. August 1956

Betriebsverfassungsgesetz 1952 (BetrVG 1952) vom 11. Oktober 1952, zuletzt
geändert durch Gesetz vom 02. August 1994

Gesetz über die Mitbestimmung der Arbeitnehmer (Mitbestimmungsgesetz,
MitbestG) vom 04. Mai 1976.

3.2.5.2   Allgemeine Schutzbestimmungen

Sie gelten für alle Arbeitnehmer und betreffen den Gesundheits- und Unfallschutz, die Arbeitszeit und den Urlaubsanspruch.

Vorschriften zum Gesundheits- und Unfallschutz finden sich z. B. in der Gewerbeordnung, in der Arbeitsstättenverordnung, im Gesetz über Betriebsärzte, Sicherheitsingenieure und andere Fachkräfte für Arbeitssicherheit und in den Unfallverhütungsvorschriften der Berufsgenossenschaften.

Nach § 3 Absatz 2 der Arbeitsstättenverordnung gibt der Bundesminister für Arbeit und Sozialordnung Arbeitsstätten-Richtlinien bekannt. Diese enthalten die wichtigsten, allgemein anerkannten, sicherheitstechnischen, arbeitsmedizinischen und hygienischen Regeln und gesicherte arbeitswissenschaftliche Erkenntnisse. Damit werden Möglichkeiten angegeben, wie einzelne Vorschriften der Arbeitsstättenverordnung erfüllt werden können.

Die Gewerbeordnung verpflichtet den Arbeitgeber, Arbeitsräume, Betriebsvorrichtungen, Maschinen und Geräte so einzurichten und zu unterhalten, dass ein gefahrloser Betrieb möglich ist. Die Sicherheitsbeauftragten gemäß § 719 Reichsversicherungsordnung (RVO) haben den Unternehmer bei der Durchführung des Unfallschutzes zu unterstützen, insbesondere sich von dem Vorhandensein und der ordnungsgemäßen Benutzung der vorgeschriebenen Schutzvorrichtungen fortlaufend zu überzeugen.

Seit dem 21. August 1996 ist als Umsetzung einer EU-Rahmenrichtlinie ein neues **Arbeitsschutzgesetz** in Kraft, dass die Einwirkungsmöglichkeiten der Berufsgenossenschaften wesentlich ausweitet. Arbeitgeber in Betrieben mit mehr als zehn Beschäftigten sind verpflichtet, alle Arbeitsbedingungen zu dokumentieren. Betriebsräte erhalten bei diesem »ganzheitlichen Gesundheitsschutz« mehr Möglichkeiten, ihre Rechte einzusetzen.

Das **Arbeitszeitgesetz** legt Höchstgrenzen für die Arbeitszeit fest. Die werktägliche Arbeitszeit darf 8 Stunden nicht überschreiten. Die tägliche Arbeitszeit kann auf bis zu 10 Stunden verlängert werden, wenn innerhalb von sechs Kalendermonaten oder innerhalb von 24 Wochen im Durchschnitt 8 Stunden werktäglich nicht überschritten werden (§ 3 ArbZG). Eine solche Verlängerung der Arbeitszeit ist an keinen bestimmten Grund gebunden.

Arbeitnehmer dürfen nicht länger als 6 Stunden hintereinander ohne Ruhepausen beschäftigt werden (§ 4 ArbZG). Die Arbeitspausen müssen insgesamt mindestens betragen

- bei einer Arbeitszeit von mehr als 6 bis zu 9 Stunden: 30 Minuten
- bei einer Arbeitszeit von mehr als 9 Stunden: 45 Minuten.

Die Nacht- und Schichtarbeit ist in § 6 ArbZG geregelt, die Sonn- und Feiertagsbeschäftigung in § 10 dieses Gesetzes.

Das Arbeitszeitgesetz gilt nicht für leitende Angestellte.

Wenn der **Urlaubsanspruch** nicht tarifvertraglich geregelt ist, beträgt die jährliche Urlaubsdauer gemäß § 3 Bundesurlaubsgesetz 24 Werktage. Eine finanzielle Abgeltung ist gemäß § 7 BUrlG nur möglich, wenn das Arbeitsverhältnis endet, und der Urlaub ganz oder teilweise nicht mehr gewährt werden kann. Der Anspruch auf vollen Jahresurlaub entsteht erst nach 6 Monaten Betriebszugehörigkeit (§4 BUrlG).

Kündigungsschutz: 4 Wochen zur Monatsmitte oder -ende, längere Fristen abhängig von der Dauer der Betriebszugehörigkeit. Die Kündigung muss sozial gerechtfertigt sein (siehe Abschnitt 3.2.4.3).

3.2.5.3 Sonderschutzbestimmungen

Für bestimmte Personenkreise sieht der Gesetzgeber besonderen Schutz aus gesundheitlichen oder aus sozialen Gründen vor.

3.2.5.3.1 Jugendarbeitsschutzgesetz

Dieses Gesetz schützt die gesundheitliche Entwicklung jugendlicher Beschäftigter.

Die tägliche **Arbeitszeit** darf gemäß § 8 nicht mehr als 8 Stunden, die wöchentliche bei strikter Einhaltung der 5-Tage-Woche nicht mehr als 40 Stunden betragen, wenn keine günstigere tarifvertragliche Regelung gilt. Die Ruhepausen betragen mindestens 30 Minuten nach einer Arbeitszeit von mindestens 4 ½ bis zu 6 Stunden und 60 Minuten nach einer Arbeitszeit von mehr als 6 Stunden. Arbeitszeit einschließlich Pausen = **Schichtzeit**: maximal 10 Stunden (§ 12). Nach Beendigung der täglichen Arbeitszeit dürfen Jugendliche erst nach einer **ununterbrochenen Ruhepause** von 12 Stunden wieder beschäftigt werden (§ 13). An **Samstagen und an Sonntagen** dürfen Jugendliche nicht beschäftigt werden (§§ 16, 17). **Nachtarbeit** ist verboten (§ 14).

Berufsschulpflichtige (§ 9) sind für den Besuch der Berufsschule freizustellen. Ein Berufsschultag mit mehr als 5 Unterrichtsstunden à 45 Minuten gilt einmal in der Woche als voller Arbeitstag.

Gemäß §§ 22, 23 dürfen Jugendliche nicht mit Akkordarbeit und nicht mit solchen Arbeiten beschäftigt werden, bei denen durch gesteigertes Arbeitstempo ein höheres Entgelt erzielt werden kann: **tempoabhängige** Arbeit.

Ein neu in das Berufsleben eintretender Jugendlicher darf nur nach einer **Erstuntersuchung** beschäftigt werden (§ 32). Im Jahresabstand ist eine Bescheinigung über die erfolgte **Nachuntersuchung** vorzulegen (§33).

Der **Urlaub** ist im § 19 geregelt. Er beträgt, wenn der Jugendliche zu Beginn des Kalenderjahres

– noch nicht 16 ist = mindestens 30 Werktage
– noch nicht 17 ist = mindestens 27 Werktage
– noch nicht 18 ist = mindestens 25 Werktage.

Wer regelmäßig mindestens einen Jugendlichen beschäftigt, muss einen Abdruck des Jugendarbeitsschutzgesetzes und die Anschrift der zuständigen Aufsichtsbehörde an geeigneter Stelle im Betrieb zur Einsicht auslegen oder aushängen (§ 47). Wer regelmäßig mindestens drei Jugendliche beschäftigt, hat darüber hinaus einen Aushang über Beginn und Ende der regelmäßigen täglichen Arbeitszeit und der Pausen an geeigneter Stelle im Betrieb anzubringen (§ 48).

3.2.5.3.2 Mutterschutzgesetz und Bundeserziehungsgeldgesetz

Das Mutterschutzgesetz schützt werdende Mütter und Wöchnerinnen, die in einem Arbeitsverhältnis stehen und ihre Schwangerschaft mitgeteilt haben. Sie dürfen nicht mit schwerer körperlicher Arbeit und nicht mit gesundheitsgefährdenden Arbeiten beschäftigt werden (§ 4). Sechs Wochen vor und acht Wochen nach der Geburt besteht Beschäftigungsverbot. Beim Beschäftigungsverbot vor der Geburt ist eine Beschäftigung ausnahmsweise möglich, wenn sich die Frau zur Arbeitsleistung ausdrücklich bereit erklärt hat. Die Erklärung kann jederzeit widerrufen werden (§§ 3, 6).

Werdende und stillende Mütter dürfen nicht mit Mehrarbeit, mit Nachtarbeit und auch nicht an Sonn- und Feiertagen beschäftigt werden (§ 8). Während der Schwangerschaft und vier Monate nach der Entbindung besteht Kündigungsschutz. Befristete Verträge enden jedoch ohne Kündigung durch Zeitablauf.

Gemäß § 18 ist in Betrieben, die regelmäßig mehr als drei Frauen beschäftigen, ein Abdruck dieses Gesetzes an geeigneter Stelle zur Einsicht auszulegen.

Für alle seit dem 1. Januar 2001 Geborenen können nach dem Bundeserziehungsgeldgesetz Mutter und Vater gemeinsam einen **Erziehungsurlaub** bis zu drei Jahren nehmen, der sechs Wochen vorher schriftlich beantragt werden muss, wenn er unmittelbar nach der Mutterschutzfrist beginnen soll. Ein Jahr dieser Zeit kann mit Zustimmung des Arbeitgebers zwischen dem 3. und dem 8. Geburtstag genommen werden. Jeder Elternteil kann bis zu 30 Wochenstunden arbeiten. In Betrieben mit mehr als 15 Beschäftigten besteht ein Anspruch auf eine solche sozialversicherungspflichtige Stelle, wenn das Arbeitsverhältnis mehr als sechs Monate besteht, der Anspruch mindestens acht Wochen vorher schriftlich mitgeteilt wird und keine zwingenden betrieblichen Gründe entgegenstehen.

Der einkommensabhängige Anspruch auf **Erziehungsgeld** ab dem siebten Monat beläuft sich wahlweise auf 600 DM für 24 oder 900 DM für 12 Monate.

Aufsichtsbehörde ist in der Regel das Amt für Arbeitsschutz und Sicherheitstechnik.

3.2.5.3.3   Schwerbehindertengesetz

Dieses Gesetz definiert in den §§ 1 bis 3 den Schwerbehindertenstatus. Arbeitgeber, die über mindestens 20 Arbeitsplätze verfügen, haben mindestens 5% ihrer Arbeitsplätze mit Schwerbehinderten zu besetzen (§ 7) oder eine Ausgleichsabgabe zu entrichten (§ 11). § 14 Absatz 2 bestimmt:

> Die Arbeitgeber haben die Schwerbehinderten so zu beschäftigen, dass diese ihre Fähigkeiten und Kenntnisse möglichst voll verwerten und weiterentwickeln können. Sie haben die Schwerbehinderten zur Förderung ihres beruflichen Fortkommens bei innerbetrieblichen Maßnahmen an der beruflichen Bildung bevorzugt zu berücksichtigen. Die Teilnahme an außerbetrieblichen Maßnahmen ist in zumutbarem Umfang zu erleichtern.

Auf Verlangen sind Schwerbehinderte von Mehrarbeit freizustellen. Sie haben gemäß § 47 Anspruch auf fünf zusätzlich bezahlte Urlaubstage. Eine Kündigung ist nur mit vorheriger Zustimmung der Hauptfürsorgestelle möglich, die innerhalb von zwei Wochen beantragt werden muss.

3.2.5.3.4   Arbeitsplatzschutzgesetz

Dieses Gesetz gewährt Kündigungsschutz während des Grundwehrdienstes und bei Wehrübungen. Der Kündigungsschutz beginnt mit der Zustellung des Einberufungsbescheides. Er gilt auch für anerkannte Kriegsdienstverweigerer (§ 78 Zivildienstgesetz). Bei Fortsetzung des Arbeitsverhältnisses nach dem Wehrdienst/Zivildienst dürfen keine Nachteile beruflicher oder betrieblicher Hinsicht entstehen (§ 6). Die Zeit des Wehr-/Zivildienstes wird auf die Berufs- und die Betriebszugehörigkeitszeit angerechnet, bei Auszubildenden und sonstigen in Berufsausbildung Beschäftigten nur auf die Berufszugehörigkeit und erst nach Abschluss der Ausbildung (§ 6 Absatz 2).

3.2.6   Arbeitsgerichtsbarkeit

Rechtsgrundlage ist das Arbeitsgerichtsgesetz (ArbGG) in der Fassung vom 02. Juli 1979. § 2 regelt die Zuständigkeit im Urteilsverfahren (siehe Abschnitt 3.2.6.2.1), § 2a die Zuständigkeit im Beschlussverfahren (siehe Abschnitt 3.2.6.2.2).

3.2.6.1   Aufbau der Arbeitsgerichtsbarkeit

Die Gerichte für Arbeitssachen sind gemäß §§ 2 und 2a ArbGG zuständig für

1. Rechtsstreitigkeiten zwischen den Tarifvertragsparteien über die Anwendung und Durchführung von Tarifverträgen, über deren Bestehen oder Nichtbestehen, über unerlaubte Arbeitskampfmaßnahmen u.ä.
2. Rechtsstreitigkeiten zwischen Arbeitnehmern und Arbeitgebern, soweit es um das Arbeitsverhältnis, um dessen Bestehen oder Nichtbestehen, um unerlaubte Handlungen im Zusammenhang mit dem Arbeitsverhältnis oder um Arbeitspapiere geht
3. Rechtsstreitigkeiten zwischen Arbeitnehmern aus gemeinsamer Arbeit (Urteilsverfahren).

Ihre Zuständigkeit erstreckt sich darüber hinaus auch auf Angelegenheiten aus dem Betriebsverfassungsgesetz oder dem Mitbestimmungsgesetz und auf die Klärung der Tariffähigkeit und Tarifzuständigkeit einer Vereinigung (Beschlussverfahren).

Die Arbeitsgerichtsbarkeit ist dreifach aufgebaut:

– Arbeitsgerichte
– Landesarbeitsgerichte als Berufungsinstanz
– Bundesarbeitsgericht als Revisionsinstanz.

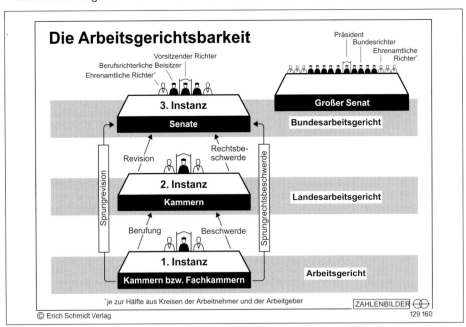

Die Arbeitsgerichtsbarkeit

© Erich Schmidt Verlag

ZAHLENBILDER
129 160

3.2.6.2 Verfahren

Die Verfahrensvorschriften für einen Prozess vor dem Arbeitsgericht sind so ausgestaltet, dass der Arbeitnehmer nicht aus Kostengründen abgehalten wird, Rechtsschutz vor dem Arbeitsgericht zu suchen. Arbeitgeber und Arbeitnehmer können vor dem Arbeitsgericht den Prozess selbst führen: in der ersten Instanz besteht kein Vertretungszwang. Vor den Landesarbeitsgerichten und vor dem Bundesarbeitsgericht müssen sich Arbeitgeber und Arbeitnehmer vertreten lassen (Vertretungszwang, § 11 Absatz 2).

3.2.6.2.1 Urteilsverfahren (§§ 46 bis 79 ArbGG)

In der ersten Instanz hat jede Partei nur ihre eigenen Kosten zu tragen, der gewinnenden Partei steht kein Kostenersatz gegenüber der verlierenden Partei zu. § 54 schreibt zwingend zunächst eine **Güteverhandlung** vor dem Einzelrichter vor, um ggf. einen einvernehmlichen Vergleich zu erreichen. Beim Beschlussverfahren (siehe Abschnitt 3.2.6.2.2) gibt es keinen Gütetermin.

Der Kläger muss eine Klageschrift erhalten, die gemäß § 253 Absatz 2 Zivilprozeßordnung (ZPO) enthalten muss:

– die Bezeichnung der Parteien und des Gerichts
– die bestimmte Angabe des Gegenstandes und des Grundes des erhobenen Anspruchs sowie einen bestimmten Antrag
– die Unterschrift des Klägers.

Zur Vorbereitung des Gütetermins fertigt der Beklagte eine Klageerwiderung an, bei deren Eingang das Arbeitsgericht einen Termin zur Güteverhandlung ansetzt. Auch bei der ggf. folgenden **streitigen Verhandlung** soll gemäß § 57 Absatz 2 eine gütliche Erledigung des Rechtskonflikts angestrebt werden.

Gegen das Urteil des Arbeitsgerichts kann die unterlegene Stelle Berufung beim Landesarbeitsgericht einlegen, wenn der Streitwert 800 DM übersteigt oder das Arbeitsgericht die **Berufung** wegen der grundsätzlichen Bedeutung des Falles zugelassen hat (§ 64). Die Berufungsfrist und die Frist für die Berufungsbegründung betragen je einen Monat; innerhalb eines Monats nach Zustellung der Berufungsbegründung muss der Berufungsbeklagte die Berufung beantworten (§ 66). Ziel des Landesarbeitsgerichtsverfahrens ist eine Neuverhandlung über **Tatfragen**.

Gegen das Urteil des Landesarbeitsgerichts kann gemäß § 72 nur dann Revision beim Bundesarbeitsgericht eingelegt werden, wenn dies vom Landesarbeitsgericht ausdrücklich zugelassen worden ist. § 72a führt die Gründe für eine Nichtzulassungsbeschwerde an. Revisionsfrist und Revisionsbegründungsfrist betragen je einen Monat, letztere kann auf Antrag um einen Monat verlängert werden. Ziel des Bundesarbeitsgerichtsverfahrens ist eine Neuverhandlung über Rechtsfragen. § 76 legt die Möglichkeiten einer **Sprungrevision** fest, d.h. die Anrufung des Bundesarbeitsgerichts gegen ein Arbeitsgerichtsurteil unter Umgehung der Berufungsinstanz. Voraussetzung ist, dass es sich um eine Frage von grundsätzlicher Bedeutung handelt, die bisher vom BAG noch nicht entschieden wurde (Musterprozess). Die Frage der Schadenersatzpflicht des Arbeitnehmers bei gefahrengeneigter Arbeit oder die Frage der Zulässigkeit von Aussperrungen sind auf diese Weise anläßlich von Einzelklagen, die von Arbeitgebern oder Arbeitnehmern erhoben wurden, entschieden worden. Die vom Bundesarbeitsgericht formulierten Entscheidungskriterien und Maßstäbe werden nach einem derartigen Musterprozess oder Grundsatzurteil Maßstab und Grundlage für die Rechtsprechung der Arbeitsgerichte und finden damit Eingang in das Arbeitsrecht.

3.2.6.2.2   Beschlussverfahren (§§ 80 bis 98 ArbGG)

Dieses Verfahren endet nach vorangegangener mündlicher Verhandlung nicht mit einem Urteil, sondern mit einem Beschluss. Das Verfahren wird auf Antrag eingeleitet (§ 81). Das Gericht erforscht den Sachverhalt im Rahmen der gestellten Anträge von Amts wegen (§ 83) und fasst einen Beschluss (§ 84). Beschwerde gegen den Arbeitsgerichtsbeschluss ist beim Landesarbeitsgericht möglich (§§ 87 bis 91), gegen den Beschluss des Landesarbeitsgerichts kann das Rechtsbeschwerdeverfahren beim Bundesarbeitsgericht eingeleitet werden (§ 92ff).

Fragen zur Kontrolle

Zu Abschnitt 3.2.1 und 3.2.2

51. Wie ist der Aufsichtsrat nach dem Betriebsverfassungsgesetz von 1952 zusammengesetzt?

52. In welchen wichtigen Punkten unterscheiden sich die Regelungen des Mitbestimmungsgesetzes von 1976 von den Regelungen des Montan-Mitbestimmungsgesetzes?

53. In welchen Gesetzen ist die Mitwirkung und Mitbestimmung der Arbeitnehmer in Betrieben und Unternehmungen geregelt?

54. Welche Organe der Betriebsverfassung gibt es?

55. Wer ist bei Betriebsratswahlen aktiv, wer passiv wahlberechtigt?

56. Welche Stufen der Beteiligung des Betriebsrats an betrieblichen Entscheidungen werden unterschieden?

57. Welche individuellen Rechte kann der Arbeitnehmer nach dem Betriebsverfassungsgesetz auf der Ebene des Arbeitsplatzes geltend machen?

58. Welche Aufgaben hat der Wirtschaftsausschuss?

59. Welche Aufgaben hat eine Einigungssstelle und wie setzt sie sich zusammen?

60. Was ist ein Sozialplan?

Zu Abschnitt 3.2.3 und 3.2.4

61. Was sind Tarifverträge?

62. Was sind Betriebsvereinbarungen?

63. Wodurch unterscheiden sich individuelles und kollektives Arbeitsrecht?

64. Welche Pflichten hat der Arbeitgeber aus dem Arbeitsvertrag?

65. Welche Pflichten hat der Arbeitnehmer aus dem Arbeitsvertrag?

66. Wodurch kann ein Arbeitsverhältnis beendet werden?

67. In welchen Fällen liegt eine sozial ungerechtfertigte Kündigung vor?

68. Welche Möglichkeiten der Mitwirkung hat der Betriebsrat bei Kündigungen?

69. Für welche Arbeitnehmergruppen gelten besondere kündigungsrechtliche Schutzvorschriften?

70. Wodurch ist ein Leiharbeitsverhältnis gekennzeichnet?

Zu Abschnitt 3.2.5 und 3.2.6

71. Welche sind die Rechtsgrundlagen für den Gesundheits- und Unfallschutz?

72. Welche Personengruppen haben einen besonderen Arbeitszeitschutz?

73. Welchen besonderen Arbeitsschutz haben werdende und stillende Mütter?

74. Welchen besonderen Arbeitsschutz haben Jugendliche?

75. Für welche Fälle ist das Arbeitsgericht zuständig?

3.3 Sozialrecht

Die soziale Sicherung wird ausführlich in Kapitel 4 »Personalarbeit und Personalpolitik« Abschnitt 2 »Betriebliches Sozialwesen« und Abschnitt 3 »Personalaufwendungen und -entgelte« dargestellt. An dieser Stelle werden die Aufgaben des Sozialrechts und die Codifizierung im Sozialgesetzbuch dargestellt, Sozialversicherung und Sozialhilfe in ihrer rechtlichen Regelung im Überblick veranschaulicht sowie – ausführlicher – Aufbau und Verfahren der Sozialgerichtsbarkeit dargestellt.

3.3.1 Begriff und Aufgaben, Sozialgesetzbuch

Die grundgesetzlich garantierte Würde des Menschen gebietet auch sozialen Ausgleich, denn die Grundwerte des sozialen Rechtsstaates sind neben dem Schutz des Lebens, der Freiheit und des Eigentums genauso die Sicherung des Einzelnen, damit er menschenwürdig leben kann. Im Sozialrecht hat jeder einen Rechtsanspruch auf Versorgung, wenn er dazu aus eigener Kraft nicht in der Lage ist. Artikel 20 Absatz 1 GG: »Die Bundesrepublik Deutschland ist ein demokratischer und sozialer Bundesstaat«. Artikel 28 GG überträgt diese Sozialstaatlichkeit auch auf die Länder und die Kommunen.

Das Sozialrecht, das überwiegend zum öffentlichen Recht gehört, schafft die Rechtsnormen, die Sozialstaatlichkeit zu verwirklichen. Das Sozialrecht hat die Aufgaben

- ein menschenwürdiges Dasein zu sichern,
- gleiche Voraussetzungen für die freie Entfaltung der Persönlichkeit, insbesondere auch für junge Menschen, zu schaffen,
- die Familie zu schützen und zu fördern,
- den Erwerb des Lebensunterhaltes durch eine frei gewählte Tätigkeit zu ermöglichen und
- besondere Belastungen des Lebens – auch durch Hilfe zur Selbsthilfe – abzuwenden oder auszugleichen.

Um das Sozialrecht überschaubarer zu machen und seine Handhabung durch die Verwaltung zu erleichtern, beschloss die Bundesregierung 1970, alle geltenden sozialrechtlichen Normen in ein **Sozialgesetzbuch** (SGB) systematisch zusammenzufassen. Zum Gegenstandsbereich des SGB gehören alle auf Dauer angelegten und in die Gesetzgebungskompetenz des Bundes fallenden öffentlichen Sozialleistungen. Die dazu vorliegenden Rechtsnormen sollen Schritt um Schritt in die Codifikation einbezogen werden.

Als 1. Teil des umfassenden Gesetzeswerkes trat Buch I – der Allgemeine Teil des SGB – am 01. Januar 1976 in Kraft. Dieser Teil informiert die Bürger über ihre sozialen Rechte und Pflichten, bestimmt die sachliche Reichweite des SGB und fasst diejenigen Vorschriften, die für alle Sozialleistungsbereiche gelten können, zusammen. Ihm folgen weitere Bücher, in denen die einzelnen Sozialleistungsbereiche behandelt werden: Buch II Ausbildungsförderung, III Arbeitsförderung, IV Sozialversicherung – gemeinsame Vorschriften, V Krankenversicherung, VI Rentenversicherung, VII Unfallversicherung, VIII Jugendhilfe, IX Sozialhilfe, XI Pflegeversicherung. Buch X befasst sich mit dem Verfahrensrecht der Sozialverwaltungen, dem Schutz der Sozialdaten und der Zusammenarbeit zwischen den verschiedenen Leistungsträgern. Innerhalb der Bücher wird ein einheitlicher Aufbau angestrebt: Auf die gemeinsamen Vorschriften folgen jeweils Bestimmungen über den berechtigten Personenkreis, die Leistungen, die Finanzierung, die Organisation und das Verfahren.

3.3.2   System der sozialen Sicherung

Die soziale Sicherung in der Bundesrepublik Deutschland unterscheidet sozialrechtliche Leistungen der Versicherung, der Versorgung und der Sozialhilfe. Die Vielfalt des Systems der sozialen Sicherung, das in Folge der ständigen Weiterentwicklung schwer überschaubar geworden ist, wird am ehesten im **Sozialbudget** deutlich (siehe Abschnitt 3.3.2.2).

Die **Versicherungen** sichern die großen Lebensrisiken Krankheit, Pflegebedürftigkeit, Arbeitslosigkeit, Arbeitsunfall, Invalidität, Alter und Tod ab. Die **Versorgung** stellt eine Entschädigung für die der Allgemeinheit gebrachten Opfer dar und wird aus Steuermitteln finanziert. Bei der **Sozialhilfe** handelt es sich um eine aus Steuern finanzierte nachrangige Grundsicherung des Lebensunterhalts.

3.3.2.1   Versicherungs-, Versorgungs- und Sozialhilfeprinzip

Das **Versicherungsprinzip** verwirklicht den Grundsatz der sozialen Vorsorge. Das Sozialrecht geht davon aus, dass grundsätzlich jeder Erwachsene die Möglichkeit hat, den Lebensunterhalt für sich und seine Familie durch Erwerbstätigkeit zu verdienen und zur Absicherung gegen die vorhersehbaren Wechselfälle des Lebens einen Beitrag zu leisten. Die Versicherten werden in der Sozialversicherung zu einer Zwangsgemeinschaft zusammengeschlossen. Die Beiträge sind nach sozialen Gesichtspunkten gestaltet; dies ermöglicht einen solidarischen Ausgleich mit all denen, die aus ihrem Einkommen einen nach privatwirtschaftlichen Grundsätzen festgesetzten Beitrag zur Absicherung gegen diese Risiken nicht tragen können (siehe Abschnitt 3.3.3).

Leistungen nach dem **Versorgungsprinzip** werden ohne eigene Beiträge aus allgemeinen Steuermitteln finanziert. Auf diese Leistungen besteht ein Rechtsanspruch, die Bedürftigkeit wird nicht geprüft. Für solche Leistungen gibt es vor allem zwei Gründe:

– Es sollen Schäden ausgeglichen werden, für die eine besondere kollektive Verantwortung der Allgemeinheit gegeben ist: Kriegsopferversorgung, Leistungen für Schäden, die im Zusammenhang mit dem Zivildienst entstanden sind, Leistungen an Opfer von Gewalttaten.

– Die soziale Förderung erfolgt zur Erreichung von Chancengerechtigkeit: Kindergeld, Ausbildungsförderung.

Das **Sozialhilfeprinzip** tritt dann ein, wenn eine Notlage entsteht, die von der Sozialversicherung nicht abgedeckt wird, für eine Sozialentschädigung nach dem Versorgungsprinzip kein besonderer Grund vorliegt und auch private Unterstützungsmöglichkeiten (z. B. innerhalb der Familie) nicht bestehen. Sozialhilfe wird immer nachgeordnet gewährt, wenn keine anderen Unterstützungsmöglichkeiten gegeben sind (siehe Abschnitt 3.3.4).

3.3.2.2   Soziales Netz

Der unter Federführung des Bundesministeriums für Arbeit und Sozialordnung jährlich erstellte **Sozialbericht** informiert über die Sachgebiete Arbeitsmarktpolitik, soziale Sicherung, Arbeitsbeziehungen und -bedingungen, Vermögensbildung und internationale sozialpolitische Zusammenarbeit. Darüber hinaus werden die Familien-, Senioren-, Frauen- und Jugendpolitik, die Sozialhilfe, die Wohnungsbau- und Städtebaupolitik sowie soziale Aspekte aus den Bereichen Bildungspolitik und Steuerpolitik behandelt.

3.3.2.2.1   Überblick

Zum sozialen Netz gehören direkte Sozialleistungen und indirekte Sozialleistungen.

Zu den **direkten Sozialleistungen** gehören in der Reihenfolge ihrer Größenordnung die Rentenversicherung, die Krankenversicherung, die Arbeitsförderung, Sozialhilfe, Beamtenpensionen, Lohn- und Gehaltsfortzahlung, Jugendhilfe, betriebliche Altersversorgung, Kindergeld, Unfallversicherung, soziale Entschädigungen, Zusatzversorgung im öffentlichen Dienst, Familienzuschläge für Beamte, Beihilfen für Beamte, Vermögensbildung, Erziehungsgeld, Wohngeld, Altershilfe für Landwirte, sonstige Arbeitgeberleistungen, öffentlicher Gesundheitsdienst, Versorgungswerke, Ausbildungsförderung, Wiedergutmachung und Lastenausgleich und sonstige Entschädigungen.

Zu den **indirekten Sozialleistungen** zählen in der Regel steuerliche Maßnahmen.

3.3.2.2.2   Sozialbudget

Im Sozialbudget – dem finanziellen Teil des Sozialberichts – wird die Gesamtheit aller sozialen Leistungen, ihrer Aufteilung auf die verschiedenen Bereiche und deren Finanzierung übersichtlich dargestellt.

Eine wichtige Kennziffer zur Beurteilung der sozialpolitischen Aktivität des Staates ist die **Sozialleistungsquote**. Sie zeigt den prozentualen Anteil der Sozialleistungen am Sozialprodukt an. Die Ausgaben für Sozialleistungen pro Kopf der Bevölkerung werden als Sozialleistungsziffer bezeichnet.

1997 betrugen die Sozialausgaben 1256,1 Mrd. DM. Das ergibt eine Sozialleistungsziffer von 15 300 DM und eine Sozialleistungsquote von 34,4 %. Von dieser Summe entfielen auf die Sektoren

– Alter, Hinterbliebene	481,9 Mrd. DM =	38,4 %
– Gesundheit	425,5 Mrd. DM =	33,9 %
– Ehe und Familie	148,4 Mrd. DM =	11,8 %
– Beschäftigung	141,3 Mrd. DM =	11,2 %
– Vermögensbildung	19,7 Mrd. DM =	1,6 %
– Wohnen	18,4 Mrd. DM =	1,5 %
– Folgen politischer Ereignisse	11,3 Mrd. DM =	0,9 %
– Allgemeine Lebenshilfen	9,6 Mrd. DM =	0,7 %

1999 wurden die Sozialausgaben mit 1 306,6 Mrd. DM ermittelt, rund 33,7 % des Bruttoinlandsprodukts.

Sozialbudget

	1980	1985	1990	1995	1997	1998
	in Mrd. DM					
Sozialausgaben insgesamt	479,8	578,8	742,9	1 179,3	1 256,1	1272,1
Rentenversicherung	142,6	175,2	227,7	361,1	384,7	398,3
Krankenversicherung	90,1	114,4	151,4	240,0	244,5	245,9
Unfallversicherung	10,0	11,6	13,2	20,0	20,5	21,0
Arbeitsförderung und Arbeitslosenversicherung	23,1	39,4	51,4	129,2	142,6	133,3
Beamtenpensionen	32,9	37,0	43,8	56,0	61,5	63,8
Altershilfe für Landwirte	2,8	3,3	4,4	6,2	6,7	6,8
Entgeltfortzahlung	28,2	27,8	37,5	55,2	47,1	42,9
Kindergeld	17,6	14,5	14,5	21,2	50,1	49,9
Erziehungsgeld	-	-	4,6	7,2	12,3	7,2
Kriegsopferversorgung	13,5	13,5	12,8	14,0	7,0	11,0
Wohngeld	2,0	2,7	3,9	6,2	7,0	7,6
Jugendhilfe	8,9	10,3	14,2	29,2	29,5	30,8
Sozialhilfe	15,0	23,0	33,8	53,3	55,4	50,1
Sozialausgaben je Einwohner in DM	7 798	9 492	-	14 441	15 300	15509
Sozialleistungsquote	32,6	31,7	29,5	34,1	34,7	34,4
	Finanzierung des Sozialbudgets nach Quellen in %					
Unternehmen	31,9	31,8	32,4	29,2	27,8	27,1
Bund	22,4	20,4	18,8	20,2	19,5	20,0
Länder	11,5	10,8	10,2	10,1	10,8	10,8
Gemeinden	7,3	7,7	7,9	8,7	8,6	8,9
Sozialversicherung	0,3	0,3	0,3	0,3	0,3	0,3
Private Organisationen	0,7	0,7	0,7	0,6	1,4	1,4
Private Haushalte	25,9	28,3	29,7	30,9	31,6	31,3

Quelle: Grill, Reip, H. u. St.: Einführung in das Arbeits- und Sozialrecht, Verlag Dr. Max Gehlen

3.3.3   Sozialversicherung

Die Sozialversicherung, beginnend mit der Sozialgesetzgebung Bismarcks, hat sich bis heute so weit fortentwickelt, dass auch in der Bundesrepublik Deutschland im politischen Raum die Frage nach den »Grenzen des Sozialstaates« aufgeworfen werden muss. Hier die wichtigsten Stufen:

1883   Krankenversicherung
1884   Unfallversicherung für Arbeiter
1889   Invaliditäts- und Altersversicherung für Arbeiter
1911   Reichsversicherungsordnung und Angestelltenversicherung
1923   Reichsknappschaftsversicherung
1927   Arbeitslosenversicherung
1938   Handwerkerversicherung
1957   dynamische Rente und Lohnfortzahlung
          im Krankheitsfall und Altershilfe für Landwirte
1969   Arbeitsförderungsgesetz
1970   Lohnfortzahlung für Arbeiter
1972   flexible Altersgrenze
1986   »Baby-Rente«
1992   Rentenreform, Anpassung an die Nettolohnentwicklung
1995   Pflegeversicherung

3.3.3.1   Sozialversicherungszweige im Überblick

Die Sozialversicherung umfasst die Krankenversicherung, die Pflegeversicherung, die Rentenversicherung, die Arbeitslosenversicherung und die Unfallversicherung.

Für alle Zweige dient die Allgemeine Ortskrankenkasse oder die Ersatzkasse als Auskunftsstelle für den gesamten Bereich der »sozialen Angelegenheiten« (§ 15 Absatz 1 SGB I). Die Arbeitgeber haben Beginn und Ende jeder versicherungspflichtigen Tätigkeit bei der Krankenkasse zu melden (§ 28a Absatz 1 SGB IV).

Durch Schwarzarbeit und illegale Beschäftigung, durch den mißbräuchlichen Bezug von Sozialleistungen und die Mißachtung der Verdienstgrenzen, ab denen auch ein »Job« sozialversicherungspflichtig ist (1999 = 630 DM), gehen den Sozialkassen in der Bundesrepublik Deutschland jährlich Milliardenbeträge verloren.

Um solche Mißbräuche zu erschweren und bessere Kontrollmöglichkeiten zu schaffen, erhalten seit Juli 1991 alle Beschäftigten einen **Sozialversicherungsausweis**, der von dem Träger der Rentenversicherungen ausgestellt wird.

Träger der **Krankenversicherung** ist die AOK oder eine Ersatzkasse. Das Recht der gesetzlichen Krankenversicherung ist im Sozialgesetzbuch V festgeschrieben.

Arbeitnehmer sind bis zu einer bestimmten Einkommensgrenze (75% der Beitragsbemessungsgrenze in der Renten- und Arbeitslosenversicherung) versicherungspflichtig. Die Beiträge werden je zur Hälfte vom Arbeitgeber und vom Arbeitnehmer gezahlt (außer bei sogenannten Geringverdienern: hier zahlt der Arbeitgeber beide Teile). Arbeitnehmer, deren Verdienst über dieser Grenze liegt, können sich freiwillig versichern. Sie haben die gleichen Leistungsansprüche wie Pflichtversicherte.

Der Sozialversicherungsausweis

Versicherungsnummer
65010166L519

Name, Vorname
Mustermann, Elfriede

Geburtsname
Lehmann

Versicherungsnummer
65010166L519

ausgestellt von der
Bundesversicherungsanstalt für Angestellte

ausgestellt am
01.07.91

● **Vorlagepflicht**

Bei Beginn der Beschäftigung muss der Ausweis dem Arbeitgeber vorgelegt werden.

Beschäftigte bestimmter Wirtschaftsbereiche (u.a. Bau, Gebäudereinigung, Schaustellergewerbe) müssen den Ausweis – mit Foto! – während der Arbeit mitführen und bei Kontrollen vorlegen.

● **Meldepflicht**

Der Arbeitgeber hat die Pflicht, die Beschäftigten zur Sozialversicherung anzumelden.

Zusätzlich:

Kontrollmeldung, wenn der Sozialversicherungsausweis nicht vorgelegt wurde.

Meldung aller geringfügig Beschäftigten.

● **Hinterlegung**

Während des Bezugs von Arbeitslosengeld, Sozialhilfe, Krankengeld, Lohnfortzahlung usw. soll bzw. kann die Hinterlegung des Sozialversicherungsausweises beim Arbeitsamt, beim Sozialamt, bei der Krankenkasse oder beim Arbeitgeber verlangt werden.

ZAHLENBILDER ⊕

© Erich Schmidt Verlag   141 720

Die wichtigsten Leistungen der Krankenversicherung einschl. Selbstbeteiligung:

- ärztliche Behandlung
- Arznei- und Verbandmittel
- Früherkennung von Krankheiten, Gesundheitsförderung und Krankheitsverhütung
- Heilmittel (z. B. Massagen) und
- Hilfsmittel (z. B. Hörgeräte)
- Krankenhausbehandlung
- Schwangerschafts- und Mutterschaftsleistungen einschließlich Mutterschaftsgeld
- zahnärztliche Behandlung, Zahnersatz
- Krankengeld.

Träger der **Pflegeversicherung** sind die Pflegekassen bei den Krankenkassen. Gesetzliche Grundlage ist Sozialgesetzbuch XI. Einbezogen sind alle Pflichtversicherten und freiwillig Versicherten in der gesetzlichen Krankenversicherung.

Die Leistungen richten sich danach, ob häusliche oder stationäre Pflege erforderlich ist. Die Pflegeversicherung soll mit ihren Leistungen vorrangig die häusliche Pflege und die Pflegebereitschaft der Angehörigen unterstützen. Die Pflegebedürftigen, die in einem Privathaushalt gepflegt werden, erhalten Grundpflege und hauswirtschaftliche Versorgung als Sachleistung. Die häusliche Pflege wird von Pflegekräften erbracht, die von der Pflegekasse selbst angestellt sind. Bei stationärer Pflege übernimmt die Pflegeversicherung die pflegebedingten Aufwendungen bis zu einem monatlichen Höchstbetrag. Die pflegebedürftigen Personen werden den Pflegestufen I, II oder III zugewiesen.

Träger der **Rentenversicherung** sind die Bundesversicherungsanstalt für Angestellte, 16 Landesversicherungsanstalten (für Arbeiter) und Sonderkassen, z. B. für Schiffahrt, Landwirtschaft und Bergbau. Gesetzliche Grundlage ist das Sozialgesetzbuch VI.

Alle Arbeitnehmer sind versicherungspflichtig, unabhängig vom Verdienst. Selbstständige (Ärzte, Rechtsanwälte, Kaufleute) und Hausfrauen können sich freiwillig versichern.

Die wichtigsten Leistungen der Rentenversicherung:

- medizinische und berufliche Rehabilitation
- Rentenzahlung (Altersrente, Berufs- oder Erwerbsunfähigkeitsrente, Hinterbliebenenrente).

Der monatliche Rentenempfangsbetrag kann mit der Formel

   PEP x RAF x AR

berechnet werden:

PEP =   Persönliche Entgeltpunkte: Versichertes Arbeitsentgelt (bis zur Beitragsbemessungsgrenze) für jedes Kalenderjahr, dividiert durch das Durchschnittsentgelt aller Versicherten des Jahres, aufsummiert für alle Versicherungsjahre und multipliziert mit einem Zugangsfaktor, wenn der Rentenbezug vor oder nach dem 65. Lebensjahr eintritt

RAF =   Rentenartfaktor

AR =   Aktueller Rentenwert = monatliche Altersrente eines Durchschnittsverdieners in diesem Jahr (Dynamisierungsfaktor)

Das Statistische Bundesamt hat errechnet, dass 1998 rund 37,9 Millionen Erwerbstätigen insgesamt 44,1 Millionen Nichterwerbspersonen (noch nicht oder nicht mehr erwerbstätig) gegenüberstehen. Anders ausgedrückt: Rund 47% der Bevölkerung sorgen für rund 53%.

Träger der **Arbeitslosenversicherung** ist die Bundesanstalt für Arbeit, gesetzliche Grundlage Sozialgesetzbuch I und III.

Die Arbeitslosenversicherung ist Teil der **Arbeitsförderung** (SGB III). Diese umfasst eine Vielzahl von Maßnahmen, die den Beruf und den Arbeitsplatz betreffen, z. B. die Berufsberatung, die Förderung der beruflichen Bildung, die Arbeitsvermittlung, die Zahlung von Kurzarbeiter-, Schlechtwetter- und Arbeitslosengeld.

Alle Arbeitnehmer sind versicherungspflichtig, Selbstständige können nicht freiwillig der Arbeitslosenversicherung beitreten.

Voraussetzungen für den Bezug von **Arbeitslosengeld** sind der Eintritt von Arbeitslosigkeit, die Meldung beim Arbeitsamt und die Erfüllung der Anwartschaftzeit (§ 117). Den Tatbestand der Arbeitslosigkeit erfüllt eine vorübergehende Beschäftigungslosigkeit und die Beschäftigungssuche durch den Arbeitslosen selbst (§ 118 Abs. 1). Vom Arbeitnehmer wird verlangt, dass er alle Möglichkeiten nutzt, um seine Beschäftigungslosigkeit zu beenden und für Vermittlungsbemühungen des Arbeitsamtes zur Verfügung zu stehen (§ 119 Abs. 1). Zur Verfügbarkeit gehört die Bereitschaft, eine zumutbare Beschäftigung aufzunehmen.

Arbeitslosenhilfe wird in zwei Fällen gewährt:

– nach Ablauf des Anspruchs auf Arbeitslosengeld (§ 191 Abs. 1)

– ohne vorherigen Arbeitslosengeldbezug für Arbeitslose, die in einem öffentlich-rechtlichen Dienstverhältnis beschäftigt waren oder im Anschluss an Zeiten des Wehr- oder Zivildienstes (§ 191 Abs. 2).

Sie beträgt im Normalfall 53%, beim Unterhalt für mindestens ein Kind 57% des Nettoentgelts (§ 195). Arbeitslosenhilfe ist - im Gegensatz zum Arbeitslosengeld - von der Bedürftigkeit des Arbeitslosen abhängig (§ 193): Eigenes Vermögen und Einkommen bzw. des Partners werden angerechnet (§ 194). So gesehen ähnelt Arbeitslosenhilfe der Sozialhilfe.

Mit dem **Insolvenzgeld** (früher Konkursausfallgeld) übernimmt das Arbeitsamt das Entgelt für die letzten drei Monate vor Eröffnung des Insolvenzverfahren (§§ 183-189 SGB III).

Das **Kurzarbeitergeld** ist in den §§ 169 ff. SGB III geregelt. Arbeitnehmer in der Bauwirtschaft haben Anspruch auf Wintergeld und auf Winterausfallgeld (§§ 209-216 SGB III).

Der Bundesanstalt für Arbeit obliegt gem. § 19 SGB I außerdem die Berufs- und Arbeitsmarktberatung, die Ausbildungs- und Arbeitsvermittlung u.a. im Rahmen der Arbeitsförderung.

Träger der **Unfallversicherung** sind die Berufsgenossenschaften, gesetzliche Grundlage Drittes Buch der Reichsversicherungsordnung (RVO), seit 1. Januar 1997 das Sozialgesetzbuch VII.

Alle Arbeitnehmer sind pflichtversichert. Zu unterscheiden sind drei verschiedene Versicherungsfälle:

– Arbeitsunfall

– Wegeunfall

– Berufskrankheit.

Die wichtigsten Leistungen: Unfallverhütung, Heilbehandlung, Verletztengeld und -rente, Sterbegeld, Hinterbliebenenrente und – seit 1997 – die Abwehr arbeitsbedingter Gesundheitsverfahren.

3.3.3.2   Selbstverwaltung in der Sozialversicherung

Die Träger der Sozialversicherung sind Körperschaften des Öffentlichen Rechts, die in eigener Verantwortung tätig werden. Sinn dieser Selbstverwaltung ist es, die Versicherten und die Arbeitgeber durch ehrenamtliche Vertreter an den Entscheidungen »ihres« Versicherungsträgers zu beteiligen, ihnen die Möglichkeit zur Kontrolle zu geben und ihre Erfahrungen in die Verwaltungen einfließen zu lassen.

Wie im SGB festgelegt, werden in der Renten- und Unfallversicherung bei jedem Versicherungsträger eine Vertreterversammlung und ein Vorstand als Selbstverwaltungsorgane gebildet. Die **Vertreterversammlung** – das Parlament der sozialen Versicherung – beschließt über die Satzung und sonstige autonome Rechtsvorschriften des Versicherungsträgers. Sie wählt den Vorstand und den hauptamtlichen Geschäftsführer, entscheidet abschließend über den Haushalt und kontrolliert die Ausgaben. Der **Vorstand** als oberstes Verwaltungsorgan leitet den Versicherungsträger und vertritt ihn nach außen. Der Geschäftsführer gehört ihm mit beratender Stimme an.

Abweichend davon ist seit 1996 die Selbstverwaltung bei den Orts-, Betriebs- und Innungskrankenkassen sowie bei den Ersatzkassen geregelt. Die durch das Gesundheitsstrukturgesetz verordnete Organisationsreform in der gesetzlichen Krankenversicherung, die auf mehr Wettbewerb zwischen den Krankenkassen abzielt, machte auch eine Straffung auf der Verwaltungsebene notwendig. So hat ein **Verwaltungsrat** die frühere Vertreterversammlung abgelöst, und ein **hauptamtlicher Vorstand** nimmt die Aufgaben wahr, die vorher auf Vorstand und Geschäftsführer verteilt waren.

Die Organe der Selbstverwaltung setzen sich im Allgemeinen je zur Hälfte aus Vertretern der Versicherten und der Arbeitgeber zusammen. Besondere Regelungen gelten unter anderem für die Ersatzkassen, deren Selbstverwaltung allein von den Versicherten wahrgenommen wird. Alle sechs Jahre werden die Selbstverwaltungsorgane neu gewählt. Vorschlagslisten zu diesen **Sozialwahlen** können u.a. von Gewerkschaften, Arbeitgeberorganisationen oder als freie Listen von Versicherten oder Arbeitgebern eingereicht werden.

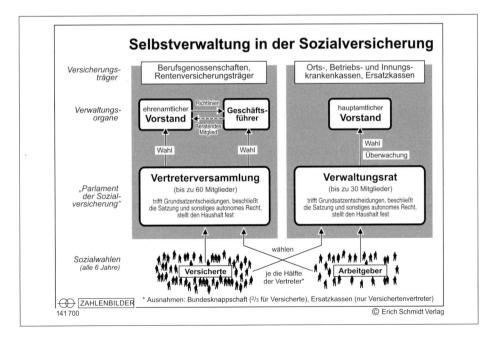

3.3.4   Sozialhilfe

Nach dem Bundessozialhilfegesetz (BSHG) hat jeder, der sich nicht selbst helfen kann und die erforderliche Hilfe auch nicht von anderen erhält, Anspruch auf Sozialhilfe. Wer in eine Notlage geraten ist, muß zuerst sein Einkommen, sein Vermögen und seine Arbeitskraft einsetzen, um die Notlage abzuwenden. Dabei werden tatsächliche Leistungen Dritter angerechnet, auch wenn diese aus freien Stücken erbracht werden. Damit wird der Grundsatz der Nachrangigkeit der Sozialhilfe (**Subsidiaritätsprinzip**) deutlich.

Träger der Sozialhilfe sind die kreisfreien Städte und die Landkreise (Sozialamt). Überörtliche Träger werden von den Ländern bestimmt (z. B. Landeswohlfahrtsverbände).

Die Sozialhilfe umfasst

– Hilfe zum Lebensunterhalt (§§ 11-26)

– Hilfe in besonderen Lebenslagen (§§ 27 - 75).

Das sogenannte Lohnabstandsgebot (§ 22 Abs. 3 Satz 4) soll bewirken, dass von der Zahlung von Sozialhilfe kein Anreiz ausgeht, keine Arbeit aufzunehmen. Hilfesuchende sind verpflichtet, ihre Arbeitskraft zur Beschaffung des Lebensunterhaltes für sich und Unterhaltsberechtigte einzusetzen (§ 18 Abs. 1). Die Verpflichtung zur Annahme zumutbarer Arbeit entsprechen die »Gemeinschaftsarbeiten«, die der Sozialhilfeträger veranlassen kann (§ 19). Einkommen und Vermögen werden auf die Sozialhilfe angerechnet (§§ 76 - 89). Ausdruck des Nachrangprinzips bei der Sozialhilfe ist der Verweis auf unterhaltspflichtige Angehörige (Ehepartner, Eltern/Kinder).

Aus der Sozialhilfestatisitk ist abzulesen, dass Ende 1998 in der Bundesrepublik Deutschland 45,0 Mrd. DM Sozialhilfeleistungen aus öffentlichen Kassen gewährt wurden (fast 4% aller Ausgaben für die soziale Sicherung). Die 3,0 Mio. Sozialhilfeempfänger lebten in 1,5 Mio. Haushalten. Von diesen Sozialhilfehaushalten gaben 38,7% Arbeitslosigkeit als wichtigsten Grund für den Bezug von Sozialhilfeleistungen an. Seit 1. August 1996 ist das »Gesetz zur Reform des Sozialhilferechts« in Kraft. Es gestaltet die Sozialhilfeleistungen zielgenauer und unterstützt Sozialhilfeempfänger zusätzlich bei der Vermittlung in den Arbeitsmarkt. Andererseits entlastet es die Länder und Kommunen.

Als weitere gesetzliche Grundlage dient das Sozialgesetzbuch (SGB): erstes, drittes bis sechstes, achtes, zehntes und elftes Buch.

3.3.5   Sozialgerichtsbarkeit

Rechtsgrundlage der Sozialgerichtsbarkeit ist das Sozialgerichtsgesetz (SGG) in der Fassung vom 23. September 1975. Sie entscheidet in öffentlich-rechtlichen Streitigkeiten auf dem Gebiet des Sozialrechts.

3.3.5.1   Aufbau der Sozialgerichtsbarkeit

Wie die Arbeitsgerichtsbarkeit, ist auch die Sozialgerichtsbarkeit dreistufig gegliedert. In erster Instanz entscheiden die **Sozialgerichte**; die örtliche Zuständigkeit richtet sich nach dem Wohnsitz oder Beschäftigungsort des Klägers. Über Berufungen gegen Urteile der Sozialgerichte entscheiden die **Landessozialgerichte**. Das **Bundessozialgericht** ist Revisionsinstanz. In jeder Instanz wirken neben den Berufsrichtern ehrenamtliche Richter aus dem Kreis der Sozialpartner und Betroffenen mit, die dieselben Rechte und Pflichten haben. Rechtsgrundlage ist das Sozialgerichtsgesetz (SGG).

3.3.5.2   Regelungen von Streitfällen

Zuständig sind die Sozialgerichte für Angelegenheiten der Sozialversicherung, des Kassenarztrechts, der Bundesanstalt für Arbeit, der Kriegsopferversorgung und des Kindergeldrechts. Der Bürger erhält Rechtsschutz gegenüber der Verwaltung.

3.3.5.2.1   Vorverfahren

Den Verfahren vor den Sozialgerichten geht ein Vorverfahren voraus: Der Bürger muss schriftlich – ein Monat bei Rechtsmittelbelehrung, sonst ein Jahr – **Widerspruch** gegen einen Verwaltungsbescheid einlegen, über den die Widerspruchsstelle der Behörde durch Widerspruchsbescheid entscheidet. Entscheidet die Behörde in diesem Vorverfahren weiterhin zuungunsten des Widersprechers, kann innerhalb eines Monats nach Zustellung des schriftlichen Widerspruchsbescheides **Klage** erhoben werden.

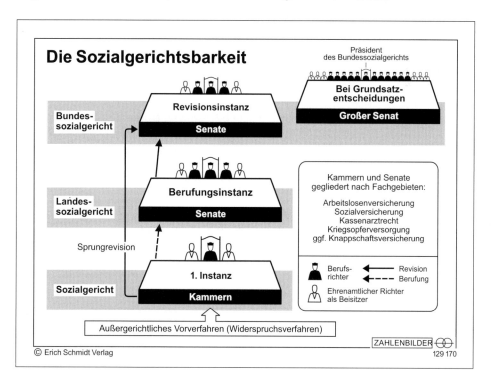

Die Sozialgerichtsbarkeit

Präsident
des Bundessozialgerichts

Revisionsinstanz

Bundessozialgericht

Senate

Bei Grundsatzentscheidungen

Großer Senat

Berufungsinstanz

Landessozialgericht

Senate

Kammern und Senate gegliedert nach Fachgebieten:

Arbeitslosenversicherung
Sozialversicherung
Kassenarztrecht
Kriegsopferversorgung
ggf. Knappschaftsversicherung

Sprungrevision

1. Instanz

Sozialgericht

Kammern

Berufsrichter ◄──── Revision
◄---- Berufung

Ehrenamtlicher Richter als Beisitzer

Außergerichtliches Vorverfahren (Widerspruchsverfahren)

ZAHLENBILDER

© Erich Schmidt Verlag

129 170

3.3.5.2.2 Verfahren

In Sozialgerichtsverfahren gilt im Gegensatz zum Zivilprozess (z. B. Arbeitsgerichtsverfahren) der Amtsermittlungsgrundsatz (§ 103 SGG): Das Gericht hat von Amts wegen den Sachverhalt zu ermitteln ohne Bindung an das Vorbringen und evtl. Beweisanträge der Parteien. Das Verfahren ist gerichtskostenfrei.

Gegen Urteile der Sozialgerichte ist die Berufung beim Landessozialgericht möglich. In Ausnahmefällen kann unmittelbar Revision beim Bundessozialgericht (Sprungrevision) eingelegt und damit eine höchstrichterliche Grundsatzentscheidung in strittigen Rechtsfragen herbeigeführt werden.

Das Landessozialgericht als zweite Instanz prüft den Streitfall noch einmal in vollem Umfang unter sachlichen und rechtlichen Gesichtspunkten.

Die Senate des Bundessozialgerichts entscheiden über das Rechtsmittel der Revision. Beim Bundessozialgericht wird außerdem ein großer Senat gebildet. Seine Aufgabe liegt in der Fortbildung des Rechts und der Sicherung einer einheitlichen Rechtssprechung.

3.3.6 Betriebliche Altersversorgung

Das Gesetz zur Verbesserung der betrieblichen Altersversorgung (BetrAVG) vom 19. Dezember 1974 ordnet die vertraglich bedingte betriebliche Altersversorgung dem Arbeitsrecht zu. Der erste Teil des Gesetzes (§§ 1 bis 18) enthält arbeitsrechtliche, der zweite Teil (§§ 19 bis 25) steuerrechtliche Vorschriften. Da die »Betriebsrente« auf der gesetzlichen Sozialversicherung aufbaut, ist sie auch mit dem Sozialrecht verknüpft.

Die Versorgungsleistungen umfassen die Alters-, Invaliditäts- und Hinterbliebenenversorgung (§ 1 BetrAVG).

Betriebliche Altersversorgung kann in vier Formen gewährt werden werden: als **Direktzusage** (§ 1 Absatz 1 BetrAVG), als **Direktversicherung** (§ 1 Absatz 2 BetrAVG), über **Pensionskassen** (§ 1 Absatz 3 BetrAVG) und über **betriebliche Unterstützungskassen** (§ 1 Absatz 4 BetrAVG). Die Berechnung der Versorgungshöhe regelt § 2 Absatz 1 bis 4.

Der Anspruch auf betriebliche Altersversorgung muss durch objektiv nachprüfbare Mindestanforderungen erfüllt sein, die in einer Einzelvereinbarung, im Tarifvertrag oder in einer Betriebsvereinbarung festgeschrieben sind. Die Anwartschaft ist gemäß § 1 Absatz 1 BetrAVG unverfallbar, wenn der Arbeitnehmer

- nach dem 21. Dezember 1974 aus dem Betrieb ausscheidet,
- das 35. Lebensjahr vollendet hat und
- die Zusage mindestens 10 Jahre besteht.

Nach dem 01. Mai 1984 ist die Dauer der Betriebszugehörigkeit dann unmaßgeblich, wenn eine Vorruhestandsregelung angewandt und ohne die Wartezeit hätte erfüllt werden können (§ 1 Absatz 1 BetrAVG).

In der Regel ist die Betriebsrente mit Vollendung des 65. Lebensjahres fällig. Wird Altersruhegeld aus der gesetzlichen Rentenversicherung vor Vollendung des 65. Lebensjahres bezogen, besteht bei Erfüllung der Wartezeit auch ein vorzeitiger Anspruch auf Betriebsrente (§ 6). Kürzungen sind nach billigem Ermessen möglich. Berücksichtigung von Hinzuverdienst ist wie in der gesetzlichen Rentenversicherung vorzunehmen. § 5 legt fest, dass Renten aus der gesetzlichen Rentenversicherung nur bei Rentenerhöhungen ange-rechnet werden können, die nicht auf der wirtschaftlichen Entwicklung beruhen (z. B. Rentenumwandlung). Gemäß § 16 muss der Arbeitgeber in Abständen von drei Jahren die laufenden Renten daraufhin überprüfen, ob die steigenden Lebenshaltungskosten einer Anpassung nach billigem Ermessen rechtfertigen.

Im **Insolvenzfall** ist die betriebliche Altersversorgung abgesichert (§§ 14 und 15 BetrAVGL). In Verbindung mit der Rentenreform 1999 ist mit Wirkung von 1. Januar 1999 auch das Recht der betrieblichen Altersversorgung (siehe Anschnitt 4.2.2.2.1) geändert worden. Die wichtigste Änderung betrifft die Begrenzung der Anpassungsverpflichtung des Arbeitge-bers gem. § 16.

Das ifo-Institut für Wirtschaftsforschung in München hat im Sommer 1999 in einer Dreijah-res-Rythmusuntersuchung ermittelt, dass die betriebliche Altersversorgung stagniert und zudem erhebliche Unterschiede zwischen den alten und den neuen Ländern bestehen. In den alten Ländern existiert betriebliche Altersversorgung im verarbeitenden Gewerbe in 68 % aller Unternehmen, im Handel hingegen nur in 32 % – in den neuen Ländern 45 % im verarbeitenden Gewerbe und 43 % im Handel. Noch aussagefähiger ist in beiden Teilen Deutschlands die Aufteilung nach Arbeitnehmergruppen in Prozenten:

	Alte Länder		Neue Länder	
	verarbeit. Gewerbe	Handel	verarbeit. Gewerbe	Handel
Leitende Angestellte	95	76	35	35
Sonstige Angestellte	87	59	20	19
Arbeiter/innen	79	20	13	13

Fragen zur Kontrolle

Zu Abschnitt 3.3.1 bis 3.3.6

76. Mit welchen Prinzipien wird der Verfassungsauftrag der Sozialstaatlichkeit in der Bundesrepublik Deutschland verwirklicht?

77. Worüber gibt das Sozialbudget Auskunft?

78. Was versteht man unter Sozialleistungsquote, was unter Sozialleistungsziffer?

79. Welche Zweige umfasst die Sozialversicherung und wer sind die Träger?

80. Auf welche Weise wird die Selbstverwaltung in der Sozialversicherung durchgeführt?

81. Wozu dient der Sozialversicherungsausweis?

82. Wer ist versicherungspflichtig bei der gesetzlichen Krankenversicherung, Pflegeversicherung, Rentenversicherung, Arbeitslosenversicherung, Unfallversicherung?

83. Was bedeutet der Grundsatz der Subsidiarität in der Sozialhilfe?

84. Wie werden Streitfälle in der Sozialgerichtsbarkeit entschieden?

85. In welchen Formen kann die betriebliche Altersversorgung erfolgen und wie unterscheiden sie sich?

3.4   Berufsbildungsrecht

An dieser Stelle werden die wichtigsten rechtlichen Grundlagen eines Berufsausbildungsvertrages und die Gesetze zur Förderung der beruflichen Bildung erfasst sowie das Berufsausbildungsverhältnis als besonderes Arbeitsverhältnis dargestellt.

3.4.1   Rechtsquellen

Im dualen System der Berufsausbildung ist das Recht der betrieblichen Berufsausbildung Bundesrecht, das Recht der schulischen Berufsausbildung Landesrecht.

Die rechtliche Ordnung erfolgt durch gesetztes Recht. Quellen des gesetzten Rechtes sind

- Gesetze, z. B. Berufsbildungsgesetz
- Verordnungen, z. B. Ausbildungsordnungen aufgrund § 21 Berufsbildungsgesetz
- statutarisches Recht, z. B. Prüfungsordnungen für die Durchführung von Abschlußprüfungen oder von Fortbildungsprüfungen.

Gesetze werden von der Legislative (Parlament) erlassen: Bundesgesetze bei der ausschließlichen Gesetzgebung (Artikel 73 GG) vom Bundestag, bei der konkurrierenden Gesetzgebung (Artikel 74 GG) vom Bundestag und Bundesrat. Das Berufsbildungsgesetz gehört in den Bereich der konkurrierenden Gesetzgebung.

Landesgesetze werden vom jeweiligen Landtag erlassen.

Verordnungen werden von der Exekutive (Regierung) erlassen, wenn ein Gesetz dazu ausdrücklich ermächtigt. Der Inhalt der Verordnung darf den Wesensgehalt des Gesetzes nicht verändern.

Statutarisches Recht der zuständigen Stelle wird gemäß § 58 Absatz 2 BBiG vom Berufsbildungsausschuss der Kammer beschlossen.

Wichtig im Bereich des Berufsbildungsrechts ist außerdem die Unterscheidung in Privates und Öffentliches Recht.

Im **Privaten Recht** (vereinbartes Recht durch Abschluss eines Vertrages) stehen die Partner einander gleichberechtigt gegenüber. Streitigkeiten aus der Erfüllung des Berufsausbildungsvertrages werden letztlich vor den Arbeitsgerichten ausgetragen.

Im **Öffentlichen Recht** gilt das Prinzip der Unterordnung, weil öffentlich-rechtliche Bestimmungen zwingend sind. Hierzu gehören z. B. alle Rechtsbeziehungen der Ausbildungsvertragspartner zur Berufsschule und zur »zuständigen Stelle«. Streitigkeiten werden bei erfolglosem Widerspruch vor den Verwaltungsgerichten ausgetragen.

3.4.2 Berufsbildungsgesetz und Ausbildungsverordnung

Das Berufsbildungsrecht war bis zum Inkrafttreten des Berufsbildungsgesetzes am 1. September 1969 nur unvollkommen geregelt. Es war auf eine Vielzahl von Gesetzen und sonstigen rechtlichen Vorschriften verteilt. Mit dem Inkrafttreten des Berufsbildungsgesetzes ist eine bedeutsame Rechtsvereinheitlichung und Rechtsvereinfachung eingetreten. Im wesentlichen ist das Berufsbildungsrecht im neuen Berufsbildungsgesetz zusammengefaßt. Daneben gelten die Arbeitnehmerschutzrechte (siehe Abschnitt 3.2.5).

Eine **Ausbildungsverordnung** wird für jeden der ca. 360 staatlich anerkannten Ausbildungsberufe vom Bundesminister für Wirtschaft oder dem sonst zuständigen Fachminister im Einvernehmen mit dem Bundesminister für Bildung und Forschung erlassen. Sie enthält das Berufsbild mit der Regelausbildungsdauer, den Ausbildungsrahmenplan und die Prüfungsanforderungen. Oft wird in der Ausbildungsordnung zusätzlich auch der Rahmenplan der Kultusministerkonferenz für die Berufsausbildung in der Berufsschule abgedruckt.

Das **Berufsbildungsgesetz** vom 14. August 1969, zuletzt geändert durch das Gesetz vom 27. März 1998, umfasst neun Teile:

1. Teil	Allgemeine Vorschriften (§§ 1 und 2)
2. Teil	Berufsausbildungsverhältnis (§§ 3 bis 19)
3. Teil	Ordnung der Berufsbildung (§§ 20 bis 49)
4. Teil	Ausschüsse der Berufsbildung (§§ 54 bis 59, §§ 50 – 53 aufgehoben)
5. Teil	Berufsbildungsforschung (§§ 60 bis 72, aufgehoben und ersetzt durch die §§ 6 ff Berufsbildungsförderungsgesetz (siehe Abschnitt 3.4.4.3)
6. Teil	Besondere Vorschriften für einzelne Wirtschafts- und Berufszweige (§§ 73 bis 97, § 77 aufgehoben)
7. Teil	Bußgeldvorschriften (§ 98 aufgehoben, § 99)
8. und 9. Teil	Änderung und Außerkrafttreten von Vorschriften, Übergangs- und Schlussvorschriften (§§ 100 bis 113).

Das Gesetz gilt für die berufliche Bildung und umfasst damit die Berufsausbildung, die berufliche Fortbildung als Anpassungs- und als Aufstiegsfortbildung sowie die Umschulung. Kernpunkte des Gesetzes sind die Pflichten der Ausbildungsvertragspartner (§§ 6 bis 9) und die Eignungsvoraussetzungen des Ausbildenden, des Ausbilders und der Ausbildungsstätte (§§ 20 bis 24).

Pflichten des Ausbildenden (Vertragspartner der Auszubildenden):

– selbst ausbilden oder einen Ausbilder ausdrücklich beauftragen
– Kenntnisse und Fertigkeiten laut Ausbildungsplan vermitteln
– Ausbildungsmittel für die betriebliche Ausbildung kostenlos zur Verfügung stellen
– zum Besuch der Berufsschule freistellen und anhalten
– zum Führen von Ausbildungsnachweisen während der Ausbildungszeit anhalten
– Ausbildungsnachweise durchsehen und unterschreiben
– Beurteilungsgespräche führen
– keine ausbildungsfremden Tätigkeiten übertragen
– zur Zwischen- und Abschlussprüfung freistellen und anmelden
– zur Teilnahme an Maßnahmen außerhalb der Ausbildungsstätte freistellen

– bei Beendigung des Berufsausbildungsverhältnisses ein betriebliches Zeugnis ausstellen
– in einigen Ländern aufgrund der jeweiligen Schulgesetze zum Besuch der Berufsschule anmelden.

Pflichten des Auszubildenden

– Lernpflicht: aktive Mitwirkung in allen Ausbildungsbereichen
– Sorgfaltspflicht: übertragene Arbeiten sorgfältig ausführen, Ausbildungsmittel pfleglich behandeln
– Teilnahmepflicht: Berufsschule, Prüfungen usw.
– Gehorsamspflicht: Anweisungen dürfen nur von weisungsbefugten Personen im Rahmen der Ausbildung erteilt werden
– Schweigepflicht: über alle betrieblichen Vorgänge Stillschweigen bewahren.

Eignung des Ausbildenden und des Ausbilders

Der Ausbildende muss persönlich geeignet sein. Persönlich nicht geeignet ist gemäß § 20 Absatz 2 BBiG,

– wer Kinder und Jugendliche nach § 25 Jugendarbeitsschutzgesetz nicht beschäftigen darf

– wer wiederholt oder schwer gegen das Berufsbildungsgesetz oder gegen die aufgrund des Berufsbildungsgesetzes erlassenen Vorschriften (Verordnungen und Rechtsvorschriften der Kammer) verstoßen hat.

Der **Ausbilder** muss persönlich und fachlich geeignet sein. Die fachliche Eignung besitzt gemäß § 76 BBiG

– wer das 24. Lebensjahr vollendet hat und
– wer eine Abschlussprüfung in einer dem Ausbildungsberuf entsprechenden Fachrichtung bestanden hat oder wer eine Hochschulprüfung in einer dem Ausbildungsberuf entsprechenden Fachrichtung bestanden hat und eine angemessene Zeit in seinem Beruf praktisch tätig gewesen ist. Falls diese beiden oder eine der beiden Voraussetzungen nicht erfüllt sind, kann die nach Landesrecht zuständige Behörde (in der Regel das Regierungspräsidium) die fachliche Eignung gemäß § 76 Absatz 3 BBiG widerruflich zuerkennen.

– wer gemäß der Ausbildereignungsverordnung vom 16. Februar 1999 in Verbindung mit § 21 BBiG durch eine Prüfung vor der zuständigen Stelle die in § 2 Ausbildereignungsverordnung (AEVO) aufgeführten berufs- und arbeitspädagogischen Kenntnisse nachgewiesen hat.

Die AEVO stellt sicher, dass Ausbilder/innen das didaktische und das methodische Handwerkszeug für ihre verantwortliche Tätigkeit kennen und nutzen können. Sie gilt für Ausbilder in Gewerbebetrieben, im Bergwesen, in der Landwirtschaft, in der Hauswirtschaft und im öffentlichen Dienst.

Zum Abbau des Ausbildungsstellendefizits bestimmt die AEVO:

§ 6 Nr. 3 AEVO:

»Die zuständige Stelle kann in Ausnahmefällen von dem nach den §§ 2 bis 3 und 5 erforderlichen Nachweis befreien, wenn eine ordnungsgemäße Ausbildung sichergestellt ist. Die zuständige Stelle kann Auflagen erteilen. Auf Antrag erteilt die zuständige Stelle hierüber eine Bescheinigung.«

Die **Ausbildungsstätte** muss nach Art und Einrichtung und personell geeignet sein:

Nach **Art** bedeutet, dass im Ausbildungsbetrieb alle Geschäftsabläufe vorkommen müssen, die der Ausbildungsrahmenplan enthält.

Der **Einrichtung** nach geeignet ist der Ausbildungsbetrieb, wenn alle Vorrichtungen, Maschinen, Geräte und Arbeitsplätze vorhanden sind, um die Ausbildungsinhalte vermitteln zu können.

Personell bedeutet, dass die Zahl der Auszubildenden in einem angemessenen Verhältnis zur Zahl der beschäftigten Fachkräfte stehen muss. Als Fachkraft gilt:

– der Ausbildende
– der bestellte Ausbilder
– wer die o.a. fachliche Eignung besitzt
– wer mindestens sechs Jahre einschlägig tätig gewesen ist.

Auf einen hauptamtlichen Ausbilder sollen nicht mehr als 16 Auszubildende, auf einen Ausbilder in Nebenfunktion (= Unterweiser in den Fachabteilungen, Ausbildungsbeauftragte) nicht mehr als 3 Auszubildende kommen.

Die **Vorbereitung und ständige Anpassung der Ausbildungsordnungen** an die technische, wirtschaftliche und gesellschaftliche Entwicklung gehört zu den Aufgaben des Bundesinstituts für Berufsbildung (siehe Abschnitt 3.4.4.3). Die Vorbereitung erfolgt unter Beteiligung und im grundsätzlichen Einvernehmen der Spitzenorganisationen von Arbeitgebern und Arbeitnehmern. Gleichzeitig wird eine Abstimmung mit den Lehrplänen der Länder für den Unterricht in den Berufsschulen vorgenommen, da Berufsausbildung in der Bundesrepublik im Dualen System erfolgt: im Ausbildungsbetrieb und in der Berufsschule. Die »Ständige Konferenz der Kultusminister der BRD« entwickelt zeitgleich mit dem Entstehen der Ausbildungsverordnung einen Rahmenlehrplan für den entsprechenden Ausbildungsberuf und orientiert sich am Ausbildungsrahmenplan. Jedes der 16 Bundesländer setzt diesen in seinen eigenen Lehrplan um.

Seit Inkrafttreten des BBiG sind insgesamt 306 Ausbildungsberufe (85%) neu geordnet bzw. neu erlassen worden. Ein sehr starker Lehrstellenangebotsüberhang besteht in den neuen Berufen IT-System-Elektroniker/in, IT-System-Kaufmann/frau, Fachinformatiker, Informatikkaufmann, Kaufmann für Verkehrsservice, Fachmann für Systemgastronomie, Kaufmann für audiovisuelle Medien und Fachangestellte für Medien- und Informationsdienste.

3.4.3   Berufsausbildungsvertrag

§ 3 Absatz 1 BBiG schreibt zwingend vor, dass ein Berufsausbildungsvertrag zu schließen ist, der gemäss § 4 schriftlich auszufertigen ist und gemäß § 33 Absatz 1 Satz 1 unmittelbar nach Abschluss, spätestens vor Beginn der Ausbildung, der zuständigen Stelle zur Eintragung in das »Verzeichnis der Berufsausbildungsverhältnisse« vorgelegt werden muss.

§ 4 Absatz 1 BBiG schreibt neun Mindestinhalte eines Berufsausbildungsvertrages vor:

– Ausbildungsberuf, sachliche und zeitliche Gliederung der Ausbildung (Ausbildungsplan)
– Dauer, Beginn und Ende der Ausbildung (Regeldauer laut Ausbildungsverordnung, Verkürzung gemäß Anrechnungsverordnungen oder freiwillig)
– Ausbildungsmaßnahmen außerhalb der Ausbildungsstätte (Können nicht alle im Ausbildungsrahmenplan vorgeschriebenen Inhalte im Betrieb vermittelt werden, so kann dieser Mangel durch Maßnahmen außerhalb der Ausbildungsstätte – übertriebliche Einrichtungen, Geschäftsfreunde – behoben werden.) Auch zusätzliche (nicht im Ausbildungsrahmenplan aufgeführte) Ausbildungsinhalte außerhalb des Unternehmens müssen angegeben werden.
– Dauer der regelmäßigen täglichen Ausbildungszeit (gesetzliche Regelung oder Tarifvertragsvereinbarungen)
– Zahlung und Höhe der monatlichen Ausbildungsvergütung, nach Ausbildungsjahren gestaffelt
– Dauer der Probezeit (mindestens ein, höchstens drei Monate)
– Urlaub pro Kalenderjahr gemäß Jugendarbeitsschutzgesetz bzw. Bundesurlaubsgesetz oder gemäß Tarifvertrag
– Voraussetzungen unter denen der Vertrag gekündigt werden kann (in der Probezeit ohne Angabe des Grundes, ohne Frist, schriftlich. Nach der Probezeit jederzeit im gegenseitigen Einvernehmen, einseitig nur »aus wichtigem Grund«. Der Betriebsrat ist bei jeder Kündigung zu hören.)
– ein in allgemeiner Form gehaltener Hinweis auf die Tarifverträge, Betriebs- oder (im öffentlichen Dienst) Dienstvereinbarungen, die auf das Berufsausbildungsverhältnis anzuwenden sind.

Der **betriebliche Ausbildungsplan** ist Bestandteil des Vertrages.

Die Kammern stellen Ausbildungsvertragsformulare zur Verfügung (siehe Muster auf den beiden folgenden Seiten).

Ein Exemplar des unterschriebenen und eingetragenen Ausbildungsvertrages und der Ausbildungsplan sind dem Auszubildenden – bei Minderjährigen auch den gesetzlichen Vertretern – auszuhändigen.

Formular Berufsausbildungsvertrag, gleichzeitig Anmeldung zur Eintragung

Antrag auf Eintragung

in das Verzeichnis der Berufsausbildungsverhältnisse

zum nachfolgenden

Berufsausbildungsvertrag

Bitte die gelben Felder mit Schreibmaschine oder in Druckschrift ausfüllen!

Vertrag geprüft und registriert am: _____

(Siegel) Reg.-Nr. _____

I. A.

Vorgesehen für Abschlußprüfung: Sommer/Winter _____

Zwischen dem Ausbildenden (Ausbildungsbetrieb)   und   Herrn   Frau

Firmenident-Nr.:   Tel.-Nr.

Name, Vorname

Straße, Haus-Nr.

PLZ   Ort

Geburtsdatum   Geburtsort

Staatsangehörigkeit   Gesetzl. Vertreter[1]   Eltern   Vater   Mutter   Vormund

Namen, Vornamen der gesetzl. Vertreter

Verantwortliche(r) Ausbilder(in):
Herr / Frau   geb. am:

Straße, Hausnummer

PLZ   Ort

wird nachstehender Vertrag
zur Ausbildung im Ausbildungsberuf _____

mit der Fachrichtung / dem Schwerpunkt _____
entsprechend der Ausbildungsordnung (§ 25 BBiG) geschlossen.

Betriebliche Unterweisung ja   Ausbildungs-Einrichtung   Lehrbüro   Lehrecke   Lehrwerkstatt   Sonstige   Anzahl Fachkräfte im Ausbildungsberuf

Vom Auszubildenden besuchte Schulen[2]
zuletzt   Abgangsklasse   abgeschlossen mit[3]

davor[2]

Zuständige Berufsschule

Berufsfeld[4] _____

A Die Ausbildungszeit beträgt nach der Ausbildungsordnung _____ Monate.

Die vorausgegangene Berufsausbildung/Vorbildung:

_____

wird mit _____ Monaten angerechnet, bzw. es wird eine
entsprechende Verkürzung beantragt. (Bitte Nachweis beifügen.)

Das Berufsausbildungsverhältnis
beginnt   Tag Monat Jahr   endet   Tag Monat Jahr
am   am

B Die Probezeit (s. § 1 Nr. 2 Rückseite) beträgt _____ Monate.

C Die Ausbildung findet vorbehaltlich der Regelungen nach **D**
(§ 3 Nr. 12) in _____

und den mit dem Betriebssitz für die Ausbildung üblicherweise
zusammenhängenden Bau-, Montage- und sonstigen Arbeits-
stellen statt.

D Ausbildungsmaßnahmen außerhalb der Ausbildungsstätte
(§ 3 Nr. 12) _____
Was: _____
Ort: _____
Dauer: _____

E Der Ausbildende zahlt dem Auszubildenden eine angemessene
Vergütung (§ 5); diese beträgt zur Zeit monatlich brutto:

DM	ersten	zweiten	dritten	vierten
im				

Ausbildungsjahr.
Soweit Vergütungen tariflich geregelt sind, gelten mindestens die tariflichen Sätze.

F Die regelm. tgl. Ausbildungszeit (§ 6 Nr. 1) beträgt _____ Std.
Die regelm. wöchentl. Ausbildungszeit beträgt _____ Std.

Das Jugendarbeitsschutzgesetz sowie für das Ausbildungsverhältnis geltende tarifvertragliche Regelungen und Betriebsvereinbarungen sind zu beachten.

G Der Ausbildende gewährt dem Auszubildenden Urlaub nach den
geltenden Bestimmungen. Es besteht ein Urlaubsanspruch

Im Jahr	19	19
Werktage		
Arbeitstage		

H Hinweis auf anzuwendende Tarifverträge und Betriebsvereinbarungen; sonstige Vereinbarungen

_____
_____
_____

[1]) Vertretungsberechtigt sind beide Eltern gemeinsam, soweit nicht die Vertretungsberechtigung
nur einem Elternteil zusteht. Ist ein Vormund bestellt, so bedarf dieser zum Abschluß des
Ausbildungsvertrages der Genehmigung des Vormundschaftsgerichtes.

[2]) Zuletzt besuchte Schule (zutr. Ziff. eintr.)   [3]) Schulabschluß (zutr. Ziff. eintr.)

05	Hauptschule	1	Hauptschulabschluß
10	Sonderschule	2	Qualifizierter Hauptschulabschluß
20	Realschule	3	Mittlerer Bildungsabschluß
30	Gymnasium	4	Fachhochschulreife
35	Oberstufenzentrum	5	Hochschulreife
40	Gesamtschule	6	Hochschulabschluß
51	Berufsvorbereitungsjahr BVJ	8	Sonstiger Abschluß
52	Berufsgrundbildungsjahr	9	Ohne Abschluß
53	Berufsfachschule/Höhere Handelsschule
57	Fachoberschule
59	Sonst. berufl. Vollzeitschulen
80	Hochschule/Fachhochschule
90	Sonstige Schule

[4]) Bei Berufsgrundschuljahr bzw Berufsfachschule bitte besuchtes Berufsfeld eintragen.

Unterschrift auf der Rückseite nicht vergessen!

(Fortsetzung auf der folgenden Seite)   Quelle: IHK

Antrag mit beiden Vertragskopien zuzüglich Ausbildungsplänen an IHK senden!
(Sollte für den genannten Ausbilder keine Ausbilderkarte bei der IHK vorliegen, bitte ausgefüllt beifügen)

W. Bertelsmann Verlag Bielefeld 2049 / 16

Formular Berufsausbildungsvertrag

Diese Regelungen sind Vertragsbestandteil

§ 1 — Ausbildungszeit

1. **(Dauer)** siehe A *).
2. **(Probezeit)** siehe B *). (§ 13 BBiG)
   Die Probezeit muß mindestens einen Monat und darf höchstens drei Monate betragen. Wird die Ausbildung während der Probezeit um mehr als ein Drittel dieser Zeit unterbrochen, so verlängert sich die Probezeit um den Zeitraum der Unterbrechung.
3. **(Vorzeitige Beendigung des Berufsausbildungsverhältnisses)** (§ 14 Abs. 2 BBiG)
   Besteht der Auszubildende vor Ablauf der unter Nr. 1 vereinbarten Ausbildungszeit die Abschlußprüfung, so endet das Berufsausbildungsverhältnis mit Bestehen der Abschlußprüfung.
4. **(Verlängerung des Berufsausbildungsverhältnisses)** (§ 14 Abs. 3 BBiG)
   Besteht der Auszubildende die Abschlußprüfung nicht, so verlängert sich das Berufsausbildungsverhältnis auf sein Verlangen bis zur nächstmöglichen Wiederholungsprüfung, höchstens um ein Jahr.

§ 2 — Ausbildungsstätte(n)

siehe C *).

§ 3 — Pflichten des Ausbildenden

Der Ausbildende verpflichtet sich,

1. **(Ausbildungsziel)** (§ 6 Abs. 1 Ziff. 1 BBiG)
   dafür zu sorgen, daß dem Auszubildenden die Fertigkeiten und Kenntnisse vermittelt werden, die zum Erreichen des Ausbildungszieles nach der Ausbildungsordnung erforderlich sind, und die Berufsausbildung nach den beigefügten Angaben zur sachlichen und zeitlichen Gliederung des Ausbildungsablaufs so durchzuführen, daß das Ausbildungsziel in der vorgesehenen Ausbildungszeit erreicht werden kann;
2. **(Ausbilder)** (§ 6 Abs. 1 Ziff. 2 BBiG)
   selbst auszubilden oder einen persönlich und fachlich geeigneten Ausbilder ausdrücklich damit zu beauftragen und diesen dem Auszubildenden jeweils schriftlich bekanntzugeben;
3. **(Ausbildungsordnung)** (§ 6 Abs. 1 Ziff. 3 BBiG)
   dem Auszubildenden vor Beginn der Ausbildung die Ausbildungsordnung kostenlos auszuhändigen;
4. **(Ausbildungsmittel)** (§ 6 Abs. 1 Ziff. 3 BBiG)
   dem Auszubildenden kostenlos die Ausbildungsmittel, insbesondere Werkzeuge, Werkstoffe und Fachliteratur zur Verfügung zu stellen, die für die Ausbildung in den betrieblichen und überbetrieblichen Ausbildungsstätten und zum Ablegen von Zwischen- und Abschlußprüfungen, auch soweit solche nach Beendigung des Berufsausbildungsverhältnisses und in zeitlichem Zusammenhang damit stattfinden, erforderlich sind **);
5. **(Besuch der Berufsschule und von Ausbildungsmaßnahmen außerhalb der Ausbildungsstätte)** (§ 6 Abs. 1 Ziff. 4 BBiG)
   den Auszubildenden zum Besuch der Berufsschule anzuhalten und freizustellen. Das gleiche gilt, wenn Ausbildungsmaßnahmen außerhalb der Ausbildungsstätte vorgeschrieben oder nach Nr. 12 durchzuführen sind;
6. **(Berichtsheftführung)** (§ 6 Abs. 1 Ziff. 4 BBiG)
   dem Auszubildenden vor Ausbildungsbeginn und später die Berichtshefte für die Berufsausbildung kostenfrei auszuhändigen sowie die ordnungsgemäße Führung durch regelmäßige Abzeichnung zu überwachen, soweit Berichtshefte im Rahmen der Berufsausbildung verlangt werden;
7. **(Ausbildungsbezogene Tätigkeiten)** (§ 6 Abs. 2 BBiG)
   dem Auszubildenden nur Verrichtungen zu übertragen, die dem Ausbildungszweck dienen und seinen körperlichen Kräften angemessen sind;
8. **(Sorgepflicht)** (§ 6 Abs. 1 Ziff. 5 BBiG)
   dafür zu sorgen, daß der Auszubildende charakterlich gefördert sowie sittlich und körperlich nicht gefährdet wird;
9. **(Ärztliche Untersuchungen)** (§§ 32, 33 JArbSchG)
   von dem jugendlichen Auszubildenden sich Bescheinigungen gemäß §§ 32, 33 Jugendarbeitsschutzgesetz darüber vorlegen zu lassen, daß dieser
   a) vor der Aufnahme der Ausbildung untersucht und
   b) vor Ablauf des ersten Ausbildungsjahres nachuntersucht worden ist;
10. **(Eintragungsantrag)** (§ 33 Abs. 1 BBiG)
    unverzüglich nach Abschluß des Berufsausbildungsvertrages die Eintragung in das Verzeichnis der Berufsausbildungsverhältnisse bei der zuständigen Stelle unter Beifügung der Vertragsniederschriften und — bei Auszubildenden unter 18 Jahren — einer Kopie oder Mehrfertigung der ärztlichen Bescheinigung über die Erstuntersuchung gemäß § 32 Jugendarbeitsschutzgesetz zu beantragen; entsprechendes gilt bei späteren Änderungen des wesentlichen Vertragsinhaltes;
11. **(Anmeldung zu Prüfungen)**
    den Auszubildenden rechtzeitig zu den angesetzten Zwischen- und Abschlußprüfungen anzumelden und für die Teilnahme freizustellen sowie der Anmeldung zur Zwischenprüfung bei Auszubildenden unter 18 Jahren eine Kopie oder Mehrfertigung der ärztlichen Bescheinigung über die erste Nachuntersuchung gemäß § 33 Jugendarbeitsschutzgesetz beizufügen;
12. **(Ausbildungsmaßnahmen außerhalb der Ausbildungsstätte)** siehe D *).
    (§ 22 Abs. 2 BBiG)

§ 4 — Pflichten des Auszubildenden

Der Auszubildende hat sich zu bemühen, die Fertigkeiten und Kenntnisse zu erwerben, die erforderlich sind, um das Ausbildungsziel zu erreichen. Er verpflichtet sich insbesondere

1. **(Lernpflicht)** (§ 9 BBiG)
   die ihm im Rahmen seiner Berufsausbildung übertragenen Verrichtungen und Aufgaben sorgfältig auszuführen;
2. **(Berufsschulunterricht, Prüfungen und sonstige Maßnahmen)** (§ 9 Ziff. 2 BBiG)
   am Berufsschulunterricht und an Prüfungen sowie an Ausbildungsmaßnahmen außerhalb der Ausbildungsstätte teilzunehmen, für die er nach § 3 Nr. 5, 11, 12 freigestellt wird; sein Berufsschulzeugnis unverzüglich dem Ausbildenden zur Kenntnisnahme vorzulegen und ist damit einverstanden, daß sich Berufsschule und Ausbildungsbetrieb über seine Leistungen unterrichten;
3. **(Weisungsgebundenheit)** (§ 9 Ziff. 3 BBiG)
   den Weisungen zu folgen, die ihm im Rahmen der Berufsausbildung vom Ausbildenden, vom Ausbilder oder von anderen weisungsberechtigten Personen, soweit sie als weisungsberechtigt bekannt gemacht worden sind, erteilt werden;
4. **(Betriebliche Ordnung)** (§ 9 Ziff. 4 BBiG)
   die für die Ausbildungsstätte geltende Ordnung zu beachten;
5. **(Sorgfaltspflicht)** (§ 9 Ziff. 1 und 5 BBiG)
   Werkzeug, Maschinen und sonstige Einrichtungen pfleglich zu behandeln und sie nur zu den ihm übertragenen Arbeiten zu verwenden;
6. **(Betriebsgeheimnisse)** (§ 9 Ziff. 6 BBiG)
   über Betriebs- und Geschäftsgeheimnisse Stillschweigen zu wahren;
7. **(Berichtsheftführung)** (§ 39 Abs. 1 Ziff. 2 BBiG)
   ein vorgeschriebenes Berichtsheft ordnungsgemäß zu führen und regelmäßig vorzulegen;
8. **(Benachrichtigung)**
   bei Fernbleiben von der betrieblichen Ausbildung, vom Berufsschulunterricht oder von sonstigen Ausbildungsveranstaltungen dem Ausbildenden unter Angabe von Gründen unverzüglich Nachricht zu geben und ihm Arbeitsunfähigkeit und deren voraussichtliche Dauer unverzüglich mitzuteilen. Dauert die Arbeitsunfähigkeit länger als 3 Kalendertage, hat der Auszubildende eine ärztliche Bescheinigung über die bestehende Arbeitsunfähigkeit sowie deren voraussichtliche Dauer spätestens an dem darauffolgenden Arbeitstag vorzulegen. Der Ausbildende ist berechtigt, die Vorlage der ärztlichen Bescheinigung früher zu verlangen.
9. **(Ärztliche Untersuchungen)**
   soweit auf ihn die Bestimmungen des Jugendarbeitsschutzgesetzes Anwendung finden, sich gemäß §§ 32 und 33 dieses Gesetzes ärztlich
   a) vor Beginn der Ausbildung untersuchen,
   b) vor Ablauf des ersten Ausbildungsjahres nachuntersuchen zu lassen
   und die Bescheinigungen hierüber dem Ausbildenden vorzulegen.

§ 5 — Vergütung und sonstige Leistungen

1. **(Höhe und Fälligkeit)** siehe E *). (§ 10 Ziff. 3, § 11 Ziff. 2 BBiG)
   Eine über die vereinbarte regelmäßige Ausbildungszeit hinausgehende Beschäftigung wird besonders vergütet.
   Die Vergütung wird spätestens am letzten Arbeitstag des Monats gezahlt. Das auf die Urlaubszeit entfallende Entgelt (Urlaubsentgelt) wird vor Antritt des Urlaubs ausgezahlt.
   Die Beiträge für die Sozialversicherung tragen die Vertragschließenden nach Maßgabe der gesetzlichen Bestimmungen.
2. **(Sachleistungen)** (§ 10 Abs. 2 BBiG)
   Soweit der Ausbildende dem Auszubildenden Kost und/oder Wohnung gewährt, gilt die in der Anlage beigefügte Regelung.
3. **(Kosten für Maßnahmen außerhalb der Ausbildungsstätte)**
   Der Ausbildende trägt die Kosten für Maßnahmen außerhalb der Ausbildungsstätte gemäß § 3 Nr. 5, soweit sie nicht anderweitig gedeckt sind. Ist eine auswärtige Unterbringung erforderlich, so können dem Auszubildenden anteilige Kosten für Verpflegung in dem Umfang in Rechnung gestellt werden, in dem dieser Kosten einspart. Die Anrechnung von anteiligen Kosten und Sachbezugswerten nach § 10 (2) BBiG darf 75 % der vereinbarten Bruttovergütung nicht übersteigen.
4. **(Berufskleidung)**
   Wird vom Ausbildenden eine besondere Berufskleidung vorgeschrieben, so wird sie von ihm zur Verfügung gestellt.
5. **(Fortzahlung der Vergütung)** (§ 12 Abs. 1 BBiG)
   Dem Auszubildenden wird die Vergütung auch gezahlt
   a) für die Zeit der Freistellung gem. § 3 Nr. 5 und 1,1 dieses Vertrages sowie gemäß § 10 Abs. 1 Nr. 2 und § 43 Jugendarbeitsschutz
   b) bis zur Dauer von 6 Wochen, wenn er
      aa) sich für die Berufsausbildung bereithält, diese aber ausfällt
      bb) infolge unverschuldeter Krankheit nicht an der Berufsausbildung teilnehmen kann oder
      cc) aus einem sonstigen, in seiner Person liegenden Grund unverschuldet verhindert ist, seine Pflichten aus dem Berufsausbildungsverhältnis zu erfüllen.

§ 6 — Ausbildungszeit und Urlaub

1. **(Tägliche Ausbildungszeit)** siehe F *).
2. **(Urlaub)** siehe G *).
3. **(Lage des Urlaubs)**
   Der Urlaub soll zusammenhängend und in der Zeit der Berufsschulferien erteilt und genommen werden. Während des Urlaubs darf der Auszubildende keine dem Urlaubszweck widersprechende Erwerbstätigkeit leisten.

§ 7 — Kündigung

1. **(Kündigung während der Probezeit)** (§ 15 Abs. 1 BBiG)
   Während der Probezeit kann das Berufsausbildungsverhältnis ohne Einhaltung einer Kündigungsfrist und ohne Angabe von Gründen gekündigt werden.
2. **(Kündigungsgründe)** (§ 15 Abs. 2 BBiG)
   Nach der Probezeit kann das Berufsausbildungsverhältnis nur gekündigt werden
   a) aus einem wichtigen Grund ohne Einhalten einer Kündigungsfrist,
   b) vom Auszubildenden mit einer Kündigungsfrist von 4 Wochen, wenn er die Berufsausbildung aufgeben oder sich für eine andere Berufstätigkeit ausbilden lassen will.
3. **(Form der Kündigung)** (§ 15 Abs. 3 BBiG)
   Die Kündigung muß schriftlich, im Falle der Nr. 2 unter Angabe der Kündigungsgründe erfolgen.
4. **(Unwirksamkeit einer Kündigung)** (§ 15 Abs. 4 BBiG)
   Eine Kündigung aus einem wichtigen Grund ist unwirksam, wenn die ihr zugrunde liegenden Tatsachen dem zur Kündigung Berechtigten länger als 2 Wochen bekannt sind. Ist ein Schlichtungsverfahren gem. § 9 eingeleitet, so wird bis zu dessen Beendigung der Lauf dieser Frist gehemmt.
5. **(Schadensersatz bei vorzeitiger Beendigung)** (§ 16 BBiG)
   Wird das Berufsausbildungsverhältnis nach Ablauf der Probezeit vorzeitig gelöst, so kann der Ausbildende oder der Auszubildende Ersatz des Schadens verlangen, wenn der andere den Grund für die Auflösung zu vertreten hat. Das gilt nicht bei Kündigung wegen Aufgabe oder Wechsels der Berufsausbildung nach Nr. 2 b. Der Anspruch erlischt, wenn er nicht innerhalb von 3 Monaten nach Beendigung des Berufsausbildungsverhältnisses geltend gemacht wird.
6. **(Aufgabe des Betriebes, Wegfall der Ausbildungseignung)**
   Bei Kündigung des Berufsausbildungsverhältnisses wegen Betriebsaufgabe oder wegen Wegfalls der Ausbildungseignung verpflichtet sich der Ausbildende, sich mit Hilfe der Berufsberatung des zuständigen Arbeitsamtes rechtzeitig um eine weitere Ausbildung im bisherigen Ausbildungsberuf in einer anderen geeigneten Ausbildungsstätte zu bemühen.

§ 8 — Zeugnis (§ 8 BBiG)

Der Ausbildende stellt dem Auszubildenden bei Beendigung des Berufsausbildungsverhältnisses ein Zeugnis aus. Hat der Ausbildende die Berufsausbildung nicht selbst durchgeführt, so soll auch der Ausbilder das Zeugnis unterschreiben. Es muß Angaben enthalten über Art, Dauer und Ziel der Berufsausbildung sowie über die erworbenen Fertigkeiten und Kenntnisse des Auszubildenden, auf Verlangen des Auszubildenden auch Angaben über Führung, Leistung und besondere fachliche Fähigkeiten.

§ 9 — Beilegung von Streitigkeiten (§ 102 BBiG)

Bei Streitigkeiten aus dem bestehenden Berufsausbildungsverhältnis ist vor Inanspruchnahme des Arbeitsgerichts der nach § 111 Abs. 2 des Arbeitsgerichtsgesetzes errichtete Ausschuß anzurufen.

§ 10 — Erfüllungsort

Erfüllungsort für alle Ansprüche aus diesem Vertrag ist der Ort der Ausbildungsstätte.

§ 11 — Sonstige Vereinbarungen

siehe H *).

Rechtswirksame Nebenabreden, die das Berufsausbildungsverhältnis betreffen, können nur durch schriftliche Ergänzung im Rahmen des § 11 dieses Berufsausbildungsvertrags getroffen werden.

*) Die Buchstaben verweisen auf den entsprechenden Text auf der Vorderseite.

**) Der Auszubildende kann das Prüfungsstück gegen Erstattung der Materialselbstkosten erwerben.

(Fortsetzung)

3.4.4   Gesetze zur Förderung der beruflichen Bildung

Das Grundrecht auf freie Entfaltung der Persönlichkeit gebietet zu verhindern, dass ein Staatsbürger Bildungsmöglichkeiten aus finanziellen Gründen nicht wahrnehmen kann. Die staatliche Bildungsförderung fußt auf drei Gesetzen:

– Arbeitsförderung SGB III (Finanzierung mit Mitteln der Arbeitslosenversicherung)
– Bundesausbildungsförderungsgesetz (Finanzierung aus Steuern)
– Aufstiegsfortbildungsförderungsgesetz (ebenfalls Finanzierung aus Steuermitteln).

Zur Wahrnehmung der Aufgaben des Bundes im Bereich der Berufsbildung, zur Koordinierung der an der beruflichen Bildung beteiligten Interessenvertretung der Arbeitnehmer und der Arbeitgeber sowie zur Koordinierung der Zusammenarbeit von Bund und Ländern in der beruflichen Bildung wurde 1981 das Berufsbildungsförderungsgesetz erlassen, das die Rechtsgrundlage für die Arbeit des Bundesinstituts für Berufsbildung (BIBB) abgibt.

3.4.4.1   Arbeitsförderung SGB III und Aufstiegsfortbildungsförderungsgesetz

Die Wahrnehmung der Aufgaben nach dem **SGB III Arbeitsförderung** vom 24. März 1997 (siehe Abschnitt 3.2.5.1 Umfang des Schutzrechts – Rechtsvorschriften aus dem Arbeitsvertragsrecht ...) obliegt der Bundesanstalt für Arbeit. Diese ist zuständig für

– die Berufsberatung einschließlich der Ausbildungsstellenvermittlung
– die Arbeitsvermittlung
– die Förderung der beruflichen Bildung
– berufsfördernde Leistungen zur Rehabilitation
– die Gewährung von Leistungen zur Erhaltung und Schaffung von Arbeitsplätzen
– die Gewährung von Arbeitslosengeld, Konkursausfallgeld, Arbeitslosenhilfe
– die Arbeitsmarkt- und Berufsforschung.

Das SGB III regelt in Kapitel 4 die Leistungen an Arbeitnehmer

– 5. Abschnitt: Förderung der Berufsausbildung (§§ 59-76)
– 6. Abschnitt: Förderung der beruflichen Weiterbildung (§§ 77-96).

In Kapitel 5 sind die einschlägigen Leistungen an Arbeitgeber verzeichnet (§§ 235-239) und in Kapitel 6 die Leistungen an Träger der Aus- oder Fortbildungsmaßnahmen (institutionelle Förderung, §§ 240-259).

Anträge zur Bewilligung von Mitteln aus der Arbeitsförderung sind vor Beginn der Berufsbildungsmaßnahmen beim zuständigen Arbeitsamt zu stellen.

Das **Gesetz zur Förderung der beruflichen Aufstiegsfortbildung** (Aufstiegsfortbildungsförderungsgesetz, AFBG vom 22. März 1996, in Kraft seit 1. Januar 1996, zuletzt geändert am 24.3.1997) bezuschusst aus Steuermitteln Lehrgänge, die auf einem Berufsausbildungsabschluss aufbauen und auf eine öffentlich-rechtliche Fortbildungsprüfung (Kammer) vorbereiten. Mittel können bei Vollzeitmaßnahmen bis zu zwei, bei Teilzeitmaßnahmen bis zu vier Jahren beansprucht werden. Zur Deckung des Lebensunterhalts während der Kurse kann ein Zuschuss beantragt werden; der

Betrag ist über ein Darlehen aufstockbar. Für Verheiratete wird dieser Kredit erhöht, pro Kind erfolgt eine weitere Erhöhung. Die Lehrgangsgebühren werden ebenfalls über einen Kredit (maximal 20 000 DM) finanziert. Das Darlehen ist nach einer zweijährigen Karenzzeit nach der Fortbildung innerhalb von längstens zehn Jahren einschließlich Zinsen zurückzuzahlen (Stand 1999).

Finanzielle Unterstützung aus dem AFBG erhielten 1998 insgesamt 52 976 Personen (7,4 % mehr als im Vorjahr), davon 9 888 Frauen.

3.4.4.2   Bundesausbildungsförderungsgesetz

Das **Bundesgesetz über individuelle Förderung der Ausbildung** (Bundesausbildungsförderungsgesetz, BAföG, in der Fassung vom 06. Juni 1983) fördert den Vollzeitbesuch allgemeinbildender und berufsbildender Schulen ab Klasse 10 sowie den Besuch von Akademien, Kollegs, Fachhochschulen und Hochschulen innerhalb der Regelstudienzeiten, Altersgrenze im Allgemeinen 30 Jahre. Die Bemessung der Förderung richtet sich nach dem Bedarf für Lebensunterhalt und Ausbildung sowie dem Einkommen/Vermögen des Schülers, Studenten, Eltern oder Ehepartners. Die Förderung erfolgt zur Zeit zur Hälfte als Zuschuss, zur Hälfte als – innerhalb der Regelstudienzeit zinsfreies – Darlehen

Das Gesetz, das seit der 21. Novelle (gültig ab 1. April 2001) in »Ausbildungsförderungsreformgesetz« (AföRG) umbenannt worden ist, gewährt einen durchschnittlichen Zuschuss von 730 DM monatlich. Der Höchstbetrag beläuft sich auf 1 140 DM. Mit dem Kindergeld, das nicht mehr als »Elterneinkommen« angerechnet wird und an die studierenden Kinder weitergegeben werden soll, ergibt sich eine staatliche Gesamtförderung von maximal 1 410 DM im Monat. AföRG-Mittel gibt es – bei einem studierenden Kind – beim Elterneinkommen unter 3 900 DM brutto, keine Förderung ab 8 600 DM. Für Schwangerschaft und Kindererziehung während des Studiums werden neben den Regelstudienzeiten zusätzliche Förderzeiten bis zu acht Semestern gewährt. Die Darlehensbelastung darf 20 000 DM nicht überschreiten. Hauptsponsoren der Studenten sind die Eltern: 86 % unterstützen im Schnitt mit 791 DM pro Monat (Stand Ende 2000).

BAföG-Mittel erhielten 1988 insgesamt 528 566 junge Menschen (1,3 % weniger als im Vorjahr), davon 287 149 (= 54,3 %) weiblich.

Anträge sind vor Beginn des Schulbesuchs beim »Amt für Ausbildungsförderung« (Rathaus, Landratsamt) zu stellen.

3.4.4.3   Berufsbildungsförderungsgesetz

Das **Gesetz zur Förderung der Berufsbildung durch Planung und Forschung** (Berufsbildungsförderungsgesetz, BerBiFG vom 23. Dezember 1981) regelt die Arbeit des **Bundesinstituts für Berufsbildung**. Als bundesunmittelbares Institut unterstützt es die Bildungspolitik der Bundesregierung. Aufgaben (§ 6 Berufsbildungsförderungsgesetz):

- Mitwirkung bei der Vorbereitung von Ausbildungsordnungen
- Mitwirkung bei der Vorbereitung des jährlichen Berufsbildungsberichts
- Mitwirkung bei der Durchführung der Berufsbildungsstatistik
- Mitwirkung bei der internationalen Zusammenarbeit in der Berufsbildung
- Förderung von Modellversuchen
- Förderung von überbetrieblichen Ausbildungsstätten

– Führung und Veröffentlichung des »Verzeichnisses der staatlich anerkannten Ausbildungsberufe«
– Unterstützung des beruflichen Fernunterrichts.

Der **Hauptausschuss** des BIBB (§ 8) besteht aus je 16 Beauftragten der Arbeitgeber, der Arbeitnehmer, der Länder und 5 Beauftragten des Bundes, die vom zuständigen Bundesminister (in der Regel Bundesminister für Wirtschaft) für vier Jahre berufen werden.

Als ständigen Unterausschuss bestimmt § 9 den **Länderausschuss** (je ein Beauftragter der 16 Länder sowie drei Beauftragte des Bundes, der Arbeitgeber und der Arbeitnehmer). Dieser hat insbesondere »auf eine Abstimmung zwischen den Ausbildungsordnungen und den schulischen Rahmenlehrplänen der Länder hinzuwirken«.

§ 8a BerBiFG schließlich regelt die Einrichtung des **Ständigen Ausschusses** als regelmäßiges Arbeits- und Beschlussorgan des Bundesinstituts für Berufsbildung (8 Mitglieder des Hauptausschusses, paritätisch zusammengesetzt).

Der **Generalsekretär** (§ 10) ist der gesetzliche Vertreter des Bundesinsituts für Berufsbildung.

Fragen zur Kontrolle

Zu Abschnitt 3.4.1 bis 3.4.4

86. Was umfasst der Begriff »Berufsbildung«?

87. Welches sind die wichtigsten Gesetze und Verordnungen im Bereich des Berufsbildungsrechts?

88. Warum muss ein Berufsausbildungsvertrag schriftlich ausgefertigt werden?

89. Welche Eignungsvoraussetzungen verlangt das Berufsbildungsgesetz für die Durchführung der betrieblichen Berufsausbildung?

90. Welche Gesetze unterstützen die Finanzierung der Berufsbildung und wer gehört zum jeweiligen Nutzerkreis?

91. Welche Aufgaben hat das Bundesinstitut für Berufsbildung?

4   Personalarbeit und Personalpolitik

4.1   Betriebliches Personalwesen

4.1.1   Zielvorgaben für die Personalarbeit

Das grundlegende Ziel aller Personalarbeit, sozusagen die Kern- oder Hauptaufgabe, ist es, Personal zur Verfügung zu stellen

– in der richtigen Menge
– mit der richtigen Qualifikation
– zum richtigen Zeitpunkt
– am richtigen Ort.

»Zur Verfügung stellen« bedeutet nicht allein das Beschaffen, sondern auch das Halten von entsprechend qualifizierten Mitarbeitern/Mitarbeiterinnen. Alle anderen Aufgaben, die Personalarbeit heute ausmachen, können erst erfolgen, wenn Mitarbeiter/Mitarbeiterinnen vorhanden sind.

4.1.1.1   Wirtschaftliche Ziele

Das »Zur-Verfügung-stellen« von Mitarbeitern und Mitarbeiterinnen erfolgt grundsätzlich unter Beachtung wirtschaftlicher Ziele.

Sämtliche Personalkosten fließen in die Preise der Produkte oder Dienstleistungen, die ein Unternehmen erzeugt. Können die Preise nicht am Markt durchgesetzt werden, sind Umsatzeinbußen, Erlösschmälerungen oder Verluste zu erwarten, die im schlimmsten Fall zum Abbau von Arbeitsplätzen führen. Daher ist es aus der Interessenlage von Unternehmen verständlich, wenn unter wirtschaftlichen Aspekten eine Kostenminimierung angestrebt wird. Sehr häufig wird dieses wirtschaftliche Ziel unter moralischen Gesichtspunkten (Arbeitgeberziele = fragwürdige Ziele) diskutiert, doch verhält sich ein Unternehmen nur wirtschaftlich systemgerecht, wenn es die Ziele der Kostenminimierung, also wirtschaftliche Ziele, verfolgt.

4.1.1.2   Soziale Ziele

Alle Ziele der Personalarbeit, die unmittelbar den Arbeitnehmern zugute kommen, bezeichnet man als soziale Ziele. Für die meisten Menschen in der Bundesrepublik Deutschland bildet ein Arbeitseinkommen die existentielle Grundlage (Zur Zeit sind ca. 36 Millionen abhängig Beschäftigte in der Bundesrepublik Deutschland tätig). Dass diese Arbeitnehmer versuchen, mit »so wenig wie möglich« Einsatz ein entsprechendes (hohes) Einkommen zu erzielen, ist einzusehen.

Auch dieses Ziel ist innerhalb unseres Wirtschaftssystems legitim, wird jedoch meist ebenfalls zu sehr unter moralischen Gesichtspunkten diskutiert.

Zwischen diesen beiden Polen, nämlich den wirtschaftlichen Zielen eines Arbeitgebers und den sozialen Zielen der Arbeitnehmer, spielt sich Personalarbeit permanent ab. Das kann im Einzelfall innerhalb eines Betriebes ein Konflikt sein, der durch einen Kompromiß geklärt wird. In größerem Rahmen wird diese Konfliktsituation bei den alljährlich – fast schon rituell zu nennenden – Tarifverhandlungen deutlich. Auch hier muss eine Lösung gefunden werden, die von beiden Partnern akzeptiert wird, wobei Machtverhältnisse, wirtschaftliche Bedingungen und Verhandlungsgeschick eine große Rolle spielen.

Ein Schema soll diese Situation darstellen.

Ziele des Personalwesens

| **Sachziel**

(was soll erreicht werden) | **Bereitstellung der erforderlichen personellen Kapazität zur Erreichung des Organisationszieles**

a) in quantitativer Hinsicht

b) in qualitativer Hinsicht
   (nach Leistungsfähigkeit und Leistungsbereitschaft)

zur rechten Zeit und am rechten Ort | |

| **Formalziel**

(wie soll es erreicht werden) | **ökonomisch**

Unter Berücksichtigung von Wirtschaftlickeit und Rentabilität als Beurteilungskriterien für die Effizienz personalwirtschaftlicher Maßnahmen | **sozial**

Unter Berücksichtigung der menschlichen Erwartungen (wie Sicherheit, Zufriedenheit usw.) als Voraussetzungen für den sozialen Bestand des Betriebes |

nach Bisani, Personalwesen

4.1.2   Fachaufgaben des Personalwesens

Unter diesem Stichwort sollen einige der grundlegenden Aufgaben des Personalwesens dargestellt werden, die sich aus einer Stabsfunktion, andererseits aufgrund einer Linienfunktion ergeben.

4.1.2.1   Aufgaben, die sich aus der Stabsfunktion ergeben

Wenn die Personalarbeit in einem Unternehmen nach einer Stabsfunktion organisiert ist, beschränken sich die Aufgaben ausschließlich auf eine Beratungsfunktion.

Stabsfunktion – kurz dargestellt – bedeutet, dass keine Anweisungskompetenz und auch keine Verantwortung für die Abteilung Personal- und Sozialwesen besteht.

Die Beratungsfunktion des Personalwesens kann dann so geregelt sein, daß sie von den Personalverantwortlichen in den einzelnen Bereichen des Unternehmens – also in der Regel den Vorgesetzten – ständig in Anspruch genommen werden muss, oder aber nur auf **deren ausdrücklichen Wunsch** geleistet wird.

4.1.2.2   Aufgaben, die sich aus der Linienfunktion ergeben

Wenn Personalarbeit in einem Unternehmen nach einer Linienorganisation organisiert ist (siehe auch die Ausführung über Linienorganisation und Stab-/Linienorganisation in Abschnitt 4.1.3.4), dann hat die Abteilung Personal- und Sozialwesen Anweisungskompetenz und trägt auch die Verantwortung für die von ihr gegebenen Anweisungen.

Aus dieser Aufgabenstellung ergibt sich, daß die Kompetenzen und Aufgaben der Abteilung Personal- und Sozialwesen definiert und den jeweiligen anderen Linienvorgesetzten im Unternehmen bekannt sein müssen. Dies ist erforderlich, damit Klarheit besteht über den Handlungsrahmen, in dem sich alle Führungskräfte in einem Unternehmen zu bewegen haben.

4.1.2.2.1   Ordnungsfunktion

Aus der Linienfunktion ergeben sich im wesentlich zwei Funktionen.

Auf der einen Seite handelt es sich um eine **Ordnungsfunktion**, d. h. die Abteilung Personal- und Sozialwesen ist aufgerufen, generelle Regelungen und Richtlinien aufzustellen und deren Einhaltung zu kontrollieren, wie beispielsweise das Aufstellen einer Betriebsordnung und ihre Durchsetzung.

Andererseits handelt es sich um eine **Überwachungsfunktion** für die vielen arbeitsrechtlichen Bestimmungen, die die Personalarbeit in der Bundesrepublik Deutschland sehr stark prägen, wie zum Beispiel die Vielzahl der unterschiedlichen Schutzgesetze. Einige seien hier beispielhaft genannt: Jugendarbeitsschutzgesetz, Mutterschutzgesetz, Schwerbehindertengesetz, Arbeitszeitgesetz.

4.1.2.2.2   Soziale Funktion

Darüber hinaus hat Personalarbeit, wenn sie in der Linienfunktion organisiert ist, auch eine betreuerisch-fürsorgerische Aufgabe, also eine soziale Funktion.

Mit dem Begriff »betreuerisch-fürsorgerisch« ist gemeint, dass Mitarbeiter/Mitarbeiterinnen der Abteilung Personal- und Sozialwesen anderen Mitarbeitern und Mitarbeiterinnen in einem Unternehmen oder Betrieb zur Beratung zur Verfügung stehen müssen, z. B. für Auskünfte über steuerrechtliche oder sozialversicherungsrechtliche Fragen. Die Abteilung Personal- und Sozialwesen sollte sich als Dienstleister verstehen und von selbst tätig werden, wenn z. B. Konfliktsituationen erkannt werden. Dann ist es erforderlich, daß von Seiten der Abteilung Personal- und Sozialwesen auf Mitarbeiter, ggf. auch auf Vorgesetzte, zugegangen wird und Hilfe und Beratung angeboten werden, um möglicherweise Probleme erst gar nicht entstehen zu lassen, sondern im Vorfeld auszuräumen. Auch hier wird wieder die genannte Ausgleichsfunktion durch Kompromisse deutlich.

Beispiele aus der Praxis:

Aus der Ordnungsfunktion der Abteilung Personal- und Sozialwesen kann es sich ergeben, dass man den Wunsch eines Mitarbeiters, zu einem bestimmten Zeitpunkt den Jahresurlaub in Anspruch zu nehmen, ablehnen muss, weil betriebliche Belange vorliegen. Aus der betreuerisch-fürsorglichen (oder der sozialen) Funktion ergibt sich dagegen z. B. die Aufgabe, wiederkehrenden, krankheitsbedingten Fehlzeiten eines Mitarbeiters durch ein vertrauliches Gespräch auf den Grund zu gehen, vielleicht einen Kuraufenthalt zu empfehlen und bei der Beantragung behilflich zu sein.

4.1.2.3   Überbetriebliche Aufgaben

Die Abteilung Personal- und Sozialwesen ist auch **sehr häufig** in Unternehmen mit Aufgaben betraut, die über den eigentlichen Betrieb oder das Unternehmen hinausgehen.

Es werden Kontakte zu Unternehmen der gleichen Branche, aber auch anderen Branchen aufgenommen und gepflegt, um z. B. einen Erfahrungsaustausch über Problemlagen zu betreiben, Informationen aus anderen Betrieben aufzunehmen, auszuwerten und Verfahrensweisen, die in anderen Unternehmen und Betrieben erfolgreich praktiziert werden, auf die Brauchbarkeit für das eigene Unternehmen zu überprüfen und ggf. einzuführen.

Darüber hinaus besteht oft ein sehr umfassender Datenaustausch zur Gewinnung von statistischen Angaben, die über das Unternehmen oder den Betrieb hinausgehen (siehe dazu auch Ausführungen aus dem Bereich Personalstatistik, Kapitel 6, Abschnitt 6.2.2 »Datenmaterial außerhalb des Betriebes«).

Auch ein Erfahrungsaustausch z. B. mit der »Deutschen Gesellschaft für Personalführung«, die als Mittler zwischen unterschiedlichen Unternehmen auftreten kann, ist sinnvoll, um Vergleichsdaten aus anderen Unternehmen zu erhalten.

4.1.2.3.1   Sozialversicherung

In der Selbstverwaltung unserer Sozialversicherung (Krankenkassen, Rentenversicherung, Berufsgenossenschaften, Arbeitslosenversicherung) nehmen häufig leitende Mitarbeiter der Abteilung Personal- und Sozialwesen Aufgaben wahr, eine sehr sinnvolle Tätigkeit (Engagement), da die Verbindung zu den Sozialversicherungträgern sehr wertvoll sein kann. In den Sozialversicherungträgern kann eine Meinungsbildung erfolgen und teilweise – so zumindest noch in der Krankenversicherung – Einfluss genommen werden auf die jeweilige Kostensituation.

4.1.2.3.2   Arbeitgeberverband

Auch die Mitarbeit in den zuständigen Arbeitgeberverbänden wird oft von Mitarbeitern/Mitarbeiterinnen der Abteilung Personal- und Sozialwesen geleistet. Auch diese Verbindung ist sinnvoll, da die Arbeitgeberverbände als eine der Tarifvertragsparteien im Rahmen der Tarifautonomie an den Arbeitsbedingungen mitbeteiligt sind. Auf diese Weise kann die Personalarbeit bei den Verhandlungen der Tarifvertragsparteien Einfluss ausüben. Darüber hinaus besteht die Möglichkeit, an außerbetriebliche Daten zu gelangen, die wichtig für ein Unternehmen sein können.

In der folgenden Darstellung wird noch einmal zusammengefasst, welche Einflüsse im internen und externen Bereich auf die Abteilung Personal- und Sozialwesen möglich sind.

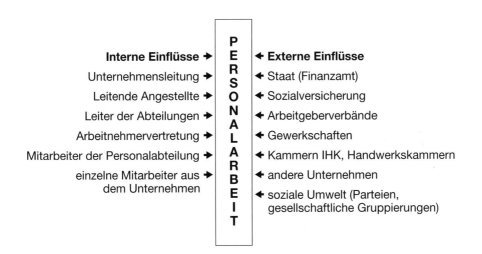

4.1.3   Grundlagen der Unternehmensorganisation

4.1.3.1   Begriff und Zielsetzung

Unternehmensorganisation ist die Zuordnung von Menschen und Sachmitteln zum Zwecke eines geregelten Arbeitsablaufs mit der Aufgabe, die durch die Leitung eines Unternehmens vorgegebenen Ziele zu realisieren. Dies geschieht durch generelle oder durch fallweise Regelungen.

In der Abbildung ist dargestellt, dass sich mit dem Begriff der Organisation im wesentlichen drei Dinge verbinden.

Organisation als Tätigkeit

Wer organisatorische Tätigkeiten übernimmt, muss festlegen

– welche Tätigkeiten zu verrichten sind
– welche Arbeitsmittel zur Verfügung stehen
– in welchen Räumlichkeiten gearbeitet wird
– wer Entscheidungen zu treffen hat
– ob es sich um eine planende Ausführung oder kontrollierende Tätigkeit handelt
– welches Ziel mit der Organisationstätigkeit erreicht werden soll.

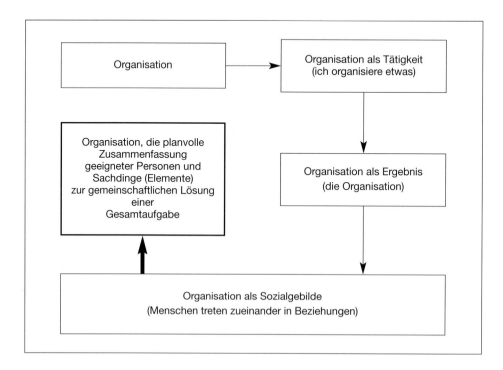

Organisation als Ergebnis

Organisation ist dann stimmig, wenn keine Arbeit doppelt durchgeführt wird, aber auch keine Arbeiten vergessen worden sind.

Das Ergebnis stellt zufrieden, wenn das Ziel erreicht wurde und auch die Mitglieder der Organisation gerne in diesem Rahmen tätig sind. Ergebnis einer organisatorischen Tätigkeit ist also auch das Ordnungsgefüge, das Gebilde, ein Prozess oder die Struktur eines Unternehmens. Ein Unternehmen hat eine bestimmte Organisation. Man spricht von der Organisation, der man angehört.

Organisation als Sozialgebilde

Der Begriff Organisation ist aus dem griechischen Wort »organon« abgeleitet. Dort bedeutet es soviel wie Teil eines Organismus, Teil eines lebendigen Wesens. Damit verbindet sich auch der Begriff des Organismus als ein sich selbst regelndes, natürliches Gebilde (Mensch, Tier und Pflanze), das sich gesetzmäßig verhält.

Die Organisation im wirtschaftlichen Sinne ist kein natürliches Gebilde. Sie ist vom Menschen geschaffen worden. Die Organisation regelt sich nicht selbst. Sie muss ständig an neue Situationen angepasst werden. In diesen Sozialgebildeorganisationen spielen sich zwischenmenschliche Beziehungen ab, die Gegenstand geplanter (gewollter) Zusammensetzung (formeller) Gruppen oder ungeplanter (informeller) Gruppen sind. Menschen treten zueinander in Beziehung. Sie arbeiten gemeinsam, sie kommunizieren miteinander, sie wollen gemeinschaftlich das gesetzte Ziel erreichen.

Im Rahmen der Unternehmensorganisation wird der geeignete Weg dafür festgelegt, und die notwendigen Anweisungen, Sachmittel, Beschreibungen und Regelungen werden bereitgestellt. »Geeigneter Weg« heißt sowohl wirtschaftlich vorteilhaftester (Ökonomisches Prinzip) als auch menschengerechter Weg (Humanisierung der Arbeit).

Zusammenfassung

Der Begriff Organisation ist dreigeteilt zu verstehen. Es handelt sich einmal um die
- Organisation als Tätigkeit
- Organisation als Ergebnis und
- Organisation als Sozialgebilde.

Organisation heißt, dass Menschen und Sachdinge in einem bestimmten Zusammenhang stehen. Die Organisation kann jedoch nicht Selbstzweck sein, sondern es müssen viele wichtige Gestaltungsprinzipien beachtet werden.

Wie so häufig, stehen die verschiedenen Grundsätze zueinander in Konkurrenz. In der Praxis wird die gleichrangige Beachtung dieser Grundsätze nicht möglich sein. Deswegen müssen bei der Bildung von Organisationen Kompromisse geschlossen werden, da unter Umständen ein wichtiger Grundsatz den anderen berühren kann. Eine Idealform scheint nicht möglich zu sein. Nachfolgend sind die vier bedeutendsten Gestaltungsprinzipien dargestellt.

Grundsatz des Gleichgewichts bedeutet, dass jede Organisation auf lange Zeit arbeitsfähig sein, in unserer Wirtschaftsordnung wettbewerbsfähig bleiben muß. Die Organisation muss in der Lage sein, sich veränderten Situationen anzupassen. Dabei müssen jeweils Stabilität und Flexibilität so gegeneinander abgewogen werden, dass sie sich nicht oder wenig beeinträchtigen.

Grundsatz der Zweckmäßigkeit: Eine Organisation muss den Gesamtzielen des Unternehmens entsprechen. Eine Unternehmensorganisation umfasst Mitarbeiter und Sachdinge, die im Zusammenwirken zur Erfüllung von Aufgaben eingesetzt werden. Nur mit einer zweckmäßigen Organisation kann das gewünschte Ziel erreicht werden.

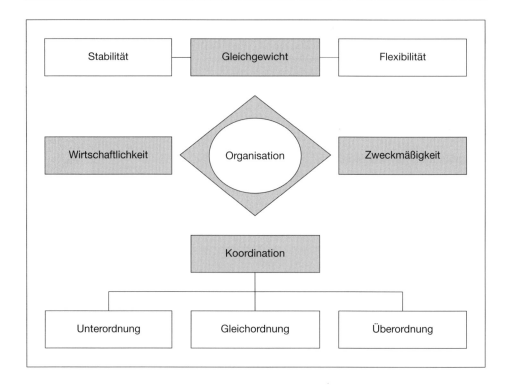

Grundsatz der Wirtschaftlichkeit heißt in unserem Wirtschaftssystem, dass eine Organisation wirtschaftliches Arbeiten ermöglichen muss. In unserem Wirtschaftssystem drückt sich wirtschaftliches Arbeiten für das Unternehmen in der Gewinnerzielung, dem Verhältnis von Aufwand und Erfolg aus.

Grundsatz der Koordination bedeutet, dass die notwendige Unterteilung der Gesamtaufgaben in unterschiedliche Teilaufgaben und die Übertragung auf einzelne Stellen eine störungsfreie Zusammenarbeit erfordert. Dabei muss eine Ausgewogenheit zwischen Überordnung, Gleichordnung und Unterordnung erreicht werden. Von Überorganisation kann man dann sprechen, wenn zu viele generelle Regelungen vorliegen. Bei einer Unterorganisation liegt ein Übermaß von fallweisen Regelungen vor.

Eine Organisation ist auf dauerhafte Regelungen angelegt. Es gibt aber auch Entscheidungen, die nur von Fall zu Fall zu treffen sind, und die als **Disposition** bezeichnet werden.

Disposition ist eine einmalige Regelung innerhalb eines vorgegebenen Rahmens: zum Beispiel die Routenplanung von Fahrzeugen, wenn Aufträge an den Auftraggeber auszuliefern sind.

Eine **Improvisation** ist eine vorläufige Regelung, die nur für einen bestimmten Zeitraum Gültigkeit hat. Es handelt sich hierbei meistens um Situationen, die weder voraussehbar noch vorausbestimmbar sind und für die es zur Zeit noch keine organisatorischen Regelungen gibt oder auch nicht geben wird. Improvisation hat immer Augenblickscharakter.

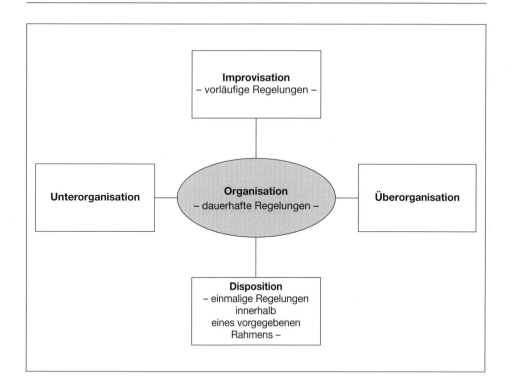

4.1.3.2   Elemente der Organisation

Elemente sind die kleinsten Einheiten im Rahmen einer Organisation:
- Menschen
- Sachmittel
- Aufgaben
- Informationen.

Am Beispiel eines Rechnungseinganges können diese Elemente zugeordnet werden:

Mensch	=	der einzelne Sachbearbeiter in der Poststelle
Sachmittel	=	Brieföffnungsmaschine
Aufgaben	=	Post öffnen, Rechnungen sortieren und weiterleiten
Information	=	Mitteilung an empfangende Stellen (z. B. Rechnungskopie), Zuständigkeit laut Organisationsplan

Element Mensch

Ziel aller wirtschaftlichen Tätigkeiten ist der Mensch. Als Endverbraucher ist der Mensch Nutznießer aller Erzeugnisse und Dienstleistungen.

Voraussetzung jeder erfolgreichen organisatorischen Arbeit ist die Kenntnis der körperlichen und geistigen Eigenschaften und Verhaltensweisen von Menschen. Dabei wird von einer allgemein gültigen Annahme über das menschliche Verhalten ausgegangen, nicht von den Eigenschaften einer bestimmten Person.

Element Sachmittel

Darunter zu verstehen sind Gegenstände, die Menschen bei der Erfüllung von Aufgaben einsetzen. Das sind z. B. im Verwaltungsbereich Schreibmaschinen, Mobiliar, EDV-Anlagen, PC's; im Fertigungsbereich die Drehbank, Industrieroboter.

Aus organisatorischer Sicht sind folgende Fragen zu stellen:

– Wann werden die Sachmittel eingesetzt?
– Welche Kapazität besitzen die in Frage kommenden Sachmittel?
– Welche zwangsläufigen Abläufe entstehen durch deren Einsatz?

Element Aufgaben

Nur Menschen können Aufgaben übertragen werden. Die Aufgaben leiten sich aus den Unternehmenszielen ab; jede Aufgabe dient dem Erreichen der Unternehmensziele.

Unter einer Aufgabe versteht man eine dauerhafte Aufforderung, etwas durchzuführen. Eine einmalige Aufforderung dagegen ist ein Auftrag. Aufgabenträger ist der Mensch; Arbeitsträger sind die eingesetzten Sachmittel. Um Aufgaben sinnvoll in Teilaufgaben zu zerlegen (analysieren), und zusammenfassen zu können, ist eine Aufgabenanalyse vorzunehmen. Das bedeutet: Die Gesamtaufgabe eines Unternehmens wird in Teilaufgaben zerlegt. Dabei kann man nach verschiedenen Kriterien vorgehen:

1. **Phasengliederung**
   Die Gesamtaufgabe wird hier unterteilt in die Phasen Planung,
   Durchführung (Realisierung) und Kontrolle.
2. **Ranggliederung**
   Bei der Ranggliederung erfolgt eine Unterteilung der Aufgaben in die Bereiche Entscheidung und Ausführung.
3. **Objektgliederung**
   Bei der Objektgliederung erfolgt die Aufteilung nach Endprodukten (Objekten).
4. **Verrichtungsgliederung**
   Das Zerlegen der Gesamtaufgabe kann bis zur Elementaraufgabe eines Mitarbeiters fortgeführt werden. Grundsätzlich wird eine Aufteilung in Beschaffung, Produktion und Absatz vorgenommen.

Element Information

Information ist der Teil einer Nachricht, der das Wissen des Empfängers erweitert. Den Austausch oder die Übermittlung von Nachrichten bezeichnet man als Kommunikation. Nachrichten bestehen aus Information und Redundanz. Information ist Wissen, das zur Erfüllung einer Aufgabe nötig ist. Redundanz ist der Teil einer Nachricht, der die Anforderung der Information nicht erfüllt, also im weitesten Sinne überflüssig ist. Redundanzen (Wiederholung mit anderen Worten oder anderen Strukturen) sind erforderlich, um Informationen leichter verständlich zu machen.

Denjenigen, der Informationen abgibt, bezeichnet man in der Kommunikationstechnologie als Sender; wer die Informationen annimmt, ist der Empfänger. Verbindungen zwischen dem Sender und dem Empfänger sind Informationswege oder Informationskanäle. Die Gesamtheit aller Informationswege bezeichnet man als Informationsnetz.

Man unterscheidet:

einseitige Informationswege	=	nur aus einer Richtung kommend
zweiseitige Informationswege	=	Information aus einer Richtung kommend, mit Rückfragemöglichkeit

aufwärtige Informationswege	=	Vollzugsmeldungen, Berichte, Vorschläge, die an den jeweiligen Vorgesetzten gehen
abwärtige Informationswege	=	Anweisungen, Anordnungen, Befehle.

Sinn der betrieblichen Information ist es, Wissen zu vermitteln, damit Mitarbeiter/innen ihre Aufgaben im Rahmen des Unternehmenszieles erfüllen können.

Kommunikationsbeziehungen

Kommunikation zwischen Aufgaben: Hierunter ist die zeitliche und logische Aufeinanderfolge von Aufgaben zu verstehen.

Kommunikation zwischen Menschen: Die Kommunikation zwischen Menschen kann eine Arbeitsbeziehung oder eine Führungsbeziehung sein.

Kommunikation zwischen Sachmitteln: Die Kommunikation zwischen den Sachmitteln ist besonders durch die Entwicklung der elektronischen Datenverarbeitung und durch die sich daraus ergebenden neuen Möglichkeiten der Kommunikation gekennzeichnet.

Die modernen Informationssysteme enthalten die Elemente Mensch und Maschine. Sie sind also Mensch-Maschine-Systeme. Beide Elemente – sowohl die Computer untereinander wie die Menschen untereinander – können Informationen benutzen wie auch verarbeiten. Man spricht deswegen auch von computergestützten Informationssystemen.

Aus der Betrachtung der einzelnen Elemente ergibt sich, daß verschiedene Beziehungen möglich sind:

1. Mensch-Mensch   (Soziale Beziehungen)
2. Mensch-Maschine
3. Maschine-Maschine

In reinen Mensch-Mensch-Systemen wird eine Aufgabe von einer Person oder einer Gruppe von Personen erfüllt. Das kann die Verwendung einfacher Werkzeuge (z. B. Schreibwerkzeuge) beinhalten.

In Mensch-Maschine-Systemen werden Aufgaben unter gleichzeitiger Mitwirkung von Menschen und Sachmitteln durchgeführt. Dabei ist weder die Leistung des Menschen noch der Maschinen isoliert vorstellbar.

Bei reinen Maschine-Maschine-Systemen werden Tätigkeiten durch Maschinen ausgeführt, ohne daß die Mitwirkung eines Menschen notwendig ist. Beispiele dafür sind computergesteuerte Maschinen, wie sie heute in der Automobilfertigung üblich sind (Industrieroboter und ähnliches).

4.1.3.3   Beziehungssystem Unternehmensorganisation

Eine Unternehmensorganisation unterhält grundsätzlich externe und interne Beziehungen. Unter externen Beziehungen versteht man die Beziehung zwischen der Unternehmensorganisation (dem System) und seiner Umwelt. Eine Unternehmensorganisation nimmt in vielfältiger Hinsicht Beziehung zu Externen auf, z. B. zum Staat (Finanzämter, Sozialversicherungen, Kommunen, Parteien, Verbänden). Eine Unternehmensorganisation, die keine Beziehung zu ihrer Umwelt hat, ist nicht vorstellbar.

Interne Beziehungen

Das sind Beziehungen innerhalb einer Unternehmensorganisation zu den einzelnen Systemelementen (wie unter Ziffer 4.1.3.2 ausgeführt).

Eine derartige Beziehung innerhalb der Unternehmensorganisation kann dann vorliegen, wenn der Output (Ausgabe) eines Elementes zum Input (Eingabe) eines anderen Elementes wird. Zum Beispiel erfolgt innerhalb der Personalabteilung eine Auswertung über Fehlzeiten in einzelnen Abteilungen (Output), die in den entsprechenden Abteilungen Aktivitäten (Input) auslöst, um Fehlzeiten zu senken.

Die bisher skizzierten, bewusst geplanten Dinge und Maßnahmen bestimmen die innere und äußere Form einer Unternehmensorganisation. Man kann sie als formelle Organisation bezeichnen. Ein Unternehmen ist aber nicht nur eine technisch-organisatorische Einheit, sondern auch ein Sozialgebilde, in dem sich Menschen mit Bedürfnissen zusammenfinden. Dadurch entwickelt sich in Unternehmen häufig ein Netz von Beziehungen und Beziehungsebenen, das sich einerseits relativ neutral zu dem formalen Aufbau und zu den Unternehmenszielen verhalten, andererseits aber auch die Leistungsfähigkeit eines Systems positiv oder negativ beeinflussen kann.

Informelle Beziehungen beruhen häufig auf zwischenmenschlichen Beziehungen. Informelle Gruppen können, begünstigt durch die räumliche Nähe, zwischen Menschen mit gleichen Interessen, Lage (Hobbys, gemeinsamer Weg zur Arbeit) oder anderen gemeinsamen sozialen Merkmalen (Alter, Geschlecht, Beruf) entstehen. Sie können aus formellen Gruppen hervorgehen. Darüber hinaus können sich aber auch informelle Gruppen bilden, die sich aus Mitarbeitern unterschiedlicher Hierarchieebenen zusammenfinden. Diese informellen Gruppen können eine ausgesprochen informelle Organisation aufbauen. Auch Informationen werden dann über informelle Kanäle weitergegeben.

Bisher ist die Organisation als Gesamtheit aller Regelungen bezeichnet worden. Diese Regelungen beziehen sich auf die Ordnung für Teilaufgaben und die Ordnung des Arbeitsablaufes. Damit müssen wir den Begriff der Unternehmensorganisation in zwei Bereiche aufteilen: die **Aufbauorganisation** und die **Ablauforganisation**.

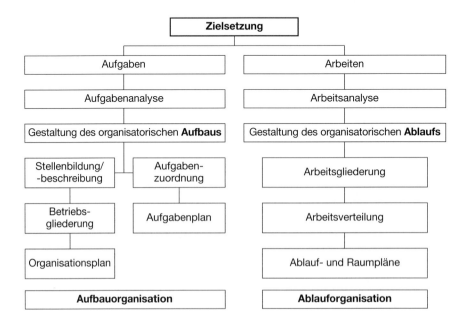

Im Rahmen der **Aufbau- und Ablauforganisation** ist es noch einmal erforderlich, die in einem Unternehmen gegebene Gesamtaufgabe zu betrachten. Diese Gesamtaufgabe wird im Rahmen der Aufbauorganisation in Haupt- und Teilaufgaben zerlegt. Dies geschieht in Form einer Aufgabenanalyse. Diese Analyse gibt einen Überblick über die zu erfüllenden Hauptteil- und Elementaraufgaben. Im Rahmen dieser Analyse werden dann Aufgaben zusammengefaßt zur Aufgabensynthese. Sie sind Organisationseinheiten im Unternehmen zugeordnet.

Die kleinste Einheit in einem Unternehmen bezeichnet man als **Stelle**. In dieser Stelle werden Aufgaben zusammengefasst, die von einer Person zu erledigen sind. Bei der Bildung von Stellen geht man davon aus, dass

- eine Stelle dauerhaft ist
- die Aufgabe so bemessen ist, dass der Inhaber weder
  über- noch unterbeschäftigt ist
- die Stelle sinnvoll mit Nachbarstellen, die vor- oder nachgelagerte
  Aufgaben durchführen, koordinierbar ist
- die Aufgaben kontinuierlich durchgeführt werden können
- der Aufgabenbereich einer Stelle klar gegenüber anderen abgegrenzt ist.

Sinnvollerweise ist hier als Arbeitsmittel eine Stellenbeschreibung einzusetzen. Aus der Stellenbeschreibung sollen die Aufgaben und die Befugnisse der Stelle hervorgehen.

Stellenbeschreibungen dienen folgenden Zielen:
- dem Erkennen der vom Stelleninhaber erwarteten Leistung
- zur Abgrenzung der Aufgaben und Kompetenzen
- zur Information über Beziehungen zu anderen Stellen
- der Beantwortung der Frage: wem überstellt, wem unterstellt?
- als Grundlage für die Beurteilung der Leistung des Mitarbeiters
  und damit seiner Bezahlung
- zur Erleichterung bei der Einarbeitung neuer Mitarbeiter
- als Hilfe bei der Stellenbesetzung
- der Festlegung von Ausbildungsbedarf
- anderen Stelleninhabern oder anderen Bereichen innerhalb eines
  Unternehmens als Information über die Tätigkeit benachbarter Stellen.

Beispiel für eine Stellenbeschreibung:

Stellenbeschreibung eines Personalreferenten
Bereich: Personalabteilung

1. **Bezeichnung der Stelle**
   Personalreferent

2. **Der Stelleninhaber ist unterstellt**
   dem Personalleiter

3. **Der Stelleninhaber ist überstellt**
   dem Sachbearbeiter Personalverwaltung

4. **Der Stelleninhaber wird vertreten**
   durch den Personalleiter

5. **Der Stelleninhaber vertritt**
   den Personalleiter in seinem Aufgabenbereich

(Fortsetzung auf der folgenden Seite)

Beispiel für eine Stellenbeschreibung:

---

6. **Zielsetzung**
   Realisieren personalpolitischer Grundsätze und Berücksichtigung von Mitarbeiter-
   interessen; Mitwirken bei der Personalplanung, -beschaffung, -entwicklung,
   -einsatz, -freisetzung des zugeordneten Betreuungsbereichs; Mitentscheiden bei
   personellen Einzelangelegenheiten

7. **Der Stelleninhaber entscheidet mit**
   - bei Versetzung und Freisetzung
   - bei der Festlegung von Bezügen und Sonderzahlungen
   - über Vertragsinhalte und Vertragsänderungen
   - in sozialen Angelegenheiten (Darlehen, Hilfen in Notfällen ...)

8. **Der Stelleninhaber wirkt mit**
   - bei der kurz- und mittelfristigen, quantitativen und qualitativen Personalbedarfsplanung
   - bei der Personalauswahl
   - bei der Planung und Kontrolle von Maßnahmen der Personalentwicklung
   - bei der Auswahl und Förderung von Nachwuchskräften
   - bei der Durchführung disziplinarischer Maßnahmen
   - bei der Änderung von organisatorischen Strukturen

9. **Der Stelleninhaber berät**
   - Führungskräfte bezüglich der Führungsinstrumente
     (z. B. Beurteilungsgespräch) und bei Führungsproblemen
   - die zu betreuenden Mitarbeiter in allen Angelegenheiten

10. **Der Stelleninhaber führt aus**
    - Bereitstellung und Überwachung von Kennziffern
    - Überwachung der Vergütungsstruktur und -entwicklung
    - Durchführen der Personalwerbung
    - Ausstellen von Verträgen
    - Ausstellen von Zeugnissen
    - Durchführen und Auswerten von Abgangsinterviews
    - Gesprächspartner des Betriebsrats in personellen Einzelangelegenheiten

Stelleninhaber _____ Vorgesetzter _____ Datum _____

(Fortsetzung)   Quelle: K. Maess, Th. Maess, Personaljahrbuch, Luchterhand Verlag

Man unterscheidet Stellen, die ausschließlich Ausführungsaufgaben haben und Stellen,
die ausschließlich oder teilweise Führungsaufgaben wahrnehmen. Letztere Stellen werden als Instanz bezeichnet. Die Zusammenlegung von mehreren Stellen führt zu der Bildung einer Abteilung. Dieses geschieht dann unter einer Leitungsstelle (Instanz). In größeren Unternehmen erfolgt häufig eine Zusammenfassung von Abteilungen zu
Hauptabteilungen, denen wiederum eine Leitungsstelle in Form eines Hauptabteilungslei-
ters (Instanz) vorsteht. Die Bildung von Abteilungen erfolgt nach bestimmten Merkmalen:

Funktionsorientierte Abteilungsbildung

Dies geschieht bei der Zusammenfassung gleichartiger Aufgaben: Abteilungsbildung
nach den Verrichtungen, nach den Funktionen.

Objektorienterte Abteilungsbildung

Dabei wird die gesamte Aufgabenerledigung am Objekt, d .h. vom einzelnen Mitarbeiter oder bestimmten Mitarbeitergruppen, vorgenommen. Diese objektorientierte Bildung von Abteilungen wird uns bei den Organisationsformen der Personalabteilung noch einmal begegnen (vgl. Abschnitt 4.1.4.2).

Phasenbezogene Abteilungsbildung

Hier wird unterschieden nach der Planungsphase, der Durchführungsphase oder der Kontrollphase. Diese Form der Abteilungsbildung ist häufig im technischen Bereich eines Industriebetriebes anzutreffen. Die Unterteilung folgt nach Fertigungsplanung, Arbeitsvorbereitung, Produktion und Endkontrolle. Auch eine Abteilungsbildung nach Regionen oder Teilmärkten ist möglich. Hier kann nach Inland, europäisches Ausland oder noch feineren Untergliederungen vorgegangen werden.

Personenbezogene Abteilungsbildung

Hier geht man von der Eignung und den Interessen der bereitstehenden Manager im Unternehmen aus. In der Literatur wird häufig beschrieben, dass diese **personenbezogene Abteilungsbildung** eine schlechte Form der Abteilungsbildung ist, weil hier sehr häufig persönliche Machtinteressen wirksam werden und derartige Abteilungsbildungen zu Vettern- und Cliquenwirtschaft führen. Dennoch kommt diese Form der Abteilungsbildung durchaus öfter in Unternehmen vor.

Zentralisation und Dezentralisation

Wenn Aufgaben auf Stellen oder Abteilungen verteilt werden, stellt sich immer die Frage: Soll die Aufgabenerfüllung zentralisiert oder dezentralisiert werden?

Vorteile der Zentralisation:
- sichert einheitliche Entscheidungen
- bringt eine bessere Übersicht
- verhindert egoistisches Abteilungsdenken
- macht moderne Arbeitsmittel wirtschaftlicher
- nutzt die Vorteile einer stärkeren Spezialisierung aus.

Vorteile der Dezentralisation:
- bringt große Flexibilität
- ermöglicht aktuelle und schnelle Entscheidungen am Ort des Geschehens
- entlastet die oberen Leitungsstellen
- verkürzt Entscheidungs- und Dienstwege.

Eine generelle Empfehlung über Zentralisation und Dezentralisation kann nicht gegeben werden. (Zu Möglichkeiten Personalarbeit zu organisieren, siehe Abschnitt 4.1.4.2).

4.1.3.4   Alte Organisationsformen

4.1.3.4.1   Stab-/Linien-Organisation

Linien-Organisation

Alle Stellen sind in einem einheitlichen Befehlsweg eingebunden. Jede Stelle ist hinsichtlich Aufgabe, Verantwortung, Kompetenz klar abgegrenzt. Eine Stellengliederung erfolgt entweder in der Breite oder in der Tiefe.

Die Gliederung nach Breite oder Tiefe bezeichnet man auch als flache oder hohe Organisationsstruktur.

Stellengliederung in der Breite (flache Organisationsstruktur):

Vorteile: keine Zwischeninstanzen, unmittelbarer Kontakt zu dem Vorgesetzten
Nachteile: Überlastung der Instanz.

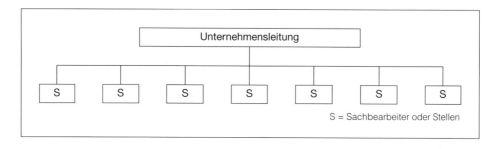

Stellengliederung in der Tiefe (hohe Organisationsstruktur)

Vorteile: Entlastung des Vorgesetzten
Nachteile: schwerfällige Informationsübermittlung, Starrheit gegenüber Besonderheiten.

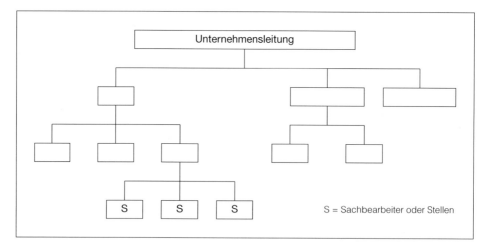

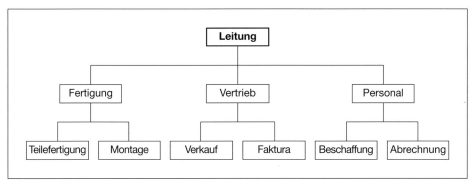

Quelle: Steinbuch, P. A.: Organisation, Friedrich Kiehl Verlag

Die Vorteile der klassischen Linienorganisation liegen in der Übersichtlichkeit des Aufbaus, der funktionalen Abgrenzung mit dem klaren Instanzenweg. Nachteile sind insbesondere der unter Umständen lange Instanzenweg sowie die Starrheit dieser Organisationsformen. Darüber hinaus sind die Instanzen (die Vorgesetzten) häufig überlastet.

Stab-/Linienorganisation

Um Nachteile der Linienorganisation abzumildern, hat man neben den Linienstellen **Stäbe** eingerichtet.

Es werden den Leitern in verschiedenen Stufen Spezialisten beigegeben, die Beratungsaufgaben haben. Diese Stellen haben kein Weisungsrecht und kein Entscheidungsrecht. Typische Stäbe sind z. B. Direktionsassistenten, Spezialisten in Rechtsabteilungen bzw. Steuerabteilungen.

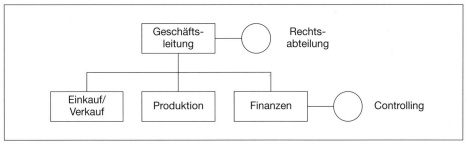

Quelle: Schmidt, Frank, Kalow, Tolkmit: Der Industriefachwirt, Buch 1, FELDHAUS VERLAG

Der Vorteil der Stab-/Linienorganisation liegt in einer Entlastung der Linienaufgaben.

Nachteilig ist häufig die Machtausübung der Stäbe. Rivalitäten zwischen Linie und Stab entstehen. So können Mechanismen wirksam werden, die einer informellen Gruppenbildung und damit auch einer informellen Machtausübung Vorschub leisten.

4.1.3.4.2   Mehrlinien-Organisation

Diese Organisationsform wurde von dem amerikanischen Ingenieur Frederick Taylor entworfen.

Mehrliniensystem bedeutet eine Mehrfachunterstellung der Mitarbeiter.

Das Konzept von Taylor sah vor, daß sich die Organisation nicht über die gesamte Hierarchie eines Unternehmens erstrecken sollte, sondern nur auf die Beziehung zwischen den ausführenden Arbeitern und der unteren Führungsebene (der Meister).

Nach Taylors Vorstellungen von einer hohen Arbeitsteilung sollten Meisteraufgaben in 8 Funktionsbereiche eingeteilt werden:

– 4 Ausführungsmeister (Verrichtungs-, Geschwindigkeits-, Prüf-, Instandhaltungsmeister) sowie
– 4 weitere Meister im Arbeitsbüro (der Arbeitsverteiler, der Unterweisungsmeister, der Zeit- und Kostenmeister sowie der Aufsichtsmeister), wobei jeweils die einzelnen Meister Weisungsbefugnis gegenüber den zuständigen Mitarbeitern hatten.

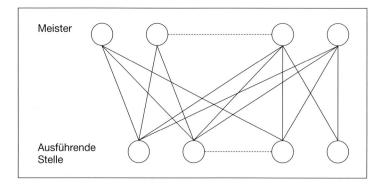

Dies ist immer ein theoretisches Modell geblieben. Es gibt bisher keinen Nachweis dafür, daß dieses Modell in der Praxis funktioniert hat. Mögliche Vorteile wären der direkte Weg, der direkte Zugriff, wodurch Leerlaufzeiten und Entscheidungswege minimiert würden. Nachteilig könnte sich auswirken, dass ein Mitarbeiter mehrere Vorgesetzte hat. Somit wären Kompetenzrangeleien die mögliche Folge.

Alle alten Organisationsformen sind **funktional** ausgerichtet.

4.1.3.5   Neue Organisationsformen

Bis in die 60er Jahre hinein gab es in Deutschland nur diese beschriebenen »alten« Organisationsformen. Seit dieser Zeit haben sich neue Organisationsformen entwickelt und auch Eingang in die Unternehmen gefunden.

4.1.3.5.1   Matrix-Organisation

Eine Matrix-Organisation ist an Funktionen orientiert, d. h. es werden weiterhin Zentralaufgaben, wie z. B. Einkauf, Verkauf, Produktion gebildet.

Über diese Organisationsform, die dem Prinzip einer Linienorganisation entspricht, wird eine Matrix mit Produktmanagern gelegt. Der Produktmanager ist für sein Produkt verantwortlich.

Über die Funktionshierarchie aus Einkauf, Verkauf, Produktion tritt eine zweite Führungsebene aus Produktmanagern. Das ergibt im Unternehmen zwei Kompetenzsysteme (vgl Abb.).

Diese Organisation erfordert einen ständigen Dialog zwischen den Leitern der Funktionsbereiche und den Leitern der Produktbereiche. Das führt dazu, daß die einzelnen Mitarbeiter zwei Vorgesetzte haben: einen für die Funktion und einen für die Sparte. Durch diese Mehrfachunterstellungen sollen latente Konflikte im gesamtunternehmerischen Interesse ausgetragen und abgestellt werden.

In der Matrix-Organisation arbeiten also Funktionsmanager mit dem Produktmanager zusammen. Der Funktionsmanager hat für die Erledigung einer bestimmten Aufgabe an einem Objekt zu sorgen, z. B. für den gesamtunternehmerisch günstigsten Einkauf, während der Produktmanager dafür verantwortlich ist, dass das Produkt richtig entwickelt und produziert wird. Beide sind weisungsbefugt für die unterstellten Mitarbeiter.

Bei der Matrix-Organisation »reiben« sich die Antriebe Funktion und Produkt. Auf diese Weise sollen sich die Antriebsenergie und die Produktivität verstärken.

Vorteile können eine bessere Nutzung der menschlichen Ressourcen und die flexible Anpassung an die Unternehmensorganisation sein. Nachteile könnten sich ergeben durch Schwierigkeiten bei der Ergebnisbeurteilung der jeweiligen Bereiche und durch die Anweisungsbefugnis mehrerer Leitungsstellen.

In der Bundesrepublik sind in der Form einer Matrix-Organisation so unterschiedliche Unternehmen wie Automobilhersteller und Waschmittelproduzenten organisiert.

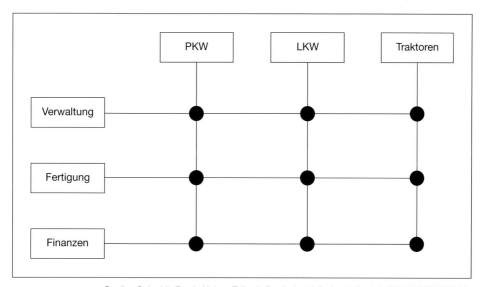

Quelle: Schmidt, Frank, Kalow, Tolkmit: Der Industriefachwirt, Buch1, FELDHAUS VERLAG

4.1.3.5.2   Sparten-/Divisions-Organisation

Bei der Sparten-Organisation wird ein Unternehmen in Geschäftsbereichssparten (Geschäftsfelder) gegliedert. Es bietet sich häufig eine Aufteilung nach Produkten an.

Große Unternehmen in Deutschland mit einer ausgeprägten Sparten-Organisation sind die Firma Daimler-Benz mit ihren Produkten PKW, Nutzfahrzeuge (LKW), Militärtechnik, Datenverarbeitung usw. sowie die Firma Siemens.

Auch viele andere große Unternehmen in der Bundesrepublik Deutschland sind in Form von Sparten-Organisationen gegliedert oder auf dem Wege dorthin. Sparten können auch nach Abnehmergruppen, nach Regionen, nach Ländern gebildet werden.

Diese Organisationsform entspricht dem Wunsch von Großunternehmen nach mehr Kontrolle und mehr Eigenverantwortlichkeit in den Geschäftsbereichen.

Den verantwortlichen Spartenmanagern werden für ihre Tätigkeiten in den Sparten weitgehende Entscheidungskompetenzen eingeräumt. Meistens ist damit verbunden, dass ihnen für die jeweilige Sparte auch die Gewinnverantwortung übertragen ist (Profit-Center). Jeder einzelne Geschäftsbereich oder jedes Geschäftsfeld kann als Quasi-Unternehmen bezeichnet werden.

Die Sparten-Organisation kann so ausgestaltet sein, dass die einzelnen Sparten über alle für ein Unternehmen erforderlichen Funktionen verfügen, oder dass in den Zuständigkeitsbereich der einzelnen Sparte nur die unmittelbaren Aufgaben (Forschung, Entwicklung, Produktion, Absatz) fallen, während von Zentralbereichen oder Zentralabteilungen die mittelbaren Aufgaben (z. B. Personalwesen, Finanzwesen, Rechnungswesen) erledigt werden.

In der Praxis gibt es verschiedene Abstufungen und Mischformen. Einzelne Geschäftsbereiche können im Rahmen einer Spartenorganisation auch in herkömmlichen Formen organisiert sein (Einlinien-, Stab-/Linien- oder auch Matrix-Organisation).

Vorteile dieser Sparten- bzw. Divisions-Organisation sind:

– klar abgegrenzte Verantwortungsbereiche
– Ergebnisermittlung/Ergebnisverantwortung
– stärkeres Verantwortungsgefühl
– Initiative und Ehrgeiz werden geweckt.
– Das Produkt, das Objekt erlangt mehr Aufmerksamkeit, da das Produkt oder das Objekt Träger des Erfolges ist und nicht die Funktionen (z. B. die Verwaltung).
– Entscheidungen sind leichter zu delegieren.
– Schnellere Reaktion auf Markterfordernisse ist möglich.
– Bildung und Erhalt von Selbständigkeiten bei Fusionen mit kleineren Firmen.
– Ausbildungsstätte für angehende Spitzenmanager.

Nachteile:

– Spartenziele können vor Unternehmenszielen gehen.
– Zentrale/kostengünstige Vorteile können verloren gehen (z. B. gemeinsamer Einkauf).
– Mehrkosten können entstehen, z. B. durch Dezentralisierung von Funktionen (mehrere EDV-Abteilungen anstatt einer großen).
– Das Berichts- und Informationswesen wird komplizierter und muss optimal entwickelt werden.
– Mehr Personal ist erforderlich auf der Führungsebene.
– Es gibt das Problem der internen Verrechnungspreise.

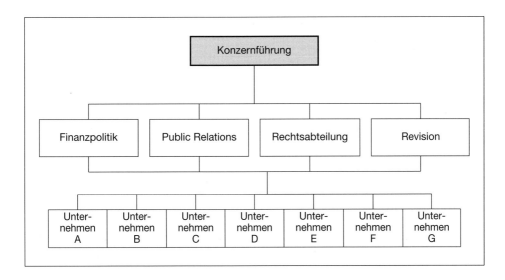

Ein oft praktiziertes Modell der Verteilung von Funktionen kann so aussehen:

Die Sparten-(Divisionen) betreiben Forschung und Entwicklung, Produktion, Betrieb, Absatz. Die Zentralstellen (Revision, Rechtsabteilung, Steuerabteilung) sind bei der obersten Leitungsebene (Holding) angesiedelt.

Individuelle Lösungen werden für die Bereiche Controlling, Beschaffung/Einkauf und Personalarbeit gefunden.

Gegenüberstellung der Organisationsformen

Organisationsform	Vorteile	Nachteile
Einlinien-Organisation • Verrichtungszentralisation • Einfachunterstellung • nur Vollkompetenz	• übersichtlicher Aufbau • klare Abgrenzung von Aufgabe, Kompetenz und Verantwortung	• Starrheit und Schwerfälligkeit des Systems • Überlastung der Instanzen
Stablinien-Organisation • Verrichtungszentralisation • Einfachunterstellung • Voll- und Teilkompetenz	• einheitlicher Instanzenweg • Entlastung der Linie durch Stäbe • klare Zuständigkeiten • Nutzung von Spezialkenntnissen	• Konfliktgefahr durch Trennung von Entscheidungsvorbreitung und Entscheidung • Rivalität Stab-Linie

(Fortsetzung auf der folgenden Seite)

Gegenüberstellung der Organisationsformen

Organisationsform	Vorteile	Nachteile
Mehrlinien-Organisation • Verrichtungszentralisation • Mehrfachunterstellung • Teilkompetenz	• Ausschaltung schwerfälliger Dienstwege • weitgehende Nutzung von Spezialkenntnissen	• mangelhafte Koordination • schwierige Abgrenzung von Verantwortung und Kompetenz
Matrix-Organisation • Objekt- und Verrichtungszentralisation • Mehrfachunterstellung	• Spezialisierungseffekte • Koordination bereichsübergreifender Funktionen ist institutionell abgestützt • Sicherung der Einheitlichkeit des Unternehmens für bestimmte Funktionen	• höhere Kosten durch Stellenvermehrung • Unterstellungsverhältnisse können unklar sein • Konflikte können zu Störungen führen
Sparten-/Divisions-Organisation • Objektzentralisation • Einfachunterstellung	• einheitlicher Instanzenweg • Transparenz • klare Abgrenzung der Zuständigkeiten • verbesserte Motivation	• Geschäftsbereiche können Eigenleben führen • Anstreben von Geschäftsbereichszielen anstatt von Unternehmenszielen

(Fortsetzung)   Quelle: IHK-Textband, Organisation des Industriebetriebs

4.1.3.5.3 Projekt-Organisation

Projekte sind Vorhaben mit festgelegtem Anfang und Abschluss, die durch die Merkmale zeitlicher Befristung, Komplexität und relativer Neuartigkeit gekennzeichnet sind.

Man unterscheidet mehrere Projekt-Organisationsarten:

Die reine Projekt-Organisation ist eine die bestehende Organisation überlagernde Institution zur Bewältigung befristeter komplexer Aufgaben. Hierbei werden aus bestehenden Bereichen Spezialisten zusammengefaßt.

Mitarbeiter werden dabei aus ihren bestehenden Bereichen herausgelöst und den Projekten zugeordnet. Die disziplinarische Befugnis ist auf den Projektleiter übergegangen.

Eine Projekt-Organisation besteht grundsätzlich aus:

– einem Lenkungsausschuss
– Projektgruppen
– dem Leiter der Projekte.

Der **Lenkungsausschuss** nimmt folgende Aufgaben wahr:

– Richtlinienfestlegung
– ggf. Teilung der Projekte in Teilbereiche
– Festlegung der Prioritäten
– Information der Beteiligten (hier insbesondere auch der Betriebsrat oder andere Arbeitnehmervertretung)
– Entscheidung über Konzepte und deren Freigabe
– Ergebniskontrolle
– Terminunterstützung.

Die **Projektgruppe** übernimmt

– Analyse und Konzeption des Projektes
– Initiierung, Überwachung, Information an andere Projektleiter und den Lenkungsausschuß
– Abstimmung übergreifender Probleme.

Vor- und Nachteile der unterschiedlichen Arten der Projekt-Organisation:

Art der Projektorganisation	Vorteile	Nachteile
Reine Projekt-Organisation	• Projektleiter hat volle Kompetenz • Kommunikationswege führen zu schnellen Reaktionen bei Störungen • klare und eindeutige Projektverantwortung, Identifikation mit dem Projekt	• Gefahr der Etablierung der Projektgruppe nach Projektende • Versetzungsproblem nach Projektende • Doppelbesetzung • Gefahr von Parallelentwicklungen im Projekt und benachbarter Linie
Stabs-Projekt-Organisation	• Projektstäbe nur mit Informationssammlung und Entscheidungsvorbereitung beauftragt • meist hoher Informationsstand und Fachwissen	• keine Weisungsbefugnis, nur an berechtigte Stellen • Konflikte bei Stablinienorganisation
Matrix-Projekt-Organisation	• schnelle Zusammenfassung von interdisziplinären Gruppen • keine Versetzungsprobleme bei Projektbeginn und -ende • Förderung des Synergieeffektes	• Projektmitarbeiter dienen »zwei Herren« • hohe Konfliktträchtigkeit zwischen Projekt und Linie • hohe Anforderung an Kommunikations- und Informationsbereitschaft

Die **Projektleiter** sind verantwortlich für

- Strukturierung der Aufgabe
- Analyse der Aufgabe
- Problemlösung
- Durchsetzung.

Häufig werden für eine Projektarbeit auch externe Berater hinzugezogen. Der Berater soll die Funktion des Trainers bzw. des Moderators haben.

Neben der **reinen Projekt-Organisation** kann auch eine **Stabs-Projekt-Organisation** gebildet werden. Dies setzt voraus, dass grundsätzlich eine Stab-/Linien-Organisation besteht. Die einzelnen Stabsstellen werden zu einer Projektgruppe zusammengefaßt.

Als drittes ist eine **Matrix-Projekt-Organisation** möglich. Die Projektmitarbeiter verbleiben in ihren bisherigen Organisationsstellen, unterstehen disziplinarisch weiterhin ihren bestehenden Abteilungen und arbeiten dem Projektleiter fallweise zu. Diese Form wird auch als Task-Force bezeichnet.

Lean-Management, Lean-Production, Lean-Organisation

Diese drei Begriffe werden in den letzten Jahren in Deutschland in vielfältiger Hinsicht diskutiert. Was verbirgt sich hinter diesen Begriffen?

Ausgangspunkt für die Begriffsprägung war eine Studie, die das MIT (Massachussets Institut of Technology) erstellt hat: »The machine will change the world«.

Es wurden die in Japan angewandten Unternehmensführungstechniken und ihre betriebswirtschaftlichen Vorteile gegenüber den westlichen Formen untersucht.

Untersuchungsgegenstand war die Automobilindustrie. Die Ergebnisse dieser Untersuchung gaben einen neuen Anstoß zur Einführung von Gruppenarbeit. Das Neue an dieser Gruppenarbeit: Die Mitarbeiter vor Ort wurden bei Problemlösungen, Qualitätskontrollen und weiteren Aufgaben einbezogen.

Elemente der Lean-Production sind:

Kaizen	=	ständige Verbesserung
Kanban	=	produktinterne Kundenorientierung
Just-in-Time	=	Lagerloser Materialfluß in der Fertigung
Total-Quality-Management	=	umfassende Qualitätserzeugung
Quality-Circle	=	Mitarbeiterbefragung, Mitarbeiterbeteiligung, insbesondere an der Arbeitsorganisation.

Eigenverantwortliche Arbeitnehmergruppen führen zum Abbau von hierarchischen Strukturen und wenden sich ab von tayloristischen Vorstellungen (Zerlegung einer Aufgabe in kleinste Teile). Dieser Teil wird in Deutschland hauptsächlich als Lean-Management angesehen und verfolgt.

Die **Arbeitsprinzipien** von **Lean-Management** in einer Übersicht:

1. **Gruppe/Team**

   Die Aufgaben werden in der Gruppe erledigt. Der Konsensgedanke ist bei der Lösung der Aufgabe dominant, interner Wettbewerb wird vermieden.

2. **Eigenverantwortung**

   Jede Tätigkeit wird in Eigenverantwortung durchgeführt. Den Rahmen dazu bilden die Standards, die für jede Tätigkeit erstellt werden. Kann die geforderte Qualität nicht eingehalten werden, wird der Arbeitsfluß unterbrochen und Hilfe angefordert.

3. **Feedback**

   Alle Aktivitäten, vom einzelnen bis zum kompletten Funktionsbereich, werden von einem außergewöhnlich intensiven Feedback begleitet. Die Reaktionen von Außenwelt, System oder Anlagen dienen zur Steuerung des eigenen Handelns.

4. **Kundenorientierung**

   Alle Aktivitäten sind streng auf den Kunden und seine Wünsche orientiert.

5. **Wertschöpfung hat Priorität**

   Die wertschöpfenden Tätigkeiten haben oberste Priorität im Unternehmen. Das gilt für alle verfügbaren Ressourcen.

6. **Standardisierung**

   Formalisierung und Standardisierung der Arbeitsgänge durch einfache schriftliche und bildliche Darstellung

7. **Ständige Verbesserung**

   Die ständige Verbesserung aller Leistungsprozesse bestimmt das tägliche Denken. Es gibt keine endgültigen Ziele, sondern nur Schritte in die Richtung.

8. **Sofortige Fehlerabstellung an der Wurzel**

   Jeder Fehler wird als Störung des Prozesses angesehen, dem bis auf die eigentliche Ursache nachzugehen ist.

9. **Vorausdenken, Vorausplanen**

   Nicht die erfolgreiche Reaktion, sondern die Vermeidung künftiger Probleme gilt als Ideal. Das Denken erfolgt wie bei einem Schachspieler über mehrere Züge im voraus.

10. **Kleine, beherrschte Schritte**

    Die Entwicklung erfolgt in kleinen, beherrschten Schritten. Das Feedback auf jeden Schritt steuert den nächsten. Die Geschwindigkeit wird durch die schnelle Folge der Schritte erhöht.

4.1.4 Organisationszuordnung und Organisationsformen

Unter diesen beiden Begriffen soll dargestellt werden, wie die Einordnung der Personalarbeit in die Unternehmensorganisation aussehen kann. Mögliche Organisationsformen werden beschrieben.

4.1.4.1 Organisationszuordnung der Personalarbeit

Bei Überlegungen zur Organisationszuordnung der Personalarbeit muss immer die Größenordnung von Betrieben beachtet werden.

Es soll zwischen kleineren Unternehmen (ca. 50 bis 500 Mitarbeiter), mittleren Unternehmen (ca. 500 bis 1000 Mitarbeiter) und größeren Unternehmen (ab 1000 Mitarbeiter) unterschieden werden. Diese Unterscheidung soll jedoch ausdrücklich nur als eine grobe Richtschnur angesehen werden. In Einzelfällen kann durchaus von der Zuordnung abgewichen werden.

In Kleinbetrieben werden Personalfunktionen meistens vom Firmeninhaber bzw. von der Geschäftsführung selbst wahrgenommen. Dort gibt es keine ausgebaute Personalabteilung oder, wenn eine Personalfunktion ausgewiesen ist, werden dennoch personelle Entscheidungen häufig an der Funktion vorbei vom Geschäftsführer getroffen. Die reinen Verwaltungsaufgaben innerhalb der Personalarbeit werden von einer Person erledigt oder sie wird von Externen (z. B. Steuerberater) wahrgenommen. Die arbeitsrechtlichen Probleme werden häufig von einem externen Rechtsanwalt geregelt.

Personalfunktion im Kleinbetrieb

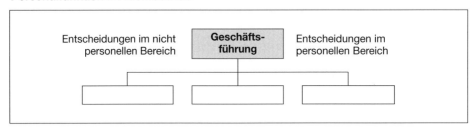

In mittleren und größeren Unternehmen existiert meistens eine Personalabteilung.

4.1.4.1.1 Vergangenheit und Gegenwart

In der Vergangenheit waren gerade in mittleren und größeren Unternehmen die Personalabteilungen häufig ein »Anhängsel« an das Finanz- und Rechnungswesen, weil die wesentliche Muss-Aufgabe, die Personalabrechnung, dort erfolgte. Weitere Funktionen waren in der Vergangenheit meistens nicht erforderlich, weil es keine ausgeprägte Personalplanung gab. Auch die gesamte arbeitsrechtliche Problematik (z. B. durch Schutzgesetze, das Betriebsverfassungsgesetz) war in der Vergangenheit nicht von der großen Bedeutung, die sie heute innerhalb der Personalarbeit hat.

In der Gegenwart hat sich durch die gestiegene Bedeutung der Personalarbeit in den letzten Jahren und Jahrzehnten die Eingliederung in die oberen Hierarchieebenen verlagert. Ganz deutlich wird das bei Kapitalgesellschaften, die in Form einer Aktiengesellschaft betrieben werden, weil dort ab 2001 Mitarbeitern kraft Mitbestimmungsgesetz ein Arbeitsdirektor vohanden sein muss. Der Arbeitsdirektor hat die Aufgabe, die wesentlichen Personalfunktionen wahrzunehmen und er ist im Leitungsorgan Vorstand vertreten. Damit ist die Personalfunktion kraft Gesetz in der obersten Leitungsebene angesiedelt.

Dies trifft praktisch bei allen großen Kapitalgesellschaften und Genossenschaften in der Bundesrepublik Deutschland zu. In anderen rechtlichen Unternehmensformen gehört die Personalarbeit und damit die Abteilung Personal- und Sozialwesen zur zweiten Leitungsebene, also unterhalb der Geschäftsführung.

4.1.4.1.2   Zukunft

In der neueren Zeit – insbesondere ausgelöst durch die Kostensituation in vielen deutschen Betrieben – wird die Zuordnung der Personalarbeit sehr stark unter Zentralisierungs- und Dezentralisierungstendenzen betrachtet. Dabei ist ein deutlicher Richtungswechsel hin zu dezentralisierter Personalarbeit zu beobachten. Den Führungskräften wird weitergehend als bisher Personalfunktion und Personalverantwortung übertragen. Die Leitungsebenen unterhalb des Vorstandes oder der Geschäftsführung werden verstärkt in Personalfragen eingebunden und erhalten eine stärkere Verantwortlichkeit für die eigenen Mitarbeiter.

Die Vorgesetzten entscheiden dann über Einstellungen, sind für die Förderung der Mitarbeiter zuständig und treffen in diesem Rahmen auch Entscheidungen zur Personalentwicklung, Personalplanung und Arbeitszeitgestaltung.

Setzt sich diese Tendenz fort, dann übernimmt der Personalbereich in der Zukunft überwiegend eine Stabsfunktion, d. h. eine beratende Tätigkeit und die Wahrnehmung von bereichsübergreifenden, konzeptionellen und koordinierenden Aufgaben.

Zentrale Verwaltungsaufgaben, wie z. B. die Abrechnung, die in solchen dezentralen Strukturen nicht vor Ort erledigt werden können, werden dann »outgesourct« und von Dienstleisterfirmen (z. B. Steuerberater) wahrgenommen. Die Veranwortlichkeit in Personalfragen liegt dann bei den jeweiligen Vorgesetzten vor Ort.

4.1.4.2   Organisation der Personalarbeit

Wie kann die Aufbauorganisation innerhalb des Personalwesens gestaltet werden?

4.1.4.2.1   Organisation nach Mitarbeitergruppen

Die Organisation des Personal- und Sozialwesens gliedert sich entsprechend »alter Art«, den unterschiedlichen Arbeitnehmergruppen (Arbeiter, Angestellte, leitende Angestellte, Auszubildende).

Gliederung der Personal- und Sozialabteilung nach Mitarbeitergruppen
Diese Gliederung entstand, als die arbeitsrechtlichen Besonderheiten für die Mitarbeitergruppen noch sehr unterschiedlich waren.

Weil sich diese Unterschiede mehr und mehr verwischen – z. B. Angleichung der Kündigungsfristen zwischen Arbeiter und Angestellten und bei der Entgeltfortzahlung im Krankheitsfall – ist diese Form der Organisation überholt.

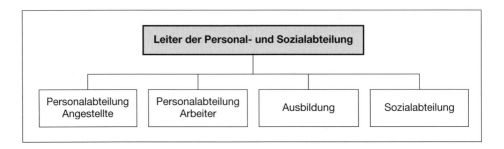

Man findet sie in der Praxis nur noch selten. Sie ist in Betrieben anzutreffen, die eine relativ statische alte Organisationsstruktur haben und in Verwaltungen, die ebenfalls »althergebracht« diese Organisationsform weiter beibehalten.

4.1.4.2.2   Funktionale Organisation

Durch die Ausweitung personalwirtschaftlicher Aufgaben wurde eine Spezialisierung erforderlich. Eine funktionale Organisation zeichnet sich dadurch aus, dass zentrale Teileinheiten (Abteilungen) ganz bestimmte Aufgaben aus der Vielfalt der Funktionen und Differenzierungen übernehmen. Einfache Modelle sehen nur eine Differenzierung zwischen Personal-, Sozial- und Bildungsbereich vor. Diese funktionale Gliederung ist jedoch auch weit in die Tiefe fortzuführen, so dass eine Personal- und Sozialabteilung mit ausgeprägter hierarchischer Struktur entstehen kann.

Vorteil dieser funktionalen Organisation ist, dass es relativ eng abgegrenzte Aufgabengebiete gibt, die eine weitgehende Spezialisierung der Mitarbeiter möglich macht.

Für Arbeitnehmer, die sich mit verschiedenartigen Problemen an Personal- und Sozialabteilungen wenden, ergibt sich der Vorteil, dass ihnen auf jedem der unterschiedlichen Gebiete entsprechende Spezialisten gegenüber treten können.

Als Nachteil ist anzusehen, dass aus der Sicht der Mitarbeiter jeweils viele unterschiedliche Anlaufstellen in der Abteilung Personal- und Sozialwesen zu finden sind.

Im Sinne der heutigen Auffassung von Personalbetreuung ist dieses Modell nicht auf der Höhe der Zeit.

Funktionalorganisation

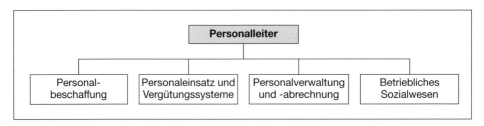

4.1.4.2.3   Objektbezogene Organisation

Eine neuere Organisationsform, die sich sehr stark verbreitet hat und die durchaus noch zukunftsträchtig ist, ist das sogenannte **Referentenmodell**. In dieser Organisationsform wird nach der Objektgliederung gearbeitet, d. h. Objekte sind in diesem Falle die einzelnen Mitarbeiter, bzw. abgrenzte Mitarbeitergruppen.

Personalreferentenorganisation

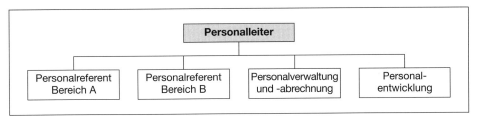

Ein Personalreferent leistet die Personalarbeit »aus einer Hand«. Er ist im Idealfall – angefangen bei der Personalplanung, mit der Bedarfsplanung über die Beschaffungsplanung, Auswahl, Einstellungsformalitäten, Personalverwaltung, Sozialaufgaben bis zur Beendigung des Arbeitsvertrages – der verantwortliche Träger der Personalarbeit.

Das ist aber eine Idealvorstellung, die in der Wirklichkeit meist nicht in diesem Ausmaß realisierbar ist. Vielmehr kommt es häufig zu sogenannten »Mischformen« oder »abgespeckten Formen«, d. h. ein Personalreferent ist nicht für alle der skizzierten Aufgaben zuständig.

Beispielsweise ist es denkbar, dass die personalplanerischen Aktivitäten von einer besonderen Einheit geleistet werden und die Beschaffungsaktivitäten beim Personalreferenten beginnen. Es ist auch möglich, beispielsweise die Sozialaufgaben aus diesem Aufgabengebiet herauszunehmen und sie einer besonderen Einheit zu übertragen. Grundsätzliche Aufgaben – wie Festlegen der Personalpolitik, der Entgeltspolitik –, bleiben bei dem zuständigen Personalleiter oder – je nach Eingliederung in die Leitungsebenen – bei dem jeweiligen Leiter dieser Einheiten.

Vorteil dieses Organisationsmodells ist, dass ein Ansprechpartner für die Mitarbeiter vorhanden ist, der auch über eine hohe Kompetenz verfügt. Es wird Personalarbeit »aus einem Guss« geleistet.

Nachteil dieser Form kann sein, dass es sehr schwierig ist, Mitarbeiter mit dieser hohen Kompetenz zu gewinnen bzw. zu halten. Häufig ist die Fluktuationsrate hier höher als in funktionalen Organisationsstrukturen.

Unterschiedlich geregelt innerhalb dieses Systems ist die Abrechnung. Es gibt Modelle, die vorsehen, dass die Abrechnung zum Aufgabengebiet des Personalreferenten gehört. Sie kann auch von anderen Stellen erledigt werden, z. B. – wie in alten Zeiten – vom Finanzwesen. Allerdings darf dabei nicht vergessen werden, dass die Abrechnung allein nicht das große Problem ist. Die zeitwirtschaftliche Thematik – also das Erfassen und Aufbereiten der Anwesenheitszeiten – wird nach wie vor zu den originären Aufgaben von Personalabteilungen gehören.

4.1.4.2.4 Neuere Formen

Das Referentenmodell kann noch weiter modifiziert werden in der Form, dass die gesamte Veranwortlichkeit für Personalfragen bei einer Führungskraft liegt.

Der Personalreferent steht auf Anforderung als Berater für die Führungskraft zur Verfügung. Er kann – falls es ihm erforderlich erscheint – auf Spezialisten zurückzugreifen, so z. B. bei komplizierten arbeitsrechtlichen oder sozialversicherungsrechtlichen Fragen.

Die Personalleitung koordiniert die Referentenarbeit, sichert die Einhaltung der personalpolitischen Grundsätze im Unternehmen, ist für bereichsübergreifende Leistungen der Personalabteilung, wie z. B. Personalentwicklung, zuständig und ist insbesondere verantwortlich im Rahmen der gesamten Personalkostenentwicklung.

Grundsätzlich sind Unternehmen, die über eine sehr große Mitarbeiterzahl mit unterschiedlichen Qualifikationen verfügen, z. B. einen hohen Anteil ausländischer Arbeitnehmer, älterer Mitarbeiter oder Frauen, dazu gezwungen, eine stärker gegliederte Personal- und Sozialabteilung zu unterhalten.

Weitere Entwicklungsmöglichkeiten innerhalb der Organisation von Personalabteilungen sind in der neueren Zeit – insbesondere unter dem Gesichtspunkt der Kostensituation der Wirtschaft – zu beobachten. Im Sinne von »Benchmarking« wird versucht, die Kosten der Personalabteilungen zu ermitteln und sie mit anderen Unternehmen oder auch externen Stellen, die Leistungen für Personalarbeit anbieten, zu vergleichen. Bisher werden die Kosten für die Personalabteilung weitestgehend über eine interne, nicht unbedingt verursachungsgerechte Kostenumlage mittels eines Umlageschlüssels über den Betriebsabrechnungsbogen weitergegeben und verrechnet.

Im ersten Schritt ist eine Kostendeckung über interne, verursachungsgerechte und kostenorientierte Preise auf Basis der Selbstkosten zu erreichen. Dazu ist es erforderlich, die Kosten zu ermitteln. Dies stößt in der Praxis häufig auf Schwierigkeiten. Daher bedient man sich der vergleichenden Umfrage im Austausch mit anderen Unternehmen: »Benchmarking«.

Die deutsche Gesellschaft für Personalführung in Düsseldorf hat durch Umfragen in ihren Mitgliedsbetrieben ermittelt, dass ca. 1% bis 2% aller Beschäftigten mit Personalfunktionen betraut sind.

Im Jahre 1998 hat sie eine Empfehlung abgegeben: In einem Unternehmen mit 1000 Mitarbeitern sind 9 Mitarbeiter in Personalfunktionen tätig. Von diesen 9 Mitarbeitern verteilen sich 3,5 Personen auf die Personalbetreuung (38%), 2,5 Personen auf die Personalabrechnung (28%), eine Person für Fragen der Personalentwicklung (11 %), eine Person für die Leitung (ebenfalls 11%), 0,5 Personen für die Sozialberatung (6%) und weitere 0,5 für sonstige anfallende Personalfunktionen (6%).

Neuere Formen in der Organisation können auch die Bildung von Teams bzw. von Gruppenarbeit innerhalb eines Unternehmens sein. Eine derartige Arbeitsgruppe kann einen bestimmten Bereich in einem Unternehmen »bearbeiten«, die Arbeitseinteilung nimmt die Gruppe selber vor. Auch unter Kostengesichtspunkten können hier Einsparungsmöglichkeiten erreicht werden.

Auch Projektarbeit innerhalb des Personal- und Sozialwesens ist in der Zukunft verstärkt denkbar. Es wird bereits in manchen Firmen ausgiebig praktiziert. Bei Projektarbeit innerhalb des Personal- und Sozialwesens handelt es sich, wie bereits ausgeführt, um Gruppen mit weitgehenden zeitlichen, inhaltlichen, kostenseitig festgelegten Zielvorgaben. Projektarbeit ist zeitlich befristet und hat bei ihren Strukturen den Vorteil flexibler Aktions- und Reaktionspotentiale.

Projektarbeit fördert die Zusammenarbeit innerhalb eines Unternehmens und wirkt damit Abgrenzungstendenzen entgegen.

Eine weitere Möglichkeit ist, bei der Arbeit des Personal- und Sozialwesens ein Job-Rotation-Modell anzuwenden. Das bedeutet, daß innerhalb der Funktionen des Personal- und Sozialwesens ein planmäßiger Wechsel der Aufgabenstellung vorgenommen wird. Es kann aber auch bedeuten, dass Mitarbeiter/Mitarbeiterinnen des Personalwesens für eine begrenzte Zeit Aufgaben in Linienfunktionen wahrnehmen können.

Dies erhöht den Praxisbezug und wirkt Verselbständigungstendenzen in der Abteilung Personal- und Sozialwesen entgegen. Es macht aufgeschlossener für die Problemlagen »vor Ort« und kann damit auch einen Beitrag zur Kostenreduzierung leisten.

4.1.5 Personalverwaltungsgrundsätze und Organisationsmittel

Jedes Unternehmen – natürlich abhängig von seiner Größe – hat erhebliche Verwaltungsaufgaben unterschiedlichster Art in der Abteilung Personal- und Sozialwesen zu erfüllen.

Diese Aufgaben ergeben sich aus Gesetzen und Rechtsverordnungen (z. B. Unfallverhütungsvorschriften), aus Vorschriften von Tarifverträgen, Betriebsvereinbarungen, aus den Arbeitsverträgen und den daraus folgenden Pflichten für Arbeitnehmer und Arbeitgeber. Weiter spielen die unternehmensinternen Ansprüche an die Personalverwaltung eine Rolle, die im Rahmen von Personalplanung, Personalentwicklung, Einstellung, Versetzung und Beendigung des Arbeitsverhältnisses erforderlich sind.

4.1.5.1 Grundsätzliche Aufgabenstellung

Den Begriff der Personalverwaltung kann man wie folgt definieren:

> »Eine Verwaltungstechnik, die Informationen sammelt, bearbeitet und verarbeitet und die daraus gewonnenen Erkenntnisse allen tangierten Unternehmensbereichen zur Verfügung stellt, einschließlich der Entgeltabrechnung.«

Wesentlicher Grundsatz der Personalverwaltung ist die Frage der Gleichbehandlung.

Organisations- und Verwaltungsmaßnahmen haben das Bestreben, gleiche Vorgänge gleich zu behandeln. Dafür werden Richtlinien für die nötige Abwicklung festgelegt. Das trifft auch ganz wesentlich für den Personalbereich zu. Gleichbehandlung heißt, dass gleiche Vorgänge, gleiche Angelegenheiten gleich zu behandeln sind.

Das Festlegen derartiger Grundsätze darf nicht dazu führen, dass jeder Mitarbeiter/Mitarbeiterin zur »Nummer« wird, und alle fälligen Entscheidungen aus entsprechend schriftlich niedergelegten Richtlinien zu ersehen sind. Es muss bei derartigen Festlegungen immer Raum sein für die Beachtung der Individualität. Individuelle Entscheidungen müssen möglich sein, auch wenn ein vorgegebener Rahmen existiert.

4.1.5.1.1 Richtlinien

Wesentliche Aufgabe im Rahmen der Ordnungsfunktion der Personalarbeit ist es, generelle Regelungen und Richtlinien durch die Abteilung Personal- und Sozialwesen zu erstellen, sie bekannt zu machen, sie durchzusetzen und, falls nötig, auch wiederum zu verändern.

Generelle Regelungen und Richtlinien können die unternehmensweite Ausfüllung von gesetzlichen Bestimmungen, von Tarifverträgen und Betriebsvereinbarungen sein.

Ziele und Aufgaben derartiger genereller Regelungen und Richtlinien sind:

– Spielregeln zu schaffen für die Zusammenarbeit und das Zusammenleben im Betrieb
– Kompromisse zu schaffen zwischen Freiheit des Individuums und Begrenzung des Kollektivs, orientiert an den Notwendigkeiten, die sich aus dem betrieblichen Geschehen ergeben
– Vermeiden von Rechtsunsicherheit
– Vermeiden von Willkür
– Schaffen von Transparenz für alle im Betrieb tätigen Mitarbeiter/Mitarbeiterinnen (Das schließt Führungskräfte und die ausführenden Mitarbeiter und Mitarbeiterinnen ein).
– Schaffen von allgemein erkennbaren Dispositionsspielräumen.

Eine typische Form derartiger genereller Regelungen und Richtlinien ist die sogenannte »Arbeitsordnung«. Andere Bezeichnungen dafür sind: Hausordnung, Betriebsordnung, Regeln für Mitarbeiter u.ä.

Die Notwendigkeit einer Arbeitsordnung ist natürlich auch von der Größe (Zahl der Mitarbeiter) abhängig. Ein kleineres Unternehmen kann sicherlich eher auf solche generellen Regelungen und Richtlinien verzichten, bei mittleren und größeren Unternehmen sind sie unverzichtbar.

In einer Arbeitsordnung können zum Beispiel geregelt werden:

– Ziele einer Arbeitsordnung:
  Man kann hier definieren, was mit der Arbeitsordnung erreicht werden soll und an wen sie sich im einzelnen richtet.

– Allgemeine Bestimmungen:
  Hierunter fällt z. B. der Geltungsbereich dieser Arbeitsordnung.

– Beginn und Ende des Arbeitsvertrages:
  Hier kann geregelt werden, wie der Arbeitsantritt am ersten Tag zu erfolgen hat, welche verwaltungsmäßigen Abläufe erledigt werden müssen (Vorlegen der Lohnsteuerkarte, Sozialversicherungsunterlagen, Empfang von Parkmarken, Essenmarken, Dienstkleidung u.a.).

– Rechte und Pflichten, die sich aus dem Arbeitsvertrag ergeben:
  Hier könnten Konkretisierungen dieser allgemeinen Rechte und Pflichten, auf den Betrieb oder das Unternehmen bezogen, gegeben werden.

– Arbeitszeit, Arbeitsverhinderung, Urlaub:
  Unter diesem Punkt könnten Erläuterungen gegeben werden zur Lage der Arbeitszeit, Beginn und Ende, Gleitzeitregelungen, Informationspflichten bei einer Arbeitsverhinderung, zum verwaltungsmäßigen Ablauf bei der Beantragung von Urlaub, zur Dauer des Urlaubs u.a.

- Arbeitsentgelt:
  Hier könnten Hinweise gegeben werden auf die Bestimmungsgrößen des Arbeitsentgeltes, ggf. die Zusammensetzung, Zuschläge, Bezahlung von Überstunden oder anderen Erschwernissen.

- Allgemeine Ordnungs- und Sicherheitsbestimmungen:
  Hier wären Regelungen denkbar über den Zugang zum Betrieb, Ausweispflicht, Bedienung technischer Zutrittsgeräte usw. In Unternehmen oder Betrieben mit erhöhten Unfallgefahren können hier die entsprechenden Bestimmungen näher ausgeführt werden.

- Unfall- und Gesundheitsschutz:
  Festlegungen zur Regelung von Unfällen oder gesundheitlichen Störungen.

- Sozialeinrichtung:
  Sehr häufig findet man in einer Arbeitsordnung auch einige Hinweise zu betrieblichen Sozialleistungen oder Sozialeinrichtungen (vgl. Kapitel 4.2 »Betriebliches Sozialwesen«).

- Schlussbestimmungen:
  Hier wird die Geltungsdauer vereinbart. Sofern ein Betriebsrat besteht, hat die Arbeitsordnung den Charakter einer Betriebsvereinbarung nach § 87 BetrVG und ist daher mitbestimmungspflichtig. Deswegen finden sich im Schlußteil auch die Unterschriften der Geschäftsleitung und des Betriebsrats.

Weitere generelle Regelungen und Richtlinien können z. B. eine Reisekostenordnung, eine Regelung über das Benutzen von Firmen-PKW's, eine Regelung über das Benutzen von betrieblichen Telefonen für Privatgespräche und für Fax-Geräte sein.

Grundsätzlich gilt: »**So wenig Regeln wie möglich, so viel wie nötig**«.

4.1.5.1.2   Personalhandbücher

In größeren Betrieben findet man sehr häufig die Fülle von generellen Regelungen und Richtlinien zusammengefaßt in **Personalhandbüchern**.

Diese sind meistens nicht dazu bestimmt, jedem Mitarbeiter oder jeder Mitarbeiterin ausgehändigt zu werden, sondern es sind Arbeitsanweisungen, die sich an Führungskräfte richten und an Mitarbeiter und Mitarbeiterinnen, die für die Personalabteilungen zuarbeiten. Das können »althergebracht« die sogenannten »Werkstattschreiberinnen« sein, die es früher häufig in Industriebetrieben gab. Heute gibt es Zeitbeauftragte, die Zuarbeit für die Arbeit (Abrechnung) in den Personalabteilungen leisten.

Darüber hinaus dienen diese Personalhandbücher als Unterlage für die Führungskräfte vor Ort, kleinere Entscheidungen anhand dieser Regelungen treffen zu können. Ein Personalhandbuch ist z. B. dann von Nutzen, wenn eine Führungskraft vor Ort eine Entscheidung über eine persönliche Freistellung vornehmen muss.

Rechtliche Formen von generellen Regeln und Richtlinien sind Betriebsvereinbarungen und – falls ein Betriebsrat nicht besteht – einseitige Anordnungen des Arbeitgebers (Direktionsrecht).

Darüber hinaus kommt als eine weitere rechtliche Form auch die **Betriebliche Übung** in Frage, um die Verbindlichkeiten solcher Regelungen herzustellen.

4.1.5.1.3   Personalakte

Eines der nach wie vor wichtigsten Personalverwaltungshilfsmittel ist die Personalakte.

Obwohl eine gesetzliche Verpflichtung zur Führung einer Personalakte nicht besteht, hat sich das Führen von Personalakten in den meisten Betrieben (auch in Kleinbetrieben) durchgesetzt. Für die Form und den Aufbau einer Personalakte gibt es keine Vorschriften. Die einzigen gesetzlichen Aufzeichnungspflichten ergeben sich aus dem Steuerrecht (Führen eines Lohnkontos) und dem Sozialversicherungsrecht (Führen von Sozialversicherungsunterlagen) – siehe auch Kapitel 4.3, »Personalaufwendungen«. Die Personalakte bezieht sich auf die Person des Arbeitnehmers/der Arbeitnehmerin, aber auch auf die Tätigkeiten und die Stellung eines Arbeitnehmers im Unternehmen. Es gibt Personal-akten, die sehr fein gegliedert sind. Hier sind unter Umständen bis zu 20 unterschiedliche »Fächer« vorgesehen, denen Unterlagen zugeordnet werden können. Es gibt aber auch Personalakten, die überhaupt keine Aufteilung haben: Alles wird nach Zeitablauf abgeheftet und gesammelt. Sehr praktisch ist die Form der Hängemappe. Die Aufteilung einer Personalakte könnte so aussehen:

– Bewerbungs-, Einstellungs- und Vertragsunterlagen
– beruflicher Werdegang, innerhalb des Unternehmens
– Beurteilungen
– Versetzungen
– Sozialversicherungsrechtliche Unterlagen
– Entgeltentwicklung im Unternehmen
– persönliche Veränderungen.

In manchen Unternehmen wird nicht nur eine Personalakte geführt, sondern es gibt eine Hauptakte und mehrere Nebenakten. Nebenakten können z. B. für Personalentwicklungsmaßnahmen oder auch für Pfändungen u.a. angelegt werden.

Nach dem Betriebsverfassungsgesetz und dem Bundesdatenschutzgesetz haben Arbeitnehmer ein Einsichtsrecht in die Personalakte. Dies ist im Betriebsverfassungsgesetz und im Bundesdatenschutzgesetz geregelt. Auch in vielen Tarifverträgen ist ein Einsichtsrecht in die Personalakte enthalten.

Anerkannter Rechtsgrundsatz ist es, dass Mitarbeiter gehört werden müssen, wenn negative Unterlagen in die Personalakte eingefügt werden (Abmahnungen u.ä.). Dazu kann der Betroffene unter Beteiligung des Betriebsrats das Einsichtsrecht ausüben und Erklärungen zu den Vorgängen abgeben. Diese Erklärungen müssen in die Personalakte aufgenommen werden.

4.1.5.1.4   Formulare und Karteien

Soweit noch nicht ein umfassender EDV-Einsatz bei der Personalverwaltung erfolgt, macht es nach wie vor Sinn, eine Personalkarte zu führen. Diese Karteikarte kann einen sofortigen Überblick über Name, Geburtsdatum, Adresse, Funktion, ggf. Kostenstelle, Entgeltsituation, Urlaubs- und Fehlzeiten ermöglichen.

Ein weiteres Formular das auch heute noch von Bedeutung ist – auch bei EDV-gestützten Zeiterfassungssystemen – ist die Zeitmeldung. Sie wird erstellt, wenn manuelle Eingaben in ein EDV-gestütztes Zeiterfassungssystem vorgenommen werden müssen.

Auch Reisekostenabrechnungen sind in vielen Betrieben nach wie vor »per Hand« über Formulare abzuwickeln. Das gleiche gilt für die Urlaubsmeldung. Sie dokumentiert den Antritt eines Urlaubs, damit eine entsprechende Information bei der Personalabteilung, hier insbesondere bei der Entgeltabrechnung, vorliegt und die Berechnung des Urlaubsentgeltes und des Urlaubsgeldes vorgenommen werden kann.

Weitere Formulare ergeben sich aus der Meldepflicht zur Sozialversicherung (siehe hierzu Kapitel 4.3 »Personalaufwendungen«).

Der Wandel von der »alten« Personalverwaltung (das Bild des »Personalbeamten mit Ärmelschonern«) soll hinführen zu einer modernen Personalverwaltung, die permanent ansprechbereit ist und Auskünfte für alle betrieblichen und unternehmerischen Bereiche schnell und umfassend erteilt. Sie soll eine agierende Informationsquelle sein, d. h. rechtzeitig Hinweise geben, damit bereits im Vorfeld bestimmte Konfliktansätze gelöst werden können.

4.1.6 EDV-Einsatz, Datenschutz

Nachfolgend soll dargestellt werden, wie heute ein EDV-Einsatz in der Personalarbeit aussehen kann, wie sich der EDV-Einsatz zukünftig entwickeln wird und welche Bereiche des Datenschutzes von Bedeutung sind. In diesem Zusammenhang ist zu klären, welche technischen und organisatorischen Voraussetzungen geschaffen werden müssen, um den gesetzlichen Anforderungen des Datenschutzes bei der EDV-Verarbeitung zu genügen.

4.1.6.1 Einsatzmöglichkeiten der EDV

Der EDV-Einsatz in der Personalarbeit hat weitgehend die konventionelle (per Hand) Datenverarbeitung abgelöst. Da insbesondere bei der Personalverwaltung und Lohnabrechnung Massendaten anfallen, ist die EDV-gestützte Datenverarbeitung geradezu für die Personalarbeit prädestiniert.

Die erste Anwendungsmöglichkeit – und wohl auch heute noch die am meisten genutzte – ist die Lohn- und Gehaltsabrechnung.

Dazu gehören: Erfassung der Abrechnungsdaten (Zeitwirtschaft), Berechnung der Bruttobezüge, gesetzliche und persönliche Abzüge, Nettobetrag, darüber hinaus Speicherung der Abrechungsdaten, Erstellung der Abrechnungen, Anfertigung der Überweisungen und Erstellung der Kostenarten-, Kostenstellen-, Kostenträgerlisten. Auch für die Erfassung und Verarbeitung von Arbeitszeitdaten ist der EDV-Einsatz allgemein üblich. **Zeiterfassungssysteme** können als einfache Einheiten (Stand alone-Systeme) Daten erfassen und verarbeiten.

Komplexe Systeme sind Zeiterfassungsysteme, die Schnittstellen zu anderen EDV-Programmen haben, insbesondere zur Lohn- und Gehaltsabrechnung und Daten direkt übergeben können. Darüber hinaus gibt es Zeiterfassungssysteme, die auch Betriebsdaten erfassen und direkt übergeben können. Damit werden sie zu Bestandteilen umfassend integrierter Betriebsdatenerfassungssysteme.

In großen Unternehmen mit komplexen Arbeitszeitsystemen ist eine EDV-gestützte Zeiterfassung, die eine Schnittstelle zur Lohn- und Gehaltsabrechnung aufweist, unbedingt nötig. Eine zeitnahe Abrechnung wäre sonst nicht zu verwirklichen. Auch lassen sich Kosten einsparen, die sich aus der zusammenhängenden Erfassung und der Verarbeitung der Zeitdaten ergeben.

4.1.6.1.1   Personalinformationssysteme

Unter »Personalinformationssystem« ist ein EDV-System zu verstehen, das aus einem im Dialogbetrieb arbeitenden Datenbanksystem und mindestens einem System für die Lohn- und Gehaltsabrechnung zusammengesetzt ist.

Der Aufbau eines PIS ist auch bei zusätzlichen weiteren personalwirtschaftlichen Programmen nützlich, z. B. für die Personalplanung oder die Verwaltung von Daten, die eine betriebsärztliche Untersuchung erfordern. Mit einem derartigen Personalinformationssystem lassen sich alle Personalstammdaten im Dialogbetrieb pflegen.

Ein derartiges Personalinformationssystem ermöglicht durch die Kombination unterschiedlicher Kriterien auch Auswertungen über das gesamte Mitarbeiterpotential oder für bestimmte Mitarbeitergruppen. So lassen sich z. B. Fehlzeiten oder die Urlaubsplanung recht komfortabel über solche Systeme auswerten. Es ist möglich, die Zugriffsmöglichkeiten einzuschränken, um Missbrauch zu verhindern.

4.1.6.1.2   Personaldatenbank

Eine Steigerung des Personalinformationssystems ist die Personaldatenbank, die neben den bereits genannten Stammdaten und Abrechnungsmöglichkeiten auch Personalentwicklungsdaten umfaßt. Daneben sind auch andere Programme, die im Rahmen von Personalplanung erforderlich sind, in einer Personaldatenbank vorhanden. Durch den Aufbau und die Pflege einer Personaldatenbank kann man jeweils benötigte einzelne Daten abrufen, verarbeiten und ausgeben. Diese Daten können als Informationsgrundlage für Personalentscheidungen herangezogen werden, z. B. für Personalbedarfsplanungen, Personaleinsatzplanungen, Personalentwicklungsplanungen, Personalfreisetzungsplanungen.

Insbesondere für die Personalentwicklung kann eine Datenbank von großer Bedeutung sein, da hier z. B. auch Informationen über fachliche Qualifikation, Weiterbildungsbereitschaft, Potentiale und Beurteilungen, absolvierte Weiterbildungsmaßnahmen mit deren Erfolg erfasst werden können. Durch die Verknüpfung und Kombination dieser Daten ist es leicht, einen schnellen Überblick über mögliche Qualifikationspotentiale in einem Unternehmen zu erhalten und, darauf aufbauend, kann auch eine Besetzungsplanung bis hin zu einer Laufbahnplanung komfortabel gestaltet werden.

4.1.6.1.3   Elektronische Personalakte

Mittlerweile sind die technischen Voraussetzungen soweit gediehen, dass auch im Rahmen der Personalverwaltung das Führen einer »papierlosen« Personalakte möglich ist. Sämtliche erforderlichen Daten, Schreiben, Urkunden, Lichtbilder u. ä. werden in eine Personaldatenbank eingespeist und können EDV-technisch verarbeitet und bearbeitet werden. Nur wenige Unterlagen (z. B. Urkunden über Berufsabschlüsse oder Studienabschlüsse) müssen dann noch in Papierform »aufbewahrt« werden.

Vorteil dieser Form ist es, dass die Daten umfassend zur Verfügung gestellt werden. Unter Datenschutzgesichtspunkten kann eine bestimmte Priorisierung und Zugriffsberechtigung für die vorhandenen Daten vorgenommen werden. Damit sind hohe Verfügbarkeit der Daten, große Aktualität, aber auch hohe Datensicherheit gewährleistet.

Tradierte Verhaltensweisen in vielen Personalabteilungen lassen den Schluss zu, dass trotz dieser Vorteile die Einführung der elektronischen Personalakte noch einige Zeit dauern wird.

4.1.6.2   Datenschutz

Durch den Einsatz der elektronischen Datenverarbeitung in der Personalarbeit werden teilweise sehr sensible Daten gespeichert.

Damit vergrößert sich – gegenüber früheren Zeiten – die Möglichkeit eines Datenmissbrauches erheblich. Daher ist es erforderlich, diese sensiblen Daten zu schützen.

4.1.6.2.1   Datenschutzgesetze

Um Arbeitgeber zu verpflichten, einen wirksamen Datenschutz durchzuführen, hat der Gesetzgeber Datenschutzgesetze erlassen.

Eine rechtliche Anspruchsgrundlage für Arbeitnehmer, dass Arbeitgeber mit den ihnen bekannten persönlichen Daten sorgsam umgehen, ergibt sich bereits auf Grund der **Fürsorgepflicht** als einer Nebenpflicht aus dem bestehenden Arbeitsvertrag.

Für die öffentlichen Verwaltungen existieren Länderdatenschutzgesetze. Für Unternehmen und Betriebe im privatwirtschaftlichen Bereich gilt das **Bundesdatenschutzgesetz** vom 20. Dezember 1990, zuletzt geändert durch Gesetz vom 14. September 1994. In den Begriffsbestimmungen des Datenschutzgesetzes heißen Arbeitgeber in der Privatwirtschaft »**nichtöffentliche Stellen**«.

Der **Zweck des Datenschutzes** wird im § 1 des Bundesdatenschutzgesetzes formuliert:

> »Zweck dieses Gesetzes ist es, den einzelnen davor zu **schützen**, dass er durch den Umgang mit seinen personenbezogenen Daten in seinem Persönlichkeitsrecht **nicht** beeinträchtigt wird«.

Dieses Gesetz gilt für die Erhebung, Verarbeitung und Nutzung personenbezogener Daten durch nichtöffentliche Stellen, soweit sie die Daten in oder aus Dateien geschäftsmäßig oder für berufliche oder gewerbliche Zwecke verarbeiten oder nutzen.

Unter **personenbezogenen Daten** sind nach § 3, Absatz 1 »Einzelangaben über persönliche oder sachliche Verhältnisse einer bestimmten oder bestimmbaren natürlichen Person (Betroffener)« zu verstehen.

Eine weitere Voraussetzung für die Anwendung des Bundesdatenschutzgesetzes (BDSG) ist, dass die personenbezogenen Daten in Dateien verarbeitet werden.

Eine Datei ist nach § 3, Absatz 2, Ziffer 1 und 2:

1. »Eine Sammlung personenbezogener Daten, die durch automatisierte Verfahren nach bestimmten Merkmalen ausgewertet werden kann (automatisierte Datei), oder
2. jede sonstige Sammlung personenbezogener Daten, die gleichartig aufgebaut ist und nach bestimmten Merkmalen geordnet, umgeordnet und ausgewertet werden kann (nichtautomatisierte Datei).
   Nicht hierzu gehören Akten oder Aktensammlungen, es sei denn, dass sie durch automatisierte Verfahren umgeordnet und ausgewertet werden können.«

§ 4 regelt die **Zulässigkeit der Datenverarbeitung** und Datennutzung. Daten dürfen nur verarbeitet oder genutzt werden, wenn

– der Betroffene (schriftlich) eingewilligt hat oder ein Spezialgesetz dies erlaubt oder verlangt, z. B. Weitergabe von Abrechnungsdaten an das zuständige Finanzamt, Weitergabe von Daten an die Sozialversicherung
– das BDSG die Datenverarbeitung oder Nutzung erlaubt.

Ein Speichern oder Nutzen von Daten ist zulässig, wenn es zur Zweckbestimmung des Vertragsverhältnisses mit dem Betroffenen erforderlich ist (dies gilt zum Beispiel im Rahmen eines Arbeitsvertrages).

Im § 5 des genannten Gesetzes ist festgelegt, dass Mitarbeiter, die mit personenbezogenen Daten arbeiten, auf das **Datengeheimnis** zu verpflichten sind. Dieses Datengeheimnis besteht auch nach Beendigung der Tätigkeit fort. Dafür werden üblicherweise Formulare verwandt:

Im § 6 sind die **Rechte der Betroffenen** geregelt. Jede natürliche Person hat das Recht auf Auskunft über die zu ihrer Person gespeicherten Daten. In bestimmten Fällen kann ein Betroffener eine Berichtigung, Sperrung oder Löschung der Daten verlangen.

Berichtigung von Daten = Richtigstellung unrichtiger Daten

Sperrung von Daten = Gesperrte Daten düfen nicht mehr verarbeitet werden

Löschung von Daten = Unkenntlichmachen gespeicherter Daten

Selbstverständliche Voraussetzung für die Wahrnehmung dieser Rechte ist, dass eine Person weiß, dass Daten an bestimmten Stellen gespeichert sind. Daher ist die speichernde Stelle verpflichtet zu benachrichtigen, wenn erstmals Daten gepeichert werden. Diese **Benachrichtigungspflicht** entfällt dann jedoch, wenn der Betroffene auf andere Weise Kenntnis von der Speicherung erhalten hat. Dies kann z. B. durch einen Hinweis auf dem Personalfragebogen erfolgen.

Verpflichtungserklärung

Herr/Frau _____ ,   Abteilung _____

Mir sind die Bestimmungen des Gesetzes zum Schutz vor Mißbrauch personenbezogener Daten bei der Datenverarbeitung (Bundesdatenschutzgesetz – BDSG) bez. Wahrung des Datengeheimnisses und im Zusammenhang damit die Vorschriften über Straftaten bekannt (siehe dazu § 5 und § 41 des BDSG).

Die nachstehende Verpflichtung bezieht sich auf alle zu einer Person gehörenden Einzelangaben über persönliche und sachliche Verhältnisse sowie auf alle Schutzmaßnahmen dieser Datenbestände.

Ich verpflichte mich, die nachstehenden Regelungen einzuhalten:

1. Es ist untersagt, geschützte personenbezogene Daten unbefugt zu einem anderen als zu dem zur jeweiligen rechtmäßigen Aufgabenerfüllung gehörenden Zweck zu verarbeiten, bekanntzugeben, zugänglich zu machen oder sonst zu nutzen.
   Diese Untersagung besteht auch nach der Beendigung der Tätigkeit in unserer Unternehmung fort.

2. Bestehende Vorschriften über den Umgang bzw. die Sicherung personenbezogener Daten sind zu beachten (siehe hierzu insbesondere die BDSG-Anlage zu § 6 Abs. 1 Satz 1).

3. Zum Schutz personenbezogener Daten ist im Rahmen der zugewiesenen Aufgabe die notwendige Sorgfalt anzuwenden; festgestellte Mängel sind dem Vorgesetzten oder dem betrieblichen Beauftragten für den Datenschutz zu melden.

Sonstige Geheimhaltungspflichten werden durch diese Verpflichtung nicht berührt.

Datum _____   Unterschrift_____

4.1.6.2.2   Datenschutzbeauftragte/r

§ 36 des BDSG schreibt die Bestellung eines Beauftragten für den Datenschutz vor, wenn folgende Voraussetzungen vorliegen:

Wenn eine automatisierte Datenverarbeitung erfolgt, muss spätestens innerhalb eines Monats nach Aufnahme der Tätigkeit ein Beauftragter für den Datenschutz schriftlich bestellt werden, sofern mindestens 5 Arbeitnehmer beschäftigt werden.

Wenn auf andere Art und Weise personenbezogene Daten verarbeitet werden, liegt die Grenze bei mindestens 20 Arbeitnehmern.

Zum/zur Beauftragten für den Datenschutz darf nur eine Person bestellt werden, die zur Erfüllung der Aufgaben die erforderliche **Fachkunde** und **Zuverlässigkeit** besitzt.

Der/die Datenschutzbeauftragte muss direkt der Unternehmensleitung, also der Geschäftsführung oder in größeren Unternehmen (Aktiengesellschaft) dem Vorstand unterstellt sein. Bei der Anwendung seiner Sachkunde auf dem Gebiet des Datenschutzes besteht Weisungsfreiheit. Darüberhinaus besteht für die Erfüllung dieser Aufgabe ein Benachteiligungsverbot.

Benachteiligungsverbot heißt: Zurücksetzung oder Schlechterstellung, die sich aufgrund der Tätigkeit ergibt, ist ausgeschlossen.

Der/die Datenschutzbeauftragte hat folgende wesentliche Aufgaben:

– Erstellen und Pflegen einer Liste über alle Dateien bzw. Karteien mit personenbezogenen Daten, unter Angabe der Inhaltsmerkmale (Welche Datenarten sind erfaßt und wo sind sie erfaßt?) sowie der Empfänger der dort gespeicherten Daten

– die Überwachungspflicht, die Einhaltung aller Schutzbestimmungen bei Eingabe, Speicherung und Verarbeitung personenbezogener Daten

– die Überwachung bei Berichtigung, Sperrung und Löschung von personenbezogenen Daten

– die Überwachung einer ordnungsgemäßen Nutzung vorhandener Programme, hier insbesondere die Zugriffsmöglichkeiten zu Personaldaten

– die Belehrung der mit der Verarbeitung von Personalarbeit beschäftigten Mitarbeiter und Mitarbeiterinnen über einschlägige Datenschutzbestimmungen

– die Verpflichtung und Überwachung gemäß § 5 BDSG (Verpflichtung beteiligter Mitarbeiter auf das Datengeheimnis).

Der/die Datenschutzbeauftragte trägt die Verantwortung für die betriebliche Kontrolle zur Beachtung der Datenschutzbestimmungen.

Eine staatliche Aufsichtsbehörde, die jeweils auf Länderebene eingerichtet ist, übernimmt die außerbetriebliche Kontrolle über die Einhaltung der Schutzbestimmungen in den Unternehmen.

Der/die innerbetriebliche Datenschutzbeauftragte hat die Möglichkeit, sich an diese übergeordnete Stelle zu wenden und sich dort Anregungen und Rat zu holen.

4.1.6.2.3   Datensicherungssysteme

§ 9 des BDSG legt fest, dass technische und organisatorische Maßnahmen zu treffen sind, um die Vorschriften dieses Gesetzes einzuhalten.

Einzelheiten dazu sind in einer Anlage des Gesetzes enthalten. Die danach zu treffenden Maßnahmen sind in der Tabelle auf der folgenden Seite zusammengestellt.

Kontrollmaßnahmen	Sicherungsmaßnahmen
Zugangskontrolle Unbefugten den Zugang zu Anlagen mit personenbezogenen Daten verwehren	Closed-shop-Betrieb – Sicherungszonen schaffen – Zutritt nach Ausweiskontrolle – Stimmfrequenzanalyse
Abgangskontrolle Mitnahme von Datenträgern mit Personaldaten verhindern	– Datenträgerschleuse – Personenkontrolle
Speicherkontrolle Unbefugte Eingabe, Kenntnisnahme, Veränderung oder Löschung gespeicherter Personaldaten ausschließen	– Benutzerpasswort – Dateipasswort
Benutzerkontrolle Benutzung von Verarbeitungssystemen durch Unberechtigte verhindern, aus denen bzw. in die Personaldaten übermittelt werden	Nur Programmzugriff über – Terminalschlüssel – Codekarten – Passwörter/Benutzerkennung – Benutzerprotokoll
Zugriffskontrolle Systembenutzungsberechtigte dürfen nur zu jenen Personaldaten Zugriff haben, die für ihre Arbeit erforderlich sind	Nur Dateizugriff über – Dateipasswörter – Sicherheitsklassen für Dateien und Datenfelder durch Passworthierarchie – Zugriffsprotokoll – Zugriffbeschränkung auf bestimmte Terminals
Übermittlungskontrolle Es muß überprüfbar sein, an wen Personaldaten durch selbsttätige Einrichtungen übermittelt werden können	– Benutzerautorisierung
Eingabekontrolle Es muß feststellbar sein, welche Personaldaten durch wen bzw. wann eingegeben worden sind	– Terminaljournale
Auftragskontrolle Im fremden Auftrag verarbeitete Personaldaten sind nur den Weisungen des Auftraggebers entsprechend zu verarbeiten	– Erteilung eindeutiger Weisungen – Kontrolle der Weisungsbefolgung
Transportkontrolle Es ist zu verhindern, daß Personaldaten beim Transport oder der Übermittlung unbefugt gelesen, verändert oder gelöscht werden können	– Chiffrierung der Übertragungsdaten – Abschirmung der Übertragungsleitungen – Strenge Personenauswahl bei persönlichem Transport
Organisationskontrolle Die betriebliche Organisation ist auf den besonderen Schutz für Personaldaten abzustellen	– Eindeutige Aufgabentrennung – lückenlose Dokumentation – Aufklärung über BDSG und Mißbrauchsfolgen

Fragen zur Kontrolle

Zu Abschnitt 4.1.1

92. Welche Ziele werden mit der Personalarbeit verfolgt?

Zu Abschnitt 4.1.2

93. Erläutern Sie Aufgaben, die sich aus der Stabsfunktion einer Personalabteilung ergeben.

94. Erläutern Sie Aufgaben, die sich aus einer Linienfunktion der Personalarbeit ergeben.

95. Skizzieren Sie überbetriebliche Aufgaben, die innerhalb der Personalarbeit wahrgenommen werden.

Zu Abschnitt 4.1.3

96. Erläutern Sie den Begriff und die Zielsetzung einer Unternehmensorganisation. Aus welchen Elementen besteht eine Organisation?

97. Skizzieren Sie die Beziehungen, die sich innerhalb einer Unternehmensorganisation ergeben.

98. Beschreiben Sie die Inhalte einer Stab-/Linienorganisation.

99. Warum ist die Mehrlinienorganisation nie in eine praktische Organisationsform umgesetzt worden?

100. Erläutern Sie Inhalte einer Matrixorganisation. Welche Vorteile, welche Nachteile sehen Sie?

101. Für welche Größenklassen von Unternehmen bieten sich Sparten-/Divisions-Organisationsformen an?

102. Erläutern Sie den Begriff einer Projektorganisation. Wann werden Projektorganisationsformen sinnvoll angewandt?

Zu Abschnitt 4.1.4

103. Skizzieren Sie alte und neue Organisationsformen der Personalarbeit. Erläutern Sie Vor- und Nachteile der unterschiedlichen Formen.

104. Skizzieren Sie weitere Entwicklungsmöglichkeiten wie sich Personalarbeit in der Zukunft organisieren kann.

Zu Abschnitt 4.1.5

105. Was verstehen Sie unter dem Begriff der Personalverwaltungshilfsmittel? Welche Aufgaben haben Personalverwaltungshilfsmittel zu erfüllen?

Zu Abschnitt 4.1.6

106. Schildern Sie Möglichkeiten des EDV-Einsatzes innerhalb der Personalarbeit.

107. Beschreiben Sie – kurzgefasst – Inhalte des Bundesdatenschutzgesetzes.

108. Erläutern Sie den Begriff einer »Personaldatenbank«.

109. Welche Datensicherungssysteme kennen Sie und wann würden Sie die unterschiedlichen Systeme anwenden?

4.2 Betriebliches Sozialwesen

4.2.1 Grundlagen und Ziele der Sozialpolitik

Betriebliche Sozialleistungen sind keine neue Erfindung. Ihre Quellen finden sich schon zur Zeit der frühen Industrialisierung. Teilweise sind Quellen nachweisbar, die bis in die Arbeitsverfassung des Mittelalters reichen.

Die noch ungeschriebene Arbeitsverfassung des Mittelalters war im wesentlichen geprägt durch den agrarischen Bereich und den Bereich des Handwerks. Beiden war eigen, dass die damaligen Grundherren und Handwerksmeister den von ihnen abhängigen Mitarbeiterinnen und Mitarbeitern gegenüber zur Fürsorge verpflichtet waren. Fürsorge im damaligen Sinne bedeutete, dass man in Wechselfällen des Lebens (z. B. Krankheit, Invalidität) auf Fürsorge des Grundherren oder des Handwerksmeisters Anspruch hatte. Beide waren verpflichtet, für die Existenz der Mitarbeiterinnen/Mitarbeiter zu sorgen. Dies war – gemessen an den heutigen Zeiten – einfacher, weil die Wohnung und die Betriebsstätte einheitlich waren. Der Geselle wohnte bei dem Meister, der abhängige Bauer wohnte in Gebäuden des Grundherren.

Diesen altdeutschen Begriff der Fürsorge finden wir in der modernen Arbeitsverfassung wieder als Nebenpflicht von Arbeitgebern, der **Fürsorgepflicht**.

Man darf sich natürlich – gemessen an den heutigen Zeiten – keine besonderen Wohltaten unter der skizzierten Fürsorgepflicht des Handwerksmeister und der Grundherren vorstellen. Darüber hinaus funktionierte noch die Hilfestellung durch die damals existierenden Familienverbände (Großfamilien).

Mit Beginn der Industriealisierung wurden die sozialen Sicherungen durch die Großfamilien, Handwerksmeister und Grundherren aufgegeben. Ausgelöst durch die französische Revolution, wurden in ganz Europa die Zünfte aufgelöst: Die sogenannte »Bauernbefreiung« zerschlug die geltenden Strukturen im agrarischen Bereich. Gleichzeitig entwickelte sich die Kleinfamilie, die teilweise ihre sozialen Sicherungsaufgaben nicht mehr erfüllen konnte. So kam es zu sozialen Missständen.

Sozial denkende Unternehmer halfen bei der Minderung der aufgetretenen sozialen Probleme, in dem sie betriebliche Sozialleistungen gewährten. Ende des 19. Jahrhunderts ergriff auch der Staat erste Maßnahmen. Bismarck trieb den Ausbau der staatlichen sozialen Sicherungssysteme voran, um, wie es in der kaiserlichen Botschaft zur Einführung der deutschen Sozialversicherung heißt, »den Bestrebungen der Sozialdemokratie entgegenzutreten«. Seit dieser Zeit ist der Umfang der verschiedensten Formen staatlicher und betrieblicher Sozialleistungen in Deutschland ständig gewachsen. Heute sind in vielen Branchen die Personalnebenkosten fast genau so hoch wie die Direktentgelte oder übersteigen sie sogar. Diese Entwicklung gefährdet die Wettbewerbsfähigkeit der Unternehmen in Deutschland.

Aus diesem Grund stehen zur Zeit betriebliche Sozialleistungen auf dem Prüfstand und werden in unserer Gesellschaft intensiv diskutiert.

4.2.1.1   Motive für betriebliche Sozialleistungen

Neben die Behebung von sozialen Mißständen sind Anfang des 20. Jahrhunderts andere Motive getreten, die zur Gewährung von freiwilligen betrieblichen Sozialleistungen durch die Unternehmen geführt haben:

- **Erhaltung und Steigerung der Arbeitsleistung**
  Hier erhoffen sich Unternehmen durch die Gewährung von betrieblichen Sozialleistungen eine Erhaltung und Steigerung der Arbeitsleistung.
- **Bindung der Belegschaft an das Unternehmen**
  Mit Gewährung bestimmter betrieblicher Sozialleistungen wird erwartet, dass eine starke Bindung der Mitarbeiter an ein Unternehmen eintritt. Das kann z. B. durch eine gut dotierte Altersversorgung oder Darlehen z. B. zum Bau von Eigenheimen erreicht werden.
- **Schaffen von Public Relations- und Imagewirkungen**
  Der »gute Name« eines Unternehmens führt dazu, dass bei Neueinstellungen eine erfolgreiche Beschaffungspolitik betrieben werden kann. Darüber hinaus kann der Ruf eines Unternehmens der allgemeinen Unternehmenspolitik bzw. im engeren Sinne auch der Produktpolitik hilfreich sein.
- **Verbesserung des Betriebsklimas und der Arbeitsmoral**
  Auch dieses Ziel kann durch betriebliche Sozialleistungen gefördert werden. Die Produktivität der Arbeit soll sich verbessern.
- **Identifikation mit dem Unternehmen**
  Durch betriebliche Sozialleistungen (z. B. verbilligter Einkauf von Produkten der Firma – Automobile seien als Beispiel aufgeführt) kann sich die Identifikation mit dem Arbeitgeber und das Eintreten für die unternehmerischen Ziele vertiefen.
- **Erzielen von Steuer- und Finanzierungsvorteilen**
  Bestimmte Formen einer betrieblichen Altersversorgung sind aus steuerlichen Gründen oder Finanzierungsvorteilen interessant für Unternehmen. Hier ist z. B. die Unterstützungskasse gemeint (siehe Abschnitt 4.2.2.2.1.1).
- **Senken von Fluktuation und Absentismus**
  Auch hier können betriebliche Sozialleistungen, z. B. Zuschüsse zu Weiterbildungsmaßnahmen, Anwesenheitsprämien und eine gesteigerte gesundheitliche Fürsorge helfen, dieses Ziel zu erreichen.
- **Reduktion der Unfallhäufigkeit**
  Bei bestimmten Arbeitsplätzen kann z. B. durch Gewährung von Kurzpausen und einer gesteigerten gesundheitlichen Fürsorge eine Verringerung der Unfallhäufigkeit erreicht werden.

4.2.1.2   Interne Faktoren

Die Gewährung von betrieblichen Sozialleistungen – die betriebliche Sozialpolitik – ist Teil der Unternehmenspolitik. Je nach Ausrichtung eines Unternehmens, je nach gepflegter und bewusst gesteuerter Unternehmenskultur, können interne Faktoren zur Gewährung von Sozialleistungen durch die ethische Grundhaltung von Arbeitgebern bestimmt sein.

Die wirtschaftliche Leistungsfähigkeit eines Unternehmens ist eine Voraussetzung für die Gewährung von betrieblichen Sozialleistungen. Die sich wandelnden Bedürfnisse der Mitarbeiter sind das auslösende Moment.

Ziel des sozialen Engagements eines Unternehmens ist die Stärkung des Zusammengehörigkeitsgefühls (»Wir-Gefühl«) und die Mitarbeiter-Identifikation mit dem Unternehmen und zwar im internen und externen Bereich. Die Mitarbeiterinnen und Mitarbeiter sollen auch in der Öffentlichkeit für Zielvorstellungen des Unternehmens werben und eintreten.

4.2.1.3   Externe Faktoren

Ein wesentlicher externer Faktor ist die **staatliche Sozialpolitik**. Sie steht zur Zeit aus finanziellen Gründen auf dem Prüfstand und viele staatliche Sozialleistungen werden in Frage gestellt. Da generell die betriebliche Sozialpolitik nur ergänzend zur staatlichen Sozialpolitik gesehen werden kann (Subsidiaritätsprinzip), fordert die staatliche Sozialpolitik eine Anpassung betrieblicher Sozialleistungen.

In der Vergangenheit galt, dass soziale Bedürfnisse, die der Staat erfüllt hat, von Unternehmen nicht mehr erfüllt zu werden brauchen bzw. nicht doppelt zu erfüllen sind. Heute wird der Ruf lauter, Einschränkungen im staatlichen Bereich durch betriebliche Leistungen aufzufangen.

Als weiterer externer Faktor ist die Tarifpolitik zu nennen. Auch in **Tarifverträgen** sind viele zusätzliche Sozialleistungen vereinbart worden.

Die Betrachtung von **Konkurrenzunternehmen** kann unter Umständen Anstoß sein, betriebliche Sozialleistungen zu ergänzen oder zurückzunehmen, wenn sich im gesamten Konkurrenzumfeld die Bedingungen der betrieblichen Sozialleistungen verändern.

Bei der jetzigen **Arbeitsmarktsituation** ist – aus der Sicht der Unternehmen – nicht unbedingt die Zeit, betriebliche Sozialleistungen auszubauen. Es darf aber daran erinnert werden, dass in den 60er Jahren (Vollbeschäftigung) viele Unternehmen betriebliche Sozialleistungen eingeführt haben, um die Beschaffung von neuen Mitarbeitern/Mitarbeiterinnen zu erleichtern oder eine Bindungsfunktion herzustellen. Die Gewerkschaften sprachen damals von »goldenen Fesseln«.

4.2.1.4   Ziele der betrieblichen Sozialpolitik

Umgangssprachlich wird meist von allgemeinen Sozialleistungen gesprochen. Dieser Begriff läßt sich in drei Bereiche aufgliedern. Ursprung dieser Gliederung ist der Charakter des rechtlichen Anspruchs.

1. **Gesetzliche Sozialleistungen**
   Darunter sind die Leistungen zu verstehen, die der Arbeitgeber aufgrund von Gesetzen zu erbringen hat, z. B. den arbeitgeberseitigen Beitrag zur Sozialversicherung.

2. **Tarifvertraglich vereinbarte Sozialleistungen**
   Hierunter sind alle Leistungen zu verstehen, die im Rahmen von Tarifverträgen geregelt sind. In Deutschland ist in vielen Tarifverträgen beispielsweise ein Anspruch auf eine Weihnachtsgratifikation oder eine Jahresabschlussvergütung vereinbart.

3. Freiwillige betriebliche Sozialleistungen

Diese Leistungen werden aufgrund einer Entscheidung des Unternehmens (Arbeitgebers) gewährt. Grundsätzlich liegt der Schwerpunkt auf dem Begriff der »Freiwilligkeit«. Arbeitgeber haben hier Entscheidungsspielräume, ob sie solche Leistungen gewähren, sie zurücknehmen oder nicht gewähren. Allerdings ist die Freiwilligkeit häufig eingeschränkt, wenn die Grundlage der freiwilligen betrieblichen Sozialleistungen eine Betriebsvereinbarung ist. Dennoch sollte das Prinzip der Freiwilligkeit beibehalten werden, weil immerhin die Betriebsparteien (Arbeitgeber und Betriebsräte) grundsätzlich die Möglichkeiten haben, diese betrieblichen Sozialleistungen einzuführen, sie zu verändern oder gar abzubauen.

Im wesentlichen interessieren uns bei den nachfolgenden Betrachtungen die freiwilligen betrieblichen Sozialleistungen. (Unter Ziffer 4.2.3 erfolgt ein Überblick über die Zweige der Sozialversicherung.)

Als Sozialleistungen werden nur solche Zuwendungen bezeichnet, die über das Arbeitsentgelt hinaus in Geld- und Sachwerten sowie in Form von Dienstleistungen oder Nutzungsmöglichkeiten gewährt werden. Deswegen können Erfolgsbeteiligung, Provision und Prämien nicht als betriebliche Sozialleistungen angesehen werden: Sie zählen zum Arbeitsentgelt.

Die wichtigsten freiwilligen Sozialleistungen sind:

– **Leistungen, die zur Ergänzung der Grundsicherung dienen**
  Hierzu zählen die verschiedenen Formen der betrieblichen Altersversorgung.
– **Hilfe in Notsituationen**
  Hierzu zählen Leistungen, die in Form einer Unterstützung in persönlichen Notfällen gewährt werden (z. B. Hilfe bei Naturkatastrophen u.ä.)
– **Unterstützung von Eigeninitiativen**
  Z. B. Darlehensgewährung zum Bau von Wohneigentum.

Außerdem sind eine Vielzahl von Vergünstigungen von unterschiedlicher Bedeutung möglich. Die folgende Liste vermittelt einen Überblick.

Gesamtübersicht über betriebliche Sozialleistungen

Abschlussgratifikationen	Beratung von Betriebsangehörigen	Eheschließungsbeihilfen
Abschlussprämien	Betriebsausflug	Eigenheimbau, werkgefördert
Altersentgelt/-lohn	Betriebsfeste	Einkaufsmöglichkeiten
Anerkennungsgeschenk	Betriebssport	Erfindungsvergütung
Arbeitskleidung	Betriebsunterricht	Erfolgsbeteiligung
Arbeitszeitverkürzung	Bücherei	Erfolgsprovision
Ausbildung	Darlehen	Erholungsheime
Ausbildungshilfen	Deputate	Erholungskuren
Baudarlehen	Dienstwagen	Ertragsbeteiligung
Baukostenzuschuss	Dienstwohnung	Essengeld
Beihilfen	Direktversicherung	Fahrgeldzuschuss
Belegschaftsaktien	Dolmetscher	Familienfürsorge
Belegschaftsvereine	Dusch- und Umkleideräume	Firmenaktien
Belegschaftsverkauf		

(Fortsetzung auf der folgenden Seite)

Gesamtübersicht über betriebliche Sozialleistungen

Firmenbürgschaft	Kurzpausen	Studienförderung
Firmenjubiläum	Mietbeihilfe	Tantieme
Fortbildung	Naturallöhne	Trennungsentschädigungen
Freizeitclubs	Notstandsbeihilfe	Umzugskosten
Fürsorgerin	Parkplatz	Unfallrente
Geburtsbeihilfen	zusätzliche Pausen	Unfallschutz
Geburtstagsfeier	Pension	Unfallverhütung
Gehaltsfortzahlung	Pensionszusage	Unterstützungskasse
Gesundheitsvorsorge	Pensionskasse	Unfallversicherung
Gewinnbeteiligung	Personalkredit	Urlaub
Gratifikationen	Personalrabatt	Urlaubsgeld
Handwerksleistungen	Prämien	Vermögensbildung
Hobbyräume	Provision	Versicherungsbeihilfen
Invalidenrente	Ruhegeld	Verpflegung
Jahresabschlussprämie	Reisegepäckversicherung	Vorbereitung
Jubiläumsgeschenke	Sonderurlaubsregelungen	auf den Ruhestand
Jugendfahrten	Schutzkleidung	Waisenrente
Kaffeeküche	Schwangerschaftshilfen	Weihnachtsgeld
Kantine	Sozialbetreuung	Weihnachtsfeier
Kindergeld	Sozialhilfen	Weiterbildungseinrichtungen
Krankengeldzuschuss	Sozialräume	Weiterbildungshilfen
Krankenversicherung	Sport	Werkzeitschrift
längere Kündigungsfristen	Sprachkurse	Werksarzt
Kündigungsschutz	Sterbegeld	Wohngeldzuschuss
Kulturelle Förderung	Stipendien	Zinszuschüsse
Kunstausstellungen		

(Fortsetzung)   Quelle: Das Personaljahrbuch 1998, Luchterhand Verlag

4.2.2   Möglichkeiten betrieblicher Sozialpolitik

Betriebliche Sozialleistungen können in folgende Kategorien eingeteilt werden:

- Geldleistungen
- Versorgungsleistungen
- Sach-, Dienst- und Nutzungsleistungen
- Arbeitszeitleistungen.

4.2.2.1   Direkte Zuwendungen

Unter diesem Begriff versteht man finanzielle Mittel, die unmittelbar den Arbeitnehmern zufließen. Hierunter fallen Gratifikationen (z. B. Weihnachtsgeld, Jahreszahlung, Zuwendungen anläßlich einer Heirat oder der Geburt eines Kindes).

Auch Zahlungen zu vermögenswirksamen Leistungen – sofern sie nicht tarifvertraglich abgesichert sind – zählen zum Begriff der direkten Zuwendungen. Ganz besonders gilt dies, wenn den Mitarbeitern ermöglicht wird, auch Aktien des eigenen Unternehmens im Rahmen von vermögenswirksamen Leistungen zu erwerben.

Zu den direkten Zuwendungen zählen ferner die Zahlungen aus Anlass eines Betriebs-jubiläums. Die bis zum Jahre 1998 geltenden steuerlichen Begünstigungen sind seit dem 1.4.1999 entfallen, so dass Geldzahlungen voll versteuert werden müssen. Dies gilt – mit geringen Ausnahmen – auch für die Sachgeschenke, die aus diesem Anlass gegeben werden. Auch die Gewährung von freien Tagen anlässlich eines Betriebsjubiläums ist möglich.

Das Motiv aus Arbeitgebersicht, Jubiläumszahlungen und Sachleistungen zu gewähren, entspringt dem Motiv der Dankbarkeit und Anerkennung für die Treue zum Betrieb. Zugleich soll ein Anreiz ausgedrückt werden, weiterhin betriebstreu zu bleiben – sicherlich auch mit der Außenwirkung auf andere Arbeitnehmer, die diese Jubiläen noch vor sich haben.

Die weiteren Geldzuwendungen, wie Beihilfen zur Heirat, Geburt eines Kindes, Konfirmation, Kommunion, Schulentlassung sind betriebliche Sozialleistungen, die im wesentlichen aus Zeiten stammen, als es Mitarbeitern schwerer fiel als heute, die finanziellen Aufwendungen anlässlich eines solchen Ereignisses zu tragen. Man darf nicht vergessen, daß damals die Entgelthöhe wesentlich geringer lag als in der heutigen Zeit. Insofern muss bei derartigen Leistungen heute die Frage nach ihrer Sinnhaftigkeit gestellt werden.

4.2.2.1.1   Gratifikationen

Gratifikationen kann man als eine Art Sondervergütung bezeichnen, die ein Arbeitgeber seinen Mitarbeitern/Mitarbeiterinnen zusätzlich zum regulären Entgelt zahlt – dies allerdings nicht für Leistungen, sondern meist zu besonderen Anlässen: zusätzliches Weihnachtsgeld, eine zusätzliche Jahreszahlung, zusätzliches Urlaubsgeld, Gratifikationen, die anlässlich eines Geschäftsjubiläums gezahlt werden.

Gratifikationen als freiwillige betriebliche Sozialleistungen haben steuerrechtlich und sozialversicherungsrechtlich grundsätzlich Entgeltcharakter und sind mit den entsprechenden Abzügen zu belegen.

4.2.2.1.2   Geldwerte Vorteile

Unter dem Begriff der geldwerten Vorteile werden steuerrechtlich alle die Leistungen an Arbeitnehmer erfasst, die den Arbeitnehmern privaten Aufwand ersparen.

Im Rahmen von betrieblichen Sozialleistungen kann dies zum Beispiel das Zur-Verfügungstellen von sportlichen Nutzungsmöglichkeiten bedeuten (z.B. das kostenlose Benutzen von firmeneigenen oder angemieteten Tennisplätzen), kostenlose Telefongesprächsmöglichkeiten oder das kostenlose Nutzen von Fax-Geräten für private Mitteilungen. Weiter ist zu nennen die Zur-Verfügungstellung einer Dienstkleidung.

Dienstkleidung heißt, dass ein Arbeitgeber Wert darauf legt, dass seine Mitarbeiter/Mitarbeiterinnen nach außen kleidungsmäßig einheitlich auftreten. Kann eine zur Verfügung gestellte Dienstkleidung auch privat genutzt werden, fällt das ebenfalls unter den Begriff des geldwerten Vorteils. Gibt es dagegen eine berufsgenossenschaftliche Vorschrift, dass eine Schutzkleidung getragen werden muss, ist ein Arbeitgeber verpflichtet, diese Schutzkleidung bereitzustellen: Dies ist kein geldwerter Vorteil.

Auch zinsbegünstigte Darlehen, soweit sie den Betrag von DM 5 000 übersteigen, können als geldwerter Vorteil steuer- und sozialversicherungsrechtlich von Relevanz sein. Wird für ein derartiges Darlehen ein Zinssatz von 6% vom Arbeitgeber verlangt, liegt kein geldwerter Vorteil vor.

Auch die Übernahme von Fahrtkosten durch einen Arbeitgeber für Wege zwischen Wohnung und Arbeitsstätte ist ein geldwerter Vorteil. Eindeutig ausgenommen sind hier »Job-Tickets«.

Eine betriebliche Sozialleistung von großer finanzieller Bedeutung ist das Zur-Verfügungstellen von Dienstwagen. Auch hier werden – steuerrechtlich – private Aufwendungen des Arbeitnehmers erspart. Sie unterliegen zum Teil der Steuer- und Sozialversicherungspflicht.

4.2.2.1.3   Hilfen für Notfälle

Eine typische betriebliche Sozialleistung, die aus alten Zeiten herrührt (Stichwort Fürsorgepflicht des Arbeitgebers), sind Hilfen bei persönlichen Notfällen (Unglücksfälle, bei denen ein Arbeitgeber finanzielle Mittel zur Linderung der Notsituation zur Verfügung stellt).

Solche Hilfeleistungen sind steuerlich jährlich bis zu einem Betrag von DM 1 000 pro Arbeitnehmer steuerfrei. Voraussetzung ist jedoch, dass ein entsprechender Grund vorliegt und eine Arbeitnehmervertretung (es muss kein Betriebsrat sein) an der Beratung über die Vergabe solcher Hilfen beteiligt ist.

In manchen Betrieben existieren – auch aus alten Zeiten – die sogenannten »Sterbekassen«, aus denen eine Beihilfe für die Beerdigung gewährt wird.

Auch gibt es in manchen Firmen Unterstützungskassen. Diese Unterstützungskassen, die die gleiche Rechtsform haben wie auch bei der betrieblichen Altersversorgung (siehe Ziffer 4.2.2.2.1), sind jedoch kein Instrument der betrieblichen Altersversorgung, sondern sie dienen – althergebracht – dazu, an Mitarbeiter/Mitarbeiterinnen eines Unternehmens Beihilfen zu gewähren für Zahnersatz, Brillen und andere Körperersatzstücke. Inwieweit derartige betriebliche Sozialleistungen – auch unter Kostenbetrachtung – noch in die heutige Zeit passen, wird kontrovers diskutiert.

4.2.2.1.4   Kredite für Arbeitnehmer

Eine weitere Form von betrieblichen Sozialleistungen sind günstige Kredite für Arbeitnehmer.

Dies kann in der einfachen Form eines Vorschusses geschehen. Bis zu DM 5 000 ist dieses steuerfrei möglich. Werden Kredite gewährt, die über diesen Rahmen hinausgehen, sind die steuerrechtlichen und sozialversicherungsrechtlichen Bestimmungen zu beachten. Häufig werden auch Kredite zweckgebunden vergeben, beispielsweise zum Kauf eines Kraftfahrzeuges, wenn ein Betrieb mit öffentlichen Verkehrsmitteln schlecht zu erreichen ist oder wenn entsprechende Arbeitszeiten vorliegen (z. B. Schichtarbeit).

Weiterhin gibt es Darlehen, die zum Bau von Wohnungseigentum gewährt werden. Das können im Einzelfall relativ große Beträge sein. Diese Form der betrieblichen Sozialleistung hat eine sehr starke Bindungsfunktion.

4.2.2.2   Soziale Einrichtungen

Während im vorhergehenden Kapitel die betrieblichen Sozialleistungen im wesentlichen als direkte Zuwendungen beschrieben wurden, folgt nunmehr die Erweiterung zur betrieblichen Sozialeinrichtung.

Es handelt sich hier um eigene organisatorische Einheiten innerhalb von Unternehmen, z. B. Abteilung für Betriebssport. Auch die Form von rechtlich selbständigen Einheiten, z. B. GmbH oder e.V. sind möglich. Diese »Einheiten« erbringen betriebliche Sozialleistungen.

4.2.2.2.1   Betriebliche Altersversorgung

Unter der betrieblichen Altersversorgung sind alle Leistungen eines Unternehmens (Betriebes) zu verstehen, die darauf gerichtet sind, den Mitarbeitern/Mitarbeiterinnen und Angehörigen die Sicherung ihres Einkommens für den Fall des Alters, der Erwerbsunfähigkeit und im Falle des Todes zu gewähren.

Die Versorgung von Mitarbeitern/Mitarbeiterinnen, die aus dem Erwerbsleben ausgeschieden sind, soll nach Vorstellung von politischen Parteien, Gewerkschaften, Kirchen und andere Verbänden so ausgestaltet sein, dass der einmal erreichte Lebensstandard gehalten werden kann. Die Netto-Versorgungsbezüge müssten somit dem letzten Netto-Arbeitsentgelt entsprechen, vermindert um die Aufwendungen, die für die berufliche Tätigkeit erforderlich waren.

In diesem Fall spricht man von einer **Vollversorgung**. Das kann die gesetzliche Rentenversicherung allein nicht leisten. So betrug z. B. im Jahre 2000 im günstigsten Falle – d. h. nach ca. 40 bis 45 Versicherungsjahren – die Höchstrente DM 3 700 monatlich. Dabei bewegten sich die Beiträge zur Rentenversicherung immer an der Beitragsbemessungsgrenze.

Veränderungen der Altersstruktur in der Bevölkerung und der hohe Arbeitslosenanteil gefährden die finanziellen Grundlagen der gesetzlichen Altersversorgung in der heutigen Form. Ein Umbau ist zu erwarten, jedoch kann nicht mit Verbesserungen gerechnet werden.

Für eine Vollversorgung wird die gesetzliche Rentenversicherung künftig weniger denn je ausreichen. Dafür sind weitere Vorsorgemaßnahmen erforderlich: Die betriebliche Altersversorgung und die private Eigenvorsorge (3-Säulen-Modell).

Die betriebliche Altersversorgung ist aus diesem Grunde heute eine der bedeutendsten und begehrtesten Sozialleistungen.

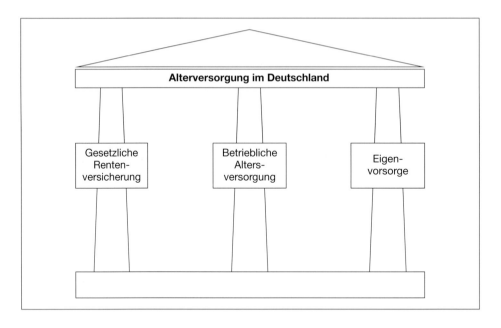

Das Schaubild zeigt die drei Säulen der Altersversorgung: Neben der gesetzlichen Rententenversicherung steht ergänzend die betriebliche Altersversorgung. Wenn beide für eine Vollversorgung nicht ausreichen, muss als dritte Säule die Eigenvorsorge hinzukommen.

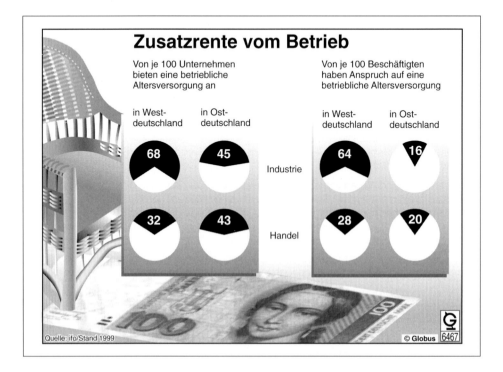

Die letzte Erhebung (veröffentlicht im Statistischen Jahrbuch 1994) datiert aus dem Jahre 1990 für die alten Bundesländer. Danach hatten in den alten Bundesländern 46,1% aller Arbeitnehmer eine betriebliche Altersversorgung. Während in Unternehmen mit 3 bis 9 Beschäftigten 23% an der betrieblichen Altersversorgung teilnahmen, waren es in Unternehmen mit mehr als 5 000 Beschäftigten 98,4%.

Der Anspruch auf eine betriebliche Altersversorgung, gemessen an den Größenklassen von Unternehmen, ist im voranstehenden Schema dargestellt.

Betrachtet man sich die unterschiedlichen Branchen, so ist festzustellen, dass die meisten Arbeitnehmer bei Kreditinstituten und im Versicherungsgewerbe eine betriebliche Altersversorgung haben. Am wenigsten ist diese betriebliche Sozialleistung im Dienstleistungsgewerbe verbreitet.

»Betriebliche Altersversorgung« ist definiert im § 1, Abs. 1, Satz 1 des »Gesetzes zur Verbesserung der betrieblichen Altersversorgung«. Danach werden unter betrieblicher Altersversorgung Leistungen der Alters-, Invaliditäts- oder Hinterbliebenen-Versorgung verstanden, die ein Arbeitnehmer aus Anlaß eines Arbeitsverhältnisses bekommt.

Eine Verpflichtung des Arbeitgebers, die betriebliche Altersversorgung einzuführen besteht nicht. Dies ist die freiwillige Entscheidung jedes Arbeitgebers.

Der rechtliche Anspruch auf eine betriebliche Altersversorgung kann sich ergeben aus:

– einem **Arbeitsvertrag**
– einer **Betriebsvereinbarung**
  (Vertrag zwischen Arbeitgeber und Betriebsrat gemäß BetrVG § 77)
– einem **Tarifvertrag**
– einer **betrieblichen Übung**
  Eine betriebliche Übung liegt dann vor, wenn ein Arbeitgeber über einen längeren Zeitraum eine betriebliche Altersversorgung gewährt hat ohne einen Vorbehalt zu erklären und daraus geschlossen werden kann, dass er dieses auch für die Zukunft tun will.
– einem **Gesetz**
  Nur selten kann eine betriebliche Altersversorgung aufgrund einer gesetzlichen Bestimmung beansprucht werden. So sind beispielsweise die sogenannten »Dienstordnungsangestellten« in der Sozialversicherung durch ihre Arbeitgeber in Form einer zusätzlichen betrieblichen Altersversorgung nach beamtenrechtlichen Grundsätzen versorgt.

Formen der betrieblichen Altersversorgung

Es gibt insgesamt vier Versorgungsformen der betrieblichen Altersversorgung:
1. die Direktzusage (auch Pensionszusage oder Pensionsverpflichtung genannt)
2. die Unterstützungskasse
3. die Pensionskasse
4. die Direktversicherung.

Bis zum Rentenreformgesetz 1992 gab es noch eine 5. Möglichkeit, nämlich die freiwillige Höherversicherung in der gesetzlichen Rentenversicherung. Seit 1992 werden »Altfälle« noch erfüllt, Neuabschlüsse in dieser Form sind jedoch nicht mehr möglich.

Direktzusage (Versorgungszusage)

Bei dieser Form der betrieblichen Altersversorgung verspricht ein Arbeitgeber unmittelbar seinen Arbeitnehmern bei Eintritt des Versorgungsfalles eine Betriebsrente. Versorgungsträger ist also das Unternehmen bzw. der einzelne Arbeitgeber. Rechtsbeziehungen entstehen zwischen Arbeitnehmer und Arbeitgeber: Die Arbeitnehmer haben auf die Leistung einen Rechtsanspruch.

Alle Unternehmen bzw. Arbeitgeber, die Direktzusagen als Form der betrieblichen Altersversorgung vorsehen, müssen nach dem Bilanzrichtliniengesetz für diese Zusagen Rückstellungen bilden. Damit diese Rückstellungen in der Steuerbilanz erscheinen können, müssen sie rechtsverbindlich sein. Die Zusage muss deswegen nach den einschlägigen Steuergesetzen schriftlich erteilt werden.

Diese Rückstellungen in der Bilanz führen zu Steuerersparnissen. Die Rückstellungen müssen nicht im tatsächlichen Geldvermögen vorhanden sein. Sie können z. B. für Investitionen und andere betriebliche Zwecke verwendet werden. Zu einem allmählichen Abfluß kommt es erst dann, wenn der Versorgungsfall eintritt. Auf diese Weise kann die Liquiditätslage von Unternehmen wesentlich verbessert werden. Die Direktzusage ist vom Grundsatz geeignet für Betriebe mit einer größeren Zahl von Arbeitnehmern (ab ca. 1000). Falls in größerem Umfang Versorgungsfälle eintreten, kann es bei kleinen Betrieben zu Liquiditätsengpässen kommen, die durch eine Rückdeckungsversicherung aufgefangen werden können.

Nachteil der Direktzusage:
Bei Rentenzahlung unterliegen diese Betriebsrenten der vollen Steuerpflicht, weil die Rentner für diese Form keine eigenen Beiträge geleistet haben.

Unterstützungskasse

Unterstützungskassen sind – gemäß den Regelungen des Gesetzes zur Verbesserung der betrieblichen Altersversorgung – rechtsfähige Einrichtungen, die auf die Leistungen der betrieblichen Altersversorgung keinen Rechtsanspruch gewähren dürfen. Eine Unterstützungskasse muss deswegen drei Merkmale erfüllen:

- die Rechtsfähigkeit einer Kasse
- den Ausschluss eines Rechtsanspruches
- Es muss ein Sondervermögen der Kasse vorhanden sein.

Die Unterstützungskasse bezeichnet man auch als mittelbare Versorgungsform, weil hier Unternehmen (Arbeitgeber) die Leistungen nicht unmittelbar selbst erbringen, wie es beispielsweise bei der Direktzusage der Fall ist, sondern über eine unabhängige eigene rechtliche Einrichtung, die Unterstützungskasse.

Unterstützungskassen können gebildet werden auf Betriebsebene, auf Unternehmensebene, Konzernebene. Es können sich auch mehrere Firmen zu einer Unterstützungskasse zusammenschließen. Unterstützungskassen können auch die Hilfen bei sonstigen Notlagen, wie Krankheiten, Zahnersatz, Brillenersatz gewähren. Diese Leistungen haben mit einer »Betrieblichen Altersversorgung« nichts zu tun. Die ersten Unterstützungskassen entstanden bereits zu Beginn der Industriealisierung, z. B. Krupp 1858, Siemens 1872.

In der Praxis haben sich als Rechtsformen die des eingetragenen Vereins (e.V.), der Gesellschaft mit beschränkter Haftung (GmbH) oder der Stiftung ergeben.

Während bei der Direktzusage nur Rechtsbeziehungen zwischen dem Arbeitnehmer und dem Arbeitgeber entstehen, besteht bei der Unterstützungskasse ein Dreiecks-Verhältnis: Es treten in rechtliche Beziehungen zueinander der Arbeitgeber, die Arbeitnehmer und die Unterstützungskasse. Diese Form ist die einzige Form der betrieblichen Altersversorgung, die keinen Rechtsanspruch auf die Leistungen gewährt. Das Bundesarbeitsgericht hat jedoch bereits 1979 entschieden, daß eine Unterstützungskasse lediglich als Durchführungsweg für die betriebliche Altersversorgung des Arbeitgebers gebildet wird. Es deutet damit den Ausschluß des Rechtsanspruchs in ein Widerrufsrecht um, dessen Ausübung an sachliche Gründe gebunden ist.

Vor- und Nachteile der Unterstützungskasse:
Auch die Unterstützungskasse kommt nur für größere Betriebe in Betracht. Der Vorteil für den Arbeitgeber besteht darin, dass das gesamte Vermögen der Kasse keiner weiteren

Aufsicht unterliegt, das angesammelte Kapital dem Träger oder den Trägerunternehmen darlehensweise zum üblichen Zinssatz zur Verfügung gestellt werden kann. Ein weiterer Vorteil ist, dass eine Unterstützungskasse von der Körperschaftssteuer und damit auch von der Gewerbeertragsteuer befreit ist.

Der Nachteil für Arbeitgeber besteht darin, dass keine Rückstellungen im Unternehmen gebildet werden und die Leistung, die der Arbeitgeber für die Unterstützungskasse erbringt, aus dem Betriebsvermögen abfließt.

Pensionskasse

Nach der Definition des Gesetzes zur Verbesserung der betrieblichen Altersversorgung sind Pensionskassen rechtsfähige Versorgungseinrichtungen, die den Arbeitnehmern oder ihren Hinterbliebenen einen Rechtsanspruch auf Leistungen der Altersversorgung einräumen.

Pensionskassen werden meistens in der Form eines VVaG, eines Versicherungsvereins auf Gegenseitigkeit, betrieben. Damit gelten sie als sogenannte »kleine Versicherungsunternehmen« und unterliegen der Aufsicht durch das Bundesaufsichtsamt für das Versicherungs- und Bausparwesen in Berlin.

Pensionskassen müssen ihr Vermögen mündelsicher anlegen. Auch diese Form bezeichnet man als eine mittelbare Versorgungsform, weil auch hier ein Dreiecks-Verhältnis (Arbeitgeber, Pensionskasse, Arbeitnehmer) besteht. Ein Betrieb, ein Unternehmen, ein Konzern können eine Pensionskasse unterhalten. Es können sich auch mehrere Firmen zu Gruppenpensionskassen zusammenschließen.

Bei dieser Form der betrieblichen Altersversorgung können die Mitarbeiter an den Beiträgen beteiligt werden. Auch die Pensionskasse ist von der Körperschaftsteuer und der Gewerbeertragsteuer befreit. Der Arbeitgeber zahlt an die Pensionskasse finanzielle Zuwendungen, damit die Pensionskasse ihre Leistungen erbringen kann.

Vorteile und Nachteile der Pensionskasse:
Da die Pensionskasse der Versicherungsaufsicht unterliegt, muss ein Arbeitgeber für den Insolvenzschutz keine Beiträge abführen. Für Arbeitnehmer ist von Vorteil, dass ein Rechtsanspruch besteht, der nicht entzogen werden kann.

Nachteil für Arbeitgeber ist, dass Mittel aus dem Unternehmen abfließen. Es besteht zwar grundsätzlich die Möglichkeit, dass Unternehmen auch bei ihrer Pensionskasse Darlehen aufnehmen können, doch ist diese Darlehensaufnahme – gemessen an der Möglichkeit bei der Unterstützungskasse – wesentlich schwieriger zu realisieren.

Direktversicherung

Bei der Direktversicherung schließt ein Unternehmen (Arbeitgeber) eine Lebensversicherung auf das Leben des Arbeitnehmers ab. Bezugsberechtigt sind der Arbeitnehmer oder die Hinterbliebenen. Hier ist also der Träger der betrieblichen Altersversorgung ein Lebensversicherungsunternehmen, das das volle Haftungsrisiko trägt.

Alle üblichen Formen der Lebensversicherung sind möglich: Kapitalversicherungen, Risikolebensversicherungen, Rentenversicherungen, Berufsunfähigkeits- und Unfallversicherungen

Eine Direktversicherung kann als Einzel- oder als Gruppenversicherung abgeschlossen werden. Bei einer Einzelversicherung erhält nur ein oder einzelne Arbeitnehmer eine Direktversicherung. Bei einer Gruppenversicherung wird eine größere Zahl von Mitarbeitern/Mitarbeiterinnen versichert, wodurch u. U. der Beitragssatz günstiger und das Aufnahmeverfahren einfacher wird.

Die Direktversicherung ist die einzige Form der betrieblichen Altersversorgung, die in den letzten Jahren zugenommen hat. Sie eignet sich für alle Unternehmensgrößen, sowohl für Kleinstunternehmen wie auch für Großbetriebe. Eine weitgehende Differenzierung bei der Auswahl der begünstigten Mitarbeiter und der Höhe der Leistungen ist möglich, soll aber nach festgelegten Regeln erfolgen.

Die Direktversicherung kann so abgeschlossen werden, dass im Eintrittsfall (Rentenfall) die Leistungen als Einmalzahlung oder als Rente erbracht werden. Die Form der Direktversicherung ist steuerlich vorteilhaft ausgestaltet. Ein Arbeitgeber kann pro Jahr und Mitarbeiter bis DM 3 408 (Stand 1999) an Prämien in eine Lebensversicherung, die als betriebliche Altersversorgung gilt, einzahlen. Von dieser Summe wird 20% pauschale Lohnsteuer erhoben; zusätzlich sind die pauschalierte Kirchensteuer und der anteilige Solidaritätszuschlag zu entrichten. Der Arbeitnehmer hat die Möglichkeit, sich an den Versicherungsbeiträgen zu beteiligen, in dem er Teile seines Arbeitsentgeltes bis zur Höchstgrenze von insg. 3 408 DM dafür aufwendet (Lohn-/Gehaltsumwandlung), um so die gesamten steuerlichen Vorteile vollständig auszuschöpfen. In diesem Fall steht dem Arbeitnehmer von Beginn an ein unwiderrufliches Bezugsrecht und eine Versicherungszusage zu, was schriftlich zu vereinbaren ist. Vom Arbeitnehmer aufgebrachten Pauschalsteuern mindern seit dem 1. 4. 1999 nicht mehr das steuerpflichtige Einkommen.

Die Aufwendungen des Arbeitgebers für die Direktversicherung sind sozialversicherungsfrei. Liegt eine Lohn-/Gehaltsumwandlung vor, die aus dem regelmäßigen Arbeitsentgelt bestritten wird, unterliegen diese Beiträge dagegen der Sozialversicherungspflicht, nicht aber, wenn die Beiträge aus einer Sonderzahlung des Arbeitgebers stammen.

Für die Inanspruchnahme aller steuerlichen Vorteile und der Sozialversicherungsbefreiung der Beiträge zur Direktversicherung sind außerdem folgende Bedingungen zu beachten:

– Höchstbetrag pro Arbeitnehmer 3 408 DM. Im Rahmen einer Gruppenversicherung kann dieser Betrag für einzelne Mitarbeiter auf höchstens 4 200 DM steigen, wenn der Durchschnitt aller Versicherungsbeiträge nicht mehr als 3 408 DM beträgt.

– Die Versicherung muß auf ein Endalter von 60 Jahren abgeschlossen werden.

– Laufzeit 12 Jahre. Bei einer kürzeren Laufzeit muß der Ertragsanteil der Versicherungsleistung (die angesparten Zinsen) versteuert werden. Dieser Nachteil entfällt, wenn von vornherein eine reine Rentenversicherung vereinbart und auf das Kapitalwahlrecht verzichtet wird.

– Die Todesfalleistung muß während der gesamten Versicherungsdauer mindestens 50 % der vereinbarten Kapitalleistung betragen (für Verträge vor dem 1.8.1994 10 %).

Vorteil der Direktversicherung ist, daß das gesamte Risiko auf die Versicherungsgesellschaft verlagert wird. Es tritt sofort ein Lebensversicherungs-Schutz ein. Auch die gesamte Verwaltung wird an die Lebensversicherungsgesllschaft übertragen. Es handelt sich um kalkulierbare Kosten, denn die Prämiensätze liegen während der gesamten Laufzeit des Vertrages fest. So können auch Kleinstunternehmen eine angemessene betriebliche Altersversorgung gewähren.

Inhalte des Gesetzes zur Verbesserung der betrieblichen Altersversorgung (BetrAVG, Betriebsrentengesetz)

Die Entscheidung, Leistungen der betrieblichen Altersversorgung zu gewähren, trifft der Arbeitgeber freiwillig, Form und Durchführung unterliegen aber den Bestimmungen des Gesetzes zur Verbesserung der betrieblichen Altersversorgung (BetrAVG v. 19.12.1974 in der Fassung vom 16. 12. 1998).

Dabei sind im wesentlichen vier Punkte zu beachten:

– Unverfallbarkeit
– Abfindung und Übertragung
– Insolvenzsicherung
– Anpassung und Auszehrungsverbot.

Unverfallbarkeit

Vor Inkrafttreten des BetrAVG waren Ansprüche auf eine betriebliche Altersversorgung im Falle der Kündigung oder des Ausscheidens des Arbeitnehmers aus dem Betrieb verfallen. Das BetrAVG bestimmt dagegen, dass diese Ansprüche unter bestimmten Umständen unverfallbar werden. Unverfallbarkeit bedeutet, dass einem Arbeitnehmer, dem eine betriebliche Altersversorgung zugesagt worden ist, seine erdiente Anwartschaft erhalten bleibt, wenn er das Unternehmen verläßt oder die Berufstätigkeit aufgibt.

Voraussetzung ist, dass er das 35. Lebensjahr vollendet hat und die Arbeitgeberzusage entweder mindestens 10 Jahre bestanden hat oder der Beginn der Betriebszugehörigkeit mindestens 12 Jahre zurückliegt und die Zusage mindestens 3 Jahre bestanden hat.

Die zweite Alternative kommt dann in Betracht, wenn die Altersversorgung neu eingerichtet wird oder der Arbeitgeber eine Wartezeit vorgeschaltet hat. Manche Arbeitgeber sagen nicht schon bei Beginn des Arbeitsvertrages eine betriebliche Altersversorgung zu, sondern sie schalten eine Zeit voraus, in der die Arbeitnehmer sich bewähren sollen; erst dann wird eine Zusage erteilt. Die Höhe der unverfallbaren Versorgungsanwartschaft kann mit folgender Formel errechnet werden:

$$T = \frac{V \cdot m}{N}$$

Erläuterung:

T = unverfallbarer Teilanspruch

V = Betriebsrentenanspruch bei Eintritt des Versorgungsfalles nach planmäßigem Ablauf

m = Gesamtdauer der Betriebszugehörigkeit

N = Betriebszugehörigkeit vom Beginn des Anspruchs (oder: vom Datum der Versorgungszusage) bis zum planmäßigen Eintritt des Versorgungsfalles.

Der erworbene Anspruch ist dem Arbeitnehmer bei vorzeitigem Ausscheiden mitzuteilen.

Abfindung und Übertragung

In Ausnahmefällen lässt das BetrAVG (§§ 3, 4) zu, dass unverfallbare Versorgungsanwartschaften **abgefunden** werden oder von anderen Versorgungsträgern **übernommen** werden können. Eine Abfindung ist dann möglich, wenn die Anwartschaften bis 1% der monatlichen Bezugsgröße nach § 18 SGB IV betragen. Diese Form kann auf Verlangen des Arbeitgebers und/oder Arbeitnehmers möglich werden.

Beispiel (Stand 01. Jan. 2000):
monatliche Bezugsgröße alte Bundesländer DM 4 480,--, 1 % = 44,80 DM
neue Bundesländer DM 3 640,--, 1 % = 36,40 DM

Bis 2 % der monatlichen Bezugsgröße kann nur mit Zustimmung des Arbeitnehmers erfolgen. Bis 4 % ist die Abfindung mit Zustimmung der Arbeitnehmer nur möglich, wenn der Abfindungsbetrag in eine Direktversicherung, Pensionskasse oder gesetzliche Rentenversicherung gezahlt wird.

Eine unverfallbare Versorgungsanwartschaft kann von dem Unternehmen übernommen werden, bei dem der/die ausgeschiedene Arbeitnehmer/ Arbeitnehmerin neu eingestellt wird oder von einer Pensionskasse, einer Direktversicherung und evtl. von einer Unterstützungskasse. Diese Übernahme geschieht durch Vertrag zwischen dem bisherigen Versorgungsträger und dem übernehmenden Versorgungsträger. Sowohl die Abfindung wie auch die Übertragung auf einen anderen Versorgungsträger bedürfen jedoch in diesen Fällen der Zustimmung der betroffenen Arbeitnehmer.

Eine neue Form der Übertragung gilt seit dem 1.1.1999 bei der Liquidation eines Unternehmens. Dann können - ohne Zustimmung der Arbeitnehmer - eine unverfallbare Anwartschaft und auch laufende Leistungen aus einer Pensionskasse oder Unterstützungskasse auf eine "kongruent rückgedeckte Unterstützungskasse" übertragen werden. (§ 4,3 Betr AVG). Die Leistungen der Rückdeckungsversicherung sind an die Versorgungsberechtigten zu verpfänden. Durch diese Regelung werden Liquidationen wesentlich erleichtert.

Insolvenzsicherung

Vor Inkrafttreten des BetrAVG konnten betriebliche Altersversorgungen aus Direktzusagen sowie Leistungen der Unterstützungskasse nicht mehr realisiert werden, wenn Firmen insolvent wurden. Durch das Gesetz ist eine Insolvenzsicherung für die Leistung der betrieblichen Altersversorgung geschaffen worden. Ausgenommen ist die Pensionskasse, weil diese bereits über das Bundesaufsichtsamt gesichert ist. Der Gesetzgeber hat vorgesehen, dass ein Pensionssicherungsverein auf Gegenseitigkeit (PSVaG) zu bilden ist. Träger dieses Pensionssicherungsvereins sind die Bundesvereinigung der deutschen Arbeitgeberverbände, der Bundesverband der deutschen Industrie und der Verband der Lebensversicherungen. Bei Insolvenz eines Arbeitgebers übernimmt der PSVaG die unverfallbaren Anwartschaften und laufende Betriebsrenten, begrenzt auf das Dreifache der monatlichen Bezugsgröße gemäß § 18 SGB IV. Diese Regelung gilt ab 1.1.1999.

Neben der Insolvenz eines Unternehmens werden noch weitere drei Fälle als Sicherungsfälle (§ 7, Absatz 1 BetrAVG) für den Eintritt des PSVaG genannt:

– Abweisung des Antrages auf Eröffnung des Konkursverfahrens mangels Masse

– vollständige Beendigung der Betriebstätigkeit

– außergerichtlicher Vergleich des Arbeitgebers mit seinen Gläubigern nach vorangegangener Zahlungseinstellung. Diesem außergerichtlichen Vergleich muss die PSVaG ausdrücklich zustimmen.

Versorgungszusagen über die Pensionskasse und die Direktversicherung brauchen nicht insolvenzgesichert zu sein, da diese Leistungen nicht von der Zahlungsfähigkeit des Arbeitgebers abhängen. Ausgenommen sind hier Direktversicherungen, bei denen ein unwiderrufliches Bezugsrecht noch nicht besteht.

Anpassungsgebot

Das Anpassungsgebot ist seit dem 1.1.1999 neu gefasst.

§ 16 BetrAVG lautet:

§ 16 Anpassungsprüfungspflicht

(1) Der Arbeitgeber hat alle drei Jahre eine Anpassung der laufenden Leistungen der betrieblichen Altersversorgung zu prüfen und hierüber nach billigem Ermessen zu entscheiden; dabei sind insbesondere die Belange des Versorgungsempfängers und die wirtschaftliche Lage des Arbeitgebers zu berücksichtigen.

(2) Die Verpflichtung nach Abs. 1 gilt als erfüllt, wenn die Anpassung nicht geringer ist als der Anstieg

1. des Preisindexes für die Lebenshaltung von 4-Personen-Haushalten von Arbeitern und Angestellten mit mittlerem Einkommen oder

2. der Nettolöhne vergleichbarer Arbeitnehmergruppen des Unternehmens im Prüfungszeitraum.

(3) Die Verpflichtung nach Absatz 1 entfällt, wenn

1. der Arbeitgeber sich verpflichtet, die laufenden Leistungen jährlich um wenigstens eins von Hundert anzupassen oder

2. die betriebliche Altersversorgung über eine Direktversicherung im Sinnen des § 1 Abs. 2 oder über eine Pensionskasse im Sinne des § 1 Abs. 3 durchgeführt wird, ab Rentenbeginn sämtliche auf Rentenbestand entfallende Überschußanteile zur Erhöhung der laufenden Leistungen verwendet werden und zur Berechnung der garantierten Leistung der nach § 65 Abs. 1 Nr. 1 Buchstabe a des Versicherungsaufsichtsgesetzes festgesetzte Höchstzinssatz zur Berechnung der Deckungsrückstellung nicht überschritten wird.

(4) Sind laufende Leistungen nach Abs. 1 nicht oder nicht in vollem Umfang anzupassen (zu Recht unterbliebene Anpassung), ist der Arbeitgeber nicht verpflichtet, die Anpassung zu einem späteren Zeitpunkt nachzuholen. Eine Anpassung gilt als zu Recht unterblieben, wenn der Arbeitgeber dem Versorgungsempfänger die wirtschaftliche Lage des Unternehmens schriftlich dargelegt, der Versorgungsempfänger nicht binnen drei Kalendermonaten nach Zugang der Mitteilung schriftlich widersprochen hat und er auf die Rechtsfolgen eines nicht fristgemäßen Widerspruchs hingewiesen wurde.

Damit ist die bisherige Rechtsprechung des Bundesarbeitsgerichts in das Gesetz eingearbeitet worden.

Im Falle der Direktzusage wird einem Unternehmen eine bessere Kalkulation der Anpassung ermöglicht.

Bei Direktversicherungen und Pensionskassen ist durch die Anrechnung der Überschüsse ein Ausgleich des Kaufkraftverhaltens gegeben. Damit entfällt die bisherige Anpassungsverpflichtung.

Wenn der Pensionssicherungsverein die laufenden Zahlungen der Betriebsrente übernommen hat, muss eine Anpassung nicht erfolgen.

Einer der Gründe für die Beliebtheit der Direktversicherung in Form einer Einmalzahlung wird aus der Perspektive von Arbeitgebern sichtbar: Wenn eine Einmalzahlung gewährt ist, entfällt für die Zukunft eine Anpassungspflicht. Sie ist ja auch »technisch« nicht mehr möglich.

Die Übersicht auf der folgenden Seite informiert über die wesentlichen Inhalte der betrieblichen Altersversorgung.

Mitwirkung des Betriebsrates

Bei mittelbaren Versorgungseinrichtungen wie der Pensionskasse und Unterstützungskasse beruht das Mitbestimmungsrecht auf § 87 (1) Ziffer 8 BetrAVG (Soziale Einrichtungen), bei Direktzusagen und Direktversicherungen auf § 87 (1) Ziffer 10 (Lohngestaltung).

Nicht der Mitbestimmung unterliegt der Entschluss des Arbeitgebers, eine betriebliche Altersversorgung einzuführen oder einzustellen sowie der Dotierungsrahmen, also die Höhe der insgesamt aufzuwendenden Mittel.

Die Fragen der Ausgestaltung sind mitbestimmungspflichtig: Wer wird in die betriebliche Altersversorgung aufgenommen? Welche Leistungen werden gewährt? Wie hoch können die Leistungen unter Berücksichtigung des Dotierungsrahmens sein?

Kommt es nicht zu einer Übereinstimmung zwischen Arbeitgeber und Betriebsrat, so entscheidet die Einigungsstelle.

Eine Entscheidung zur Einstellung der betrieblichen Altersversorgung wirkt nur in die Zukunft, das heißt bei den ab Einstellungsdatum neu eintretenden Mitarbeitern. Die bisher mit einer Zusage bedachten Arbeitnehmer behalten diese weiterhin.

Merkmale	Direktzusage	Unterstützungs-kasse	Pensionskasse	Direkt-versicherung
Versorgungs-träger	Unternehmen	rechtlich selbständige Einrichtung (meist e.V., GmbH)	rechtlich selbständige Einrichtung (meist VVaG)	Versicherungs-gesellschaft
Mitbestim-mungsrecht nach	§ 87 (1) 10 BetrVG	§ 87 (1) 8 BetrVG	§ 87 (1) 8 BetrVG	§ 87 (1) 10 BetrVG
Rechts-anpruch auf Leistungen	ja	nein*)	ja	ja
Beitrags-beteiligung der Arbeitnehmer	nein	nein	möglich	möglich
Versicherungs-aufsicht	nein	nein	ja	ja
Insolvenz-sicherung durch PSVaG	ja	ja	nein	ja (bei widerruflichem Bezugsrecht)

*)nur unter steuerlichen Gesichtspunkten wichtig, arbeitsrechtlich greifen Gleichbehandlung und betriebliche Übung

Das **Auszehrungsverbot** nach § 5 BetrAVG soll verhindern, daß die betriebliche Alters-versorgung durch die Anrechnung von anderen Renten ausgezehrt wird. Der erstmals festgesetzte Betrag der betrieblichen Rente ist eine Mindestrente und darf nicht mehr unterschritten, insbesondere nicht angerechnet werden. Eine Anrechnung von Leistun-gen der betrieblichen Altersversorgung wäre nur dann möglich, wenn bei den betriebli-chen Altersrenten nachträglich Erhöhungen vorgenommen werden.

4.2.2.2.2   Betriebsverpflegung

Die Einnahme von Mahlzeiten während des Arbeitstages ist eine Notwendigkeit, die vom Betrieb im Rahmen seiner Sozialleistungen auf unterschiedliche Weise unterstützt wer-den kann. Lage und Größe eines Unternehmens setzen in vielen Fällen voraus, dass der Betrieb die Verpflegung der Mitarbeiter organisiert. Die Möglichkeiten, die der Betrieb in dieser Hinsicht bietet, gehören zu den ursprünglichsten und wesentlichsten Sozialleis-tungen. Sie haben für die Mitarbeiter einen hohen Stellenwert und werden oft als selbst-verständlich vorausgesetzt.

Essensgutscheine berechtigen zur Einnahme der Mahlzeiten in umliegenden Restau-rants oder in den Kantinen anderer Betriebe, mit denen das Unternehmen abrechnet. Üblich ist ein fester Wert des Gutscheins; entstehende Differenzen zum Preis der Mahl-zeit trägt der Arbeitnehmer selbst. Vorteile: Geringer organisatorischer Aufwand und fest-stehende Kosten für den Betrieb; große Auswahlmöglichkeiten für die Mitarbeiter. Nach-teilig sind die Wegezeiten.

Essensgutscheine sind insbesondere für Kleinbetriebe eine vorteilhafte und finanziell ver-tretbare Form der Mitarbeiterverpflegung.

Eine Betriebskantine ist nur bei größeren Betrieben wirtschaftlich vertretbar. Wird sie in **Eigenregie** betrieben, gehören alle Investitionen (Räume, Einrichtung) zum Betriebsvermögen und alle Kosten werden vom Betrieb getragen. An der Verwaltung einer Betriebskantine muss nach § 87 Betriebsverfassungsgesetz der Betriebsrat beteiligt werden.

Vorteilhaft ist die völlige Gestaltungsfreiheit. Nachteil ist der hohe, schwer kalkulierbare Verwaltungsaufwand. Da der Betrieb die volle Verantwortung trägt, ergeben sich zusätzliche Probleme, z. B. durch Ausfallzeiten des Küchenpersonals.

Die **Verpachtung der Betriebskantine** kann diese Nachteile vermeiden. Die gesamte Einrichtung gehört dem Pächter, der auch das Personal stellt, das Betriebsrisiko trägt und die Verwaltung übernimmt. Dem Betrieb fließen u. U. sogar Pachteinnahmen zu.

Gleichzeitig verringern sich jedoch die Einflußmöglichkeiten des Betriebes auf die Gestaltung der Betriebsverpflegung; auch auf den Preis und die Qualität. Das kann zu schwindender Akzeptanz und zu Unzufriedenheit bei den Mitarbeitern führen. Häufiges Wechseln der Pächter ist oft die Folge.

Eine moderne Form der Betriebsverpflegung, die sich in letzter Zeit stark verbreitet hat, ist das **Catering**. Die Räume und u. U. auch die Einrichtung gehören dem Unternehmen.

Der Caterer betreibt das Betriebsrestaurant als Dienstleistung; er stellt das Personal und ist für den Speiseplan und die Gestaltung verantwortlich. Dafür ist der Caterer am Umsatz beteiligt. Oft ist die Kostenaufteilung so geregelt, dass Rohstoffe und Zutaten den Preis ergeben, den die Mitarbeiter bezahlen, alle übrigen Kosten dagegen vom Arbeitgeber getragen werden. Viele andere Kostenverteilungen sind möglich bis hin zur Vollfinanzierung durch den Preis.

Die Beteiligungsrechte des Betriebsrates gemäß § 87 Betriebsverfassungsgesetz müssen bei Catering gewahrt bleiben, was zu Koordinations- und Abstimmungsproblemen zwischen Arbeitgeber, Cateringunternehmen und Betriebsrat führen kann.

Auch diese Form der Betriebsverpflegung entlastet den Arbeitgeber von einem Großteil der Verwaltungsarbeit und der Verantwortung. Gute Caterer haben ein breites, abwechslungsreiches Angebot. Nachteilig sind die z. T. stärkere finanzielle Belastung des Arbeitgebers und beschränkte Einflussmöglichkeiten.

4.2.2.2.3 Betriebssport

Die ursprüngliche Motivation eines Arbeitgebers, betriebssportliche Aktivitäten anzubieten, beruht auf der Erkenntnis, dass durch sportliche Aktivitäten einseitige Belastungen durch die Arbeit abgebaut werden können und bedeutet Gesundheitsförderung und gesundheitliche Fürsorge. Darüber hinaus sollen betriebssportliche Aktivitäten auch ein positives Betriebsklima bewirken.

Es gibt sehr unterschiedliche Angebote, die unter der Bezeichnung Betriebssport zusammengefasst werden:

– Zuschüsse zu Vereinsmitgliedschaften,
– Zuschüsse zur finanziellen Förderung von Eigeninitiativen der Mitarbeiter
  (z. B. Mannschaftssportarten wie Fußball, Handball, Bowling, Kegeln u.ä.),
– die Bereitstellung von Sporteinrichtungen (Sportplätze, Tennisplätze, Tennishallen,
  Wassersportmöglichkeiten, Reiten usw.).

Hier sind der Phantasie und den finanziellen Möglichkeiten von Arbeitgebern keine Grenzen gesetzt.

Die Finanzverwaltung hat bei der Gewährung dieser betrieblichen Sozialleistung den Begriff der »gehobenen Sportart« geprägt. Wenn durch das Ausüben einer sogenannten »gehobenen Sportart« (z. B. Tennis, Squash u.ä.), dem Arbeitnehmer private Aufwendungen erspart werden, sind diese Zuschüsse als geldwerter Vorteil anzusehen und der Steuer- und Sozialversicherungspflicht zu unterwerfen.

4.2.2.2.4 Beratungsangebote

Angesichts immer komplizierter werdender Lebensverhältnisse liegt es nahe, daß Betriebe im Rahmen der Sozialleistungen ihren Mitarbeitern Beratungsmöglichkeiten bieten. Teilweise sind die betreffenden Fachleute vorhanden, z. B. Steuer- oder Finanzierungsfachleute, andernfalls kann der Kontakt zu Beratungsstellen oder externen Fachleuten vermittelt werden bei teilweise oder vollständiger Übernahme der Kosten. Beispielhaft werden nachstehend Beratungsmöglichkeiten genannt, die in vielen Betrieben erfolgreich betrieben werden.

Die **Suchtberatung** bezieht sich in erster Linie auf Alkoholgefährdung, die heute allgemein als eine Krankheit anerkannt wird. Wenn dafür kein eigenes fachkundiges Personal zur Verfügung steht, kann ein Kontakt zu Beratungsstellen oder Selbsthilfegruppen hergestellt werden, wie Anonyme Alkoholiker, Blaukreuz, Guttempler o.ä.

Eine **Schuldnerberatung** kann schon wirksam sein, bevor Mitarbeiter eine Verbindlichkeit eingehen. Sie ist erst recht von Bedeutung, wenn sie sich mit unseriösen Kreditgebern eingelassen haben und die fälligen Zahlungen existenzbedrohend geworden sind. Auch hier können betriebseigene oder externe Beratungsstellen nützlich sein oder das Einschalten eines versierten Rechtsanwalts, dessen Honorar der Betrieb vorschießt oder übernimmt.

Die **Rentenberatung** ist für alle Mitarbeiter von Bedeutung, die die voraussichtliche Mitte ihrer Berufstätigkeit überschritten haben. In regelmäßigen Zeitabständen vor Renteneintritt kann die zu erwartende Höhe der gesetzlichen Altersversorgung errechnet werden. In diese Berechnung kann die Betriebsrente einbezogen werden.

Weitere Beratungsangebote können sich auf die sinnvolle Lebensgestaltung nach Erreichen des Rentenalters und auf häufig vorkommende kritische Lebenssituationen im persönlichen Bereich (z. B. Beziehungskrisen) beziehen.

Sicher ist die Annahme richtig, daß Krisensituationen im persönlichen Bereich auch schnell Auswirkungen im betrieblichen Geschehen zeigen können. Von daher können sich solche Beratungsangebote für Unternehmen durchaus »rechnen«. Solche Beratung muss selbstverständlich sehr behutsam geführt werden und darf keinesfalls die Entscheidungsfreiheit des/der Betroffenen beeinflussen.

4.2.2.2.5 Kinderbetreuung

Die Kinderbetreuung durch betriebliche Einrichtungen ist insbesondere in solchen Betrieben erwünscht, in denen viele Frauen arbeiten.

Es gibt verschiedene Möglichkeiten, eine Kinderbetreuung zu organisieren.

Der **eigene Kindergarten**. Vorteil ist, dass eine Gestaltungsmöglichkeit durch das Unternehmen gegeben ist. Nachteil: hohe Kosten.

Durch die **Anmietung von Kindergartenplätzen** bei bestehenden Kindergärten können die Fixkosten u. U. gesenkt werden. Zu beachten ist, daß diese Kindergartenplätze meistens sehr langfristig verplant werden und auf kurzfristige Veränderungen oft nicht zeitgerecht reagiert werden kann.

Die dritte Form, eine Kinderbetreuung zu organisieren, ist eine neue Form, die an altes genossenschaftliches Gedankengut anknüpft.

Interessierte Mitarbeiter/Mitarbeiterinnen gründen einen eingetragenen Verein. Das Unternehmen stellt Räumlichkeiten und Sachmittel zur Verfügung. Die Organisation der Kinderbetreuung übernimmt der eingetragene Verein. Die Arbeitnehmer, die Kinderbetreuung übernehmen, sind Mitarbeiter des eingetragenen Vereins.

Diese Form hat einen großen Vorteil: Es engagieren sich nur die Mitarbeiter/Mitarbeiterinnen, die auch Interesse an der Sache haben. Durch die Organisation im Rahmen des eingetragenen Vereins sind Engagement und Motivation der Mitarbeiter ungleich höher. Bei Bedarfsveränderungen kann flexibel reagiert werden. Wenn ein Bedarf zukünftig nicht mehr besteht, kann der Verein aufgelöst werden. Darüber hinaus können die Nutzer dieser Möglichkeit auch betreuerische Aufgaben bei der Kinderbetreuung übernehmen. Es gibt Firmen, die es Mitarbeitern/Mitarbeiterinnen ermöglichen, bei Ausfällen der »hauptamtlichen Kinderbetreuer« die Ausfallzeiten kurzfristig abzudecken. Es wird auch eine kurzfristige Schulung vom Unternehmen bezahlt.

4.2.2.3   Caféteria-Systeme

Ausgelöst durch die Diskussion um die stetig steigenden Kosten der Personalzusatzleistungen, zu denen auch die besprochenen Sozialleistungen gehören, hat man sich die Frage gestellt, ob das allgemein übliche »Gießkannenprinzip«, nach dem alle sozialen Vorteile gleichmäßig über alle Mitarbeiter verteilt werden, noch zeitgemäß ist. In diesem Zusammenhang ist in letzter Zeit das sogenannte **Caféteria-System** wieder in den Vordergrund gerückt, nachdem es viele Jahre kaum praktiziert worden war.

Caféteria-System heißt: Mitarbeiter/Mitarbeiterinnen können aus einem Angebot von betrieblichen Sozialleistungen eine individuelle Auswahl treffen, so wie man sich ein Menue in einer Caféteria zusammenstellt.

Voraussetzung zur Einführung eines derartigen Systems ist, dass durch eine Umfrage unter den Mitarbeitern/Mitarbeiterinnen eines Unternehmens festgestellt wird, welche betrieblichen Sozialleistungen erwünscht sind.

Wenn man die Wünsche der Arbeitnehmer kennt, wird ein Angebot erstellt. Zweckmäßigerweise geht man so vor, dass man pro Jahr ein bestimmtes Budget festlegt und dann die verschiedenen Möglichkeiten auf einer Sozialleistungs-Menuekarte zusammenstellt, z. B. betriebliche Altersversorgung (die Direktversicherung ist hierfür geeignet), Weiterbildung, zusätzliche Urlaubstage usw.

Aus der Vielzahl der Gestaltungsmöglichkeiten sollen drei grundsätzliche Formen betrachtet werden:

Auswahlpläne

Bei dieser Form umfasst das Caféteria-System alle angebotenen Sozialleistungen. Die einzelnen Mitarbeitern/Mitarbeiterinnen können unter allen Arten und Varianten der betrieblichen Sozialleistungen innerhalb eines festgelegten persönlichen Budgets auswählen.

Kernangebot mit Zusatzplänen

Allgemein angebotene Leistungen werden auf einen Kern festliegender Sozialleistungen reduziert, zum Beispiel betriebliche Altersversorgung, Weihnachtsgratifikation (soweit noch nicht tariflich vereinbart). Diese Leistungen gelten für alle Mitarbeiter/Mitarbeiterinnen. Aus einem weiteren Angebot von flexiblen Sozialleistungen können individuell weitere Zusatzleistungen ausgewählt werden.

Paketpläne

Bei dieser Form werden unterschiedliche Zielgruppen gebildet. Es kann z. B. differenziert werden nach Arbeitnehmergruppen (Arbeiter, Angestellte, Auszubildende, Leitende Angestellte) oder nach den ausgeübten Funktionen (Einkauf, Rechnungswesen, Vertrieb). Diese können dann auf ihre Personengruppen zugeschnittene geschlossene Sozialleistungspakete auswählen und sie sich zu einem Gesamtpaket innerhalb eines persönlichen Budgets zuschneiden.

Eine erneute Wahlmöglichkeit könnte für jedes Kalenderjahr vorgesehen werden.

Diese Form des Caféteria-Systems führt zu einer Reduzierung der Kosten für die betrieblichen Sozialleistungen und bietet die Möglichkeit individueller oder zielgruppengerechter Auswahl. Wer über die Inanspruchnahme verschiedener Sozialleistungen mitbestimmen kann, ist zufrieden und hat eine bessere Motivation.

Bei EDV-Einsatz können erhebliche Verwaltungsmehrkosten kaum auftreten.

Das Caféteria-Modell ist nicht nur anwendbar für betriebliche Sozialleistungen, sondern kann auf die gesamte Vergütungsstruktur und -politik ausgedehnt werden. Arbeitnehmer könnten sich nach diesem Modell aus verschiedenen Bestandteilen der Gesamtvergütung – analog zu der skizzierten Form bei betrieblichen Sozialleistungen – ein »Paket« aus unterschiedlichen Vergütungsangeboten zusammenstellen.

4.2.3   Überblick über die Sozialversicherung

Kurzdarstellung der fünf zur Zeit vorhandenen Zweige in der gesetzlichen Sozialversicherung:

4.2.3.1   Krankenversicherung

Die gesetzliche Krankenverischerung (GKV) in Deutschland ist mehr als 110 Jahre alt. Sie ist der älteste Zweig der Sozialversicherung und der erste Schritt in der Bismarck'schen Sozialgesetzgebung. Die gesetzliche Regelung trat am 01.12.1884 in Kraft und führte im damaligen deutschen Reich zu einer Versicherungspflicht für Industriearbeiter, Beschäftigte in Handwerk und sonstigen Gewerbebetrieben. Die deutsche Krankenversicherung ist von vier Prinzipien gekennzeichnet:

1. das Sachleistungsprinzip
2. das Kostenerstattungsprinzip
3. das Solidaritätsprinzip
4. das Selbstverwaltungsprinzip
5. das Prinzip der gegliederten Krankenversicherung

Sachleistungsprinzip: Einem Versicherten werden die im Krankheitsfall erforderlichen medizinischen Dienste und Leistungen in Gestalt von Naturalleistung zur Verfügung gestellt. Krankenkassen schließen mit den Leistungserbringern (Ärzte, Krankenhäuser, Apotheken usw.) Verträge ab mit der Verpflichtung, die Versicherten im Krankheitsfall zu Lasten der Krankenkasse zu behandeln.

Kostenerstattungsprinzip: Hier werden entstehende Arzt-, Apotheker- und Krankenhauskosten zunächst vom Versicherten gezahlt. Sie werden nach Einreichung der quittierten Rechnung zurückerstattet. Nach diesem Kostenerstattungsprinzip arbeiten die privaten Krankenversicherer (PKV) und seit dem 1.1.1998 auch die gesetzlichen Kassen bei Zahnersatz.

Solidaritätsprinzip: Die Beiträge, die Versicherte für ihren Schutz zahlen, richten sich nach der finanziellen Leistungsfähigkeit. Sie werden festgelegt in einem Prozentsatz des Arbeitsentgeltes. Das Alter, das Geschlecht und das gesundheitliche Risiko sind für die Beitragshöhe unerheblich. Man bekommt Leistung nach dem Maß der Bedürfnisse und gibt Beiträge nach dem Maß seiner Leistungskraft. Eingeschlossen in dieses Solidarprinzip ist auch die beitragsfreie Familienversicherung von Ehegatten und Kindern.

Im Gegensatz zum Solidaritätsprinzip gilt bei der privaten Krankenversicherung das sogenannte **Äquivalenz-Prinzip:** Der Beitrag des Einzelnen richtet sich nach dem individuellen Risiko und dem Wert des Versicherungsschutzes, Leistung und Gegenleistung werden aufeinander bezogen.

Selbstverwaltungsprinzip: Die Durchführung der gesetzlichen Krankenversicherung obliegt eigenständigen Versicherungsträgern in der Rechtsform von Körperschaften des öffentlichen Rechts. Die Verwaltung dieser Körperschaften (der Krankenkassen) wird den betroffenen Arbeitnehmern und Arbeitgebern überantwortet. In den Selbstverwaltungsorganen sind Arbeitnehmer- und Arbeitgebervertreter paritätisch vertreten.

Prinzip der gegliederten Krankenversicherung: Es gibt keinen einheitlichen Versicherungsträger, sondern verschiedene Kassenarten. Im Jahre 1994 bestanden in der Bundesrepublik Deutschland 993 rechtlich selbstständige Krankenkassen. Das System gliedert sich in Ortskrankenkassen, Betriebskrankenkassen, Innungskrankenkassen, landwirtschaftliche Krankenkassen, Ersatzkassen für Angestellte, Ersatzkassen für Arbeiter, die Seekrankenkasse und die Knappschafts-Krankenkasse. Die Zuständigkeit der verschiedenen Kassen für bestimmte Arbeitnehmergruppen hat seit 1996 mit Einführung der freien Kassenwahl weitgehend an Bedeutung verloren.

Versicherter Personenkreis: Mitglieder in der gesetzlichen Krankenversicherung sind Pflichtversicherte, freiwillig Versicherte oder Familienversicherte.

Versicherungspflichtig sind:

– alle Arbeitnehmer und die gegen Arbeitsentgelt zu ihrer Berufsausbildung Beschäftigten, die nicht mehr als 75 % der Beitragsbemessungsgrenze verdienen,
– Arbeitslose,
– Landwirte und ihre mitarbeitenden Familienangehörigen,
– Künstler und Publizisten,
– Personen, die in Einrichtungen der Jugendhilfe für eine Erwerbstätigkeit befähigt werden,
– Teilnehmer an berufsfördernden Maßnahmen zur Rehabilitation,
– Behinderte, die in Werkstätten für Behinderte, Blindenwerkstätten, Anstalten, Heimen und gleichartigen Einrichtungen tätig sind,
– Studenten,
– Praktikanten und Auszubildende des zweiten Bildungsweges,
– Rentner und Rentenantragsteller.

Beitragsbemessungsgrenze ist die Einkommensgrenze in der Krankenversicherung, bis zu der Beiträge gezahlt werden müssen. 2001 betragen die Werte in den alten und in den neuen Bundesländern monatlich DM 6 525,-; jährlich DM 78 300.

Nicht versicherungspflichtig sind:

– alle Arbeitnehmer, deren regelmäßiges Jahresentgelt 75 % der Beitragsbemessungsgrenze in der gesetzlichen Rentenversicherung übersteigt,
– Beamte,
– Selbstständige, mit Ausnahme der Landwirte, Künstler und Publizisten,
– geringfügig und kurzfristig Beschäftigte, deren Arbeitsentgelt und Arbeitszeit bestimmte Höchstgrenzen nicht übersteigt.

Zahlreiche Sonderregelungen zur Versicherungspflicht machen bei bestimmten Personengruppen eine sorgfältige **Einzelfallprüfung** erforderlich. Das gilt insbesondere für Studenten, Praktikanten, Rentner und geringfügig oder kurzfristig Beschäftigte.

Eine freiwillige Versicherung ist dann möglich, wenn der Versicherte vorher bereits der gesetzlichen Krankenversicherung angehört hat. Wer aus der Versicherung ausscheidet, z. B. wegen Überschreiten der Beitragsbemessungsgrenze, kann sich freiwillig versichern, wenn er unmittelbar vorher ununterbrochen mindestens 12 Monate oder in den letzten fünf Jahren vor dem Ausscheiden mindestens 24 Monate versichert war.

Wer aus der Familienversicherung ausscheidet und sich weiterhin freiwillig versichern will, braucht keine Vorversicherungszeit nachzuweisen.

Der freiwilligen Versicherung beitreten können weiterhin
– Arbeitnehmer, die erstmals eine Beschäftigung aufnehmen und wegen Überschreitens der Jahresarbeitsentgeltgrenze sofort versicherungsfrei sind,
– Schwerbehinderte, wenn sie, ein Elternteil oder ihr Ehegatte in den letzten fünf Jahren vor dem Beitritt mindestens drei Jahre versichert waren und
– Arbeitnehmer, die innerhalb von zwei Monaten nach Rückkehr aus dem Ausland wieder eine Beschäftigung aufnehmen.

Ein freiwilliger Beitritt kann nur innerhalb von drei Monaten nach Eintritt des die Beitragsberechtigung auslösenden Tatbestandes erfolgen.

Beitragsfrei familienversichert sind der Ehegatte und Kinder, wenn sie ihren Wohnsitz in der Bundesrepublik Deutschland haben und eine bestimmte Einkommensgrenze (Geringverdiener-Grenze) nicht überschreiten (2001 einheitlich DM 630 für alle).

Kinder sind grundsätzlich bis zur Vollendung des 18. Lebensjahres familienversichert. Die Altersgrenze kann sich auf das 23. Lebensjahr erhöhen, wenn das Kind nicht erwerbstätig ist und auf das 25. Lebensjahr, wenn es sich in Schul- oder Berufsausbildung befindet oder ein freiwilliges soziales Jahr leistet. Wenn die Schul- oder Berufsausbildung durch eine gesetzliche Dienstpflicht (Wehr- oder Zivildienst) verlängert wird, erhöht sich die Altersgrenze um diesen Zeitraum.

Beitragshöhe: Die Beiträge werden je zur Hälfte vom Arbeitnehmer und vom Arbeitgeber gezahlt. Der Beitragssatz, der von jeder Krankenkasse selbst festgelegt werden kann, bewegt sich in der Bundesrepublik Deutschland 1999 zwischen ca. 12% und 16%.

Seit dem 01.01.1996 besteht Wahlfreiheit in den Krankenkassen. Jeder Arbeitnehmer kann seit diesem Zeitpunkt wählen, in welcher Krankenkasse er Mitglied werden will.

Versicherte haben Anspruch auf die folgenden Leistungen der Krankenkasse:
– Förderung der Gesundheit
– Verhütung von Krankheiten
– Früherkennung von Krankheiten
– Behandlung von Krankheiten
– bei Schwangerschaft und Mutterschaft
– Krankengeld
– sonstige Hilfen.

Unter sonstigen Hilfen sind insbesondere die Beratung über Fragen der Empfängnisregelung zu verstehen, weiterhin zählen dazu Leistungen zur künstlichen Befruchtung und die Zahlung von Sterbegeld, soweit der Versicherte vor dem 01.01.1988 bereits in der gesetzlichen Krankenversicherung versichert war.

4.2.3.2   Pflegeversicherung

Als jüngster und fünfter Zweig der deutschen Sozialversicherung wurde ab 01.01.1995 die Pflegeversicherung eingeführt.

In der Pflegeversicherung gilt der Grundsatz, dass die »Pflegeversicherung der Krankenversicherung folgt«. Demzufolge gibt es nebeneinander die soziale und private Pflegeversicherung. Beide selbstständigen Teile der gesetzlichen Pflegeversicherung sind Pflichtversicherungen.

Der sozialen Pflegeversicherung gehören alle diejenigen an, die in der gesetzlichen Krankenversicherung versichert sind. Das gilt für Pflichtversicherte und auch für die freiwillig Versicherten. Die freiwillig Versicherten haben allerdings ein Wahlrecht zur privaten Pflegeversicherung.

Der privaten Pflegeversicherung gehört an, wer bei einem privaten Krankenversicherungsträger (PKV) versichert ist.

Die Pflegeversicherung steht unter dem Dach der gesetzlichen Krankenversicherung. Allerdings müssen bei den jeweiligen Krankenkassen dafür Sondervermögen (Pflegekassen) gebildet werden, die nicht mit den Geldern der gesetzlichen und privaten Krankenversicherung vermischt werden dürfen.

Der Beitragssatz betrug zunächst 1 %. Seit dem 01.07.1996 beträgt er 1,7 %. Es gilt die Beitragsbemessungsgrenze der Krankenversicherung. Die Beiträge werden ebenfalls je zur Hälfte von Arbeitnehmern und Arbeitgebern aufgebracht.

Die Pflegeversicherung gewährt seit 01.04.1995 Leistungen zur häuslichen Pflege. Seit 01.07.1996 werden auch die Leistungen zur stationären Pflege gezahlt.

Für die häusliche Pflege werden Leistungen nach dem Grad der Pflegebedürftigkeit gewährt. Es gibt dafür die Pflegestufen I bis III. Die Einteilung in diese Pflegestufen wird von dem medizinischen Dienst der Krankenkassen vorgenommen.

Als Sachleistung für die Pflegeversicherung stehen folgende Beträge zur Verfügung: Stufe I bis DM 750, Stufe II bis DM 1 800, Stufe III bis DM 2 800. In besonderen Härtefällen können monatlich Sachleistungen bis zu DM 3 750 gewährt werden.

Als Geldleistungen wird ein Pflegegeld gewährt. Es beträgt für die drei Stufen DM 400, DM 800 und DM 1 300.

In der stationären Pflege werden Leistungen bis zu DM 2 800 monatlich gewährt. In Härtefällen stehen bis zu DM 3 300 monatlich zur Verfügung.

Darüber hinaus zahlt die Pflegeversicherung Rentenversicherungsbeiträge für diejenigen, die Pflegebedürftige betreuen. Dies gilt für Personen, die eine Pflege nicht gewerbsmäßig betreiben, in erster Linie für Angehörige oder Nachbarn.

Technische Hilfen (z. B. Gehwagen, Pflegebetten u.ä.) werden von der Pflegeversicherung zur Verfügung gestellt und auch notwendige Umbauten in der Wohnung bezuschusst.

4.2.3.3 Rentenversicherung

Die gesetzliche Rentenversicherung, also die Rentenversicherung vor allem der Arbeiter und der Angestellten ist das größte soziale Sicherungssystem in Deutschland.

Am Anfang waren die Leistungen der Rentenversicherung ein bloßer Zuschuss zum allgemeinen Lebensbedarf. Sie hat sich im Laufe der Zeit, insbesondere durch die grundlegende Rentenreform 1957, zu einer Lebensstandardsicherung entwickelt.

Die Rentenversicherung beruht auf dem Gedanken des Generationenvertrages. Das heißt – vereinfacht gesagt –, dass die zur Zeit Berufstätigen die Renten der Generation finanzieren, die heute Rente bezieht.

Aufgrund der wirtschaftlichen und insbesondere der demographischen Situation werden zur Zeit Form und Leistungen der Rentenversicherung intensiv diskutiert. Während heute zwei Berufstätige die Rente für einen Rentner aufbringen, müsste im Jahre 2030 nach Vorausberechnungen jeder Berufstätige einen Rentner unterhalten.

Versicherter Personenkreis

In der gesetzlichen Rentenversicherung werden alle Personen kraft Gesetz versichert, die als Arbeitnehmer gegen Entgelt beschäftigt sind. Bei den zur Ausbildung Beschäftigten muß eine Versicherungspflicht nicht von einem Entgeltanspruch abhängig sein. Versicherungspflicht besteht unabhängig von der Höhe des Einkommens, jedoch werden die Beiträge nur bis zu einer bestimmten Höhe des Bruttoeinkommens (Beitragsbemessungsgrenze) berechnet. Es gibt keine Einkommensgrenze wie bei der Krankenversicherung, bei deren Überschreiten Versicherungsfreiheit eintritt. Zu den versicherungspflichtig Beschäftigten zählen auch Wehr- oder Zivildienstleistende, Bezieher von Vorruhestandsgeld, außerdem unter bestimmten Voraussetzungen Behinderte, Mitglieder geistlicher Genossenschaften, Diakonissen und Angehörige ähnlicher Gemeinschaften sowie u. U. selbständige Lehrer und Erzieher, Pflegepersonen, Hebammen, Seelotsen, Künstler, Publizisten und Handwerker.

Nicht versicherungspflichtig sind der überwiegende Teil der Selbständigen (Ausnahmen s. o.), geringfügig Beschäftigte, Beamte und Bezieher von Altersrente.

Nicht versicherungspflichtige Personen können der gesetzlichen Rentenversicherung freiwillig beitreten. Es besteht ferner die Möglichkeit, freiwillig zusätzliche Beiträge zu entrichten (Höherversicherung).

Die Beitragshöhe zur gesetzlichen Rentenversicherung wird durch die Bundesregierung jedes Jahr neu festgelegt. Im Jahre 2001 beträgt der Beitragssatz 19,1 % des versicherungspflichtigen Einkommens bis zur Beitragsbemessungsgrenze. Die Beitragsbemessungsgrenze wird jährlich entsprechend der allgemeinen Entwicklung der Arbeitseinkommen errechnet. Sie beträgt 2001 monatlich DM 8 700, jährlich DM 104 400 in den alten und DM 7 300, jährlich DM 87 600 in den neuen Bundesländern. In der Knappschaftsversicherung ist die Beitragsbemessungsgrenze höher.

Die Beiträge werden jeweils zur Hälfte vom Arbeitnehmer und vom Arbeitgeber getragen. Defizite der Rentenversicherungträger werden durch Zuschüsse aus dem Bundeshaushalt ausgeglichen. Träger der Rentenversicherung sind in erster Linie die Bundesversicherungsanstalt für Angestellte in Berlin und die Landesversicherungsanstalten der Bundesländer (für Arbeiter). Außerdem gibt es besondere Versicherungsanstalten für Bergleute, Seeleute und für die bei der Bahn und in der Landwirtschaft Beschäftigten.

An Leistungen gewährt die Rentenversicherung:

– Heilbehandlung
– Berufsförderung und andere Leistungen zur Erhaltung, Besserung und Wiederherstellung der Erwerbsfähigkeit, einschließlich wirtschaftlicher Hilfen

- Rente wegen Alters
- Renten wegen verminderter Erwerbsfähigkeit (Berufsunfähigkeit, Erwerbsunfähigkeit)
- Renten wegen Todes (Witwen- und Witwerrenten, Waisenrenten)
  Abfindungen bei Wiederheirat der Witwe/des Witwers
  Erziehungsrente an den geschiedenen früheren Ehegatten des verstorbenen Versicherten zur Erziehung von Kindern, die noch nicht 18 Jahre alt sind oder sich wegen Behinderung nicht allein unterhalten können
- Zuschüsse zu den Aufwendungen für die Kranken- und Pflegeversicherung und
- Beitragsrückerstattung der gezahlten Arbeitnehmeranteile bei Ausscheiden ohne die Möglichkeit der freiwilligen Versicherung sowie bei Nichterfüllung der Wartezeiten.

Für die Inanspruchnahme der Leistungen ist immer ein Antrag des Versicherten erforderlich.

Ein Anspruch auf Rente haben Versicherte erst, wenn sie vor Eintritt des zum Rentenbezug berechtigenden Ereignisses (Erreichen der Altersgrenze, Erwerbs- oder Berufsunfähigkeit) bestimmte Zeiten gesetzlich versichert waren (Wartezeit). Auf die Wartezeit können bestimmte Ersatzzeiten angerechnet werden (frühere Militärdienstzeiten, Kriegsgefangenschaft, Vertreibung u. a.).

Zu den Renten wegen Alters zählen:

Regelaltersrente
Voraussetzung ist, dass das 65. Lebensjahr vollendet und die Wartezeit von fünf Jahren erfüllt ist. Auf die Wartezeit können Kindererziehungszeiten angerechnet werden.

Altersrente für langjährig Versicherte
Voraussetzung: Das 63. Lebensjahr muss vollendet und eine Wartezeit von 35 Jahren erfüllt sein. Es ist vorgesehen, mit Beginn des Jahres 2000 diese Altersgrenze stufenweise auf die Regelaltersgrenze von 65 anzuheben.

Altersrente für Schwerbehinderte, Berufs- oder Erwerbsunfähige
Voraussetzung: Das 60. Lebensjahr muss vollendet sein, eine Schwerbehinderung von mindestens 50% oder Berufs- oder Erwerbsunfähigkeit vorliegen und eine Wartezeit von 35 Jahren erfüllt sein. Die Altersgrenze wird ab dem Jahr 2000 stufenweise auf das 63. Lebensjahr angehoben. Ab 1.1.2000 wird anstelle der bisherigen Renten wegen Berufs- und Erwerbsunfähigkeit eine neue zweistufige Erwerbsminderungsrente eingeführt.

Altersrente wegen Erwerbslosigkeit
Voraussetzung: Das 60. Lebensjahr muss vollendet sein, es muss Arbeitslosigkeit bestehen und innerhalb der letzten 1 1/2 Jahren müssen insgesamt 52 Wochen Arbeitslosigkeit vorgelegen haben. Es muss eine Wartezeit von 15 Jahren erfüllt werden. Die Altersgrenze wurde ab 1997 angehoben und wird stufenweise auf das 65. Lebensjahr angehoben.

Altersrente für Frauen
Voraussetzung: Das 60. Lebensjahr muss vollendet sein. Nach Vollendung des 40. Lebensjahres müssen mehr als 10 Jahre Pflichtbeitragszeiten erbracht und eine Wartezeit von 15 Jahren erfüllt sein. Diese Altersgrenze wird vom Jahr 2000 an stufenweise auf das 65. Lebensjahr angehoben.

Es wird bei den drei genannten Renten weiter möglich sein, mit 60 Jahren »in Rente zu gehen«, aber es erfolgen Rentenabschläge, pro Monat der früheren Rentenzahlung 0,3%.

Berechnung der Rente
Grundlage der Rentenberechnung ist der individuelle Versicherungsverlauf, wobei die Höhe des versicherungspflichtigen Arbeitsentgeltes, die Dauer der Versicherungspflicht, das Lebensalter bei Versicherungsbeginn und die in Anspruch genommene Rentenart eine Rolle spielen. Neben den Beitragszeiten werden auch bestimmte beitragsfreie Zeiten berücksichtigt, z. B. Zeiten der Arbeitsunfähigkeit, der Arbeitslosigkeit, Mutterschutzfristen, bestimmte Schulzeiten, Zeiten der Kindererziehung. Bei sehr früh eintre-

tender Berufs- oder Erwerbsunfähigkeit wird die Zeit bis zur Vollendung des 60. Lebensjahres zugerechnet. Seit Inkrafttreten der großen Rentenreform wird die Rente jährlich durch Rechtsverordnung der Entwicklung der durchschnittlichen Nettolöhne angepasst (Rentendynamisierung, Rentenanpassung).

4.2.3.4   Arbeitslosenversicherung

Träger der Arbeitslosenversicherung ist die Bundesanstalt für Arbeit mit ihren nachgeordneten Behörden (Landesarbeitsämter und Arbeitsämter).

Der Aufgabenbereich der Bundesanstalt für Arbeit bezieht sich grundsätzlich auf alle Personen, die im Rahmen eines Arbeitsvertrages tätig sind oder künftig tätig werden. Selbstständige fallen nicht in den Bereich der Bundesanstalt für Arbeit.

Beitragspflichtige

Nach dem Arbeitsförderungsgesetz (SGB III) sind grundsätzlich alle Personen, die als Arbeiter oder Angestellte gegen Entgelt beschäftigt sind sowie die zu ihrer Berufsausbildung Beschäftigten pflichtversichert. Der Beitragssatz 2001 beträgt 6,5% des Einkommens bis zur Beitragsbemessungsgrenze von in den alten Bundesländern DM 8 700, in den neuen Bundesländern DM 7 300. Die Beiträge werden jeweils zur Hälfte von den Arbeitnehmern und Arbeitgebern getragen und sind vom Tag des Beginns bis zum Tag der Beendigung des Arbeitsvertrages zu entrichten.

Leistungen der Bundesanstalt für Arbeit

Folgende Leistungen werden im Rahmen des Arbeitsförderungsgesetzes von der Bundesanstalt für Arbeit erbracht:

– Arbeitsvermittlung und Arbeitsberatung
– Berufsberatung
– Förderung der beruflichen Bildung
– Förderung der Arbeitsaufnahme und der Aufnahme einer selbstständigen Tätigkeit
– Berufsfördernde Leistungen zur Rehabilitation (Ermessensleistung)
– Eingliederungshilfe für Spätaussiedler
– Maßnahmen zur Erhaltung und Schaffung von Arbeitsplätzen.
  (Kurzarbeitergeld, Wintergeld und Winterausfallgeld in der Bauwirtschaft).

Diese Maßnahmen haben Vorrang vor Entgeltersatzleistungen bei Arbeitslosigkeit. Im Falle von Arbeitslosigkeit gewährt die Bundesanstalt für Arbeit folgende Leistungen:

– Arbeitslosengeld
– Arbeitslosenhilfe
  Die Arbeitslosenhilfe wird nicht aus Beitragsmitteln der Bundesanstalt für Arbeit bestritten, sondern vom Bund aus dem allgemeinen Steueraufkommen bereitgestellt. Die Bundesanstalt für Arbeit und ihre nachgeordneten Behörden übernehmen die Auszahlung.
– Konkursausfallgeld.

4.2.3.5   Unfallversicherung

Die gesetzliche Unfallversicherung ist der einzige Zweig der deutschen Sozialversicherung, bei dem der Arbeitgeber die Beiträge allein zahlt. Eine mögliche zivilrechtliche Haftpflicht des Arbeitgebers wird durch die gesetzliche Unfallversicherung abgelöst.

Die gesetzliche Unfallversicherung wird von berufsständisch organisierten Berufsgenossenschaften wahrgenommen, sowie von Gemeinde- und Landesunfallversicherungen und anderen Behörden.

Die Aufgaben der gesetzlichen Unfallversicherung nach dem VII. Sozialgesetzbuch sind:

– Arbeitsunfälle und Berufskrankheiten mit allen geeigneten Mitteln zu verhüten,

– nach Eintritt von Arbeitsunfällen, Wegeunfällen und Berufskrankheiten die Gesundheit und die Leistungsfähigkeit der versicherten Arbeitnehmer mit allen geeigneten Mitteln wieder herzustellen,

– die Versicherten oder ihre Hinterbliebenen durch Geldleistungen zu entschädigen.

Der Schutz der gesetzlichen Unfallversicherung erstreckt sich auf folgende Personengruppen: Arbeitnehmer und ihnen gleichgestellte Personen, die aufgrund eines Arbeits-, Dienstverhältnisses oder Ausbildungsverhältnisses unabhängig von der Höhe ihres Entgelts beschäftigt sind.

Heimarbeiter, Zwischenmeister, Hausgewerbetreibende und die im Unternehmen tätigen Ehegatten und sonstige mitarbeitende Personen.

Personen, die im Interesse des Gemeinwohls tätig werden, insbesondere sogenannte **Nothelfer** und **Lebensretter**, die z. B. bei einem Unfall Hilfe leisten oder sich bei der Verfolgung und Festnahme einer Person oder zum Schutz vor widerrechtlichen Angriffen persönlich einsetzen. Auch Blutspender und Spender körpereigener Gewebe sind versichert.

In manchen Berufsgenossenschaften ist es möglich, dass aufgrund der Satzung auch die Unternehmer (Arbeitgeber) und deren im Unternehmen mittätige Ehegatten versichert sind. Soweit Berufsgenossenschaften diese Möglichkeit in ihrer Satzung nicht geschaffen haben, besteht eine freiwillige Versicherungsmöglichkeit für Unternehmer und mittätige Ehegatten.

In der gesetzlichen Unfallversicherung sind weiterhin versichert:

– Kinder, die den Kindergarten besuchen,

– Schüler während des Besuchs allgemeinbildender Schulen, Berufsschulen,

– Studierende während der Aus- und Fortbildung an Hochschulen.

Die Unfallversicherung der Kinder, Schüler und Studenten obliegt den öffentlichen Berufsgenossenschaften. Die Beiträge zu diesen Zweigen der gesetzlichen Unfallversicherung kommen aus Steuermitteln.

Eine Ausnahme bilden auch hier die Beamten, die auf Grund anderer, beamtenrechtlicher Vorschriften versichert sind.

Die Berufsgenossenschaft leistet in folgenden Fällen:

– **Arbeitsunfall**. Die gesetzlichen Vorschriften definieren einen Arbeitsunfall wie folgt: »Ein Unfall ist ein auf äußere Einwirkungen beruhendes, körperlich schädigendes, zeitlich begrenztes Ereignis, daß sich längstens innerhalb einer Arbeitsschicht zugetragen hat. Zwischen der versicherten Tätigkeit und dem Unfallgeschehen sowie zwischen dem Unfallgeschehen und dem Körperschaden muss jeweils ein ursächlicher Zusammenhang bestehen. Eine versicherte Tätigkeit liegt vor, wenn sie den Interessen des Unternehmens (Arbeitgebers) zu dienen bestimmt ist.«

– **Wegeunfälle**. Als Wegeunfälle gelten Unfälle auf einem mit der versicherten Tätigkeit zusammenhängenden Weg nach und von dem Ort der Tätigkeit. Umwege, die der Versicherte (Arbeitnehmer) macht, weil eine Fahrgemeinschaft gebildet ist, schließen die Versicherung nicht aus.

– **Berufskrankheiten**. Eine Berufskrankheit ist eine Krankheit, die in der Berufskrankheitenverordnung aufgeführt ist und die ein Versicherter (Arbeitnehmer) bei der versicherten Tätigkeit erleidet. Die Bundesregierung veröffentlicht eine Liste mit den anerkannten Berufskrankheiten.

Jeder Unfall ist sofort dem zuständigen Versicherungsträger zu melden.

Nach Eintritt des Versicherungsfalles (Arbeitsunfall, Wegeunfall, Berufskrankheit) haben die Versicherten Anspruch auf:

– medizinische Leistungen; diese umfassen ärztliche und zahnärztliche Behandlungen

– Versorgung mit Arzneien und Verbandsmitteln

– Krankenhausbehandlung

– Leistungen zur beruflichen Rehabilitation

– Verletztengeld während der Arbeitsunfähigkeit

– Zahlung von Renten bei bleibenden Schäden und Hinterbliebenenrenten

– Gewährung von Pflege.

Das Verletztengeld wird nach den gleichen Regeln wie das Krankengeld der Krankenkassen gezahlt. Es wird in der Regel nach Ablauf der ersten sechs Wochen, d.h. nach Ende der Entgeltfortzahlung durch den Arbeitgeber, gezahlt.

Die gesetzliche Unfallversicherung ist der einzige Zweig im Rahmen der deutschen Sozialversicherung, der eine bestimmte ärztliche Behandlung sowohl bei einem Arzt wie auch in einem Krankenhaus vorschreiben kann. Die gewährten Rentenleistungen können die Rentenhöhen der gesetzlichen Rentenversicherung übersteigen.

Die vom Arbeitgeber zu entrichtenden Beiträge werden im Umlageverfahren nach der Jahresentgeltsumme und dem Grad der Gefährdung der Arbeitnehmer (Gefahrenklasse) berechnet. Bei der Zuordnung zu Gefahrenklassen wird z. B. zwischen kaufmännisch und gewerblich tätigen Mitarbeitern unterschieden.

4.2.4 Informationsmöglichkeiten über die betriebliche Sozialpolitik

Im nachfolgenden Abschnitt soll dargestellt werden, welche Möglichkeiten der Information sowohl für interne Nutzer der betrieblichen Sozialpolitik, aber auch für externe Interessenten möglich sind und genutzt werden können.

Es ist immer wieder festzustellen, dass viele der betrieblichen Sozialleistungen Mitarbeitern/Mitarbeiterinnen gar nicht bekannt sind und dass damit das Wissen fehlt, ob ein Unternehmen überhaupt betriebliche Sozialleistungen anbietet. Viele Menschen nehmen immer nur dann den Nutzen einer Sache wahr, wenn er sie persönlich betrifft.

Andere Leistungen, für die ein persönliches Interesse nicht besteht, werden nicht in dem vom Unternehmen gewünschten Maße wahrgenommen. Deswegen sollten Unternehmen mit betrieblichen Sozialleistungen nach dem Motto »Tue Gutes und rede darüber« ein offensives Sozialleistungsmarketing betreiben. Darüber hinaus müssen einzelne Sozialleistungen gezielt erläutert werden.

4.2.4.1   Interne Möglichkeiten

4.2.4.1.1   Mitarbeiterzeitung

Ein gutes Mittel, Informationen über betriebliche Sozialleistungen zu geben, ist eine Mitarbeiterzeitung, was in der Regel jedoch nur in größeren Unternehmen möglich ist. Sollte ein derartiges Medium verfügbar sein, bietet es sich an, in jeder Ausgabe einer Mitarbeiterzeitung Artikel vorzusehen, die betriebliche Sozialleistungen erläutern. Es kann dargestellt werden, welche einzelnen Sozialleistungen bestehen, wie die Form der Antragstellung zu erfolgen hat und welche Mittel der Arbeitgeber durch die Gewährung von betrieblichen Sozialleistungen aufbringt.

Auch bietet es sich an, einzelne Mitarbeiter/Mitarbeiterinnen vorzustellen und zu Wort kommen zu lassen, die Sozialleistungen in Anspruch genommen haben und die ihre Erfahrungen in einem Artikel publizieren können.

4.2.4.1.2   Andere Formen

Soweit eine Mitarbeiterzeitung nicht vorhanden ist, bietet sich die Form von Rundschreiben an. Auch Veröffentlichungen die fallweise am »Schwarzen Brett« ausgehängt werden, sind üblich. Weiterhin können Merkblätter in der Personalabteilung ausgelegt werden.

Auch in Zusammenkünften der Mitarbeiter/Mitarbeiterinnen, wie z. B. in Mitarbeitergesprächen bis hin zu Betriebsversammlungen, können betriebliche Sozialleistungen bekanntgegeben werde. Auch hier empfiehlt es sich, die gebotenen Leistungen offensiv darzustellen und auch vor Bekanntgabe der Kosten nicht zurückzuschrecken.

Viele Firmen »verstecken« ihr Angebot an betrieblichen Sozialleistungen in den Bestimmungen und Anordnungen der Arbeitsordnung oder Betriebsordnung. Diese notwendigen Regelungen haben meist einen nüchternen, einengenden, teilweise disziplinierenden Charakter, der von dem Gedanken an mögliche Konflikte bestimmt wird. Wenn in diesem Rahmen von den sozialen Leistungen des Betriebes gesprochen wird, entsteht leicht der Eindruck, eine bittere Medizin sollte mit etwas Zuckerguß schmackhaft gemacht werden.

Es empfiehlt sich daher, die Summe der betrieblichen Sozialleistungen in einer gesonderten Veröffentlichung, etwa einer kleinen Broschüre, darzustellen, die den Mitarbeitern ausgehändigt wird. Änderungen der Leistungen oder der gesetzlichen Bestimmungen können eingearbeitet und in der nächsten Neuauflage veröffentlicht werden. Bei regelmäßigem Erscheinen könnte die Sozialbilanz (vergl. folgenden Abschnitt) aufgenommen werden. Gestaltung und Sprache einer solchen Darstellung können ganz der »guten Sache« angepasst werden und eine hohe Akzeptanz bewirken. Positive Auswirkungen sind auch bei Bewerbungen, Neueinstellungen und in der Außendarstellung des Betriebes zu erzielen.

4.2.4.2   Externe Möglichkeiten

4.2.4.2.1   Sozialbilanz

Eine Sozialbilanz ist – im Gegensatz zur Steuer- und Handelsbilanz – gesetzlich nicht vorgeschrieben. In der Regel sind es große Unternehmen, die jährlich Sozialbilanzen – häufig in Verbindung mit der Vorstellung des Jahresabschlusses – herausgeben.

Die Sozialbilanz soll als Instrument gesellschaftsbezogener Rechnungslegung eines Unternehmens dienen. Sie enthält in der Regel folgendes:

- die freiwilligen betrieblichen Sozialleistungen für gegenwärtige und ehemalige Mitarbeiter (z. B. betriebliche Altersversorgung, zusätzliche Gesundheitsfürsorge, sportliche und kulturelle Betätigung),
- die Förderung betriebsexterner Einrichtungen, die Unterstützungen für wissenschaftliche, kulturelle und soziale Aktivitäten (z. B. Zuschüsse, die an Gemeinden gegeben werden für kulturelle oder soziale Einrichtungen),
- die Verbesserung des Umweltschutzes (z. B. Maßnahmen zur Lärmverminderung, Abfallverringerung und ähnliches),
- die Steuern, die für die Finanzierung gesellschaftlicher Aufgaben dienen (z. B. die Steuern, die unmittelbar in den umliegenden Kommunen zur Stärkung der Infrastruktur dienen können).

Teilweise enthalten Sozialbilanzen weitere Informationen über Ausbildungsaktivitäten, Sicherungen der vorhandenen Arbeitsplätze und die Schaffung neuer Arbeitsplätze.

Die Sozialbilanz gliedert sich allgemein in drei Bestandteile:

1. Die **Wertschöpfungsrechnung** weist aus, aufgrund welcher Faktoren der Wertzuwachs entsteht und wie er verteilt wird.
2. Die **Sozialrechnung** weist in quantitativer oder geldlicher Form die gesellschaftlichen Aktivitäten eines Betriebes aus (wie oben angeführt).
3. Im **Sozialbericht** werden die Wertschöpfungs- und die Sozialrechnung erläutert.

Die Veröffentlichung von Sozialbilanzen dient verschiedenen Zwecken. Auf der einen Seite sollen Mitarbeiter/Mitarbeiterinnen Informationen über die für sie erbrachten zusätzlichen Leistungen erhalten, andererseits soll der interessierten Öffentlichkeit dargelegt werden, welchen Umfang ein Unternehmen an Leistungen für die Allgemeinheit erbringt. Dies dient der Identifikation mit dem Unternehmen, der Unternehmenskultur, der Unternehmensphilosophie.

Im Hinblick auf die Außenwirkung fördert eine Sozialbilanz als »Public Relations« das Image des Unternehmens.

4.2.4.2.2 Öffentlichkeitsarbeit

Über die Herausgabe von Sozialbilanzen hinaus gibt es weitere vielfältige Möglichkeiten, betriebliche Sozialleistungen außerhalb eines Unternehmen bekanntzugeben, z. B Pressemitteilungen.

Die Erfahrung zeigt, dass viele Zeitungen, insbesondere im kommunalen Bereich, gerne solche Berichte aufnehmen und veröffentlichen. Darüber hinaus können auch qualifizierte Mitarbeiter/Mitarbeiterinnen von Personalabteilungen Erfahrungsberichte über betriebliche Sozialleistungen schreiben und der interessierten Fachpresse zur Veröffentlichung überlassen. Es bietet sich auch an, Vorträge vor den verschiedensten Gremien zu halten. Auch andere Unternehmen der Branche sind häufig dankbar, wenn die Möglichkeit besteht, einen internen Erfahrungsaustausch vorzunehmen.

Fragen zur Kontrolle

Zu Abschnitt 4.2.1

110. Welche Motive bewegen Arbeitgeber, um betriebliche Sozialleistungen zu gewähren?

111. Welche internen und externen Faktoren bestimmen die Gewährung von betrieblichen Sozialleistungen?

112. Welche Ziele verfolgt ein Arbeitgeber mit der Gewährung von betrieblichen Sozialleistungen?

113. Grenzen Sie die betrieblichen Sozialleistungen gegenüber anderen Sozialleistungen (z. B. die des Staates) ab.

Zu Abschnitt 4.2.2

114. Skizzieren Sie unterschiedliche Formen von betrieblichen Sozialleistungen.

115. Erläutern Sie den Begriff »geldwerte Vorteile«.

116. Beschreiben Sie soziale Einrichtungen im Rahmen von betrieblichen Sozialleistungen.

117. Welche Formen der betrieblichen Altersversorgung sind Ihnen bekannt? Skizzieren Sie die Inhalte der unterschiedlichen Formen.

118. Skizzieren Sie die Inhalte des »Gesetzes zur Verbesserung der betrieblichen Altersversorgung«.

119. Welche Beratungsangebote an Mitarbeiter/Mitarbeiterinnen halten Sie im Rahmen von betrieblichen Sozialleistungen für sinnvoll?

120. Erläutern Sie den Begriff »Caféteria-System« im Rahmen der betrieblichen Sozialleistungen.

Zu Abschnitt 4.2.3

121. Aus welchen fünf Zweigen besteht das System der deutschen Sozialversicherung?

122. Skizzieren Sie Leistungen der gesetzlichen Krankenversicherung.

123. Skizzieren Sie Leistungen der gesetzlichen Pflegeversicherung.

124. Skizzieren Sie Leistungen der gesetzlichen Rentenversicherung.

125. Skizzieren Sie Leistungen der gesetzlichen Arbeitslosenversicherung.

126. Welche Aufgabe nimmt die gesetzliche Unfallversicherung durch die Berufsgenossenschaften wahr?

127. Erläutern Sie den Begriff einer »Sozialbilanz«.

4.3 Personalaufwendungen

4.3.1 Bestimmungsgrößen der Lohn- und Gehaltsfestsetzung

Die Bestimmungsgrößen der Lohn- und Gehaltsfestsetzungen werden im Arbeitsrecht festgesetzt. Das Arbeitsrecht ist der Rahmen für die Arbeitgeber-Arbeitnehmer-Beziehungen. Es wird unterschieden zwischen dem Individualarbeitsrecht und dem kollektiven Arbeitsrecht.

4.3.1.1 Tarifverträge

Das kollektive Arbeitsrecht wird beherrscht von Tarifverträgen und Betriebsvereinbarungen. Die Tarifverträge werden abgeschlossen zwischen Gewerkschaften und Arbeitgeberverbänden. In der Regel gilt ein Tarifvertrag nur für die tarifgebundenen Arbeitsverhältnisse, d.h. für Mitglieder des Arbeitgeberverbandes und der Gewerkschaften. Aus Vereinfachungsgründen werden die Tarifverträge jedoch allgemein angewandt. Es werden unterschieden:

– Lohn- und Gehaltstarifvertrag
– Rahmentarifvertrag
– Manteltarifvertrag
– Verbandstarifvertrag.

Der **Lohn- und Gehaltstarifvertrag** regelt die Vergütungen und den Urlaubsanspruch der Arbeitnehmer. Er hat in der Regel eine Laufzeit von einem Jahr.

Dagegen wird der **Rahmentarifvertrag** für einen längeren Zeitraum vereinbart. In diesem Vertrag werden oft die Bedingungen für die Ermittlung des Entgeltes geregelt.

Der **Manteltarifvertrag** beinhaltet die allgemeinen Bedingungen der Arbeitsverhältnisse. Er gilt ebenfalls für mehrere Jahre und hat für die Lohn- und Gehaltsfestsetzung in der Regel keine Bedeutung.

Bei dem **Verbandstarifvertrag** stehen sich auf der einen Seite ein oder mehrere Arbeitgeberverbände und auf der anderen Seite eine oder mehrere Gewerkschaften gegenüber.

In den Verträgen sind die Löhne und Gehälter nach Stufen oder Gruppen aufgeteilt. Die Einstufung der Arbeiter und Angestellte in Lohn- oder Gehaltsgruppen werden durch Tätigkeitsverzeichnisse festgelegt. Ferner werden in den Tarifverträgen auch die Zuschläge für Arbeitserschwernisse, Überstunden, Nachtarbeit, Sonn- und Feiertage geregelt.

4.3.1.2   Betriebsvereinbarungen

Betriebsvereinbarungen werden zwischen dem Betriebsrat und einem Arbeitgeber abgeschlossen. Im allgemeinen regeln die Betriebsvereinbarungen nicht die Entgelte wie Löhne, Gehälter, Überstundenzuschläge und Zulagen. Dies ist Bestandteil der Tarifverträge. Allerdings können je nach Tarifvertrag auch ergänzende Betriebsvereinbarungen für die vorgenannten Bereiche möglich sein. Betriebsvereinbarungen enthalten oft die Regelungen der sozialen Leistungen (Jubiläumszuwendungen, Beihilfen, Betriebsrenten, Gratifikationen, usw.). Somit müssen auch die Regelungen der Betriebsvereinbarungen für die Lohn- und Gehaltsfestsetzungen herangezogen werden.

4.3.1.3   Einzelarbeitsverträge

Grundlage des Individualarbeitsrechts ist der Arbeitsvertrag. Durch den Arbeitsvertrag verpflichtet sich der Arbeitnehmer zu einer Arbeitsleistung, der Arbeitgeber verpflichtet sich zur Zahlung eines Arbeitsentgeltes. Die rechtliche Grundlage dafür findet sich im Bürgerlichen Gesetzbuch. Maßgebend sind die §§ 611 bis 630 BGB (Dienstvertragsrecht). Ergänzt werden diese Bestimmungen noch durch andere Spezialgesetze, wie z.B. die Gewerbeordnung.

Die Einzelarbeitsverträge müssen nicht schriftlich abgeschlossen werden. Auch ein mündlicher Arbeitsvertrag hat Gültigkeit. In Anbetracht der Rechtssicherheit ist jedoch die Schriftform zu empfehlen.

4.3.1.4   Arbeitsplatzbewertung

Eine der wichtigen Bestimmungsgrößen der Lohn- und Gehaltsfestsetzung ist die Bezahlung nach dem objektiven Schwierigkeitsgrad des zu besetzenden Arbeitsplatzes. Mit Hilfe der Arbeitsplatzbewertung sollen die Anforderungen einer Arbeit bzw. eines Arbeitsplatzes an Personen im Verhältnis zu anderen Tätigkeiten nach einem einheitlichen Maßstab bestimmt werden. Die Anforderungen werden in der Anforderungsermittlung dokumentiert, die u.a. zur Differenzierung der Festsetzung der Entgelte dient. Bei der Arbeitsplatzbewertung werden nur die Anforderungen des Arbeitsplatzes bewertet, sie dient nicht zur Feststellung der persönlichen Leistung des Mitarbeiters. Die Arbeitsplatzbewertung unterscheidet zwischen der summarischen und analytischen Methode. Bei der summarischen Methode werden die Arbeitsschwierigkeiten der Arbeitsplätze global erfaßt. Hier wird eine allgemeine Betrachtungsweise vorgenommen und keine systematische Analyse der Bewertungsmerkmale. Entscheidend ist die Gesamtvorstellung von der Arbeit. Die analytische Methode ermittelt die Höhe der Beanspruchung für jede Anforderungsart einzeln.

4.3.1.4.1   Summarische Arbeitsplatzbewertung

Die Verfahren der summarischen Arbeitsplatzbewertung unterscheiden zwischen dem Rangfolgeverfahren und Lohngruppenverfahren.

Das Rangfolgeverfahren beginnt mit der Auflistung sämtlicher im Betrieb vorkommenden Arbeiten. Es wird dann jede einzelne Arbeit mit den anderen Arbeiten verglichen. Danach wird eine Rangfolge nach dem Schwierigkeitsgrad der Arbeiten für den Gesamtbetrieb erstellt. Diese aufgestellte Rangfolge bildet dann die Grundlage für die Festsetzung der Personalentgelte. Das Rangfolgeverfahren ist einfach handbar, kostengünstig und leicht verständlich. Allerdings stehen dem auch Nachteile gegenüber. Die Abstände der einzelnen Ränge sind nicht bekannt, die Anforderungsarten sind nicht gewichtet und die Bewertung ist subjektiv. Deswegen wird diese Methode in der Regel nur in kleineren Unternehmen eingesetzt.

Das Lohngruppenverfahren (auch Katalogverfahren genannt) bildet mehrere Lohn- oder Gehaltsgruppen, die die unterschiedlichen Schwierigkeitsgrade abbilden. Diese Lohngruppen werden dann beschrieben bzw. mit Beispielen erläutert.

Das Lohngruppenverfahren ist leicht verständlich und einfach zu handhaben. Als Nachteile werden genannt die Gefahr der Schematisierung und die mangelnde Berücksichtigung von individuellen Gegebenheiten sowie von technischen Entwicklungen.

Gruppe	Lohngruppen-Definitionen	Lohnschlüssel
1	Arbeiten einfacher Art, die ohne vorherige Arbeitskenntnisse nach kurzer Anweisung ausgeführt werden können und mit geringen körperlichen Belastungen verbunden sind.	75 %
2	Arbeiten, die ein Anlernen von 4 Wochen erfordern und mit geringen körperlichen Belastungen verbunden sind.	80 %
3	Arbeiten einfacher Art, die ohne vorherige Arbeitskenntnisse nach kurzer Anweisung ausgeführt werden können.	85 %
4	Arbeiten, die ein Anlernen von 4 Wochen erfordern.	90 %
5	Arbeiten, die ein Anlernen von 3 Monaten erfordern.	95 %
6	Arbeiten, die eine abgeschlossene Anlernausbildung in einem anerkannten Anlernberuf oder eine gleichzuwertende Ausbildung erfordern.	100 %
7	Arbeiten, deren Ausführung ein Können voraussetzt, das erreicht wird durch eine entsprechende ordungsgemäße Berufslehre (Facharbeiten). Arbeiten, deren Ausführung Fertigkeiten und Kenntnisse erfordert, die Facharbeiten gleichzusetzen sind.	108 %
8	Arbeiten schwieriger Art, deren Ausführung Fertigkeiten und Kenntnisse erfordert, die über jene der Gruppe 7 wegen der notwendigen mehrjährigen Erfahrungen hinausgehen.	118 %
9	Arbeiten hochwertiger Art, deren Ausführung an das Können, die Selbständigkeit und die Verantwortung im Rahmen des gegebenen Arbeitsauftrages hohe Anforderungen stellt, die über die der Gruppe 8 hinausgehen.	125 %
10	Arbeiten höchstwertiger Art, die hervorragendes Können mit zusätzlichen theoretischen Kenntnissen, selbständige Arbeitsausführung und Dispositionsbefugnis im Rahmen des gegebenen Arbeitsauftrages bei besonders hoher Verantwortung erfordern.	130 %

Quelle: Auszug aus dem Lohnabkommen der Eisen-, Metall- und Elektroindustrie Nordrhein-Westfalen

4.3.1.4.2   Analytische Arbeitsplatzbewertung

Die analytische Arbeitsplatzbewertung bewertet nicht die Arbeitsschwierigkeit als ganzes, sondern ermittelt die Höhe der Beanspruchung für jede Anforderungsart einzeln. Es werden unterschieden:

– Rangreihenmethode
– Stufenwertzahlmethode.

Das Genfer Schema unterscheidet folgende Anforderungsarten:

	Können	Belastung
Geistige Anforderungen	X	X
Körperliche Anforderungen	X	X
Verantwortung		X
Arbeitsbedingungen		X

Quelle: Olfert/Steinbuch, Personalwirtschaft, Friedrich Kiehl Verlag

Bei der **Rangreihenmethode** wird getrennt nach jeder Anforderungsart eine Einordnung von der einfachen bis zur schwierigen Verrichtung – für jede Anforderungsart getrennt – vorgenommen. Jede Tätigkeit steht in der Rangreihe in Prozenten ausgedrückt. Die niedrigst bewertete Arbeitsverrichtung wird mit 0 %, die am höchsten bewertete Arbeitsverrichtung mit 100 % angesetzt. Die Rangreihenmethode kann mit **getrennter Gewichtung** durchgeführt werden. Die Einreihung der Anforderungsart und die Gewichtung werden separat durchgeführt. Danach erfolgt die Gewichtung der einzelnen Anforderungsarten. Der Gesamtarbeitswert ergibt sich durch Addition der einzelnen Prozentzahlen, die mit dem Gewichtungsfaktor multipliziert werden.

Anforderungsart	Maximale Punktzahl	Bewertungsstufe					Gewichtung
		I	II	III	IV	V	
Können	30	0	6,25	12,50	18,75	25,00	1,2
Verantwortung	20	0	6,25	12,50	18,75	25,00	0,8
Belastung	25	0	6,25	12,50	18,75	25,00	1,0
Arbeitsbedingungen	25	0	6,25	12,50	18,75	25,00	1,0
Summe	100	0	25,00	50,00	75,00	100,00	

Quelle: Olfert/Steinbuch, Personalwirtschaft, Friedrich Kiehl Verlag

Bei der Rangreihenmethode mit gebundener Gewichtung wird der Gewichtungsfaktor bereits in der Wertzahl berücksichtigt.

Die Rangreihenmethode bringt im Vergleich zu der summarischen Arbeitsplatzbeitsbewertung eine Verbesserung der Genauigkeit und Objektivität. Dem stehen als Nachteil der Ermessensspielraum des Bewerters sowie die nicht einfache Gewichtung der einzelnen Anforderungsarten gegenüber.

Bei der **Stufenwertzahlmethode** wird für jede einzelne Anforderungsart eine Punktwertreihe aufgestellt. Jede Bewertungsstufe dieser Punktwertreihe wird definiert und anhand

Anforderungsart	Maximale Punktzahl	Bewertungsstufe				
		I	II	III	IV	V
Können	30	0	7.50	15,00	22,50	30,00
Verantwortung	20	0	5,00	10,00	15,00	20,00
Belastung	25	0	6,25	12,50	18,75	25,00
Arbeitsbedingungen	25	0	6,25	12,50	18,75	25,00
Summe	100	0	25,00	50,00	75,00	100,00

Quelle: Olfert/Steinbuch, Personalwirtschaft, Friedrich Kiehl Verlag

von einzelnen Arbeitsbeispielen erläutert. Bei der Stufenwertzahlmethode mit getrennter Gewichtung erfolgt die Gewichtung der einzelnen Anforderungsarten mit Gewichtungsfaktoren. Diese Gewichtungsfaktoren werden mit den jeweiligen Stufenwertzahlen multipliziert. Die Summe sämtlicher gewichteter Stufenwertzahlen ergibt dann die Gesamtwertzahl. Bei der gebundenen Gewichtung werden den einzelnen Anforderungsarten unterschiedliche Wertzahlen zugeordnet. Die Gesamtwertzahl ergibt sich dann aus der Summe der einzelnen erfassten Stufenwertzahlen. Die Stufenwertzahlmethode hat den Vorteil, dass sie sich leicht in Geldeinheiten umrechnen lässt und die Objektivität im großen Umfang gewahrt ist. Ein Nachteil kann die mögliche Unübersichtlichkeit sein.

Stufe	Beschreibung der Tätigkeit	Wertzahl
1	Die Tätigkeit erfordert **ausreichende** Kenntnisse in einer Fremdsprache. Dies bedeutet die Fähigkeit, einfachere fremdsprachliche Texte zu lesen, einfachen Schriftwechsel zu führen, allgemeine Auskünfte zu erteilen usw.	7
2	Die Tätigkeit erfordert **gute** Kenntnisse in einer Fremdsprache. Dies bedeutet die Fähigkeit, etwas schwierigeren Schriftwechsel zu führen, Texte mittlerer Schwierigkeit zu übersetzen, Fachliteratur und Publikationen der Unternehmensleitung und der Schwesterhäuser zu lesen und auszuwerten sowie das Sachgebiet betreffende Unterhaltungen zu führen.	28
3	Die Tätigkeit erfordert **sehr gute** Kenntnisse in einer Fremdsprache. Dies bedeutet die Fähigkeit, schwierigere Texte zu übersetzen, schwierigen Schriftwechsel zu führen, Protokolle zu verfassen, Geschäfte für die Firma im Ausland zu tätigen bzw. Schwesterfirmen in dienstlichen Auftrag aufzusuchen. Wenn darüber hinaus die ausreichende Kenntnis einer weiteren Fremdsprache erforderlich ist, so wird gleichfalls nach dieser Stufe bewertet.	49
4	Die Tätigkeit erfordert **hervorragende** Beherrschung einer Fremdsprache. Dies bedeutet die Fähigkeit, selbst schwierige fachtechnische Texte zu übersetzen und bei Diskussionen, Besprechungen, Vorträgen usw. als Dolmetscher zu fungieren. Daneben ist bei dieser Stufe die sehr gute Kenntnis einer weiteren Fremdsprache erforderlich.	70
	Es sind nur die Fremdsprachenkenntnisse zu bewerten, die zur Ausübung der Tätigkeit erforderlich sind.	

Quelle: Olfert/Steinbuch, Personalwirtschaft, Friedrich Kiehl Verlag

4.3.2   Entgeltfestsetzung

4.3.2.1   Prinzipien der Entgeltfestsetzung

Grundlegendes Problem der Entgeltfestsetzung ist das gerechte Gehalt bzw. der gerechte Lohn. Eine Gerechtigkeit in objektivem Sinne gibt es nicht. Grundlagen relativer Gerechtigkeit sind Klarheit, Vergleichbarkeit, Nachprüfbarkeit und Objektivität. Das gerechte Entgelt kann leistungsbezogen und/oder sozialbezogen sein. Die relative Lohngerechtigkeit bedient sich mehrerer Einsatzgerechtigkeiten:

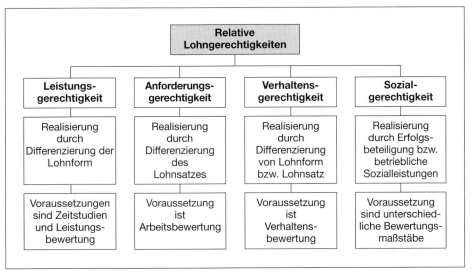

Quelle: Kupsch /Marr, Personalwirtschaft

4.3.2.2   Entgeltformen

4.3.2.2.1   Gehalt

Im Arbeitsvertrag wird in der Regel ein Monatsgehalt festgelegt. Neben dem Gehalt können auch Zulagen gezahlt werden. Man unterscheidet hier leistungsunabhängige und leistungsabhängige Zulagen. Insbesondere bei Vertretern und Verkäufern wird ein relativ niedriges Grundgehalt zuzüglich einer Leistungszulage gezahlt. Führungskräfte erhalten oft neben dem monatlichen Grundgehalt noch gewinnabhängige Vergütungen. Die gewinnabhängigen Vergütungen orientieren sich in der Regel am Ergebnis eines Profit-Centers oder am Ergebnis des gesamten Unternehmens.

Bei den Angestellten ist die wöchentliche Arbeitszeit im Tarifvertrag oder Arbeitsvertrag festgelegt. Je nach Tarifvertrag oder Arbeitsvertrag werden zusätzlich geleistete Überstunden vergütet. Teilweise wird neben der Überstundenvergütung auch noch ein Überstundenzuschlag geleistet. Bei Führungskräften kommt in der Regel eine Überstundenvergütung nicht zum Ansatz. Für die vorgenannte Personengruppe sind mit dem Gehalt alle Arten von Mehrarbeiten abgegolten.

4.3.2.2.2   Arbeitslohn

Arbeitslöhne tauchen in verschiedenen Formen auf. Man unterscheidet folgende Lohnformen: Zeitlohn, Akkordlohn und Prämienlohn.

Im Gegensatz zum Zeitlohn sind die Akkord- und Prämienlöhne leistungsbezogen. Die Leistungsbezogenheit kann sich beziehen auf die Leistung einer einzelnen Arbeitskraft oder einer Arbeitsgruppe.

Zeitlohn

Zeitlöhne werden gezahlt mit oder ohne Leistungszulage. Der reine Zeitlohn wird ohne Berücksichtigung der Leistung gezahlt. Allerdings besteht zwischen Zeitlohn und Leistung eine feste Beziehung, wenn der Arbeitnehmer keinen Einfluss auf die Arbeitsgeschwindigkeit (Fließbandarbeit) hat. Der Zeitlohn tritt in den verschiedensten Formen auf. Es kann sich hierbei um einen Stundenlohn, Schichtlohn, Tageslohn, Wochenlohn oder Monatslohn handeln. Der Zeitlohn findet häufig Anwendung bei:

– hoher Anforderung an Arbeitsqualität
– Unfallgefahr
– kontinuierlichem Ablauf der Arbeit
– nicht vorhersehbarer Arbeit
– quantitativ nicht meßbarer Arbeit
– kreativer Arbeit.

Ein reiner Zeitlohn vereinfacht die Abrechnung, schont Menschen und Betriebsmittel, verringert die Unfallgefahr und kann die Qualität erhöhen. Als Nachteil ist anzuführen, daß das Unternehmen allein das Risiko geringer Arbeitsleistung trägt und die Arbeitnehmer keinen Anreiz zu Mehrleistung haben.

Durch einen Zeitlohn mit Leistungszulage soll ein Anreiz zur Mehrleistung geschaffen werden. Der Zeitlohn mit Leistungszulage ist aber kein Leistungslohn wie der Akkord- oder Prämienlohn. Im Gegensatz zum Akkord- und Prämienlohn orientieren sich die Leistungszulagen nicht an objektiv messbaren Bezugsgrößen. Die Leistungszulagen werden oft in Form einer Prämie gewährt. Diese werden in einer relativen Abstufung subjektiv ermittelt. In der Praxis tauchen Leistungszulagen auf für Pünktlichkeit, Qualität, Mengen, Anwesenheit und Ersparnisse.

Leistungszulagen sind entweder im Tarifvertrag geregelt oder werden aufgrund einer Betriebsvereinbarung bzw. Arbeitsverträgen gezahlt.

Akkordlohnformen

Der Akkordlohn ist eine leistungsabhängige Lohnform. Pro Produktionseinheit wird ein fester Geldwert gezahlt. Wieviel Zeit der Arbeitnehmer tatsächlich verbraucht hat, ist nicht maßgebend. Somit besteht hier ein unmittelbarer Leistungsbezug.

Bei Anwendung eines Akkordlohns müssen Akkordfähigkeit, Akkordreife und Beeinflussbarkeit gegeben sein.

Akkordfähigkeit liegt vor, wenn der Ablauf der Arbeit im voraus bekannt, gleichartig und regelmäßig, sowie leicht messbar ist. Akkordreife bedeutet, dass der Arbeitsablauf gesichert ist und der Arbeitnehmer nach entsprechender Einarbeitung diesen beherrscht. Ferner müssen die Produktionsmengen unmittelbar durch den Arbeitnehmer beeinflussbar sein.

Der Akkordlohn besteht aus dem Mindestlohn und dem Akkordzuschlag. Der Akkordzuschlag beläuft sich üblicherweise auf 15 % bis 25 % des Mindestlohnes. Mindestlohn zuzüglich Akkordzuschlag bezeichnet man auch als Grundlohn oder Akkordrichtsatz.

Akkordrichtsatz = Mindestlohn pro Std. + Akkordzuschlag

Die Vorteile des Akkordlohnes liegen im Leistungsanreiz, denn die tatsächliche Leistung schlägt sich direkt im Lohn nieder. Das Unternehmen trägt nicht das Risiko für Minderleistungen der Arbeitnehmer und kann mit konstanten Lohnkosten pro Stück rechnen. Nachteile des Akkordlohnes sind die evtl. Überanstrengung der Arbeitnehmer, die mögliche Überbelastung der Betriebsmittel sowie eine Verminderung der Qualität.

Stückakkord

Beim Stückakkord (oder Geldakkord) wird dem Arbeitnehmer für die Leistung einer bestimmten Arbeit ein fester Geldbetrag gewährt. Diesen bezeichnet man als **Akkordsatz**. Der Akkordsatz rechnet sich wie folgt:

$$\textbf{Akkordsatz} = \frac{\text{Akkordrichtsatz}}{\text{Leistungseinheiten bei Normalzeit}}$$

Um den Akkordsatz zu berechnen, müssen für eine Leistungseinheit die Normalzeiten vorgegeben werden. Beim folgenden Beispiel berechnet sich der Akkordsatz wie folgt:

Zeitlohn	DM 20,00/Std.
Akkordzuschlag	25 %
Vorgabezeit je Stück	12 min

$$\text{Akkordsatz} = \frac{[20 + (20 \cdot 0,25)] \cdot 12}{60} = \frac{25}{5} = 5$$

Der Akkordlohn des Arbeitnehmers errechnet sich danach aus der Leistungsmenge multipliziert mit dem Akkordsatz.

Der Stückakkord hat den Nachteil, dass die Zeitvorgabe nicht unmittelbar für den Arbeitnehmer zu erkennen ist. Ferner bedeuten Tarifänderungen eine vollkommene Neuberechnung der Akkordvorgaben.

Zeitakkord

Die vorgenannten Nachteile werden durch den Zeitakkord vermieden. Beim Zeitakkord erhält der Arbeitnehmer für jede von ihm hergestellte Leistungseinheit eine im voraus festgesetzte Zahl von Zeiteinheiten gutgeschrieben. Diese Zeitgutschrift entspricht der Vorgabezeit.

Akkordlohn = Leistungsmenge · Vorgabezeit · Minutenfaktor

Dabei ist der Minutenfaktor der Quotient aus dem Akkordrichtsatz und der Anzahl von Minuten pro Stunde:

$$\text{Minutenfaktor} = \frac{\text{Akkordrichtsatz}}{60}$$

Beträgt der tarifliche Mindestlohn 20,00 DM, der Akkordzuschlag 25 % und die Vorgabezeit je Stück 12 min, so errechnet sich der Minutenfaktor und der Akkordlohn bei einer Produktion von sechs Stück pro Stunde wie folgt:

$$\text{Minutenfaktor} = \frac{20{,}00 + (20{,}00 \cdot 0{,}25)}{60} = 0{,}417$$

$$\text{Akkordlohn} = 6 \cdot 12 \cdot 0{,}417 = \text{DM } 30{,}02 \text{ /Std.}$$

Vorteilhaft bei dem Zeitakkord ist, dass die Zeitvorgabe unmittelbar erkennbar ist und bei einer Tariferhöhung lediglich der Minutenfaktor korrigiert werden muss.

Einzel- und Gruppenakkord

Über den Einzelakkord wird die Arbeitsleistung eines einzelnen Arbeitnehmers entlohnt. In der Wirtschaft findet man überwiegend diese Form der Akkordentlohnung vor.

Die Berechnung des Gruppenakkords und des Einzelakkords sind identisch. Beim Gruppenakkord wird der Betrag insgesamt einer Gruppe zugewiesen. Schwierig ist hierbei die Akkordverteilung auf die Gruppenmitglieder. Die Zuweisung des Lohnes auf die Gruppenmitglieder erfolgt mit Hilfe von Äquivalenzziffern. Die Voraussetzungen für den Gruppenakkord sind oft nur schwer zu erfüllen. Denn die Gruppe muss klein und stabil sein, die Arbeiten ähnlich, und es dürfen keine großen Leistungsunterschiede zutage treten. Die Entlohnung muss für jedes Mitglieder der Gruppe einfach, transparent und nachvollziehbar sein. Beim Gruppenakkord kontrollieren sich die Arbeitnehmer gegenseitig, die Gruppenmitglieder werden zu größerer Leistung angespornt und zu kooperativem Verhalten angeregt. Allerdings können beim Gruppenakkord die leistungsstarken Arbeitnehmer schnell unzufrieden und die leistungsschwachen überfordert werden.

Prämienlohnformen

Arbeitnehmer können aufgrund der Mechanisierung und Automatisierung des Produktionsprozesses nur noch beschränkt das quantitative Arbeitsergebnis beeinflussen. Damit verliert der Akkordlohn seine Bedeutung. Bei der Akkordentlohnung ist der gesamte Lohn leistungsbezogen, beim Prämienlohn nur die Prämie. Der Prämienlohn unterteilt sich in den leistungsunabhängigen Grundlohn und die leistungsabhängige Prämie. Der Grundlohn ist in der Regel ein Zeitlohn. Die Prämie ist der leistungsabhängige Teil des Prämienlohnes. Diese wird regelmäßig und zusätzlich gezahlt. Dabei muss die Prämie bei einer vom Arbeitnehmer beeinflussten Mehrleistung oder einer anderen objektiv bestimmbaren Einflussgröße abhängen.

Bei den Prämien unterscheidet man **Einzelprämien** und **Kollektivprämien**. Die Einzelprämie wird einem einzelnen Arbeitnehmer aufgrund seiner Leistung gewährt. Die Kollektivprämie wird für mehrere Arbeitnehmer für eine von ihnen gemeinsam erbrachte Leistung gezahlt. Durch den Verlauf der Prämie kann das Leistungsverhalten der Arbeitnehmer unterschiedlich beeinflusst werden. Folgende Prämienverläufe (siehe auch Abbildung auf der folgenden Seite) sind zu unterscheiden:

Der **proportionale** Prämienverlauf soll ausschließlich die Mehrleistung der Arbeitnehmer entgelten. Mit dem proportionalen Verlauf wird kein Einfluss auf die Leistung beabsichtigt. Der **progressive** Verlauf gewährt insbesondere einen Anreiz in den höheren Bereichen. Er will die Arbeitnehmer zu maximaler Leistung anregen. Beim **degressiven** Verlauf wird die Leistungssteigerung im oberen Bereich nicht belohnt. Somit können relativ viele Arbeitnehmer in dem Bereich höherer Prämien gelangen. Damit soll auch gleichzeitig die Unfallgefahr oder eine Überanstrengung der Arbeitskräfte verhindert werden. Der s-förmige Prämienverlauf ist eine Kombination aus der progressiven und degressiven Prämienlinie. Man kann hiermit in bestimmten Bereichen Anreize steigern oder drosseln.

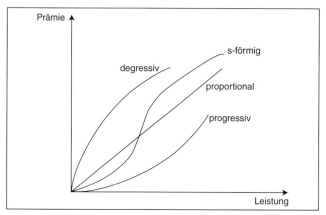

Quelle: Olfert/Steinbuch, Personalwirtschaft, Friedrich Kiehl Verlag

Es werden folgende Prämienarten unterteilt:

– Mengenleistungsprämie
– Qualitätsprämie
– Ersparnisprämie
– Nutzungsgradprämie
– Terminprämie.

Die Mengenleistungsprämie belohnt die quantitative Leistung eines Arbeitnehmers. Bei der Qualitätsprämie wird das qualitative Produktionsergebnis bewertet. Damit sollen Verluste durch Ausschuss, Ausfall, Nacharbeit und Ware 2. Wahl vermieden werden. Die Ersparnisprämie dient dem sparsamen Einsatz der Produktionsfaktoren. Der Verbrauch an Rohstoffen, Hilfs- und Betriebsstoffen, der Energie- und Werkzeugverbrauch sollen hier optimiert werden. Die Nutzungsgradprämien dienen der Minimierung der Beschickungs-, Entleerungs- und Rüstzeiten. Somit soll ein optimaler Nutzungsgrad erreicht werden. Terminprämien werden gezahlt für die Einhaltung oder Unterschreitung vereinbarter Termine. Die vorgenannten Prämienarten werden in der Praxis auch kombiniert. Es liegen dann sogenannte Mehrfaktorenprämien vor.

4.3.2.2.3 Zuschläge, Neben- und Sonderleistungen

Zuschläge sind in der Regel arbeitsvertraglich oder tarifvertraglich vereinbart. Es kann sich dabei handeln um:

– Nachtzuschläge
– Überstundenzuschläge
– Gefahrenzuschläge
– Schmutzzuschläge
– Leistungszuschläge
– Erschwerniszuschläge
– Sonntagszuschläge
– Feiertagszuschläge
– Schichtzuschläge.

Neben- und Sonderleistungen können sein z. B. das 13. Monatsgehalt, Weihnachtsgeld, Urlaubsgeld, Zahlungen für Geschäftsjubiläen oder Dienstjubiläen.

4.3.3   Lohn- und Gehaltsabrechnung

Die rechtlichen Grundlagen für die Lohn- und Gehaltsabrechnung liegen insbesondere im Einkommensteuergesetz, den Lohnsteuerdurchführungsverordnungen sowie den Lohnsteuerrichtlinien 1999. Ferner sind bei den Lohn- und Gehaltsabrechnungen die Erlasse der Finanzministerien der Länder, die BMF-Schreiben, der Auslandtätigkeitserlass (ATE) die Doppelbesteuerungsabkommen (DBA) sowie die entsprechende Rechtsprechung des Bundesfinanzhofs sowie der Finanzgerichte zu beachten.

4.3.3.1   Bruttoarbeitsentgelt

Bei den Einkünften aus nichtselbständiger Arbeit wird die Einkommensteuer durch Abzug vom Arbeitslohn erhoben (Lohnsteuer), soweit der Arbeitslohn von einem Arbeitgeber gezahlt wird (§ 38 Abs. 1 Satz 1 EStG). Nach dieser Vorschrift unterliegen die Einkünfte aus nichtselbständiger Arbeit (§ 19 EStG) dem Lohnsteuerabzug. Das bedeutet, dass nur von den Einkünften der Arbeitnehmer die Lohnsteuer einzubehalten ist. Hierbei sind die Begriffe Arbeitnehmer, Arbeitgeber und Arbeitslohn genau abzugrenzen.

Teilweise fällt es schwer, die Abgrenzung zwischen Arbeitnehmer und einem selbständig Tätigen vorzunehmen. Nach § 1 Abs. 2 LStDV liegt ein Arbeitnehmerverhältnis vor, wenn der Beschäftigte seine Arbeitskraft schuldet. Dies ist der Fall, wenn die tätige Person unter der Leitung des Arbeitgebers steht und dessen geschäftlichen Willen im Rahmen des geschäftlichen Organismus des Arbeitgebers dessen Weisung zu folgen verpflichtet ist. Die Rechtsprechung hat für das Vorliegen eines Arbeitnehmers Merkmale festgelegt. Danach sprechen insbesondere folgende Merkmale für die Annahme einer Arbeitnehmereigenschaft (LStH 67):

– persönliche Abhängigkeit
– Weisungsgebundenheit bezüglich Ort, Zeit und Inhalt der Tätigkeit
– feste Arbeitszeiten
– feste Bezüge
– Urlaubsanspruch
– Anspruch auf sonstige Sozialleistung
– Fortzahlung der Bezüge im Krankheitsfall
– Überstundenvergütung
– zeitlicher Umfang der Dienstleistungen
– Unselbständigkeit in Organisation und Durchführung der Tätigkeit
– kein Unternehmerrisiko
– keine Unternehmerinitiative
– kein Kapitaleinsatz
– keine Pflicht zur Beschaffung von Arbeitsmitteln
– Eingliederung in den Betrieb
– Schulden der Arbeitskraft und nicht eines Arbeitserfolges
– Ausübung der Tätigkeit gleichbleibend an einem bestimmten Ort
– Notwendigkeit der engen ständigen Zusammenarbeit mit anderen Mitarbeitern
– Ausführung von einfachen Tätigkeiten, bei denen eine Weisungsabhängigkeit die Regel ist.

Liegt nur eines dieser Merkmale vor, kann die Arbeitnehmereigenschaft nicht eindeutig bejaht oder verneint werden. Die für oder gegen ein Dienstverhältnis sprechenden Merkmale sind in der Regel gegeneinander abzuwägen.

Nach § 1 Abs. 2 LStDV können Arbeitgeber öffentliche Körperschaften, Unternehmer oder Haushaltsvorstände sein. Der Arbeitgeber beschäftigt die Arbeitnehmer im Rahmen eines Dienstverhältnisses. Die Arbeitnehmer schulden nur die Arbeitskraft. Dies ist dann der Fall, wenn die tätige Person in der Betätigung ihres geschäftlichen Willens unter der Leitung des Arbeitgebers steht oder im geschäftlichen Organismus des Arbeitgebers dessen Weisung zu folgen verpflichtet ist (§ 1 Abs. 2 Satz 2 LStDV). Neben den in § 1 Abs. 2 LStDV genannten Fällen kommen als Arbeitgeber auch eine natürliche oder juristische Person, Personenvereinigungen oder Vermögensmassen in Betracht.

Arbeitslohn sind alle Einnahmen, die dem Arbeitnehmer aus dem Dienstverhältnis zufließen. Es ist unerheblich, unter welcher Bezeichnung oder in welcher Form die Einnahmen gewährt werden (§ 2 LStDV). Im § 2 Abs. 2 LStDV zählen auch zum Arbeitslohn sämtliche Einnahmen im Hinblick auf ein künftiges Dienstverhältnis, Einnahmen aus einem früheren Dienstverhältnis, Leistung für die Zukunftssicherung der Arbeitnehmer, Entschädigungen, die dem Arbeitnehmer gewährt werden, Zuwendungen aufgrund des Dienstverhältnisses wie z. B. Zuschüsse im Krankheitsfall, besondere Entlohnungen für Überstunden, Überschichten, Sonntagsarbeit, Lohnzuschläge für die Arbeit, Entschädigungen für Nebenämter und Nebenbeschäftigungen im Rahmen eines Dienstverhältnisses. Nach R 70 Abs. 1 LStR zählen zum Arbeitslohn grundsätzlich alle Einnahmen in Geld oder Geldeswert, die durch ein individuelles Dienstverhältnis veranlaßt sind. Ein veranlassender Zusammenhang zwischen Einnahmen und einem Dienstverhältnis ist anzunehmen, wenn die Einnahmen dem Empfänger mit Rücksicht auf das Dienstverhältnis zufließen und sich als Ertrag seiner nichtselbständigen Arbeit darstellen. Die R 70 Abs. 2 LStR zählt noch einmal beispielhaft Fälle von Arbeitslohn auf. Ferner wird auch in der R 70 Abs. 2 LStR die Abgrenzung zu den Aufwendungen ausgeführt, die nicht als Arbeitslohn zu betrachten sind. Arbeitslohn ist danach unter anderem nicht die Leistung zur Verbesserung der Arbeitsbedingungen (z. B. die Bereitstellung von Aufenthalts- und Erholungsräumen), übliche Zuwendungen bei Betriebsveranstaltungen, Aufmerksamkeiten, Übernahme der Kosten von Vorsorgeuntersuchungen, betriebliche Fort- oder Weiterbildungsleistung, die unentgeltliche Überlassung von Arbeitsmitteln, Auslagenersatz, etc.

Beispiele zur Abgrenzung des Arbeitslohnes sind ferner aus LStH 70 zu entnehmen.

Das Bruttoarbeitsentgelt bzw. der Arbeitslohn kann in folgende Elemente unterteilt werden:

– Steuerpflichtiger Arbeitslohn
– Steuerfreie Bezüge
– Steuerbegünstigter Arbeitslohn
– Geldwerte Vorteile
– Sachleistungen.

4.3.3.1.1   Steuerpflichtiger Arbeitslohn

Grundsätzlich unterliegt der Arbeitslohn der Lohnsteuerpflicht (§ 38 Abs. 1 EStG, R 104 LStR). Vom normalen Lohnsteuerabzug kann nur dann abgesehen werden, wenn es sich um steuerfreie Bezüge oder steuerbegünstigten Arbeitslohn handelt.

4.3.3.1.2 Steuerfreie Bezüge

Aufmerksamkeiten

Aufmerksamkeiten unterliegen nicht der Lohnsteuer. Es handelt sich hier um Sachleistungen des Arbeitgebers, die üblicherweise in gesellschaftlichem Verkehr ausgetauscht werden und zu keiner ins Gewicht fallenden Bereicherung der Arbeitnehmer führen (R 73 Abs. 1 LStR). Aufmerksamkeiten werden nicht als steuerpflichtiger Arbeitslohn angesehen, da diese keine Gegenleistung des Arbeitgebers für die Leistung des Arbeitnehmers sind. Aufmerksamkeiten sind Sachzuwendungen bis zu einem Wert von 60 DM. Dies können sein z. B. Blumen, Genußmittel, Bücher, CD's, usw., die dem Arbeitnehmer oder seinen Angehörigen aus Anlaß eines besonderen persönlichen Ereignisses zugewendet werden. Dabei ist zu beachten, daß Aufmerksamkeiten nur Sachzuwendungen sein können. Geldzuwendungen gehören stets zum Arbeitslohn, auch wenn ihr Wert gering ist (R 73 Abs. 1 Satz 3 LStR). Aufmerksamkeiten sind auch Getränke und Genussmittel, die der Arbeitgeber dem Arbeitnehmer im Betrieb unentgeltlich oder teilentgeltlich überläßt.

Belegschaftsrabatte

Erhält ein Arbeitnehmer aufgrund eines Dienstverhältnisses von seinem Arbeitgeber Waren oder Dienstleistungen, die vom Arbeitgeber nicht überwiegend für den Bedarf seiner Arbeitnehmer hergestellt, vertrieben oder erbracht werden, günstiger, ist der Vorteil steuerfrei, soweit die Rabattgewährung einen Betrag von 2 400 DM im Kalenderjahr nicht übersteigt (§ 8 Abs. 3 EStG). Bei der Ermittlung des Preisnachlasses wird von dem üblichen Abgabepreis vermindert um 4 % ausgegangen. Diese Regelung gilt sowohl für teilentgeltliche als auch für unentgeltliche Sachbezüge. Somit gilt als Preisnachlass auch die unentgeltliche Abgabe von Freitabakwaren in der Tabakwarenindustrie, Haustrunk im Brauereigewerbe sowie die Deputate im Bergbau und in der Land- und Forstwirtschaft.

Preisvorteile, die den Arbeitnehmern bei der Nutzung oder dem Erwerb von Waren und Dienstleistungen nicht unmittelbar vom Arbeitgeber gewährt werden, können den Arbeitnehmern auch als Arbeitslohn zugerechnet werden. Preisvorteile, die dem Arbeitnehmer mit Rücksicht auf ihr Dienstverhältnis zugestanden werden, sind auch dann steuerpflichtiger Arbeitslohn, wenn die Vorteilsgewährung nicht unmittelbar durch den Arbeitgeber erfolgt.

Zinsersparnisse

Werden unverzinsliche oder zinsverbilligte Darlehen gewährt, so handelt es sich um steuerpflichtige Vorteile. Allerdings sind diese Zinsvorteile nur dann als Sachbezüge zu versteuern, wenn die Summe der noch nicht getilgten Darlehen am Ende des Lohnzahlungszeitraums 5 000 DM übersteigt. Zinsvorteile werden dann angenommen, wenn der Effektivzins für ein Darlehen 5,5 % unterschreitet (R 31 Abs. 11 LStR).

Kindergartenzuschuss

Nach § 3 Nr. 33 EStG sind steuerfrei die zusätzlich zum ohnehin geschuldeten Arbeitslohn erbrachten Leistungen des Arbeitgebers zur Unterbringung und Betreuung nicht schulpflichtiger Kinder der Arbeitnehmer in Kindergärten oder vergleichbaren Einrichtungen. Die Leistungen können direkt an betriebliche oder außerbetriebliche Kindergärten erbracht werden. Wird die Leistung bar an den Arbeitnehmer gezahlt, so ist die zweckentsprechende Verwendung durch Belege nachzuweisen. Die Kinder müssen nicht in einem betrieblichen Kindergarten untergebracht werden. Eine Unterbringung kann auch in Schulkindergärten, Kindertagesstätten, Kinderkrippen, bei Tagesmüttern, Wochenmüttern oder Ganztagespflegestellen vorgenommen werden. Allerdings muss die Einrichtung zur Unterbringung und Betreuung von Kindern geeignet sein. Begünstigt sind nur Leistungen zur Unterbringung und Betreuung von nicht schulpflichtigen Kindern. Den nicht schulpflichtigen Kindern stehen schulpflichtige Kinder gleich, solange sie mangels Schulreife vom Schulbesuch zurückgestellt sind (R 21a LStR).

Zuwendungen zur Eheschließung oder zur Geburt eines Kindes

Nach § 3 Nr. 15 EStG sind Zuwendungen, die Arbeitnehmer anlässlich ihrer Eheschließung oder der Geburt eines Kindes von ihrem Arbeitgeber erhalten, soweit sie jeweils 700 DM nicht übersteigen, steuerfrei. Die Heiratsbeihilfe und die Zuwendung zur Geburt eines Kindes sind bis zu einem Gesamtbetrag von 700 DM steuerfrei, wenn sie innerhalb von 3 Monaten vor oder nach der Eheschließung bzw. der Geburt des Kindes gewährt werden (R 15 LStR, H 15 LStH).

Werkzeuggeld

Der Arbeitgeber kann Aufwendungen dem Arbeitnehmer ersetzen, soweit diese durch die betriebliche Nutzung der eigenen Werkzeuge entstehen. Als Werkzeuge sind allgemein nur solche Hilfsmittel anzusehen, die zur leichteren Handhabung, zur Herstellung oder zur Bearbeitung eines Gegenstandes verwendet werden (R 19 LStR). Nach § 3 Nr. 30 EStG dürfen allerdings diese Entschädigungen die entsprechenden Aufwendungen des Arbeitnehmers nicht offensichtlich übersteigen.

Typische Berufskleidung

Der Arbeitgeber kann gem. § 3 Nr. 31 EStG dem Arbeitnehmer die typische Berufskleidung unentgeltlich oder verbilligt überlassen. Dies führt nicht zu einer Steuerpflicht. Allerdings muss es sich um typische Berufskleidung handeln. Diese liegt vor bei Arbeitschutzkleidung und bei Bekleidung, die aufgrund der uniformartigen Beschaffenheit oder dauerhaft angebrachten Kennzeichnung durch Firmenemblem objektiv eine berufliche Funktion erfüllt. Normale Schuhe und Unterwäsche sind keine typische Berufskleidung.

Sammelbeförderung von Arbeitnehmern zwischen Wohnung und Arbeitsstätte

Steuerfrei ist nach § 3 Nr. 32 EStG die unentgeltliche oder verbilligte Beförderung eines Arbeitnehmers zwischen Wohnung und Arbeitsstätte mit einem vom Arbeitgeber oder in dessen Auftrag von einem Dritten eingesetzten Omnibus, Kleinbus oder für mehrere Personen zur Verfügung gestellten Personenkraftwagen, wenn diese Beförderung jeweils für den betrieblichen Einsatz des Arbeitnehmers notwendig ist (R 21 LStR).

Fahrtkostenzuschüsse

Zuschüsse des Arbeitgebers, die zusätzlich zum ohnehin geschuldeten Arbeitslohn zu den Aufwendungen des Arbeitnehmers für Fahrten zwischen Wohnung und Arbeitsstätte mit öffentlichen Verkehrsmitteln im Linienverkehr gezahlt werden, sind gem. § 3 Nr. 34 EStG steuerfrei. Die Aufwendungen des Arbeitnehmers müssen für den Erwerb einer Fahrtberechtigung auf öffentlichen Verkehrsmitteln im Linienverkehr bestimmt sein. Aufwendungen für die Benutzung von privaten Verkehrsmitteln (Taxi) sind nicht begünstigt. Die Fahrtberechtigung muss ferner mindestens für einen Teil der Strecke zwischen Wohnung und Arbeitsstätte gelten. Auf den Umfang der tatsächlichen Nutzung der Fahrtberechtigung zu Fahrten des Arbeitnehmers zwischen Wohnung und Arbeitsstätte kommt es nicht an. Die Zuschüsse des Arbeitgebers dürfen die Aufwendungen des Arbeitnehmers im maßgebenden Zeitraum nicht übersteigen (R 21 b Abs. 1 LStR).

Auslagenersatz

Nach § 3 Nr. 50 EStG sind die Beträge, die der Arbeitnehmer vom Arbeitgeber erhält, um sie für ihn auszugeben (durchlaufende Gelder), und die Beträge, durch die Auslagen des Arbeitnehmers für den Arbeitgeber ersetzt werden (Auslagenersatz) steuerfrei. Durchlaufende Gelder oder Auslagenersatz liegen vor, wenn der Arbeitnehmer die Ausgaben für Rechnung des Arbeitgebers macht, wobei es gleichgültig ist, ob das im Namen des Arbeitgebers oder im eigenen Namen geschieht und über die Ausgaben im Einzelnen abgerechnet wird

(R 22 Abs. 1 LStR). Der Ersatz von Werbungskosten fällt nicht unter die Vorschrift des § 3 Nr. 50 EStG. Steuerfrei sind danach z. B. der Ersatz von Gebühren für ein geschäftliches Telefongespräch, das der Arbeitnehmer für den Arbeitgeber außerhalb des Betriebs führt.

Jubiläumszuwendungen

Zuwendungen eines Arbeitgebers an Arbeitnehmer anlässlich eines Arbeitnehmerjubiläums sind in bestimmter Höhe steuerfrei, soweit der Arbeitnehmer in einem gegenwärtigen Dienstverhältnis zu ihm steht. Ebenso begünstigt sind Zuwendungen des Arbeitgebers an seine Arbeitnehmer anlässlich eines Geschäftsjubiläums (§ 3 LStDV).

Die Steuerfreiheit beschränkt sich nach der vorgenannten Vorschrift auf folgende Beträge:

Arbeitnehmerjubiläen	Steuerfrei bis zu
10 Jahre	DM 600
25 Jahre	DM 1 200
40 Jahre	DM 2 400
50 Jahre	DM 2 400
60 Jahre	DM 2 400

Im Zusammenhang mit einem Geschäftsjubiläum kann der Arbeitgeber seinem Arbeitnehmer bis zu 1 200 DM Jubiläumszuwendungen steuerfrei zahlen. Voraussetzung ist ein Geschäftsjubiläum von 25 Jahren oder ein Mehrfaches von 25 Jahren. Diese Vergünstigung wurde durch das Steuerentlastungsgesetz 1999 mit Wirkung vom 1.1.1999 aufgehoben.

Ausgaben des Arbeitgebers für die Zukunftssicherung des Arbeitnehmers

Leistet der Arbeitgeber Ausgaben für die Zukunftssicherung des Arbeitnehmers und ist der Arbeitgeber dazu nach sozialversicherungsrechtlichen oder anderen gesetzlichen Vorschriften verpflichtet, so sind diese Ausgaben, obwohl sie Arbeitslohn darstellen, gem. § 3 Nr. 62 EStG steuerfrei. Zu den nach § 3 Nr. 62 EStG steuerfreien Zahlungen an den Arbeitnehmer gehören insbesondere die Beitragsanteile des Arbeitgebers am Gesamtsozialversicherungsbeitrag (Rentenversicherung, Krankenversicherung, Pflegeversicherung, Arbeitslosenversicherung) und Beiträge des Arbeitgebers zu einer berufsständischen Versorgungseinrichtung für Arbeitnehmer, die von der Versicherungspflicht in der gesetzlichen Rentenversicherung befreit sind (R 24 Abs. 1 LStR).

Überlassung von Vermögensbeteiligungen

Bei der Überlassung von unentgeltlichen oder verbilligten Vermögensbeteiligungen an Arbeitnehmer ist der darinliegende geldwerte Vorteil steuerfrei, soweit er nicht höher ist als der halbe Wert der Vermögensbeteiligung und ein Betrag von insgesamt 300 DM im Kalenderjahr nicht übersteigt (§ 19 a EStG).

Zu den begünstigten Vermögensbeteiligungen zählen unter anderem:

- Belegschaftsaktien
- Wandelschuldverschreibungen des Arbeitgebers
- Gewinnschuldverschreibungen des Arbeitgebers
- Genußschein des Arbeitgebers
- Genossenschaftsanteile am Unternehmen des Arbeitgebers
- Stille Beteiligung am Unternehmen des Arbeitgebers
- Darlehensforderung gegen den Arbeitgeber.

Voraussetzung für die Steuerfreiheit ist ferner, daß die Vermögensbeteiligung bis zum Ablauf einer Frist von 6 Jahren (Sperrfrist) festgelegt werden muss und über diese auch nicht durch Rückzahlung, Abtretung, Beleihung oder in anderer Weise verfügt wird. Die

Gewährung dieses steuerfreien Vorteils ist nicht an Einkommensgrenzen gebunden. Sie kann aber nur an Arbeitnehmer im Rahmen eines gegenwärtigen Dienstverhältnisses gewährt werden. Somit gilt die Regelung nicht für ehemalige Arbeitnehmer, wie Rentner oder Pensionäre. Eine steuerbegünstigte Überlassung von Vermögensbeteiligungen liegt nicht vor, wenn die Beteiligung ganz oder teilweise an die Stelle von Arbeitslohn tritt, der zum Zeitpunkt der Vermögensbeteiligung ohnehin geschuldet wird (R 77 Abs. 4 LStR).

Beihilfen und Unterstützungen

Nach § 3 Nr. 11 EStG sind Beihilfen und Unterstützungen aus öffentlichen Mitteln steuerfrei. Es handelt sich hier um Beihilfen in Krankheits-, Geburts- und Todesfällen nach den Beihilfevorschriften des Bundes und der Länder sowie Unterstützung in besonderen Notfällen, die aus öffentlichen Kassen gezahlt werden.

Unterstützungen und Erholungsbeihilfen an Arbeitnehmer im privaten Dienst sind gem. R 11 Abs. 2 LStR steuerfrei, wenn die Unterstützungen dem Anlass nach gerechtfertigt sind, z. B. in Krankheits- und Unglücksfällen. Die Steuerpflicht ist allerdings an verschiedene Voraussetzungen geknüpft. So muss es sich um eine selbständige Einrichtung handeln, die zwar vom Arbeitgeber mit dessen Mitteln geschaffen wurde, aber von ihm unabhängig ist. Es kann sich dabei um Unterstützungskassen oder Hilfskassen handeln, die in Fällen der Not und Arbeitslosigkeit Unterstützung gewähren. Ferner kann die Unterstützung aus Beträgen gezahlt werden, die der Arbeitgeber dem Betriebsrat oder sonstigen Vertretern der Arbeitnehmer zu diesem Zweck überwiesen hat. Darüber hinaus kann der Arbeitgeber auch von sich aus Arbeitnehmern Unterstützung gewähren, wenn dies nach Anhörung des Betriebsrats oder sonstiger Vertretung der Arbeitnehmer erfolgt und die Unterstützungen nach einheitlichen Grundsätzen bewilligt werden. Diesen einheitlichen Grundsätzen muss der Betriebsrat oder sonstiger Vertreter der Arbeitnehmer zugestimmt haben.

Die Unterstützungen sind bis zu einem Betrag von 1 000 DM je Kalenderjahr steuerfrei. Übersteigt der Betrag 1 000 DM, so gehört er nur dann nicht zum steuerpflichtigen Arbeitslohn, wenn er aus Anlaß eines besonderen Notfalles gewährt wird. Hierbei sind die Einkommensverhältnisse und der Familienstand des Arbeitnehmers zu berücksichtigen.

Erholungsbeihilfen oder andere Beihilfen, soweit sie nicht ausnahmsweise als Unterstützung anzuerkennen sind, gehören grundsätzlich zum steuerpflichtigen Arbeitslohn (H 11 LStH).

Abfindungen

In einem bestimmten Umfang sind nach § 3 Nr. 9 EStG Abfindungen wegen einer vom Arbeitgeber veranlassten oder gerichtlich ausgesprochenen Auflösung des Dienstverhältnisses steuerfrei. Nach R 9 Abs. 1 LStR sind Abfindungen Entschädigungen, die der Arbeitnehmer als Ausgleich für die mit der Auflösung des Dienstverhältnisses verbundenen Nachteile, insbesondere für den Verlust des Arbeitsplatzes erhält. Wichtig ist, daß die Abfindung wegen der Auflösung des Dienstverhältnisses gezahlt wird. Danach gelten Leistungen zur Abgeltung vertraglicher Ansprüche, die der Arbeitnehmer bis zum Zeitpunkt der Auflösung erlangt hat, nicht als Abfindung. Dazu gehört z. B. rückständiger Arbeitslohn und das anteilige Urlaubsgeld.

Steuerfreie Bezüge unter der Voraussetzung des § 3 Nr. 9 EStG sind:

Grundsätzlich	DM 16 000		
Bei Vollendung des 50. Lebensjahres und ein Dienstverhältnis von mindestens 15 Jahren	DM 20 000	Bei Vollendung des 55. Lebensjahres und ein Dienstverhältnis von mindestens 20 Jahren	DM 24 000

Probleme bereitet oft die Ermittlung der Dauer der Betriebszugehörigkeit. Einzelfälle sind in R 9 Abs. 4 LStR geregelt. So sind auch solche Dienstzeiten zu berücksichtigen, die der Arbeitnehmer vor der Arbeitslosigkeit bei dem Arbeitgeber verbracht hat, wenn das Dienstverhältnis aus vom Arbeitnehmer nicht zu vertretenden Gründen (z. B. im Baugewerbe bei schlechter Witterung) aufgelöst wurde, der Arbeitnehmer anschließend arbeitslos war und im Anschluss an die Arbeitslosigkeit erneut ein Dienstverhältnis mit demselben Arbeitgeber eingegangen ist.

Normalerweise sind Dienstzeiten innerhalb eines Konzerns, wenn der Arbeitnehmer früher in anderen rechtlichen selbständigen Unternehmen des Konzerns tätig war, nicht zu berücksichtigen. Wurden allerdings bei früheren Versetzungen innerhalb eines Konzerns keine Abfindungen an Arbeitnehmer gezahlt, weil der Konzern die Versetzung als Fortsetzung eines einheitlichen Dienstverhältnisses betrachtet hat, ist für die Ermittlung der Dienstzeit von der Gesamtbeschäftigungsdauer im Konzern auszugehen. Wichtig ist, dass der Arbeitsvertrag hier Anhaltspunkte, wie z. B. die Berechnung der Pensionsansprüche, des Urlaubsanspruchs oder des Dienstjubiläums des Arbeitnehmers, enthält. Generell ist eine Berücksichtigung von früher bei dem Arbeitgeber verbrachten Beschäftigungszeiten nur möglich, wenn aus Anlass der früheren Auflösung des Dienstverhältnisses keine Abfindung im Sinne des § 3 Nr. 9 EStG gezahlt worden ist.

Bei den vorgenannten Beträgen handelt es sich um Freibeträge. Die Steuerfreiheit gilt auch dann, wenn diese Freibeträge überschritten werden. Die darüber hinaus gehenden Teile der Abfindung sind steuerpflichtig.

Wird die Abfindung in Teilbeträgen oder in fortlaufenden Beträgen ausgezahlt, so sind die einzelnen Raten solange steuerfrei, bis der für den Arbeitnehmer maßgebende Freibetrag ausgeschöpft ist (R 9 Abs. 3 LStR). Der Freibetrag kann auch nicht willkürlich auf die einzelnen Abfindungsraten verteilt werden. Vielmehr ist der Freibetrag bei den zuerst bezogenen Abfindungsraten zu berücksichtigen.

Weitere Voraussetzung für die Steuerfreiheit von Abfindungen ist die Auflösung des Dienstverhältnisses durch den Arbeitgeber. Der Arbeitgeber muss die Auflösung des Dienstverhältnisses veranlasst haben. Dies kann durch Kündigung durch den Arbeitgeber oder durch eine einvernehmliche Auflösung des Dienstverhältnisses geschehen. Die Steuerfreiheit der Abfindung tritt auch dann ein, wenn die Auflösung des Dienstverhältnisses gerichtlich ausgesprochen wird. Hier braucht die Auflösung nicht vom Arbeitgeber veranlasst zu sein.

Enden befristete Dienstverhältnisse wegen Zeitablauf, liegt keine Veranlassung des Arbeitgebers vor. Somit kann in diesen Fällen eine gezahlte Abfindung nicht steuerfrei sein.

Übersteigen die Abfindungszahlungen den Freibetrag, so sind diese steuerpflichtig. Unter bestimmten Voraussetzungen handelt es sich dann um steuerbegünstigte Bezüge.

4.3.3.1.3   Steuerbegünstigter Arbeitslohn

Versorgungsbezüge

Die Versorgungsbezüge unterliegen einer besonderen Besteuerung. Von den Versorgungsbezügen bleibt ein Betrag in Höhe von 40 % dieser Bezüge, höchstens jedoch insgesamt ein Betrag von 6 000 DM im Veranlagungszeitraum steuerfrei (§ 19 Abs. 2 EStG). Versorgungsbezüge sind Bezüge und Vorteile aus früheren Arbeitsverhältnissen. Diese Bezüge werden als Ruhegehalt, Witwen- oder Waisengeld, Unterhaltsbeitrag oder als gleichartiger Bezug aufgrund beamtenrechtlicher oder entsprechender gesetzlicher Vorschriften gezahlt. Darunter fallen auch Bezüge, die wegen Erreichen einer Altersrente, Berufsunfähigkeit, Erwerbsunfähigkeit oder als Hinterbliebenenbezüge gewährt werden. Werden die

Bezüge wegen Erreichens einer Altersgrenze gewährt, gelten diese erst dann als Versorgungsbezüge, wenn der Steuerpflichtige das 63. Lebensjahr oder, wenn er schwerbehindert ist, das 60. Lebensjahr vollendet hat. Eine ausführliche Auflistung der steuerbegünstigten Versorgungsbezüge gibt R 75 LStR.

Abfindungen

Übersteigen Abfindungen die im Abschnitt 4.3.3.1.2 genannten Beträge, so sind die übersteigenden Teile der Lohnsteuer zu unterwerfen. Werden die Abfindungen in laufenden Beträgen gezahlt, so ist die Besteuerung als laufender Arbeitslohn durchzuführen. Stellt die Abfindung eine Entschädigung im Sinne des § 24 Nr. 1 EStG dar (Ersatz für entgangene oder entgehende Einnahmen), so sind diese Beträge als außerordentliche Einkünfte zu besteuern. Die Besteuerung mit dem halben Steuersatz ist ab dem 1.1.1999 durch die Fünftelungsmethode ersetzt worden (§ 34 Abs. 1 EStG). Die steuerpflichtige Entschädigung ist dem voraussichtlichem Jahresarbeitslohn mit einem Fünftel hinzuzurechnen und die sich ergebende Lohnsteuer mit dem fünffachen Betrag zu erheben. Außerordentliche Einkünfte liegen nur dann vor, wenn es sich um einen einmaligen größeren Zufluss handelt und dieser Zufluss eine Zusammenballung von Einnahmen darstellt.

Vergütung für eine mehrjährige Tätigkeit

Liegen bei den Einkünften aus nichtselbständiger Arbeit Vergütungen für mehrjährige Tätigkeit vor, so wird die Steuer nach einem besonderen Verfahren gem. § 34 Abs. 1 EStG berechnet. Arbeitslohn für mehrere Jahre kann der Teil der Jubiläumszuwendung sein, der den steuerfreien Teil übersteigt. Dies gilt sowohl für Arbeitnehmerjubiläen als auch für Geschäftsjubiläen. Wenn allerdings die Jubiläumszuwendungen ohne Rücksicht auf die Dauer der Betriebszugehörigkeit aus Anlass eines Firmenjubiläums gezahlt werden, so erfüllt dies nicht die Voraussetzung des § 34 Abs. 2 Nr. 4 EStG.

Die Steuer für eine mehrjährige Vergütung wird nach der Fünftelungsmethode berechnet (siehe vorhergehenden Abschnitt »Abfindung«).

Zahlungen für Verbesserungsvorschläge

Seit dem 1.1.1989 sind Zahlungen für Verbesserungsvorschläge in voller Höhe steuerpflichtig. Unter Umständen kann allerdings die Steuerbegünstigung gem. § 34 Abs. 1 EStG – Arbeitslohn für mehrere Kalenderjahre – zur Anwendung kommen, wenn der Arbeitnehmer mehr als zwölf Kalendermonate an dem Verbesserungsvorschlag gearbeitet hat.

4.3.3.1.4   Geldwerte Vorteile

Zum Arbeitslohn gehören gem. § 8 EStG auch die geldwerten Vorteile. Geldwerte Vorteile können sein zinsbegünstige Darlehen, verbilligte Essensgestellung, private Kfz-Nutzung sowie Rabatte auf vom Arbeitgeber hergestellte oder vertriebene Waren.

Zinsbegünstigte Darlehen

Werden unverzinsliche oder zinsverbilligte Darlehen gewährt, so handelt es sich um steuerpflichtige Vorteile. Steuerpflichtige Vorteile werden dann angenommen, wenn der Effektivzins für ein Darlehen 6 % unterschreitet (R 31 Abs. 11 LStR). Wegen der Steuerfreiheit bestimmter Zinsersparnisse wird verwiesen auf Abschnitt 4.3.3.1.2 Steuerfreie Bezüge.

Belegschaftsrabatte

Erhält ein Arbeitnehmer aufgrund seines Dienstverhältnisses Waren oder Dienstleistungen, die vom Arbeitgeber nicht überwiegend für den Bedarf seiner Arbeitnehmer hergestellt, vertrieben oder erbacht werden, günstiger, ist der Vorteil steuerpflichtig, soweit die Rabattgewährung einen Betrag von 2 400 DM im Kalenderjahr übersteigt (§ 8 Abs. 3 EStG).

Verbilligte Essensgestellung

Erhalten die Arbeitnehmer verbilligte Mahlzeiten im Betrieb, ist dies steuerpflichtiger Arbeitslohn. Die Mahlzeiten werden bewertet entsprechend der amtlichen Sachbezugswerte. Das gleiche gilt, wenn der Arbeitgeber Barzuschüsse an eine Kantine oder Gaststätte zur Verbilligung der Essensgabe leistet.

Werden Essensmarken ausgegeben zum Erwerb von Mahlzeiten innerhalb oder außerhalb des Betriebes, ist der Wert der Essensmarken anzusetzen. Auch direkte Barzuschüsse an die Arbeitnehmer sind steuerpflichtig.

Wenn der vom Arbeitnehmer für eine Mahlzeit gezahlte Preis (einschl. Umsatzsteuer) den maßgebenden amtlichen Sachbezugswert unterschreitet, liegt steuerpflichtiger Arbeitslohn vor. Daraus ergibt sich, dass die steuerliche Erfassung der Mahlzeiten entfällt, wenn gewährleistet ist, dass der Arbeitnehmer für jede Mahlzeit mindestens einen Preis in Höhe des amtlichen Sachbezuges zahlt.

Erhalten die Arbeitnehmer die Mahlzeiten in einer nicht vom Arbeitgeber selbst betriebenen Kantine, Gaststätte oder vergleichbaren Einrichtung, sind ebenfalls die amtlichen Sachbezugswerte maßgebend, wenn der Arbeitgeber aufgrund vertraglicher Vereinbarung durch Barzuschüsse oder andere Leistungen an die die Mahlzeiten vertreibenden Einrichtungen zur Verbilligung der Mahlzeiten beiträgt.

Nicht zum Arbeitslohn gehören aber Mahlzeiten, die im ganz überwiegenden betrieblichen Interesse des Arbeitgebers an den Arbeitnehmer abgegeben werden. Dies liegt vor bei der Bewirtung von Arbeitnehmern anlässlich einer Diensteinführung, einem Amts- oder Funktionswechsel, einem Arbeitnehmerjubiläum, einer Verabschiedung eines Arbeitnehmers und anlässlich eines außergewöhnlichen Arbeitseinsatzes.

Gestellung von Kraftfahrzeugen

Ab 1.1.1996 hat sich die Versteuerung der unentgeltlichen privaten Nutzung eines Dienstwagens grundlegend geändert. Während es vor dem 1.1.1996 vier Möglichkeiten der Besteuerung der privaten Nutzung gegeben waren, gibt es jetzt nur noch die 1 %-Regelung und die Fahrtenbuchregelung.

Bei der 1 %-Regelung ist der private Nutzungswert mit monatlich 1 % des inländischen Listenpreises des Kraftfahrzeuges anzusetzen. Kann das Kraftfahrzeug auch für Fahrten zwischen Wohnung und Arbeitsstätte genutzt werden, erhöht sich der Wert für die private Nutzung für jeden Kilometer der Entfernung zwischen Wohnung und Arbeitsstätte um 0,03 % des inländischen Listenpreises.

Wird das Fahrzeug auch zu Heimfahrten im Rahmen einer doppelten Haushaltsführung genutzt, erhöht sich der Wert für jeden Kilometer der Entfernung zwischen dem Beschäftigungsort und dem Ort des eigenen Hausstandes um 0,002 % des inländischen Listenpreises für jede Fahrt, für die der Werbungskostenabzug nach § 9 Abs. 1 Satz 3 Nr. 5 EStG ausgeschlossen ist. Dies ist der Fall, wenn die doppelte Haushaltsführung länger als zwei Jahre besteht.

Listenpreis ist – dies gilt auch für gebraucht erworbene oder geleaste Fahrzeuge – die auf volle 100 DM abgerundete unverbindliche Preisempfehlung des Herstellers für das genutzte Fahrzeug zum Zeitpunkt der Erstzulassung. Zuschläge für Sonderausstattung und die Umsatzsteuer sind entsprechend zu berücksichtigen. Der Wert des Autotelefons bleibt allerdings außer Ansatz.

Beispiel für die Berechnung der privaten Kfz-Nutzung:

Listenpreis	DM	50 000
Entfernung Wohnung – Arbeitsstätte	km	10
1 % von DM 50 000	DM	500
50 000 DM · 0,03 % · 10 km	DM	150
insgesamt	DM	650

Der private Nutzungswert für ein Kraftfahrzeug kann allerdings auch aufgrund eines Fahrtenbuchs ermittelt werden. Dabei sind die dienstlich und privat zurückgelegten Fahrstrecken gesondert und laufend im Fahrtenbuch nachzuweisen. Für die dienstlichen Fahrten sind mindestens folgende Angaben erforderlich:

– Datum und Kilometerstand zu Beginn und am Ende jeder einzelnen Auswärtstätigkeit (Dienstreise, Einsatzwechseltätigkeit, Fahrtätigkeit)
– Reiseziel und Reiseroute
– Reisezweck und aufgesuchte Geschäftspartner.

Bei den Privatfahrten genügen jeweils Kilometerangaben, für Fahrten zwischen Wohnung und Arbeitsstätte genügt jeweils ein kurzer Vermerk im Fahrtenbuch. Wichtig ist, dass die Führung des Fahrtenbuchs ständig vorgenommen werden muss. Fahrtenschreiber und elektronische Fahrtenbücher sind ebenfalls zulässig, wenn sich daraus die entsprechenden Erkenntnisse gewinnen lassen. Weitere Voraussetzung ist, dass in der Buchhaltung des Arbeitgebers die entstandenen Kfz-Kosten durch Belege gesondert auf einem Konto erfaßt werden.

Die beiden Methoden können für jedes Kalenderjahr gesondert festgelegt werden. Bei demselben Kraftfahrzeug kann während des Kalenderjahres das Verfahren nicht geändert werden.

Zahlt der Arbeitnehmer unabhängig vom Umfang der tatsächlichen Nutzung des Kraftfahrzeugs an den Arbeitgeber pauschale Nutzungsvergütungen, so sind diese auf dem privaten Nutzungswert anzurechnen. Zuschüsse des Arbeitnehmers zu den Anschaffungskosten können in dem Zahlungsjahr ebenfalls auf den privaten Nutzungswert angerechnet werden.

4.3.3.1.5 Sachleistungen

Nach § 8 Abs. 1 EStG sind Einnahmen alle Güter, die in Geld oder Geldeswert bestehen und dem Steuerpflichtigen im Rahmen seiner nichtselbstständigen Arbeit zufließen. § 8 Abs. 2 EStG regelt, wie Einnahmen, die nicht in Geld bestehen, zu bewerten sind.

Zu den Sachbezügen gehören unter anderem:

– Kleidung
– Wohnung /Unterkunft
– Kost (Frühstück, Mittagessen, Abendessen)
– Waren und Dienstleistungen
– Deputate.

Die Bewertung dieser Sachbezüge ist in § 8 Abs. 2 und 3 EStG, R 31 und 32 LStR und der Sachbezugsverordnung (SachBezV) geregelt.

§ 8 Abs. 3 EStG und R 32 EStR bezieht sich auf den Bezug von Waren und Dienstleistungen, die vom Arbeitgeber nicht überwiegend für den Bedarf seiner Arbeitnehmer hergestellt, vertrieben oder erbracht werden. Wegen Einzelheiten hierzu wird verwiesen auf die Ausführungen unter Punkt 4.3.3.1.2 Steuerfreie Bezüge (Belegschaftsrabatte).

Sachbezüge sind ebenso wie Barzahlungen dem laufenden Arbeitslohn oder den sonstigen Bezügen zuzuordnen. Unentgeltliche Sachbezüge werden mit dem Geldwert bewertet. Erhält der Arbeitnehmer die Sachbezüge nicht unentgeltlich, so ist die Zuzahlung entsprechend zu berücksichtigen. Die Sachbezüge im Sinne des § 8 Abs. 2 EStG sind zum einen mit einem amtlichen Sachbezugswert anzusetzen oder durch Einzelbewertung zu ermitteln.

Sachbezüge, für die keine amtliche Sachbezugswerte festgesetzt und die auch nicht nach § 8 Abs. 3 EStG zu bewerten sind, sind mit den um übliche Preisnachlässe geminderten üblichen Endpreisen am Abgabeort zum Zeitpunkt der Abgabe zu versteuern. Das ist in der Regel der Preis, der im allgemeinen Geschäftsverkehr von Letztverbrauchern für gleichartige Waren oder Dienstleistungen auch tatsächlich gezahlt wird. Dieser schließt auch die Umsatzsteuer ein. Maßgebend ist also der von fremden Letztverbrauchern gezahlte Preis. Werden am Abgabeort fremde Letztverbraucher nicht bedient, so ist der übliche Preis zu schätzen. Werden solche Sachbezüge unentgeltlich oder teilentgeltlich gewährt, bleiben die Vorteile im jeweiligen Dienstverhältnis außer Ansatz, wenn der Wert 50 DM im Kalendermonat nicht übersteigt.

Für die Verpflegung, Unterkunft und Wohnung wird die Verordnung über den Wert der Sachbezüge der Sozialversicherung für das jeweilige Kalenderjahr (Sachbezugsverordnung) herangezogen.

Die amtlichen Sachbezugswerte sind, soweit nicht die Vorschriften des § 8 Abs. 3 EStG anzuwenden sind, ausnahmslos für die Sachbezüge maßgebend, für die sie bestimmt sind. Die Sachbezugsverordnung gilt für sämtliche Arbeitnehmer, also auch für die, die nicht der gesetzlichen Rentenversicherungspflicht unterliegen. Eine Ausnahme gilt nur dann, wenn die Besteuerung nach den Sachbezugswerten zu einer unzutreffenden Besteuerung führen würde. Die amtlichen Sachbezugswerte gelten auch dann, wenn ein Tarifvertrag, eine Betriebsvereinbarung oder ein Arbeitsvertrag für Sachbezüge andere Werte vorsieht. Werden die Sachbezüge durch Barvergütungen abgegolten, so werden grundsätzlich die Barvergütungen versteuert. Eine Ausnahme gilt, wenn die Barvergütung nur gelegentlich oder vorübergehend gezahlt wird (R 31 Abs. 4 Satz 4 LStR).

Mahlzeiten, die durch eine vom Arbeitgeber selbst betriebene Kantine, Gaststätte oder vergleichbare Einrichtung abgegeben werden, sind mit dem maßgebenden amtlichen Sachbezugswert nach der SachBezV zu bewerten. Nach § 1 der Sachbezugsverordnung sind dabei folgende monatliche Werte anzusetzen:

– gesamte freie Verpflegung 366 DM
– freie Verpflegung für Frühstück 80 DM
– freie Verpflegung für Mittagessen 143 DM
– freie Verpflegung für Abendessen 143 DM.

Die Sachbezüge einer Unterkunft oder Wohnung werden nach den §§ 3 bis 5 der Sach-BezV bewertet. Eine Unterkunft liegt vor, wenn die letztgenannte keine Wohnung darstellt. Eine Wohnung liegt dann vor, wenn eine in sich geschlossene Einheit von Räumen, in denen ein selbstständiger Haushalt geführt werden kann, zur Verfügung gestellt wird. Dabei ist wesentlich, dass eine Wasserversorgung und -entsorgung und eine Küche bzw. eine vergleichbare Kochgelegenheit sowie eine Toilette vorhanden sind. Ein Einzimmerappartement mit Küchenzeile und WC als Nebenraum stellt eine Wohnung dar. Ein Wohnraum mit Mitbenutzung von Bad, Toilette und Küche ist eine Unterkunft. Die Sachbezugswerte für die Unterkunft nach § 3 SachBezV betragen monatlich 355 DM (neue Bundesländer 260 DM). Wird keine Heizung vom Arbeitgeber zur Verfügung gestellt, vermindert sich der Wert der Unterkunft pro Monat um 24 DM.

Bei der Bewertung einer freien Wohnung ist der ortsübliche Mietwert maßgebend. Der ortsübliche Mietwert ist die Miete, die für eine nach Baujahr, Art, Größe, Ausstattung, Beschaffenheit und Lage vergleichbare Wohnung üblich ist (Vergleichsmiete). Werden vergleichbare Wohnungen in nicht unerheblichen Umfang an fremde Dritte zu einer niedrigeren als der üblichen Miete vermietet, ist die niedrigere Miete anzusetzen.

4.3.3.1.6   Reisekosten

Begriff

Der Begriff der Reisekosten ist in R 37 LStR geregelt. Reisekosten sind:

- Fahrtkosten (R 38 LStR),
- Verpflegungsmehraufwendungen (R 39 LStR),
- Übernachtungskosten (R 40 LStR),
- Reisenebenkosten (R 40a LStR),

die durch eine so gut wie ausschließlich berufliche Tätigkeit außerhalb der Wohnung und einer ortsgebundenen regelmäßigen Arbeitsstätte veranlasst sind. Es besteht eine Aufzeichnungspflicht für Anlass und Art der beruflichen Tätigkeit, Reisedauer und Reiseweg sowie Nachweis durch geeignete Unterlagen (z. B. Fahrtenbuch, Tankquittungen, Hotelrechnungen, Schriftverkehr).

Dienstreise (R 37 Abs. 3 LStR)

Eine Dienstreise liegt vor anlässlich eines Ortswechsels, einschließlich Hin- und Rückfahrt bei vorübergehender Auswärtstätigkeit. Eine Auswärtstätigkeit liegt bei beruflicher Tätigkeit außerhalb der Wohnung und der regelmäßigen Arbeitsstätte des Arbeitnehmers vor. Die Auswärtstätigkeit kann nur dann als Dienstreise anerkannt werden, wenn sie längstens für drei Monate bei vorübergehender Auswärtstätigkeit an derselben Tätigkeitsstätte ausgeübt wird. Die Zeitbegrenzung gilt nicht bei sich laufend örtlich veränderten Tätigkeitsstätten und bei täglich mehrfach wechselnden Tätigkeitsstätten innerhalb einer Gemeinde oder deren Umgebung (z. B. Reisevertreter).

Fahrtätigkeit (R 37 Abs. 4 LStR)

Eine Fahrtätigkeit ist bei Arbeitnehmern mit Tätigkeit auf einem Fahrzeug (z. B. Berufskraftfahrer, Beifahrer, Linienbusfahrer, Straßenbahnführer, Taxifahrer, Müllfahrzeugführer, Beton- und Kiesfahrer, Lokführer und Zugbegleitungspersonal) gegeben. Eine Fahrtätigkeit liegt nicht vor bei Polizeibeamten im Streifendienst, Zollbeamten im Grenzaufsichtsdienst, Kraftfahrern im Zustelldienst, Verkaufsfahrern, Kundendienstmonteuren, Fahrlehrern, Binnenschiffern und Seeleuten.

Einsatzwechseltätigkeiten (R 37 Abs. 5 LStR)

Bei Arbeitnehmern, die typischerweise nur an ständig wechselnden Tätigkeitsstätten eingesetzt werden (z. B. Bau- und Montagearbeiter, Leiharbeiter und Mitglieder einer Betriebsreserve für Filialbetriebe sowie Auszubildende, bei denen keine Ausbildungsstätte als Mittelpunkt ihrer Tätigkeit angesehen werden kann), liegt eine Einsatzwechseltätigkeit vor. Danach ist die jeweilige Tätigkeitsstätte regelmäßige Arbeitsstätte.

Fahrtkosten

Allgemeines

Tatsächliche Aufwendungen für persönliche Benutzung eines Beförderungsmittels stellen Fahrtkosten dar. Bei Verkehrsmitteln sind die Fahrtkosten der Fahrpreis einschließlich Zuschläge. Bei der Benutzung eines eigenen Fahrzeuges können zum einen die Kosten durch Einzelnachweis ermittelt werden. Die jährlichen Gesamtkosten setzen sich zusammen aus Betriebsstoffkosten, Wartungs- und Reparaturkosten, Garage am Wohnort, Kfz-Steuer, Haftpflicht- und Fahrzeugversicherung, Zinsen für Anschaffungsdarlehen und Abschreibungen. Die betriebsgewöhnliche Nutzungsdauer für Pkw oder Kombi beträgt 5 Jahre, bei hoher Fahrleistung oder Gebrauchtfahrzeuge gegebenenfalls kürzen (H 38 LStR).

Ferner können die Fahrtkosten pro Kilometer auch ohne Einzelnachweis abgerechnet werden:

– Kraftwagen	DM 0,52
– Motorrad /Motorroller	DM 0,23
– Moped /Mofa	DM 0,14
– Fahrrad	DM 0,07

Für jede Person, die bei einer Dienstreise mitgenommen wird, erhöht sich der Kilometersatz von 52 Pfennigen um 3 Pfennige und der von 23 Pfennigen um 2 Pfennige (H 38 LStR).

Fahrtkosten bei Dienstreisen

Bei Dienstreisen können die Kosten nach den vorgenannten Grundsätzen für Fahrten zwischen Wohnung /regelmäßiger Arbeitsstätte und auswärtiger Tätigkeitsstätte oder Unterkunft angesetzt werden. Das gleiche gilt für Fahrten zwischen mehreren auswärtigen Tätigkeitsstätten, regelmäßigen Arbeitsstätten oder innerhalb eines weiträumigen Arbeitsgebietes innerhalb desselben Dienstverhältnisses. Fahrtkosten sind auch die Fahrten zwischen einer Unterkunft am Ort der auswärtigen Tätigkeit und der auswärtigen Tätigkeitsstätte.

Fahrtkosten bei Fahrtätigkeit

Wenn der Einsatzort nicht ständig wechselt, können die Fahrten zum Einsatzort abgesetzt werden wie Fahrten zwischen Wohnung und Arbeitsstätte. Wechselt der Einsatzort ständig, werden die Fahrtkosten wie bei der Einsatzwechseltätigkeit berechnet.

Fahrtkosten bei Einsatzwechseltätigkeit

Beträgt die Entfernung bei Einsatzwechseltätigkeit mehr als 30 km und wird die Tätigkeit nicht mehr als 3 Monate an derselben Einsatzstelle ausgeübt, werden die Fahrtkosten wie bei Dienstreisen angesetzt.

Bei Entfernungen bis 30 km oder bei einer Tätigkeit von mehr als 3 Monaten an derselben Einsatzstelle, werden die Fahrtkosten wie Fahrten zwischen Wohnung und Arbeitsstätte angesetzt.

Verpflegungsmehraufwendungen

Verpflegungsmehraufwendungen können nur noch als Pauschbeträge geltend gemacht werden. Bei Dienstreisen im Inland können folgende Pauschbeträge geltend gemacht werden bei einer Abwesenheit von der Wohnung bzw. Arbeitsstätte:

24 Std.	DM 46,00
14 – < 24 Std.	DM 20,00
8 – < 14 Std.	DM 10,00

Bei mehreren Dienstreisen an einem Kalendertag sind die Abwesenheitszeiten an diesem Kalendertag zusammenzurechnen. Eine Kürzung des Pauschbetrages tritt nicht ein, wenn unentgeltliche oder teilentgeltliche Mahlzeiten gewährt werden.

Eine Tätigkeit, die nach 14 Uhr beginnt und vor 10 Uhr des folgenden Kalendertages beendet wird, ohne dass eine Übernachtung stattfindet, ist mit der gesamten Abwesenheitsdauer dem Kalendertag der überwiegenden Abwesenheit zuzurechnen.

Auslandsdienstreisen

Bei Auslandsdienstreisen gelten länderweise unterschiedliche Pauschbeträge (Auslandstagegelder gemäß der Bekanntmachung des Bundesfinanzministeriums). Es wird der Pauschbetrag entsprechend dem Ort angesetzt, der zuletzt vor 24 Uhr erreicht wurde. Für eintägige Auslandsreisen und für den Rückreisetag aus dem Ausland ist der Pauschbetrag des letzten Tätigkeitsortes im Ausland maßgebend.

Übernachtungskosten

Übernachtungskosten sind Aufwendungen für die persönliche Inanspruchnahme einer Übernachtung /Unterkunft. Im Inland sind die Übernachtungskosten grundsätzlich durch Einzelnachweis der tatsächlichen Aufwendungen geltendzumachen. Im Ausland können auch die Pauschbeträge gemäß Bekanntmachung des Bundesfinanzministeriums angesetzt werden. Wird in der Rechnung nur ein Gesamtpreis für Übernachtung und Frühstück ausgewiesen, ist der Gesamtpreis zur Ermittlung der Übernachtungskosten im Inland um 9 DM zu kürzen, im Ausland um 20 % des für den Unterkunftsort maßgebenden Pauschbetrags für Verpflegungsmehraufwendungen bei mehrtägiger Dienstreise.

Erstattet der Arbeitgeber dem Arbeitnehmer Übernachtungskosten, so kann dies steuerfrei geschehen nach den tatsächlichen Aufwendungen oder nach einem Pauschbetrag von DM 39 für jede Übernachtung im Inland, wenn die Unterkunft nicht unentgeltlich oder teilentgeltlich gewährt wurde.

Reisenebenkosten

Reisenebenkosten (R 40a LStR) sind folgende Aufwendungen für:

- Beförderung und Aufbewahrung von Gepäck
- Reisegepäckversicherung, soweit diese auf beruflich bedingte
  Abwesenheit beschränkt ist
- Ferngespräche und Schriftverkehr mit dem Arbeitgeber oder Geschäftspartner
- Straßennutzung, Parkplatz, Schadensersatz bei Verkehrsunfall
  (falls Fahrtkosten als Reisekosten anzusetzen sind)
- Wertverlust aufgrund eines Schadens an notwendig mitgeführten
  Gegenständen, wenn der Schaden auf einer reisespezifischen Gefährdung
  beruht (nicht jedoch Verluste einer Geldbörse).

Die Reisenebenkosten können vom Arbeitgeber dem Arbeitnehmer steuerfrei erstattet werden, allerdings dürfen die tatsächlichen Aufwendungen nicht überschritten werden.

4.3.3.1.7   Umzugskostenvergütungen

Kosten, die einem Arbeitnehmer durch einen beruflich veranlassten Wohnungswechsel entstehen, sind Werbungskosten. Ein Wohnungswechsel ist unter folgenden Umständen als beruflich veranlasst zu betrachten:

– wenn durch ihn die Entfernung zwischen Wohnung und Arbeitsstätte erheblich verkürzt wird und die verbleibende Wegezeit im Berufsverkehr als normal angesehen werden kann,

– wenn der Umzug im ganz überwiegenden betrieblichem Interesse des Arbeitgebers durchgeführt wird, insbesondere beim Beziehen oder Räumen einer Dienstwohnung, die aus betrieblichen Gründen bestimmten Arbeitnehmern vorbehalten ist, um z. B. deren jederzeitige Einsatzmöglichkeit zu gewährleisten,

– wenn der Umzug das Beziehen oder die Aufgabe der Zweitwohnung bei einer beruflich veranlassten doppelten Haushaltsführung betrifft.

Eine erhebliche Verkürzung der Entfernung zwischen Wohnung und Arbeitsstätte ist anzunehmen, wenn sich die Dauer der täglichen Hin- und Rückfahrt insgesamt um mindestens eine Stunde ermäßigt. Es ist hierbei nicht erforderlich, dass der Wohnungswechsel mit einem Wohnortwechsel oder mit einem Arbeitsplatzwechsel verbunden ist.

Ist der Wohnungswechsel beruflich veranlasst, kann der Arbeitgeber die Beträge dem Arbeitnehmer gem. § 3 Nr. 16 EStG steuerfrei erstatten, die nach dem Bundesumzugskostenrecht als Umzugskostenvergütung höchstens gezahlt werden können. Rechtsgrundlage für die Erstattung von Umzugskosten sind das Bundesumzugskostengesetz (BUKG) vom 11.12.1990, die Auslandsumzugskostenverordnung (AUV) vom 4.5.1991 sowie R 41 LStR.

Nach den vorgenannten Vorschriften können dem Arbeitnehmer folgende Beträge steuerfrei erstattet werden:

– Beförderungsauslagen (§ 6 BUKG)
– Reisekosten (§ 7 BUKG)
– Mietentschädigung (§ 8 BUKG)
– andere Auslagen wie Maklergebühren, durch Umzug zusätzlich bedingter Unterricht der Kinder, Auslagen für einen Kochherd und Öfen (§ 9 BUKG)
– Pauschvergütung für sonstige Umzugsauslagen (§ 10 BUKG).

Werden die umzugskostenrechtlich festgelegten Grenzen eingehalten, ist nicht zu prüfen, ob die Umzugskosten Werbungskosten darstellen. Werden höhere Umzugskosten im einzelnen nachgewiesen, so ist zu prüfen, ob und inwieweit die Aufwendungen Werbungskosten oder nicht abziehbare Kosten der Lebensführung sind, z. B. bei Aufwendungen für die Neuanschaffung von Einrichtungsgegenständen. Der Nachweis der Umzugskosten im Sinne des § 10 BUKG ist notwendig bei einem Umzug anlässlich der Begründung oder Beendigung einer doppelten Haushaltsführung, weil dafür die Pauschalierung nicht gilt. Die sonstigen Umzugsauslagen gem. § 10 BUKG sind ab 1. Juni 1999 wie folgt festgelegt:

– für Verheiratete 2 018 DM
– für Ledige 1 009 DM
– für jedes ledige Kind bzw. Stief- oder Pflegekind 445 DM.

Für Auslandsumzüge gilt das Bundesumzugskostengesetz in Verbindung mit der Auslandsumzugskostenverordnung. Die einzelnen Regelungen können aus der Auslandsumzugskostenverordnung entnommen werden.

4.3.3.1.8   Doppelte Haushaltsführung

Eine doppelte Haushaltsführung liegt vor, wenn Arbeitnehmer, die beruflich außerhalb des Ortes, an dem sie einen eigenen Hausstand unterhalten, beschäftigt sind und am Beschäftigungsort eine Zweitwohnung haben (§ 9 Abs. 1 Nr. 5 Satz 2 EStG). Das Beziehen der Zweitwohnung muss durch die berufliche Beschäftigung veranlasst gewesen sein.

Das Beziehen einer Zweitwohnung ist regelmäßig bei einem Wechsel des Beschäftigungsortes aufgrund einer Versetzung, des Wechsels oder der erstmaligen Begründung eines Dienstverhältnisses beruflich veranlasst. Eine beruflich veranlasste Aufteilung einer Haushaltsführung liegt auch in den Fällen vor, in denen der eigene Hausstand nach der Eheschließung am Beschäftigungsort des ebenfalls berufstätigen Ehegatten begründet wird. Ein eigener Hausstand setzt eine eingerichtete, seinen Lebensbedürfnissen entsprechende Wohnung des Arbeitnehmers voraus, die er aus eigenem Recht (als Mieter oder Eigentümer) nutzt, wobei auch ein gemeinsames oder abgeleitetes Nutzungsrecht ausreichen kann. In dieser Wohnung muss der Arbeitnehmer einen Haushalt unterhalten, d.h., er muss die Haushaltsführung bestimmen oder wesentlich mitbestimmen. Ferner muss die Wohnung der Mittelpunkt der Lebensinteressen des Arbeitnehmers sein. Als Zweitwohnung am Beschäftigungsort kommt jede dem Arbeitnehmer entgeltliche oder unentgeltlich zur Verfügung stehende Unterkunft in Betracht, z. B. kann das eine Eigentumswohnung, ein möbliertes Zimmer, ein Hotelzimmer oder eine Gemeinschaftsunterkunft sein. Für die doppelte Haushaltsführung bei Arbeitnehmern ohne eigenen Hausstand gibt es besondere Regelungen. Diese können aus R 43 Abs. 5 LStR entnommen werden.

Notwendige Mehraufwendungen

Als notwendige Mehraufwendungen wegen einer doppelten Haushaltsführung kommen in Betracht:

– Fahrtkosten aus Anlaß des Wohnungswechsel zu Beginn und am Ende
  der doppelten Haushaltsführung sowie für wöchentliche Heimfahrten
  an den Ort des eigenen Hausstandes oder Aufwendungen für wöchentliche
  Familienferngespräche·
– Verpflegungsmehraufwendungen
– Aufwendungen für die Zweitwohnung.

Führt der Arbeitnehmer mehr als eine wöchentliche Heimfahrt durch, so kann er wählen, ob er die vorgenannten notwendigen Mehraufwendungen oder die Fahrtkosten als Aufwendungen für Fahrten zwischen Wohnung und Arbeitsstätte geltend machen will. Der Arbeitnehmer kann das Wahlrecht bei derselben doppelten Haushaltsführung für jedes Kalenderjahr nur einmal ausüben.

Notwendige Fahrtkosten

Notwendige Fahrtkosten sind die tatsächlichen Aufwendungen für die Fahrten anlässlich des Wohnungswechsels zu Beginn und am Ende der doppelten Haushaltsführung. Hierbei können pro Kilometer bei Benutzung eines eigenen Kraftwagens die tatsächlich entstandenen Fahrtkosten oder pro Fahrkilometer ein Betrag von 0,52 DM geltend gemacht werden. Ferner gelten als notwendige Fahrtkosten die Aufwendungen für jeweils eine tatsächlich durchgeführte Heimfahrt wöchentlich. Diese Fahrtkosten können wie die Fahrten zwischen Wohnung und Arbeitsstätte geltend gemacht werden. Anstelle der Aufwendungen für eine Heimfahrt an den Ort des eigenen Hausstands können die Gebühren für ein Ferngespräch bis zu einer Dauer von 15 Minuten mit Angehörigen, die zum eigenen Hausstand des Arbeitnehmers gehören, berücksichtigt werden.

Notwendige Verpflegungsmehraufwendungen

Als notwendige Verpflegungsmehraufwendungen sind für einen Zeitraum von 3 Monaten nach Aufnahme der Beschäftigung am neuen Beschäftigungsort für jeden Kalendertag, an dem der Arbeitnehmer von seinem Mittelpunktwohnort abwesend ist, die bei mehrtägigen Dienstreisen als Reisekosten ansetzbaren Pauschbeträge anzuerkennen. Dabei ist allein die Dauer·der Abwesenheit von der Mittelpunktwohnung maßgebend.

Notwendige Aufwendungen für die Zweitwohnung

Als notwendige Aufwendungen für die Zweitwohnung sind deren tatsächliche Kosten anzuerkennen, soweit diese nicht überhöht sind. Steht die Zweitwohnung im Eigentum des Arbeitnehmers, so sind die Aufwendungen in der Höhe als notwendig anzusehen, in der sie der Arbeitnehmer als Mieter für eine nach Größe, Ausstattung u. Lage angemessene Wohnung tragen müsste (R 43 Abs. 9 LStR).

Vergütung durch den Arbeitgeber

Die vorgenannten notwendigen Mehraufwendungen können vom Arbeitgeber nach § 3 Nr. 16 EStG steuerfrei erstattet werden, soweit die anzuwendenden Pauschbeträge nicht überschritten werden. Für die Mehraufwendungen ist eine Erstattung nur dann möglich, soweit sie sich auf die ersten zwei Jahre einer Beschäftigung am selben Ort begrenzen. Eine urlaubs- oder krankheitsbedingte Unterbrechung der Beschäftigung am selben Ort hat auf den Ablauf der Zweijahresfrist keinen Einfluss. Andere Unterbrechungen, z. B. eine vorübergehende Tätigkeit an einem anderen Beschäftigungsort, führen nur dann zu einem Neubeginn der Zweijahresfrist, wenn die Unterbrechung mindestens acht Monate gedauert hat. Bei verheirateten Arbeitnehmern kann man davon ausgehen, dass sie einen eigenen Hausstand unterhalten. Bei anderen Arbeitnehmern darf der Arbeitgeber einen eigenen Hausstand nur dann erkennen, wenn sie schriftlich erklären, dass sie neben einer Zweitwohnung am Beschäftigungsort außerhalb des Beschäftigungsortes einen eigenen Hausstand unterhalten und die Richtigkeit dieser Erklärung durch Unterschrift bestätigen.

Ferner darf der Arbeitgeber dann eine Erstattung von Fahrtkosten nicht vornehmen, wenn der Arbeitnehmer einen Kraftwagen zur Durchführung der Heimfahrt unentgeltlich überlassen bekommt. Die notwendigen Aufwendungen für die Zweitwohnung an einem Beschäftigungsort im Inland dürfen ohne Einzelnachweis für einen Zeitraum von drei Monaten mit einem Pauschbetrag bis zu 39 DM und für die Folgezeit bis zu 21 Monaten nur mit einem Pauschbetrag von bis zu 8 DM je Übernachtung steuerfrei erstattet werden, wenn dem Arbeitnehmer die Zweitwohnung nicht unentgeltlich oder teilentgeltlich zur Verfügung gestellt worden ist.

Die rechtlichen Grundlagen für die doppelte Haushaltsführung finden sich in § 9 Abs. 1 Nr. 5 EStG sowie in R 43 LStR.

4.3.3.1.9   Betriebsveranstaltungen

Leistet der Arbeitgeber Zuwendungen an die Arbeitnehmer bei Betriebsveranstaltungen, so sind diese Leistungen im ganz überwiegend betriebliche Interessen des Arbeitgebers und gehören nicht zum Arbeitslohn, wenn es sich um herkömmliche (übliche) Betriebsveranstaltungen und um bei diesen Veranstaltungen übliche Zuwendungen handelt.

Betriebsveranstaltungen

Betriebsveranstaltungen sind Veranstaltungen auf betrieblicher Ebene, die gesellschaftlichen Charakter haben. Darunter fallen z. B. Betriebsausflüge, Weihnachtsfeiern und Jubiläumsfeiern. Es spielt keine Rolle, ob die Veranstaltungen vom Arbeitgeber, Betriebsrat oder Personalrat durchgeführt werden. Eine Betriebsveranstaltung liegt nur dann vor, wenn die Möglichkeit der Teilnahme allen Betriebsangehörigen offensteht. Bei Veranstaltungen nur für einen beschränkten Kreis der Arbeitnehmer können Betriebsveranstaltungen vorliegen, wenn sich die Begrenzung des Teilnehmerkreises nicht als Bevorzugung bestimmter Arbeitnehmergruppen darstellt. So liegt eine Betriebsveranstaltung vor, wenn sie jeweils nur für eine Organisationseinheit des Betriebs oder für einzelne Abteilungen durchgeführt wird. Wichtig ist aber, daß alle Arbeitnehmer der Organisationseinheit oder der Abteilung an der Veranstaltung teilnehmen können. Das gleiche gilt für Veranstaltungen, die nur für solche Arbeitnehmer durchgeführt werden, die bereits im Unternehmen ein Arbeitnehmerjubiläum im Sinne des § 3 Abs. 1 LStDV gefeiert haben.

Wenn ein Arbeitnehmer aufgrund eines Jubiläums oder bei seinem Ausscheiden aus dem Betrieb geehrt wird, so sind diese Betriebsveranstaltungen keine Betriebsveranstaltung im Sinne des Lohnsteuerrechts. Es handelt sich hier um Sachzuwendungen und Leistungen, die im ganz überwiegenden betrieblichen Interesse des Arbeitgebers getätigt werden (R 72 Abs. 2 Satz 5 LStR).

Herkömmlichkeit (Üblichkeit) der Betriebsveranstaltung

Für die Abgrenzungen der Herkömmlichkeit sind die Häufigkeit, die Dauer und die besondere Ausgestaltung der Betriebsveranstaltung maßgebend. Dabei kann die Ausgestaltung die beiden anderen Merkmale überlagern. Ist die Betriebsveranstaltung nicht herkömmlich (unüblich), so sind die Zuwendungen des Arbeitgebers Arbeitslohn. In Bezug auf Dauer und Häufigkeit sind Betriebsveranstaltungen üblich, wenn es sich um eine eintägige Veranstaltung ohne Übernachtung handelt und wenn nicht mehr als zwei Veranstaltungen jährlich durchgeführt werden. Das gilt auch für Pensionärstreffen und für Jubilarfeiern. Liegen mehr als zwei gleichartige Veranstaltungen vor, so kann der Arbeitgeber die beiden Veranstaltungen auswählen, die als übliche Betriebsveranstaltung durchgeführt werden. Es ist nicht zu beanstanden, wenn ein Arbeitnehmer an mehr als zwei unterschiedlichen Veranstaltungen teilnimmt, z. B. ein Jubilar, der noch in dem selben Jahr in den Ruhestand tritt, nimmt an der Jubilarfeier, an einem Pensionärstreffen und an einem Betriebsausflug teil (R 72 Abs. 3 Satz 5 LStR). Kein Arbeitslohn liegt auch vor, wenn ein Arbeitnehmer an mehr als zwei gleichartigen Betriebsveranstaltungen teilnimmt und dies in der Erfüllung beruflicher Aufgaben liegt. Dies kann der Fall sein, wenn der Personalchef oder Betriebsratsmitglieder die Veranstaltung mehrere Abteilungen besuchen.

Übliche Zuwendungen

Übliche Zuwendungen bei einer Betriebsveranstaltung sind insbesondere:

– Speisen, Getränke, Tabakwaren und Süßigkeiten
– Übernahme von Fahrtkosten
– Eintrittskarten für kulturelle und sportliche Veranstaltungen, wenn sich die Betriebsveranstaltung nicht im Besuch einer kulturellen oder sportlichen Veranstaltung erschöpft
– Geschenke ohne bleibenden Wert (z. B. Weihnachtspäckchen), wenn sie den Rahmen einer Aufmerksamkeit nicht überschreiten
– Aufwendungen für den äußeren Rahmen (z. B. für Räume, Musik, künstlerische Darbietungen, usw.)

Betragen die Aufwendungen des Arbeitgebers einschl. Umsatzsteuer für die üblichen Zuwendungen im vorgenannten Sinne an die einzelnen Arbeitnehmer insgesamt mehr als 200 DM je Veranstaltung, so sind die Aufwendungen dem Arbeitslohn hinzuzurechnen.

Zuwendungen an Ehegatten oder einen Angehörigen des Arbeitnehmers sind dem Arbeitnehmer zuzurechnen. Barzuwendungen können auch geleistet werden; dann muss aber sichergestellt sein, daß diese zweckentsprechend im vorgenannten Sinne verwendet werden. Fahren Arbeitnehmer zu Betriebsveranstaltungen, die an einem anderen Ort als den des Betriebes veranstaltet werden, so können die Aufwendungen für die Fahrt zur Teilnahme als Reisekosten behandelt werden (R 72 Abs. 5 LStR).

Besteuerung der Zuwendungen

Die Aufwendungen bei einer nicht herkömmlichen (unüblichen) Betriebsveranstaltung gehören zum Arbeitslohn. Für die Erhebung der Lohnsteuer gelten die allgemeinen Vorschriften. § 40 Abs. 2 EStG (Pauschalierung) ist anwendbar. Dies gilt auch für übliche Zuwendungen bei Betriebsveranstaltungen, wenn die 200 DM-Grenze überschritten wird. Unentgeltliche gewährte Unterkunft und Verpflegung sind mit dem üblichen Endpreis am Abgabeort zu bewerten; die Werte der Sachbezugsverordnung sind nicht anwendbar.

4.3.3.2   Lohnsteuerabzug

4.3.3.2.1   Allgemeine Fragen

Lohnsteuerkarte

Die Lohnsteuerkarte (§ 39 EStG) ist die Grundlage für die Erhebung der Steuer auf Einkünfte aus nichtselbständiger Arbeit. Sie enthält die für den Lohnsteuerabzug wichtige Daten. Gem. § 39 Abs. 1 Satz 1 EStG haben die Gemeinden unbeschränkt einkommensteuerpflichtigen Arbeitnehmern für jedes Kalenderjahr unentgeltlich eine Lohnsteuerkarte nach amtlich vorgeschriebenem Muster auszustellen. Hat ein Arbeitnehmer mehrere Dienstverhältnisse, so muss die Gemeinde eine entsprechende Anzahl Lohnsteuerkarten unentgeltlich ausstellen. Geht eine Lohnsteuerkarte verloren, so hat die Gemeinde eine Ersatzlohnsteuerkarte auszustellen. Allerdings kann hier die ausstellende Gemeinde von dem Arbeitnehmer eine Gebühr von bis zu 10 DM erheben. Die Ausstellung der Ersatzlohnsteuerkarte ist dem örtlich zuständigen Finanzamt und Arbeitsamt mitzuteilen. Für die Ausstellung der Lohnsteuerkarte ist die Gemeinde zuständig, in deren Bezirk der Arbeitnehmer am 20. September des Kalenderjahres, für das die Lohnsteuerkarte gilt, des vorangegangenen Jahres oder erstmals nach diesem Stichtag seine Hauptwohnung oder in Ermangelung einer Wohnung seinen gewöhnlichen Aufenthalt hatte (§ 39 Abs. 2 Satz 1 EStG).

Die Gemeinde ist nach § 39 Abs. 3 EStG für die Eintragung der Steuerklasse und die Zahl der Kinderfreibeträge zuständig. Für die Eintragung der Steuerklasse III ist das Finanzamt zuständig, wenn der Ehegatte des Arbeitnehmers als unbeschränkt einkommensteuerpflichtig zu behandeln ist. Ferner ist die Gemeinde zuständig für die Eintragung der Religionsgemeinschaft für den Kirchensteuerabzug.

Lohnsteuerklassen

Der Lohnsteuerabzug richtet sich nach den Lohnsteuerklassen. Die Arbeitnehmer werden je nach Familienstand in verschiedene Steuerklassen eingeteilt (§ 38 b EStG).

In der Steuerklasse I gehören steuerpflichtige Arbeitnehmer, die ledig oder verheiratet, verwitwet oder geschieden sind und bei denen die Voraussetzung für die Steuerklassen III oder IV nicht erfüllt sind.

In der Steuerklasse II werden die Arbeitnehmer geführt, bei den ein Haushaltsfreibetrag gem. § 32 Abs. 7 EStG zu berücksichtigen ist. Dies sind vor allem ledige und geschiedene Arbeitnehmer mit Kindern. Ferner werden hier verheiratete Arbeitnehmer geführt, deren Ehegatten nicht unbeschränkt einkommensteuerpflichtig sind. Dies gilt auch für verheiratete Arbeitnehmer, die von ihrem Ehegatten dauernd getrennt leben und einen Kinderfreibetrag für mindestens 1 Kind erhalten, das in ihrer Wohnung mit Haupt- oder Nebenwohnung gemeldet ist.

In die Steuerklasse III fallen Arbeitnehmer, die verheiratet sind, bei denen beide Ehegatten unbeschränkt einkommensteuerpflichtig sind und nicht dauernd getrennt leben und der Ehegatte des Arbeitnehmers keinen Arbeitslohn bezieht oder der Ehegatte des Arbeitnehmers auf Antrag beider Ehegatten in die Steuerklasse V eingereiht wird. Ferner werden in der Lohnsteuerklasse III Arbeitnehmer geführt, die verwitwet sind, wenn sie und ihr verstorbener Ehegatte zum Zeitpunkt seines Todes unbeschränkt einkommensteuerpflichtig waren und zu diesem Zeitpunkt nicht dauernd getrennt gelebt haben, für das Kalenderjahr, das dem Kalenderjahr folgt, in dem der Ehegatte verstorben ist.

Arbeitnehmer deren Ehe aufgelöst worden ist, werden ebenfalls in Lohnsteuerklasse III geführt, wenn

– im Kalenderjahr der Auflösung der Ehe beide Ehegatten unbeschränkt einkommensteuerpflichtig waren und nicht dauernd getrennt gelebt haben und
– ein Ehegatte wieder geheiratet hat, von seinem neuen Ehegatten nicht dauernd getrennt lebt und er und sein neuer Ehegatte unbeschränkt einkommensteuerpflichtig sind

für das Kalenderjahr, in dem die Ehe aufgelöst worden ist.

In die Steuerklasse IV gehören Arbeitnehmer, die verheiratet sind, wenn beide Ehegatten unbeschränkt einkommensteuerpflichtig sind und nicht dauernd getrennt leben und der Ehegatte des Arbeitnehmers ebenfalls Arbeitslohn bezieht.

In der Steuerklasse V werden verheiratete Arbeitnehmer geführt, deren Ehegatten ebenfalls Arbeitslohn beziehen und auf deren Lohnsteuerkarte die Lohnsteuerklasse III eingetragen ist. In der Lohnsteuerklasse V ist der Grundfreibetrag nicht berücksichtigt, dieser wird bei dem Ehegatten mit der Lohnsteuerklasse III berücksichtigt. In der Lohnsteuerklasse V wird lediglich der Arbeitnehmerpauschbetrag von 2 000 DM jährlich angesetzt.

Die Lohnsteuerklasse VI gilt bei Arbeitnehmern, die nebeneinander von mehreren Arbeitgebern Arbeitslohn beziehen. Die Lohnsteuerkarte mit der Steuerklasse VI ist den Arbeitgebern aus dem 2. und weiteren Dienstverhältnis vorzulegen.

Auf der Lohnsteuerkarte werden ferner die Freibeträge eingetragen. Es handelt sich hier um die Kinderfreibeträge (§ 32 Abs. 6 EStG). Der monatliche Kinderfreibetrag beträgt für jedes Kind, das zu berücksichtigen ist, 576 DM. Dieser wird jedem Elternteil zur Hälfte gewährt. Somit steht grundsätzlich jedem Elternteil ein Kinderfreibetrag von 288 DM zu. Der Kinderfreibetrag von 288 DM wird mit dem Zähler 0,5, der Freibetrag von 576 DM mit dem Zähler 1,0 berücksichtigt. Jedes zu berücksichtigende Kind wird mit dem Zähler 0,5 bescheinigt. Der Zähler 1,0 gilt für ein Kind

– das bei den Verheirateten in Steuerklasse III und IV zu beiden Ehegatten in einem steuerlichen Kindschaftsverhältnis steht,
– dessen anderer Elternteil vor Beginn des Kalenderjahres verstorben ist,
– das ein Arbeitnehmer allein adoptiert hat.

Zusätzlich zum Freibetrag wurde ab 2000 für Kinder unter 16 Jahre ein Betreuungsfreibetrag von 3 024 DM/Jahr berücksichtigt (§ 32 Abs. 6 Satz 1 EStg).

Die Gemeinde trägt die Kinderfreibeträge ein, soweit die Kinder unbeschränkt einkommensteuerpflichtig sind und das 18. Lebensjahr noch nicht vollendet haben und wenn es sich weder um Pflegekinder noch um Kinder eines Arbeitnehmers handelt, die zu Beginn des Kalenderjahres Pflegekinder eines anderen Steuerpflichtigen sind.

Das Finanzamt ist zuständig für die Eintragung der Freibeträge für Kinder über 18 Jahre sowie für Pflegekinder. Die Kinderfreibeträge sind in den Lohnsteuertabellen berücksichtigt. Für Kinder, die nicht unbeschränkt einkommensteuerpflichtig sind, kann ein Kinderfreibetrag nur abgezogen werden, soweit er nach den Verhältnissen seines Wohnsitzstaates notwendig und angemessen ist (§ 32 Abs. 6 Satz 5 EStG).

Ferner können auf der Lohnsteuerkarte erhöhte Werbungskosten (§ 9 EStG), erhöhte Sonderausgaben (§ 10 EStG) und außergewöhnliche Belastungen (§§ 33 bis 33 c EStG) eingetragen werden.

Lohnsteuertabellen

Die zu erhebende Lohnsteuer wird gemäß § 38 c EStG erhoben. Die Tabellen werden vom Bundesminister der Finanzen veröffentlicht. Der Lohnsteuerbetrag ist aus den Tabellen zu entnehmen.

Die Lohnsteuertabellen unterscheiden die einzelnen Steuerklassen und Kinderfreibeträge. In den Tabellen sind der Grundfreibetrag (§ 32a Abs. 1 EStG), der Arbeitnehmerpauschbetrag (§ 9a Nr. 1 EStG), der Haushaltsfreibetrag (§ 32 Abs. 7 EStG) und der Sonderausgabenpauschbetrag (§ 10c EStG) eingearbeitet.

Der Versorgungsfreibetrag (§ 19 Abs. 2 EStG) und der Altersentlastungsbetrag (§ 24 a EStG) sind nicht in den Lohnsteuertabellen berücksichtigt. Diese Freibeträge hat der Arbeitgeber vor Anwendung der Lohnsteuertabelle bei der Berechnung der Lohnsteuer entsprechend zu berücksichtigen.

4.3.3.2.2 Vorlage bzw. Nichtvorlage der Lohnsteuerkarte

Nach § 39 b Abs. 1 EStG hat der Arbeitnehmer für die Durchführung des Lohnsteuerabzugs seinem Arbeitgeber vor Beginn des Kalenderjahres oder beim Eintritt in das Dienstverhältnis eine Lohnsteuerkarte vorzulegen. Der Arbeitgeber hat die Lohnsteuerkarte während des Dienstverhältnisses aufzubewahren. Die auf der Lohnsteuerkarte eingetragenen Merkmale darf der Arbeitgeber nur für die Einbehaltung der Lohnsteuer verwerten, er darf sie ohne Zustimmung des Arbeitnehmers nur offenbaren, soweit dies gesetzlich zugelassen ist. Der Arbeitnehmer kann während des Kalenderjahres die vorübergehende Überlassung der Lohnsteuerkarte verlangen, wenn er die Lohnsteuerkarte zur Vorlage beim Finanzamt oder bei der Gemeinde benötigt.

Solange der unbeschränkt einkommensteuerpflichtige Arbeitnehmer dem Arbeitgeber eine Lohnsteuerkarte schuldhaft nicht vorlegt oder die Rückgabe der ihm ausgehändigten Lohnsteuerkarte schuldhaft verzögert, hat der Arbeitgeber die Lohnsteuer nach der Steuerklasse VI zu ermitteln (§ 39 c Abs. 1 EStG). Die Ermittlung der Lohnsteuer nach der Steuerklasse VI setzt ein schuldhaftes Verhalten des Arbeitnehmers voraus. Ein schuldhaftes Verhalten liegt dann nicht vor, wenn die Lohnsteuerkarte für das laufende Kalenderjahr bis zum 31. März vorgelegt wird, der Arbeitnehmer nach einem Arbeitgeberwechsel beim Eintritt in das neue Dienstverhältnis eine Bescheinigung im Sinne des § 41 b Abs. 1 Satz 4 EStG vorlegt und die Dauer der Nichtvorlage der Lohnsteuerkarte 10 Wochen nicht übersteigt, der Arbeitnehmer binnen 6 Wochen die Lohnsteuerkarte nach Eintritt in das Dienstverhältnis vorlegt oder wenn der Arbeitnehmer dem Arbeitgeber während des Dienstverhältnisses ausgehändigte Lohnsteuerkarte innerhalb von 6 Wochen zurückgibt.

Werden die genannten Zeiträume überschritten, so kann ein Verschulden des Arbeitnehmers unterstellt werden, es sei denn, der Arbeitnehmer weist nach, dass er die Verzögerung nicht zu vertreten hat. Der Nachweisbeleg ist zum Lohnkonto zu nehmen (R 124 Abs. 2 LStR).

Liegt ein Verschulden nicht vor, so hat der Arbeitgeber im Falle der Nichtvorlage der Lohnsteuerkarte zu Beginn des Kalenderjahres oder bei Eintritt in das Dienstverhältnis die ihm bekannten oder durch amtliche Unterlagen nachgewiesenen Familienverhältnisse des Arbeitnehmers (Familienstand und Zahl der Kinderfreibeträge) zugrunde zu legen. Im Falle der Nichtrückgabe einer ausgehändigten Lohnsteuerkarte sind die bisher eingetragenen Merkmale der Lohnsteuerkarte zu berücksichtigen.

Liegt im Monat Januar eines Kalenderjahres die Lohnsteuerkarte des Arbeitnehmers nicht vor, kann der Arbeitgeber die Lohnsteuer aufgrund der Eintragung auf der Lohnsteuerkarte für das vorhergehende Kalenderjahr ermitteln. Nach Vorlage der Lohnsteuerkarte ist die Lohnermittlung für den Monat Januar zu überprüfen und erforderlichenfalls zu ändern. Legt der Arbeitnehmer bis zum 31. März keine Lohnsteuerkarte vor, ist nachträglich die Lohnsteuer nach der Lohnsteuerklasse VI zu berechnen. Die zu wenig oder zu viel einbehaltene Lohnsteuer ist jeweils bei der nächsten Lohnabrechnung auszugleichen (§ 39 c Abs. 2 EStG). Wird die Lohnsteuer für den Monat Januar noch nach den Eintragungen auf der Lohnsteuerkarte für das vorhergehende Kalenderjahr berechnet, so ist ein auf der Lohnsteuerkarte für das vorhergehende Kalenderjahr eingetragener steuerfreier Jahresbetrag bei monatlicher Lohnzahlung mit 1/12 zu berücksichtigen.

4.3.3.2.3   Die Besteuerung von laufenden Bezügen

Für die Einbehaltung der Lohnsteuer vom laufenden Arbeitslohn hat der Arbeitgeber die Höhe des laufenden Arbeitslohns und den Lohnzahlungszeitraum festzustellen. Vom Arbeitslohn sind der auf den Lohnzahlungszeitraum entfallende Anteil des Versorgungsfreibetrags (§ 19 Abs. 2 EStG) und der auf den Lohnzahlungszeitraum entfallende Anteil des Altersentlastungsbetrags (§ 24 a EStG) abzuziehen, wenn die Voraussetzung für den Abzug dieser Beträge jeweils erfüllt ist. Außerdem sind die etwaigen Freibeträge nach Maßgabe der Eintragung auf der Lohnsteuerkarte vom Arbeitslohn abzuziehen. Für den so gekürzten Arbeitslohn ist die Lohnsteuer aus der für den Lohnzahlungszeitraum geltenden allgemeinen Lohnsteuertabelle (§ 38 c Abs. 1 EStG) oder aus der besonderen Lohnsteuertabelle (§ 38 c Abs. 2 EStG) zu ermitteln. Die besondere Lohnsteuertabelle ist anzuwenden, wenn der Arbeitnehmer in der gesetzlichen Rentenversicherung nicht versicherungspflichtig ist und zu dem in § 10 c Abs. 3 EStG bezeichneten Personenkreis gehört. Bei dem Lohnsteuerabzug ist die auf der Lohnsteuerkarte eingetragene Steuerklasse maßgebend. Die sich ergebende Lohnsteuer ist vom Arbeitslohn einzubehalten (39 b Abs. 2 EStG).

Laufender Arbeitslohn ist der Arbeitslohn, der dem Arbeitnehmer regelmäßig fortlaufend zufließt (R 115 LStR). Das sind z. B. Monatsgehälter, Wochen- und Tagelöhne, Mehrarbeitsvergütung, Zuschläge und Zulagen, geldwerte Vorteile aus der ständigen privaten Nutzung von Dienstwagen und Nachzahlungen oder Vorauszahlungen für das laufende Kalenderjahr.

Werden Versorgungsbezüge im Sinne des § 19 Abs. 2 Satz 2 EStG als laufender Arbeitslohn gezahlt, so bleibt höchstens der auf den jeweiligen Lohnzahlungszeitraum entfallende Anteil des sich aus § 19 Abs. 2 EStG ergebenden Versorgungsfreibetrags steuerfrei (R 116 Abs. 1 LStR). Der Versorgungsfreibetrag gem. § 19 Abs. 2 EStG beträgt 40 % der Versorgungsbezüge, höchstens jedoch insgesamt ein Betrag von 6 000 DM pro Veranlagungszeitraum. Einkünfte aus nichtselbständiger Arbeit sind unter anderem Versorgungsbezüge, wenn sie wegen Erreichens einer Altersgrenze (z. B. Betriebsrente, Pension), wegen Berufsunfähigkeit, Erwerbsunfähigkeit oder als Hinterbliebenenbezüge geleistet werden. Bezüge, die wegen Erreichens einer Altersgrenze gewährt werden, gelten erst dann als Versorgungsbezüge, wenn der Steuerpflichtige das 63. Lebensjahr oder, wenn er Schwerbehinderter ist, das 60. Lebensjahr vollendet hat (§ 19 Abs. 2 Nr. 2 EStG).

Der Versorgungsfreibetrag ist anteilig mit dem auf den Lohnzahlungszeitraum entfallenden Anteil anzusetzen. Der dem Lohnzahlungszeitraum entsprechende anteilige Höchstbetrag darf auch dann nicht überschritten werden, wenn in früheren Lohnzahlungszeiträumen desselben Kalenderjahres wegen der damaligen Höhe der Versorgungsbezüge ein niedrigerer Betrag als der Höchstbetrag berücksichtigt worden ist. Eine Verrechnung des in einem Monat nicht ausgeschöpften Höchstbetrags mit den den Höchstbetrag übersteigenden Beträgen eines anderen Monats ist nicht zulässig. Der Versorgungsfreibetrag ist auch beim Lohnsteuerabzug nach der Steuerklasse VI zu berücksichtigen. Der Versorgungsfreibetrag darf dann nicht abgezogen werden, wenn die Steuer auf den Versorgungsbezug pauschal erhoben wird.

Vom laufenden Arbeitslohn ist höchstens der sich aus § 24 a EStG ergebende, auf den jeweiligen Lohnzahlungszeitraum entfallende Anteil des Altersentlastungsbetrags abzuziehen. Der Altersentlastungsbetrag ist ein Betrag von 40 % des Arbeitslohns, höchstens jedoch insgesamt ein Betrag von 3 720 DM im Kalenderjahr. Der Altersentlastungsbetrag wird einem Steuerpflichtigen gewährt, der vor dem Beginn des Kalenderjahres, in dem er sein Einkommen bezogen hat, das 64. Lebensjahr vollendet hatte (§ 24 a Satz 3 EStG).

Der Arbeitgeber hat die Lohnsteuer grundsätzlich bei jeder Zahlung vom Arbeitslohn einzuhalten. Reichen die dem Arbeitgeber zur Verfügung stehenden Mittel zur Zahlung des vollen vereinbarten Arbeitslohns nicht aus, so hat er die Lohnsteuer von dem tatsächlich zur Auszahlung gelangenden niedrigeren Betrag zu berechnen und einzubehalten (R 118 Abs. 1 LStR).

Stellen Nachzahlungen oder Vorauszahlungen laufenden Arbeitslohn dar, so ist die Nachzahlung oder Vorauszahlung für die Berechnung der Lohnsteuer den Lohnzahlungszeiträumen zuzurechnen, für die sie geleistet werden.

Zahlt der Arbeitgeber den Arbeitslohn für den üblichen Lohnzahlungszeitraum nur in ungefährer Höhe (Abschlagzahlung) und nimmt er eine genaue Lohnabrechnung für einen längeren Zeitraum vor, so braucht er nach § 39 b Abs. 5 EStG die Lohnsteuer erst bei der Lohnabrechnung einzubehalten, wenn der Lohnabrechnungszeitraum 5 Wochen nicht übersteigt und die Lohnabrechnung innerhalb von 3 Wochen nach Ablauf des Lohnabrechnungszeitraums erfolgt (R 118 Abs. 5 Satz 1 LStR).

Wird die Lohnabrechnung für den letzten Abrechnungszeitraum des abgelaufenen Kalenderjahres erst im nachfolgenden Kalenderjahr, aber noch innerhalb der 3-Wochen-Frist vorgenommen, so handelt es sich um Arbeitslohn und einbehaltene Lohnsteuer dieses Lohnabrechnungszeitraums. Der Arbeitslohn und die Lohnsteuer sind deshalb im Lohnkonto in den Lohnsteuerbelegen des abgelaufenen Kalenderjahres zu erfassen. Die einbehaltene Lohnsteuer ist aber für die Anmeldung und Abführung als Lohnsteuer des Kalendermonats bzw. Kalendervierteljahres zu erfassen, in dem die Abrechnung tatsächlich vorgenommen wird.

4.3.3.2.4   Die Besteuerung von sonstigen Bezügen

Ein sonstiger Bezug ist der Arbeitslohn, der nicht als laufender Arbeitslohn gezahlt wird. Zu den sonstigen Bezügen können insbesondere folgende einmalige Arbeitslohnzahlungen gezählt werden (R 115 Abs. 2 LStR):

- dreizehnte und vierzehnte Monatsgehälter
- einmalige Abfindungen und Entschädigungen
- Gratifikationen und Entschädigungen, die nicht fortlaufend gezahlt werden
- Jubiläumszuwendungen
- nicht fortlaufend gezahlte Urlaubsgelder
- Abgeltung von nicht genommenem Urlaub
- Erfindervergütungen
- Weihnachtsgelder

– Nachzahlungen und Vorauszahlungen für ein Jahr, die in einem anderen Jahr
ausgezahlt werden.

Die Berechnung der Lohnsteuer für sonstige Bezüge von mehr als 300 DM erfolgt nach
§ 39 b Abs. 3 EStG. Dazu wird der voraussichtliche Jahresarbeitslohn und die dazu-
gehörige Lohnsteuer ohne den sonstigen Bezug ermittelt. Im zweiten Schritt wird der voraussichtliche Jahresarbeitslohn um den sonstigen Bezug erhöht und ebenso die dazu-
gehörige Lohnsteuer berechnet. Die Differenz zwischen den beiden Lohnsteuerbeträgen
ist die fällige Lohnsteuer auf den sonstigen Bezug.

Voraussichtlicher Jahresarbeitslohn

Zur Ermittlung der von einem sonstigen Bezug einzubehaltenden Lohnsteuer ist jeweils
der voraussichtliche Arbeitslohn des Kalenderjahres zugrunde zu legen, in dem der sonstige Bezug dem Arbeitnehmer zufließt (R 119 Abs. 3 Satz 1 LStR). Der voraussichtliche
Jahresarbeitslohn ermittelt sich aus dem bereits gezahlten laufenden Arbeitslohn, den
bereits abgerechneten sonstigen Bezügen sowie dem geschätzten laufenden Arbeitslohn
für die übrigen Monate des Kalenderjahres.

Statt der vorgenannten Methode kann auch der voraussichtlich für die Restzeit des
Kalenderjahres zu zahlende laufende Arbeitslohn durch Umrechnung des bisherigen laufenden Arbeitslohns ermittelt werden. Künftige sonstige Bezüge, deren Zahlung bis zum
Ablauf des Kalenderjahres zu erwarten sind, bleiben bei der Ermittlung des voraussichtlichen Jahresarbeitslohns außer Ansatz.

Besteuerung einer Vergütung für eine mehrjährige Tätigkeit

Nach § 39 b Abs. 3 Satz 9 EStG ist als sonstiger Bezug bei einer Vergütung für eine mehrjährige Tätigkeit nur 1/5 des Betrages anzusetzen. Danach ist die auf das 1/5 des Bezugs
entfallende Lohnsteuer zu verdreifachen.

Berechnung der Lohnsteuer bei steuerpflichtigen Entschädigungen

Steuerpflichtige Entschädigungen im Sinne des § 24 Nr. 1 EStG, sind ermäßigt zu versteuern. Diese Vorschrift gilt insbesondere für Entschädigungen, die als Ersatz für entgangene oder entgehende Einnahmen oder für die Aufgabe oder Nichtausübung einer
Tätigkeit gewährt werden. Insbesondere fallen darunter gezahlte Abfindungen bei einer
Auflösung eines Dienstverhältnisses.

Nach § 39 b Abs. 3 Satz 9 EStG wird die für diesen sonstigen Bezug ermittelte Lohnsteuer
nach der Fünftelungsmethode errechnet.

4.3.3.2.5   Die Besteuerung bei Nettolohnvereinbarung

Bei einer Nettolohnvereinbarung übernimmt der Arbeitgeber auch den auf den Nettobetrag entfallenden Lohnsteuerbetrag sowie die Arbeitnehmeranteile zur gesetzlichen Sozialversicherung. Zur Berechnung der Lohnsteuer sind die vom Arbeitgeber übernommenen
Abzugsbeträge dem Arbeitslohn hinzuzurechnen. Bei der manuellen Lohnsteuerberech-
nung wird in einem aufwendigen Abtastverfahren der maßgebende Bruttoarbeitslohn
ermittelt. Bei der Entgeltsabrechnung mit Hilfe der EDV übernimmt das Programm zur
Berechnung der Lohnsteuer das aufwendige Abtastverfahren. Weitere Einzelheiten zur
Besteuerung des Nettolohns sind aus R 122 LStR und H 122 LStH zu entnehmen.

4.3.3.2.6 Die Besteuerung von Zuschlägen (Sonntags-, Feiertags- und Nachtarbeit)

Gesetzliche Voraussetzungen

Die Steuerfreiheit von Zuschlägen für Sonntags-, Feiertags- oder Nachtarbeit ist in § 3b EStG geregelt. Steuerfreiheit nach § 3b EStG setzt den Bezug von Einkünften aus nicht-selbständiger Arbeit voraus. Begünstigt sind alle Arbeitnehmer im einkommensteuerrechtlichen Sinne. Dies gilt auch für Arbeitnehmerehegatten,aber nicht für Gesellschaftergeschäftsführer einer GmbH. § 3b EStG ist auch bei Arbeitnehmern anwendbar, deren Lohn nach § 40a EStG pauschal versteuert wird (R 30 Abs. 1 Satz 6 LStR).

Die Steuerfreiheit nach § 3b EStG setzt voraus, dass neben dem Grundlohn die Zuschläge gezahlt werden. Dieser Zuschlag kann in einem Gesetz, einer Rechtsverordnung, einem Tarifvertrag, einer Betriebsvereinbarung oder in einem Einzelarbeitsvertrag geregelt sein. Wie die Zuschläge bezeichnet werden, ist für die Beurteilung der Steuerfreiheit unbedeutend.

Zuschläge wegen Mehrarbeit oder Zulagen für Erschwernisse oder Gefahren fallen nicht unter diese Steuerbegünstigung.

Ferner muss es sich um Zuschläge handeln, die sich auf tatsächlich geleistete Sonntags-, Feiertags- oder Nachtarbeit beziehen (§ 3b Abs. 1 EStG). Diese tatsächlich geleistete Sonntags-, Feiertags- oder Nachtarbeit ist grundsätzlich im Einzelfall nachzuweisen (R 30 Abs. 6 Satz 3 LStR). Ferner sind diese Zuschläge auch nur dann steuerfrei, soweit sie nicht die Beträge übersteigen, die sich nach den im Einkommensteuergesetz bestimmten Prozentsätzen ergeben.

Steuerfreie Zuschlagsätze und Zeiten

Die steuerfreien Zuschläge gem. § 3b Abs. 1 EStG belaufen sich auf folgende Sätze:

– Nachtarbeit	25 %
– Sonntagsarbeit	50 %
– Arbeit am 31. Dezember ab 14:00 Uhr	125 %
– Arbeit an gesetzlichen Feiertagen	125 %
– Arbeit am 1. Mai	150 %
– Arbeit am 24. Dezember ab 14:00 Uhr	150 %
– Arbeit am 25. und 26. Dezember	150 %

Wird an Sonntagen und Feiertagen Nachtarbeit geleistet, kann neben der Steuerbefreiung der Nachtarbeitszuschläge auch die Steuerbefreiung der Sonntags- und Feiertagszuschläge in Anspruch genommen werden (R 30 Abs. 3 LStR).

Nachtarbeit ist die Arbeit in der Zeit von 20:00 Uhr bis 6:00 Uhr. Sonntagsarbeit und Feiertagsarbeit ist die Arbeit in der Zeit von 0:00 Uhr bis 24:00 Uhr des jeweiligen Tages. Bei den Arbeiten am 24. Dezember und 31. Dezember sind die Zeiten ab 14:00 Uhr begünstigt (§ 3b Abs. 1 EStG). Werden Zuschläge außerhalb dieses festgelegten Zeitrahmens geleistet, unterliegen diese der vollen Steuerpflicht.

Erweiterte Steuerfreiheit gem. § 3b Abs. 3 EStG

Wird die Nachtarbeit vor 0:00 Uhr aufgenommen, so erhöht sich der Zuschlagsatz für Nachtarbeit für die Zeit von 0:00 Uhr bis 4:00 Uhr auf 40 %. Ferner gilt als Sonntagsarbeit und Feiertagsarbeit auch die Arbeit in der Zeit von 0:00 Uhr bis 4:00 Uhr des auf den Sonntag oder Feiertag folgenden Tages. Somit können im gesetzlichen Rahmen nicht nur Zuschläge zur Nachtarbeit sondern auch noch die Zuschläge für die Sonntags- oder Feiertagsarbeit steuerfrei gezahlt werden.

Grundlohnermittlung

Nach § 3b Abs. 1 EStG beziehen sich die dort aufgeführten Prozentsätze auf den gezahlten Grundlohn. Grundlohn ist der laufende Arbeitslohn, der dem Arbeitnehmer bei regelmäßiger Arbeitszeit für den jeweiligen Lohnzahlungszeitraum zusteht; er ist in einen Stundenlohn umzurechnen (§ 3b Abs. 2 EStG). Die Einzelheiten für die Abgrenzung des Grundlohns, die Ermittlung des Grundlohns sowie die Umrechnung in einen Stundenlohn sind in R 30 Abs. 2 LStR geregelt.

4.3.3.2.7   Zahlung von Arbeitslohn an Erben und Hinterbliebene

Zahlungen aufgrund eines Dienstverhältnisses nach dem Tod eines Arbeitnehmers an Erben oder Hinterbliebene gehören zum Arbeitslohn, stellen also Einkünfte gem. § 19 EStG dar. Nach § 1 Abs. 1 Satz 2 LStDV sind die Rechtsnachfolger von verstorbenen Arbeitnehmern auch als Arbeitnehmer zu behandeln, soweit sie Arbeitslohn aus dem früheren Dienstverhältnis ihres Rechtsvorgängers erzielen. § 2 Abs. 2 Nr. 2 LStDV stellt klar, dass auch Einnahmen aus einem früheren Dienstverhältnis, unabhängig davon, ob sie dem zunächst Bezugsberechtigten oder seinem Rechtsnachfolger zufließen, Arbeitslohn sind.

Arbeitslohn, der nach dem Tod des Arbeitnehmers gezahlt wird, darf grundsätzlich unabhängig vom Rechtsgrund der Zahlung nicht mehr nach den steuerlichen Merkmalen des Verstorbenen versteuert werden (R 76 Abs. 1 Satz 1 LStR). Werden Beträge an Erben oder Hinterbliebene gezahlt, werden die Letztgenannten steuerlich Arbeitnehmer. Sie müssen somit dem Arbeitgeber eine Lohnsteuerkarte vorlegen. Wird laufender Arbeitslohn im Sterbemonat oder für den Sterbemonat gezahlt, kann der Steuerabzug aus Vereinfachungsgründen noch nach den steuerlichen Merkmalen des Verstorbenen vorgenommen werden. Allerdings muss die Lohnsteuerbescheinigung auf jeden Fall auf der Lohnsteuerkarte des Erben oder Hinterbliebenen vorgenommen werden.

Nach R 76 Abs. 3 LStR gilt für den Steuerabzug durch den Arbeitgeber:
- Beim Arbeitslohn, der noch für die aktive Tätigkeit des verstorbenen Arbeitnehmers gezahlt wird, ist zwischen laufendem Arbeitslohn und sonstigen Bezügen zu unterscheiden.
- Besteht arbeitsrechtlich Anspruch auf den vollen Arbeitslohn für den Sterbemonat, so stellt diese Zahlung keinen Versorgungsbezug im Sinne des § 19 Abs. 2 EStG dar. Besteht Anspruch auf Lohnzahlung nur bis zum Todestag, sind darüber hinaus gehende Leistungen an die Hinterbliebenen oder Erben Versorgungsbezüge.
- Zahlt der Arbeitgeber ein Sterbegeld, ist dies ein Versorgungsbezug und damit auch ein sonstiger Bezug. Dies gilt auch, wenn als Sterbegeld mehrere Monatsgehälter gezahlt werden. Die laufende Zahlung von Witwen- oder Hinterbliebenengeldern ist regelmäßig als laufender Arbeitslohn (Versorgungsbezug) zu behandeln.

4.3.3.2.8   Zukunftssicherungsleistungen des Arbeitgebers

Grundsätzliches

Nach § 2 Abs. 2 Nr. 3 LStDV gehören zum Arbeitslohn auch Ausgaben, die ein Arbeitgeber leistet, um einen Arbeitnehmer für den Fall der Krankheit, des Unfalls, der Invalidität, des Alters oder des Todes abzusichern. Dies gilt auch dann, wenn auf die Leistung aus der Zukunftssicherung kein Rechtsanspruch besteht.

Leistungen aufgrund gesetzlicher Verpflichtungen

Die Zukunftssicherungsleistung des Arbeitgebers ist nach der Lohnsteuerdurchführungsverordnung Arbeitslohn und somit grundsätzlich auch steuerpflichtig. Allerdings stellt § 3 Nr. 62 EStG Ausgaben des Arbeitgebers für die Zukunftssicherung des Arbeitnehmers, soweit der Arbeitgeber dazu nach sozialversicherungsrechtlichen oder anderen gesetzlichen Vorschriften oder nach einer auf gesetzlicher Ermächtigung beruhenden Bestimmung verpflichtet ist, steuerfrei. Das bedeutet, dass insbesondere die Beitragsanteile des Arbeitgebers am Gesamtsozialversicherungsbeitrag und Beiträge des Arbeitgebers zu berufsständischen Versorgungseinrichtungen für Arbeitnehmer, die nach § 6 Abs. 1 Nr. 1 SGB VI von der Versicherungspflicht in der gesetzlichen Rentenversicherung befreit sind, nicht zum steuerpflichtigen Arbeitslohn gehören. Bei der Frage, ob die Ausgaben des Arbeitgebers für die Zukunftssicherung des Arbeitnehmers auf einer gesetzlichen Verpflichtung beruhen, ist aus Vereinfachungsgründen grundsätzlich der Entscheidung des zuständigen Sozialversicherungsträgers des Arbeitnehmers zu folgen.

Die Beitragsanteile und Zuschüsse des Arbeitgebers zur Krankenversicherung und zur sozialen Pflegeversicherung eines krankenversicherungspflichtigen Arbeitnehmers sind bis zur Hälfte des jeweiligen Beitragssatzes der Kranken- und Pflegekasse steuerfrei, bei der der Arbeitnehmer versichert ist.

Zuschüsse des Arbeitgebers zur Krankenversicherung und zur sozialen oder privaten Pflegeversicherung eines nicht krankenversicherungspflichtigen Arbeitnehmers, der in der gesetzlichen Krankenversicherung freiwillig versichert ist, sind steuerfrei (§ 3 Nr. 62 EStG), soweit der Arbeitgeber zur hälftigen Zahlung verpflichtet ist. Somit sind die Hälfte der Beiträge zur Krankenversicherung und zur Pflegeversicherung, die für einen krankenversicherungspflichtigen Arbeitnehmer bei der Krankenkasse, bei der die freiwillige Mitgliedschaft besteht, und bei der Pflegekasse, die bei dieser Krankenkasse errichtet ist, zu zahlen wäre, höchstens jedoch die Hälfte der tatsächlichen Kranken- und Pflegeversicherungsbeiträge steuerfrei.

Das gleiche gilt auch für die Zuschüsse des Arbeitgebers zu den Kranken- und Pflegeversicherungsbeiträgen eines nicht krankenversicherungspflichtigen Arbeitnehmers, der eine private Kranken- und Pflegeversicherung abgeschlossen hat. Der private Krankenversicherungsschutz muss Leistungen zum Inhalt haben, die ihrer Art nach auch im V. Buch des Sozialgesetzbuches bestehen (vgl. § 11 Abs. 1 SGB V). Ferner muss der private Krankenversicherungsschutz nicht einen bestimmten Mindestumfang haben. Deckt der private Krankenversicherungsschutz andere Leistungen ab, die der Art nach nicht zu den Leistungen des V. Buches des Sozialgesetzbuches gehören, bleibt der entsprechende Teil des Beitrags bei der Bemessung des Arbeitgeberzuschusses unberücksichtigt. Steuerfrei ist die Hälfte der durchschnittlichen Höchstbeiträge der gesetzlichen Krankenkasse und der sozialen Pflegeversicherung. Die Zuschüsse zu einer privaten Krankenversicherung und zu einer privaten Pflegeversicherung eines Arbeitnehmers sind nur dann steuerfrei, wenn der Arbeitnehmer eine Bescheinigung der privaten Versicherung vorlegt, in der bestätigt wird, dass die entsprechenden Voraussetzungen vorliegen und dass es sich bei den vertraglichen Leistungen um Leistungen im Sinne des SGB V und SGB XI handelt. Die Bescheinigung ist als Unterlage zum Lohnkonto aufzubewahren. Überweist der Arbeitgeber die steuerfreien Zuschüsse unmittelbar an den Arbeitnehmer, so hat dieser die zweckentsprechende Verwendung durch eine Bescheinigung der Versicherung nach Ablauf eines jeden Jahres nachzuweisen. Diese Bescheinigung muss ebenfalls beim Lohnkonto aufbewahrt werden.

Den gesetzlichen Pflichtbeiträgen gleichgestellte Zuschüsse

Nach § 3 Nr. 62 Satz 2 EStG sind den Ausgaben des Arbeitgebers für die Zukunftssicherung des Arbeitnehmers, die aufgrund gesetzlicher Verpflichtungen geleistet werden, die Zuschüsse des Arbeitgebers gleichgestellt, die zu den Beiträgen des Arbeitnehmers für eine Lebensversicherung, für eine freiwillige Versicherung in der gesetzlichen Rentenversicherung oder für eine öffentlich rechtliche Versicherungs- oder Versorgungseinrichtung der Berufsgruppe geleistet werden, wenn der Arbeitnehmer von der Versicherungspflicht in der gesetzlichen Rentenversicherung aufgrund bestimmter Vorschriften auf eigenen Antrag befreit worden ist. Zu weiteren Einzelheiten vgl. R 24 Abs. 3 LStR.

Zuschüsse des Arbeitgebers im Sinne des § 3 Nr. 62 Satz 2 EStG liegen aber nicht vor, wenn der Arbeitnehmer in der gesetzlichen Rentenversicherung versicherungsfrei ist. Die Steuerfreiheit der Zuschüsse beschränkt sich nach § 3 Nr. 62 Satz 3 EStG im Grundsatz auf den Betrag, den der Arbeitgeber als Arbeitgeberanteil zur gesetzlichen Rentenversicherung aufzuwenden hätte, wenn der Arbeitnehmer nicht von der gesetzlichen Versicherungspflicht befreit worden wäre. Soweit der Arbeitgeber die steuerfreien Zuschüsse unmittelbar an den Arbeitnehmer auszahlt, hat dieser die entsprechende Verwendung durch eine Bescheinigung nachzuweisen. Diese Bescheinigung muss beim Lohnkonto aufbewahrt werden.

4.3.3.3 Pauschalierung der Lohnsteuer

Von bestimmten Bezügen kann die Lohnsteuer mit einem pauschalen Steuersatz erhoben werden. Die Lohnsteuer wird dabei nicht nach individuellen Besteuerungsmerkmalen anhand der Lohnsteuerkarte und Lohnsteuertabelle ermittelt, sondern nach einem pauschalen Satz. Nach § 40 Abs. 3 EStG hat der Arbeitgeber die pauschale Lohnsteuer zu übernehmen. Er ist Schuldner der pauschalen Lohnsteuer. Der pauschal besteuerte Arbeitslohn und die pauschale Lohnsteuer bleiben bei einer Veranlagung zur Einkommensteuer und beim Lohnsteuerjahresausgleich außer Ansatz. Ferner ist die pauschale Lohnsteuer weder auf die Einkommensteuer noch auf die Jahreslohnsteuer anzurechnen.

Die Pauschalierung der Lohnsteuer ist in den §§ 40, 40a und 40b EStG geregelt. Man unterscheidet folgende Pauschalierungsmöglichkeiten:

- sonstige Bezüge und Lohnsteuernacherhebung in größerer Zahl
  von Fällen (§ 40 Abs. 1 EStG)
- Pauschalierung nach festem Steuersatz (unentgeltliche oder verbilligte Mahlzeiten, Zuwendungen zu Betriebsveranstaltungen, Erholungsbeihilfen, usw. (§ 40 Abs. 2 EStG)
- Pauschalierung für Teilzeitbeschäftigte (§ 40a EStG)
- Pauschalierung bei bestimmten Zukunftssicherungsleistungen (§ 40 b EStG).

4.3.3.3.1 Teilzeitbeschäftigte

Grundsätzliches

Unter Verzicht auf die Vorlage der Lohnsteuerkarte kann der Arbeitgeber gem. § 40a EStG für Teilzeitbeschäftigte eine Pauschalierung der Lohnsteuer vornehmen. Der Solidaritätszuschlag zur pauschalierten Lohnsteuer beträgt seit 1.1.1998 5,5 %. Man unterscheidet nach § 40a EStG folgende Teilzeitbeschäftigte:

- Aushilfskräfte   Pauschalierungssatz:
  (kurzfristig beschäftigte Arbeitnehmer)   25 %

- geringfügig Beschäftigte (im geringen   Pauschalierungssatz:
  Umfang und gegen geringen Arbeitslohn)   20 %

- Aushilfskräfte in der   Pauschalierungssatz:
  Land- und Forstwirtschaft   5 %

Die Pauschalierung der Lohnsteuer nach § 40a EStG ist sowohl für unbeschränkt als auch für beschränkt einkommensteuerpflichtige Teilzeitbeschäftigte zulässig. Es ist nicht zu prüfen, ob der Teilzeitbeschäftigte noch in einem anderen Dienstverhältnis steht. Selbst wenn der Teilzeitbeschäftigte vom selben Arbeitgeber ein betriebliches Ruhegeld bezieht, das dem normalen Lohnsteuerabzug unterliegt, kann die Lohnsteuer pauschaliert werden. Allerdings kann eine Pauschalierung der Lohnsteuer für eine Nebentätigkeit nicht vorgenommen werden, wenn der Arbeitnehmer für denselben Arbeitgeber eine Haupttätigkeit ausübt (§ 40a Abs. 4 Nr. 2 EStG). Ferner muss die Pauschalierung der Lohnsteuer auch nicht einheitlich für alle in Betracht kommenden Arbeitnehmer durchgeführt werden. Unzulässig ist es jedoch, im Laufe eines Kalenderjahres zwischen der Regelbesteuerung und der Pauschalbesteuerung zu wechseln, wenn dadurch die Ausnutzung von Frei- und Pauschbeträgen erzielt werden soll.

Zur Bemessungsgrundlage der pauschalen Lohnsteuer gehören alle Einnahmen, die dem Arbeitnehmer aus der Teilzeitbeschäftigung zufließen. Dazu zählen auch die Direktversicherungsbeiträge des Arbeitgebers, soweit sie nicht nach § 40b EStG besteuert werden (s. dazu Abschn. 4.3.3.3.2 Zukunftssicherungsleistungen und Unfallversicherung). Ebenso bleiben steuerfreie Einnahmen für die Lohnsteuererhebung außer Betracht. Der Arbeitslohn darf nicht um den Altersentlastungsbetrag (§ 24a EStG) gekürzt werden. Seit 1.4.1999 ist die bisher steuerlich zugelassene Abwälzung der Pauschalsteuer auf den Arbeitnehmer ausgeschlossen (§ 40 Abs. 3 S. 2 EStG) – (siehe dazu 4.3.3.3.4 Abwälzung der Pauschalsteuer auf den Arbeitnehmer). Wird eine Pauschalierung der Lohnsteuer vorgenommen, kann der Arbeitnehmer Aufwendungen, die mit dem pauschal versteuerten Arbeitslohn zusammenhängen, nicht als Werbungskosten abziehen.

Bezüge, die nicht zum laufenden Arbeitslohn gehören, sind für die Feststellung, ob die Pauschalierungsgrenzen eingehalten sind, rechnerisch gleichmäßig auf die Lohnzahlungs- oder Lohnabrechnungszeiträume zu verteilen, in denen die Arbeitsleistung erbracht wird. Weihnachtsgeld, Urlaubsgeld und Einmalbeiträge für eine Direktversicherung sind deshalb im Regelfall auf die gesamte Beschäftigungszeit des Kalenderjahres zu verteilen. Ergibt sich bei der Verteilung dieser Bezüge, dass die Pauschalierungsgrenzen in dem Lohnzahlungs- oder Lohnabrechnungszeitraum eingehalten sind, in dem sie zugeflossen sind, so wird in diesem Zeitraum der Lohn einschl. des sonstigen Bezugs pauschal besteuert (R 128 Abs. 4 LStR).

Nach § 4 Abs. 2 Nr. 8 LStDV ist ein Lohnkonto für die Teilzeitbeschäftigten zu führen. Aus den Aufzeichnungen des Arbeitgebers müssen sich für den einzelnen Arbeitnehmer Name und Anschrift sowie Dauer der Beschäftigung, Tag der Zahlung, Höhe des Arbeitslohns und in den Fällen des § 40a Abs. 3 EStG auch die Art der Beschäftigung ergeben. Bei fehlenden oder fehlerhaften Aufzeichnungen ist die Lohnsteuerpauschalierung zulässig, wenn die Pauschalierungsvoraussetzung auf andere Weise, z. B. durch Arbeitsnachweise, Zeitkontrollen, Zeugenaussagen, nachgewiesen oder glaubhaft gemacht werden (H 128 LStH).

Kurzfristige Beschäftigung

Arbeitslöhne an kurzfristig beschäftigte Arbeitskräfte können pauschal mit 25 % besteuert werden. Voraussetzung dazu ist, dass der Arbeitnehmer gelegentlich, also nicht regelmäßig wiederkehrend beschäftigt wird. Eine gelegentliche, nicht regelmäßig wiederkehrende Beschäftigung liegt vor, wenn eine Tätigkeit nur von Fall zu Fall einmalig ausgeübt wird. Es darf also keine Wiederholungsabsicht bestehen. Die weiteren Voraussetzungen für die kurzfristige Beschäftigung sind (§ 40 a Abs. 1 EStG):

– eine Höchstdauer von 18 zusammenhängenden Arbeitstagen
– ein Höchstlohn (durchschnittlich) von 120 DM je Arbeitstag
– ein Höchstlohn (durchschnittlich) von 22 DM je Arbeitsstunde.

Bei einer Beschäftigung zu einem unvorhersehbaren Zeitpunkt braucht der durchschnittliche Tageslohn nicht beachtet zu werden. Allerdings muss die Stundenlohngrenze von 22 DM eingehalten werden.

Beschäftigung in geringem Umfang und gegen geringen Arbeitslohn

Es ergeben sich seit 1.4.1999 drei Varianten, nämlich die Steuerfreistellung, die Pauschalversteuerung und der allgemeine Lohnsteuerabzug nach der Lohnsteuerkarte.

Eine geringfügige Beschäftigung im sozialversicherungsrechtlich engeren Sinn ist dann nach § 3 Nr. 39 EStG steuerfrei, wenn nachstehende Voraussetzungen kumulativ erfüllt sind:

– Der Arbeitgeber muß den Pauschalbeitrag zur Rentenversicherung in Höhe von 12% entrichten und

– der Arbeitnehmer hat (saldiert) keine anderen positiven Einkünfte im steuerrechtlichen Sinne (Einkünfte des Ehegatten sind unschädlich).

Zu anderen Einkünften gehören insbesondere Arbeitslöhne aus anderen Dienstverhältnissen, wobei der Ertragsanteil von Renten, Zinseinnahmen nach Abzug von Sparerfreibetrag und Werbungskosten, Einkünfte aus selbstständiger Tätigkeit, aus Gewerbebetrieb und aus Vermietung und Verpachtung sowie Einkünfte aus Unterhaltsleistungen von früheren Ehegatten, wenn dieser den Sonderausgabenabzug geltend gemacht hat.

Der Arbeitgeber darf nur dann eine steuerfreie Auszahlung vornehmen, wenn ihm eine Freistellungsbescheinigung des Wohnsitzfinanzamtes des Arbeitnehmers vorliegt. Aushilfskräfte müssen also in solchen Fällen unverzüglich bei ihrem Finanzamt einen entsprechenden Antrag auf Erteilung einer solchen Bescheinigung stellen.

Liegen die Voraussetzungen einer steuerfreien Auszahlung nicht vor, so kann der Arbeitgeber weiterhin – wie bisher – von der Möglichkeit der Pauschalierung der Lohnsteuer Gebrauch machen, sofern es sich um eine geringfügige Beschäftigung im sozialversicherungsrechtlichen Sinne handelt. Für die Pauschalierung müssen die sozialversicherungsrechtlichen Vorgaben erfüllt sein:

– Beschäftigung weniger als 15 Stunden pro Woche

– Entgelt maximal DM 630 pro Monat

Außerdem bestehen weitere steuerliche Voraussetzungen für die Pauschalierung:

– Das Arbeitsentgelt pro Stunde darf maximal DM 22 betragen.

– Das Arbeitsentgelt darf bei kürzeren Lohnzahlungszeiträumen wöchentlich DM 147 nicht übersteigen.

Die pauschale Lohnsteuer beträgt weiterhin 20% des Arbeitsentgelts zzgl. 5,5% Solidaritätszuschlag und ggf. 7% Kirchenlohnsteuer.

Sind weder die Voraussetzungen der Steuerfreiheit noch jene für die Lohnsteuerpauschalierung erfüllt oder soll von der möglichen Lohnsteuerpauschalierung kein Gebrauch gemacht werden, verbleibt nur noch der normale Lohnsteuerabzug entsprechend den Eintragungen auf der Lohnsteuerkarte. Wird die geringfügige Beschäftigung neben einer Hauptbeschäftigung ausgeübt, ist dem Arbeitgeber eine zweite Lohnsteuerkarte mit Steuerklasse VI vorzulegen.

Aushilfskräfte in der Land- und Forstwirtschaft

Nach § 40a Abs. 3 kann der Arbeitgeber unter Verzicht auf die Vorlage einer Lohnsteuerkarte bei Aushilfskräften, die in den Betrieben der Land- und Forstwirtschaft beschäftigt werden, die Lohnsteuer mit einem Pauschsteuersatz von 5 % des Arbeitslohns erhoben werden. Aushilfskräfte im Sinne dieser Vorschrift sind Personen, die von Fall zu Fall für eine im voraus bestimmte Arbeit von vorübergehender Dauer in ein Dienstverhältnis treten. Aushilfskräfte sind nicht Arbeitnehmer, die zu den land- und forstwirtschaftlichen Fachkräften gehören. Weitere Einzelheiten können aus R 128 Abs. 6 LStR entnommen werden.

4.3.3.3.2 Zukunftssicherungsleistungen und Unfallversicherung

Rechtsgrundlage für die Pauschalierung von Zukunftssicherungsleistungen und Beiträgen zur Unfallversicherung sind § 40b EStG sowie R 129 LStR.

Zukunftssicherungsleistungen

Für die Beiträge zu einer Direktversicherung des Arbeitnehmers und für die Zuwendung an eine Pensionskasse kann der Arbeitgeber die Leistung mit einem Pauschsteuersatz von 20 % der Beiträge und Zuwendungen erheben. Die Beiträge oder Zuwendungen können zusätzlich oder anstelle des Arbeitslohns erbracht werden. Pauschalierungsfähig sind aber nur die Zukunftssicherungsleistungen, die der Arbeitgeber aufgrund ausschließlich eigener rechtlicher Verpflichtung erbringt.

Die pauschale Erhebung der Lohnsteuer von Beiträgen für eine Direktversicherung ist nur zulässig, wenn die Versicherung nicht auf den Erlebensfall eines früheren als des 60. Lebensjahr abgeschlossen und eine vorzeitige Kündigung des Versicherungsvertrags durch den Arbeitnehmer ausgeschlossen worden ist (§ 40b Abs. 1 Satz 2 EStG). Ferner darf auch das Bezugsrecht auf Leistung aus dem Lebensversicherungsvertrag nicht abgetreten oder beliehen werden. Enthält der Versicherungsvertrag Regelungen, nach der die Versicherungsleistung für den Erlebensfall vor Ablauf des 59. Lebensjahr verlegt werden könnte, ist eine Pauschalierung ausgeschlossen. Nach H 129 LStH setzt die Pauschalierung voraus, dass die Zukunftssicherungsleistung aus einem ersten Dienstverhältnis bezogen wird. Bei pauschal besteuerten Teilzeitarbeitsverhältnissen (§ 40a EStG) ist die Pauschalierung nur dann zulässig, wenn es sich um das erste Dienstverhältnis handelt. Die Pauschalierung setzt außerdem voraus, dass der Arbeitgeber die pauschale Lohnsteuer übernimmt (§ 40b Abs. 4 Satz 1 EStG). Die Lohnsteuerpauschalierung ist allgemein auf pauschalversteuerungsfähige Leistungen von 3 408 DM jährlich je Arbeitnehmer begrenzt (§ 40b Abs. 2 Satz 1 EStG). Überschreiten die Beiträge diesen Betrag, so entfällt die Pauschalierung der Lohnsteuer.

Pauschalierung bei Unfallversicherung

Nach § 40b Abs. 3 können Beiträge zu einer Unfallversicherung des Arbeitnehmers mit einem Pauschsteuersatz von 20 % der Beiträge erhoben werden, wenn mehrere Arbeitnehmer gemeinsam in einer Unfallversicherung versichert sind.

Der Teilbetrag, der sich bei einer Aufteilung der gesamten Beiträge durch die Zahl der begünstigten Arbeitnehmer ergibt, darf 120 DM (ohne Versicherungssteuer) im Kalenderjahr nicht übersteigen. Sind diese Voraussetzungen nicht erfüllt, müssen die Beiträge bei dem einzelnen Arbeitnehmer nach den individuellen Besteuerungsmerkmalen versteuert werden.

4.3.3.3.3 Pauschalierung in besonderen Fällen

Bemessung der Lohnsteuer nach besonderen Pauschalsteuersätzen

Nach § 40 Abs. 1 EStG kann das Betriebsstättenfinanzamt auf Antrag des Arbeitgebers zulassen, dass die Lohnsteuer in folgenden Fällen mit einem Pauschsteuersatz erhoben wird:

– sonstige Bezüge in einer größeren Zahl von Fällen
(Geschenke zum Geschäftsjubiläum – soweit nicht steuerfrei, Freifahrten, Anerkennungsprämien, etc.)

– wenn in einer größeren Zahl von Fällen Lohnsteuer nachzuerheben ist,
weil der Arbeitgeber die Lohnsteuer nicht vorschriftsmäßig einbehalten hat.

Der Solidaritätszuschlag beträgt 5,5 % der pauschalen Lohnsteuer.

Im Falle der Pauschalierung wird der Arbeitgeber zum Steuerschuldner. Insoweit hat der Arbeitnehmer einen geldwerten Vorteil. Dieser muss ebenfalls der Lohnsteuer unterworfen werden. Dies geschieht durch Umrechnung in einen Nettosteuersatz nach folgender Formel:

$$\text{Nettosteuersatz} = \frac{100 \cdot \text{Bruttosteuersatz}}{100 - \text{Bruttosteuersatz}}$$

Die Pauschalierung bei der Gewährung von sonstigen Bezügen ist ausgeschlossen, wenn diese den Betrag von 2 000 DM übersteigen. Eine größere Zahl von Fällen ist anzunehmen, wenn gleichzeitig mindestens 20 Arbeitnehmer in die Pauschalbesteuerung einbezogen werden (R 126 Abs. 1 S. 1 LStR).

Soll die Lohnsteuer nacherhoben werden, weil der Arbeitgeber die Lohnsteuer nicht vorschriftsmäßig einbehalten hat, muss auch hier eine größere Zahl von Fällen vorliegen. Die Grenze von 2 000 DM gilt hier nicht. Ferner kann diese Pauschalierung auch bei laufendem Arbeitslohn vorgenommen werden.

Bemessung der Lohnsteuer nach einem festen Pauschalsteuersatz

Nach § 40 Abs. 2 EStG kann der Arbeitgeber die Lohnsteuer für folgende Leistungen nach einem festen Pauschsteuersatz erheben:

Pauschsteuersatz von 25 % für

– unentgeltliche oder verbilligte Mahlzeiten oder entsprechende Barzuschüsse
– Erholungsbeihilfen
– Zuwendungen aus Anlass von Betriebsveranstaltungen
– Vergütung für Verpflegungsmehraufwendungen bei Dienstreisen, die die Pauschbeträge um nicht mehr als 100% übersteigen.

Pauschsteuersatz von 15 % für

– unentgeltliche oder verbilligte Beförderung von Arbeitnehmern
  mit Kraftfahrzeugen zwischen Wohnung und Arbeitsstätte
– Zuschüsse zu Aufwendungen des Arbeitnehmers für Fahrten zwischen
  Wohnung und Arbeitsstätte (soweit zusätzlich zum geschuldeten Arbeitslohn).

Der Solidaritätszuschlag beträgt 5,5 % der pauschalen Lohnsteuer. In den vorgenannten Fällen ist ein Antrag an das Betriebsstättenfinanzamt nicht erforderlich. Ferner muss auch hier keine größere Anzahl von Fällen vorliegen. Nach R 127 Abs. 7 LStR ist die Lohnsteuerpauschalierungsmöglichkeit nach § 40 Abs. 2 EStG auch bei Teilzeitbeschäftigten im Sinne des § 40a EStG anzuwenden. Die pauschal besteuerten Beförderungsleistungen und Fahrtkostenzuschüsse sind bei der Berechnung der Arbeitslohngrenzen des § 40a EStG nicht zu berücksichtigen.

4.3.3.3.4 Abwälzung der Pauschalsteuer auf den Arbeitnehmer

Bisher hatte der Arbeitgeber die Möglichkeit, die pauschale Lohnsteuer auf den Arbeitnehmer abzuwälzen. In § 40 Abs. 3 S. 2 EStG ist dies seit 1.4.1999 ausgeschlossen worden. Jetzt gilt die auf den Arbeitnehmer abgewälzte Pauschalsteuer als zugeflossener Arbeitslohn und mindert nicht die Bemessungsgrundlage..

4.3.3.3.5 Bemessungsgrundlage der pauschalen Lohnsteuer

Zur Bemessungsgrundlage gehören alle Einnahmen, die dem Arbeitnehmer aus der Teilzeitbeschäftigung zufließen. Steuerfreie Bezüge (vgl. 4.3.3.1.2) bleiben für die pauschale Lohnsteuererhebung außer Betracht (R 128 Abs. 3 LStR).

4.3.3.4   Abzüge zur gesetzlichen Sozialversicherung

Die Sozialversicherung umschließt die Rentenversicherung, Krankenversicherung, gesetzliche Unfallversicherung, Arbeitslosenversicherung und die Pflegeversicherung. Die Arbeitslosenversicherung gehört im herkömmlichen Sinne nicht zur Sozialversicherung. Ferner ist auch der Begriff »Arbeitslosenversicherung« seit der Geltung des Arbeitsförderungsgesetzes entfallen. Man spricht jetzt von Beiträgen zur Bundesanstalt für Arbeit. Aus Vereinfachungsgründen wird nachfolgend allerdings noch die Bezeichnung Arbeitslosenversicherung verwendet.

Diese Versicherungszweige sind grundsätzlich Zwangsversicherungen für ganz bestimmte Personenkreise (insbesondere Arbeitnehmer). Bei der gesetzlichen Unfallversicherung (Berufsgenossenschaft) werden die Beiträge generell vom Arbeitgeber getragen, bei den übrigen Versicherungszweigen trägt in der Regel jeweils eine Hälfte der Arbeitnehmer und der Arbeitgeber.

Rechtsgrundlagen des Sozialversicherungsrechts sind insbesondere:

- Arbeitsförderungsgesetz (AFG)
- Reichsversicherungsverordnung (RVO)
- Sozialgesetzbuch (SGB)
- Gesetz zur Einführung eines Sozialversicherungsausweises.

Daneben kommen noch zahlreiche Rechtsverordnungen, Erlasse, Richtlinien sowie Besprechungsergebnisse der Spitzenverbände der Sozialversicherungsträger und der Bundesanstalt für Arbeit zur Anwendung.

Versicherungsträger der fünf Bereiche der Sozialversicherung sind insbesondere: Allgemeine Ortskrankenkassen, Betriebskrankenkassen, Ersatzkassen, Landesversicherungsanstalten, Bundesversicherungsanstalt für Angestellte, Bundesanstalt für Arbeit und Berufsgenossenschaften.

4.3.3.4.1   Merkmale der Versicherungspflicht
in der gesetzlichen Sozialversicherung

Nicht jeder Lohnsteuerpflichtige ist automatisch sozialversicherungspflichtig. Sozialversicherungspflicht liegt nur bei der Zugehörigkeit zu einem bestimmten in den Gesetzen definierten Personenkreis bei dem Bestehen eines Arbeitsverhältnisses im versicherungsrechtlichen Sinne und bei der Ausübung einer Beschäftigung gegen Entgelt vor.

4.3.3.4.2   Abgrenzung der Versicherungspflicht

Rentenversicherung

In der Rentenversicherung sind alle Arbeiter und Angestellte, die ein Entgelt beziehen, versicherungspflichtig. Auszubildende sind sowohl mit oder ohne Ausbildungsvergütung versicherungspflichtig. Für Arbeiter und Angestellte sind unterschiedliche Träger der Sozialversicherung zuständig. Deswegen ist die Entscheidung zwischen Angestellten und Arbeiter wichtig. Eine Angestelltenbeschäftigung liegt vor bei überwiegend geistiger Tätigkeit. Eine Arbeiterbeschäftigung wird angenommen, wenn die körperliche Tätigkeit überwiegt. In der Rentenversicherung sind u.a. grundsätzlich versicherungsfrei:

- kurzfristige Beschäftigung
- Beschäftigungen als Beamter, Richter, Berufssoldaten, Soldaten auf Zeit
- Arbeitnehmer, die eine Vollrente wegen Alters aus der gesetzlichen Rentenversicherung beziehen

– Personen, die nach beamtenrechtlichen Vorschriften oder Grundsätzen oder entsprechenden kirchenrechtlichen Regeln oder nach den Regelungen einer berufsständigen Vorsorgeeinrichtung eine Versorgung nach Erreichen einer Altersgrenze beziehen oder die in der Gemeinschaft üblichen Versorgung im Alter erhalten.

Ferner können sich von der Versicherungspflicht befreien lassen Angestellte, die Mitglieder einer öffentlich rechtlichen Versicherungs- oder Versorgungseinrichtung in ihrer Berufsgruppe (z. B. Ärzte, Architekten, etc.) sind.

Die Arbeitsentgelte werden nur bis zur Beitragsbemessungsgrenze für die Beitragsberechnung herangezogen: In 2000 in den alten Bundesländern 8 600 DM, in den den neuen Ländern 7 100 DM.

Arbeitslosenversicherung

In der Arbeitslosenversicherung werden Arbeiter und Angestellte, die gegen Entgelt oder zu ihrer Ausbildung beschäftigt sind, beitragspflichtig. Von der Beitragspflicht befreit sind Arbeitnehmer, die das 65. Lebensjahr vollendet haben, sowie Arbeitnehmer für die Zeit, für die diese Anspruch auf Erwerbsunfähigkeitsrente aus der gesetzlichen Rentenversicherung haben. Nicht der Arbeitslosenversicherungspflicht unterliegen auch Arbeitnehmer mit einer Arbeitszeit von weniger als 18 Stunden in der Woche und Personen, die aufgrund einer dauernden Minderung der Leistungsfähigkeit vom Arbeitsamt nicht mehr vermittelt werden können. Bei der letzten Gruppe muss allerdings von einem Versicherungsträger eine Berufs- oder Erwerbsunfähigkeit festgestellt werden.

Krankenversicherung

Der Krankenversicherungspflicht unterliegen Arbeiter, Angestellte und Auszubildende, die ein Arbeitsentgelt beziehen. Auszubildende ohne Entgelt unterliegen nach einer besonderen Vorschrift der Krankenversicherungspflicht. Versicherungsfrei sind u.a.:

– Arbeiter und Angestellte bei Überschreiten der Beitragsbemessungsgrenze
 von 6 450 DM (West) bzw. 5 325 DM (Ost) monatlich
– geringfügig Beschäftigte
– Beamte, Richter, Berufssoldaten, Soldaten auf Zeit
– Bezieher von Ruhegehalt (ehemalige Beamte,
 die noch eine Beschäftigung ausüben).

4.3.3.4.3   Jahresarbeitsentgeltgrenze

Die Jahresarbeitsentgeltgrenze ist wichtig für die Feststellung, ob ein Arbeitnehmer wegen deren Überschreitung von der Versicherungspflicht in der Krankenversicherung befreit ist. Krankenversicherungspflicht liegt nur dann vor, wenn das regelmäßige Jahresarbeitsentgelt die Versicherungspflichtgrenzen nicht übersteigt.

Die Jahresarbeitsentgeltgrenze beträgt 75 % der Beitragsbemessungsgrenze der Rentenversicherung gem. § 159 SGB VI. Im Kalenderjahr 2000 beläuft sich die Beitragsbemessungsgrenze der Krankenversicherung auf monatlich

DM 6 450 (West)
DM 5 325 (Ost).

Für die Bestimmung der Jahresarbeitsentgeltgrenze und deren Unterschreitung bzw. Überschreitung muss das regelmäßige Jahresarbeitsentgelt festgestellt werden. Außerdem ist wichtig der Zeitpunkt der Überschreitung oder Unterschreitung der Jahresarbeitsentgeltgrenze.

Regelmäßiges Jahresarbeitsentgelt

Bei Ermittlung des regelmäßigen Jahresarbeitsentgeltes werden alle steuerpflichtigen laufenden Bezüge und Sonderzahlungen in Ansatz gebracht, wenn sie regelmäßig gewährt werden. Außer Ansatz bleiben aber Zuschläge, die in Anbetracht des Familienstandes gezahlt werden, Vergütungen für Überstunden und vom Arbeitgeber getragene Arbeitnehmeranteile zur Krankenversicherung.

Zu den regelmäßigen Einnahmen zählt man u.a.:

– Grundgehalt
– Grundlohn
– Leistungszulagen
– Mehrarbeitspauschalen
– regelmäßig steuerpflichtige Schicht- und Schmutzzulagen
– Erschwerniszulagen
– Vergütungen für Bereitschaftsdienste
– Vermögenswirksame Leistungen
– Akkordzulagen.

Auch Sonderzuwendungen gehören zum regelmäßigen Arbeitsentgelt, wenn sie regelmäßig oder mehrmals während eines Jahres gezahlt werden. Stehen die Sonderzahlungen im vorhinein fest, sei es durch Tarifvertrag, Betriebsvereinbarung oder Einzelvertrag, zählen diese Zahlungen auch zum regelmäßigen Arbeitsentgelt. Typische Beispiele dafür sind das 13. Monatsgehalt, das Weihnachts- oder Urlaubsgeld sowie Tantiemen. Werden einmalige Zuwendungen unter dem Vorbehalt der Einmaligkeit gezahlt, zählen diese zum regelmäßigen Jahresarbeitsentgelt, wenn auch in der Vergangenheit die Zahlung unter dem Vorbehalt vorgenommen wurde. Steht die Sonderzahlung dem Grunde nach fest, nicht aber in der Höhe, so ist die zu erwartende Zahlung zu schätzen.

Bei der Schätzung des regelmäßigen Jahresarbeitsentgeltes geht man von einem Beschäftigungsjahr (12 Monate) aus. Ausgangspunkt ist hierbei der Zeitpunkt der Schätzung. Somit kann sich eine Schätzung auch über zwei Kalenderjahre erstrecken. Erhöht sich das Entgelt, wird die Erhöhung erst von dem Monat an berücksichtigt, mit dessen Beginn ein Anspruch auf die Erhöhung feststeht. Wenn das Arbeitsentgelt wie bei Provisionen oder Tantiemen schwankt, muss das voraussichtliche Jahresarbeitsentgelt geschätzt werden. Bei der Schätzung müssen die Vorjahre und die Situation gleichgestellter Mitarbeiter beachtet werden. Trifft die Schätzung nicht zu, so ist eine Korrektur für die Zukunft möglich. Die Korrektur erfolgt in dem Zeitpunkt, in dem die Fehlschätzung bekannt wird. Wenn das Arbeitsverhältnis auf einen kürzeren Zeitraum abgeschlossen wird, so muss ein fiktives Jahresarbeitsentgelt errechnet werden. Durch Kurzarbeit oder Krankheit kann sich das Arbeitsentgelt vorübergehend und unregelmäßig ändern. Dies bleibt bei der Berechnung des regelmäßigen Jahresarbeitsentgeltes unberücksichtigt. Das regelmäßige Jahresarbeitsentgelt wird grundsätzlich neu berechnet, wenn die Bezüge sich erhöht haben und wenn eine neue Beschäftigung – nach Beendigung eines Arbeitsverhältnisses – aufgenommen wird.

Über- und Unterschreiten der Jahresarbeitsentgeltgrenze

Bei Beginn einer Beschäftigung, bei einer Veränderung der Entgelte, bei Aufnahme einer weiteren Beschäftigung sowie bei Änderung der Jahresarbeitsentgeltgrenze ist zu ermitteln, inwieweit die Jahresarbeitsentgeltgrenze überschritten wird. Wenn bei dem Beginn eines Beschäftigungsverhältnisses feststeht, dass die Jahresentgeltgrenze überschritten ist, ist der Arbeitnehmer sofort krankenversicherungsfrei. Übersteigt das Arbeitsentgelt die Jahresarbeitsentgeltgrenze in den anderen Fällen, tritt die Versicherungsfreiheit in der

Krankenversicherung mit Ablauf des Kalenderjahres der Überschreitung ein. Dabei muss aber die Jahresarbeitsentgeltgrenze des Folgejahres ebenfalls überschritten werden. Auch bei sonstigen wesentlichen Änderungen des Arbeitsverhältnisses – bei dem sich auch das Entgelt ändert – kann erst mit Beginn des nächsten Kalenderjahres die Versicherungsfreiheit in der Krankenversicherung eintreten. Wird die Jahresarbeitsentgeltgrenze während des Kalenderjahres dauerhaft unterschritten, so beginnt die Versicherungspflicht in dem Monat, in dem erstmals das niedrigere Arbeitsentgelt gezahlt wird. Mit Beginn der Krankenversicherungspflicht haben Arbeitnehmer, die bei einer privaten Krankenversicherung versichert sind, ein vorzeitiges Kündigungsrecht.

Mehrere Beschäftigungsverhältnisse

Bei mehreren Beschäftigungsverhältnissen eines Arbeitnehmers werden die Arbeitsentgelte zusammengerechnet. Übersteigen die gesamten Arbeitsentgelte die Jahresarbeitsentgeltgrenze, so ist der Arbeitnehmer in allen Beschäftigungsverhältnissen krankenversicherungsfrei. Eine versicherungsfreie geringfügige Beschäftigung wird bei der Berechnung der Jahresarbeitsentgeltgrenze nicht berücksichtigt.

4.3.3.4.4   Scheinselbstständige

Die sozialversicherungsrechtliche Problematik des genannten Personenkreises hat sich ab 1.1.1999 erheblich verschärft. Daher muss in allen Fällen die Beschäftigung von freien Mitarbeitern sozialversicherungsrechtlich überprüft werden. Nach den Regelungen des § 7 Abs. 4 SGB IV gelten erwerbsmäßig tätige Personen aus sozialversicherungsrechtlicher Sicht als Arbeitnehmer, wenn drei der nachfolgenden fünf Merkmale vorliegen:

– Versicherungspflichtige Arbeitnehmer werden nicht beschäftigt (mit Ausnahme von Familienangehörigen).
– Die Tätigkeit wird regelmäßig und im Wesentlichen für einen Auftraggeber ausgeübt.
– Die Tätigkeit besteht in typischen Arbeitnehmerleistungen. Weisungsgebundenheit und Eingliederung in die Arbeitsorganisation des Auftraggebers liegt vor.
– Ein unternehmerisches Auftreten am Markt ist nicht gegeben.
– Die Tätigkeit wurde zuvor beim Auftraggeber als Arbeitnehmer ausgeübt.

Sind zwei der vorgenannten vier Merkmale erfüllt und kann die daraus resultierende Vermutung nicht widerlegt werden, liegt ein Beschäftigungsverhältnis im Sinne der Sozialversicherung vor. Grundsätzlich verbunden ist damit die Versicherungspflicht in der Kranken-, Pflege-, Renten- und Arbeitslosenversicherung. Der Auftraggeber des scheinselbstständigen Arbeitnehmers gilt als Arbeitgeber, der alle Pflichten desselben zu erfüllen hat. Das sind insbesondere die Prüfung der Versicherungspflicht, die Ermittlung des beitragspflichtigen Entgeltes, die Berechnung und Bezahlung des Gesamtsozialversicherungsbeitrages sowie die Führung von Lohnunterlagen.

Nach § 28e SGB IV hat der Arbeitgeber (Auftraggeber) den Gesamtsozialversicherungsbeitrag zu zahlen. Die Vermutungsfiktion der gesetzlichen Neuregelung beinhaltet eine Beweislastumkehr. Bei Vorliegen von dreien der oben angeführten fünf Merkmale obliegt es dem Betroffenen, die gesetzliche Vermutung zu widerlegen. Dieser Nachweis der Selbstständigkeit kann durch sämtliche denkbare Beweismittel erbracht werden. Er muss gegenüber der aktuellen oder der letzten gesetzlichen Krankenkasse des Scheinselbstständigen erbracht werden.

Liegen bei Selbstständigen die Merkmale keine Beschäftigung versicherungspflichtiger Arbeitnehmer sowie regelmäßige und wesentliche Tätigkeit nur für einen Auftraggeber vor und konnte aber die damit verbundene Vermutung der Scheinselbstständigkeit widerlegt werden, handelt es sich nach den gesetzlichen Regelungen um sogenannte

»arbeitnehmerähnliche Selbstständige«. Dies trifft in der Regel auf Vertreter von Bausparkassen und Versicherungen zu. Diese arbeitnehmerähnliche Stellung Selbstständiger wirkt sich nicht in allen Versicherungszweigen der Sozialversicherung aus, sondern nur im Rahmen der Rentenversicherung. Den Rentenversicherungsbeitrag haben die arbeitnehmerähnlichen Selbstständigen selbst zu tragen. Selbstständige, die dem rentenversicherungspflichtigen Personenkreis angehören, können sich unter bestimmten Voraussetzungen von der Rentenversicherungspflicht befreien lassen. Für Existenzgründer und Personen, die das 58.Lebensjahr vollendet haben, bestehen Befreiungsmöglichkeiten. Für die Befreiung ist die Bundesversicherungsanstalt für Angestellte zuständig.

# 4.3.3.5	Sonstige Abzüge

## 4.3.3.5.1	Pfändungen und Lohnabtretungen

Gläubiger können auch auf das Arbeitseinkommen eines Schuldners zurückgreifen. Das Arbeitseinkommen ist oft die einzige Grundlage des Arbeitnehmers für seinen Lebensunterhalt. Aus diesem Grunde ist der Zugriff auf die Arbeitsentgelte der Arbeitnehmer eingeschränkt. Die wesentlichen Rechtsgrundlagen der Lohnpfändung sind die §§ 828 ff, 850 bis 850 i ZPO und die §§ 309, 313, 319 AO.

Das für den Arbeitnehmer zuständige Gericht setzt auf einen schriftlichen Antrag des Gläubigers einen Pfändungs- und Überweisungsbeschluss fest. In dem Antrag muss die Forderung des Arbeitnehmers gegenüber dem Arbeitgeber genau bezeichnet sein. Mit der Zustellung des Beschlusses wird dem Arbeitgeber verboten, an den Arbeitnehmer (Schuldner) zu zahlen.

§ 850 e ZPO schreibt vor, wie der pfändbare Anteil des Arbeitseinkommens zu ermitteln ist. Das Arbeitseinkommen wird gekürzt um die unpfändbaren Bezüge und die gesetzlichen Abzüge. Nach § 850 a ZPO sind dies insbesondere:

– die Hälfte der Gesamtvergütung für die Überstunden
– Urlaubsabgeltung für den nicht gewährten Urlaub
– Jubiläumszuwendungen
– Treuegelder
– Gefahren-, Schmutz- und Erschwerniszulagen
– Heiratsbeihilfen
– Geburtsbeihilfen
– Weihnachtsgeld bis zum Betrag der Hälfte des monatlichen Arbeitseinkommens, höchstens jedoch 540 DM
– Aufwandsentschädigung für eine auswärtige Tätigkeit.

Zur Ermittlung des pfändbaren Nettoeinkommens werden vom Bruttoeinkommen die unpfändbaren Beträge abgezogen. Von dem verbleibenden Betrag werden die gesetzlichen Abzüge wie Lohnsteuer, Kirchensteuer, Solidaritätszuschlag, Arbeitnehmeranteile zur gesetzlichen Sozialversicherung sowie die Anteile zur freiwilligen Krankenversicherung und die vermögenswirksamen Leistungen in Abzug gebracht. Das verbleibende Nettoeinkommen ist die Grundlage für die Berechnung der einzubehaltenden Beträge aufgrund des Pfändungs- oder Überweisungsbeschlusses des Amtsgerichtes. Bei dem ermittelten Nettoeinkommen sind bestimmte Beträge unpfändbar. Der nicht pfändbare

Anteil ist geregelt in § 850 c ZPO und berücksichtigt, ob der Arbeitnehmer alleinstehend ist oder Unterhaltsverpflichtungen zu erfüllen hat. Der pfändbare Anteil des Arbeitseinkommens kann aus der amtlichen Lohnpfändungstabelle entnommen werden. Bei Pfändungen wegen Unterhaltsansprüchen gelten Besonderheiten. Der Pfändungsschutz des Schuldners ist hier eingeschränkt.

Der Arbeitnehmer kann auch Teile des Arbeitseinkommens an einen Gläubiger abtreten. Die Abtretung ist eine Verfügung des Arbeitnehmers über sein Arbeitseinkommen auf freiwilliger Grundlage. Erhält der Arbeitgeber Kenntnis von einer wirksamen Abtretung, so kann er die abgetretenen Teile des Arbeitseinkommens des Arbeitnehmers nur noch an den Gläubiger der Abtretung auszahlen. Die Lohn- und Gehaltsabtretungen werden vom Nettoeinkommen (Bruttoeinkommen abzgl. der gesetzlichen Abzüge) vorgenommen.

4.3.3.5.2 Darlehen und Vorschüsse

Hat der Arbeitgeber einem Arbeitnehmer ein Darlehen gewährt, so werden die fälligen Darlehensraten vom Nettoeinkommen einbehalten. Die Darlehensraten können nur aus dem pfändbaren Einkommensanteilen gezahlt werden.

Der Lohn- und Gehaltsvorschuss ist eine Vorausleistung des Arbeitgebers auf noch nicht verdientes Arbeitseinkommen. Die Vorschüsse werden in der Regel nur für kurze Zeit gewährt. Bei der nächstfolgenden Lohn- und Gehaltsabrechnung werden die Vorschüsse mit dem Nettoeinkommen verrechnet.

4.3.3.6   Sonderfälle der Entgeltabrechnung

4.3.3.6.1   Geringfügig und kurzfristig Beschäftigte

Für geringfügig und kurzfristig Beschäftigte gelten sowohl im Lohnsteuerrecht als auch im Sozialversicherungsrecht Sonderregelungen. Die lohnsteuerlichen Regelungen sind unter 4.3.3.3.1 dargestellt. Mit dem Gesetz zur Neuregelung geringfügiger Beschäftigungsverhältnisse soll die Ausweitung von Beschäftigungsverhältnissen sogenannter Aushilfen eingeschränkt werden. Dieses Gesetz ist am 1.4.1999 in Kraft getreten.

Man kann davon ausgehen, dass sich die Beschäftigung von sogenannten Aushilfen nach den neuen Bestimmungen erheblich verteuern wird. Dies ist nicht zuletzt auch durch den enormen Verwaltungsaufwand, den die neuen sozialversicherungsrechtlichen Meldevorschriften verursachen, bedingt. Die neuen sozialversicherungsrechtlichen Meldevorschriften entsprechen jetzt denen eines normalen Arbeitsverhältnisses.

Aushilfstätigkeiten müssen jetzt vorab unter sozialversicherungsrechtlichen Gesichtspunkten geprüft werden. Erst danach kann über die lohnsteuerlichen Möglichkeiten entschieden werden. Bei den geringfügig Beschäftigten werden im Sozialversicherungsrecht zwei Fälle unterschieden:

– geringfügige Beschäftigung (im engeren Sinne)
  Beschäftigung regelmäßig weniger als 15 Stunden pro Woche
  Arbeitsentgelt regelmäßig maximal DM 630 pro Monat

– kurzfristige Beschäftigung
  Beschäftigungsdauer innerhalb eines Jahres (zwölf Monate)
  auf zwei Monate oder fünfzig Arbeitstage beschränkt
  (vertraglich oder nach Eigenart der Beschäftigung)

Für die Prüfung der Grenzen bezüglich des Arbeitsentgelts und der Arbeitszeit sind die Regelungen über die Zusammenrechnung verschiedener Beschäftigungen von entscheidender Bedeutung. Es müssen jetzt grundsätzlich die Arbeitsentgelte und Arbeitszeiten aller Beschäftigungsverhältnisse zusammengerechnet werden. Davon gibt es nur zwei Ausnahmen:

– kurzfristige Beschäftigungen werden nicht mit versicherungspflichtigen Hauptbeschäftigungen zusammengefasst

– geringfügige (im engeren Sinne) und kurzfristige Beschäftigungen werden nicht mit Hauptbeschäftigungen zusammengefasst, die nicht versicherungspflichtig oder die versicherungsfrei sind.

Anders als bisher werden aber die Entgelte/Zeiten von geringfügig Beschäftigten mit jenen von Hauptbeschäftigungen zusammengezählt. Danach unterliegt in solchen Fällen zukünftig auch das Entgelt der geringfügigen Beschäftigung der Renten-, Kranken- und Pflegeversicherung. Eine Ausnahme gibt es nur bei der Arbeitslosenversicherung, da hier abweichend von der generellen Regelung keine Zusammenrechnung vorgenommen werden muss.

Ergibt sich nach den Regelungen der Zusammenrechnung Beitragspflicht in der Sozialversicherung, so unterliegen bis zu den jeweiligen Bemessungsgrenzen die Entgelte aller Beschäftigungsverhältnisse der Abgabepflicht. Hier wird es erhebliche praktische Probleme bei der anteiligen Erhebung der einzelnen Arbeitgeber für den Fall des Überschreitens der Beitragsbemessungsgrenze geben. Führt die Zusammenrechnung nicht zur allgemeinen Beitragspflicht, müssen vom Arbeitgeber pauschale Beiträge abgeführt werden. Diese betragen:

– 12% des Entgeltes zur Rentenversicherung
– 10% des Entgeltes zur Krankenversicherung

Der Beitrag zur Krankenversicherung ist nur bei Personen zu entrichten, die bereits in der gesetzlichen Krankenversicherung versichert sind, nicht aber bei privat Versicherten.

Verzichtet der Versicherte auf die Rentenversicherungsfreiheit, so hat er einen freiwilligen Beitrag in Höhe von 7,5% des Entgeltes zu leisten. Damit kann man bescheidene zusätzliche Ansprüche gegenüber der Rentenversicherung erwerben.

4.3.3.6.2   Rentenbezieher

Bei der Beschäftigung von Rentnern sind verschiedene Besonderheiten zu beachten. Bei Rentenbeziehern führt ein Hinzuverdienst unter Umständen zu einer Kürzung der Rente. Nur bei der Altersrente nach Vollendung des 65. Lebensjahr gibt es keine Beschränkung. Bei der Berufsunfähigkeitsrente, Erwerbsunfähigkeitsrente, Vollrente wegen Alters vor Vollendung des 65. Lebensjahres, Altersrente als Teilrente und Hinterbliebenenrente gibt es besondere Hinzuverdienstgrenzen, die beachtet werden müssen. In diesen Fällen sollte eine Rentenberatung in Anspruch genommen werden.

Üben Rentenbezieher eine geringfügige Beschäftigung aus, so besteht in allen Sozialversicherungszweigen Versicherungsfreiheit. Auch in der Arbeitslosenversicherung besteht nach Ablauf des Monats, in dem der Arbeitnehmer das 65. Lebensjahr vollendet hat, Beitragsfreiheit. Für Rentenbezieher einer Berufsunfähigkeitsrente besteht nach allgemeinen Grundsätzen eine Versicherungspflicht. Das gleiche gilt für Rentenbezieher, die eine Erwerbsunfähigkeitsrente beziehen, mit der Ausnahme, dass in der Arbeitslosenversicherung unabhängig vom Lebensalter Versicherungsfreiheit besteht. Bei Beschäftigten, die eine Vollrente wegen Alters beziehen, besteht in der Krankenversicherung und Pflegeversicherung Versicherungspflicht. Der Rentenbezieher muß Beiträge zur Rentenversicherung und Arbeitslosenversicherung nicht entrichten. Allerdings muss der Arbeitgeber auch für diese Beschäftigten in der Rentenversicherung und Arbeitslosenversicherung Beitragsanteile entrichten. Rentenbezieher mit einer Teilrente wegen Alters, die eine Beschäftigung ausüben, unterliegen der Versicherungspflicht in der Krankenversicherung und Pflegeversicherung. Versicherungspflicht in der Arbeitslosenversicherung besteht nur bis zur Vollendung des 65. Lebensjahres. In diesen Fällen besteht auch Versicherungspflicht in der Rentenversicherung. Die Versicherungspflicht besteht auch nach Vollendung des 65. Lebensjahr weiter, wenn weiterhin nur eine Teilrente bezogen wird.

4.3.3.6.3   Auszubildende, Praktikanten und Studenten

Auszubildende

Den Auszubildenden ist nach dem BBiG eine angemessene Vergütung zu gewähren, die sich nach dem Lebensalter und der Ausbildung richtet. Der Ausbildungslohn ist lohnsteuerlich wie laufender Arbeitslohn zu behandeln. Das bedeutet, dass die Auszubildenden eine Lohnsteuerkarte vorzulegen haben. Für die Auszubildenden gelten die Bestimmungen für die Versicherungsfreiheit von geringfügig Beschäftigten nicht, sie sind unabhängig von der Höhe der Vergütung sozialversicherungspflichtig. Bis zu der Geringverdienergrenze übernimmt der Arbeitgeber den Gesamtbeitrag zur Sozialversicherung. Die Geringverdienergrenze beträgt monatlich 630 DM.

Praktikanten und Studenten

Wie bei den Auszubildenden gelten für Praktikanten und Studenten lohnsteuerlich keine Besonderheiten. Praktikanten und Studenten müssen dem Arbeitgeber eine Lohnsteuerkarte vorlegen. Die Lohnsteuer wird wie bei den anderen Arbeitnehmern nach den Merkmalen der Lohnsteuerkarte einbehalten.

Muss ein eingeschriebener Student aufgrund der Studienbestimmungen eine berufspraktische Tätigkeit (Praktikantentätigkeit) ableisten, so ist diese Tätigkeit in allen Zweigen der Sozialversicherung versicherungsfrei. Die Sozialversicherungsfreiheit besteht unabhängig davon, ob die Praktikantentätigkeit während der Semesterferien oder während des Studiums ausgeführt werden. Entscheidend ist, dass das Praktikum Bestandteil einer Studien- oder Prüfungsordnung ist.

Durch das Wachstums- und Beschäftigungsförderungsgesetz vom 25.9.1996 ist in Bezug auf die gesetzliche Rentenversicherung für die übrige Tätigkeit der Studenten eine erhebliche Änderung eingetreten. Studenten sind jetzt grundsätzlich in der gesetzlichen Rentenversicherung versicherungspflichtig, wenn die Tätigkeit neben dem Studium ausgeübt wird. Nur bei einer geringfügigen Beschäftigung (bis 630 DM) besteht Versicherungsfreiheit in der gesetzlichen Rentenversicherung.

In der Kranken-, Pflege- und Arbeitslosenversicherung besteht dagegen weiterhin Versicherungsfreiheit. Voraussetzung ist, daß der Student nicht mehr als 20 Stunden in der Woche arbeitet. Die 20-Stunden-Grenze spielt keine Rolle, wenn die Tätigkeit vorwiegend abends und am Wochenende erfolgt. Ferner besteht weiterhin Versicherungsfreiheit für Beschäftigungen, die während der Semesterferien ausgeübt werden, auch wenn die Arbeitszeit mehr als 20 Stunden wöchentlich beträgt. Die 20-Stunden-Grenze ist unbeachtlich, wenn die Tätigkeit befristet ist – auch wenn sie außerhalb der Semesterferien ausgeführt wird –, dabei muss die Beschäftigung auf nicht mehr als zwei Monate beschränkt sein.

4.3.3.7 Pflegeversicherung

Zum 1.1.1995 ist die soziale Pflegeversicherung in Kraft getreten. Die Pflegeversicherung ist wie die Renten-, Kranken-, Arbeitslosen- und Unfallversicherung eine Pflichtversicherung. Die Vorschriften zur Pflegeversicherung finden sich im Sozialgesetzbuch (SGB XI). Die Pflegeversicherung ist im Rahmen der gesetzlichen Krankenversicherung nach dem Prinzip »Pflegeversicherung folgt Krankenversicherung« geregelt. Der Beitragssatz zur Pflegeversicherung beträgt zur Zeit 1,7 %. Die Beitragsbemessungsgrenzen sind identisch mit den Grenzen in der gesetzlichen Krankenversicherung. Die Beiträge zu der sozialen Pflegeversicherung werden vom Arbeitgeber und Arbeitnehmer je zur Hälfte getragen. Voraussetzung der hälftigen Beitragstragung durch den Arbeitgeber ist, dass die Bundesländer zum Ausgleich für die Mehrbelastung einen auf einen Werktag fallenden Feiertag gestrichen haben. Ist dies nicht geschehen, so müssen die Arbeitnehmer die Beiträge zur gesetzlichen Pflegeversicherung alleine übernehmen. Die Beiträge des Arbeitgebers zur Pflegeversicherung des Arbeitnehmers sind steuerfrei, wenn sie aufgrund gesetzlicher Verpflichtung geleistet werden.

In der sozialen Pflegeversicherung sind die versicherungspflichtigen Mitglieder der gesetzlichen Krankenversicherung versicherungspflichtig. Sind Arbeitnehmer in der gesetzlichen Krankenversicherung freiwillig versichert, so sind diese auch in die soziale Pflegeversicherung einbezogen. Dies wird in der Regel die Pflegekasse der gesetzlichen Krankenversicherung sein. Allerdings können freiwillig Versicherte auf Antrag von der Versicherungspflicht in der sozialen Pflegeversicherung befreit werden, wenn sie eine gleichwertige Pflegeversicherung bei einem Privatunternehmen abgeschlossen haben. Die freiwillig Versicherten haben ebenso wie die Pflichtversicherten gegen ihren Arbeitgeber einen Anspruch auf Beitragszuschuss.

Privatversicherte Arbeitnehmer werden in der Regel auch bei der privaten Krankenversicherung das Pflegefallrisiko abschließen. Die privat versicherten Arbeitnehmer haben wie die freiwillig in der gesetzlichen Krankenkasse Versicherten das Wahlrecht, die Pflegeversicherung auch bei einem anderen privaten Unternehmen abzuschließen. Der Anspruch auf Beitragszuschuss des Arbeitgebers für privat Versicherte ist begrenzt auf die Höhe des Beitrags, der als Arbeitgeberanteil bei einer Versicherungspflicht zu zahlen wäre. Höchstens kann jedoch die Hälfte des Betrags geleistet werden, den der Arbeitnehmer für die private Pflegeversicherung tatsächlich zu zahlen hat. Ferner muss die private Pflegeversicherung die gesetzlichen Voraussetzungen des § 61 Abs. 6 SGB XI erfüllen. Dies wird durch eine entsprechende Bescheinigung nachgewiesen, die der Arbeitnehmer dem Arbeitgeber vorlegen muss.

4.3.3.8 Betriebliche Altersversorgung

Der Arbeitgeber kann neben der gesetzlichen Sozialversicherung dem Arbeitnehmer folgende Möglichkeiten der betrieblichen Altersversorgung (siehe auch Abschnitt 4.2.2.2.1) anbieten:
– Pensionszusagen
– Pensionskassen
– Unterstützungskassen
– Direktversicherung.

Mit den Pensionszusagen gewährt das Unternehmen direkt dem Arbeitnehmer eine zusätzliche Versorgungsleistung. Für diese Versorgungsleistung können in der Bilanz Pensionsrückstellungen eingestellt werden. Der Arbeitnehmer hat hier direkt gegenüber dem Arbeitgeber einen rechtsverbindlichen Versorgungsanspruch.

Pensionskassen werden in der Regel nur von größeren Unternehmen geführt. Denn die Pensionskassen können nur in der Rechtsform eines Versicherungsvereins auf Gegenseitigkeit oder einer AG betrieben werden. Bei einer Pensionskasse erwerben die Arbeitnehmer einen verbindlichen Versorgungsanspruch gegenüber der Pensionskasse.

Die Unterstützungskassen werden in der Rechtsform einer GmbH, einer Stiftung oder eines eingetragenen Vereins geführt. Neben den Versorgungsleistungen für das Alter gewähren Unterstützungskassen auch Hilfe in Notfällen. Hier hat der Mitarbeiter keinen Rechtsanspruch auf Versorgungsleistungen. Die Zuwendungen einer Unterstützungskasse erfolgen auf freiwilliger Basis.

Direktversicherungen werden bei privaten Lebensversicherungsgesellschaften abgeschlossen. Diese sind auch Träger dieser Versorgungsleistungen. Der Arbeitgeber kann die Versicherungsbeiträge entweder in voller Höhe oder nur teilweise tragen. Der Arbeitnehmer hat hier einen direkten Anspruch gegenüber der privaten Lebensversicherungsgesellschaft.

4.3.3.9   Kindergeld

Bis 31.12.1995 wurde die steuerliche Entlastung für Kinder in Form von Kinderfreibeträgen in die Lohnsteuertabelle eingearbeitet. Daneben wurde noch durch die Kindergeldkasse des Arbeitsamtes ein Kindergeld gezahlt. Ab 1.1.1996 wird durch das Jahressteuergesetz 1996 der Familienleistungsausgleich grundlegend neu geregelt. Die Steuerpflichtigen erhalten jetzt durch die Familienkasse für die Kinder im Laufe des Kalenderjahres nur noch Kindergeld.

Für das 1. und 2. Kind erhält der Steuerpflichtige einen Betrag von monatlich 270 DM, für das 3. Kind monatlich 300 DM und für jedes weitere Kind monatlich 350 DM. Jetzt wirken sich die Kinderfreibeträge nur noch auf den Solidaritätszuschlag und auf die Kirchensteuer aus. Nach Ablauf eines Kalenderjahres prüft das Finanzamt im Rahmen der Einkommensteuerveranlagung, inwieweit das Kindergeld oder der Kinderfreibetrag in Höhe 6 912 DM zu berücksichtigen ist. Die günstigste Alternative wird für die Berechtigten gewährt.

Im Rahmen der Neuregelung des Familienleistungsausgleichs wurden die unterschiedlichen Kindbegriffe im Kindergeldrecht und Steuerrecht angepaßt. Jetzt werden grundsätzlich leibliche Kinder, Adoptivkinder, im Haushalt aufgenommene Pflege-, Stief- und Enkelkinder berücksichtigt. Das Kindergeld wird dem Elternteil gezahlt, der das Kind in seinem Haushalt aufgenommen hat.

Bis zum 18. Lebensjahr wird das Kindergeld ohne weitere Voraussetzungen ausgezahlt. Ab Vollendung des 18. Lebensjahr wird in der Regel ein Kindergeld nur dann gezahlt, wenn das Kind sich in Schul- und Berufsausbildung befindet, eine Übergangszeit zwischen zwei Ausbildungsabschnitten von höchstens vier Monaten überbrückt, eine Berufsausbildung aufgrund eines fehlenden Ausbildungsplatzes nicht beginnen kann oder ein freiwilliges soziales Jahr bzw. ein freiwilliges ökologisches Jahr im Sinne der Gesetze ableistet. In den vorgenannten Fällen wird das Kindergeld nur noch bis zur Vollendung des 27. Lebensjahres gezahlt. Im Gegensatz zur alten Rechtslage werden für Kinder, die den gesetzlichen Grundwehrdienst, den Zivildienst oder eine Tätigkeit als Entwicklungshelfer leisten, nicht mehr berücksichtigt. Die neue gesetzliche Regelung sieht als weitere Einschränkung vor, daß die eigenen Einkünfte und Bezüge des Kindes ab dem vollendeten 18. Lebensjahr höchstens 13 500 DM im Kalenderjahr betragen dürfen.

4.3.3.10   Unfallversicherung

Die gesetzliche Unfallversicherung ist wie die Kranken-, Pflege- und Rentenversicherung eine Pflichtversicherung. Träger der Unfallversicherung sind die Berufsgenossenschaften. Kraft Gesetz ist jedes Unternehmen in der entsprechenden Berufsgenossenschaft des Gewerbezweiges Mitglied. Alle Personen, die in einem Arbeits- oder Dienstverhältnis zu einem Arbeitgeber stehen, sind in dieser Unfallversicherung versichert. Eine Versicherungsfreiheit wie in der Renten- und Krankenversicherung (z. B. bei geringfügig Beschäftigten) ist in der gesetzlichen Unfallversicherung nicht vorgesehen.

Die Beiträge zu der gesetzlichen Unfallversicherung werden ausschließlich von den Mitgliedern – den Unternehmen – aufgebracht. Im Gegensatz zu den übrigen Zweigen der Sozialversicherung zahlen die Arbeitnehmer hier keine eigenen Beiträge. Die Beiträge zur gesetzlichen Unfallversicherung bestimmen sich durch den Gefahrtarif, der Lohnsumme und einem Schadensrabatt bzw. -aufschlag. Die Beiträge werden nach Bedarf erhoben. Nach Ablauf eines Kalenderjahres wird der benötigte Bedarf in einem Umlageverfahren festgelegt. Der Umlagebeitrag wird aufgrund eines Lohnnachweises festgelegt. Der Lohnnachweis ist regelmäßig von jedem Arbeitgeber nach Ablauf eines Kalenderjahres zu erstellen. In dem Lohnnachweis werden die Zahl der Beschäftigten, die Gefahrtarifstelle, die Anzahl der geleisteten Arbeitsstunden, die Zahl der durch Arbeitsunfälle ausgefallenen Arbeitsstunden und die Summe der Arbeitsentgelte je Gefahrtarifstelle angegeben.

4.3.3.11   Entgeltsabrechnungen mit Hilfe der EDV

Die Entgeltsabrechnung wird heutzutage in der Regel über die EDV abgewickelt. Aufgrund der Meldepflichten, der anzuwendenden Tabellen und der komplizierten Berechnung ist die Entgeltsabrechnung ohne EDV kaum noch vorstellbar. Werden die Lohnsteuertabellen und Beitragssätze zur gesetzlichen Sozialversicherung geändert, werden diese sofort in den EDV-Programmen berücksichtigt.

Für jeden Arbeitnehmer werden entsprechende Personalstammdaten mit den abrechnungsrelevanten Punkten eingegeben. Es handelt sich dabei um den Namen, die Bankverbindung, Steuerklasse, Krankenkasse usw. Aufgrund der Personalstammdaten und der aktuellen Entgelthöhe werden die monatlichen Lohn- und Gehaltsabrechnungen vorgenommen. Zusammen mit der Lohn- und Gehaltsabrechnung werden dann automatisch die entsprechenden Meldungen für das Finanzamt und die Krankenkassen erstellt. Teilweise werden diese Informationen auch per Datenübertragung der Finanzverwaltung bzw. den Trägern der Sozialversicherung gemeldet.

Fragen zur Kontrolle

Zu Abschnitt 4.3

128. Welche Methoden gibt es zur Arbeitsplatzbewertung?

129. Beschreiben Sie die verschiedenen Entgeltformen bei den Arbeitslöhnen.

130. Zählen Sie die Abgrenzungsmerkmale zwischen Arbeitnehmer und selbständig Tätigen auf.

131. Wie werden die Jubiläumszuwendungen besteuert?

132. Erläutern Sie die Besteuerung von Abfindungen.

133. Wie werden Sachbezüge besteuert?

134. Welche Bedeutung hat die Lohnsteuerkarte im Besteuerungsverfahren?

135. Zählen Sie die Bereiche der Sozialversicherung auf.

136. Welche Bedeutung hat die Jahresarbeitsentgeltsgrenze für die Krankenversicherung?

137. Beschreiben Sie die Formen der betrieblichen Altersversorgung.

4.4 Personalplanung und -beschaffung

4.4.1 Begriff und Ziele der Personalplanung

Planung ist die Projektion gewollten Tuns in die Zukunft. Die Planung hat zu erfolgen unter Beachtung des ökonomischen Prinzips, d.h. dass mit einem gegebenen Aufwand ein möglichst hoher Nutzen erzielt werden soll (Maximalprinzip) oder ein bestimmbarer Nutzen mit einem möglichst geringen Aufwand erreicht werden kann (Minimalprinzip).

Die Planung umfasst aber auch das Ziel, künftige Entwicklungen, die selbst nicht beeinflussbar sind, vorauszusehen und damit Risiken, die ohne diese Voraussicht eintreten könnten, zu minimieren oder möglichst auszuschalten.

Planung soll helfen, Sicherheit und Stabilität zu verbessern. In diesem Sinne ist die Personalplanung eingebettet in die gesamte Unternehmensplanung.

Sie kann nicht losgelöst von anderen Teilbereichen der Unternehmensplanung gesehen werden. Es bestehen Zusammenhänge mit anderen Kernbereichen der gesamten Unternehmensplanung. Dies können sein:

– Absatzplanung
– Produktionsplanung
– Gewinnplanung
– Investitionsplanung
– Finanzplanung
– Kostenplanung.

Zwischen all diesen Teilbereichen bestehen Beziehungen und Interdependenzen.

Über diese Interessen hinaus, die Arbeitgeber wie auch Arbeitnehmer mit einer betrieblichen Personalplanung verbinden, hat auch die Gesamtgesellschaft (der Staat) Interesse an einer Personalplanung.

In der Darstellung auf der folgenden Seite sind diese Interessenschwerpunkte der Arbeitgeber, der Arbeitnehmer und der Gesamtgesellschaft gegenübergestellt.

Das grundsätzliche **Ziel der Personalplanung** ist es, das erforderliche Personal für die Erfüllung jetziger und künftiger Aufgaben eines Unternehmens

– mit den erforderlichen Qualifikationen
– in der erforderlichen Anzahl
– zum richtigen Zeitpunkt und
– am richtigen Ort

zur Verfügung zu stellen.

Maßnahmen zum Erreichen dieser Ziele sind neben Einstellung und Qualifizierung u. U. auch die Entlassung von Mitarbeitern. Es liegt auf der Hand, dass dabei ein Konflikt zwischen den wirtschaftlichen Zielen des Unternehmens und sozialen Zielen, dem Interesse der Arbeitnehmer an sicheren und gut bezahlten Arbeitsplätzen, entsteht.

Arbeitgeber	Arbeitnehmer	Gesamtgesellschaft (Staat)

• Verfügbarkeit des Produktionsfaktors Arbeit
  – in der erforderlichen Anzahl
  – mit den erforderlichen Qualifikationen
  – zum richtigen Zeitpunkt
  – am richtigen Ort
• Anforderungs- und eignungsgerechter Personaleinsatz
• Verbesserung des Qualifikationsniveaus der Mitarbeiter und damit der Innovationsfähigkeit des Unternehmens
• Vermeidung von Personalbeschaffungskosten durch Stellenbesetzung »aus den eigenen Reihen«
• Motivation der Mitarbeiter
• Überschaubarkeit der Personalkostenentwicklung
	• Sicherheit des Arbeitsplatzes bzw. Vermeidung von Härten bei Um- oder Freisetzung
	• Minderung der Risiken, die sich aus technischem und wirtschaftlichem Wandel ergeben können
	• Sichere, anforderungs- und leistungsgerechte Arbeitseinkommen
	• Menschengerechte Arbeitsbedingungen und Vermeidung gesundheitsschädigender Belastungen
	• Chancen beruflicher Aus- und Fortbildung
	• Aufstiegschancen im Unternehmen
	• Schutz besonderer Arbeitnehmergruppen (Ältere, Behinderte, Jugendliche)
	• Bessere Planbarkeit der eigenen Berufsentwicklung
		• Vermeidung gesellschaftlicher Belastungen, die auf unzureichend geplanten Personalentscheidungen beruhen (vermeidbare Kündigungen, Inanspruchnahme der Arbeitsgerichte u.a.)
		• Rechtzeitige Information der zuständigen Arbeitsämter über bevorstehende Nachfrage nach Arbeitskräften oder Entlassungen
		• Versachlichung der Beziehungen zwischen Arbeitgeber und Arbeitnehmer im Betrieb
		• Realisierung und Ausfüllung gesetzlicher Vorschriften (z. B. BetrVG)
		• Realisierung gesellschaftlicher Zielvorstellungen

Quelle: RKW-Handbuch Personalplanung, Luchterhand Verlag

Dieser unaufhebbare Gegensatz drückt sich nicht nur in der Personalplanung aus, sondern auch in anderen Bereichen der Personalarbeit, wie im Zusammenwirken von Arbeitgeber und Betriebsrat, ferner im Rahmen der Tarifautonomie zwischen Arbeitgeberverbänden und Gewerkschaften.

Man unterscheidet im wesentlichen drei **Zeiträume der Personalplanung:**

– kurzfristiger Planungszeitraum (bis zu 1 Jahr)
– mittelfristiger Planungszeitraum (bis 3 Jahre)
– langfristiger Planungszeitraum (bis 5 Jahre).

Diese Einteilung ist jedoch relativ grob und abhängig von unternehmens- und branchenspezifischen Besonderheiten sowie von der Größe eines Unternehmens. Ein multinational operierendes Unternehmen wird Planungszeiträume in der Personalplanung bis zu 10 Jahren erreichen können. Kleine Unternehmen dagegen werden sich eher im mittelfristigen Bereich bewegen.

Je länger der Planungszeitraum ist, desto größer wird natürlich der Unsicherheitsfaktor.

4.4.1.1   Grundlagen der Personalplanung

Die Ziele der Personalplanung können nur realisiert werden, wenn die dafür erforderlichen Daten (Informationen) als Planungsgrundlagen zur Verfügung stehen.

Diese Informationen können aus dem internen oder aus dem externen Bereich eines Unternehmens kommen.

Nachfolgend ist eine Übersicht über mögliche erforderliche Datenstrukturen dargestellt.

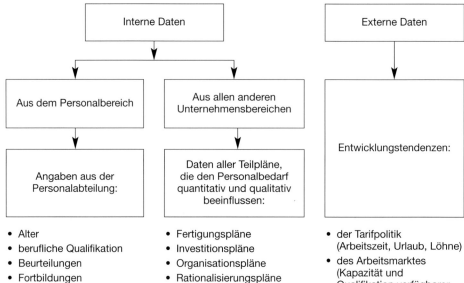

Interne Daten		Externe Daten

Aus dem Personalbereich	Aus allen anderen Unternehmensbereichen	

Angaben aus der Personalabteilung:	Daten aller Teilpläne, die den Personalbedarf quantitativ und qualitativ beeinflussen:	Entwicklungstendenzen:

• Alter	• Fertigungspläne	• der Tarifpolitik (Arbeitszeit, Urlaub, Löhne)
• berufliche Qualifikation	• Investitionspläne	• des Arbeitsmarktes (Kapazität und Qualifikation verfügbarer Arbeitskräfte)
• Beurteilungen	• Organisationspläne	
• Fortbildungen	• Rationalisierungspläne	
• Fehlzeiten	• Umsatzentwicklung	• der Konjunktur (gesamtwirtschaftlich und branchenbezogen)
• Beschäftigungsdauer	• Marktanteile	
• Personalkostenstruktur		
• vorhandene Stellen		• der Finanz- und Sozialpolitik (Steuergesetze, Sozialgesetze)
• Entgeltstrukturen		
• Sozialkosten		

Bei der Ermittlung interner Daten müssen die einzelnen Bereiche der Unternehmensplanung mit vergleichbaren Instrumenten arbeiten. Planungsmethoden und Verfahren sind aufeinander abzustimmen. Es wird zu Schwierigkeiten führen, wenn die Differenzierung der Planung beispielsweise im Bereich des Absatzes hoch entwickelt ist und über langfristige Zeiträume vorausgeplant wird, während die Personalplanung diesen Detaillierungsgrad noch nicht erreicht hat.

4.4.1.2   Hilfsmittel der Personalplanung

Hilfsmittel sind sowohl die im Personalbereich eingesetzten Organisationsmittel als auch statistisch aufbereitete Unterlagen mit wichtigen Personaldaten.

Häufig angewandte Organisationsmittel sind:

– Stellenbeschreibung
– Arbeitsplatzbeschreibung.

Sie sollen im wesentlichen die Anforderungen an die Stelle/Arbeitsplatz und das daraus abgeleitete Anforderungsprofil beschreiben.

Zu einer Stellenbeschreibung/Arbeitsplatzbeschreibung gehören:

– Bezeichnung der Stelle
– Eingliederung in die Organisation
– Unter- und Überstellung
– Ziele der Stelle
– Hauptaufgaben
– Befugnisse/Vollmachten
– Stellvertretung
– Beziehungen zu anderen Arbeitsplätzen
– besondere Anforderungen an den Inhaber des Arbeitsplatzes.

Stellenplan

In Stellenplänen sind alle Stellen eines Unternehmens aufgeführt, unabhängig davon, ob sie zur Zeit besetzt sind oder nicht. Damit hat ein Stellenplan Soll-Charakter. Im Gegensatz zu Stellenplänen zeigen Organisationspläne die Leitungszusammenhänge und weisen deshalb nur die Führungspositionen aus.

Stellenpläne können als Organigramm oder als Listen dargestellt werden. Der Stellenplan zeigt den Gesamtbedarf an Stellen und damit den Personalbedarf, der zur Erfüllung gestellter Aufgaben erforderlich ist.

Stellenbesetzungsplan

Auf der Grundlage des Stellenplanes ist ein Stellenbesetzungsplan anzulegen. Er zeigt die tatsächlich besetzten Stellen als Ist-Situation: Welche Stellen des Stellenplanes sind von welchen Mitarbeitern besetzt? Ergibt sich eine Differenz zwischen Stellenplan und Stellenbesetzungsplan, so zeigt diese entweder einen Personalbeschaffungsbedarf auf oder sie weist einen Personalüberhang aus.

Anforderungsprofile

Anforderungen sind die Summe der Fähigkeiten und Belastungen, denen ein Stelleninhaber gerecht werden muss. Sie beziehen sich auf die Stelle und sind nicht personenbezogen. Anforderungsprofile werden häufig bei der Personalbeschaffung eingesetzt. Bei der Auswahl werden Anforderungs- und Qualifikationsprofile abgeprüft. In Anforderungsprofilen sollten nur Merkmale aufgenommen werden, die auch eindeutig zu definieren und überprüfbar sind.

Qualifikationsprofile

Die Qualifikation ist die Summe aller Fähigkeiten und Belastungen, denen der Mitarbeiter/Bewerber gerecht werden muss. Es handelt sich um das gesamte Leistungspotential und drückt nicht nur die Leistungsfähigkeit aus, sondern auch die Leistungsbereitschaft.

Laufbahnpläne/Nachfolgepläne

Laufbahnpläne sind mitarbeiterbezogene Pläne, die all die Stellen ausweisen, die ein Mitarbeiter in bestimmten Zeiten durchlaufen soll, um eine Position innerhalb der Stellenhierarchie zu erreichen.

Nachfolgepläne dagegen sind stellenbezogene Angaben darüber, welche Personen die Stellen besetzen sollen, die in absehbarer Zeit frei werden.

Personalstatistiken

Personalstatistiken liefern in unterschiedlicher Darstellung Informationen zur Personalplanung. Es kann sich handeln um Aussagen über die

- Altersstruktur
- fachliche und berufliche Qualifikationsstruktur
- Fehlzeitenhöhe, Fehlzeitenentwicklung, Fluktuationsquote
- Personalkostenentwicklung.

Personalakten

Aus Personalakten können persönliche Daten entnommen werden sowie personenbezogene Angaben über Qualifikation, Entwicklungen und Potentialbeurteilungen.

Die nachfolgende Darstellung zeigt zusammengefasst die wichtigsten Hilfsmittel und die Informationen.

Hilfsmittel der Personalplanung	Informationen
Stellenplan	Stellenbeziehungen, Stelleninformation
Stellenbesetzungsplan	Stellenzuordnung, Ersatztermine, Vakanzen
Stellenbeschreibung	Anforderung, Aufgaben, Kompetenzen
Anforderungsprofil	Anforderungen gem. gewünschter Kriterien
Qualifikationsprofil	Eignungsstärke gem. gewünschter Kriterien
Personalakte	persönliche Daten, Entwicklungsdaten
Personalstatistik	personenbezogene Strukturdaten (u.a. Alter, Qualifikation), Fluktuation, Fehlzeiten
Beurteilung	Leistungen, Mitarbeiterpotential
Urlaubsplan	vorübergehende Abwesenheit
Nachfolge- und Laufbahnplan	Einsatzorte und -zeiten, Entwicklungsstufen

Quelle: IHK-Textband, Personalplanung 1998

4.4.2   Arten der Personalplanung

Man unterscheidet im wesentlichen sechs Personalplanungsarten:

Personalbedarfsplanung	Wieviele Mitarbeiter mit welchen Qualifikationen werden wann und wo benötigt?
Personalbeschaffungsplanung	Wie kann das erforderliche Mitarbeiterpotential beschafft und ausgewählt werden?
Personaleinsatzplanung	Wie kann das im Unternehmen vorhandene Mitarbeiterpotential optimal eingesetzt werden? (Die richtige Frau/der richtige Mann auf dem richtigen Platz)
Personalanpassungsplanung	Wie kann überzähliges Mitarbeiterpotential mit möglichst geringen sozialen Härten (sozialverträglich) abgebaut werden?
Personalentwicklungsplanung	Wie kann vorhandenes Mitarbeiterpotential für veränderte oder neue Aufgaben durch Weiterbildungsmaßnahmen oder andere Maßnahmen systematisch qualifiziert werden? Wie sind solche Maßnahmen zu planen?
Personalkostenplanung	Welche Kosten ergeben sich aus den geplanten personellen Maßnahmen?

4.4.2.1   Personalbedarfsplanung

Die Personalbedarfsplanung soll festlegen, wieviele Arbeitnehmer mit bestimmter Qualifikation zum Planungszeitpunkt an welchem Ort zur Verfügung stehen, um das angestrebte Unternehmensziel zu verwirklichen. Dabei gilt es, die bestehenden Tarifverträge und Gesetze zu beachten.

Man geht in drei Schritten vor:

1. Ermittlung des **Bruttopersonalbedarfs**
2. Ermittlung des **künftigen Personalbestandes**
3. Der Unterschied zwischen 1. und 2. ergibt den **Netto-Personalbedarf**, d. h. einen zusätzlichen Personalbedarf oder einen Personalüberhang.

Ermittlung des Bruttopersonalbedarfs

In diesem Schritt wird der künftige Arbeitszeitbedarf ermittelt, der erforderlich ist, um die z. B. für einen Produktionsbetrieb im Absatz- und Produktionsplan festgelegten Ziele zu erreichen. Dieser Arbeitszeitbedarf wird in Arbeitskräftebedarf umgerechnet. Der so ermittelte Bruttopersonalbedarf setzt sich zusammen aus dem Einsatzbedarf und dem Reservebedarf. Als Einsatzbedarf bezeichnet man die Zahl der Arbeitskräfte, die ständig verfügbar sein müssen. Da dieses aber nur eine theoretische Betrachtungsweise sein kann, muss der Reservebedarf ermittelt werden, der abhängig ist von dem zu gewährenden Urlaub, vom durchschnittlichen Krankenstand und von sonstigen Fehlzeiten, wie Erziehungsurlaub, Freistellungen, Schulungen usw. 2000 ergab sich in Deutschland bei 30 Arbeitstagen Urlaub und etwa 5% Krankenquote ein durchschnittlicher Reservebedarf zwischen 15% und 20%.

Künftiger Personalbestand

Der Bestand wird zum Zeitpunkt der Planerstellung ermittelt. Diese Zahl muß vermindert werden um die voraussichtlichen Abgänge, wie sie z. B. durch Fluktuation, Pensionierung, Einberufung zur Bundeswehr, Inanspruchnahme des Erziehungsurlaubes entstehen können. Hinzugerechnet werden müssen voraussichtliche Zugänge, z. B. Übernahme von Auszubildenden, Rückkehr aus dem Erziehungsurlaub, Rückkehr von der Bundeswehr usw.

Netto-Personalbedarf

Aus der Gegenüberstellung des Brutto-Personalbedarfs und des künftigem Personalbestandes ergibt sich der Netto-Personalbedarf, der entweder einen Beschaffungsbedarf oder einen Personalüberhang ausweist. Daraus ergeben sich die weiteren Konsequenzen.

Im folgenden Schema sind diese Zusammenhänge noch einmal graphisch aufbereitet:

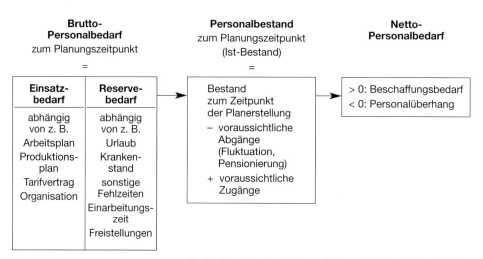

Quelle: RKW-Handbuch, Personalplanung 1990, Luchterhand Verlag

Bei den Bedarfsarten unterscheidet man:

– **Ersatzbedarf**
  Ergibt sich durch Mitarbeiter, die während der Planungsperiode ausscheiden (Pensionierung, Kündigung, Todesfälle). Hierzu gehören auch die Einberufung zur Bundeswehr bzw. Zivildienst, Inanspruchnahme des Erziehungsurlaubes.
– **Neubedarf**
  Als Folge von Erweiterungen und Stellenzunahmen im Planungszeitraum.
– **Mehrbedarf**
  Anstieg bei gleicher Kapazität und Menge durch gesetzliche Veränderungen, z. B. Veränderung der Arbeitszeit auf tariflicher oder betrieblicher Grundlage, und durch das Erfordernis, bestimmte Spezialisten einstellen zu müssen, z. B. Fachkräfte für Arbeitssicherheit oder für Entsorgung.

– **Reservebedarf**
   Für berechenbare Ausfälle und Abwesenheiten (Urlaub, Krankheit usw.). Dieser Reservebedarf muss für jedes Unternehmen aus eigenen Aufzeichnungen ermittelt werden und kann durchaus von Unternehmen zu Unternehmen gravierend abweichen.
– **Nachholbedarf**
   Das sind die Positionen, die bereits zu Beginn der Planungsperiode unbesetzt waren und jetzt während der laufenden Planungsperiode besetzt werden müssen.

4.4.2.1.1   Verfahren zur Bedarfsermittlung

Eine Übersicht über die gängigen Verfahren zur Prognose des Personalbedarfs und ihrer Eignung für die unterschiedlichen Betriebsgrößen befindet sich auf der folgenden Seite.

Schätzverfahren

Das Schätzverfahren wird häufig nicht als wissenschaftliche Methode angesehen, gleichwohl ist es in der betrieblichen Praxis sehr häufig verbreitet. Man unterscheidet insgesamt zwei Schätzverfahren:

– das einfache Schätzverfahren
– das systematisierte Schätzverfahren (Delphi-Methode).

Beim einfachen Schätzverfahren schätzen die jeweiligen Führungskräfte aufgrund ihrer Erfahrung und ihres Wissens aus der Vergangenheit die Planzahlen für die Zukunft. Sie müssen ein gewisses Maß an Erfahrungen aufgrund längerer Betriebszugehörigkeit aufweisen. Dieses Verfahren ist durchaus von subjektiven Elementen geprägt.

Eine Verfeinerung der Schätzverfahren kann man dadurch erreichen, dass die endgültige Festlegung der Daten in Gesprächsrunden erfolgt, an denen alle Führungskräfte teilnehmen und in die auch Befragungen von Führungskräften mit einfließen, die nicht unmittelbar in der Linienaufgabe stehen.

Bei der **systematischen Expertenbefragung (Delphi-Methode)** werden die betroffenen Führungskräfte mit Hilfe eines systematisch aufgebauten Fragebogens nach ihren Schätzungen und ihrer Begründung für den künftigen Personalbedarf gefragt. In diese Befragungen eingeschlossen sind ggf. auch Lieferanten oder Hersteller oder auch Unternehmensberater, die umfassende Branchenkenntnisse aufweisen. Die vorliegenden Schätzungen und die Begründungen werden ausgewertet und mit durchgeführten Informationsanalysen seitens der Unternehmensleitung (Konkurrenzsituation auf dem Markt, Marktanteile, Kostensituation auf dem Markt) an die Führungskräfte zurückgemeldet mit der Bitte, aufgrund der neuen Information eine weitere Schätzung vorzunehmen. Auch diese Methode kann abgerundet werden durch eine endgültige Festlegung der Planungszahlen in gemeinsamen Gesprächsrunden. Dieses Verfahren eignet sich durchaus auch für mittlere Betriebe, die keinen hohen Kostenaufwand für die Personalplanung betreiben können oder wollen.

Globale Bedarfsprognose

Dieses Verfahren eignet sich zur mittel- und längerfristigen Personalbedarfsprognose. Prognosen beruhen auf Vergangenheitswerten und schreiben sie in die Zukunft fort. Voraussetzung ist, dass entsprechendes Datenmaterial aus der Vergangenheit über längere Zeiträume vorliegt, das in die Zukunft fortgeschrieben werden kann. Bei dieser Methode werden keine Veränderungen berücksichtigt, z. B. Rationalisierung, Änderung der Arbeitszeit.

Methode	Bezugsgrößen	Umrechnungs-methoden	Eignung
Schätzverfahren	– Unbestimmt • Erfahrung, Vorhaben und Maßnahmen anderer Unternehmens-pläne u.a.	– Schätzung – systematische Schätzung	Geeignet für kleinere und mittlere Betriebe zur kurz- und mittelfristigen Bedarfsermittlung

Globale Bedarfs-prognosen	– Entwicklung bestimmter Größen in der Vergangenheit wie
	  • Beschäftigtenzahl
	  • Umsatz u.a.
	– Ermittelte oder vermutete Zusam-menhänge zwi-schen Größen in Form von Kenn-zahlen
		– Trend-Extrapolation
		– Regressions-rechnung
		– Korrelations-rechnung
			Geeignet für Mittel- und Großbetriebe mit kontinuierlicher Absatz- und Produktionsent-wicklung zur mittel- und langfristigen Planung

Kennzahlen-methode	– z. B. Entwicklung der Arbeits-produktivität bzw. anderer Kennzahlen	– Trend-Extrapolation – Regressions-rechnung – Innerbetriebliche Quervergleiche	Gut geeignet für Betriebe aller Größenklassen zur Ermittlung des Personalbedarfs für bestimmte Betriebsteile oder Gruppen von Arbeitsplätzen
Arbeitswissen-schaftliche Verfahren der Personalbemessung	– Zeitbedarf pro Arbeitseinheit – Arbeitseinheit	– Schätzungen – Arbeitsanalysen – Zeitmessungen – Tätigkeits-vergleiche – Innerbetriebliche Quervergleiche	Für Betriebe geeignet, in denen im Rahmen der Arbeitsvorbereitung REFA bzw. MTM angewendet wird
Stellenplanmethode	– Gegenwärtige und künftige Organisations-struktur	– Analyse von Fehlzeiten	Für alle Betriebe geeignet zur kurz- und mittelfristigen Planung, wenn organisatorische Voraussetzungen erfüllt sind
Besondere Analyse des Reservebedarfs	– Effektive und nominale Arbeitszeit	– Fluktuation – Prognose der tariflichen Arbeitszeit	Für alle Betriebe kurz-, mittel- und langfristig

Quelle: RKW-Handbuch, Personalplanung 1996, Luchterhand Verlag

Kennzahlenmethode

Genauer kann die Personalplanung mit Hilfe von Kennzahlen durchgeführt werden. Solche Kennzahlen stellen die Abhängigkeiten des Personalbedarfs von auftrags-, produktions- oder arbeitsumfangsbezogenen Bezugsgrößen dar. Es ist eine Beziehung herauszufinden und in einer einfachen Kennzahl zu formulieren.

Eine gebräuchliche Kennzahl zur Bedarfsberechnung ist die Arbeitsproduktivität. Sie wird berechnet, in dem eine Ergebnisgröße, z. B. der Umsatz, in Beziehung zur Beschäftigtenzahl oder Arbeitszeit gesetzt wird.

$$\text{Arbeitsproduktivität} = \frac{\text{Umsatz}}{\text{Beschäftigtenzahl}}$$

Kennzahl-Verfahren können meist dann gut angewandt werden, wenn die Arbeitsplätze weitgehend von einer Ausbringungsmenge bestimmt sind. In solchen Fällen lässt sich leicht ein Zusammenhang von Bezugsgrößen und Personalbedarf herstellen.

Arbeitswissenschaftliche Verfahren der Personalbemessung

Diese Methode eignet sich besonders dann, wenn Datenmaterial aus den Betrieben und Unternehmen vorliegt, das man mit den Begriffen des »Wiegen«, »Messen« und »Zählen« bezeichnen kann.

Der Einsatzbedarf ermittelt sich nach der Formel:

$$\text{Einsatzbedarf} = \frac{\text{Arbeitsmenge} \cdot \text{Zeitbedarf pro Arbeitsvorgang}}{\text{übliche Arbeitszeit pro Arbeitskraft}}$$

Der Reservebedarf (Urlaub, Fehlzeiten) muss zusätzlich in Form eines Zuschlages berücksichtigt werden. Die Arbeitsmenge ergibt sich direkt aus der geplanten Produktion, bei den sogenannten nicht-wirtschaftenden Tätigkeiten (Verwaltung usw.) aufgrund von Erfahrungswerten.

Die Zeiten lassen sich auch mit der Methode der **Selbstaufschreibung** ermitteln. Die Mitarbeiter schreiben dann während eines meist mehrwöchigen Zeitraumes die Ist-Zeiten für verschiedene Arbeitsvorgänge auf. Durch Vergleiche und über eine statistische Absicherung der Daten wird schließlich eine Standardzeit für jede Tätigkeit ermittelt und für die Personalbedarfsplanung verwendet. So ermitteln z. B. Versicherungsgesellschaften über einen langen Zeitraum eine durchschnittliche Zeit für die Abarbeitung eines Schadensfalles in der Kfz.-Versicherung. Eine genauere Zeitangabe erreicht man durch arbeitswissenschaftliche Methoden, z. B. REFA oder MTM. Sie werden hauptsächlich im Produktionsbereich angewandt.

Bei REFA und MTM wird ein gesamter Arbeitsablauf in Arbeitsvorgänge zerlegt, und es wird die Qualifikation festgelegt, über die die Arbeitskräfte verfügen müssen, um die Arbeitsvorgänge ausführen zu können. Danach wird für jeden einzelnen Arbeitsvorgang die Zeit gemessen, die zur Ausführung erforderlich ist. Aus diesen zusammengefassten Zeiten ergeben sich dann die entsprechenden Arbeitszeiten, aus denen der entsprechende Arbeitskräftebedarf errechnet werden kann.

Stellenplanmethode

Bei dieser Methode wird der Personalbedarf direkt aus den in die Zukunft fortgeschriebenen Stellenplänen und Stellenbeschreibungen ermittelt. Als Hilfsmittel dazu dienen der künftige Stellenplan und der künftige Stellenbesetzungsplan. Daraus ergibt sich der Netto-Personalbedarf, d.h. ein Personalbedarf oder ein Personalüberhang. Die Stellenplanmethode wird vorwiegend angewandt im Dienstleistungs- und Verwaltungsbereich. Voraussetzung für gute Ergebnisse ist die regelmäßige Aufstellung, Überprüfung und Fortentwicklung der detaillierten Stellenpläne, Stellenbesetzungspläne und der Stellenbeschreibungen für alle Hierarchieebenen eines Unternehmens.

Besondere Analyse des Reservebedarfs

Wie aus dem Vorstehenden deutlich wird, muss zu einem ermittelten Einsatzbedarf immer ein Reservebedarf zugeschlagen werden. In der Praxis begegnet diese Ermittlung des Reservebedarfs besonderen Problemen. Bei manchen Methoden, z. B. bei der Kennzahlen-Methode oder der arbeitswissenschaftlichen Methode, kann ein genauer Reservebedarf ermittelt werden. Bei anderen Methoden wie Schätzverfahren oder Stellenplanmethoden ist es relativ schwierig. Gerade bei der Stellenplanmethode im Dienstleistungs- und Verwaltungsbereich ist häufig kein Reservebedarf vorgesehen, sondern Ausfälle, die durch Urlaub und Krankheit entstehen, werden durch Vertretungsregelungen abgedeckt. Von den Mitarbeitern wird dann erwartet, daß sie ihre Produktivität erhöhen oder dass nach Rückkehr aus dem Urlaub/der Krankheit der bisherige Stelleninhaber die liegengebliebenen Aufgaben unter erhöhtem Einsatz nachholt.

Ein Beispiel für den Umfang eines eventuellen Reservebedarfs:

1. **Ermittlung der jährlichen Betriebszeiten**

365	Jahrestage
– 52	Sonntage
– 52	Samstage
– 9	Feiertage

   = 252 Arbeitstage (=100%; 1 Tag = 0,4%)

2. **Ermittlung des Reservebedarfs**

Tage		Prozent
30	Tarifurlaub	11,9
1	Unbezahlter Urlaub	0,4
0,5	sonstiger Urlaub (z. B. für Schwerbehinderte)	0,2
0,5	Mutterschutz, Erziehungsurlaub	0,2
0,5	Bundeswehr	0,2
1	Fortbildung/Bildungsurlaub	0,4
5	nicht besetzte Arbeitsplätze	1,0
15	Arbeitsunfähigkeit	6,0
0,5	Freistellung für Betriebsräte und Vertrauensleute	0,2

   = 52,5 Tage durchschnittl. Abwesenheit, der Reservebedarf beträgt   20,5

3. **Zusätzlicher Reservebedarf bei durchlaufenden Pausen und Aufrechterhaltung der Betriebsnutzungszeit bei einer Arbeitszeitverkürzung**

9 Freischichten für 38,5 Stunden-Woche	3,6
Springereinsatz für 40 Minuten bei durchlaufenden Pausen pro 8-Stunden-Schicht	7,1

   = zusätzlicher Reservebedarf insgesamt   10,7

Quelle: RKW-Handbuch, Personalplanung 1996, Luchterhand Verlag

4.4.2.2 Personalbeschaffungsplanung

Ist die Personalbedarfsplanung abgeschlossen, folgt nun als zweiter Schritt die Personalbeschaffungsplanung mit dem Ziel, Mitarbeiter/Mitarbeiterinnen aus dem internen und externen Markt zu gewinnen, um mögliche Personalengpässe zu beheben oder – im Idealfall – gar nicht erst aufkommen zu lassen.

Die **Personalbeschaffungsplanung** legt damit fest, wo ein Unternehmen rechtzeitig die nach Zahl und Ausbildung benötigten Mitarbeiter/Mitarbeiterinnen findet, wie das Personal beschafft werden kann (Wege) und nach welchen Methoden sich die Auswahl der Mitarbeiter/Mitarbeiterinnen für den in Aussicht genommenen Arbeitsplatz vollzieht.

Um diesen Aufgaben gerecht zu werden, sollte eine möglichst dauernde Beobachtung des Arbeitsmarktes erfolgen, und zwar

– am jeweiligen Standort
– im engeren örtlichen Raum
– in der näheren und weiteren Umgebung und
– für bestimmte Berufsgruppen (Engpässe).

Eine wesentliche Aufgabe ist auch die Beurteilung der Situation des Arbeitsmarktes. Man kann von folgenden Situationen ausgehen.

Bei Rezession

– entspannter Arbeitsmarkt
– geringere Bereitschaft zur Mobilität
– geringere Entgeltsforderungen

Bei Hochkonjunktur

– angespannter Arbeitsmarkt
– geringere Auswahlmöglichkeiten
– hohe Verdienstforderungen
– größere Mobilitätsbereitschaft

Personalanforderung
Der Anstoß zur Beschaffung von neuen Mitarbeitern/Mitarbeiterinnen geht meist von den Fachabteilungen aus. Die jeweils zuständige Führungskraft richtet an die Personalabteilung eine Personalanforderung, die die wesentlichen Anforderungen der zu besetzenden Position beschreibt.

Für die Personalanforderung ist in größeren Unternehmen die schriftliche Form üblich. Es empfiehlt sich eine Formularform, um sicherzustellen, dass alle relevanten Daten (Anforderungsmerkmale und Funktionsbeschreibung und Qualifikation der neuen Mitarbeiter/Mitarbeiterinnen) erfasst werden. Auch durchläuft bei größeren Unternehmen eine Personalanforderung mehrere Prüfinstanzen bis hin zur Geschäftsführung oder zum Vorstand.

Ein Beispiel für ein Personalanforderungsformular befindet sich auf der folgenden Seite.

Stellenbesetzung

Bezeichnung der Stelle: _____   Stellen-Nr. (Org.-Bereich) _____

in Abteilung/Betrieb: _____   Stellenbeschreibung Nr.: _____

1. Antrag zur Stellenbesetzung

vorgesehener Einstellungstermin _____

☐ Vollzeit   ☐ Teilzeit   ☐ befr. Arbeitsverhältnis bis zum

Std./Woche   Begründung: _____

fachliche Qualifikation _____

persönliche Qualifikation _____

personeller Folgebedarf   ☐ nein   ☐ ja

Datum: _____   Unterschrift: _____

(Abt.-leiter, Betr.-leiter)

2. Personalstand, Kosten, Termin (wird durch PA ausgefüllt)

Eingang PA am _____   Bearbeiter: _____

(Name)   (Tel.-Nr.)

2.1 Kosten und Termin

voraussichtl. Beschaffungszeitraum _____

Beschaffungskosten (einmalig)   DM _____

Personalkosten (im Jahr der Einstellung)   DM _____

+ Personalzusatzkosten   DM _____

= Gesamtkosten für Jahr der Einstellung   DM _____

Ges. Personalkosten für (volles) Jahr   DM _____

Entwicklung in den nächsten fünf Jahren
(kum. 1.-5. Jahr, einschl. zu erwartender
persönlicher Entwicklung)   DM _____

2.2 Personalstand (anfordernder Bereich)	aT	TA	Gew	Summe
Ist-Stand am 31.12. d. Vorjahres				
im Stellenplan vom genannt				
Ist-Stand am (davon Interimskräfte)				
+ vorl. Aufträge (einschl. abgeschl. Vertr.)				
– bekannte Austritte				

Zurück an Antragsteller am _____

_____

Sachbearbeiter PA   (Unterschrift)

3. Kosten-/Nutzen-Prüfung (füllt Antragsteller aus, ggf. Anlagen beifügen)

Kosten: _____

Nutzen: _____

Nachteile, wenn Stelle nicht besetzt wird _____

Alternativen _____

Antragsteller _____
Datum   Name   Unterschrift

Vorgesetzter _____
Datum   Name   Unterschrift

4. Auftrag zur Stellenbesetzung

Stelle besetzen zum _____   ☐ Vollzeit   ☐ Teilzeit   ☐ befr. AV

_____
Datum   Unterschrift

Auftrag bei PA eingegangen am _____

☐ innerbetr. Stellenausschreibung   ☐ Versetzung   ☐ Azubi

☐ Rückk. Bew.   ☐ Rückk. Ausl.   ☐ ext. Einstellung

☐ Vollzeit   ☐ Teilzeit   ☐ Befr. AV

Stelle besetzt am _____ mit _____ zum _____ Pers.-Nr. _____

5. Stelle konnte nicht termingerecht besetzt werden.

Rückgabe an den Antragsteller am _____

Unterschrift

4.4.2.2.1   Interne Beschaffung

Bei der Beschaffungsplanung ist immer zu unterscheiden, ob Beschaffungsaktivitäten nur auf dem internen Arbeitsmarkt stattfinden, ob ausschließlich der externe Markt in Anspruch genommen wird oder ob beide Märkte zugleich angesprochen werden.

Mitarbeiter/Mitarbeiterinnen können auf dem internen Markt gewonnen werden

– durch eine interne Stellenausschreibung
– durch Vorschlag von Vorgesetzten
– durch Übernahme von Auszubildenden
– durch Umsetzung von überzähligen Mitarbeitern/Mitarbeiterinnen
– durch Laufbahnplanung.

Orientierungsdaten für die Beschaffung auf dem internen Markt sind Kenntnisse über die Personalstruktur, Aus- und Fortbildungsstruktur sowie Mitarbeiterpotentiale.

Eine große Erleichterung können **Personalinformationssysteme** sein, die entscheidungsrelevante Daten aufweisen. Das können berufliche Entwicklungsdaten oder Qualifikationsdaten, die sich aus Personalakten ergeben sowie Ergebnisse von Personalentwicklungsmaßnahmen sein.

Interne Stellenausschreibung

Eine innerbetriebliche Stellenausschreibung ist immer dann sinnvoll, wenn voraussehbar ist, dass qualifizierte Mitarbeiter/Mitarbeiterinnen im Unternehmen vorhanden sind. Offene Stellen werden in der Regel innerbetrieblich durch Aushänge oder durch Veröffentlichungen in Werkzeitschriften bekanntgemacht.

Auch von der Möglichkeit Stellenausschreibungen in internen Netzen (Intranet) bekannt zu geben wird zunehmend Gebrauch gemacht.

Weitere Möglichkeiten bestehen durch Aufnahme in Informationsmappen, die an bestimmten Kommunikationsorten des Betriebes, z. B. in der Kantine, der Personalabteilung oder beim Betriebsrat ausgelegt werden. Es muss allen interessierten Mitarbeitern/Mitarbeiterinnen möglich sein, das innerbetriebliche Personalangebot zur Kenntnis zu nehmen.

Der Betriebsrat kann gemäß § 93 BetrVG generell oder für einzelne Arbeitsplätze eine innerbetriebliche Stellenausschreibung verlangen. Ausgenommen von diesem Verlangen des Betriebsrates sind lediglich die Positionen von leitenden Angestellten, die in § 5 BetrVG definiert sind.

Eine interne Stellenausschreibung sollte folgende Angaben enthalten:

– Bezeichnung der Position
– organisatorische Zuordnung
– kurze Aufgabenbeschreibung
– kurze Beschreibung der Anforderungsmerkmale
– ggf. die Eingruppierung
– Arbeitszeit (falls von den üblichen Zeiten abgewichen wird)
– Angaben über den formalen Ablauf des Bewerbungsvorganges.

Eine wichtige Rolle bei der internen Besetzung offener Stellen spielen die Vorgesetzten. Sie kennen die Qualifikationen der ihnen unterstellten Mitarbeiter; daher sind Vorschläge aus ihrem Kreis besonders erfolgversprechend. Dem entgegen steht das Bestreben der Vorgesetzten, gute Arbeitskräfte in den eigenen Reihen zu halten.

Es ist Sache der Personalabteilung, zusammen mit der Unternehmensleitung ein Klima zu schaffen, das dem Gesamtinteresse des Unternehmens an einer bestmöglichen Stellenbesetzung Vorrang gegenüber dem Abteilungsinteresse der einzelnen Vorgesetzten einräumt.

Auch die Übernahme von Auszubildenden des eigenen Unternehmens zählt zu den internen Personalbeschaffungsmöglichkeiten und kann schon im Rahmen der mittelfristigen Personalbedarfsplanung berücksichtigt werden.

Das bereits erworbene Qualifikationspotential der Ausgebildeten kann erhalten werden bzw. durch die Aufnahme einer entsprechenden Tätigkeit erweitert werden.

Umsetzung und Versetzung von überzähligen Mitarbeitern/Mitarbeiterinnen

Wenn durch Rationalisierung oder Organisationsveränderungen bisherige Stellen wegfallen, können im Rahmen der Beschaffungsplanung Mitarbeitern/Mitarbeiterinnen neue Positionen angeboten werden. Durch Schulungsmaßnahmen ist die Qualifikation dieser Mitarbeiter den neuen Gegebenheiten anzupassen.

Laufbahnplanung

Orientiert an der Aufbauorganisation in einem Unternehmen, kann Mitarbeiter/Mitarbeiterinnen eine Laufbahnplanung angeboten werden, wobei alle Entwicklungsmaßnahmen

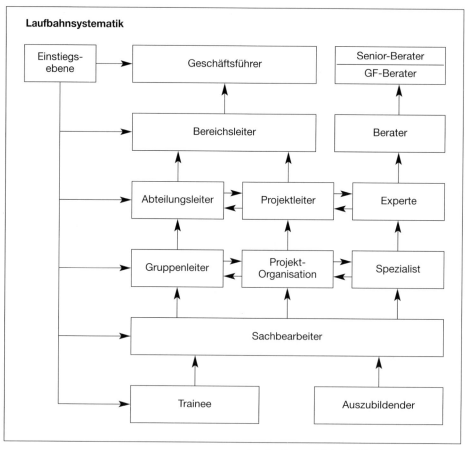

Quelle: Personaljahrbuch 1997, Luchterhand Verlag

an einem vorher festgelegten Ziel orientiert werden. Eine Laufbahnplanung enthält die genauen Funktionsstationen mit entsprechender Dauer. Grundsätzlich gibt es zwei Möglichkeiten einer Laufbahnplanung:

– **Fachlaufbahn**
  Dies können z. B. sein Fachspezialisten, Berater u.ä.

– **Führungslaufbahn**
  Die typischen aufsteigenden Hierarchieebenen im kaufmännischen Bereich: Gruppenleiter, Abteilungsleiter, Hauptabteilungsleiter, Bereichsleiter.

Für die beiden Laufbahnarten gibt es folgende Gründe:

– Manche Mitarbeiter fühlen sich nur auf ihrem Fachgebiet wohl, haben dort eine hohe Kompetenz und streben keine Führungsverantwortung an.

– Gute Führungskräfte sind für ein Unternehmen zukünftig noch wichtiger als bisher. Daher sollen Mitabeiter mit Führungsqualifikationen zielgerichtet gefördert werden.

Vorteile bei der Beschaffung auf dem internen Markt

Für die Nutzung des internen Marktes sprechen folgende Vorteile:

– Die Besetzung einer neuen Position durch eigene Mitarbeiter vermindert das Risiko einer Fehlbesetzung (die Beurteilung eines bereits vorhandenen Mitarbeiters/Mitarbeiterin im Hinblick auf Qualifikation, Leistung und Führung ist genauer als bei externen Bewerbern).

– Vorhandene Mitarbeiter/Mitarbeiterinnen kennen bereits das Unternehmen und die Organisationsstruktur.

– Eröffnung von Aufstiegschancen im Unternehmen erhöht die Motivation und senkt die Fluktuation.

– Eine schnellere Besetzung der Positionen ist meistens möglich und es werden Beschaffungskosten gespart.

Es können auch **Nachteile** entstehen:

– Häufig besteht nur eine begrenzte Auswahlmöglichkeit.

– Es fehlt an »Frischblutzufuhr«.

– Bei internen Bewerbern/Bewerberinnen kann durch die Ablehnung Frust entstehen.

– Mangelnde Akzeptanz aufgestiegener Mitarbeiter bei den bisherigen Kolleginnen und Kollegen (Problematik insbesondere bei aufgestiegenen Führungskräften).

– Verlagerung der Beschaffungsproblematik auf andere freiwerdende Stellen. Es besteht die Gefahr, dass eine ganze Kette von internen Veränderungen stattfindet.

4.4.2.2.2   Externe Beschaffung

Gibt der interne Arbeitsmarkt nicht genügend qualifizierte Bewerber/Bewerberinnen her, oder ist bewusst eine Entscheidung getroffen worden, den externen Markt in Anspruch zu nehmen, bieten sich folgende Möglichkeiten:

– Stellenanzeigen
– Mitarbeiterhinweise
– Arbeitsamt
– Blindbewerbungen
– Auswerten von Stellengesuchen
– Anschlagtafeln, Stelltafeln
– Aushänge in Geschäftslokalen

– Personalberater
– Private Arbeitsvermittlung
– Postwurf, Plakatwerbung
– Werbung in Radio, Fernsehen und Internet
– Werbung an Schulen
– Arbeitnehmerüberlassung.

Für die erfolgreiche Inanspruchnahme des externen Arbeitsmarktes sollte eine eingehende Kenntnis des Angebots im regionalen Bereich vorhanden sein. Auch der Arbeitsmarkt – gegliedert nach Berufsgruppen – soll beobachtet und bewertet werden. Größere Unternehmen führen kontinuierliche Arbeitsmarktanalysen durch.

Diese Arbeitsmarktanalysen orientieren sich an:

– der demographischen Entwicklung,
– der Entwicklung des Gesamtarbeitsmarktes,
– der Entwicklung der Teilarbeitsmärkte,
– der Mobilität von Arbeitnehmern,
– der Entwicklung an Ausbildungsstätten (Schulen, Fachschulen,
   Fachhochschulen oder Hochschulen),
– der Entwicklung der Entgelte,
– der Entwicklung der Arbeitsbedingungen (Arbeitszeit usw.).

Das Institut für Berufsforschung hat zusammengestellt, wie heute Unternehmen neue Mitarbeiter/Mitarbeiterinnen gewinnen: Über zwei Fünftel der Neueinstellungen gehen auf Stellenanzeigen in Zeitungen und Zeitschriften zurück. Tipps und Hinweise durch Mitarbeiter stehen an zweiter Stelle. Erst auf dem dritten Rang folgen die Arbeitsämter, obwohl dort rund vier Mio. Arbeitssuchende registriert sind.

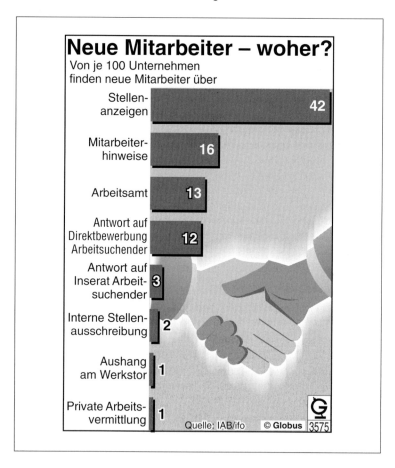

Neue Mitarbeiter – woher?
Von je 100 Unternehmen
finden neue Mitarbeiter über

Stellen-anzeigen	42
Mitarbeiter-hinweise	16
Arbeitsamt	13
Antwort auf Direktbewerbung Arbeitsuchender	12
Antwort auf Inserat Arbeitsuchender	3
Interne Stellenausschreibung	2
Aushang am Werkstor	1
Private Arbeitsvermittlung	1

Quelle: IAB/ifo   © Globus 3575

Stellenanzeigen

Wie aus der Darstellung hervorgeht, ist nach wie vor die Stellenanzeige das wichtigste Werbemittel für die externe Personalbeschaffung. Als Werbeträger kommen Tageszeitungen mit umfangreichem Stellenmarkt in Frage. Die Tageszeitungen können aufgegliedert werden in regionale und überregionale Zeitungen. Darüber hinaus kommen auch Stellenanzeigen in Fachzeitschriften in Frage. Personalbeschaffung durch Stellenanzeigen verursacht erhebliche Kosten. Bei einer Stellenanzeige in einer überregionalen Tageszeitung wird leicht ein fünfstelliger DM-Betrag erreicht.

Eine Stellenanzeige sollte stets auf die Bewerbergruppe zugeschnitten sein (Zielgruppengerechtigkeit). Mit einer Stellenanzeige soll ein Arbeitsplatz »verkauft« werden.

Stellenanzeigen sollten auch nach werbepsychologischen Gesichtspunkten aufgebaut werden und alle Informationen enthalten, die für den Interessenten von Bedeutung sind. Vier Komponenten sind dabei zu beachten:

– Inhalt
– Anzeigengröße/Format
– Text
– Gestaltung der Anzeige.

Inhaltlich kann man eine Anzeige am besten aufbauen, wenn man sich an den sechs »W« orientiert:

Wer wirbt um neue Mitarbeiter?	Das Unternehmen (Ort, Branche, Produkte usw.)
Welche Stelle ist zu besetzen?	Die Positionsbeschreibung
Was geschieht an der Stelle und welche Bedeutung hat sie? Welche Qualifikation muß der Bewerber mitbringen?	Das Profil des Bewerbers (Ausbildung, Berufserfahrung, Führungsfähigkeiten, Alter, Teamfähigkeit, besondere Qualifikationen)
Was hat die Firma zu bieten?	Die Arbeits- und Vertragsbedingungen (ggf. Bandbreite des Entgeltes, Hilfe bei Wohnungssuche, Umzug, besondere Sozialleistungen).
Was ist zur Kontaktaufnahme erforderlich?	Der Bewerbungsvorgang, schriftliche Bewerbung, persönliche Vorsprache, Arbeitsproben.
Wie soll die Kontaktaufnahme erfolgen?	Nur schriftliche Bewerbungen oder sind auch vorher telefonische Vorausauskünfte möglich?

Anzeigengröße: Die Größe der Anzeige kann etwas über die Bedeutung der Position innerhalb des Unternehmens sowie über die Dotierung aussagen. Die Größe der Anzeige sollte also stets der Position angemessen sein. Als grober Richtwert gilt, dass die Kosten einer Anzeige maximal ein Monatsgehalt betragen sollen.

Mitarbeiterhinweise können eine nützliche, kostenlose Hilfe bei der Beschaffung neuer Mitarbeiter sein. Mitarbeiter, die über vielfältige Kontakte (Bekanntenkreis, Sportverein, Berufsverband) verfügen, werden persönlich angesprochen; sonst kann die offene Stelle durch Aushänge oder in der Betriebszeitschrift bekanntgemacht werden mit dem Hinweis, dass Empfehlungen willkommen sind. Auf diese Weise wird auch bei der Besetzung von Ausbildungsplätzen den Kindern der Mitarbeiter eine Chance geboten.

Bei Mitarbeiterempfehlungen erfolgt automatisch eine gewisse positive Auslese, denn niemand wird einen Menschen empfehlen, mit dem er negative Erfahrungen gemacht hat. Andererseits besteht die Gefahr, dass man sich ganze Großfamilien oder Freundescliquen ins Haus holt.

Arbeitsamt: Die Vermittlung durch das Arbeitsamt ist eine der »klassischen« Methoden und verursacht keinerlei Kosten; sie steht allerdings teilweise in keinem guten Ruf. Man muß sich darüber im klaren sein, dass das Arbeitsamt vorwiegend Arbeitslose vermittelt, die durch Auflagen gezwungen sind, sich zu bewerben. Eine Vorauswahl ist in begrenztem Umfang möglich, z. B. nach Beruf, Alter.

Blindbewerbungen, Bewerberkartei: Bewerbungen, die das Unternehmen erhält, ohne dass eine Stelle ausgeschrieben wurde sowie Bewerber, die bei einer früheren Stellenausschreibung trotz grundsätzlicher Eignung nicht eingestellt wurden, können in eine Bewerberkartei übernommen werden, auf die bei Bedarf zurückgegriffen werden kann.

Es ist zu empfehlen, qualifizierten Bewerbern, die augenblicklich nicht eingestellt werden können, mitzuteilen, dass man im Bedarfsfall zu einem späteren Zeitpunkt auf ihre Bewerbung zurückgreifen würde. Der/die Bewerber/in kann sich dann entscheiden, ob er/sie in der »Warteschleife« bleiben will, oder ob die Bewerbungsunterlagen zurückgeschickt werden sollen. Der große Vorteil besteht darin, dass diese Bewerber bereits ein Interview und ggf. andere Auswahlmethoden durchlaufen haben und bereits ein abgerundetes Bild über den Bewerber vorliegt.

Auswerten von Stellengesuchen: Die Auswertung von Stellengesuchen in Tageszeitungen oder in entsprechenden Fachzeitschriften ist recht erfolgversprechend, aber relativ aufwendig, weil die Kontaktaufnahme zuerst vom Unternehmen ausgeht und dann Bewerbungsunterlagen eingereicht werden.

Anschlagtafeln/Stelltafeln/Aushänge in Geschäftslokalen: Eine weitere kostengünstige Möglichkeit der Bekanntmachung freier Arbeitsplätze ist die Aufstellung von Schildern an allgemein zugänglichen Stellen. Man findet diese Form häufig bei Industrie- und Gewerbebetrieben am Eingangstor. Ähnliches kann auch in Geschäftslokalen geschehen, z. B. in einem Reisebüro mit viel Publikumsverkehr. Bei dieser Methode werden auch potentielle Bewerber erreicht, die nicht bereits an einen Wechsel denken, sondern bei denen der Impuls sich zu bewerben, erst ausgelöst wird.

Kontakte zu Schulen und anderen Bildungsträgern sind vor allem für die Nachwuchswerbung von großer Bedeutung. Bei allgemeinbildenden oder berufsbildenden Schulen, Weiterbildungseinrichtungen, Fachhochschulen bis zu Universitäten finden die Stellenangebote von Betrieben großes Interesse. Viele Unternehmer kultivieren diese Methode noch durch das Angebot von Praktikantenplätzen, einer befristeten Anstellung von Studenten für Projektarbeiten oder die Möglichkeit, im Hause die Diplomarbeit anzufertigen. Bei Praktikanteneinsatz oder einer befristeten Tätigkeit im Betrieb können Leistungsfähigkeit und Leistungsbereitschaft, Kenntnisse und Fertigkeiten sicherer eingeschätzt werden.

Diese langfristigen Maßnahmen tragen zu einer positiven Imagebildung bei und können bereits als Bestandteil einer umfassenden Strategie angesehen werden, die man als Personalmarketing bezeichnet. Weitere Möglichkeiten in diesem Sinne sind:

– Aufzeigen der vielfältigen und interessanten Tätigkeitsfelder für Hochschulabsolventen in den betreffenden Unternehmen

– aktive Betreuung von Hoch-, Fachhochschulen, Fachbereichen, Instituten und Lehrstühlen, an denen für das Unternehmen wichtige Lehrinhalte und Qualifikationen vermittelt werden, z. B. Anbieten von qualifizierten Praktika für Werkstudenten,

Durchführen von Exkursionen im Unternehmen, Firmenpräsentation an Hochschulen, auf Messen, Veröffentlichungen in einschlägigen studentischen Publikationen, Spenden zur Unterstützung des Lehrbetriebes, Kooperation mit Studenteninitiativen und Hochschulgruppen, Lehraufträge von qualifizierten Mitarbeitern an Hochschulen und Fachhochschulen.

Beauftragung eines Personalberaters: Bei der Beschaffung von Spezialisten und Führungskräften der oberen Ebene werden häufig die Dienste eines Personalberaters in Anspruch genommen. Der Einsatzbereich der Personalberatung hat sich in letzter Zeit auch auf mittlere Ebenen ausgedehnt, etwa bis in den Bereich der qualifizierten Sachbearbeitung und des gehobenen Sekretariats. Eine Sonderform ist das »head hunting«, das darauf abzielt, eine bereits identifizierte Person für ein Unternehmen zu gewinnen. Bei der Auswahl des Personalberaters ist es wichtig, sich über dessen Qualifikation vorher ausführlich zu erkundigen. Manche Personalberater haben sich auf bestimmte Branchen oder Berufe spezialisiert. Wo die Kenntnisse und ausreichende Erfahrungen in Fragen der Personalauswahl nicht vorhanden sind, ist der Einsatz eines Personalberaters durchaus zu empfehlen, allerdings dürfen die Kosten nicht unterschätzt werden.

Private Arbeitsvermittlung: Seit August 1994 ist die private Arbeitsvermittlung gesetzlich zugelassen. Viele der Arbeitnehmerüberlassungsfirmen haben – als zweites Standbein – eine private Arbeitsvermittlung angegliedert. Die Erwartungen, die an diese Möglichkeit der Arbeitsbeschaffung gerichtet waren, haben sich in der Praxis bisher jedoch noch nicht erfüllt.

Medien für die Mitarbeiterwerbung: Traditionelle Medien für Stellenangebote sind Tageszeitungen, wobei je nach Qualitätsanspruch zwischen überregionalen und örtlichen Zeitungen zu unterscheiden ist. Für bestimmte Mitarbeitergruppen (z. B. Teilzeit- und Aushilfskräfte) sind auch die meist kostenlos verteilten Anzeigenblätter und Stadtteilzeitungen geeignet. Für die Suche nach Spezialisten bieten sich die betreffenden Fachzeitschriften an.

Radio und Fernsehen als weitere klassische Werbeträger werden für die Mitarbeitersuche nur wenig genutzt. Lediglich einige private Sender bieten begrenzte Möglichkeiten für Stellenangebote und -gesuche.

Stark zugenommen hat die Arbeitsvermittlung der Stellenangebote im Medium »Internet«. Mittlerweile gibt es in Deutschland mehr als neun überregionale Internet-Anbieter. Dazu gezählt werden müssen viele der großen Tageszeitungen, die ihren samstäglichen Stellenmarkt ins Internet stellen.

Diese Form wird auch weiter sehr stark zunehmen. Dies geht einher mit der rasanten Verbreitung und Nutzung dieses Mediums. Darüber hinaus ist die Möglichkeit gegeben, den Bewerbungsvorgang sehr stark mit den technischen Möglichkeiten des Internets zu vereinfachen. So wird heute schon die Möglichkeit genutzt, per »E-Mail« Bewerbungsvorgänge abzuwickeln.

Werbung an »Schulen«: Manche Firmen werben direkt an Weiterbildungsinstituten, Fachhochschulen und Universitäten mit Stellenangeboten. Teilweise wird ausgesprochenes »Personalmarketing« betrieben, d.h. über Angebote von Semesterarbeit, Diplomarbeiten wird versucht künftige Arbeitnehmer langfristig über diesen Weg an Firmen zu binden.

Arbeitnehmerüberlassung: Eine Möglichkeit, kurzfristig Personalengpässe zu beheben, stellt die Arbeitnehmerüberlassung dar. Die Regelungen finden sich im Arbeitnehmerüberlassungsgesetz (AÜG). Die Leiharbeitnehmer bleiben nach den entsprechenden Bestimmungen des AÜG auch während der Verleihung Angehörige des Betriebes des Verleihers. Allerdings muß der Betriebsrat das Entleihen nach § 99 BetrVG billigen. Die derzeit geltende längste Entleihungsfrist beträgt zwölf Monate. Vor einem erneuten Einsatz müssen mindestens 25% der bisherigen Einsatzzeit verstrichen sein. Werden zwölf Monate überschritten, hat ein Leiharbeitnehmer die Wahl, ob er ständiger Mitarbeiter in diesem Unternehmen werden oder in dem entleihenden Unternehmen verbleiben will. Nach Ablauf dieser Frist wird sonst ein unbefristeter Arbeitsvertrag bei dem Entleiher begründet.

4.4.2.2.3 Auswahlverfahren

Die Auswahl neuer Mitarbeiter führt in vielen Unternehmen zu einem hohen Arbeitsaufwand, der meist in den Personalabteilungen geleistet wird. Zur optimalen Personalauswahl stehen heute die auf der folgenden Seite dargestellten Instrumente und Methoden zur Verfügung:

Personalauswahl

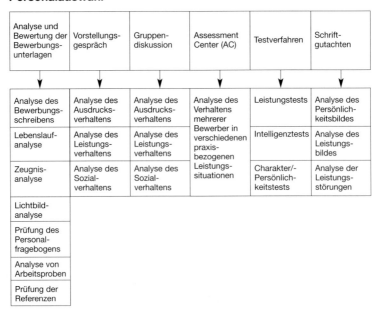

Analyse und Bewertung der Bewerbungsunterlagen	Vorstellungsgespräch	Gruppendiskussion	Assessment Center (AC)	Testverfahren	Schriftgutachten
Analyse des Bewerbungsschreibens	Analyse des Ausdrucksverhaltens	Analyse des Ausdrucksverhaltens	Analyse des Verhaltens mehrerer Bewerber in verschiedenen praxisbezogenen Leistungssituationen	Leistungstests	Analyse des Persönlichkeitsbildes
Lebenslaufanalyse	Analyse des Leistungsverhaltens	Analyse des Leistungsverhaltens		Intelligenztests	Analyse des Leistungsbildes
Zeugnisanalyse	Analyse des Sozialverhaltens	Analyse des Sozialverhaltens		Charakter-/Persönlichkeitstests	Analyse der Leistungsstörungen
Lichtbildanalyse					
Prüfung des Personalfragebogens					
Analyse von Arbeitsproben					
Prüfung der Referenzen					

Analyse und Bewertung der Bewerbungsunterlagen

An erster Stelle steht die Analyse und Bewertung der schriftlichen Bewerbungsunterlagen. Als heute übliche **Bewerbungsunterlagen** gelten:

– Bewerbungsschreiben
– tabellarischer Lebenslauf
– Schulzeugnisse
– Arbeitszeugnisse
– besondere Qualifikationen
– Referenzen
– Lichtbild.

Eine Analyse von schriftlichen Bewerbungen erfolgt zuerst im Hinblick auf die äußere Form und Vollständigkeit aller Bewerbungsunterlagen, dann die Bewertung der einzelnen Teile (Bewerbungsschreiben):

– sprachliches Niveau
– Leserlichkeit, Satzstellung, sinnvolle Absätze, Rechtschreibung und Zeichensetzung, formale Gestaltung, Bezug auf die Stellenanzeige oder das angesprochene Medium
– Begründung der Bewerbung (Motiv)
– frühester Eintrittszeitpunkt.

Heute üblich ist eine tabellarische Form des **Lebenslaufes**. Sie erleichtert die Übersicht und die Auswertung eines Lebenslaufes. In Deutschland ist die kontinuierliche (zeitfolgebedingte) Form eines tabellarischen Lebenslaufes üblich. In den angelsächsischen Ländern beginnt er mit der letzten Entwicklungsstufe, die ein Mitarbeiter/eine Mitarbeiterin bekleidet hat. Der Lebenslauf ist die wichtigste schriftliche Bewerbungsunterlage. Ein Lebenslauf sollte unter zwei Aspekten betrachtet werden: der **Zeitfolgeanalyse** und der **Positionsanalyse**.

Zeitfolgeanalyse

– Ist der Lebenslauf umfassend?
– Ergeben sich zeitliche Lücken?
– Werden Angaben bis auf den Monat gemacht?
  Empfehlung: Vergleich der Daten mit ggf. vorliegenden Arbeitszeugnissen.
– Wurde zu üblichen Terminen gewechselt
  (Ende eines Halbjahres, Ende eines Quartals, Ende eines Monats)?
– Wurde der Arbeitsplatz häufiger gewechselt?
  (In jüngeren Jahren ist ein Arbeitsplatzwechsel durchaus positiv zu bewerten;
  bei älteren Jahrgängen ab 35/40 Jahren kehrt sich diese Aussage eher um.)

Positionsanalyse

Hier soll geprüft werden:

– Sind die fachlichen und persönlichen Voraussetzungen für die in Aussicht genommene Position durch Ausbildung und bisherigen beruflichen Werdegang vorhanden?
  Der Vergleich muss durchgeführt werden zwischen den Anforderungsmerkmalen und den im Lebenslauf und Zeugnissen ausgewiesenen Tätigkeitsmerkmalen des Bewerbers/der Bewerberin.
– Ist innerhalb der beruflichen Entwicklung ein kontinuierlicher Aufstieg erkennbar?
– Wurden sehr unterschiedliche Tätigkeiten ausgeübt?
  (Vergleich der im Lebenslauf gemachten Angaben über Position, Qualifikation und Tätigkeit mit den Aussagen in den eingereichten Arbeitszeugnissen.)

Arbeitszeugnisse

Aussagekräftig sind ausschließlich qualifizierte Arbeitszeugnisse. Sie sollten folgenden Inhalt haben:

– Name
– Beschreibung der Tätigkeit (auch Beschreibung der in einem Betrieb erlebten Entwicklung)
– Bewertung der Leistung
– Bewertung der Führung zu Vorgesetzten, zu Gleichgestellten und ggf. zu Kunden
– Grund für die Beendigung des Arbeitsverhältnisses
– Schlußklausel.

Neben dem Lebenslauf sind die Arbeitszeugnisse zu den wichtigsten Unterlagen bei einer schriftlichen Bewerbung zu zählen.

Die in vielen großen und mittleren Unternehmen bekannte »Zeugnissprache« ist nicht unbedingt in kleineren Unternehmen bekannt und wird dort auch wenig verwandt. Insoweit muss bei der Bewertung von Zeugnissen auf diesen Faktor Rücksicht genommen werden. Nicht jede Formulierung, die zum Beispiel ein Handwerksmeister in einem qualifizierten Arbeitszeugnis ausdrückt, darf mit dem gleichen Maß gemessen werden, wie man dieses bei dem Zeugnis eines Großunternehmens machen würde.

Referenzen

Referenzen von Privatpersonen und ehemaligen Vorgesetzten können zur Bestätigung bestimmter Entwicklungen und Qualifikationen eines Bewerbers/einer Bewerberin herangezogen werden. Referenzen werden angegeben, damit man bei den genannten Personen Auskünfte über die Person und fachlichen Eigenschaften des Bewerbers/der Bewerberin einholen kann. Sie können zur besseren Beurteilung eines Bewerbers/einer Bewerberin beitragen. Geeignet sind dazu besonders Personen, die aus eigener möglichst langjähriger Erfahrung ein fundiertes Urteil über den Bewerber/die Bewerberin abgeben können.

In der Praxis werden Referenzen häufig als nicht sehr sinnvoll angesehen, weil der Bewerber/die Bewerberin nur solche Personen benennen wird, die positive Aussagen machen werden. Eine Gefahr besteht auch darin, dass manche der Referenzpersonen die Arbeit des Bewerbers/der Bewerberin nicht aus eigener Anschauung einschätzen können. Referenzen spielen bei der Bewertung von schriftlichen Unterlagen in der Praxis keine große Rolle.

Lichtbild

Ein Lichtbild wird heute bei schriftlichen Bewerbungen fast immer erwartet oder sogar gefordert. Jedoch ist der Aussagewert eines Lichtbildes nur dann von größerer Bedeutung, wenn es auf die Außenwirkung der Stelleninhaberin/des Stelleninhabers ankommt (Repräsentant eines Unternehmens, Akquisition, Verkäufer). Man sollte sich in jedem Fall einen persönlichen Eindruck von dem Bewerber/der Bewerberin verschaffen und sich nicht auf den Eindruck eines Fotos verlassen.

Arbeitsproben

Bei bestimmten Tätigkeiten (schriftstellerische Tätigkeit, bildnerische und künstlerische Gestaltung, Mitarbeiter in Werbeagenturen) werden bei den schriftlichen Bewerbungsunterlagen auch Arbeitsproben verlangt.

Bei den genannten Tätigkeiten ist dieses auch sinnvoll. Bei anderen Tätigkeiten entfällt diese Möglichkeit.

Personalfragebogen

Zur Entscheidung, ob nach Auswertung von schriftlichen Bewerbungsunterlagen ein Vorstellungsgespräch zustandekommt, dienen häufig Personalfragebögen.

Teilweise wird potentiellen Bewerbern/Bewerberinnen nach erster positiver Durchsicht der schriftlichen Bewerbungsunterlagen ein Personalfragebogen zugesandt mit der Bitte, ihn vor dem Vorstellungsgespräch zurückzusenden oder zum Zeitpunkt des Vorstellungsgespräches mitzubringen. Teilweise werden aber auch Personalfragebögen erst dann ausgefüllt, wenn sich nach dem Vorstellungsgespräch eine positive Entscheidung andeutet.

Diese Personalfragebögen dienen Arbeitgebern zu einer kurzgefassten Information über die Fragen, die im Zusammenhang mit der beabsichtigten Einstellung von betrieblichem Interesse sind. Bei der Fragestellung muss der Arbeitgeber das Recht auf Persönlichkeitsschutz der Bewerber beachten.

Zulässige Fragen in Personalfragebögen sind:
– Personalien des Bewerbers,
– Fragen zur schulischen und beruflichen Ausbildung,
– Fragen zur bisherigen beruflichen Praxis,
– Fragen nach speziellen beruflichen Kenntnissen und Fertigkeiten,
– Fragen nach bestehender Schwerbehinderung,
– Fragen nach Wehr- oder Zivildienst.

Fragen im Zusammenhang mit einer möglichen Einstellung:

– Kündigungsfristen beim bisherigen Arbeitgeber,
– möglicher Einstellungstermin,
– Gehaltsvorstellungen,
– ggf. Wettbewerbsverbote.

Unzulässige Fragen in Personalfragebögen sind:

– Zugehörigkeit zu Gewerkschaften oder Parteien,
– Heiratsabsichten und Kinderwunsch,
– bestehende Schwangerschaft (Ausnahme: Wenn die bestehende Schwangerschaft für die Tätigkeit von Bedeutung ist, z. B. bei einer medizinisch technischen Assistentin, die an einem Röntgengerät arbeiten soll,
– Vorstrafen (nur zulässig, wenn Bezug zu der in Aussicht genommenen Tätigkeit besteht),
– Religionszugehörigkeit (ausgenommen bei Religionsgemeinschaften),
– allgemeine Fragen nach Erkrankungen (ausgenommen sind Erkrankungen, die Tätigkeitsbezug haben, also Erkrankungen, bei denen Gefahr besteht, dass die geforderte Leistung in der Zukunft auf Dauer nicht erbracht werden kann).

Zusammenfassung

Es dürfen Fragen gestellt werden, die aus Arbeitgebersicht von betrieblicher Bedeutung sind. Bei Fragen von nichtbetrieblichem Interesse kann ein Bewerber/eine Bewerberin die Antwort verweigern oder wahrheitswidrig antworten. Bei zulässigen Fragen besteht die Verpflichtung des Bewerbers/der Bewerberin zur vollständigen und wahrheitsgemäßen Beantwortung. Unter Umständen kann sich sogar für einen Bewerber/eine Bewerberin eine Offenbarungspflicht ergeben. Das ist z. B. dann der Fall, wenn ein Bewerber/eine Bewerberin sicher erkennt, dass aufgrund von gesundheitlichen Beeinträchtigungen die angebotene Arbeit nicht in ausreichendem Maß geleistet werden kann.

Nach Analyse und Bewertung aller vorliegenden schriftlichen Bewerbungsunterlagen und ggf. inklusive der Auswertung eines Personalfragebogens, eignet sich zur Auswertung die **ABC-Analyse**.

A = Bewerber und Bewerberinnen, die alle geforderten Qualifikationen und Anforderungen erfüllen.

B = Bewerber und Bewerberinnen, die nicht alle geforderten Qualifikationen und Anforderungen erfüllen, die aber für eine andere Position im Unternehmen interessant sein können, oder die als Kandidaten/Kandidatinnen für eine Bewerberkartei in Frage kommen.

C = Diejenigen Bewerber/Bewerberinnen, die für die in Aussicht genommene Position nicht in Frage kommen; hier kann bereits zu diesem Zeitpunkt eine Absage erteilt werden.

Vorstellungsgespräch/Einstellungsinterview

Hat ein Bewerber/eine Bewerberin die Analyse der schriftlichen Bewerbungsunterlagen überstanden, kommt es zu einem Vorstellungsgespräch. In diesem Vorstellungsgespräch sollen

– eine Analyse des Ausdrucksverhaltens
– eine Analyse des Leistungsverhaltens und
– eine Analyse des Sozialverhaltens erfolgen.

Dieses einer möglichen Einstellung vorausgehende Gespräch ist für die Personalabteilung wie auch für den Bewerber/die Bewerberin in mehrfacher Hinsicht von großer Bedeutung.

Bedeutung für den Arbeitgeber:

- Durch das persönliche Gespräch kann ein Einblick in die Persönlichkeitsstruktur des Bewerbers/der Bewerberin erlangt werden (Ausdrucksfähigkeit, Konzentrationsfähigkeit, äußeres Erscheinungsbild, Überzeugungskraft, Argumentationsfähigkeit).
- Durch gezielte Fragen kann ein Bild über die fachlichen Fähigkeiten und die Interessen des Bewerbers/der Bewerberin erlangt werden. Das Gespräch sollte sinnvollerweise von dem Leiter/der Leiterin der entsprechenden Fachabteilung geführt werden, mindestens sollten diese jedoch beteiligt sein.
- Offene Fragen, die sich bei der Prüfung der Bewerbungsunterlagen aufgetan haben, können geklärt werden.
- Gründe für den beabsichtigten Wechsel sowie die Erwartungen an den neuen Arbeitsplatz und die Vorstellung über den weiteren beruflichen Werdegang können erfragt werden.

Bedeutung für den Bewerber/die Bewerberin:

- Wünsche des Bewerbers/der Bewerberin im Hinblick auf das zukünftige Gehalt und sonstige betrieblichen Leistungen können geklärt werden.
- Umfassende Informationen über den zukünftigen Arbeitsplatz und die erwarteten Anforderungen können eingeholt werden.
- Mögliche Aufstiegschancen und Fördermaßnahmen können beim neuen Arbeitgeber erfragt werden.
- Ein persönlicher Eindruck über das neue Unternehmen und die künftigen Mitarbeiter/Mitarbeiterinnen kann gewonnen werden.
- Informationen über das neue Unternehmen können eingeholt werden.

Ein Vorstellungsgepräch bedarf einer gründlichen Vorbereitung. Es ist festzulegen, welche offenen Fragen zu klären und welche fachlichen Gesprächsthemen anzusprechen sind. Auf zu erwartende Fragen des Bewerbers/der Bewerberin sollte man vorbereitet sein. Angemessene Räumlichkeiten sind bereit zu halten und ein störungsfreier Verlauf des Vorstellungsgepräches ist zu gewährleisten.

Eine Auswertung des Vorstellungsgespräches kann nach folgenden Kriterien vorgenommen werden:

- Ausdrucksfähigkeit
- Selbstbeherrschung
- Art des Auftretens
- Aufgeschlossenheit
- Urteilsfähigkeit
- Führungsfähigkeit
- Entscheidungsfreudigkeit
- Gewissenhaftigkeit
- Umfang des Fachwissens
- Umfang des Allgemeinwissens
- Teamfähigkeit.

Je nach Position, die im Unternehmen zu besetzen ist, können unterschiedliche Formen des Vorstellungsgespräches gewählt werden. Wenn es sich um Tätigkeiten im unteren und mittleren Spektrum eines Unternehmens handelt, wird in aller Regel ein Gespräch in

Zweier- oder Dreierbesetzung ausreichend sein. Bei einer Dreierbesetzung wird ein Mitarbeiter/eine Mitarbeiterin der Personalabteilung neben einem Mitarbeiter/einer Mitarbeiterin der Fachabteilung das Gespräch führen.

Bei Führungsaufgaben oder Positionen in den oberen Bereichen eines Unternehmens kann die Form eines sogenannten **Stressinterviews** sinnvoll sein.

Bei einem Stressinterview stehen mehrere Interviewpartner dem Bewerber/der Bewerberin gegenüber. Die Teilnehmer werden sich vorher über eine Rollenverteilung klar sein. Durch ein solches Gespräch sollen lebenswirkliche, konkrete Gesprächssituationen dargestellt werden, bei denen Bewerber/Bewerberinnen ganz bewußt in Stresssituationen gebracht werden; sei es durch eine Batterie von schnellen Fragestellungen oder auch von »scharfen Fragen«, wie sie sich auch in Konfliktsituationen in der Realität ergeben können.

Durch diese härtere Form der Gesprächsführung sollen vertiefte Kenntnisse über das Führungsverhalten und das Verhalten in Konfliktsituationen erreicht werden.

Gruppendiskussion

Mit diesem Segment innerhalb der Personalauswahl sollen erkannt werden

- das Ausdrucksverhalten
- das Leistungsverhalten und
- das Sozialverhalten.

Die Gruppendiskussion wird häufig bei der Einstellung von Auszubildenden eingesetzt:

Einer Gruppe von Bewerbern/Bewerberinnen wird entweder ein Thema vorgegeben, oder man bietet die Möglichkeit der Auswahl aus verschiedenen Themen an. Die Themen sollten so angelegt sein, daß sie von der Gruppe kontrovers diskutiert werden können und zu einer Meinungsbildung anregen. Das Gruppenergebnis wird von mehreren Teilnehmern präsentiert. Der gesamte Prozess wird von Beobachtern begleitet, die aus dem Verlauf die gewünschten Erkenntnisse ableiten können.

Assessment-Center

Eine Steigerung des Verfahrens der Gruppendiskussion ist das Assessment-Center (AC). Bei diesem Assessment-Center-Verfahren – auch Gruppenauswahlverfahren genannt – handelt es sich um systematisch aufgebaute verschiedene, auch hier gruppenorientierte, Aufgabenstellungen. Bei der Bewältigung werden umfassende Erkenntnisse über die fachliche Leistungsfähigkeit und Leistungsbereitschaft gewonnen, wie auch über die Führungskompetenz, Entscheidungskompetenz und Sozialkompetenz von Bewerbern/ Bewerberinnen. Die Bewerber/Bewerberinnen werden innerhalb eines Tages bis hin zu einer Woche in unterschiedliche praxisbezogene Leistungssituationen gestellt. Es gilt, fachliche Aufgaben zu bewältigen, es werden Gespräche trainiert, Fallösungen erarbeitet, Entscheidungssituationen simuliert, schriftliche und mündliche Prüfungen und unterschiedlichste Gesprächsformen eingesetzt.

Die Vorteile eines Assessment-Center sind:

- Zeitersparnis
- Bewerber/Bewerberin werden zur gleichen Zeit geprüft und über das Unternehmen informiert.
- Die Bewertungssicherheit wird erhöht. Durch Gruppengespräche kann eine gesteigerte Motivation der Bewerber erreicht werden, durch viele Teilnehmer wird eine vertiefte Diskussion geführt, durch die Auswertung der gezeigten Bewerberleistungen wird ein kürzerer Entscheidungsprozeß möglich.

Das Assessment-Center erfordert einen relativ hohen Aufwand. Dennoch ist es das Verfahren mit dem höchstem Erkenntniswert. Es wird darüber hinaus auch zur Potentialermittlung bei Personalentwicklungsmaßnahmen eingesetzt (siehe auch Abschnitt 5.4.2.6.3).

Testverfahren

Testverfahren werden entwickelt, um bestimmte Persönlichkeitsmerkmale messen und mit den Ergebnissen einer Bezugsgruppe vergleichen zu können. Im allgemeinen unterscheidet man die verschiedenen Testarten in Fähigkeits-/Leistungstests, Intelligenztests und Charakter-/Persönlichkeitstests.

Fähigkeits- und Leistungstests messen den Kenntnisstand in bestimmten Wissensgebieten wie Rechtschreibung, Rechnen, Fremdsprachen, Fachwissen, logischem Denken sowie auch in praktischen Fertigkeiten. Richtig aufgebaute Tests dieser Art liefern eindeutige Ergebnisse und klare Vergleichsmöglichkeiten.

Intelligenztests sollen die intellektuelle Leistungsfähigkeit in Bereichen wie Sprachgewandtheit, mathematische Veranlagung, allgemeines Denkvermögen, Kombinations- und Konzentrationsfähigkeit, räumliches Vorstellungsvermögen, Merkfähigkeit, Erkennen von Gesetzmäßigkeiten und Relationen, Problemlösungsverhalten u.a. erfassen. Da menschliche Intelligenz nicht eindeutig definiert ist und sich praktisch in allen Lebensbereichen äußert, ist sie in ihrer Gesamtheit durch einzelne Tests nicht zu erfassen. Darüber hinaus ist nicht eindeutig klar, wie sich die gemessene Intelligenz im Arbeitsverhalten ausdrückt. Eine kritische Betrachtung der Ergebnisse von Intelligenztests ist daher angebracht.

Ein bekannter deutschsprachiger Intelligenztest ist der Hamburg-Wechseler-Intelligenztest (HAWI). Ein anderer in Deutschland verbreiteter Gruppenintelligenztest ist der Intelligenzstrukturtest (Intelligenz-Struktur nach Amthauer).

Charakter- und Persönlichkeitstests sollen grundsätzliche, dauerhafte Anlagen wie Motivation, Intro- oder Extroversion, Zu- und Abneigungen, Dominanz, Aggressivität u.a. prüfen. Entwickelt wurden diese Tests für die Psychiatrie; sie fanden später auch im militärischen Bereich verbreitet Anwendung. Sie dürfen nur mit Zustimmung des Betroffenen durchgeführt werden. Ihre Entwicklung sowie die korrekte Auswertung und Beurteilung kann nur durch einen erfahrenen Psychologen erfolgen. Diese Voraussetzungen sind im betrieblichen Bereich in der Regel nicht gegeben.

Testbedingungen

Bei der Durchführung der Tests ist auf gleiche Bedingungen für alle Teilnehmer zu achten. Tests ohne zeitliche Begrenzung messen allein die Qualität der Leistung (Niveautests, Powertests). Wird eine (knapp bemessene) Zeit für die Lösung vorgegeben, so lassen sich aus dem Ergebnis auch Rückschlüsse auf das Tempo der Leistungserstellung ableiten (Schnelligkeits- oder Speedtests). Die Durchführung kann als Einzeltest oder als Gruppentest erfolgen.

Testkriterien

Die verwendeten Tests sollten bestimmte wissenschaftliche Gütekriterien erfüllen; die wichtigsten sind:

– Objektivität: Durchführung des Tests sowie Auswertung und Interpretation der Ergebnisse müssen so exakt festgelegt sein, dass verschiedene Prüfer zum gleichen Ergebnis kommen. Es müssen Standardwerte verfügbar sein, die einen Vergleich mit geeigneten externen Gruppen ermöglichen.

– Reliabilität: Die Aufgaben müssen so eindeutig abgefasst sein, dass der Prüfling unabhängig von Zeitpunkt und Situation weitgehend das gleiche Ergebnis erzielt (Zuverlässigkeit).

– Validität: Der Test muss so aufgebaut sein, dass das Merkmal, das geprüft werden soll, mit größtmöglicher Sicherheit beurteilt werden kann (Gültigkeit).

Sorgfältig entwickelte Testverfahren dokumentieren die Erfüllung der Testkritierien im Begleitmaterial nach und geben darin auch detaillierte Anweisungen für die Durchführung.

Schriftgutachten/Schriftbildanalyse

Anhänger der Graphologie messen der Handschrift eine starke Aussagekraft zu. Eine Analyse des gesamten Persönlichkeitsbildes einschließlich Leistungsvermögen und Leistungsstörungen soll möglich sein. Als wissenschaftliche Methode ist die Graphologie jedoch nicht anerkannt. In der Praxis wird mehr und mehr davon Abstand genommen. Sie darf nur mit ausdrücklicher Zustimmung des Bewerbers/der Bewerberin erfolgen.

Zur Beteiligung des Betriebsrates bei Personalbeschaffung siehe Abschnitt 3.2.2.

Zusammenfassende Darstellung der Personalbeschaffung vom Bewerbungseingang bis zum Vertragsabschluß.

Schritte der Personalauswahl

Erste Durchsicht der eingegangenen Bewerbungen	ABC-Analyse	Vervollständigung der Unterlagen veranlassen
	A = wahrscheinlich geeignet	Eingangsbestätigung mit Prospekten
	B = bedingt geeignet (vielleicht anderweitiger Einsatz)	Umpolung auf andere zu besetzende Stellen
	C = kaum geeignet	Aussonderung offensichtlich Ungeeigneter – Absage
Erstellung der Fähigkeitsprofile	Bewerbungsschreiben, Lichtbild, Lebenslauf, Zeugnisse, Referenzen, Bewerbungsbogen, Vorstellungsgespräche, Interviews, Arbeitsproben, Tests, Personalakte	Gewinnung eines möglichst lückenlosen Bildes von den maßgeblichen Fähigkeiten der einzelnen Bewerber der engeren Wahl
Eignungsfeststellung	Vergleich des Fähigkeitsprofils mit dem Anforderungsprofil	Auswahl der geeignetsten Bewerber
Entscheidung über Einstellung	Rangfolge der Bewerber nach dem Ausmaß der Übereinstimmung von Fähigkeits- und Anforderungsprofil	Stellenbesetzung mit dem Rangersten und Vertragsabschluss

4.4.2.3   Personaleinsatzplanung

Ziel und Aufgabe der Personaleinsatzplanung ist es, die Personalbesetzung dem kurz- und mittelfristigen tatsächlichen Arbeitsanfall anzupassen. Die kurzfristige Aufgabe der Einsatzplanung besteht darin, alle verfügbaren Mitarbeiter zur Erfüllung anstehender Aufgaben so einzusetzen, daß ein Optimum an Arbeitsproduktivität und Arbeitsqualität bei möglichst geringen Kosten erzielt wird.

Beachtet werden müssen hierbei gesetzliche Einsatzbeschränkungen bei bestimmten Mitarbeitergruppen (Frauen, Mütter mit kleinen Kindern, Schwerbehinderte). Die kurzfristige Einsatzplanung stellt fest, wieviele bzw. welche Mitarbeiter/Mitarbeiterinnen

- an welchen Tagen
- zu welchen Zeiten
- auf welchen Positionen bzw.
- bei welcher Arbeit eingesetzt werden.

Dies geschieht häufig in Form von Einsatzplänen oder, wenn die Arbeitszeit vorgegeben ist, in sogenannten **Schichtplänen**.

Auftretende Schwankungen im Personaleinsatz (z. B. durch Krankheit) werden in der Industrie häufig – bei gleichmäßigem Arbeitsanfall – durch sogenannte »Springer« aufgefangen. Im Bereich des Handels oder in anderen Dienstleistungsbereichen können beim Personaleinsatz Probleme entstehen durch unregelmäßigen Arbeitsanfall. Stoßzeiten und Zeiten geringeren Arbeitsanfalls wechseln sich in rascher Folge ab, teilweise sogar innerhalb weniger Stunden (z. B. in einem Kaufhaus). Teilweise gibt es unvorhersehbare Beschäftigungsschwankungen. Es entstehen Probleme durch die Entkoppelung zwischen den Betriebszeiten der Firmen und den tatsächlichen Arbeitszeiten.

Bei der Personaleinsatzplanung unterscheidet man – wie auch in der gesamten Personalplanung – drei zeitliche Planungshorizonte.

Kurzfristige Planung ist vor allem dann zu betreiben, wenn die Arbeitsfähigkeit der einzelnen Abteilungen und Bereiche im Unternehmen jederzeit zu gewährleisten ist. Dazu gehören auch Regelungen über Urlaubspläne und – in der Industrie – den Springereinsatz.

Beim **mittelfristigen** Planungshorizont ist vor allem die grundsätzliche Zuordnung der gestalteten Arbeitsplätze auf konkrete Mitarbeiter zu betrachten. (Frage: »Wer wird wo eingesetzt?«).

Die **langfristige** Planung bezieht sich vor allem auf die Anpassung der Arbeit und der Arbeitsplätze an die Mitarbeiter und die Anpassung der Fähigkeit der Mitarbeiter an die Arbeitsanforderungen (siehe Abschnitt 5.4.2.6.1).

Die bisherigen relativ starren Zuordnungsprinzipien bei der Personaleinsatzplanung haben sich in den letzten Jahren durch neuere Modelle etwas entzerrt und entspannt. So kann bei der Personaleinsatzplanung das **Job-rotation-System** eingesetzt werden: Jeder/jede Mitarbeiter/Mitarbeiterinnen durchläuft einen systematischen Stellenwechsel, dadurch lernt man unterschiedliche Aufgaben des Tätigkeitsgebietes kennen, gewinnt an Erfahrung und Überblick und ist kurzfristig im Bedarfsfalle in anderen Arbeitsplätzen einsetzbar.

Darüber hinaus kann – insbesondere in der Produktion – auch das Prinzip des **Job-enlargement** angewandt werden: Dabei erfolgt eine quantitative Anreicherung der Tätigkeiten, d.h. ein Mitarbeiter/eine Mitarbeiterin erlernt und übt mehrere Tätigkeiten aus. Die Bandbreite der Tätigkeit verbreitert sich, eine qualitative Verbesserung wird jedoch nicht erreicht. Durch Job-enlargement beugt man aber der Monotonie von Tätigkeiten vor und erweitert das Handlungsfeld von Mitarbeitern/Mitarbeiterinnen, so dass sie mehrfach einsetzbar sind.

Gruppenarbeit

Hier wird die Gesamtverantwortung für eine bestimmte Tätigkeit (Planung, Durchführung, Kontrolle) an eine Gruppe von Mitarbeitern übertragen, die bei der Durchführung weitgehend autonom ist. Dadurch können in einer Gruppe Mitarbeiter untereinander Aufgaben und Rollen eigenständig verteilen und wechseln.

Flexible Arbeitszeit

Durch die gerade in den letzten Jahren vorgenommene Flexibilisierung der Arbeitszeit (Entzerrung von Betriebszeiten und Arbeitszeiten, großzügige Weiterentwicklung von Gleitzeitmodellen, Selbstbestimmung der Arbeitszeit im Rahmen der betrieblichen Notwendigkeiten) entstehen vielfältige Möglichkeiten der genaueren Personaleinsatzplanung. Damit geht mehr Verantwortung auf die Mitarbeiter/Mitarbeiterinnen über. In der jüngsten Zeit wird mehr und mehr die Möglichkeit des Einrichtens von Zeitkontingenten bis hin zur Vereinbarung einer Gesamt-Jahresarbeitszeit diskutiert. Auch die unterschiedlichen Formen des **Job-sharing** und der Teilzeitarbeit sind Methoden, die man bei der Personaleinsatzplanung wirtschaftlich anwenden kann.

Qualitative Einsatzplanung

Bei der qualitativen Einsatzplanung erfolgt eine Gegenüberstellung der zukünftigen Anforderungen (Anforderungsprofile) und der Leistungsfähigkeit und Leistungsbereitschaft der Mitarbeiter (Leistungsprofile). Durch diese Gegenüberstellung werden Leistungsdefizite sichtbar. Dabei kann geprüft werden, welche konkreten Fördermaßnahmen zu ergreifen sind, um Mitarbeiter/Mitarbeiterinnen auf zukünftige Aufgaben vorzubereiten.

Als Informationsgrundlagen für diese qualitative Einsatzplanung dienen:

– Arbeitsplatzbeschreibung
– Stellenbeschreibung
– Fähigkeitsnachweise und
– Beurteilungen.

Darüberhinaus sind Erkenntnisse der Personalqualifikationsstruktur aus Personalinformationssystemen oder aus den Personalakten zu gewinnen.

4.4.2.4   Personalanpassungsplanung

Der Zwang zu Personaleinsparungen wird in der Bundesrepublik Deutschland weitergehen. Das macht detaillierte Planungen erforderlich, um Personalreduzierung sozialverträglich zu gestalten. Neben dem Begriff Personalabbau haben sich auch eine Fülle von anderen Bezeichnungen eingebürgert, die teilweise eine neutrale Bedeutung dieses Begriffs suggerieren oder die sogar eine verniedlichende Form ausdrücken: Personalfreisetzung, Personaleinsparung, Personalanpassung u.a.. Eine exakte Abgrenzung ist nicht möglich.

Die nachfolgend verwendeten Begriffe **indirekte Anpassung** und **direkte Anpassung** erlauben eine bessere Unterscheidung.

4.4.2.4.1   Indirekte Anpassung

Bei der indirekten Anpassung bestehen die Auswirkungen für die Mitarbeiter/Mitarbeiterinnen nicht unbedingt im Verlust ihrer Arbeitsplätze. Mit Hilfe der nachfolgend genannten Instrumente bleiben die Arbeitsplätze der Mitarbeiter/Mitarbeiterinnen erhalten, wenn auch nicht in jedem Falle im bisherigen Umfang und in gleicher Art. Indirekte Anpassung bedeutet deshalb:

– Maßnahmen im Rahmen der Produktions- und Absatzplanung
– Abbau von Mehrarbeit oder Überstunden
– gezielte Urlaubsplanung
– Umwandlung von Vollzeit- in Teilzeitstellen
– Einstellungsstop
– Auslaufen von Zeitverträgen (z. B. Nichtübernahme von Auszubildenden)
– Auslaufen von Arbeitnehmer-Überlassungsverträgen
– Umsetzungen und Versetzungen.
– Flexibilisierung der Arbeitszeit
– Kurzarbeit.

Maßnahmen im Rahmen der Produktions- und Absatzplanung

– Eine erweiterte Lagerhaltung, die möglicherweise vorübergehende Absatzprobleme überbrücken kann,
– Zurückholen von Fremdaufträgen, falls diese Aufträge selbst ausgeführt werden können,
– Hereinnahme von Lohnaufträgen, um die Kapazitäten im eigenen Betrieb besser auszulasten,
– Erweiterung des Produktionsprogrammes, soweit dies kurzfristig möglich ist,
– Vorziehen von Investitionen, Reparaturen, Erneuerungsarbeiten,
– Aufschieben von Investitionen.

Abbau von Mehrarbeit oder Überstunden

Dies ist gewöhnlich das erste Instrument, welches im Rahmen der indirekten Anpassung genutzt wird. Es sind hier keine besonderen Vorkehrungen nötig. Durch den Wegfall von bisher gezahlten Überstundenzuschlägen und der Anpassung der Arbeitszeit an den Bedarf durch unterschiedliche Gleitzeitmodelle können die Personalkosten überproportional sinken.

Urlaubsplanung

Durch eine gezielte Urlaubsplanung können kurzfristige Engpässe bei fehlender Beschäftigungsmöglichkeit ausgeglichen werden, z. B.:

– Urlaubsverschiebungen
– Durchführen von Betriebsferien
– Verlegung von Betriebsferien
– Angebot an Mitarbeiter/Mitarbeiterinnen für unbezahlte Urlaube.
  Dieses Instrument gibt einem Unternehmen die Möglichkeit, auch längerfristig für Personalkostenentlastung zu sorgen.

Umwandlung von Vollzeitarbeit in Teilzeitarbeit

Durch diese Form kann im Idealfall die Kapazität der Mitarbeiter gehalten werden, gleichzeitig bringt es jedoch eine große kostenmäßige Entlastung. Diese Möglichkeit kann als dauerhaftes Instrument und bei Bedarf auch kurzfristig genutzt werden.

Einstellungsstop

Ein Einstellungsstop wird nur dann wirksam, wenn zugleich weiter eine Fluktuation statt-findet. Im allgemeinen ist jedoch zu beobachten, dass bei wirtschaftlichen Problemen auch die »natürliche Fluktuation« zurückgeht. Einen Einstellungsstop kann man in fol-genden Formen durchführen:

– genereller Einstellungsstop (es erfolgen keinerlei Einstellungen)
– qualifizierter Einstellungsstop (dieser bezieht sich auf bestimmte Qualifikationen)
– modifizierter Einstellungsstop (bei dieser Form wird jede Stellenbesetzung nach sehr restriktiven Vorgaben geprüft).

Ein Einstellungsstop, der über einen längeren Zeitraum durchgeführt wird, kann bewir-ken, daß sich die Personalstruktur insgesamt verschlechtert. Es besteht die Gefahr der Überalterung und einer negativen Auswahl, weil vor allem qualifizierte und mobile Mitar-beiter/Mitarbeiterinnen das Unternehmen verlassen.

Auslaufen von Zeitverträgen

Die Nichtverlängerung von zeitlich befristeten Arbeitsverträgen ist ein wirksames Instru-ment, Personalkosten zu sparen. Sozialpolitisch bedenklich ist es, wenn Auszubildende nicht übernommen werden; doch wird dieses Instrument durchaus genutzt.

Auslaufen von Arbeitnehmer-Überlassungsverträgen

Der Abbau von Leiharbeitnehmern entspricht dem Auslaufen von Zeitverträgen.

Umsetzungen/Versetzungen

Diese setzen in jedem Fall voraus, dass in anderen Abteilungen Einsatzmöglichkeiten bestehen, also ein innerbetrieblicher Ausgleich von Über- und Unterdeckungen möglich ist. Außerdem muss die Qualifikation der Mitarbeiter/Mitarbeiterinnen breit genug sein, um einen möglichst reibungslosen Übergang zu ermöglichen. Ist dies nicht der Fall, setzt eine Umsetzung/Versetzung unter Umständen umfassende Schulungsmaßnahmen voraus.

Flexibilisierung der Arbeitszeit

In jüngster Zeit hat es in der deutschen Industrie mehrere Regelungen gegeben, nachdem die Gesamtwochenarbeitszeit auf unter 30 Stunden herabgesenkt worden ist. Mit der Rücknahme der wöchentlichen Arbeitszeit ist ein Entgeltverlust verbunden. Diese Mög-lichkeit der indirekten Anpassung wird z. B. in der Automobilindustrie (VW, Opel) ange-wandt. Die neuesten Vereinbarungen sehen vor, daß die Arbeitszeit bei entsprechenden Produktionserfordernissen auf bis zu 40 Stunden pro Woche wieder hochgefahren werden kann. Dies ist ein flexibles Instrument, Arbeitsplätze zu halten und die erforderliche Arbeitszeit den Produktionserfordernissen anzupassen.

Kurzarbeit

Die Arbeitszeit wird für alle oder für Teile der Mitarbeiter und Mitarbeiterinnen verringert. Bei Kurzarbeit zahlt die Bundesanstalt für Arbeit einen finanziellen Ausgleich für die durch die Verringerung der Arbeitszeit entstehenden Entgeltverluste. Maximal begrenzt ist diese Regel jedoch auf einen Zeitrahmen von 6 Monaten. Die Bundesanstalt für Arbeit prüft unter Beteiligung des Betriebsrates sehr intensiv die wirtschaftliche Notwendigkeit.

4.4.2.4.2   Direkte Anpassung

Unter diesem Begriff ist zu verstehen:

- vorzeitiger Ruhestand
- Altersteilzeit
- Aufhebungsverträge
- Eigenkündigungen
- betriebsbedingte Kündigungen
- Hilfestellung beim »Selbständig machen«
- »Parken« bei befreundeten Firmen.

Vorzeitiger Ruhestand

Der vorzeitige Ruhestand ist möglich, wenn vier Voraussetzungen vorliegen: Das 58. Lebensjahr muss vollendet sein. In der Zeitspanne zwischen 58. und 60. Lebensjahr muss in einem Betrachtungszeitraum von 18 Monaten 12 Monate Arbeitslosigkeit bestanden haben, eine Wartezeit von 15 Jahren muss erfüllt und in den letzten Jahren vor Rentenbeginn müssen 8 Jahre Pflichtbeitragszeiten erfüllt sein. Diese Möglichkeit wird jedoch, beginnend mit dem Jahre 1997, auf das 61. Lebensjahr und dann in den Folgejahren jeweils um ein weiteres Jahr angehoben werden. Es ist grundsätzlich weiterhin möglich, mit 60 Jahren diese Rente in Anspruch zu nehmen, doch wird es dann entsprechende Rentenabschläge geben.

Ein vorzeitiger Ruhestand ist auch möglich mit dem 63. Lebensjahr, doch auch hier wird diese »flexible Altersgrenze« für die Rentengewährung ab dem Jahr 2000 in Stufen auf das Regelalter bei der Rentengewährung von 65 Jahren angehoben. Voraussetzung für diese Rente ist eine Beitragszeit von 35 Jahren.

Durch die Verschlechterung der gesetzlichen Rahmenbedingungen (z. B. Rentenabschläge, Absenkung von steuerfreien Abfindungsbeträgen) geht die Bedeutung dieser Möglichkeiten zurück.

Altersteilzeit

Die Altersteilzeit soll einen gleitenden Übergang in den Ruhestand möglich machen. Kernpunkt dieses Gesetzes ist die Förderung von Teilzeitbeschäftigung älterer Arbeitnehmer. Die Bundesanstalt für Arbeit fördert die Teilzeitarbeit von Arbeitnehmern, die ihre Arbeitszeit nach Vollendung des 55. Lebensjahres auf die Hälfte vermindern. Wie die Arbeitszeit dann verteilt wird, bleibt den vertraglichen Regelungen zwischen Arbeitgeber und Arbeitnehmer überlassen. Es kann täglich mit verminderter Stundenzahl oder nur an bestimmten Tagen der Woche oder im wöchentlichen/monatlichen Wechsel verkürzt gearbeitet werden. Die o.g. Altersrente wegen Arbeitslosigkeit wird dann umgenannt in Altersrente wegen Arbeitslosigkeit und nach Altersteilzeitarbeit. Anspruchsvoraussetzungen können wie bisher gegeben sein, wenn Arbeitslosigkeit innerhalb eines Zeitraums von 18 Monaten vor Vollendung des 60. Lebensjahres besteht oder wenn eine mindestens 24-monatige Altersteilzeitarbeit zur Förderung eines gleitenden Übergangs in den Ruhestand vorliegt. Es bleibt abzuwarten, wie diese neue gesetzliche Regelung angenommen wird.

Aufhebungsverträge

Bei einem Aufhebungsvertrag (Auflösungsvertrag) wird zwischen Arbeitgeber und Arbeitnehmer vereinbart, den Arbeitsvertrag zu einem zu vereinbarenden Zeitpunkt zu beenden. Wenn Aufhebungsverträge als ein direktes Anpassungsinstrument angewandt werden, wird häufig auch eine Abfindung gezahlt. Diese kann sich an den steuerrechtlichen Regelungen orientieren, oder zwischen Arbeitnehmer und Arbeitgeber frei ausgehandelt werden. Mit einem Aufhebungsvertrag hat ein Arbeitgeber die Möglichkeit, auf die Personalstruktur in seinem Betrieb einzuwirken.

Eigenkündigungen

Um Mitarbeiter zu bewegen, das Arbeitsverhältnis durch Eigenkündigung zu beenden, können Abfindungszahlungen in Aussicht gestellt werden. Diese Abfindungszahlungen sind ebenfalls frei aushandelbar. Besser ist es jedoch, eine Struktur von Abfindungszahlungen vorzugeben, die sich am Alter und an der Betriebszugehörigkeit orientieren kann.

Betriebsbedingte Kündigungen

Sie sind das äußerste Mittel der direkten Anpassungsmöglichkeiten. Da bei betriebsbedingten Kündigungen immer eine Sozialauswahl durchgeführt werden muss, waren zumindest in der Vergangenheit, hauptsächlich die jüngeren, qualifizierten, leistungsbereiten Mitarbeiter und Mitarbeiterinnen betroffen. Insofern bewirkt dieses Instrument häufig eine Verschlechterung der Personalstruktur. Durch die gesetzlichen Regelungen zum 1. Oktober 1996 ist hier eine geringfügige Veränderung eingetreten: Der Arbeitgeber kann heute auch bei der sozialen Auswahl ins Feld führen, dass bestimmte Qualifikationsstrukturen im Unternehmen verbleiben müssen und auch im Rahmen der Sozialauswahl vom Arbeitgeber darauf geachtet werden kann und muss, eine sinnvolle Altersstruktur im Unternehmen zu erhalten.

Die radikalste Möglichkeit, Personalanpassung vorzunehmen, ist die Massenentlassung. Darunter versteht man die Kündigung einer bestimmten Zahl von Arbeitnehmern innerhalb von 30 Tagen (§ 17 KschG). Die Massenentlassung ist in den letzten Jahren in Deutschland jedoch kaum noch anzutreffen, weil man im Vorfeld eine Vielzahl von weniger schwerwiegenden Möglichkeiten der Personalanpassung entwickelt hat. Eine Massenentlassung wird in der Öffentlichkeit stark beachtet und wirkt in der Regel imageschädigend für das Unternehmen.

Förderung des Selbstständig-Machens

Eine neue Möglichkeit, direkten Personalabbau zu betreiben ist, das Selbstständigwerden von bisherigen Arbeitnehmern zu fördern. Bestimmte Arbeitsschritte im Wertschöpfungsprozess eines Betriebes (z. B. Ingenieurleistungen, Konstruktionen, Lohn- und Gehaltsabrechnung) lassen es zu, den bisherigen Mitarbeitern diese Tätigkeiten in selbstständiger Arbeit zu übertragen. Den bisherigen Arbeitnehmern werden Tätigkeiten angeboten, die sie dann für das Unternehmen im Rahmen einer selbstständigen Tätigkeit erbringen können. Man kann diese Ausgründungen befördern, indem man Zuschüsse und Darlehen zur Existenzgründung gewährt und für eine bestimmte Zeit die Garantie von Aufträgen gewährt.

Eine Folge dieses Wechsels bisheriger Arbeitnehmer in den Stand der Selbstständigkeit ist das Entfallen der Beiträge an die Träger der gesetzlichen Sozialversicherung. Diese prüfen daher sehr genau, ob tatsächlich eine volle Selbstständigkeit erlangt wird oder möglicherweise ein Missbrauch (Scheinselbstständigkeit) vorliegt. Wesentliche Merkmale einer vollen Selbstständigkeit sind, neben der Erfüllung aller formalen Anforderungen der Selbstständigkeit, vor allem: Ungebundenheit gegenüber Weisungen des Auftraggebers, eigene Arbeitsmittel, eigene Räumlichkeiten, möglichst verschiedene Auftraggeber.

»Parken« von Mitarbeitern bei befreundeten Firmen

Soweit bei befreundeten Firmen Personalbedarf besteht, können Mitarbeiter/Mitarbeiterinnen dort »geparkt« werden. Das kann über kürzere Zeiträume erfolgen, aber auch längerfristig. Urlaubsregelungen (unbezahlt) können angewandt werden, aber auch Lösungen über Wiedereinstellungsklauseln bei der alten Firma, und der Abschluss von befristeten Arbeitsverträgen bei der neuen Firma sind vorstellbar.

Maßnahmen der Personalanpassung:
Auswirkung und Bewertung

Auswirkung Maßnahme	Kosten	Risiken für		Durchsetzbarkeit, Beurteilung
		Arbeitnehmer	Arbeitgeber	
Ausnutzen der »natürlichen« Fluktuation/Ein-stellungsstop	gering	gering	gering bis mittel	Kann bei längerer Dauer und extremer Handhabung zu Überalterung und personel-lem Immobilismus führen, ebenso zu Belastungs- und Qualifikationsengpässen
Nichtverlänge-rung befristeter Verträge	gering	mittel	gering	Für betroffene Arbeitnehmer von Nachteil, wenn individuell geringe Arbeits-marktchancen bestehehen
Abbau von Leiharbeit	gering	mittel	gering	Gefahr der Zweiteilung der Belegschaften
Arbeitszeit-gestaltung (Abbau von Überstunden, Kurzarbeit, Teil-zeitarbeit etc.)	gering	gering bis mittel	gering bis mittel	Bei adäquater Regelung (soziale Zumutbarkeit) wirksames Instrument der Personalanpassung
Vorzeitiger Ruhestand	mittel bis hoch	gering	gering	Kostenaufwendiges, aber wirksames Instrument; problematisch, falls bestimmte Beschäftigungsgruppen (z. B. Fachspezialisten) ausgeschlossen werden sollen
Aufhebungs-vertrag	hoch	gering bis mittel	gering bis mittel	Individuell und arbeits-marktpolitisch riskant, wenngleich im Einzelfall wirksame Maßnahme
Eigenkündigung	gering	hoch	mittel bis hoch	Enthält besondere soziale Härte (keine »Abfederung«)
Massen-entlassung	gering	hoch	mittel bis hoch	Birgt besondere Risiken für alle: daher nur ultima ratio!

Quelle: RKW-Handbuch, Personalplanung, Luchterhand Verlag

4.4.2.5   Personalentwicklungsplanung

Die Personalentwicklung hat das Ziel, die Leistungsfähigkeit und Leistungsbereitschaft der Mitarbeiter/Mitarbeiterinnen zu fördern und umfasst alle Maßnahmen, die der Verbesserung ihrer Qualifikation dienen.

Man unterscheidet grundsätzlich drei Bereiche der Personalentwicklung (siehe auch nachfolgende Abbildung):

– berufsvorbereitende Personalentwicklung

– berufsbegleitende Personalentwicklung

– berufsverändernde Personalentwicklung.

Personalentwicklung kann als planmäßige im Unternehmen vorhandene systematische und zielorientierte Beeinflussung von Qualifikation innerhalb eines Personalentwicklungskonzeptes definiert werden.

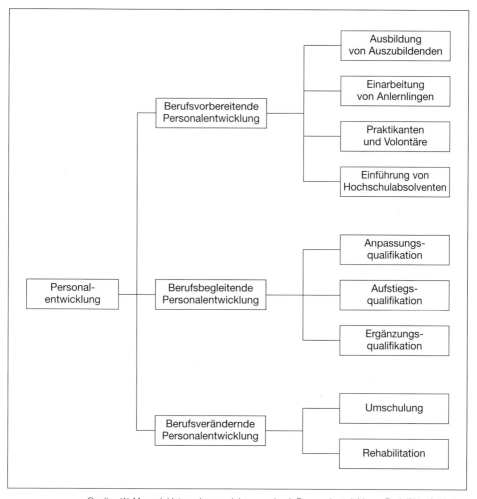

Quelle: W. Menzel, Unternehmenssicherung durch Personalentwicklung, Rudolf Haufe Verlag

4.4.2.5.1   Aufgaben der Personalentwicklungsplanung

Personalentwicklungsplanung hat vier Hauptaufgaben:

- **Zielbestimmung**: Festlegen der Ziele, die mit Entwicklungsmaßnahmen erreicht werden sollen
- **Entwicklungsbedarfsermittlung** innerhalb einer Planungsperiode
- **Planung der Entwicklungsbedarfsdeckung**: Entwicklung eines Umsetzungskonzeptes. Hier werden die Bildungs- und Entwicklungsmaßnahmen festgelegt sowie die sich daraus ergebenden personellen, zeitlichen und organisatorischen Voraussetzungen
- **Zielerreichungskontrolle**: Kontrolle, ob die angepeilten Entwicklungsziele durch die ergriffenen Maßnahmen erreicht worden sind.

Zunächst müssen also die **Entwicklungsziele** untersucht und festgelegt werden.

Was soll erreicht werden?

- Soll die Leistungsfähigkeit der Mitarbeiter/Mitarbeiterinnen allgemein angehoben werden? Sollen Potentiale gefördert werden?
- Sollen einzelne Arbeitnehmer oder Arbeitnehmergruppen für die jetzige oder die zukünftige Ausübung der Tätigkeit qualifiziert werden? Soll die Zusammenarbeit (Teamfähigkeit) entwickelt oder verbessert werden? Sollen einzelne Mitarbeiter/ Mitarbeiterinnen weitergefördert werden?
- Soll Führungskräftenachwuchs entwickelt werden? Sollen künftige Führungskräfte ausgebildet werden?

Mit der Festlegung dieser Entwicklungsziele ist nicht allein die Personalabteilung befaßt. Auch alle anderen Abteilungen und Bereiche in einem Unternehmen, die Personalentwicklung betreiben, sind einzubeziehen, ggf. auch externe Institute.

Bei der Festlegung der Ziele muss darauf geachtet werden, dass sie mit den Unternehmenszielen und den vorhandenen personalpolitischen Grundsätzen übereinstimmen.

Damit wird der Prozess der Personalentwicklung für alle daran interessierten Gruppen transparent.

4.4.2.5.2   Ermitteln des Entwicklungsbedarfs

Entwicklungsbedarf ist vorhanden, wenn

- Mitarbeiter/Mitarbeiterinnen den derzeitigen Forderungen an ihr Aufgabengebiet nicht gerecht werden,
- mangelhafte Ausführung der Tätigkeit festgestellt wird,
- zukünftig neue Arbeitsanforderungen entstehen, auf die die Mitarbeiter/Mitarbeiterinnen vorbereitet werden müssen.

Aufgrund von betrieblichen Veränderungen kann Entwicklungsbedarf entstehen, z. B. bei

- Besetzung vorhandener Stellen,
- Besetzung von neuen Stellen,
- Wegfall von Stellen und sich daraus ergebende Umsetzungs- oder Umschulungserfordernisse,
- Einführung neuer Techniken,
- Veränderung von Organisationen.

Entwicklungsbedarf kann auch entstehen durch

- hohe Fluktuation,
- Probleme bei der Personalbeschaffung,
- hohe Fehlzeiten,
- schlechtes Betriebsklima,
- Absinken der Produktivität.

Ferner kann sich Entwicklungsbedarf ergeben aufgrund externer Änderungen, so z. B. durch tarifvertragliche oder gesetzgeberische Entwicklungen.

Sind der Entwicklungsbedarf und die daraus abgeleiteten Ziele für einzelne Mitarbeiter/Mitarbeiterinnen oder Gruppen von Mitarbeitern/Mitarbeiterinnen ermittelt, folgt als nächster Schritt die **Entwicklungsbedarfsdeckung**.

Auch sie hat in Abstimmung mit den bereits erwähnten anderen Unternehmensbereichen zu erfolgen.

Folgende Faktoren sind zu berücksichtigen:

- Kostenplanung
  Welche Entwicklungsmaßnahmen sollen mit gegebenen finanziellen Mitteln durchgeführt werden?

- Art der Maßnahme
  Welche Maßnahmen sind nötig, um die skizzierten Ziele zu erreichen? Welche Ziele für welche Mitarbeiter/Mitarbeiterinnen bzw. Mitarbeitergruppen können durch ein internes Schulungswesen geleistet werden? Welche Ziele können ggf. durch die Fachabteilungen erbracht werden? Für welche Ziele müssen externe Institute in Anspruch genommen werden?

- Personelle Voraussetzungen
  Sind interne Mitarbeiter/Mitarbeiterinnen (Dozentenbetreuer) vorhanden, die die Maßnahmen leiten bzw. durchführen können oder muss dafür intern ausgebildet werden? Sollen externe Trainer und Referenten beschäftigt werden?

- Zeitliche Voraussetzung
  Welche Dauer soll die Maßnahme haben? Wie häufig soll sie durchgeführt werden? Zu welchem Zeitpunkt sollen Maßnahmen abgeschlossen sein? Müssen innerhalb der zeitlichen Vorstellungen Prioritäten gesetzt werden?

- Räumliche und sachliche Voraussetzungen
  Welche Ressourcen in räumlicher Hinsicht sind vorhanden? Welche Arbeitsmittel, Lernmittel und Lernmedien stehen bereit?

- Methodische Voraussetzungen
  Welche Lernziele und Lerninhalte ergeben sich aus den Entwicklungszielen? Durch welche Lehrmethoden, Medien und Teilnehmerzusammensetzungen und welche Lernorganisationen können die gewünschten Lernziele erreicht werden?

- Zielerreichungskontrolle
  Welche Form der Zielkontrolle sollte angewandt werden? Welche Hilfsmittel, welcher personelle und finanzielle Aufwand ist dafür erforderlich?
  Als Möglichkeit der Zielkontrolle stehen die **Ergebniskontrolle** und die **Verhaltenskontrolle** zur Verfügung. Dies erfordert eine Zusammenarbeit mit den Fachbereichen und den Vorgesetzten vor Ort sowie den Abgleich zwischen Entwicklungsbedarfsplanung und Zielerreichung.

4.4.2.5.3   Ausgangsdaten zur Personalentwicklung

Eine gute Unterlage für die Planung der Personalentwicklung kann aus folgenden im Betrieb zur Verfügung stehenden Daten gewonnen werden:

– aus Qualifizierungsnachweisen der Personalakten
– aus Leistungsbeurteilungen über Mitarbeiter/Mitarbeiterinnen
– aus Potentialbeurteilungen, die entweder gesondert durchgeführt werden oder sich aus den Leistungsbeurteilungen ergeben können
– aus Informationen über zusätzlich erworbene Qualifikationen, auch außerhalb eines Betriebes.

Anforderungsprofile, die gesondert zu ermitteln sind oder sich aus Stellenbeschreibungen ergeben:

– Nachfolgepläne, in denen zukünftige Anforderungen definiert sind.

Der Ablauf einer Personalentwicklungsplanung ist im nachfolgenden Schema dargestellt.

1. Künftige Arbeitsplatz-anforderung analysieren	Planungsrunden und begleitende Projektteams arbeitswissenschaftliche Verfahren Gruppeninterviews offenstrukturierte Interviews repräsentativ ausgewählte Arbeitsplatzbeobachtungen	Projektteam aus: Organisationsabteilung/ Planungsabteilungen/ Arbeitswirtschaft/ Personalabteilung/ Personalentwicklung/ Bildungswesen
2. Vorhandene Qualifikationen und künftige Qualifikations-anforderungen analysieren und bewerten	Stellen-/ Positionsbeschreibungen Auswertung von Literatur Vergleich mit anderen Unternehmen Szenarientechniken Gruppeninterviews Expertengespräche Mitarbeitergespräche	Fachbereiche/ Personalabteilung/ Personalentwicklung/ externe Experten/ Vorgesetzte/ Mitarbeiter/Betriebsrat
3. Entwicklungspotentiale analysieren und bewerten	Mitarbeitergespräche Assessment Center Fragen zur Laufbahn	Vorgesetzte/ Personalentwicklung/ externe Berater/ Betriebsrat
4. Entwicklungsbedarf ermitteln	Analyse von Fehlzeiten, Unfallquoten, Qualitäts-mängeln, Betriebsklima, Informationsfluss usw. (z. B. durch Erfa-Gruppen) Stellenbeschreibungen Gruppeninterviews Mitarbeitergespräche Fragebogen zur Laufbahn	Vorgesetzte/Fachbereiche, Personalabteilung, Personalentwicklung, Bildungsbeauftragter, Mitarbeiter/Betriebsrat

(Fortsetzung auf der folgenden Seite)

5. Planung der Entwicklungsmaßnahmen (global und individuell)	Entwicklung von Curricula Auswahl der Bildungsträger/ Trainer, evtl. Schulung der Trainer Festlegen der zeitlichen und organisatorischen Durchführungsbedingungen	Personalentwicklung/ Fachabteilung/ Vorgesetzte/ Mitarbeiter/Betriebsrat
6. Durchführung der Entwicklungsmaßnahmen	training on the job/ training off the job job rotation	Bildungswesen/externe Bildungsträger/Fach- abteilungen/Betriebsrat
7. Planung der Erfolgskontrolle	z. B. Analyse von Betriebs- klima, Ausschussproduktion, Qualität Fragebogen/ Tests/Seminarkritik Beobachtung/ Leistungsbeurteilung	Vorgesetzte/ Personalentwicklung/ Mitarbeiter/Betriebsrat/ Fachabteilung

(Fortsetzung)   Quelle: RKW-Handbuch Personalplanung, Luchterhand Verlag

4.4.2.6   Personalkostenplanung

Die Personalkosten sind für den wirtschaftlichen Erfolg eines Unternehmens ein wesentlicher, wenn nicht sogar der wesentlichste Faktor.

Bei der Personalkostenplanung sind die kostenmäßigen Auswirkungen aller personellen Maßnahmen zu betrachten. Sie ist die Entscheidungsgrundlage für die durchzuführende Personalpolitik.

Folgende Fragen sollen durch die Personalkostenplanung beantwortet werden:

– Wie entwickeln sich Personalkosten in einer Planperiode? Dabei müssen auch die Planungen aller anderen Unternehmensbereiche einfließen.
– Wo und was sind die Haupteinflussfaktoren der Personalkosten? Wie entwickeln sie sich zukünftig? Wie wird die Personalkostenentwicklung unter dem Gesichtspunkt der gesamten Ertragskraft eines Unternehmens gesehen?

Je arbeits- und lohnintensiver eine Unternehmung ist, desto höher ist der Anteil der Personalkosten an den gesamten Kosten. Im industriellen Bereich liegt dieser Anteil ca. zwischen 20% und 40%, im Dienstleistungsbereich kann er diesen Wert noch überschreiten. Der Personalkostenanteil wird gemessen an den Gesamtkosten.

Die Personalkosten sind in nachfolgender Gliederung dargestellt.

1 Entgelt für geleistete Arbeit	2 Personalzusatzkosten	
1.1 Lohn	2.1 aufgrund von Tarif und Gesetz	2.2 aufgrund betrieblicher Leistungen
1.2 Gehalt Tarifangestellte	• Arbeitgeberbeiträge zur gesetzlichen Sozial- und Unfallversicherung	• Betriebliche Altersversorgung
1.3 Gehalt außertarifliche Angestellte	• Bezahlte Ausfallzeiten • (Krankheit, Feiertage)	• Küchen und Kantinen/ Essenszuschüsse
1.4 Sonstiges Entgelt	• Urlaub/Urlaubsgeld • Schwerbehinderte • Betriebsärztliche Betreuung • Kosten Betriebsverfassung und Mitbestimmung • Vermögenswirksame Leistungen	• Fahrkosten • Urlaub/Urlaubsgeld • Soziale Fürsorge • Versicherungen und Zuschüsse • Bezahlung von Ausfallzeiten • Wohnungshilfen/ Umzugskosten • Sonstige Leistungen (z. B. Sonderzahlung, Jubiläen, Verbesserungs-vorschläge etc.)

Quelle: RKW-Handbuch Personalplanung,
          Luchterhand Verlag

Aus- und Fortbildung

4.4.2.6.1   Personalkostenbeeinflussungsfaktoren

Innere Faktoren

Personalkosten werden beinflusst durch
– den Personalbestand
– die Personalstruktur
– die Personalkosten pro Kopf.

Auch durch die Aufbau- wie durch die Ablauforganisation von Unternehmen können Personalkosten beeinflusst werden, z. B. als Folge einer flachen oder einer hohen Aufbauorganisation. Neue Formen der Arbeitsorganisationen wie Gruppenarbeit, Teamkonzeptionen sowie die Einstellungspolitik des Unternehmens beeinflussen die Personalkosten, weil Kosten für Leitungsebenen minimiert werden und auch Kosten für andere dispositive Faktoren, z. B. Arbeitsvorbereitung usw. entfallen. Auswirkung auf die Kosten kann auch der Einsatz moderner Techniken im Bereich der Bürokommunikation haben.

Äußere Faktoren

Darunter fallen die Anwendung von Tarifverträgen und die Gestaltung von Arbeitszeiten, Vorruhestandsregelungen, Arbeitsmarktsituationen und die gesamtwirtschaftliche Entwicklung in der Bundesrepublik Deutschland.

Kostenerfassung: Wesentliche Quelle und Hilfsmittel, aus denen der Kostenüberblick gewonnen werden kann, ist das gesamte betriebliche Finanz- und Rechnungswesen. Hier kommt es auf die genaue Zurechnung der Kosten auf die Kostenverursacher (Kostenträger) an. Kosten, die nicht direkt den Kostenträgern zugeordnet werden können, nennt man Gemeinkosten. Sie werden über den Betriebsabrechnungsbogen (BAB) mit Hilfe von Kostenschlüsseln verteilt. Vielfach werden alle Personalverwaltungskosten, die in einer Personalabteilung eines Unternehmens anfallen, zusammengefasst und anschließend als Gemeinkostenzuschlag in Form eines Durchschnittsprozentsatzes oder als DM-Wert in Form einer Pro-Kopf-Umlage auf die einzelnen Bereiche verteilt, die diese Kosten zu tragen haben. Bei der Betrachtung der Löhne und Gehälter im Rahmen der Personalkostenplanung ist zu differenzieren in:

– Löhne für geleistete Arbeitsstunden,
  (Normalarbeitszeit, Mehrarbeitszeit, Schichtarbeit),
– Löhne für Feiertagsbezahlung,
– Urlaubslöhne und zusätzliches Urlaubsgeld,
– Lohnfortzahlung (z. B. im Krankheitsfall),
– Sonderzahlungen (z. B. Weihnachten, Vermögensbildung, Prämien).

Neben den direkten Kosten für Lohn und Gehalt entstehen bei jeder Personaleinstellung Vorlauf- und Folgekosten in erheblicher Größenordnung. Zur Ermittlung der Gesamtkosten stellen Formulare wie das hier abgebildete Beispiel eine zuverlässige Hilfe dar.

Personaleinstellungen sind in der Regel langfristige Entscheidungen, die hohe Kosten verursachen. Eine sorgfältige Personalentwicklungsplanung ist das beste Mittel, folgenschwere Fehlentscheidungen zu vermeiden.

Nr.	Zu besetzende Stelle	Schritt-folge	Maßnahme/Vorgang	Aufallzeiten, z. B. des Vorgesetzten und des Neueinge-stellten in Std.	Sonstige Kosten im Planjahr pro Quartal in DM			
					I.	II.	III.	IV.
101	Abteilungsleiter Vertrieb Inland	1.	Ärztliche Untersuchung	2		200		
		2.	Vorstellung intern und extern	30		1 700		
		3.	Hotelkosten für 2 Monate			3 000	3 000	
		4.	Wohnungssuche	8		3 000		
		5.	Trennungsentschädigung, Familienheimfahrten			3 000	3 000	
		6.	Umzugskosten	16			4 500	
		7.	Einarbeitung: ca. 3/4 Jahr nur 50% Arbeitsleistung (einschließlich Sozialkosten)	26		15 000	15 000	15 000
		8.	Büro- und Informationsmaterial			200	200	
				82 = ca. 4 100 DM		26 100	25 700	15 000

(Fortsetzung auf der folgenden Seite)

Nr.	Zu be- setzende Stelle	Schritt- folge	Maßnahme/Vorgang	Aufallzeiten, z. B. des Vorgesetzten und des Neueinge- stellten in Std.	Sonstige Kosten im Planjahr pro Quartal in DM			
					I.	II.	III.	IV.
201	1 Kaufm. Sach- bearbeiter für Vertrieb Ausland	1.	Ärztliche Untersuchung, Impfung	4			300	
		2.	Vorstellung intern	8			500	
		3.	Hotelkosten für 1 Monat				2 300	
		4.	Wohnungssuche	8			1 000	
		5.	Trennungs- entschädigung, Familienheimfahrten				2 500	
		6.	Umzugskosten	16			3 500	
		7.	Einarbeitung: ca. 1/2 Jahr nur 50% Arbeitsleistung (einschließlich Sozialkosten)	26			9 000	9 000
		8.	Reisen zur ausländ. Vertriebsleitung	200			5 000	5 000
		9.	Büro- und Informationsmaterial				200	
				262 = ca. 13 100 DM			24 300	14 000

(Fortsetzung)　　　　　　　　　　Quelle: RKW-Handbuch Personalplanung, Luchterhand Verlag

Bilden von Personalkostenkennzahlen

Dafür bietet sich der Bereich der Personalkostenerfassung in Verbindung mit der Personalstatistik an. Man kann Gliederungs- oder Strukturzahlen bilden (Verhältnis eines Teiles
zum Ganzen), Beziehungs- oder Verhältniszahlen, begrifflich verschieden einander zuge-
ordnete Größen, begrifflich gleichartige, zeitlich unterschiedliche Größen.

Folgende Kennzahlen können gebildet werden:

1. **Überblick über gesamte Personalkosten**

$$\frac{\text{Entgelt (Löhne und Gehalter)}}{\text{Personalkosten gesamt}}$$

$$\frac{\text{Personalzusatzkosten}}{\text{Personalkosten gesamt}}$$

$$\frac{\text{Personalzusatzkosten gesetzlich und tariflich bedingt}}{\text{Personalkosten gesamt}}$$

$$\frac{\text{Personalzusatzkosten aufgrund freiwilliger Leistungen}}{\text{Personalkosten gesamt}}$$

2. **Überblick über Personalkosten für unterschiedliche Mitarbeitergruppen**

$$\frac{\text{Personalkosten Arbeiter}}{\text{Personalkosten gesamt}}$$

$$\frac{\text{Entgelt Arbeiter}}{\text{Entgelt gesamt}}$$

$$\frac{\text{Personalzusatzkosten Arbeiter}}{\text{Personalzusatzkosten gesamt}}$$

$$\frac{\text{Personalzusatzkosten gesetzlich und tariflich bedingt für Arbeiter}}{\text{Personalzusatzkosten dito gesamt}}$$

$$\frac{\text{Personalzusatzkosten aufgrund betrieblicher Leistungen für Arbeiter}}{\text{Personalzusatzkosten dito gesamt}}$$

3. **Personalkosten in Beziehung zu verschiedenen Mitarbeitergruppen**

$$\frac{\text{Personalkosten Angestellte}}{\text{Personalkosten Arbeiter}}$$

$$\frac{\text{Personalzusatzkosten Angestellte}}{\text{Personalzusatzkosten Arbeiter}}$$

4. **Personalkosten zu Leistungsdaten**

$$\frac{\text{Personalkosten}}{\text{Umsatz}}$$

$$\frac{\text{Personalkosten}}{\text{Ausstoß}}$$

$$\frac{\text{Personalkosten}}{\text{Produktion}}$$

$$\frac{\text{Personalkosten}}{\text{Gesamtleistung lt. Gewinn- und Verlustrechnung}}$$

5. **Gesamtleistungsdaten**

$$\frac{\text{Personalkosten}}{\text{Leistungseinheiten (z. B. produzierte Stücke)}}$$

$$\frac{\text{Personalkosten}}{\text{Geleistete Fertigungsstunden}}$$

$$\frac{\text{Personalkosten}}{\text{Geleistete Arbeitsstunden}}$$

Quelle: RKW-Handbuch Personalplanung, Luchterhand Verlag

Kennzahlen, die pro Mitarbeiter/Mitarbeiterinnen gebildet werden können:

– Personalkosten
  Personalzusatzkosten
– Personalzusatzkosten, aufgegliedert in gesetzliche,
  tarifliche und betriebliche Kosten.

Kennzahlen, die die Gesamtheit oder Gruppen der Mitarbeiter/Mitarbeiterinnen betreffen, z. B.:

– Durchschnittsentgelt pro Arbeiter
– Durchschnittsentgelt für Angestellte
– Durchschnittsentgelt AT-Angestellte
– Mehrarbeit je Mitarbeiter/innen
– durchschnittliche Fehlzeiten je Mitarbeiter/innen
– durchschnittliche Beschaffungskosten je Mitarbeiter/innen
– Aus- und Fortbildungskosten je Mitarbeiter/innen.

Aus diesen Werten lassen sich **Zieldaten** ermitteln.

– Die Steigerungsrate der gesamten Personalkosten soll nicht größer sein als die Steigerungsrate des Umsatzes (oder soll höchstens 50% der Steigerungsrate des Umsatzes betragen).
– Die Steigerung der Personalkosten pro Mitarbeiter/innen soll nicht größer sein als die Steigerungsrate des Wertzuwachses je Mitarbeiter/innen
– Die Steigerungsrate der nicht direkt an der Fertigung beteiligten Mitarbeiter/innen (indirekte Mitarbeiter) soll maximal 50% der Steigerung der Produktionsmitarbeiter (direkte Mitarbeiter) betragen.

Durch das skizzierte Instrumentarium ist es möglich, in Verbindung mit der Erfassung aller anderen Kostenarten in einem Betrieb (einem Unternehmen) die Personalkosten zu überblicken und im Griff zu behalten.

4.4.3   Beteiligungsrechte des Betriebsrates

Im Bereich der Personalplanung und der Personalbeschaffung hat der Betriebsrat aufgrund der Vorschriften im Betriebsverfassungsgesetz (BetrVG) vielfältige Beteiligungsmöglichkeiten wahrzunehmen. Sie sind hier kurzgefasst dargestellt (siehe auch Abschnitt 3.2.2).

4.4.3.1   Beteiligung an der Personalplanung

Der Begriff Personalplanung taucht im Betriebsverfassungsgesetz in drei Paragraphen auf: Im § 96 (Förderung der Berufsbildung), im § 106 (Wirtschaftsausschuss) und im wesentlichen in § 92 (Personalplanung).

§ 92 BetrVG:
»(1) Der Arbeitgeber hat den Betriebsrat über die Personalplanung, inbesondere über den gegenwärtigen und künftigen Personalbedarf sowie über die sich daraus ergebenden personellen Maßnahmen und Maßnahmen der Berufsbildung anhand von Unterlagen rechtzeitig und umfassend zu unterrichten. Er hat mit dem Betriebsrat über Art und Umfang der erforderlichen Maßnahmen und über die Vermeidung von Härten zu beraten.

(2) Der Betriebsrat kann dem Arbeitgeber Vorschläge für die Einführung einer Personalplanung einschließlich Maßnahmen im Sinne des § 80 Absatz 1 Nr. 2a und ihre Durchführung machen.«

Aus dieser Bestimmung ergibt sich, daß dem Betriebsrat ein Unterrichtungsrecht und ein Beratungsrecht zustehen.

Unterrichtung heißt, dass der Betriebsrat anhand von Unterlagen rechtzeitig und umfassend zu unterrichten ist. Eine rechtzeitige Unterrichtung ist dann erfolgt, wenn ein Einfluss des Betriebsrates noch möglich ist: Sollte der Betriebsrat Bedenken und Wünsche äußern, muss es tatsächlich möglich sein, diese Wünsche zu berücksichtigen. Der Begriff der Rechtzeitigkeit ist dann nicht mehr erfüllt, wenn ein Arbeitgeber eine Maßnahme bereits durchgeführt hat. Als eine umfassende Unterrichtung gilt, dass ein Betriebsrat unter Darlegung von Ursachen der bisherigen und der zu erwartenden künftigen Entwicklung informiert ist.

Zu dem Begriff »umfassend« gehört, dass der Arbeitgeber Auswirkungen, die sich in der Vergangenheit und in der Gegenwart aufgrund einer Personalplanung oder auch einer fehlenden Personalplanung für die Arbeitnehmer im Betrieb ergeben haben, darlegt. Informationen, die ein Arbeitgeber dem Betriebsrat im Sinne des § 92 Absatz 1 geben muss, sind alle Unterlagen, die einen unmittelbaren Bezug auf Personal und Planungsgrundsätze und auf konkrete Personalplanungsmaßnahmen haben. Dazu gehören zum Beispiel Stellenbeschreibungen, Stellenpläne, Anforderungsprofile, Personalstatistiken und Aussagen über Personalkosten.

Im § 106 BetrVG ist die Beteiligung an wirtschaftlichen Angelegenheiten in Unternehmen (nicht in Betrieben) durch den Betriebsrat gewährleistet. Dazu ist erforderlich, daß in allen Unternehmen mit in der Regel mehr als 100 ständig beschäftigten Arbeitnehmern ein **Wirtschaftsausschuss** gebildet wird. Der Wirtschaftsausschuss hat die Aufgabe – nachdem er rechtzeitig und umfassend über die wirtschaftlichen Angelegenheiten des Unternehmens unter Vorlage der erforderlichen Unterlagen unterrichtet wurde – diese wirtschaftlichen Angelegenheiten mit dem Unternehmen zu beraten und den zuständigen Betriebsrat zu unterrichten. Dafür gelten die gleichen aufgeführten Grundsätze.

Beratung heißt, dass zwischen Betriebsrat und Arbeitgeber und ggf. Wirtschaftsausschuss ein Meinungsaustausch herbeigeführt werden muss. Die alleinige Unterrichtung im Sinne einer kommunikationstechnischen Einbahnstraße reicht hier nicht aus. Streitigkeiten zwischen Arbeitgeber (Unternehmer) und dem Betriebsrat über den Umfang des Beteiligungsrechtes können im Wege des Beschlussverfahrens vor dem zuständigen Arbeitsgericht geklärt werden.

Im § 96 geht es darum, dass Arbeitgeber und Betriebsrat im Rahmen der betrieblichen Personalplanung die Zusammenarbeit mit den für die Berufsbildung und den für die Förderung der Berufsbildung zuständigen Stellen zu fördern haben. In diesen Fragen kann der Betriebsrat ebenfalls den Wunsch nach einer Beratung äußern, er kann hierzu auch Vorschläge machen (siehe Abschnitt 3.2.2.2).

§ 96 Förderung der Berufsbildung:

»(1)   Arbeitgeber und Betriebsrat haben im Rahmen der betrieblichen Personalplanung und in Zusammenarbeit mit den für die Berufsbildung und den für die Förderung der Berufsbildung zuständigen Stellen die Berufsbildung der Arbeitnehmer zu fördern. Der Arbeitgeber hat auf Verlangen des Betriebsrats mit diesem Fragen der Berufsbildung der Arbeitnehmer des Betriebs zu beraten. Hierzu kann der Betriebsrat Vorschläge machen.

(2)   Arbeitgeber und Betriebsrat haben darauf zu achten, dass unter Berücksichtigung der betrieblichen Notwendigkeiten den Arbeitnehmern die Teilnahme an betrieblichen oder außerbetrieblichen Maßnahmen der Berufsbildung ermöglicht wird. Sie haben dabei auch die Belange älterer Arbeitnehmer zu berücksichtigen.«

Existiert in einem Betrieb eine formalisierte Personalplanung (umfangreicher Einsatz von Formularen, EDV-Einsatz) bisher nicht, ist der Arbeitgeber dennoch verpflichtet, mit dem

Betriebsrat über die Personalplanung zu beraten, wenn er dazu vorausschauende Angaben macht oder über vorausschauende Angaben verfügt. Darüber hinaus kann der Betriebsrat im Rahmen des § 92 Vorschläge machen, um eine Personalplanung einzuführen. Er kann ferner Vorschläge machen, wie er sich die Umsetzung seiner Aufgabe, die sich aus § 80 Absatz 1 Nr. 2a ergibt (»Förderung der tatsächlichen Gleichberechtigung zwischen Frauen und Männern«) im Rahmen der betrieblichen Personalplanung vorstellt.

4.4.3.2   Beteiligung an Stellenausschreibungen

§ 93 BetrVG regelt die Ausschreibung von Arbeitsplätzen:

> »Der Betriebsrat kann verlangen, dass Arbeitsplätze, die besetzt werden sollen, allgemein oder für bestimmte Arten von Tätigkeiten vor ihrer Besetzung innerhalb des Betriebs ausgeschrieben werden. Er kann anregen, dass sie auch als Teilzeitarbeitsplätze ausgeschrieben werden. Ist der Arbeitgeber bereit, Arbeitsplätze auch mit Teilzeitbeschäftigten zu besetzen, ist hierauf in der Ausschreibung hinzuweisen.«

Diese Bestimmung regelt die interne Stellenausschreibung und ist im Rahmen der Betriebsverfassung das stärkste Recht des Betriebsrates. Fordert der Betriebsrat eine Ausschreibung, muss der Arbeitgeber diesem Verlangen entsprechen.

Der Betriebsrat kann verlangen, dass einzelne Arbeitsplätze vor der Besetzung oder generell alle Arbeitsplätze vor ihrer Besetzung ausgeschrieben werden. Die Schaffung von Teilzeitarbeitsplätzen kann der Betriebsrat mit anregen.

In welcher Form eine interne Stellenausschreibung zu erfolgen hat, insbesondere welche Angaben sie enthalten muss und über welchen Zeitraum ihre Bekanntgabe erfolgen soll; darüber enthält das Betriebsverfassungsgesetz keine weiteren Aussagen. Diese Dinge sind jeweils zwischen dem Arbeitgeber und Betriebsrat zu vereinbaren, z. B.

– das Ausschreiben am schwarzen Brett
– die Bekanntgabe in einer Betriebszeitung
– das Auslegen von Bewerbungsmappen beim Betriebsrat, in der Personalabteilung und an den Eingängen.

Der Inhalt von internen Stellenausschreibungen ist in der Praxis sehr unterschiedlich, die Zeitdauer variiert von einer bis zu vier Wochen. Es sei darauf hingewiesen, dass interne Bewerber/Bewerberinnen keinen gesetzlichen Anspruch haben, bei einer Auswahl bevorzugt behandelt zu werden.

4.4.3.3   Beteiligung an Beschaffungsvorgängen

Im § 99 BetrVG ist die Mitbestimmung bei personellen Einzelmaßnahmen geregelt. Unter personellen Einzelmaßnahmen versteht das Betriebsverfassungsgesetz folgende Tatbestände:

– Einstellung
– Eingruppierung
– Umgruppierung
– Versetzung.

Nach der Auswahl und vor der geplanten Maßnahme hat der Arbeitgeber den Betriebsrat zu unterrichten, die erforderlichen Bewerbungsunterlagen vorzulegen und Auskunft über die Person der Betroffenen zu geben. Er hat dem Betriebsrat unter Vorlage der erforderlichen Unterlagen Auskunft über die Auswirkung der geplanten Maßnahme zu geben und die **Zustimmung** des Betriebsrates einzuholen.

Der Betriebsrat hat Anspruch auf die Vorlage der Bewerbungsunterlagen aller Personen, die am Auswahlverfahren teilgenommen haben. In der Praxis geschieht es sehr häufig, dass ein Arbeitgeber dem Betriebsrat nur die Bewerbungsunterlagen der Bewerber vorlegt, die auch tatsächlich eingestellt werden sollen.

Der Betriebsrat kann:

- seine Zustimmung ausdrücklich mitteilen
- schweigen (nach dem BetrVG gilt Schweigen innerhalb von 7 Tagen als Zustimmung des Betriebsrates)
- einer geplanten Einstellung, Eingruppierung, Umgruppierung, Versetzung auch widersprechen. Der Widerspruch hat schriftlich unter Angabe von Gründen zu erfolgen und muss innerhalb einer Woche dem Arbeitgeber zugehen.

Für eine Zustimmungsverweigerung des Betriebsrates werden im § 99 BetrVG sechs Möglichkeiten genannt:

»Der Betriebsrat kann die Zustimmung verweigern, wenn

1. Die personelle Maßnahme gegen ein Gesetz, eine Verordnung, eine Unfallverhütungsvorschrift oder gegen eine Bestimmung in einem Tarifvertrag oder einer Betriebsvereinbarung oder gegen eine gerichtliche Entscheidung oder eine behördliche Anordnung verstoßen würde,

2. die personelle Maßnahme gegen eine Richtlinie nach § 95 verstoßen würde,

3. die durch Tatsachen begründete Besorgnis besteht, dass infolge der personellen Maßnahme im Betrieb beschäftigte Arbeitnehmer gekündigt werden oder sonstige Nachteile erleiden, ohne dass dies aus betrieblichen oder persönlichen Gründen gerechtfertigt ist,

4. der betroffene Arbeitnehmer durch die personelle Maßnahme benachteiligt wird, ohne dass dies aus betrieblichen oder in der Person des Arbeitnehmers liegenden Gründen gerechtfertigt ist,

5. eine nach § 93 erforderliche Ausschreibung im Betrieb unterblieben ist oder

6. die durch Tatsachen begründete Besorgnis besteht, dass der für die personelle Maßnahme in Aussicht genommene Bewerber oder Arbeitnehmer den Betriebsfrieden durch gesetzwidriges Verhalten oder durch grobe Verletzung der in § 75 Abs. 1 enthaltenen Grundsätze stören werde.«

Bei der Zustimmungsverweigerung des Betriebsrates reicht es jedoch nicht aus, dass ein Betriebsrat sich auf die entsprechende Ziffer im § 99 bezieht; er muss vielmehr detailliert unter Angabe von genauen Gründen darlegen, warum er der geplanten personellen Maßnahme widerspricht.

Der Arbeitgeber hat dann die Möglichkeit – wenn ein ordnungsgemäßer Widerspruch des Betriebsrates vorliegt und er an der geplanten Maßnahme festhalten will – sich die fehlende Zustimmung des Betriebsrates durch einen Beschluß des Arbeitsgerichtes ersetzen zu lassen. Ersetzt das zuständige Arbeitsgericht auf Antrag des Arbeitgebers die fehlende Zustimmung des Betriebsrates, kann eingestellt werden. Wird die Zustimmung nicht erteilt, ist die Durchführung der personellen Maßnahme nicht möglich.

Will ein Arbeitgeber – obwohl der Betriebsrat bisher noch nicht zugestimmt oder die Zustimmung verweigert hat – eine personelle Maßnahme aus dringenden sachlichen Gründen durchführen, kann er sie gemäß § 100 BetrVG »durchziehen«. Wird von dieser Maßnahme Gebrauch gemacht, ist der Arbeitgeber verpflichtet, den Betriebsrat unverzüglich von der »vorläufigen personellen Maßnahme« zu unterrichten.

Bestreitet der Betriebsrat, dass die personelle Maßnahme aus sachlichen Gründen dringend erforderlich ist, so muss er dies dem Arbeitgeber unverzüglich mitteilen. Der Arbeitgeber darf die vorläufige personelle Maßnahme nur dann aufrechterhalten, wenn er innerhalb von drei Tagen beim zuständigen Arbeitsgericht die Ersetzung der Zustimmung des Betriebsrates und die Feststellung beantragt, dass die Maßnahme aus sachlichen Gründen dringend erforderlich ist.

Wenn das Gericht durch eine rechtskräftige Entscheidung die Ersetzung der Zustimmung ablehnt oder wenn es rechtskräftig feststellt, dass die Maßnahme aus sachlichen Gründen offensichtlich nicht dringend erforderlich war, endet die vorläufige personelle Maßnahme mit Ablauf von zwei Wochen nach Rechtskraft. Von diesem Zeitpunkt an kann sie nicht mehr aufrechterhalten werden.

Verstößt ein Arbeitgeber gegen die rechtskräftige Entscheidung eines Arbeitsgerichtes, so kann der Betriebsrat beim Arbeitsgericht (§ 101 BetrVG) beantragen, dem Arbeitgeber aufzugeben, die personelle Maßnahme aufzuheben. Geschieht dies durch den Arbeitgeber nicht, so kann auf Antrag des Betriebsrates vom Arbeitsgericht ein Zwangsgeld erhoben werden (für jeden Tag der Zuwiderhandlung 500 DM).

4.4.3.4   Beteiligung beim Abbau von Personal

§ 102 BetrVG Absatz 1:

»Der Betriebsrat ist vor jeder Kündigung zu hören. Der Arbeitgeber hat ihm die Gründe für die Kündigung mitzuteilen. Eine ohne Anhörung des Betriebsrats ausgesprochene Kündigung ist unwirksam.«

Diese Vorschrift gilt für die Änderungskündigung, für die ordentliche (fristgerechte) Kündigung und die außerordentliche (fristlose) Kündigung.

Wird diese Beteiligung des Betriebsrats nicht durchgeführt, ist die Kündigung von vornherein unwirksam und kann später auch nicht mehr geheilt werden.

Der Arbeitgeber hat dem Betriebsrat mitzuteilen:

– den Namen des zu Kündigenden
– die vorgesehene Kündigungsform
– den vorgesehenen Kündigungszeitpunkt
– den vorgesehenen Kündigungsgrund mit Angabe von genauen Gründen
– die Aufforderung, eine Stellungnahme abzugeben.

Der Betriebsrat hat folgende Möglichkeiten zu reagieren:

– Er kann einer Kündigung »ausdrücklich zustimmen«.
– Er kann »schweigen«.
  (Bei einer beabsichtigten ordentlichen Kündigung beträgt die Frist 7 Tage,
  bei einer beabsichtigten außerordentlichen Kündigung beträgt die Frist 3 Tage.)
– Er kann »Bedenken erheben«.
– Er kann bei einer vorgesehenen ordentlichen Kündigung »Widerspruch einlegen«.

Im Gegensatz zu der Beteiligung bei Einstellung, Versetzung, Eingruppierung und Umgruppierung kann ein Arbeitgeber eine Kündigung unabhängig von Bedenken oder gar eines Widerspruchs des Betriebsrates durchführen.

Bei einer beabsichtigten ordentlichen Kündigung kann der Betriebsrat aus fünf Gründen Widerspruch einlegen. Diese Gründe sind in § 102, Absatz 3 BetrVG festgelegt. Auch hier hat der Betriebsrat einen schriftlichen Widerspruch zu formulieren und diesen innerhalb der genannten Frist dem Arbeitgeber zugehen zu lassen. Es reicht nicht aus, wenn einfach Bezug auf die fünf möglichen Punkte genommen wird. Es muss eine genau detaillierte Begründung durch den Betriebsrat erfolgen.

Wenn ein Arbeitgeber trotz Widerspruch des Betriebsrates eine ordentliche Kündigung durchgeführt hat, muss dem Arbeitnehmer zusammen mit der Kündigungserklärung eine Kopie der Stellungnahme des Betriebsrates ausgehändigt werden. Dies soll dem Arbeitnehmer ermöglichen, den Erfolg eines zu führenden Kündigungsschutzprozesses einschätzen zu können.

Als Folge eines qualifizierten Widerspruchs des Betriebsrats kann sich für Arbeitgeber ergeben:

Erhebt der Gekündigte innerhalb der Frist von 21 Tagen vor dem zuständigen Arbeitsgericht Kündigungsschutzklage und verlangt er von seinem bisherigen Arbeitgeber die Weiterbeschäftigung, muss der Arbeitgeber diesem Verlangen entsprechen. Auf Antrag eines Arbeitgebers kann das Gericht durch einstweilige Verfügung diese Verpflichtung aufheben, wenn

– die Klage des Arbeitnehmers keine hinreichende Aussicht auf Erfolg bietet oder mutwillig erscheint,

– die Weiterbeschäftigung des Arbeitnehmers zu einer unzumutbaren wirtschaftlichen Belastung des Arbeitgebers führen würde (das wird regelmäßig nur dann der Fall sein, wenn es sich um Arbeitgeber handelt, die wenige Arbeitnehmer beschäftigen) oder

– der Widerspruch des Betriebsrates offensichtlich unbegründet war.

Hat ein Arbeitgeber (Unternehmer) vor, aufgrund von wirtschaftlichen Problemen Betriebsänderungen durchzuführen, ist der Betriebsrat darüber rechtzeitig und umfassend zu unterrichten. Die geplante Betriebsänderung ist zu beraten. Als Betriebsänderungen gelten:

1. Einschränkung und Stillegung des ganzen Betriebs oder von wesentlichen Betriebsteilen
2. Verlegung des ganzen Betriebs oder von wesentlichen Betriebsteilen
3. Zusammenschluss mit anderen Betrieben oder die Spaltung von Betrieben
4. Grundlegende Änderungen der Betriebsorganisation, des Betriebszwecks oder der Betriebsanlagen
5. Einführung grundlegend neuer Arbeitsmethoden und Verdeckungsverfahren.

§ 112a BetrVG Erzwingbarer Sozialplan bei Personalabbau, Neugründungen:

»(1) Besteht eine geplante Betriebsänderung im Sinne von § 111 Satz 2 Nr. 1 allein in der Entlassung von Arbeitnehmern, so findet § 112 Abs. 4 und 5 nur Anwendung, wenn

1. in Betrieben mit in der Regel mehr als 20 und weniger als 60 Arbeitnehmern 20 vom Hundert der regelmäßig beschäftigten Arbeitnehmer, aber mindestens 6 Arbeitnehmer,
2. in Betrieben mit in der Regel mindestens 60 und weniger als 250 Arbeitnehmern 20 vom Hundert der regelmäßig beschäftigten Arbeitnehmer oder mindestens 37 Arbeitnehmer,
3. in Betrieben mit in der Regel mindestens 250 und weniger als 500 Arbeitnehmern 15 vom Hundert der regelmäßig beschäftigten Arbeitnehmer oder mindestens 60 Arbeitnehmer,
4. in Betrieben mit in der Regel mindestens 500 Arbeitnehmern 10 vom Hundert der regelmäßig beschäftigten Arbeitnehmer, aber mindestens 60 Arbeitnehmer

aus betriebsbedingten Gründen entlassen werden sollen. Als Entlassung gilt auch das vom Arbeitgeber aus Gründen der Betriebsänderung veranlasste Ausscheiden von Arbeitnehmern aufgrund von Aufhebungsverträgen.«

Ist ein Betrieb gegründet worden, so kann in den ersten vier Jahren nach seiner Gründung ein Sozialplan vom Betriebsrat nicht durchgesetzt werden. Dies gilt jedoch dann nicht, wenn aus einem bestehenden Unternehmen oder Konzern Ausgründungen erfolgt sind.

4.4.4   Einsatzmöglichkeiten der EDV

Beim EDV-Einsatz im Bereich der Personalplanung und -beschaffung lassen sich drei Arten von EDV-Systemen unterscheiden:

1. EDV-Lohn- und Gehaltsabrechnungs-Systeme, die Personalplanungsaktivitäten unterstützen.
2. Spezielle Personalplanungsprogramme. Es fehlen jegliche Verbindungen zu einem Lohn- und Gehaltsabrechnungs-System und einem Zeitwirtschaftssystem. Häufig werden auch nur einzelne Personalplanungsaspekte unterstützt, d.h. ein Programm gilt nur für die Bedarfsermittlung, ein weiteres Programm für die Auswahl, ein drittes für die Bewerbungsverwaltung usw.
3. Personalinformationssysteme. Ein derartiges System besteht aus einem Datenbanksystem, das im Dialog-Betrieb arbeitet und mindestens das System für Gehalts- und Lohnabrechnung enthält und weitere personalwirtschaftliche Programme, z. B. Arbeitszeiterfassung, Reisekostenabrechnung und Personalplanung.

Durch die gemeinsame Datenbank können die gesamten Personalstammdaten im Dialogbetrieb interaktiv gepflegt werden. Durch die Kombination aller in der Datenbank vorhandenen Daten sind flexible Auswertungen für die gesamte Zahl der Mitarbeiter/Mitarbeiterinnen oder über bestimmte Mitarbeitergruppen möglich.

Im letzten Jahr werden verstärkt spezielle Softwareprogramme für die Personalarbeit angeboten. Diese Spezialprogramme für die unterschiedlichsten Aufgaben in den Personalabteilungen laufen meistens auf handelsüblichen PC's. Es gibt z. B. spezielle Programme für die Seminarverwaltung, für die Bewerberauswahl und für Reisekostenabrechnungen. Meist sind diese Programme mit einem Textverarbeitungsmodul versehen, so dass sie recht flexibel einzusetzen sind. Zum Problem bei derartigen Spezialprogrammen kann die fehlende Zugriffsmöglichkeit auf die Datenbestände der Personaldatenbank werden.

Als weitere Entwicklung auf dem EDV-Sektor für die Personalarbeit zeichnet sich ab, dass Personalinformationssysteme in Form von Personaldatenbanken ergänzt werden können um die Integration einer elektronischen Personalakte, so dass dann sämtliche Aufgabenfelder der Personalarbeit über EDV-Einsatz zu bewältigen sind.

Fragen zur Kontrolle

Zu Abschnitt 4.4.1

138. Erläutern Sie den Begriff und die Ziele der Personalplanung?

Zu Abschnitt 4.4.2

139. Nennen Sie die unterschiedlichen Arten der Personalplanung?

140. Erläutern Sie Verfahren zur Personalbedarfsermittlung.

141. Wann würden Sie Kennzahlen im Rahmen der Personalbedarfsplanung einsetzen?

142. Welche Faktoren müssen Sie bei der Analyse des Reservebedarfs berücksichtigen?

143. Nennen Sie Vor- und Nachteile bei der internen Beschaffung.

144. Nennen Sie Vor- und Nachteile bei der externen Beschaffung?

145. Welche Bewerbungsunterlagen erwarten Sie bei einer schriftlichen Bewerbung? Nach welchen Kriterien erfolgt die Auswertung?

146. Skizzieren Sie Inhalte und Vorgehensweise bei einem Vorstellungsgespräch.

147. Wann würden Sie ein Assessment-Center einsetzen? Inhalte, Vorteile, Nachteile!

148. Erläutern Sie den Begriff der »Personaleinsatzplanung«.

149. Was müssen Sie bei der Personaleinsatzplanung besonders beachten bei jugendlichen Arbeitnehmern und bei schwerbehinderten Arbeitnehmern?

150. Welche Möglichkeiten stehen Ihnen bei einer indirekten Personalanpassung zur Verfügung?

151. Welche Möglichkeiten sehen Sie bei der direkten Personalanpassung?

152. Erläutern Sie die Auswirkungen bei Personalanpassungsmaßnahmen auf die Arbeitnehmer und auf das Unternehmen.

153. Welche Methoden, den Personalentwicklungsbedarf zu erkennen oder zu messen, stehen Ihnen zur Verfügung?

154. Welche Ausgangsdaten um eine Planung zur Personalentwicklung zu betreiben, sind für Sie unverzichtbar?

155. Welche internen Faktoren können Ihre Personalkostenplanung beeinflussen?

156. Welche externen Faktoren müssen Sie bei der Personalkostenplanung berücksichtigen?

157. Welche Kennzahlen im Rahmen der Personalkostenplanung halten Sie in kleinen Betrieben für erforderlich? Welche in Großbetrieben?

4.5   Personalführung

4.5.1   Was ist/bedeutet Personalführung?

Zum besseren Verständnis ist es nützlich, zunächst einige Begriffe zu klären. Was sind die Erfordernisse und Voraussetzungen einer zeitgemäßen und zukunftsorientierten Mitarbeiterführung? In der Fachliteratur ist es ein Leichtes, ein Dutzend verschiedene Definitionen von Personal-/Mitarbeiterführung zu finden.

Unsere Definition lautet:

Personalführung ist ein System von Zielen, Methoden und Normen zur Regelung der individuellen Arbeitsverhältnisse und der Zusammenarbeit in betrieblichen Gemeinschaften.

4.5.1.1   Begriff der Führung

»Führen« beschreibt eine bestimmte Funktion in einer Gruppe, mit der grundsätzliche bestimmte Aufgaben verbunden sind. Neben einer breiten Fachkompetenz in Theorie und Praxis sind vor allem soziale und kommunikative Fertigkeiten gefragt. Der heutige Mitarbeiter ist selbstbewußter, kritischer und informierter als früher und will in erster Linie durch Beispiel und Überzeugung geführt werden. Die Mitarbeiter wollen den Arbeitsprozess mitgestalten und sich in die Entscheidungsfindung mit einbezogen fühlen. Ein gemeinschaftliches Zusammenwirken verlangt von »Führungskräften« vor allem einen partnerschaftlichen Umgang mit allen Mitarbeitern. Dies bedeutet in erster Linie Bereitschaft zum Dialog und zur Kooperation und Offenheit für Kritik. Jedes Unternehmen hat seine eigenen Vorstellungen von einer »guten« Führungskraft.

Wer Führungskompetenz erwerben will, muss sich auf einen ständigen Lernprozess einlassen und die Bereitschaft zeigen, an sich zu arbeiten und das eigene Verhalten immer wieder selbstkritisch zu hinterfragen.

4.5.1.2   Unternehmensführung – Personalführung

In modern geführten Unternehmen ist die personalpolitische Planung Bestandteil der Unternehmensplanung. Die Personalpolitik ist damit Teil der Unternehmenspolitik und in die Unternehmensführung integriert. Unternehmensführung ist zielorientierte Planung, Steuerung und Kontrolle von organisatorischen Abläufen. Die Personalführung ist ein Unterbegriff der Personalpolitik. Personalführung gilt für alle Vorgesetzten, welche die Arbeit und die Zusammenarbeit der ihnen unterstellten Mitarbeiter durch Information, Motivation, Kontrolle und Ausbildung zu regeln haben.

Auf dieser Grundlage unterscheidet man deshalb Führungsbereiche als

- **die Unternehmensführung** mit der Aufgabe der Zielsetzung, das heißt u.a., das Unternehmen auf die Erfordernisse des Marktes flexibel und mit höchstmöglicher Effizenz auszurichten und die Aufgaben entsprechend zu verteilen und
- **die Personalführung**, d.h. die Art und Weise wie Führungskräfte den Umgang mit ihren Mitarbeitern gestalten, um die betrieblichen Ziele durchzusetzen und die Betriebsaufgabe zu erfüllen.

4.5.1.3   Leitung – Management

Die Begriffe **Leitung**, **Führung** und **Management** werden in der Literatur verschieden definiert.

- **Leiten** im Gegensatz zu Führen hat den sachbezogenen Führungsaspekt, z. B. die Wahrnehmung überwiegend administrativer Managementaufgabe, wobei nicht zu sehr die Aufgaben der einzelnen Mitarbeiter der Gruppen im Vordergrund stehen, sondern die Steuerung und das Funktionieren des jeweiligen Organisations- oder Verwaltungsbereichs. Die **Leitungsaufgabe** ist eine **Spezialistenaufgabe**.
- **Management** bedeutet soviel wie Betriebsführung. Im Management sind »Manager« als Generalisten, welche die Fähigkeit besitzen sollen, schnell auf veränderte Umweltbedingungen reagieren zu können und Ziele zu setzen, zu deren Erreichung sie die Fähigkeit der Spezialisten des Hauses nutzen und dabei das betriebliche Gesamtkonzept vor Augen haben. Auf Synergie bedacht, ist der Manager der Koordinator von Spezialisten. Im deutschsprachigen Raum ist der Begriff »Management« nicht eindeutig definiert, wird aber im allgemeinen mit Konzern- und Firmenführung verbunden.

4.5.2   Grundlagen der Personalführung

4.5.2.1   Rechtsfragen der Personalführung

Rechtliche Regelungen für die »Personalführung« gibt es in diesem sensiblen Bereich nur in sehr eingeschränktem Rahmen. Arbeitsrechtlich gilt für die Führungskraft die **Fürsorgepflicht** für die betrieblichen Mitarbeiter, insbesondere der **Gleichheitsgrundsatz**. Der Vorgesetzte darf sich nicht von Vorurteilen leiten lassen und muss beide Geschlechter gleich behandeln. Dies gilt vor allem auch für die Entlohnung. Aus Betriebsvereinbarungen und hausinterner Arbeits- und Arbeitszeitordnung können sich ebenfalls noch Rechtsfragen ergeben. In Unternehmen, die mindestens fünf Arbeitnehmer beschäftigen, kann ein Betriebsrat als Arbeitnehmervertretung gemäß Betriebsverfassungsgesetz installiert sein. Daraus ergeben sich für die Arbeitnehmerseite Beteiligungsrechte, die von der Personalführung zu beachten sind.

Das sind z. B.: Berufung und Einsatz von neuen Führungskräften nach betrieblicher Ausschreibung, Einführung eines Beurteilungssystems, Lohn- und Gehaltsveränderungen, Disziplinarmaßnahmen (Abmahnung). Auch die Erarbeitung und Einführung von Führungsgrundsätzen sollte nicht nur mit Betroffen aller Führungsebenen, sondern auch mit dem Betriebsrat erfolgen.

4.5.2.2 Das Umfeld des Führungsprozesses

4.5.2.2.1 Unternehmenskultur – Führungsphilosophie

Unternehmenskultur ist das zentrale Element der auch nach außen wirkenden **Corporate Identity**, also das Erscheinungsbild einer Firma in der Öffentlichkeit. Die Gesamtheit der Werte- und Normvorstellungen, die Handlungs- und Verhaltensmuster, die den Unternehmensangehörigen gemeinsam sind, prägen die Unternehmenskultur eines Unternehmens, die aber durch die Entscheidungen und Aktivitäten der Unternehmensleitung und der Führungskräfte maßgeblich beeinflusst wird. Unternehmenskultur kommt auch in der Umgangsart von Mitarbeitern, der Ausgestaltung eines Firmenstandortes

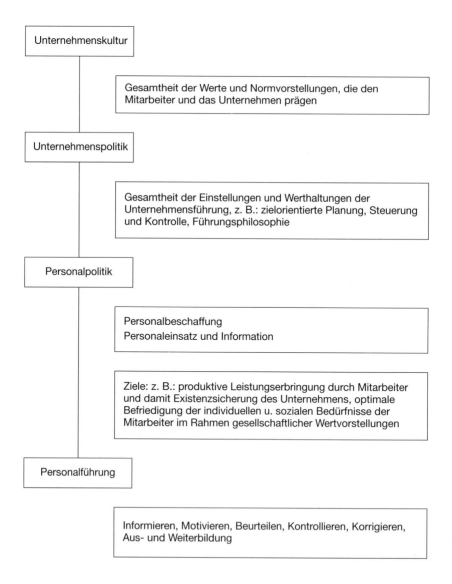

oder des gemeinsamen Sprachgebrauchs zum Tragen. Es ist daher sicher leicht verständlich, wie sehr die Personalführung von der Unternehmenskultur geprägt und somit selbst Bestandteil der Unternehmenskultur wird. Jeder Mitarbeiter, jede Führungskraft, muss zur Unternehmenskultur beitragen, um die gemeinsame Identität nach innen und außen zu zeigen.

Die **Führungsphilosophie** wird konkretisiert in der Personalpolitik. Dort findet sie ihre Ausprägung in generellen Regelungen für den Produktionsfaktor Arbeit. Dazu gehören z. B. Einstellungsgrundsätze, Eingliederung neuer Mitarbeiter, Personalentwicklungskonzepte, Führungskonzeptionen, Informationssysteme, Entgeltgestaltung und betriebliche Sozialleistungen, Gestaltung der Arbeitsbedingungen, Weiterbildungsmaßnahmen.

4.5.2.2.2   Betriebsorganisation und Personalführung

Die Betriebsorganisation ist ein langfristig angelegter, von der Unternehmensleitung initiierter und gesteuerter Prozess zum Zweck der Verbesserung der Leistungsfähigkeit des Unternehmens und der Zufriedenheit der Mitarbeiter am Arbeitsplatz. Die traditionelle Organisationsvorstellung (u.a. von Gutenberg, Gangler, Fischer, Hennig beschrieben) geht von einer geregelten Verbindung der menschlichen Arbeit und der Sachmittel aus. Im wesentlichen orientiert man sich an Organisationsgrundsätzen und an der Betriebsaufgabe. In der Aufbauorganisation eines Unternehmens zeigt sich die Ordnung der Zuständigkeiten und die Regelung, in welcher Art und Weise, geführt werden soll. So wie sich Organisationsformen permanent, zufällig oder geplant verändern, wird auch von der Führung kooperative Beweglichkeit erwartet.

Personalführung bedeutet für die Führungskraft, die betrieblichen Mitarbeiter, unter Einsatz von Führungsmitteln und Berücksichtigung der jeweiligen Situation, auf einen gemeinsam zu erzielenden Erfolg hin zu beeinflussen. Zum Thema Personalführung gibt es ein breites Literaturangebot (Olfert /Rahn, Bisani, Hentze, Richter, usw.). Jede Personalabteilung hat eine Führungsorganisation. Diese zeigt, in welcher Form die Aufgaben- und Kompetenzbereiche abgegrenzt sind.

Einzelne Organisationsformen sind u.a.:

Elementarorganisation des Personalwesens

Dieses organisatorische Aufbaugebilde kommt in der Praxis relativ häufig vor.
Der Aufbau ist unkompliziert und übersichtlich gegliedert.

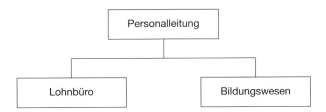

In Betrieben mittlerer Größe ist diese zentral ausgerichtete Form oft zu finden.

Verrichtungsorganisation des Personalwesens

Diese Gliederung des Personalbereichs ist eindeutig geordnet, und die Kompetenzen sind klar verteilt. Die Zentralausrichtung ermöglicht eine einheitliche Auftragserteilung im Einlinienzusammenhang. Die Linienorganisation ist die straffste Form der Organisation.

Sie ist in einen einheitlichen Instanzenweg gegliedert. Anweisungen von Vorgesetzten gehen von der obersten Instanz an die unmittelbar unterstellten Mitarbeiter, die sie weitergeben, bis die empfangende Stelle erreicht ist.

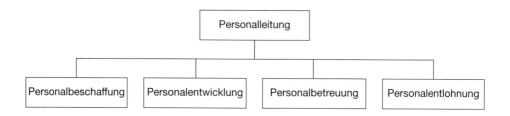

Vorteile des straffen Liniensystems sind u.a.:

– Durchsetzung der Betriebsinteressen wird erleichtert
– Dienstwege sind einzuhalten
– hohes Maß an Ordnung durch straffe Disziplin.

Nachteile:

– Aufträge werden wegen zu vieler Stellen im Instanzenweg zu langsam erledigt
– längerer Instanzenweg führt zu Schwerfälligkeit der Betriebsführung.

In der Praxis werden häufig Querverbindungen in das Liniensystem eingebaut, um den Instanzenweg zu verkürzen. Der Mitarbeiter A muss dann nicht den Instanzenweg über seinen Vorgesetzten einhalten, sondern kann direkt mit Mitarbeiter B Kontakt aufnehmen.

Spartenorganisation des Personalwesens

Hier bilden einzelne Teilsysteme des Personalwesens strukturierte und koordinierte Einheiten, die in eigener Verantwortung Personalarbeit betreiben. Es handelt sich um ein dezentral orientiertes System. Große, überregional tätige Unternehmen sind oft in diese Form eingebunden.

Die jeweiligen Sparten können z. B. nach Institutionen (z. B. Werk Wesseling, Werk Rheinfelden usw.) nach Regionen (z. B. Nord / Süd/ Ost / West) gegliedert sein.

In den Werken wird unabhängig voneinander eigene Personalbeschaffung-, entwicklung und -entlohnung vorgenommen. Das zentrale Personalwesen ist notwendig, um die gesamte Personalpolitik eines Konzerns mit »einer Stimme« zu vertreten.

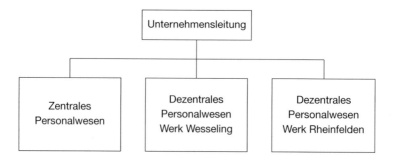

Matrixorganisation des Personalwesens

In einer Matrixorganisation versucht man, Zentral- und Dezentralbereiche relativ gleichberechtigt in einem System von kleineren Einheiten zu vereinigen.

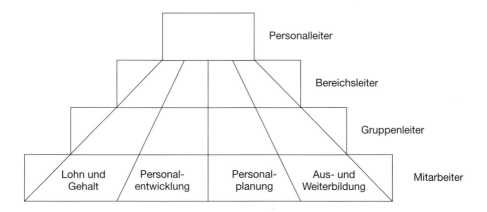

4.5.3   Ziele der Personalführung

Personalführung kann nur dann erfolgreich sein, wenn sie Personal- und Sachziele formuliert, die innerhalb der Abteilung Gültigkeit haben, und wenn deren Einhaltung überwacht wird. Zielsetzung ist eine Führungsaufgabe und Führungskompetenz, d.h. mit den unterstellten Mitarbeitern klar definierte Arbeitsziele zu vereinbaren oder vorzugeben. In diesem Rahmen ist ein Zeitraum festzulegen, in dem **vorrangige Hauptziele** und **nachrangige Teil- bzw. Einzelziele** zu erreichen sind.

Ziele müssen nach R.F. Mager eindeutige Vorgaben haben zu

– **Inhalt** (z. B. welche Veränderungen, Verbesserungen werden angestrebt)
– **Ausmaß** (z. B. Qualitätsmerkmale oder Steigerung um 7 %)
– **Zeit** (z. B. innerhalb 3 Mon., 6 Mon., eines Jahres).

Nur mit diesen Vorgaben sind Ziele operabel und kontrollierbar.

Beispiel: Die Personalabteilung soll im kommenden Jahr die gesamten Personalkosten nur um bis zu $2^{1}/_{2}$ % erhöhen.

In der Literatur unterscheidet man z. B. folgende Ziele:

– **Wirtschaftliche Ziele**
  • Erhöhung der Arbeitsproduktivität
  • Senkung der Personalkosten
  • Verbesserung der Arbeitsorganisation
  • Rationalisierung (gegebenenfalls Freisetzung von Personal)
  • Fluktuation der Mitarbeiter verringern

- **Soziale Ziele**
  - Schaffung von mehr Arbeitszufriedenheit
  - Anreize für Mitarbeiter (z. B. durch Motivation, Lob, Weiterbildungsmaßnahmen)
  - Kooperativer Führungstil
  - Ausreichende Bereitstellung von Personalkapazität
    (nicht die Kopfzahl, sondern der Fachkraftersatz muss gewährleistet sein)

4.5.3.1   Zielplanung

Zielsetzungen bedürfen einer systematischen Planung. Aufgabe der Personalabteilung und jedes Vorgesetzten ist es, wirtschaftliche und soziale Zielsetzungen möglichst weitgehend in Deckungsgleichheit zu bringen. Besondere Bedeutung haben Ziele im sozialen Bereich, da hier das Leistungsverhalten und die Leistungsentfaltung der Mitarbeiter betroffen sind. Je nach Zielvorgabe sollen diese ja mittel- oder langfristig hohe wirtschaftliche Ziele erreichen.

Hier kann es bei den Zielsetzungen zu Interessenkonflikten und Überschneidungen kommen. Die folgende Zeichnung soll das Problem deutlich machen.

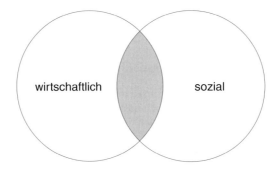

Erstrebenswert wäre, die Schnittmenge der beiden Bereiche zu maximieren oder sogar deckungsgleich zu machen. Eine völlige Übereinstimmung wird allerdings nie erreichbar sein.

4.5.3.2   Zielrealisierung

Die Gesamtheit der Personalmanager, also Personalleitung, Bereichsleitung und Gruppenleitung haben die Aufgabe, den Ablauf im Personalwesen zu beeinflussen, damit die gesetzten Ziele auch erreicht werden. Zielerreichung und erfolgeiche Führung ist aber nur möglich, wenn die Zielsetzung von korrekter Zielableitung verständlich bis zum jeweiligen Arbeitsplatz vorausgesetzt werden kann. So müssen z. B.: zur Zielsetzung, »4 % Personalaufbau innerhalb von 18 Monaten« alle Fakten auf den Tisch, um deutlich zu machen, welche Ursachen Grundlage für diese Zielsetzung sind und wie der personelle Aufbau durchgeführt werden soll.

4.5.3.3   Kontrolle

Im **Personal-Controlling** finden wir die aktuelle Form der Planung, Steuerung und Kontrolle des gesamten personalwirtschaftlichen Geschehens eines Unternehmens. **Kontrolle** ist auch eine grundsätzliche Führungspflicht, wonach der Vorgesetzte alles, was er an unterstellte Mitarbeiter delegiert, auch zu kontrollieren hat.

Der Führungsprozess kann also in folgende Phasen zerlegt werden:

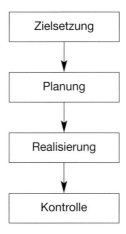

4.5.4   Führungstechniken

Führungstechniken bedient man sich, um Führung systematisch durchführen zu können. Zur Ausübung der Managementfunktion und zielgerichteten Erfüllung der Führungsaufgaben gilt es, mit Verfahrensformen Führung so effektiv wie möglich zu gestalten. Führungstechniken (Führungsmethoden) sind also konkret gewollte Verhaltens- und Verfahrensweisen zur Bewältigung von Führungsaufgaben. Den Unternehmen steht eine Fülle von Führungstechniken zur Verfügung. Jede Führungstechnik beinhaltet verschiedene Komponenten, die Aussagen über die Organisation und Regelung von Führungsaufgaben und Handlungsweisungen machen.

Inhalte von Führungstechniken können z. B. sein:

– Führungsstile, die das Führungsverhalten der Vorgesetzten gegenüber den Mitarbeitern regeln,

– Organisationsformen von Führungssystemen, die im Unternehmen die Weisungsbefugnis zwischen Mitarbeiter und Vorgesetzten regeln,

– Management-Konzeptionen, die als in sich geschlossene Führungssysteme verbindlich regeln, wie der Vorgesetzte seine Mitarbeiter zu behandeln hat.

Von der Effizienz des Führungsverhaltens des Vorgesetzten ist im wesentlichen die Motivation des Mitarbeiters abhängig.

4.5.4.1   Management-Konzeptionen

Managementorientierte Führungsmodelle oder -konzeptionen sind auf das ganze Unternehmen bezogen. Es ist oft schwierig, die einzelnen Modelle oder Konzeptionen voneinander abzugrenzen, da einzelne Elemente in verschiedenen Konzeptionen wiederzufinden sind. Je besser aber die einzelnen Elemente aufeinander abgestimmt sind und systematisch gehandhabt werden, um so größer ist die Wahrscheinlichkeit, die Leistungsfähigkeit aller im Unternehmen wirkenden Kräfte zu optimieren.

Die Management-by-Modelle werden auch als Management-Konzeptionen oder Führungstechniken bezeichnet. Mit dem Einsatz von Management-Konzeptionen soll folgendes erreicht werden:

– Quantitativ und qualitativ abprüfbare Ziele werden gemeinsam vereinbart. Der Mitarbeiter wird sich durch seine Einbeziehung mit den Zielvorgaben identifizieren.

– Aufgaben, Entscheidungen und Verantwortungen werden delegiert und entlasten Unternehmensleitung und Führungskräfte von Routineaufgaben. Es bleibt mehr Zeit für die eigentliche Führungsaufgabe.

– Ergebnis- und Leistungskontrollen auf allen Unternehmensebenen verbessern die Motivation und Kreativität der Mitarbeiter. Die Handlungsfähigkeit der Mitarbeiter führt zu größerer Initiative und Selbständigkeit.

– Management-Konzeptionen sind immer von der Organisationsstruktur des Unternehmens abhängig, d.h. Organisation und Management-Konzeption müssen aufeinander abgestimmt sein.

4.5.4.1.1   Management-by-Modelle in Deutschland

Modellarten	Führungsfunktionen
Management by Direction and control	Regelung von Ausnahmefällen
Management by Delegation	Delegation von Verantwortung und Entscheidungsbefugnis
Management by Objectives	Zielvereinbarungen
Management by Systems	Systemsteuerung, Kontrolle
Management by Exception	Ausnahmeregelung, Kontrolle, Leitung
Management by Motivation	Mitarbeiterbedürfnisse, gezielte Motivation

Management by Direction and Control (MbC)

Dieses Prinzip ist gekennzeichnet durch

Anweisung und Kontrolle

durch den Vorgesetzten. Es handelt sich also um das directive, autoritäre Führungsprinzip. Die Aufgaben werden nicht delegiert, die Arbeit wird lediglich verteilt. Eigeninitiative und Aktivität von unten werden unterdrückt. Durch Kontrolle wird dafür gesorgt, dass alles nach den festgelegten Regeln und den erteilten Anweisungen geschieht.

Management by Delegation (MbD)

Beim Management by Delegation handelt es sich um ein System, bei dem möglichst viel Zuständigkeit (Kompetenz) und Verantwortung sinnvoll und vertretbar auf Mitarbeiter übertragen wird. Dies kann bis zur unterstmöglichen Ebene erfolgen, soweit noch die Chance der zielentsprechenden Erfüllung der Aufgabe besteht.

Die Delegation von Verantwortung und Entscheidungsbefugnis kann sich auf alle Aufgabenstellungen im Betrieb beziehen. Der Mitarbeiter erhält einen abgegrenzten Aufgabenbereich, in dem er selbständig handeln und entscheiden darf. Bei richtiger Handlungsweise darf der Vorgesetzte nur in Ausnahmefällen eingreifen, auch wenn er die Führungsverantwortung innehat.

Harzburger Modell

Das bekannteste deutsche Führungsmodell ist das **Harzburger Modell**.

Dieses Modell wurde von R. Höhn an der Akademie für Führungskräfte in Bad Harzburg entwickelt. Es beinhaltet wesentliche Elemente des Management by Delegation wie auch des Managements by Exception.

Die Konzeption des Harzburger Modells beruht auf folgenden **Leitsätzen**:

- Betriebliche Entscheidungen sollen auf der Ebene getroffen werden,
  wo sie in der Sache hingehören.
- Betriebliche Entscheidungen sollen nicht von einzelnen Personen auf der mittleren oder oberen Hierarchie-Ebene, sondern von Mitarbeitern, die entsprechend ihrer Aufgabenstellung und ihrem Wissen zuständig sind, getroffen werden.
- An Stelle von Einzelaufträgen sollen festumrissene Aufgabenbereiche treten,
  in denen der Mitarbeiter selbständig entscheiden und handeln kann.
- Die Aufgabenverteilung soll von unten nach oben erfolgen, in dem der untergeordnete Mitarbeiter der übergeordneten Stelle nur Entscheidungen weitergibt, die er selbst nicht mehr treffen kann.

Das Harzburger Modell setzt eine **klare, hierarchisch gegliederte Führungsstruktur** voraus. Die Vorgesetzten müssen **Delegationsbereitschaft** zeigen und die Mitarbeiter **zur Übernahme von Verantwortung** bereit sein. Die Verantwortung wird zwischen dem Vorgesetzten und dem Mitarbeiter aufgeteilt.

Man unterscheidet:

- **Handlungsverantwortung**, welche dem Mitarbeiter übertragen wird.
- **Führungsverantwortung**, die beim Vorgesetzten liegt und nicht delegierbar ist. Führungsinstrumente des Vorgesetzten sind die Dienstaufsicht und die Erfolgskontrolle.

Das Harzburger Modell beruht auf zwei Grundlagen:

- **Der Führungsanweisung**, in der die Führungsrichtlinien für Vorgesetzte und Mitarbeiter festgelegt sind. Vorgesetzte und Mitarbeiter sind an diese Anweisung gebunden. Führungsanweisungen und Führungsmittel stellen ein in sich geschlossenes System dar. Eigeninitiative, Leistungsmotivation und Verantwortungsbereitschaft der Mitarbeiter werden durch Verantwortungsdelegation gefördert.
- **Der Stellenbeschreibung**, die alle wesentlichen Merkmale einer Stelle aufzeigt, z. B.: Stellenbezeichnung, Einordnung, Aufgaben, Ziele, Verantwortung, Stellvertreterregelung.

Stellenbeschreibung und Führungsanweisungen ermöglichen eine Transparenz der Handlungs- bzw. Führungsbereiche.

Das Harzburger Modell als Schaubild

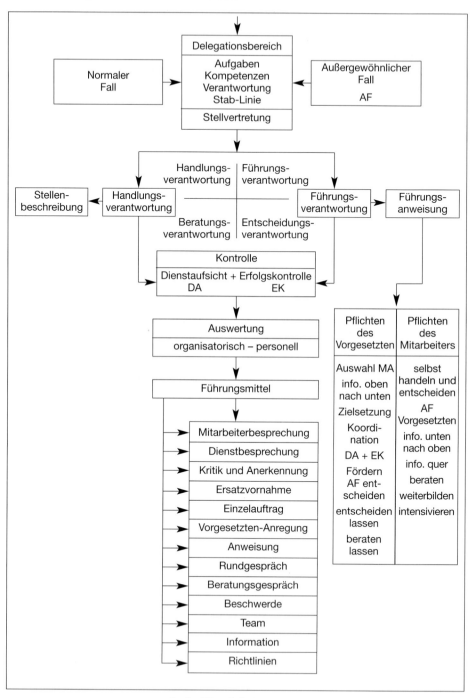

Quelle: Olfert, K./Steinbuch, P., Personalwirtschaft, Friedrich Kiehl Verlag

Vorteile des Harzburger Modells:

– Delegationsprinzip, dadurch Entlastung des Vorgesetzten
– Durch die Stellenbeschreibung werden die Handlungs- und
  Aufgabenbereiche transparent.
– Führungsanweisungen und Führungsmittel stellen ein geschlossenes System dar.
– Eigeninitiative, Leistungsmotivation und Verantwortungsbereitschaft
  werden gefördert.

Nachteile des Modells:

– Das Modell ist mit 3150 Organisationsregeln zu bürokratisch.
– Die Hierarchie wird gefestigt, zu wenig Flexibilität.
– Es gibt zu wenig Differenzierung im Modell.

Durch die erfolgreiche Praktizierung neuer Organisationsformen hat das Harzburger Modell seine Attraktivität verloren.

Management by Objectives (MbO)

Beim Management by Objectives handelt es sich um ein Führungskonzept mit Zielsetzung nach Planvorgabe und / oder Vereinbarung.

Führung durch Zielvereinbarung nach Planvorgabe

Anstelle der Aufgabenorientierung erfolgt eine Zielorientierung (zielorientiertes Management). Man geht von der Erkenntnis aus, dass alle erfolgreichen Manager, auch wenn sie in ihrer Persönlichkeit noch so verschieden sind, sich dadurch auszeichnen, daß sie vorgegebene Ziele erreichen. Dies setzt voraus, dass die **Unternehmensleitung** ein **Unternehmensziel** formuliert.

Auf den verschiedenen Managementebenen wird dieses Ziel in immer detailliertere Teilziele gegliedert und nach Prioritäten geordnet. Die Konkretisierung des Unternehmensziels wird von Vorgesetzten und Mitarbeitern gemeinsam vorgenommen. Der Mitarbeiter entscheidet dann allein über Mittel und Wege, die zum Erreichen seiner Feinzielvorgabe führen. Ist die Zielvorgabe erreicht, wird nur das Ergebnis, nicht der Weg kontrolliert. Die Leistungskontrolle mit Hilfe der Soll-Ist-Werte ermöglicht das Erkennen von Abweichungen. Bei diesen ist zwischen extern und individuell bedingten Ursachen zu unterscheiden. Persönliche Ursachen sollten Auslöser für Weiterbildungsmaßnahmen sein.

Voraussetzungen für das MbO – Modell sind:

Delegation der Aufgaben, Kompetenzen und Handlungsverantwortung an Mitarbeiter

– zielorientierte Organisation des Unternehmens
– leistungsfähige Planungs-, Informations- und Kontrollsysteme
– regelmäßige Zielüberprüfung und, falls erforderlich, flexible Zielanpassung.

Vorteile des Systems sind:

– Der Vorgesetzte wird entlastet.
– Die Identifikation mit den Unternehmenszielen wird verbessert.
– Die Beurteilung der Mitarbeiter wird objektiver.
– Die Effizienz von Planung und Organisation im Unternehmen wird gesteigert.

Wie bei allen Führungssystemen, gibt es auch Nachteile für das MbO-Modell, so z. B.:

– überhöhter Leistungsdruck bei den Beschäftigten
– Mitarbeiter identifizieren sich nicht ohne weiteres mit den Unternehmenszielen.

– Das Kontrollsystem ist oft nicht ausreichend leistungsfähig
– Abstimmung der Ziele über die Abteilungsgrenze hinaus kann schwierig und zeitaufwendig sein.

Management by Objectives ist eines der am weitesten verbreiteten und erfolgreichsten Führungssysteme.

Management by Systems (MbS)

Das Management by Systems basiert auf der Organisation und Vorgabe aller Teilabläufe als Bestandteile eines einheitlichen in sich geschlossenen Systems. Es handelt sich also um ein Konzept, bei dem die Führung durch Systemsteuerung erfolgt. Alle betrieblichen Abläufe werden in Regelkreisen

– der Zielsetzung
– der Realisation
– der Kontrolle und Rückmeldung gesteuert.

Voraussetzungen des MbS-Modells sind:

– ein umfassendes, computergestütztes Informationssystem
– Die einzelnen Regelkreise und deren innere Struktur müssen festgelegt sein.

Das MbS-Modell umfasst die Management by Objektives und die Management by Delegation-Konzeption. Damit gelten auch die dort genannten Vorteile der Systeme. Durch die MbS-Konzeption werden die Vorgesetzten stark entlastet und die Führungsfunktionen werden schneller wirksam.

Nachteile des Systems sind:

– hohe Anforderungen an Vorgesetzte und Mitarbeiter
– hohe Störanfälligkeit
– Enthumanisierung der Arbeitswelt im Unternehmen
– beträchtliche Ablehnungsquote bei Führungskräften.

Sonstige Management-Methoden

Management by Exceptions (MbE)
Hierbei handelt es sich um das Prinzip der Führung durch Entscheidungen in Ausnahmefällen

Führung im Ausnahmefall

Die Mitarbeiter können innerhalb eines vorgegebenen Rahmens selbstständig entscheiden. Ob ein Ausnahmefall vorliegt, bestimmt der Mitarbeiter, der sich dann mit dem Problem an seinen Vorgesetzten wendet. Beispiel: Ein Mitarbeiter hat für seinen Arbeitsbereich einen Finanzrahmen von 3 000 DM im Einzelfall. Müsste er im Rahmen seiner Tätigkeit diesen Kompetenzbereich überschreiten, wäre der Ausnahmefall gegeben.

Die Führungskräfte werden von Routineaufgaben entlastet und können ihre Interessen und Energien auf die Betriebsbelange ausrichten. Schwierigkeiten bei der Festlegung der Toleranzbereiche, mangelnde Motivation der Mitarbeiter wegen zu vieler Routineaufgaben u.a. sind Nachteile für MbE. Das System ist kein in sich geschlossenes Modell und regelt den Führungsprozess unvollständig.

Management by Motivation (MbM)

Beim MbM handelt es sich um ein Prinzip der Führung durch Steuerung des individuellen Leistungsverhaltens der Mitarbeiter mittels systematisch und methodisch gegebener Anreize. Es wird von der Annahme ausgegangen, dass materielle Anreize nur eine kurzfristige Motivation auslösen, während eine dauerhafte Aktivierung nur durch Führungsinstrumente, wie job enrichment, Partizipation an Entscheidungsprozessen oder Erweiterung der Kompetenzbereiche erreicht werden kann.

Bei Überprüfung der einzelnen Management-Methoden kann man schnell erkennen, dass jedes Modell Stärken und Schwächen hat. Wie unter 4.5.4.1 schon festgestellt, ist es häufig schwierig, die einzelnen Techniken voneinander abzugrenzen, da einzelne Elemente in verschiedenen Konzeptionen wieder zu finden sind. Es ist sicher notwendig, Management-Modelle durch Elemente anderer zu ergänzen, um damit Führungsaufgaben optimal zu gestalten.

Wesentlich beeinflusst wird die optimale Kombination der Management-Modelle u.a. durch

– individuelle Organisation des Unternehmens
– Fach- und Sozialkompetenz der Mitarbeiter
– Veränderungswille und Erfahrungsstand der Vorgesetzten.

4.5.5   Führungsgrundsätze/ Führungsrichtlinien

4.5.5.1   Bedeutung und Aufgabe von Führungsgrundsätzen und Führungsrichtlinien

Die Einführung von Führungsgrundsätzen hat als Hauptzweck, ein optimales unternehmerisches Ergebnis zu erzielen. Mit der Einführung werden günstige Voraussetzungen für das Zusammenwirken zwischen Vorgesetzten und Mitarbeitern durch ein einheitliches Führungsverhalten geschaffen. Bei der schriftlichen Fixierung der Führungsgrundsätze werden durch neue eindeutig formulierte Verhaltensleitsätze Ungewissheiten und Missverständnisse bei Führungsmaßnahmen weitgehend ausgeräumt. Die Führungsrichtlinien bieten zusätzlich eine Kontrolle des Führungsprozesses sowohl für den Vorgesetzten als auch für den Mitarbeiter.

4.5.5.1.1   Entwicklung von Führungsgrundsätzen und Richtlinien

Im deutschsprachigen Raum sind in einer Vielzahl von Unternehmen – z.T. gemeinsam mit externen Beratern – Grundsätze für die Führung und Zusammenarbeit in Unternehmen erarbeitet worden. Diese sind in aller Regel so gut und aussagefähig, dass sie eigentlich von anderen Unternehmen übernommen werden könnten. Aus Erfahrung weiß man jedoch, dass Menschen häufig nur dann bereit sind, »Neues« zu übernehmen, wenn sie ihre persönlichen Vorstellungen mit einbringen können. Bezüglich der Entwicklung von Führungsgrundsätzen ist dies von besonderer Bedeutung, da sie auf den ganz individuellen Charakter des Unternehmens auszurichten sind. Hier sind die Unternehmens leitung, die Vorgesetzten und die Mitarbeiter gleichermaßen betroffen. Individuell beeinflussen auch Betriebsgröße und Betriebsorganisation die Entwicklung von Führungsgrundsätzen.

Bei der inhaltlichen Gestaltung und Formulierung von Führungsgrundsätzen sollten u.a. folgende Prinzipien beachtet werden:

– wirklichkeitsnah (auf den Betrieb und dessen Organisation abgestellt)
– leichte Verständlichkeit (Jeder Mitarbeiter muss den Inhalt verstehen können; nur soviel Text wie erforderlich)
– eindeutige Aussagen (Missverständnisse müssen im Führungsverhalten ausgeschlossen werden)
– komplette Erfassung (Alle Arbeitsgebiete müssen vollständig von den Führungsrichtlinien erfasst werden. Gegebenenfalls sind für technische Abteilungen zusätzliche Richtlinien zu erlassen).

4.5.5.1.2 Wer erstellt und entwickelt Führungsgrundsätze?

Die Nachfrage in verschiedenen Unternehmen hat ergeben, dass in der Regel von der Unternehmensleitung – in Abstimmung mit dem Betriebsrat – eine Grundsatzentscheidung für die Erstellung von formalisierten Führungsgrundsätzen zu treffen ist (Zur Information: Der Erlass von Führungsgrundsätzen ist nicht betriebsratszustimmungspflichtig). Danach wird von der Unternehmensleitung offiziell eine zuständige Stelle im Unternehmen mit der Leitung des Projekts beauftragt. Eine Projektgruppe, bestehend aus Führungskräften der wichtigsten Funktionsbereiche (Abteilungsleiter, Betriebsleiter, Personalleiter, qualifizierten Mitarbeitern und der Belegschaftsvertretung, entwickelt dann die Führungsrichtlinien/Führungsgrundsätze. Ein externer Sachverständiger oder ein neutrales Beratungsinstitut sollte hinzugezogen werden. Von der Grundsatzentscheidung der Entwicklung von Führungsgrundsätzen bis zur Einführung derselben muss man eine Zeitspanne von ca. 1 bis 3 Jahren einplanen, in Ausnahmefällen noch mehr.

4.5.5.1.3 Inhalt von Führungsgrundsätzen

Führungsgrundsätze werden kaum für alle Zeit mit den gleichen Aussagen existieren können. Wert- und Zielvorstellungen unterliegen in unserem Gesellschaftssystem einem ständigen Wandel. Dies kann es erforderlich machen, dass Führungsrichtlinien innerhalb weniger Jahre überarbeitungsbedürftig sind.

Inhalte von Führungsgrundsätzen können sein:

– Regelung des Führungsstils (z. B. kooperativer Führungsstil)
– Festlegung der Ziele der Personalführung (z. B. daß Führung immer nur zwischen zwei aufeinanderfolgenden hierarchischen Ebenen stattfindet, jeder Mitarbeiter nur einen ihn führenden Mitarbeiter hat usw.)
– Bestimmung der Management-Konzeption (z. B. Festlegung von Delegationsbefugnissen, Umsetzung von Unternehmenszielen, Kontrollinstanzen, Anerkennung und Kritik durch Vorgesetzten usw.)
– Formen der Zusammenarbeit (z. B. Zusammenarbeit in der Gruppe)

– personenbezogene Maßnahmen (z. B. Jeder Vorgesetzte wirkt bezüglich der ihm direkt unterstellten Mitarbeiter bei der Mitarbeiterauswahl, leistungsgerechten Bezahlung, Beförderung, Abmahnung mit)
– Information (z. B. funktionsbezogene Information zur Aufgabenerfüllung) und
– funkionsübergreifende Informationen, die die Stellung des Unternehmens im Markt betreffen,
– personenbezogene Informationen, die den Mitarbeiter und dessen Einschätzung durch den Vorgesetzten und das Unternehmen betreffen.

Zu individuell sind Formulierungen von Führungsrichtlinien, als das man ein Muster von Führungsrichtlinien erstellen könnte, das für alle Unternehmen anwendbar wäre.

In der Fachliteratur gibt es Hilfestellungen, u. a. von Knebel /Schneider: Führungsgrundsätze 2. Auflage 1994 Sauer-Verlag.

4.5.6　Angewandte Personalführung

4.5.6.1　Verhaltensbeeinflussung durch Motivation

Motivation kann ganz allgemein als aktivierte Verhaltensbereitschaft eines Individuums im Hinblick auf das Erreichen bestimmter Ziele verstanden werden. Ein zentraler Begriff des Motivationsprozesses ist dabei der Begriff »Motiv«. Man muss ein Motiv, also eine Ursache, einen Beweggrund, einen Leitgedanken haben, und durch Motivation Anreize erhalten, um dadurch die zunächst isolierte Verhaltensbereitschaft in Aktivität umzusetzen.

Die Praxis zeigt aber, dass die Menschen unterschiedlich sind, und es somit auch verschiedene Mitarbeitertypen gibt. Je nach Ausstattung des Mitarbeiters in den verschiedenen Kompetenzbereichen (Fach-, Sozial-, Methodenkompetenz) kann das Verhalten zur Arbeitsleistung unterschiedlicher Motivation unterliegen.

Zu berücksichtigen ist, dass eine Verhaltensänderung durch Motivation oft nur mittel- oder langfristig herbeigeführt werden kann. Entscheidend für das Verhalten sind die individuellen Motive des Mitarbeiters und die Stimulanz (Motivation), die den gesamten Organismus beeinflusst.

Daran ist zu erkennen, dass Führung und Motivation in engem Zusammenhang stehen, und die individuellen Mitarbeitertypen nicht mit gleichen Führungskonzepten geführt werden können. Der Führungserfolg hängt also im wesentlichen davon ab, ob die Verhaltensdeterminanten durch den praktizierten Führungsstil auf die Bedürfnissituation des Geführten abgestimmt sind.

Folgende Hauptmotive sieht U. Stopp (Betriebliche Personalwirtschaft, 18. Auflage, Ehningen /Stuttgart 1992):

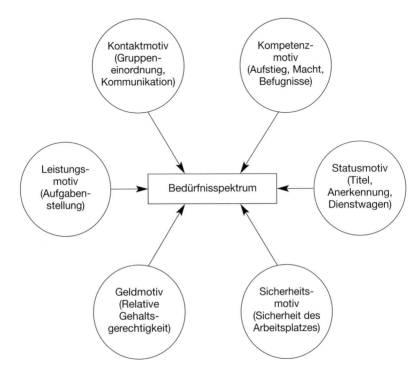

Die Motivationsforschung untersucht die Gründe für das menschliche Erleben und Verhalten und erstellt eine Vielzahl von Theorien (siehe: H.J. Rahn, Betriebliche Führung, Kiehl-Verlag).

4.5.6.2 Beeinflussung menschlicher Bedürfnisse

4.5.6.2.1 Motivationstheorien

Motivationstheorie von Maslow

Die Motivationstheorie von Maslow (siehe Abbildung auf der folgenden Seite), die sowohl in der Literatur wie auch in der Betriebswirtschaftslehre starke Beachtung gefunden hat, geht von einer hierarchischen Ordnung menschlicher Bedürfnisse aus.

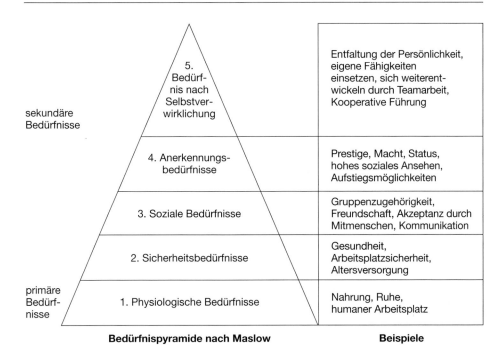

Bedürfnispyramide nach Maslow   **Beispiele**

Die Theorie von Maslow gibt Ansatzpunkte, wie gegebenenfalls das **Arbeitsverhalten** und die **Arbeitsleistung** beeinflusst werden können, wenn die Arbeit und die Arbeitsbedingungen so gestaltet werden, dass jeweils dominante Bedürfnisse erfüllt werden. Hier liegt die Annahme zugrunde, dass höherstehende Bedürfnisse der Pyramide erst an Bedeutung gewinnen, wenn die niedrigeren Bedürfnisse befriedigt sind.

Das Maslowsche Modell wird mittlerweile kritisiert. Es wird z. B. darauf verwiesen, dass sich die fünf Stufen von Maslow teilweise überlappen und drei Stufen ausreichend seien.

Herzbergs Zwei-Faktoren-Theorie

Herzberg und seine Mitarbeiter haben in der bekannten Pittsburgh-Studie Personen danach befragt, welche Faktoren Unzufriedenheit vermeiden oder abbauen und welche Faktoren Zufriedenheit hervorrufen. Er stellt unter anderem fest, dass z. B. eine Gehaltserhöhung nicht automatisch zu erhöhter Leistung führt und erkennt deshalb, dass es zwei Arten unterschiedlicher Einflussfaktoren gibt:

– Motivatoren, deren Vorhandensein die Zufriedenheit erhöht, deren Fehlen aber Zufriedenheit verhindert, ohne gleichzeitig Unzufriedenheit zu erzeugen
– Hygiene-Faktoren, deren Fehlen Unzufriedenheit hervorruft; ihr Vorhandensein hebt zwar Unzufriedenheit wieder auf, wird aber in kurzer Zeit zur motivationslosen Selbstverständlichkeit.

Faktoren, die zur Zufriedenheit führen, nennt Herzberg »**Motivatoren**«. Motivatoren befriedigen **intrinsische Arbeitsbedürfnisse**.

Motivatoren sind:

– Leistungserfolg (Erfolgserlebnisse mit Selbstbestätigung)
– Anerkennung (Lob für gute Arbeit)

- Arbeit selbst (Aufgabe des Mitarbeiters)
- Verantwortung (Aufgabenentsprechende Verantwortung)
- Aufstieg (Aufstiegsmöglichkeiten der Mitarbeiter)
- Entfaltungsmöglichkeiten (eigene Fähigkeiten weiter entwickeln).

Verschlechterungen, die zur Unzufriedenheit führen nennt Herzberg **Hygiene-Faktoren**; entsprechend der Hygiene in der Medizin, die zwar nicht heilt, aber vor einer Ausweitung der Krankheit schützt. Hygiene-Faktoren befriedigen insbesondere **extrinsische Bedürfnisse**.

Hygiene-Faktoren sind:

- Unternehmenspolitik (Einstellungen und Werthaltungen, nach denen Ziele und Verhaltensnormen für die Unternehmensorgane festgelegt werden)
- Personalführung (Art der Mitarbeiterführung)
- Arbeitsbedingungen (physische Bedingungen am Arbeitsplatz)
- Arbeitsplatzsicherheit
- Geld (Entlohnung der Mitarbeiter)
- persönliche Beziehungen zu Vorgesetzten, Untergebenen u. Kollegen.

Wenn keine starke Unzufriedenheit im Betrieb aufkommen soll, müssen die Hygiene-Faktoren für die Mitarbeiter im normalen Maße gegeben sein, während Motivatoren als Anreize dienen, um die Zufriedenheit zu erhöhen und Einfluss auf das Leistungsverhalten nehmen.

Nach Hentze /Brose können Hygiene-Faktoren auch motivierend sein. Die Ursache liegt einfach darin, dass die Faktoren nicht getrennt voneinander gesehen werden können. Eine Beförderung ist in der Regel auch mit einer Gehaltserhöhung verbunden.

4.5.6.2.2 Motivationsprozess und Beeinflussung menschlicher Bedürfnisse

Wirtschaftliche Ziele zu erreichen sind echte, faszinierende Aufgaben. Die Wahrnehmung dieser Aufgaben ist nötig, um im nationalen und internationalen Wettbewerb zu bestehen. Die vorgegebenen Ziele müssen aber mit arbeitenden Menschen erreicht werden. Der Erfolg des Unternehmens hängt im wesentlichen davon ab, wie es in der Lage ist, seine Mitarbeiter zu motivieren, deren Leistungspotential zu erschließen und für den betrieblichen Ablauf nutzbar zu machen.

Unterteilung von Motivation:

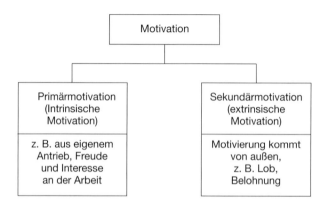

Der Wertewandel und das Übernehmen postmaterieller Einstellungen wie Selbstverwirklichung, freie Meinungsäußerung, mehr Mitbestimmung, mehr Einfluss nehmen wollen durch die Mitarbeiter, sind eine Herausforderung für die betriebliche Führung, Arbeitsleistung von den Mitarbeitern abzufordern.

Jede menschliche Arbeitsleistung ist mit psychischen Antriebserlebnissen und Gefühlsregungen verknüpft.

Antriebe können z. B. folgende Gründe haben:

Antriebsgründe	Erwartung /Beispiele
Hoffnung auf Erfolg	Aufstiegsziele zu erreichen
Angst vor Bestrafung	Arbeitsplatz zu verlieren
Sympathie für Menschen	Vorbildern nacheifern
Neugier hinsichtlich der Sache	Interesse am Sachgebiet haben
Einsicht in Notwendigkeit	Beruflich vorwärtskommen wollen
Vorhandener Ehrgeiz	Abteilungsleiter werden wollen
Gegebener Stolz	Titel erwerben wollen

Quelle: H.J. Rahn, Betriebliche Führung, Friedrich Kiehl Verlag

Maßnahmen zur Beeinflussung von Mitarbeiterbedürfnissen können z. B. sein:
– Schaffung eines angenehmen Arbeitsklimas (Mitgestaltungsmöglichkeit des Mitarbeiters),
– Delegation zusammenhängender Arbeitsaufgaben, mit denen sich der Mitarbeiter identifiziert,
– Schaffung und Delegation von Kompetenz- und Verantwortungsbereichen, die eigenverantwortliches Handeln zulassen,
– kooperativer Führungsstil, durch den die Mitarbeiter in übergreifende Entscheidungsprozesse einbezogen werden,
– relativ gerechte Bezahlung (anforderungs- und leistungsgerecht),
– Beachtung der individuellen Persönlichkeit des Mitarbeiters durch den Vorgesetzten (nicht alle Menschen sind gleich).

4.5.6.2.3   Störungen im Motivationsprozess

Der Führungserfolg des Vorgesetzten ist das Ergebnis seiner Führungsbemühungen. Trotz größter Mühe des Vorgesetzten gibt es aber auch zahlreiche Beispiele dafür, dass nichts oder nicht viel bewirkt wurde.

Gründe für Störungen im Motivationsprozess können sein:
– Opposition gegenüber dem Vorgesetzten
– mangelndes Vertrauen
– mangelnde Information über Zielvorgabe
– Gleichgültigkeit, Desinteresse
– schlechtes Betriebsklima
– Übermotivation
– Ungeduld
– körperliche Störungen des Mitarbeiters.

Gespräche unter »vier Augen« können einen Motivationsverlust oft auffangen.

4.5.6.2.4 Abhängigkeit des Führungserfolges von Fähigkeiten und Fertigkeiten der Mitarbeiter sowie der Führungssituation

Der Führungserfolg in einem Unternehmen wird künftig um so größer sein, je mehr die Führungskräfte den auf die Bedürfnis- und Erwartungssituation der Mitarbeiter abgestimmten Führungsstil praktizieren. Die **Fähigkeit** und **die fachliche Qualifikation** des Mitarbeiters individuell zu erkennen, positiv zu beeinflussen und richtig einzusetzen, spielen eine große Rolle für das Arbeitsverhalten des geführten Mitarbeiters. Um dieser Aufgabe gerecht zu werden, bedarf es immer mehr souveräner Führungskräfte, die das betriebliche Führungsinstrumentarium beherrschen.

4.5.7 Gruppendynamische Ansätze in der Personalführung

Seit vielen Jahrzehnten hat man in der Sozialpsychologie intensiv darüber nachgedacht und in vielen Experimenten untersucht, wie Gruppen entstehen und welche Gesetzmäßigkeiten in Gruppen vorzufinden sind. In der Regel bestimmen zwei Faktoren eine Gruppenbildung:

1. Der Zufall (informell)
2. Konkrete Aufgaben und Ziele (formell)

Immer sind Menschen direkt an der Entstehung einer Gruppe beteiligt. Als Gruppe bezeichnet man eine Ansammlung von drei und mehr Personen.

– Es besteht eine Wechselbeziehung (Interaktion) der Gruppenmitglieder untereinander.
– Es gibt Gemeinsamkeiten bezüglich der vorgegebenen Ziele.
– Für die Gruppe bestehen Regeln (Normen), die von den Gruppenmitgliedern Verhaltensweisen (Rollen) erwarten.
– Jede Gruppe hat einen strukturierten Aufbau, der sich in Rangordnungen ausdrückt.

Bei einer Gruppe im Betrieb stehen im Vordergrund die Arbeitsmotivation, der Zusammenhang von Gruppenverhalten und Leistung und das Verhalten innerhalb der Arbeitsgruppe und gegenüber Außenstehenden. Neue Formen der Arbeitsstrukturierung mit abwechslungsreicherer Tätigkeit motivieren und sind eine Herausforderung an die Gruppenmitglieder.

Gängige Begriffe wie:

– job rotation (innerbetriebliches Ausbildungs- oder Weiterbildungsverfahren durch Informationsversetzung oder gelenkten Stellenwechsel, wodurch ein Rundumwechsel zwischen den Arbeitsplätzen der Gruppen zustandekommt)
– job enlargement (Erweiterung der Arbeitsaufgabe)
– job enrichment (qualitative Bereicherung der Arbeitsaufgabe)

sind in einer selbstgesteuerten Arbeitsgruppe wiederzufinden.

4.5.7.1 Bedeutung der Arbeitsgruppen für das Unternehmen

Arbeitsgruppen sind in einem hierarchisch strukturierten System, wie das in einem Unternehmen der Fall ist, durch einen Vorgesetzten und eine begrenzte Anzahl von Mitarbeitern gekennzeichnet. Sie werden auf Dauer oder für eine bestimmte Zeit zur Erfüllung von Aufgaben gebildet. Für den Erfolg der Gruppe ist entscheidend, ob die Zielsetzung von oben erfolgte, ob die Gruppenmitglieder an der Zielsetzung beteiligt waren oder die Zielsetzung selbst erarbeitet haben. Die Art der Zielfindung lässt auf den Führungsstil in der Gruppe schließen. Wichtig ist, dass den Gruppenmitgliedern der Zusammenhang von Gruppenziel und übergeordneter Zielsetzung klar ist und diese Ziele auch akzeptiert werden. Nach allgemeiner Auffassung werden von Gruppen grundsätzlich qualitativ größere Leistungen erbracht als vom einzelnen Individuum. Untersuchungen haben jedoch ergeben, dass die Art der zu lösenden Aufgabe für die Leistungsüberlegenheit der Gruppe ausschlaggebend ist. Wenn eine Arbeitsteilung nur schwer realisiert werden kann, ist die Individuallösung (z. B. Aufgabenübertragung an Gruppenbesten) vorteilhafter.

Die Zusammensetzung der Gruppe, wie Alter, Ausbildung, Fach- und Sozialkompetenz, Einstellung und Bedürfnisse der Mitarbeiter, die Person des Gruppenführers, der Führungsstil und das Anreizsystem, spielen eine große Rolle. Die Effektivität der Gruppe ist u.a. von folgenden Kriterien abhängig:

- die Arbeitsziele der Gruppe sind klar definiert,
- die Arbeitsmittel sind ausreichend, um die gesetzten Ziele zu erreichen,
- Homogenität der Gruppenmitglieder,
- Größe der Gruppe je nach Aufgabe: Problemlösungsgruppe, maximal sieben Mitglieder oder »fact-finding-groups«, maximal 14 Mitglieder. Gruppen mit gerader Teilnehmerzahl entscheiden sorgfältiger als Gruppen mit ungerader Mitgliederzahl.
- räumliche Nähe: Gruppenmitglieder können leichter untereinander kommunizieren. Die Arbeitseffektivität ist größer als bei räumlicher Entfernung.

Insgesamt ergeben sich folgende Gruppenvorteile:

- Im Gegensatz zum einzelnen Mitarbeiter findet man in der Gruppe mehr Informations- und Kreativitätspotential,
- mehr Lösungsvorschläge bei Problemen,
- Beteiligung an Gruppenproblemlösung erhöht deren Akzeptanz,
- besseres Verständnis zur Entscheidung, weil Entscheidung und Ausführung nicht auseinanderfallen,
- weniger Kommunikationsverzerrungen durch die Gruppe,
- Erkennung des eigenen Leistungsstandes und größere Aktivität durch Ansporn der Gruppe. Der Gruppenkontakt wirkt der Isolierung entgegen.

Es ergeben sich folgende Gruppennachteile:

- Konformitätsdruck (Gruppen tendieren zu einmütigen Entscheidungen),
- extreme Entscheidungen (Gruppen neigen zu größerer oder geringerer Risikobereitschaft als Individuen),
- Verantwortungsbereitschaft (persönliche Verantwortungsbereitschaft wird durch einstimmige Gruppenentscheidung auf die Gruppenmitglieder verteilt),
- hoher Zeit- und Kostenaufwand (infolge umfassender Gespräche und Diskussionen),
- Dominierung des Gruppengeschehens (je größer die Gruppe, um so mehr nehmen selbstbewußte Mitglieder Einfluß auf das Gruppengeschehen). Durch kooperativ geführte Gruppen kann diese Dominierung gemindert werden.

4.5.7.2   Formelle und informelle Gruppen

(s.a. 1.5.1 Gruppenarten)

Der eigentliche Grund für die Bildung von Arbeitsgruppen ist die Arbeitsteilung. Die Unternehmensorganisation sieht **formelle** Gruppen vor, die unter anderem als Bereiche oder Abteilungen von Vorgesetzten geführt werden. Es handelt sich also um von der Unternehmensleitung gewollte Gruppen.

Im Gegensatz zu formellen Gruppen bilden sich **informelle** Gruppen, die nicht aufgrund definierter Ziele bzw. Zwecke des Betriebes geplant und organisiert wurden. Informelle Gruppen bilden sich spontan. Individuelle Befriedigung sozialer Bedürfnisse ist bei den Gruppenmitgliedern vorrangig.

Begünstigt wird die Gruppenbildung dieser Art unter anderem

– durch mangelnde Akzeptanz der Mitarbeiter der formellen Organisation,
– weil Teile der formellen Organisation nicht mehr dem Betriebsablauf gerecht werden.

Wichtig ist, dass der Kommunikationslauf und die Arbeitszufriedenheit erhalten bleiben. Der Führungserfolg in der formellen Gruppe hängt im wesentlichen davon ab, ob die vorgegebenen Organisationsziele erreicht werden. Dies braucht bei der informellen Führung nicht der Fall zu sein.

4.5.7.3   Personalführung und Gruppenprozesse

Personalführung ist in der Regel ein Prozess zielgerichteter Verhaltensbeeinflussung von Gruppenmitgliedern durch den Gruppenführer. Die Beeinflussung dient dem Zweck optimaler Leistungserstellung, die aber nur erreicht werden kann, wenn die festgestellten Bedürfnisse der einzelnen mit befriedigt werden.

Im Unternehmen muss dafür gesorgt werden, dass

– die Gruppenziele auf die Unternehmensziele ausgerichtet sind,
– Spannungen in der Gruppe, durch die Leistung vermindert würde,
  beseitigt werden,
– die für das Erreichen der Unternehmensziele unerlässliche konstruktive
  Zusammenarbeit mit anderen Unternehmensbereichen gefördert wird.

Personalführung vollzieht sich als ständiger kommunikativer Prozess zwischen einem Vorgesetzten und seinen Mitarbeitern. Jeder Vorgesetzte muss die Zusammenarbeit innerhalb seines Verantwortungsbereichs durch konkrete Maßnahmen fördern und weiterentwickeln. Fragen, Probleme und Entscheidungen, die alle Mitarbeiter der Gruppe betreffen, werden in und mit der Gruppe erörtert und beraten.

Im Umgang mit der Gruppe ist unter anderem zu beachten, dass

– bei der Gruppenzusammensetzung Wünsche der Mitarbeiter beachtet werden,
– eingespielte Gruppen nicht unnötig auseinandergerissen werden,
– Spannungen in der Gruppe evtl. durch Umsetzungen gemildert werden. Ausscheiden
  oder dazu Kommen von Mitarbeitern führt häufig zu völlig neuen Beziehungen der
  übrigen Mitarbeiter untereinander,
– der Vorgesetzte nicht glaubt, alles selbst tun zu müssen,
– harmonische Zusammenarbeit in der Gruppe erstrebenswerter ist als überzogener
  und belastender Wettbewerb der Gruppenmitglieder untereinander.

Der Gruppenführer kann, falls dies erforderlich ist, auf einzelne Gruppenmitglieder Einfluss nehmen. Das **Mitarbeitergespräch** dient dem wechselseitigen Austausch von Erwartungen des Vorgesetzten sowie umgekehrt von Erwartungen des Mitarbeiters an seinen Vorgesetzten.

Entsprechend der Gruppenmitglieder, deren Verhalten, Entwicklung und Motive sollte der Gruppenleiter in der Lage sein, seine Gruppe zum Erfolg zu führen. Die mögliche Realität einer Gruppenzusammensetzung und der daraus zu erkennende Führungsanspruch könnte z. B. folgendermaßen aussehen:

– für Leistungsstarke, Gruppenstars, positiv Denkende, Ausgleichende, Fröhliche
   fördernde und wertschätzende Führung
– für Schüchterne und Problembeladene
   ermutigende Führung (mit Geduld und Verständnis)
– für Drückeberger, Uninteressierte
   anspornende Führung (klare Zielvorgabe und Kontrolle)
– für Freche, Intriganten, Ehrgeizige, Gruppenclowns, Besserwisser
   bremsende Führung (Situation deutlich machen)
– für Neulinge und Außenseiter
   integrierende Führung (Geduld, Unterstützung).

4.5.7.4   Die Praxis der Führungsinstrumente

4.5.7.4.1   Führungsinstrumente

Alle kommunikationstechnischen, organisatorischen und psychologischen Mittel, die ein Vorgesetzter einsetzt oder anwendet um Führung zu ermöglichen oder zu erleichtern, bezeichnet man als Führungsinstrumente (Führungsmittel).

Folgende Führungsinstrumente werden dargestellt:

– Kommunikation
– Einweisen und Unterweisen
– Zielvereinbarung
– Anweisungen erteilen
– Kontrolle der Mitarbeiter
– bestätigen und anerkennen
– Korrektur und Kritik
– Mitarbeiterbeurteilung
– Zusammenarbeit fördern.

Erfolgsorientierte Führung erfordert den Einsatz der richtigen Führungsinstrumente, da diese unmittelbar auf den Mitarbeiter einwirken. Sie sind wichtige Motivatoren und müssen entsprechend

– der Führungsziele
– der individuellen Persönlichkeiten der Mitarbeiter
– der Führungssituation

flexibel eingesetzt werden.

Kommunikation

Unter Kommunikation kann man auch **gegenseitige Information** verstehen. Die Kommunikation ist also ein Prozess, durch den Informationen zwischen Vorgesetzten und Mitarbeitern und umgekehrt zwischen Mitarbeitern und Mitarbeitern übermittelt oder ausgetauscht werden.

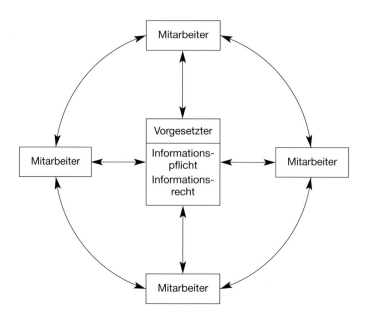

Die Kommunikation dient der Befriedigung vieler Bedürfnisse der Mitarbeiter und beeinflusst die betriebliche Führung. Mangelnde Kommunikation kann zu Unzufriedenheit und Fluktuation führen. Der Vorgesetzte hat gegenüber seinem Mitarbeiter Informationspflichten und das Recht auf Information. Die Kommunikationsformen kann man in drei Arten unterteilen:

Die mündliche, die schriftliche, die visuelle (bildliche) Information.

Die mündliche Information

Sie ist grundsätzlich die wirkungsvollste, weil sie durch unmittelbaren Kontakt echte Kommunikation durch Übermittlung und Verständigung ermöglicht. Sollen mündliche Informationen, also Gespräche und Besprechungen, erfolgreich sein, sind folgende Regeln zu beachten:

– intensive Vorbereitung (Gesprächsinhalt und -aufbau, motivierende Atmosphäre, Getränke, geraucht wird in der Pause)
– Bereitschaft zum Zuhören schaffen
– Dialog, nicht Monolog (Selbstbewusstsein der Gesprächsteilnehmer durch aktive Gesprächsteilnahme fördern)
– Kooperationsbereitschaft zeigen und erwarten
– offene, sachliche Gesprächsführung
– je nach Art des Gesprächs oder der Besprechung Zeitrahmen festlegen, evtl. Pausen einplanen.

Gesprächs- und Besprechungsarten

- **Mitarbeitergespräch**
  Das Mitarbeitergespräch ist ein Gespräch zwischen Vorgesetzten und einem Mitarbeiter. Der Anstoß zu diesem Gespräch kann von beiden Seiten kommen. Es dient u.a. der Information und Beratung.

- **Mitarbeiterbesprechung** (gegebenenfalls auch Betriebsversammlung entsprechend § 42 – 46 BetrVG)
  Die Mitarbeiterbesprechung findet zwischen dem Vorgesetzten und mehreren Mitarbeitern oder einer Gruppe statt. Auch hier kann der Anstoß von beiden Seiten kommen. In der Mitarbeiterbesprechung werden u.a. Probleme behandelt und diskutiert, die in Einzelgesprächen nicht gelöst werden können.

- **Beurteilungsgespräch**
  Dieses Gespräch wird auch als Fördergespräch bezeichnet und wird in der Regel nach einer schriftlichen Beurteilung geführt. Das Gespräch findet unter vier Augen statt.

- **Dienstgespräch**
  Das Dienstgespräch ist ein Gespräch zwischen Vorgesetzten und einem Mitarbeiter. Beide Personen gehören dem öffentlichen – halböffentlichen Dienst an. Es dient unter anderem dem Zweck der Information, Anweisung, Beurteilung (Befehlsautorität des Vorgesetzten). Das gleiche gilt für die Dienstbesprechung mit mehreren Mitarbeitern.

Die schriftliche Information

Sollen Informationen schnell an eine große Mitarbeiterzahl gelangen, muss zwangsläufig die geschriebene Mitteilung gewählt werden. Die in der Praxis gebräuchlichsten Formen der Informationsübermittlung sind:

- Computer-Übertragung bei Online-Systemen
- Hausrundschreiben
- Betriebshandbücher
- Aushänge am sogenannten »schwarzen Brett«
- Werkzeitschriften.

Informationen müssen:

aktuell, umfassend, übersichtlich und verständlich aufbereitet sein.

Die visuelle (bildliche) Information

Mit visueller Information sind Plakate, Ausstellungen, Werksfilme usw. gemeint. In einem großen gemischten Unternehmen, z. B. kaufmännisch technisch, kann dies zu einem besseren Verständnis der Mitarbeiter insgesamt führen.

Richtige und zeitgerechte Information ist unverzichtbare Grundlage für richtige Entscheidungen und die Basis zur Übernahme von Verantwortung. Wichtig ist, dass Informationen in der ursprünglichen Form, also unverzerrt und unmissverständlich, ohne Zwischenstation (nicht immer auszuschließen) an die entsprechende Stelle kommen.

Der Kommunikationsprozess kann durch eine Vielfalt von Störungen beeinflusst werden. Es ist Aufgabe des Vorgesetzten den Kommunikationsprozess zu beobachten und Störquellen zu beseitigen.

Ursachen für Störungen

– mangelnder Trainingszustand auf der Kommunikationsebene
– Unterschlagen oder Zurückhalten von Informationen
– fachliche Inkompetenz, wodurch Informationen unwichtig erscheinen können
– Weitergabe von veränderten Informationen aufgrund selektiver Wahrnehmung.

Vermeidung von Störquellen durch den Vorgesetzten

– partnerzentriertes Zuhören fördern
– Informationen dem Aufnahmevermögen des Mitarbeiters anpassen
– Informationen, wenn möglich, visuell unterstützen
– durch Rückfragen überprüfen, ob Informationen richtig verstanden wurden
– andere Meinungen tolerieren, durch Überzeugung Informationsziel erreichen.

Einweisen und Unterweisen

Werden neue Mitarbeiter eingestellt, oder kommt es zu Umsetzungen/Versetzungen innerhalb des Unternehmens, haben beide Begriffe ihre besondere Bedeutung.

– **Einweisen**
Die Einweisung bezieht sich im Schwerpunkt auf die Einführung neuer Mitarbeiter. Zur Einführung gehört u.a. das Begrüßungsgespräch durch den im Sachbereich zuständigen Vorgesetzten, die Vorstellung der Mitarbeiter und zukünftigen Kollegen, die Übergabe des Arbeitsplatzes, Informierung über Besonderheit des Unternehmens, des Bereichs, der Gruppe. Für jeden neuen Mitarbeiter muss ein individuelles Einarbeitungskonzept festgelegt werden. Dazu gehört auch, welche Erwartungen man an den Mitarbeiter während der Einarbeitungszeit hat. Um die neue Aufgabe effizient wahrnehmen zu können, werden dem neuen Mitarbeiter in der Regel Kollegen oder Vorgesetzte als unterstützende Gesprächspartner benannt.

– **Unterweisen**
Die Unterweisung ist ein Instrument der Personalentwicklung. Sie beginnt mit der Vermittlung von Kenntnissen, Fertigkeiten und Verhaltensweisen bei der Ausbildung von Auszubildenden und setzt sich fort bei der Einarbeitung von Mitarbeitern. Zu unterweisen sind auch Mitarbeiter oder Gruppen, die z. B. durch Neuerungen im betrieblichen Ablauf den Anforderungen nicht mehr gewachsen sind. Die Unterweisung kann durch den Vorgesetzten, durch Mitarbeiter, interne oder externe Trainer erfolgen. Je nach Zielvorgabe ist die Methodenauswahl zu treffen. Von der unmittelbaren Unterweisung am Arbeitsplatz über Lehrgespräche, Vorträge und Rollenspiele bis zur programmierten Unterweisung ist alles möglich.

Zielvereinbarung

Unternehmensführung ist die zielorientierte Gestaltung, Steuerung und Entwicklung eines Unternehmens. Sobald bekannt ist, wie die Tätigkeiten und Kompetenzen im Unternehmen verteilt sind, schließt sich sofort die Frage an, was an den einzelnen Arbeitsplätzen, im Rahmen der Zielsetzung des Unternehmens, wirklich gemacht werden soll. Erfolgreiche Arbeit setzt klare Zielvorgaben voraus. Klare Zielvorgaben sind Motivationsfaktoren und Voraussetzung für die Kontrolle: den Soll-Ist-Vergleich, an dem jeder Mitarbeiter gemessen wird. Unsicherheiten werden durch Zielsetzung abgebaut. Einzelziele werden in der Regel vom Vorgesetzen und dem Mitarbeiter oder der Gruppe bei der Planerstellung gemeinsam erarbeitet und festgelegt.

Durch Zielsetzung und Zielvereinbarung soll u.a. bewirkt werden:

- geistiges Überschaubarmachen für folgerichtiges Handeln
- Identifikation mit den Handlungen am Arbeitsplatz und im Unternehmen
- höhere Entscheidungs- und Handlungseffizienz
- Motivation zur Arbeit, wenn realistische Daten festgelegt wurden.

Erreichte und kontrollierte Zielvorgaben können Grundlage für Mitarbeiterförderung und Gehaltsverbesserungen sein.

Anweisungen

Der Begriff Anweisung kann als Oberbegriff für Auftrag und Anordnung verstanden werden. In der Praxis ist eine scharfe Trennung nicht immer möglich. Der Übergang von einer Anordnung zum Auftrag ist von der Selbständigkeit des Mitarbeiters abhängig. Eine Anweisung ist immer in ruhigem und sachlichem Ton zu geben. Die Anweisung gehört zum Machtpotential des Vorgesetzten und bedarf sorgfältiger Anwendung. Ein schroffer oder unwirscher Ton kann das Vertrauensverhältnis zum Mitarbeiter schnell untergraben. Ist die Anweisung sachlich begründet, hat sie die entsprechende Akzeptanz. Sachlich ist die Anweisung, wenn der Vorgesetzte seine Machtbefugnis nicht demonstriert, indem er z. B. sagt: »Was ich anordne, haben Sie zu machen«.

Häufige Führungsfehler:
- unklare Anweisungen
- Nichtberücksichtigung von Mitarbeitererfahrung
- unnötiges Eingreifen des Vorgesetzten
- fehlender Hinweise auf mögliche Folgen, z. B. Unfallgefahren, Kundenverlust.

Mögliche Gründe für eine Anweisungsverweigerung:
- Missverständnis
- Versehen
- falsche Einschätzung
- mangelndes Können
- Vergesslichkeit
- Gesundheitszustand.

Mögliche Gründe für eine Auftragsverweigerung:
- Eigenwilligkeit
- Antipathie gegenüber dem Vorgesetzten
- Imponiergehabe
- Verärgerung oder Trotzhaltung.

Führungsregeln für Verweigerungen:
- Mitarbeiter durch Überzeugung zur Einsicht bringen
- mögliche Folgen deutlich machen
- Versuch des Vorgesetzten, zunächst allein mit dem Mitarbeiter klarzukommen
- nur bei hartnäckigem Widerstand den nächsthöheren Vorgesetzten einschalten. Die Anwendung von Zwangsmitteln wie Versetzung oder Kündigung setzt dies ohnehin voraus.

Die Befolgung von Anweisungen gehört zu den unverzichtbaren Erfordernissen der Betriebsdisziplin. Falsche Nachgiebigkeit des Vorgesetzten würde den Abteilungserfolg schnell untergraben. Der Vorgesetzte hat zu überwachen, daß jede Anweisung ordnungsgemäß befolgt wird.

Kontrolle

Die Kontrolle ist eine grundsätzliche Führungskompetenz und Führungspflicht. Der Vorgesetzte hat alles, was er an seine Mitarbeiter delegiert, auch zu kontrollieren. Er muss in bestimmten Zeitabschnitten durch einen Soll-Ist-Vergleich überprüfen, ob das von den Mitarbeitern erreichte Endergebnis dem vorgegebenen Ziel entspricht. Dadurch wird es möglich, nicht mehr korrigierbare Zielabweichungen zu vermeiden. Der Mitarbeiter erhält durch die Kontrolle eine persönliche Rückkopplung, wie seine Leistung und sein Verhalten vom Vorgesetzten eingeschätzt werden.

Kontrollarten

– Nach dem Umfang erstrecken sich Gesamtkontrollen auf Arbeitsbereiche und Einzelkontrollen auf Stichprobenkontrollen im vorgegebenen Zielbereich.
– Mit der Erfolgs- oder Ergebniskontrolle wird die Leistung eines Mitarbeiters oder einer Gruppe überprüft.
– Selbstkontrolle liegt vor, wenn der Mitarbeiter oder die Gruppe selbst die Einhaltung des Leistungsstandards vornimmt. Die Selbstkontrolle entspricht überwiegend dem heutigen Arbeitsstil vom eigenverantwortlichen und mit viel Kompetenz ausgestatteten Mitarbeiter. Sie birgt aber auch die Gefahr der Selbsttäuschung.
– Fremdkontrolle liegt vor, wenn die Überwachung vom Vorgesetzten vorgenommen wird. Durch die Fremdkontrolle wird in der Regel ein objektiveres Urteil ermöglicht. Oft wird sie von den Mitarbeitern als unangenehm empfunden.
In der Extremform ist sie dem Unternehmen nicht zu empfehlen.
– Verhaltenskontrollen sind Kontrollen des Verhaltens von Mitarbeitern bei deren Tätigkeit.

Bedeutung der Kontrolle

Erfolgsorientierte Führung im Personalbereich bedeutet, dass einerseits Ziele formuliert werden, andererseits deren Einhaltung aber auch überwacht wird. Die Mitarbeiter des Betriebs sind unter Beachtung der Wirtschaftlichkeit entsprechend zu motivieren.

Diese Motivation ist u.a. zu erreichen, wenn:

– Ziel- und Aufgabenvereinbarung von Vorgesetzten und Mitarbeitern gemeinsam geplant wurden
– die Vorgaben realistisch sind
– objektive Kontrollmaßstäbe festgelegt wurden
– Soll-Ist-Abweichungen und deren Ursachen gemeinsam analysiert werden
– rechtzeitig erkannte Abweichungen korrigiert werden können
– Verunsicherungen abgebaut werden
– die Mitarbeiter leistungsgerecht entlohnt werden.

Lob und Anerkennung

Lob und Anerkennung sind eine nicht delegierbare Führungsaufgabe, die in ihrer Wirksamkeit viel zu häufig unterschätzt wird. Bei richtiger Anwendung werden die Leistungsbereitschaft und die Leistungsfähigkeit des einzelnen Mitarbeiters und der Arbeitsgruppe angespornt und die Arbeitszufriedenheit gesteigert. Lob und Anerkennung sollten nicht allein Spitzenleistungen gelten und möglichst zeitnah zur erbrachten Leistung erfolgen.

Lob bezieht sich auf die Leistung und nicht auf die Person. Leistungsstarke Mitarbeiter sollten nur bei besonderen Leistungen gelobt werden.

Anerkennung ist die schwächere Anreizform und bezieht sich auf Leistung und Person. Außenseiter, Neulinge, introvertierte Personen erfahren durch Anerkennung mehr Sicherheit und Selbstbewusstsein.

Versäumen Vorgesetzte die Anerkennung bei überdurchschnittlichen Leistungen, werden die Leistungsaktivitäten der Betroffenen nachlassen.

Korrektur und Kritik

Wie bei Lob und Anerkennung, ist die Kritik eine nicht delegierbare Führungsaufgabe. Der Vorgesetzte hat zu einer unbefriedigenden, fachlich und/oder führungsmäßigen mangelhaften Leistung oder zu einem falschen oder bedenklichen Verhalten des Mitarbeiters, sachlich Stellung zu nehmen. Kritik kann positiv und negativ ausfallen. Die weitere Initiative des Mitarbeiters darf nicht negativ beeinträchtigt werden. Vielmehr soll der Mitarbeiter zur Korrektur seines Fehlverhaltens veranlasst werden. Kritik muss auf den jeweiligen Vorfall beschränkt bleiben. Nicht zu tadeln sind Fehlleistungen aus mangelhafter Erfahrung, aufgrund technischer Probleme oder aus gesundheitlichen Gründen.

Für richtiges Führungsverhalten gilt:

– Kritik nur unter vier Augen und in angemessener Form
– Kritik nur aus wichtigem Grund
– Kritik an der Sache, nicht persönlich werden
– Kritik nicht ohne Anhören des Betroffenen
– Kritik nur in zeitlicher Nähe zur Kritikursache
– Kritik muss aufbauend sein und zur Fehlerkorrektur führen
– Kritikpunkte gegebenenfalls schriftlich festhalten
– Kritik nie im Erregungszustand.

Mitarbeiterbeurteilung

Jeder Mitarbeiter soll seinen Fähigkeiten entsprechend eingesetzt werden. Dies setzt Beurteilung der Person, der Leistungsbereitschaft und des Leistungsverhaltens voraus. Mitarbeiter haben Anspruch auf sachgerechte Beurteilung. Die Beurteilung ist ein wesentlicher Führungsfaktor, weil sie dem Vorgesetzten Informationen gibt, den Beurteilten individuell einzusetzen und zu fördern. Der Beurteilte hat das Recht, eine Stellungnahme zu seiner Beurteilung abzugeben. Eine objektive Beurteilung der Mitarbeiter fördert deren berufliche Qualifikation, motiviert zur Leistung und trägt zu einem offenen und entspannten Betriebsklima bei. Oberster Grundsatz ist das Bemühen um Objektivität. Die Beurteilung kann sich daher nur auf sachliche, belegbare Fakten und Leistungsergebnisse erstrecken. Objektivität setzt sachlich-kritisches Urteilsvermögen voraus. Im Allgemeinen gilt, dass zumindest bei größeren Mitarbeitergruppen nicht nur gute oder nur schlechte Leistungen erbracht werden, sondern in einem ausgewogenen Verhältnis stehen. Die Beurteilung eines Mitarbeiters ist unabhängig davon, ob er in einer leistungsstarken oder leistungsschwachen Gruppe beschäftigt ist. Die Beurteilung der betrieblichen Leistung und die Beurteilung der Persönlichkeit des Mitarbeiters sind zweierlei. Eine Beurteilung sollte niemals unter Zeitdruck erfolgen. Der Beurteilungsturnus kann von sechs Monaten bis zu zwei Jahren variieren. Die Einführung eines Beurteilungssystems muss gut vorbereitet werden. Schulungsmaßnahmen müssen der Einführung vorausgehen.

Zusammenarbeit fördern

Die Zusammenarbeit von Mitarbeitern und Gruppen zu fördern ist eine Führungsaufgabe der Vorgesetzten. Nur durch Zusammenarbeit können geplante Ziele erreicht werden. Der Bereich oder die Gruppe mögen noch so bedeutend sein, immer sind sie nur ein Teil des Ganzen. Anstehende Probleme sind in der für das Unternehmen besten Weise zu lösen. Führen bedeutet dabei die Verpflichtung, den Prozess der Zielfindung immer wieder in Gang zu setzen und zum Erfolg zu bringen. In Teams oder Gruppen gestalten Mitarbeiter im Unternehmen heute Arbeitsprozesse gemeinsam und partizipieren in der Zusammenarbeit von den gegenseitigen Fähigkeiten. Die Mitgestaltung der Zusammenarbeit ist für den Mitarbeiter Grundlage, sich mit der Arbeit und der Arbeitsumgebung identifizieren zu können.

4.5.7.5 Besonderheiten des Führens von ausgewählten Mitarbeitergruppen

4.5.7.5.1 Führen von Spezialisten

Spezialisten sind in ihrem Fachgebiet besonders qualifizierte Mitarbeiter, die in diesem Bereich für bestimmte Aufgaben zuständig sind. Die Leistung von Spezialisten unterscheidet sich im Hinblick auf Qualität und Quantität zu anderen Gruppenmitgliedern zum Teil beträchtlich. Durch die reduzierte Arbeitsteilung, die in Gruppen- und Projektarbeit heute besonders praktiziert wird, spielen Spezialisten eine größere Rolle als bisher.

Für die Führung von Spezialisten gilt:

Der Vorgesetzte muss

– Leistungspotential und hohe Fachkompetenz rechtzeitig erkennen
– hohe Eigenverantwortung und Selbstständigkeit übertragen
– motivierende Arbeitsbedingungen schaffen, um den Mitarbeiter an das Unternehmen zu binden
– den Spezialisten an seiner Zielplanung und Entscheidungsfindung beteiligen (evtl. als Berater)
– Positionen besonders qualifizierter Spezialisten mit entsprechender Gehaltszahlung und passenden Statussymbolen ausstatten (Beispiel: eigener Parkplatz, Dienstwagen, eigener Telefonanschluss, Reisen 1. Klasse)
– aus der Unternehmung heraus durch systematische Personalentwicklung für Nachwuchs sorgen und rechtzeitig an das Unternehmen binden
– dafür Sorge tragen, dass beim Ausscheiden der Spezialist schnell gleichwertig ersetzt werden kann
– beachten, dass gute Spezialisten am Arbeitsmarkt immer gesucht sind.

4.5.7.5.2 Führen jugendlicher Mitarbeiter

Der Jugendliche als Mitarbeiter oder Auszubildender nimmt im betrieblichen Ablauf eine Sonderstellung ein. Durch seine alterstypischen Probleme in der Pubertätsphase hat er ein großes Bedürfnis nach Anerkennung und Rücksichtnahme. Im Arbeits- oder Ausbildungsvertrag wird er gesetzlich besonders geschützt. Die Führungskraft sollte dem Jugendlichen Verständnis und Aufgeschlossenheit entgegenbringen.

Besondere Probleme können sein:

– Unpünktlichkeit
– Widerstand gegen Anweisungen und Verhaltensweisen
– Lügen
– Faulheit
– Umstellung auf betriebliche Tätigkeit nach Schulende
  (stehende Tätigkeit, Geruchsbelästigung)
– Über-/Unterforderung.

Zum Führen von Jugendlichen gehört auch pädagogisches Geschick, um Zusammenhänge und Sachverhalte zu erklären. Belohnung durch Lob oder Anerkennung wirkt stärker als Tadel oder häufige Kritik. Da der Jugendliche noch keine oder nicht viel Arbeitserfahrung hat, muss ihm Hilfestellung durch Ansprechpartner im Kollegenkreis geboten werden. Durch vorbildliche Führung und Geduld und Verständnis wird der Jugendliche allmählich in die betriebliche Struktur hineinwachsen (siehe Abschnitt 5.3).

4.5.7.5.3   Führen älterer Mitarbeiter

Als ältere Mitarbeiter bezeichnet man Menschen ab etwa dem 50. Lebensjahr. Häufig haben sie ihre Tätigkeit über viele Jahre in den Dienst des Unternehmens gestellt. Sie verdienen die Wertschätzung der Vorgesetzten. Es ist festgestellt, dass ältere Mitarbeiter nicht mehr Fehlzeiten haben als jüngere, soweit sie ihrem Können entsprechend eingesetzt sind. Ältere Mitarbeiter erwarten von ihren Führungskräften, dass die über viele Jahre gesammelten Erfahrungen respektiert werden. Mit zunehmenden Alter tritt weniger eine Leistungsminderung als eher Leistungswandel ein. Wenn auch die körperlichen Kräfte (z. B. langes Stehen, Seh- und Hörschärfe) langsam nachlassen, nehmen Sorgfalt, Zuverlässigkeit, Verantwortungsbewußtsein, Überzeugungsgabe und Besonnenheit zu.

In der Praxis zeigt sich, dass sich eine Reihe von Problemen in Verbindung mit der Beschäftigung älterer Mitarbeiter ergeben:

– Jüngere Mitarbeiter rücken nach, beanspruchen den Arbeitsplatz von älteren
  Mitarbeitern und werten deren Leistung häufig ab.
– Manche ältere Mitarbeiter sind empfindlicher als in früheren Jahren ihrer Tätigkeit.
– Die Anpassungsfähigkeit verringert sich durch Festhalten an alten Gewohnheiten,
  auch wenn es nicht mehr sinnvoll ist.

Für den Vorgesetzten ergeben sich daraus Forderungen an die Führungsaufgabe:

– keine Abwertung des Ansehens älterer Mitarbeiter zulassen
– bei Neuerungen ältere Mitarbeiter rechtzeitig informieren und Verständnis für
  Veränderungen schaffen
– individuellen Gesundheitszustand beachten, gegebenenfalls leichtere Tätigkeiten
  anbieten
– vorbildliches und korrektes Verhalten im Umgang mit Älteren. So sollte z. B. der
  jüngere Chef bei der Begegnung mit älteren Mitarbeitern zuerst grüßen.
– auf Erfahrung von älteren Mitarbeitern zurückgreifen
– abbauen von Vorurteilen, die einer Weiterbildung älterer Mitarbeiter entgegenstehen.
  Auch der Ältere ist noch lernfähig.

Ein besonderes Problem ist die Freisetzung von älteren Mitarbeitern, die oft zu abrupt erfolgt. Die unfreiwillige Ausgliederung aus dem Berufsleben ist für sie in der Regel ein sozialer Abstieg. Die Führungskraft muss rechtzeitig vorbereitende Gespräche mit den Betroffenen führen.

4.5.7.5.4   Führen weiblicher Mitarbeiter

In vielen Bereichen des Wirtschaftslebens stellen sie die Mehrheit der Mitarbeiter. Die Berufsausübung der Frauen hat in der gesellschaftlichen Wertung einen zunehmend höheren Stellenwert erreicht. Sehr häufig wird die eigene Lebensgrundlage und Unabhängigkeit mit der beruflichen Tätigkeit finanziert. Durch familiäre Pflichten als Hausfrau und Mutter ist die Mitarbeiterin oft zusätzlich belastet. Der Vorgesetzte hat für eine Gleichbehandlung der Geschlechter zu sorgen und darf sich Frauen gegenüber nicht von Vorurteilen täuschen lassen. In der Lohn- und Gehaltsfrage wie auch in der Mitarbeiterförderung sind weibliche Arbeitnehmer gleichberechtigt. Zu beachten sind gesetzliche Vorgaben zum Schutz weiblicher Mitarbeiter.

4.5.7.5.5   Führen ausländischer Mitarbeiter

Ausländische Mitarbeiter stellen eine Sondergruppe dar. Fern ab von ihrer Heimat, oft ohne Familie, haben sie es in einem fremden Land nicht leicht. Zum Verzicht auf kulturelle und religiöse Gewohnheiten kommt noch das geringe Ansehen als persönliches Problem. Bei der Beschäftigung ausländischer Arbeitnehmer können folgende Probleme entstehen:

– Nationale Vorurteile und Ansprüche (besonders bei angespannter Arbeitsplatzsituation) sind weit verbreitet.
– Sprachschwierigkeiten, die beseitigt werden müssen (Missverständnisse oder Fehlverhalten können sonst für zusätzliche Spannungen sorgen.)
– Kontaktprobleme zwischen Ausländern und Inländern
– Schwierigkeiten zwischen Ausländern verschiedener Nationen
– Missachtung der Gleichbehandlung.

Führungskräfte müssen auf diese Probleme reagieren und sollten beachten:

– Nationale Mentalität, religiöse Eigenheiten akzeptieren, soweit sie den betrieblichen Interessen nicht entgegenstehen.
– Inländische Mitarbeiter sollten auf die Beschäftigung von Ausländern vorbereitet werden. Abwertende Äußerungen über Heimatverhältnisse von Ausländern dürfen nicht zugelassen werden.
– Ausländischen Mitarbeitern sollten bedeutsame Betriebs- und Arbeitsvorgänge mit visuellem Anschauungsmaterial erklärt werden. Betriebsordnung und Lohnsystem müssen besonders erläutert werden, gegebenenfalls unter Zuhilfenahme eines Dolmetschers.
– Kontaktprobleme durch Mitarbeitergespräche oder Zuweisung eines kommunikationsfreudigen Mitarbeiters lösen. Der Vorgesetzte sollte sich wichtige Ausdrücke der Landessprache des ausländischen Mitarbeiters aneignen.
– Bei der Zusammenstellung von Gruppen oder Arbeitsteams darauf achten, dass nicht Ausländer aus verfeindeten Nationen zusammenkommen.
– Bei Kritik an Arbeitsergebnissen keine Unterschiede zwischen Aus- und Inländern machen.

Ausländische Mitarbeiter neigen dazu, Erfahrungen am und mit dem Arbeitsplatz auf die Inländer insgesamt zu übertragen. Unser internationales Ansehen wird nicht unwesentlich davon geprägt. Viele Branchen unserer Wirtschaft sind auf die Mitarbeit ausländischer Arbeitnehmer angewiesen. Sie sind Steuerzahler und leisten ihre Beiträge für die Sozialversicherung. Sie sind gleichwertige Bürger.

4.5.7.6   Auf dem Weg zur Führungspersönlichkeit

4.5.7.6.1   Persönlichkeitsbild

Das Leistungsverhalten von Geführten hängt im wesentlichen von der Persönlichkeit der Führungskraft bzw. deren Führungsverhalten ab. Einer Führungskonzeption liegt ein bestimmtes Führungsbild zugrunde. Anhand der **X-Y-Theorie** von Mc Gregor kann man von zwei Mitarbeitermodellen ausgehen, um Führungskonzepte abzuleiten.

In der **Theorie X** wird ein unvollkommenes Bild des Menschen beschrieben und durch folgende Aussagen gekennzeichnet:

- Der durchschnittliche Mensch hat eine angeborene Abscheu vor der Arbeit und wird, soweit es möglich ist, die Arbeit meiden.
- Deshalb müssen die meisten Menschen geführt, kontrolliert und mit Strafandrohung gezwungen werden, einen angemessenen Beitrag zur Erreichung der Betriebsziele zu leisten.
- Der Mitarbeiter möchte gerne geführt werden, er vermeidet Verantwortung, hat wenig Ehrgeiz und wünscht sich vor allem Sicherheit.

Die **Theorie Y** geht dagegen von eigenen Interessen der Mitarbeiter an der Arbeit aus und wird durch folgende Aussagen gekennzeichnet:

- Der Mensch hat keine angeborene Abneigung gegen die Arbeit, im Gegenteil, Arbeit ist so natürlich wie Spiel und Ruhe und kann Ursache der Zufriedenheit sein.
- Wenn der Mensch sich mit den organisatorisch vorgegebenen Zielen identifiziert, übt er Selbstkontrolle und entwickelt eigene Initiative.
- Unter angemessenen Bedingungen sucht der Mensch sogar Verantwortung.
- Einfallsreichtum und Kreativität sind in der arbeitenden Bevölkerung weit verbreitet.
- Die intellektuellen Fähigkeiten der Mitarbeiter sollten mehr genutzt werden.

Für den Mitarbeitertyp X wird bei der Führungskraft eine Haltung zum autoritären Führungsstil bestehen.

Für den Mitarbeitertyp Y wird die Tendenz zur Anwendung des kooperativen Führungsstils bestehen.

In modern geführten Unternehmen ist heute Kooperation und Zusammenarbeit vordringlich, und damit verbunden auch die kooperative Führung. Beide Theorien sind Modelle verschiedener Menschenbilder. Ohne Toleranz den Mitarbeitern gegenüber geht es heute nicht mehr.

4.5.7.6.2   Die Eigenschaftstheorie der Führung

Die Persönlichkeit einer Führungskraft ist durch besondere Merkmale und individuelle Eigenheiten geprägt. Jede Führungskraft hat eigene Anlagen, Fähigkeiten und Fertigkeiten, eigene Ziele, Motive und Bedürfnisse.

Folgende Persönlichkeitsmerkmale sollte eine Führungskraft haben:
- Intelligenz, Wissen und Können
- Urteilsfähigkeit, Selbstbewusstsein
- Belastbarkeit
- Härte und Zähigkeit in der Verfolgung von Zielen

- Verantwortungsbewusstsein und Verlässlichkeit
- Durchsetzungsvermögen, Einfühlsamkeit
- Anpassungsfähigkeit an neue Ziele
- Autorität.

Gute Vorgesetzte

- sind kommunikationsorientiert
- sind gute Ansprechpartner für Vorschläge und Beschwerden und beachten die Gefühle ihrer Mitarbeiter
- machen Vorschläge und stellen Fragen, anstatt zu befehlen
- informieren nicht nur, geben auch Hintergrundinformationen
- können motivieren, weil sie selbst motiviert sind.

Die aufgezeigten Führungseigenschaften sind zumindest eine gute Voraussetzung für die Erfüllung von Führungsaufgaben. Trotzdem beinhaltet die Eigenschaftstheorie der Führung auch Mängel. So werden z. B. keine Aussagen über die Eigenschaften und das Verhalten der Geführten gemacht. Es bleibt auch unberücksichtigt, ob und in welchem Umfang eine bestimmte Belohnung (z. B. Dienstwagen, eigener Parkplatz) für den Erfolg einer Führungskraft von Bedeutung ist.

4.5.7.7   Die Führungsstile

Das Wort **Führungsstil** wird in der Literatur unterschiedlich interpretiert. Dies liegt wohl daran, daß es den »besten« Führungsstil nicht gibt und nur der »situationsbedingte« Führungsstil den jeweiligen Erfordernissen am ehesten gerecht wird. Der Führungsstil ist ein Führungsverhalten, das an einer einheitlichen Grundhaltung orientiert ist. Es handelt sich um situationsunabhängige, regelmäßig wiederkehrende Verhaltensmuster von Vorgesetzten den Mitarbeitern gegenüber. Der Führungsstil ist auch stark von der Persönlichkeit eines Vorgesetzten abhängig und deshalb bedeutend schwerer erlernbar als z. B. Führungstechniken. Grundsätzlich sind Führungsstile auf den Erfolg ausgerichtet. Es geht also darum, die Mitarbeiter des Unternehmens an ein gemeinsames Ziel zu führen.

In der Führungsliteratur werden u.a. drei idealtypische oder auch klassische Führungsstile herausgehoben:

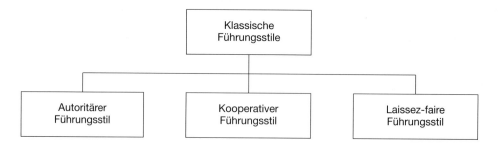

Zur Beschreibung des Führungsstils werden drei Dimensionen verwendet:
- die Aufgaben- bzw. Zielorientierung
- die Mitarbeiterorientierung
- die Partizipationsorientierung.

4.5.7.7.1 Eindimensionaler Führungsstil

Der populärste **eindimensionale** Ansatz des Führungsverhaltens stammt von Tannenbaum und Schmidt (Tannenbaum/Schmidt, 1958,1973). Er beschränkt sich auf die Partizipationsdimension. Dabei wird zwischen sieben Verhaltensweisen der Führung unterschieden.

Autoritärer Führungsstil   **Kooperativer Führungstil**

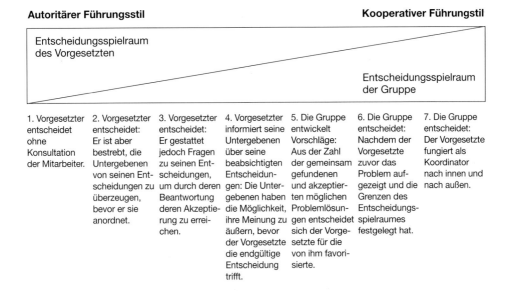

| 1. Vorgesetzter entscheidet ohne Konsultation der Mitarbeiter. | 2. Vorgesetzter entscheidet: Er ist aber bestrebt, die Untergebenen von seinen Entscheidungen zu überzeugen, bevor er sie anordnet. | 3. Vorgesetzter entscheidet: Er gestattet jedoch Fragen zu seinen Entscheidungen, um durch deren Beantwortung deren Akzeptierung zu erreichen. | 4. Vorgesetzter informiert seine Untergebenen über seine beabsichtigten Entscheidungen: Die Untergebenen haben die Möglichkeit, ihre Meinung zu äußern, bevor der Vorgesetzte die endgültige Entscheidung trifft. | 5. Die Gruppe entwickelt Vorschläge: Aus der Zahl der gemeinsam gefundenen und akzeptierten möglichen Problemlösungen entscheidet sich der Vorgesetzte für die von ihm favorisierte. | 6. Die Gruppe entscheidet: Nachdem der Vorgesetzte zuvor das Problem aufgezeigt und die Grenzen des Entscheidungsspielraumes festgelegt hat. | 7. Die Gruppe entscheidet: Der Vorgesetzte fungiert als Koordinator nach innen und nach außen. |

Bei Seminaren in der Privatwirtschaft wurde nach Abfrage der Teilnehmer überwiegend die fünfte Stufe als kooperativer Führungsstil bezeichnet, da erst dort eine deutliche Verschiebung zur Gruppe, zum Team erkennbar wird. Für die öffentliche Verwaltung wurde die vierte Stufe schon als kooperativer Führungsstil bezeichnet. Bei den unterschiedlichen Konstellationen ist leicht erkennbar, dass es keinen einzig richtigen Führungsstil für alle Situationen gibt. Der Unterschied zwischen autoritärer und kooperativer Führung ergibt sich aus dem Kriterium, mit welcher Intensität die Mitarbeiter in Entscheidungsprozesse eingebunden sind. Der autoritäre Vorgesetzte ist aufgabenorientiert, während der kooperative Vorgesetzte mitarbeiterorientiert ist. Empirische Untersuchungen haben ergeben, dass ein Vorgesetzter gleichzeitig aufgaben- und mitarbeiterorientiert führen kann. Die Flexibilität des Führungsverhaltens ist der Schlüssel zum Führungserfolg.

4.5.7.7.2 Zweidimensionaler Führungstil

Die bekanntesten zweidimensionalen Ansätze zum Führungsverhalten charakterisieren diese verschiedenen Kombinationen und Führungsvarianten

– durch den Grad der Aufgabenorientierung des Vorgesetzten

– sowie das Ausmaß seiner Orientierung an Bedürfnissen der Mitarbeiter.

Am populärsten ist wohl die Darstellung von Blake/Mouton, USA, 1964 und 1968 in einem sogenannten »Verhaltensgitter« (managerial grid), auf dem in der Horizontalen die Intensität der Produktionsorientierung und auf der Vertikalen die Intensität der mitarbeiterbezogenen Führungsfunktion aufgetragen ist (siehe Abbildung auf der folgenden Seite).

hoch

Betonung des Menschen (sozio-emotionale Aspekte)

9

1.9 Führungsverhalten
Sorgfältige Beachtung der zwischenmenschlichen Beziehungen führt zu einer bequemen und freundlichen Atmosphäre und zu einem entsprechenden Arbeitstempo.

8

7

9.9 Führungsstil
Hohe Arbeitsleistung von begeisterten Mitarbeitern. Verfolgung des gemeinsamen Zieles führt zu gutem Verhalten.

6

5.5 Führungsstil
Genügend Arbeitsleistung möglich durch das Ausbalancieren der Notwendigkeit zur Arbeitsleistung und zur Aufrechterhaltung der zu erfüllenden Arbeitsleistung.

5

4

3

1.1 Führungsverhalten
Geringstmögliche Einwirkung auf Arbeitsleistung und Menschen.

2

9.1 Führungsverhalten
Wirksame Arbeitsleistung wird erzielt, ohne dass viel Rücksicht auf zwischenmenschliche Beziehungen genommen wird.

1

niedrig   1   2   3   4   5   6   7   8   9

hoch

Betonung der Produktion
(sach-rationale Aspekte)

Das Verhaltensgitter spiegelt die Wechselbeziehung zwischen den Führungsdimensionen wider. Jede Dimension ist gekennzeichnet durch neun Stufen, wobei 1 die geringste und 9 die höchste Ausprägung bezeichnet. Damit lassen sich theoretisch insgesamt 81 Führungsstile unterscheiden.

Die fünf wichtigsten Führungsstile sind 1.1, 1.9, 5.5, 9.1 und 9.9:

1.1: Minimaler Arbeitsaufwand reicht, um sich im Unternehmen zu halten. Aufgaben werden nur pflichtgemäß erfüllt. Weder aufgaben- noch personenorientierter Führungsstil. Unmöglicher Führungsstil

1.9: Bedürfnisse der Mitarbeiter nach zufriedenstellenden zwischenmenschlichen Beziehungen werden befriedigt. Die spannungslose, freundliche Atmosphäre führt zu einer geringeren Leistung, weil zu wenig auf die Arbeitsaufgabe geachtet wird. Zu idealistischer Führungsstil

5.5: Ausreichende Leistung und akzeptables Betriebsklima halten sich die Waage. Kompromiss zwischen aufgaben- und personenorientierter Führung. Unpraktischer Führungsstil

9.1: Gewährleistung effizienter Arbeit durch autoritäre Führung. Zwischenmenschliche Beziehungen finden kaum Beachtung. Konflikte werden unterdrückt. Pessimistischer Führungsstil (entspricht dem Bild der X-Theorie nach Mc Gregor)

9.9: Engagierte Mitarbeiter verfolgen ein gemeinsames Ziel. Starke Arbeitsleistung und hohe Mitarbeiterzufriedenheit. Probleme werden gemeinsam gelöst. Kooperativer Führungsstil (entspricht dem Bild der Y-Theorie nach Mc Gregor)

4.5.7.7.3　Autoritärer Führungsstil

Beim autoritären Führungsstil werden die betrieblichen Aktivitäten einseitig vom Führenden gestaltet, ohne Beteiligung der Mitarbeiter am Entscheidungsprozess. Da der Vorgesetzte allein entscheidet, gibt es bei ihm auch keine Delegation. Die Mitarbeiter sind Befehlsempfänger und deshalb nur wenig kreativ. Da der Vorgesetzte sich interessante Aufgaben vorbehält, werden sie auch nur selten durch die Arbeit motiviert. Die Alleinentscheidung des Vorgesetzten ermöglicht eine hohe Entscheidungsgeschwindigkeit (in bestimmten Situationen wichtig). Der Mitarbeiter hat gegenüber dem Vorgesetzten keine Kontrollrechte.

4.5.7.7.4　Kooperativer Führungsstil

Der kooperative Führungsstil ist besonders erstrebenswert, weil Vorgesetzte und Mitarbeiter gemeinsam die betrieblichen Aktivitäten gestalten. Die dezentralisierte Aufgabenverteilung setzt hohe Selbstständigkeit und Verantwortungsbereitschaft der Mitarbeiter voraus. Die Mitarbeiter sollen mitdenken und sich weitgehend selbst kontrollieren. Einer der Hauptpunkte der kooperativen Führung ist die Information. Alle Mitarbeiter müssen so informiert sein, dass sie ihre Aufgaben reibungslos ausführen können und darüber hinaus auch die Zusammenhänge verstehen. Durch Kollegialität und Partnerschaft wird bei kooperativer Führung die Leistungsbereitschaft erhöht. Innerhalb der Gruppe können sich die Mitarbeiter durch Partizipation weiter entwickeln. Der Mitarbeiter hat gegenüber dem Vorgesetzten Kontrollrechte.

Anforderungen und Auswirkungen autoritärer und kooperativer Führung

Kriterien	Autoritäre Führung	Kooperative Führung
1. Grundvoraussetzungen	a) Starkes Bildungsgefälle zwischen Vorgesetzten und Mitarbeitern b) Vorwiegend materielle Motivationsstruktur der Mitarbeiter c) Vorwiegend Routineaufgaben	a) Annähernd gleiches oder gleiches Bildungsniveau zwischen Vorgesetzten und Mitarbeitern b) Vorwiegend immaterielle Motivationsstruktur der Mitarbeiter c) Vorwiegend kreative Aufgaben
2. Anforderungen an den Vorgesetzten	a) Hohe Selbstverantwortung b) Hohe Selbstkontrolle c) Weite Voraussicht d) Gute Entscheidungsfähigkeit e) Starkes Durchsetzungsvermögen	a) Aufgeschlossenheit b) Vertrauen in die Mitarbeiter c) Verzicht auf persönliche Vorrechte d) Delegationsfähigkeit und -willigkeit e) Sorgfältige Personalauslese, sorgfältiger Personaleinsatz, Information der Mitarbeiter, Vorgabe von Einzelzielen und Arbeitsschwerpunkten, Dienstaufsicht und Erfolgskontrolle
3. Anforderungen an den Mitarbeiter	a) Anerkennung des Vorgesetzten als alleinige Instanz b) Akzeptierung und Ausführung der Anweisungen des Vorgesetzten c) Keine Geltendmachung von Kontrollrechten	a) Verantwortungswille und Verantwortungsfähigkeit b) Hohe Selbstkontrolle c) Geltendmachung von Kontrollrechten gegenüber Vorgesetzten

(Fortsetzung auf der folgenden Seite)

Anforderungen und Auswirkungen autoritärer und kooperativer Führung

Kriterien	Autoritäre Führung	Kooperative Führung
4. Verhalten des Vorgesetzten	a) Der Vorgesetzte bestimmt Richtung, Ziel und Politik der Arbeitsgruppe. b) Der Vorgesetzte schreibt Arbeitsablauf, Arbeitsmittel und Handlungstechniken vor. c) Der Vorgesetzte legt die Funktion des Mitarbeiters fest. d) Der Vorgesetzte duldet keine Kritik an seinen Handlungen.	a) Gruppenkoordination durch Gruppenbesprechungen b) Arbeitsablauf, Arbeitsmittel und Handlungstechniken bestimmt im Rahmen seines Delegationsbereichs der Mitarbeiter. c) Die Funktionen des Mitarbeiters werden nicht von Fall zu Fall festgelegt, sondern generell delegiert. d) Die Entscheidungskompetenz für Aufgaben im Rahmen des Delegationsbereichs wird dem Mitarbeiter übertragen. Der Vorgesetzte entscheidet nur in Ausnahmefällen. e) Der Vorgesetzte ist für Einwendungen und Kritik seiner Mitarbeiter offen. f) Keine Einzelanweisungen des Vorgesetzten und nur periodische Erfolgskontrolle
5. Verhalten der Mitarbeiter	a) Unterordnung, Nivellierung individueller Verhaltensunterschiede b) Gefahr von Gruppenkonflikten, Aggressionsabbau bei Mitarbeitern c) Häufig geheime Opposition gegen den Vorgesetzten	a) Partnerschaftliches Denken und Handeln, große individuelle Verhaltensunterschiede b) Zumeist guter Gruppenzusammenhalt c) Kritik in offener Form gegenüber dem Vorgesetzten
6. Vorteile	a) Klarheit der Entscheidungsbefugnis b) Hohe Entscheidungsgeschwindigkeit c) Hohe Produktivität bei Routineaufgaben	a) Fachgerechte Entscheidungen b) Hohe Mitarbeitermotivation c) Krisenfestikeit auch bei Abwesenheit des Vorgesetzten d) Natürliche Führungskräfteauslese
7. Nachteile	a) Häufige Fehlentscheidung b) Häufiger Gruppenzerfall bei Abwesenheit des Vorgesetzten c) Züchtung von abhängigen, unselbständigen Mitarbeitern d) Unzufriedenheit der Mitarbeiter und geringe Motivation e) Verminderte Entwickung von Führungskräften aus den eigenen Reihen	a) Langsame Entscheidungen vor allem bei komplizierten Entscheidungssituationen b) Mitarbeiter ohne erforderliche Selbstdisziplin verzögern anstehende Entscheidungen.

(Fortsetzung)   Quelle: U. Stopp, Betriebliche Personalwirtschaft, 18. Auflage, Stuttgart 1992

4.5.7.7.5   Laissez-faire-Führungsstil

Beim Laissez-faire (frz. machen lassen) oder auch Gleichgültigkeitsführungsstil wird praktisch überhaupt nicht geführt. Die laissez-faire geführte Gruppe zerfällt leicht in unkoordinierte Einzelinteressen und ist deshalb auch nur begrenzt leistungsfähig. Die Mitarbeiter kontrollieren sich selbst, der Informationsfluss ist mehr zufällig, die Mitarbeitermotivation soll durch den hohen Freiheitsgrad bewirkt werden. Da der Vorgesetzte seine Verantwortung nicht wahrnimmt, kommt es zu Unordnung und Disziplinlosigkeit. Für hochqualifizierte Mitarbeiter, die sehr an ihrer Aufgabe interessiert sind, kann bei unauffälliger Kontrolle der Laissez-faire-Führungsstil praktiziert werden.

4.5.7.7.6   Dreidimensionales Führungsverhalten

Die 3-D-Führungskonzeption von W.J. Reddin (Das 3-D-Programm zur Leistungssteigerung des Managements, München 1977) hat ihren Namen aufgrund von **3 Dimensionen** der Führung:

– Aufgabenorientierung
– Mitarbeiterorientierung
– Effektivität der Führung

und teilt in vier neutrale Führungsstile auf:

– Verfahrensstil
– Beziehungsstil
– Aufgabenstil
– Integrationsstil.

Die drei Dimensionen der 3-D-Theorie von Reddin.

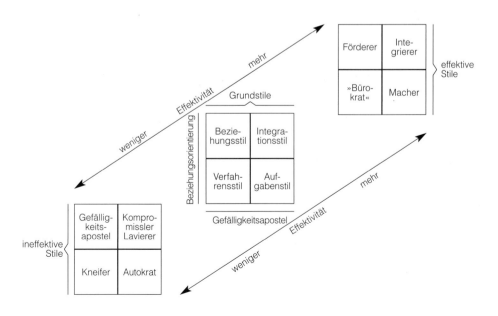

Redding wählt bewusst neutrale Stilbezeichnungen, um den Gedanken zu vermeiden, dass einige Stilarten besser als andere seien. Er vertritt die Auffassung, dass alle vier Stilarten in Abhängigkeit von der jeweiligen Situation, in der sie angewandt werden, effektiv oder ineffektiv sein können.

Die Situation wird durch Faktoren wie

- Organisationsstruktur und Organisationsklima,
- Arbeitsweise, Aufgabenanforderungen, Zielsetzungen,
- Vorgesetzte,
- Kollegen und
- Untergebene

beeinflusst.

In verschiedenartigen Situationen werden auch unterschiedliche Führungsverhalten erforderlich.

Die vier Grundstilarten

Verfahrensstil: Der Vorgesetzte verläßt sich primär auf Verfahren, Methoden, Systeme und bevorzugt stabile Umweltsituationen. Als Bürokrat beherrscht er Routinearbeiten durch straffe Organisation und Regelbeachtung. Als Kneifer besteht er auf Regeln und Vorschriften, wo die Situation flexible Anpassung erfordern würde.

Beziehungsstil: Der Vorgesetzte legt Wert auf gute zwischenmenschliche Beziehungen und berücksichtigt Mitarbeiterbedürfnisse. Er delegiert soviel die Situation erlaubt, fördert die Mitarbeiterentwicklung und erwartet langfristig bessere Aufgabenerfüllung. Als Gefälligkeitsapostel glaubt er, dass zufriedene Mitarbeiter mehr leisten und vernachlässigt die Aufgabenerreichung.

Aufgabenstil: Der Vorgesetzte betont Leistungsergebnisse und denkt produktivitätsorientiert. Als Macher setzt er realistische, aber anspruchsvolle Ziele. Als Autokrat überfordert er die Mitarbeiter und pocht auf Amtsautorität.

Integrationsstil: Der Vorgesetzte strebt nach gleichgewichtiger Beachtung von Mensch und Aufgabe. Als Integrierer entscheidet und führt er kooperativ, motiviert und fördert seine Mitarbeiter zielorientiert. Als Kompromissler meidet er Konfrontationen, zeigt entscheidungsscheues Verhalten und versucht, es allen recht zu machen.

Der Führungsliteratur entsprechend ist dieses Modell als Instrument der Veranschaulichung in Führungsseminaren besser geeignet als das Verhaltensgitter, da es auf situative Bedingungen des Führens hinweist.

Besonders abhängig ist das Führungsverhalten von den Merkmalen des Persönlichkeitsbildes der Mitarbeiter. Die Autoren Hersey und Blanchard knüpfen mit ihrem dreidimensionalen Modell (siehe Abbildung auf der folgenden Seite) unmittelbar an das Konzept von Reddin an. Sie stellen fest, dass das jeweilige Führungsverhalten des Vorgesetzten vom **Reifegrad** des Mitarbeiters abhängig ist.

Der Reifegrad wird bestimmt von:

- Leistungsmotivation
- Verantwortungsbereitschaft
- Ausbildungsstand
- Berufserfahrung.

Das Modell der situativen Führung von Hersey/Blanchard »Glockenkurve«

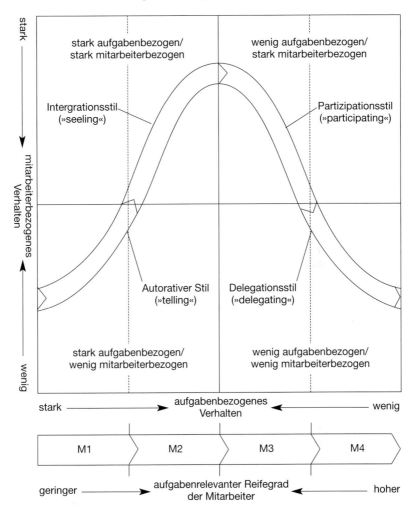

- Bei geringer Mitarbeiterreife (M1), d.h. bei geringen Fähigkeiten und wenig Motivation, ist ein stark aufgabenbezogener Führungsstil angemessen (Telling).
- Bei geringer bis mäßiger Mitarbeiterreife (M2), d.h. bei mangelnder Fähigkeit, ist der Wille des Mitarbeiters vorhanden, er ist aber noch wenig motiviert. Der Vorgesetzte sollte sich hier aufgaben- und mitarbeiterorientiert verhalten (Selling). »Selling« unterscheidet sich von »Telling« in der Form, dass Aufgaben nicht nur gestellt, sondern auch begründet werden.
- Bei höherem Reifegrad (M3), d.h. der Mitarbeiter ist fähig, aber gering motiviert bzw. unsicher, muss der Mitarbeiter mehr beziehungsorientiert als aufgabenorientiert geführt werden. Anweisungen sind kaum erforderlich, durch stärkere Beteiligung an Entscheidungsprozessen wird die Motivation erhöht. Der Mitarbeiter partizipiert (Participating).

– Bei hohem Reifegrad (M4), ist der Mitarbeiter hoch motiviert und am leistungsfähig-sten. Delegation ist möglich. Der Vorgesetzte kann ihn selbständig arbeiten lassen (Delegating).

Schwierigkeiten ergeben sich bei der Feststellung des Reifegrads der Mitarbeiter. So kann z. B. ein und dieselbe Person zum gleichen Zeitpunkt geringe Bereitschaft im Hin-blick auf eine Aufgabe und hohe Bereitschaft im Hinblick auf eine andere Aufgabe zeigen. Eine wichtige Führungsaufgabe des Vorgesetzten ist es, die Weiterentwicklung des Rei-fegrads seiner Mitarbeiter zu fördern.

4.5.7.7.7 Situationsorientierte Führungsmodelle

Die Führungsproblematik ist immer in Abhängigkeit von der jeweils vorhandenen Situati-on zu verstehen. Führer und Geführte sind eigenständige Persönlichkeiten, wobei der Führende der jeweiligen Situation entsprechend erkennen muss, ob er den mitarbeiter-oder aufgabenorientierten Führungsstil anwenden kann. Die Führungsproblematik wird immer wieder untersucht und analysiert. Informativ sollen genannt werden:

– Das Kontingentsmodell (von F. E. Fiedler, A Theory of Leadership Effectiveness, New York 1967)
Das Ziel des Modells besteht darin, die Effektivität der Führung in Abhängigkeit von verschiedenen Situationen zu untersuchen.
– Das Gestaltungsmodell (von Vroom/Yetton, Leadership and decision-making, Pittsburgh 1973)
Das Modell wird als »Gestaltungsmodell« bezeichnet, weil die Autoren hypothetisch Gestaltungsempfehlungen für optimales Führungsverhalten des Vorgesetzten geben.
– Das Weg-Ziel-Modell (von M. G. Evans)
Das Weg-Ziel-Modell stellt Ziele und Wege zur Erreichung eines effektiven Führungs-verhaltens in den Mittelpunkt, wobei der Vorgesetzte die Mitarbeiter in Abhängigkeit von der Zielerreichung belohnen und ihnen die Wege öffnen soll, die zur Zielerrei-chung führen.

4.5.7.8   Aus- und Weiterbildung von Führungskräften

Ziel der Aus- und Weiterbildung von Führungskräften ist es, die Führungsqualitäten und Vorgesetzteneigenschaften zu entwickeln oder weiterzuentwickeln. Dabei geht es hauptsächlich darum, dass die für den Führungsbereich zu Fördernden

– die Führungsfunktion verstehen und situationsgerecht wahrnehmen,
– die Führungsmittel und -methoden kennen und anwenden lernen,
– ständig der Entwicklung entsprechend weitergebildet werden,
– der Verantwortung gegenüber den Mitarbeitern, dem Unternehmen und der Öffent-lichkeit gerecht werden.

Die Aus- und Weiterbildung von Führungskräften kann durch hauseigene Seminare und Trainer, aber auch durch externe Trainer durchgeführt werden. Eine gute Mischung gewährleistet die Ausbildung auf die Bedürfnisse der Praxis. Man muss sich allerdings bewusst sein, dass den Seminaren mehr die Bedeutung von orientierenden und motivie-renden Zwischenstationen zukommt. Die weitere Entwicklung des Führungsnachwuch-ses ist zu überwachen und gegebenenfalls rechtzeitig zu korrigieren.

4.5.7.8.1   Entwicklung von Führungswissen

Die eigentliche Entwicklung der Führungskräfte erfolgt in erster Linie durch Ausüben von Verantwortung, Übernahme neuer Aufgaben und Funktionswechsel. Die Umstrukturierung der letzten Jahre in gruppen- und projektorientierte Bereiche fördert die Entwicklung und sollte in den Unternehmen folgerichtig genutzt werden. Führungswissen beinhaltet sach- und personenbezogenes Führungsverhalten und muss individuell, d.h. auf einzelne Mitarbeiter zugeschnitten, gefördert werden.

4.5.7.8.2   Entwicklung der Führungspersönlichkeit

Fast überall werden Gruppen und Mitarbeiter mit Neuem konfrontiert: mit neuen Verfahren, neuen Produkten, neuen Organisations- und Arbeitsmethoden, neuen Situationen wirtschaftlicher, psychologischer und sozialer Natur. Die Ausbildung »on the job« ist somit immer wirklichkeitsnah. Vor allem Führungskräfte sind gezwungen, sich den Veränderungen und Problemen der Zukunft zu stellen. Das Unternehmen wird zur »Lernmaschine«. Die Führungspersönlichkeit wird hier an Intelligenz, sozialem Verständnis, Organisationsfähigkeit, strategischer Denkfähigkeit gemessen. Durch Informieren, Beraten, Mitbestimmung und Partizipation sind ungeahnte Lernprozesse in Gang zu bringen.

4.5.7.8.3   Einüben von Führungskönnen und -fertigkeiten

Das in Wirklichkeit äußerst differenzierte Berufsbild einer Führungskraft setzt sich vereinfacht aus drei Komponenten zusammen: dem fachlichen Wissen, den Führungsqualitäten und den charakterlichen Eigenschaften. Das erforderliche Wissen kann man sich aneignen. Erfahrungsgemäß sind die Führungsqualitäten ausschlaggebend, und diese hängen wiederum weitgehend vom Charakter und der Persönlichkeit ab. Der Vorgesetzte muss befähigt sein, mit anderen Menschen zusammenzuarbeiten und die Bereitschaft haben, berufliche und soziale Verantwortung zu übernehmen. Im Hinblick auf den beschleunigten Wandel gewinnen Flexibilität und Lernfähigkeit, Kreativität und ganzheitliches Denken an Bedeutung. Wenn man das alles zusammennimmt: Was ist dann lernbar und was nicht? Diese Frage ist seit eh und je umstritten, und die Psychologie gibt uns keine abschließenden Antworten. Neuere Forschungsergebnisse und die Erfahrung machen aber klar, dass vieles durch die individuellen Anlagen und die persönliche Entwicklung vorgegeben ist und nur ein kleiner Spielraum bleibt, um die charakterabhängigen Faktoren zu entwickeln. Vorgesetztenkurse und Management-Seminare können zwar Wissen und Techniken vermitteln, das Denken und Handeln abstimmen, Anregungen und Impulse geben und damit das Verhalten beeinflussen. Aber dies alles kommt nur dann zum Tragen, wenn die entsprechenden Voraussetzungen und Führungstalente vorhanden sind. Daraus ergibt sich, etwas überspitzt formuliert: Führungskräfte kann man nicht ausbilden – Führungskräfte muss man entdecken. Bevor man mit großem geistigen und finanziellen Aufwand Führungskräfteausbildung betreibt, sollte man mit aller Sorgfalt und Systematik zuerst die Qualifikation und Selektion beim Nachwuchs sicherstellen. Eine besondere Bedeutung beim Einüben von Führungskönnen und Fertigkeiten hat das Coaching. Coaching ist eine Entscheidungshilfe der einzelnen Führungskräfte oder auch für die oberste Führungsebene eines Unternehmens durch einen persönlichen internen oder externen Berater. Die Führungskraft erarbeitet mit dem Trainer (Coach) Entscheidungen zu bestimmten Problemen. Die Verantwortung für die Entscheidung trägt allein die Führungskraft.

Für das Trainieren und Einüben von Führungskönnen und -fertigkeiten gibt es die unterschiedlichsten Methoden. Die Messbarkeit der Trainingserfolge bezieht sich auf die Erfolgskontrolle und hier insbesondere auf das aus der Bildungsmaßnahme resultierende Verhalten der Führungskraft.

Fragen zur Kontrolle

Zu Abschnitt 4.5

158. Welche Voraussetzungen müssen gegeben sein, damit in einem Unternehmen erfolgreiche Führung praktiziert werden kann?

159. Was verstehen Sie unter Führungsgrundsätzen? Welche Inhalte sollten sie haben?

160. Zu welchen Erkenntnissen kommt die Motivationslehre von Herzberg in bezug auf Arbeitszufriedenheit?

161. Eignet sich der kooperative Führungsstil, betriebliche Konflikte zu lösen oder zu mildern?

162. Sie erhalten den Auftrag, in ihrem Unternehmen eine Führungskonzeption zu erstellen. Welche Überlegungen stellen Sie an und welche Maßnahmen planen Sie, damit das neue Führungskonzept auch realisiert werden kann?

163. Die Information ist eine der wichtigsten Voraussetzungen für eine zeitgemäße Führung und Zusammenarbeit im Betrieb. Welchen Zielen dient Sie? Welche Anforderungen sind an eine sinnvolle Information zu stellen?

164. Bei der Delegation von Aufgaben und Befugnissen wird zwischen Handlungsverantwortung und Führungsverantwortung unterschieden. Worin besteht die Führungsverantwortung? Kann sie delegiert werden?

165. Was sollte der Vorgesetzte beim Führen ausländischer Mitarbeiter beachten?

166. Wodurch unterscheiden sich autoritärer und kooperativer Führungsstil?

167. Wie muss die angehende Führungskraft auf die Führungsaufgabe vorbereitet werden?

5 Personalentwicklung

Personal ist für die Unternehmung Humanvermögen: das vom Menschen durch berufliche Aus- und Fortbildung erworbene und erweiterte und eingesetzte Potential an wirtschaftlicher Leistungsfähigkeit. Damit sind Personalentwicklungskosten zugleich Investitionen, denn alle Maßnahmen der Personalentwicklung zielen auf eine Erhöhung der Handlungskompetenz der Mitarbeiter, die sich aus der fachlichen, der methodischen, der sozialen und der Persönlichkeitskompetenz zusammensetzt.

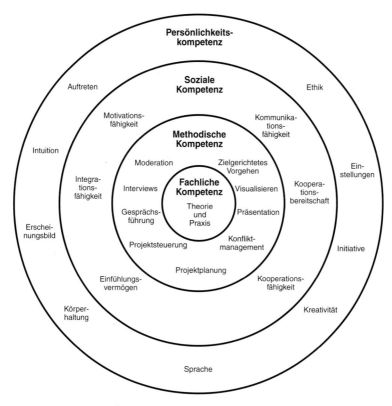

Quelle: Human Ressource Management, Verlag Deutscher Wirtschaftsdienst

Um diesen Anforderungen gerecht zu werden, entwickeln sich Personalabteilungen immer mehr zu einem wichtigen Servicebereich für Qualifikation und Motivation. Standen vor Jahren noch Verwaltungsaufgaben im Vordergrund personalwirtschaftlichen Interesses, so sind zwischenzeitlich Gestaltungsfunktionen hinzugekommen mit dem Ziel, die Human Ressources zu einem unternehmerischen Erfolgsfaktor auszubauen.

Der Bamberger Wirtschaftswissenschaftler Professor Dr. Walter A. Oechsler unterscheidet vier Phasen vom administrativen Personalwesen bis zum Human Ressource Management (siehe Abbildung auf der folgenden Seite).

I. Administration/Bürokratisierung

bis ca. 1970

Philosophie:	Kaufmännische Bestandspflege der »Personalkonten«
Strategie:	Aufbau vorwiegend administrativer Personalfunktionen
Hauptfunktionen:	Verwaltung der Personalakten, zentrales »Lohn- und Einstellungsbüro«
Verantwortlich:	Kaufmännische Leitung

II. Institutionalisierung/Humanisierung

ab ca. 1970

Philosophie:	Anpassung der Organisation an die Mitarbeiter
Strategie:	Spezialisierung, Professionalisierung der Personalfunktionen, Entwicklung von Systemen; Ordnungsfunktion des Personalwesens
Hauptfunktionen:	Humanisierung, Partizipation, Ausbau der qualitativen Funktionen wie Aus- und Weiterbildung (off-the-job), kooperative Mitarbeiterführung, Personalbetreuung, Humanisierung von Arbeitsplätzen/-umgebung, Arbeitszeit, Organisations- und Personalentwicklung
Verantwortlich:	Personalressort in der Geschäftsleitung (Arbeitsdirektor), Personalstäbe, Arbeitnehmer-Vertretung nach Betriebsverfassungsgesetz 1972

III. Dezentralisierung/Ökonomisierung

ab ca. 1980

Philosophie:	Anpassung der Organisation und des Personals an veränderte Rahmenbedingungen nach Wirtschaftlichkeitsaspekten
Strategie:	Dezentralisierung, Entbürokratisierung, Rationalisierung von Personalfunktionen
Hauptfunktionen:	Flexibilisierung der Arbeit und der Arbeitskräfte, Rationalisierung der Arbeitsplätze, Bewertung des Arbeitspotentials und des Entwicklungspotentials
Verantwortlich:	Geschäftsleitung, Personalwesen, Linienmanagement, Personalreferenten/-moderatoren

IV. Entre- und Intrapreneuring

ab ca. 1990

Philosophie:	Mitarbeiter als wichtigste, wertvollste und sensitivste Unternehmensressource. Das Human Ressource Management soll sie als Mitunternehmer gewinnen, entwickeln und erhalten. Wertschöpfung als Oberziel.
Strategie:	Zentralisierung des strategischen und konzeptionellen Personalmanagements bei gleichzeitiger Delegation operativer Personalarbeit an die Linie.
Hauptfunktionen:	Unternehmerisches Mitwissen, Mitdenken, Mithandeln und Mitverantworten in allen wesentlichen Unternehmensentscheidungen. Damit integrierte und gleichberechtigte Mitwirkung bei der Unternehmensphilosophie, -politik, und -strategie; Evaluation der ökonomischen und sozialen Folgen von Unternehmensentscheidungen (Personal-Controlling).
Verantwortlich:	Die Geschäftsleitung, insbesondere ein für Personal (Humane Ressourcen und Humankapital) verantwortliches Mitglied; das zentrale Personalmanagement als »Wertschöpfungs-Center« sowie die Linie als dezentrales Personalmanagement.

Quelle: Human Ressource Management, Verlag Deutscher Wirtschaftsdienst

5.1 Begriff, Bedeutung und Ziele der Personalentwicklung

Personalentwicklung zielt auf die Verstärkung des Leistungspotentials aller förderungswilligen und förderungsfähigen Mitarbeiter eines Unternehmens. Lange Zeit wurde sie überwiegend als Führungskräfteentwicklung verstanden. Modernes Human Ressource Management hingegen bezieht alle Mitarbeiter der Unternehmen ein, läßt Personalentwicklung sozusagen mit dem ersten Tag der Ausbildung beginnen.

Boy-Jürgen Andresen, Mercedes Benz AG, konkretisiert zukunftsorientierte Personalentwicklung, die im starken Wandlungsprozeß im wirtschaftlichen und gesellschaftlichen Umfeld immer höheren Anforderungen genügen muß, in sieben Aussagen und Postulaten:

- Personalentwicklung ist als langfristiger und aktiver Ansatz zu verstehen, der Entwicklungen vorgreifen und nicht erst im Nachgang Anpassungen vornehmen darf.
- Personalentwickung darf nicht allein lern- und problemlösungsorientiert sein, sondern muß von einem ganzheitlich wertorientierten Ansatz ausgehen.
- Die Qualifizierung in der Tätigkeit durch die Übertragung anforderungsgerechter und eignungsgerechter Aufgaben hat die größte Bedeutung im Rahmen der Personalentwicklung.
- Qualifizierungsmaßnahmen müssen neue Wege einer »Bildung vor Ort« ermöglichen.
- Die »klassische« Fortbildung wird zunehmend ergänzt durch die Moderation und Beratung bei Problemlösungs- oder Entwicklungsprozessen in den einzelnen Fachbereichen.
- Personalentwicklung muß die Lernfähigkeit und Flexibilität als eine der höchsten Qualifikationen des Menschen zum Tragen kommen lassen. Sie ist die ureigenste Aufgabe der Vorgesetzten. Die Personalabteilung unterstützt die Vorgesetzten bei der Durchführung dieser Aufgabe. Der Fachbereich muß in die Konzeption und Durchführung von Qualifizierungsmaßnahmen stärker eingebunden werden und dabei eine höhere Verantwortung übernehmen.
- Die frühzeitige Einbeziehung der Arbeitnehmervertreter bei der Konzeption von Personalentwicklungsmaßnahmen ist eine wichtige Voraussetzung für den späteren Erfolg (siehe Abschnitt 5.1.2).

Richard Merk, Bereichsleiter Beruf und Bildung an der IHK Bielefeld, fordert von Personalentwicklungskonzepten, dass sie

1. **die Wettbewerbsfähigkeit des Unternehmens erhalten und erhöhen:**
   - Sicherung der Produktqualität und Innovationsfähigkeit,
   - Senkung der Mitarbeiterfluktuation,
   - Konkurrenzvorteile auf dem Arbeitsmarkt,
   - Anpassung an neue / veränderte Anforderungen.

2. **die Flexibilität und Mobilität der Mitarbeiter erhöhen:**
   - flexible Organisationseinheiten,
   - Teamarbeit und Projektmanagement,
   - Innovationsfähigkeit der Mitarbeiter erweitern,
   - Einsatzmöglichkeiten der Mitarbeiter durch Mehrfachqualifikation erhöhen.

3. **die Lernfähigkeit und Motivation der Fach- und Führungskräfte ständig verbessern:**
   - Verbesserung der Arbeitsmotivation, der Zufriedenheit und des Organisationsklimas,
   - Förderung der Identifikation mit den Unternehmenszielen und der Integration der Mitarbeiter in die Unternehmung.

4. **einen qualifizierten Mitarbeiterstamm sichern:**
   - Anhebung des Eingangsqualifikationsniveaus,
   - Nachwuchssicherung,
   - Verbesserung der Qualifikation zur kompetenten Aufgabenerfüllung,
   - Erhöhung des Qualifikationspotenzials.

5. **den individuellen und sozialen Wertewandel berücksichtigen:**
   - Selbstverwirklichungspotenzial befriedigen,
   - bessere Bezahlung,
   - Vermeidung von Überforderung,
   - Erhöhung der sozialen Sicherheit,
   - Realisierung von Chancengleichheit,
   - Erhöhung der Durchlässigkeit und Mobilität.

5.1.1 Personalentwicklung aus der Sicht des Berufstätigen und des Unternehmens

Die Inhalte von Personalentwicklung müssen sich an den zukünftigen Unternehmenserfordernissen, aber ebenso an den individuellen Mitarbeiterbedürfnissen orientieren.

Das Ausmaß der Erfüllung der Erwartungen und Bedürfnisse der Mitarbeiter ist abhängig vom Grad der beruflichen Bildung – d. h. auch vom Angebot an beruflichen Fortbildungsmöglichkeiten. Aufgabe der Unternehmen ist es, die Bildungsbedürfnisse ihrer Mitarbeiter zu erkennen, sie mit den betrieblichen Zielen abzustimmen und durch Maßnahmen der Personalentwicklung entsprechend den betrieblichen Belangen und Möglichkeiten zu erfüllen.

Zu den **persönlichen Entwicklungszielen**, die die Mitarbeiter an die betriebliche Personalentwicklung stellen, gehören insbesondere:

- Anpassung der persönlichen Qualifikation an die Anforderungen des Arbeitsplatzes
- Erhöhung der individuellen Mobilität am Arbeitsplatz
- Grundlage für den beruflichen Aufstieg
- Sicherung der erreichten Stellung in Beruf und Gesellschaft
- Minderung der Risiken, die sich aus dem wirtschaftlichen und technischen Wandel ergeben können

– größere Chance der Selbstverwirklichung am Arbeitsplatz durch Übernahme anspruchsvollerer Aufgaben
– Erschließung und Vervollkommnung bisher ungenutzter persönlicher Fähigkeiten und
– Übernahme größerer Verantwortung.

Von den **Unternehmen** werden folgende Einzelziele mit der Personalentwicklung verfolgt:

– Sicherung des notwendigen Bestands an Fach- und Führungskräften
– Erhaltung der vorhandenen Qualifikationen der Mitarbeiter
– Anpassung dieser Qualifikationen an Veränderungen
– Vermittlung von Zusatzqualifikationen als Grundlage einer höheren Flexibilität und Anpassungsfähigkeit beim Personaleinsatz
– Weiterentwicklung des Unternehmens zu mehr Flexibilität und Innovationsfreudigkeit
– Besetzung der Führungspositionen in allen Ebenen mit ausreichend qualifizierten Mitarbeitern
– Gewinnung von Nachwuchskräften aus den eigenen Reihen
– Vergrößerung der Unabhängigkeit vom externen Arbeitsmarkt
– Verbesserung des Leistungsverhaltens der Mitarbeiter
– Verbesserung der Chance der Selbstverwirklichung der Mitarbeiter durch anspruchsvollere Aufgaben
– Erhöhung der Bereitschaft der Mitarbeiter, Änderungen zu verstehen bzw. herbeizuführen
– Förderung der Arbeitsmotivation
– Erreichen einer angemessenen Rentabilität auf lange Sicht und
– Mobilisierung von Begabungsreserven der Mitarbeiter.

Mitarbeiterziele und Unternehmensziele ergänzen und verstärken sich also gegenseitig. Durch den Einbezug aller entwicklungsfähigen Mitarbeiter in die Personalentwicklung tragen die Unternehmen zu einer Vergrößerung der gesamtwirtschaftlichen Mobilität der Arbeitskräfte und zu einer erweiterten Durchlässigkeit zwischen den sozialen Schichten bei.

5.1.2 Beteiligungsrechte des Betriebsrats und des Sprecherausschusses

Das Betriebsverfassungsgesetz (BetrVG) regelt im 5. Abschnitt des 4. Teils in den §§ 92 bis 105 die Mitwirkung und Mitbestimmung des Betriebsrats in personellen Angelegenheiten und im 6. Abschnitt in den §§ 106 bis 113 die Mitwirkung und Mitbestimmung in wirtschaftlichen Angelegenheiten. Im Sprecherausschußgesetz ist die Mitwirkung der leitenden Angestellten im 2. Abschnitt des 3. Teils in den §§ 30 bis 32 geregelt (vergleiche Abschnitt 3.2.2).

Der Betriebsrat hat gemäß § 97 BetrVG ein **Mitwirkungsrecht** bei der Einrichtung und Einführung **betrieblicher und außerbetrieblicher** Berufsbildungsmaßnahmen und gemäß § 98 ein **Mitbestimmungsrecht** bei der Durchführung **betrieblicher** Berufsbildungsmaßnahmen. Diese Rechte umfassen die Ausbildung und die Fortbildung, d. h. alle

Personalentwicklungsmaßnahmen. Es versteht sich von selbst, dass eine rechtzeitige und sachliche Einbeziehung des Betriebsrats und des Sprecherausschusses die Motivation positiv beeinflußt, die Effizienz jeglicher Personalarbeit durch Selbstentfaltungsmöglichkeiten erhöht und damit auch die Leistungsbereitschaft des Mitarbeiters aktiviert. Wer mitbestimmen kann, leistet mehr: Das zeigt sich seit langem in Unternehmen mit vernünftig organisiertem betrieblichen Vorschlagswesen. Dazukommen müssen letztlich **Visionen**, die Mitarbeiter, Betriebsrat und Sprecherausschuß sowie die Unternehmensleitung begeistern und aktives Gestalten ermöglichen. Ein solches Personalmanagement identifiziert den Menschen als das wesentliche Kapital des Unternehmens. Wissen effizient zu erzeugen, zu verteilen und zu nutzen ist eine der wichtigsten Managementaufgaben.

5.2 Übersicht über das Bildungssystem in der Bundesrepublik Deutschland

Artikel 2 Grundgesetz (GG) garantiert die freie Entfaltung der Persönlichkeit. Mittels Bildung entwickelt der Mensch seine Persönlichkeit, wächst er als Individuum in die Gesellschaft hinein. Mittels Bildung sichert sich die Gesellschaft ihre internationale Wettbewerbsfähigkeit, ihren Wohlstand, ihre Existenz. Dazu gehört u. a. Leistung. Wer Leistung gering achtet, entwertet Bildung, weil diese ihre Bedeutung als Mittel und Nachweis zum Erreichen einer beruflichen und gesellschaftlichen Position verliert. Wer Bildungschancen gleichmäßig verteilt, verstößt nicht nur gegen das Gleichheitsprinzip, weil er ungleiche Menschen gleichbehandelt – er macht auch jedes besondere Engagement und die Förderung von besonders Begabten und weniger Begabten unmöglich – und produziert so Mittelmäßigkeit. Diese ist zwar bequem – aber eine Sünde wider die Lebenschancen der Berufstätigen von morgen und wider die Wettbewerbsfähigkeit der Unternehmen.

Bildung geschieht unbeabsichtigt, ungesteuert und auch unkontrollierbar als Prägung durch die Umwelt (**funktional**), aber natürlich auch gezielt als beabsichtigte Einflußnahme (**intentional**) im Elternhaus, im Kindergarten, in den verschiedenen Schulen bis zur Universität und den vielfältigen Einrichtungen der Erwachsenenbildung.

Bildung ist nicht identisch mit erlerntem Wissen – Bildung ist Folge verarbeiteten Wissens. Wer seine **Kenntnisse** zu **Erkenntnissen** führen kann und handelnd in **Einsichten** umzusetzen vermag, ist gebildet. Wer seine private, berufliche und gesellschaftliche Umwelt überblicken und damit einordnen und bewerten kann, vermag sich eine eigene Meinung zu »bilden«, ist mündiger Bürger. Damit sind »mündig« und »gebildet« synonyme Begriffe.

5.2.1   Schulisches Bildungssystem

Die Bundesrepublik Deutschland ist ein demokratischer und sozialer Bundesstaat (Artikel 20 Absatz 1 GG), der sich aus 16 Ländern zusammensetzt. Nach Artikel 30 GG obliegt den Bundesländern die Kulturhoheit, da alle Gesetzgebungsmaterien des Bundes in Artikel 73 (ausschließliche Gesetzgebung) und Artikel 74 (konkurrierende Gesetzgebung) ausdrücklich aufgeführt sind und die Gesetzgebung auf kulturellem Gebiet nicht genannt wird. Das gesamte Schulwesen von der Grundschule bis zur Hochschule ist damit »Ländersache«. Die »Ständige Konferenz der Kultusminister der Länder« versucht, mit Empfehlungen koordinierend zu wirken. Damit ist Bildungspolitik immer auch Teil von und Folge parteipolitischer Auffassungen. Die abgebildete Grundstruktur ist daher typisiert und spiegelt nicht die landesspezifischen Abweichungen wider, die sich z. B. in der Dauer der Schulpflicht und noch mehr in den Bezeichnungen der Schulformen ergeben.

1998 besuchten nach den Gesamtübersichten der »Grund- und Strukturdaten 1999/2000« des Bundesministeriums für Bildung und Forschung insgesamt 12 621 000 junge Menschen Schulen (15,4 % der gesamten Bevölkerung), davon 10 108 100 = 79,5 % allgemein bildende und 2 600 900 = 20,5 % berufliche Schulen. Rechnet man in 1998 die 1 657 800 Berufsausbildungsverträge hinzu, standen insgesamt 14 358 800 Kinder und Jugendliche im Bildungsprozess: 11,55% im Berufsausbildungsverhältnis, 88,45% in allgemein bildenden oder beruflichen Vollzeitschulen.

5.2.1.1   Allgemein bildende Schulen

Das allgemein bildende Schulwesen ist **vertikal** oder **horizontal** gegliedert.

Kennzeichen der vertikalen Struktur ist der Stufenaufbau. Nach der vierjährigen Grundschule besucht das Kind entweder die **Hauptschule** (Klasse 5 bis 9 oder 10, je nach Bundesland) oder die **Realschule** (Klasse 5 bis 10) oder das **Gymnasium** (Klasse 5 bis 13 oder 12, je nach Bundesland). Der Ursprung dieser Dreigliedrigkeit findet sich im 19. Jahrhundert und ging mit sozialer Schichtung und Auslese einher. In den 60er Jahren wurde für die Klassen 5 und 6 je nach Land und Kommune die sogenannte Förder- oder Orientierungsstufe eingebaut, die die Differenzierung in Hauptschule, Realschule und Gymnasium zwei Jahre hinausschieben und damit begabungsgemäßer gestalten sollte.

Das horizontale System findet seine Ausprägung in den beiden Formen der **Gesamtschule**: additiv (kooperativ) und integriert.

Die **additive** Gesamtschule bietet an ein und derselben Schule einen Hauptschulzweig, einen Realschulzweig und ggf. einen gymnasialen Zweig an. Jeweils zum Schuljahresende kann bei bestimmtem Notenbild der Besuchszweig gewechselt werden. Damit wird eines der Hauptziele des horizontalen Systems erreicht: Die Wahl der Schulart nach Neigung und Begabung wird häufiger überprüft und findet nicht nur zu Ende des 4. oder des 6. Schuljahres statt. Damit wird die Chancengerechtigkeit im Bildungssystem erhöht.

Bei der **integrierten** Gesamtschule werden alle Schüler eines Jahrganges ohne Zuordnung zu einer bestimmten Schulform unterrichtet. Der Klassenverband ist aufgehoben; der Unterricht ist in einen für alle verpflichtenden Kernteil und in Kurse aufgeteilt: A = anspruchsvolle, B = durchschnittliche und C = einfache Anforderungen. Das Bildungsangebot ist also auf den Schüler zugeschnitten, individualisiert. Allerdings ist diese Differenzierung umstritten, denn es ist empirisch nicht nachgewiesen, ob Schüler besser in lerngleichen Kursen lernen und gefördert werden oder in Kursen mit unterschiedlichem Leistungsniveau.

Grundstruktur des Bildungswesens in der Bundesrepublik Deutschland

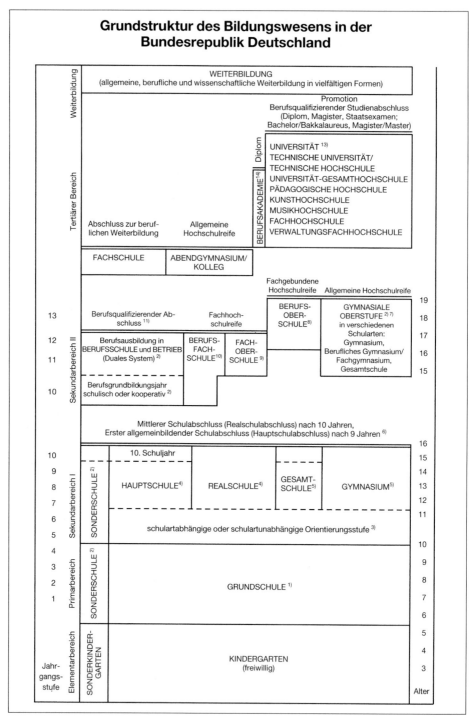

Quelle: Grund- und Strukturdaten des BMBF 1999/2000

Anmerkungen

Schematisierte Darstellung des Bildungswesens. Die Abbildung des Sekundarbereichs I orientiert sich an der Verteilung der Schülerzahlen 1998 im Bundesdurchschnitt: Hauptschule 22,8 %, Realschule 26,3 %, Gymnasium 29,0 %, integrierte Gesamtschulen 9,3 %.

Die Durchlässigkeit zwischen den Schularten und die Anerkennung der Schulabschlüsse ist bei Erfüllung der zwischen den Ländern vereinbarten Voraussetzungen grundsätzlich gewährleistet. Die Dauer der Vollzeitschulpflicht (allgemeine Schulpflicht) beträgt 9 Jahre, in 4 Ländern 10 Jahre, und die anschließende Teilzeitschulpflicht (Berufsschulpflicht) 3 Jahre.

1 In einigen Ländern bestehen besondere Formen des Übergangs vom Kindergarten in die Grundschule (Vorklassen, Schulkindergärten). In Berlin und Brandenburg umfaßt die Grundschule 6 Jahrgangsstufen.

2 Beschulung von Behinderten entsprechend den Behinderungsarten in Sonderformen der allgemeinbildenden und beruflichen Schulen, teilweise auch integrativ zusammen mit Nichtbehinderten. Schulbezeichnung nach Landesrecht unterschiedlich (Sonderschule / Schule für Behinderte / Förderschule).

3 Die Jahrgangsstufen 5 und 6 bilden unabhängig von ihrer organisatorischen Zuordnung eine Phase besonderer Förderung, Beobachtung und Orientierung über den weiteren Bildungsgang mit seinen fachlichen Schwerpunkten. In einigen Ländern ist die Orientierungsstufe oder Förderstufe als eigenständige Schulart eingerichtet.

4 Die Bildungsgänge der Hauptschule und der Realschule werden auch an Schularten mit mehreren Bildungsgängen mit nach Ländern unterschiedlichen Bezeichnungen angeboten. Hierzu zählen die Mittelschule (Sachsen), Regelschule (Thüringen), Sekundarschule (Sachsen-Anhalt), Erweiterte Realschule (Saarland), Integrierte Haupt- und Realschule (Hamburg), Verbundene Haupt- und Realschule (Hessen, Mecklenburg-Vorpommern) und Regionale Schule (Rheinland-Pfalz) sowie die Gesamtschule.

5 Der Bildungsgang des Gymnasiums wird auch an Gesamtschulen angeboten. In der kooperativen Gesamtschule und im Schulzentrum (Bremen) sind drei Bildungsgänge (Bildungsgänge der Hauptschule, Realschule und des Gymnasiums) pädagogisch und organisatorisch zusammengefasst, in der integrierten Gesamtschule bilden sie eine pädagogische und organisatorische Einheit. Die Einrichtung von Gesamtschulen ist nach dem Schulrecht der Länder unterschiedlich geregelt.

6 Die allgemeinbildenden Schulabschlüsse nach Jahrgangsstufe 9 und 10 tragen in einzelnen Ländern besondere Bezeichnungen. Nachträglicher Erwerb dieser Abschlüsse an Abendschulen möglich.

7 Zugangsvoraussetzung ist die formelle Berechtigung zum Besuch der Gymnasialen Oberstufe, die in der Regel nach Jahrgangsstufe 10 erworben wird. Der Erwerb der Allgemeinen Hochschulreife erfolgt in der Regel nach 13 aufsteigenden Schuljahren. In Sachsen und Thüringen wird die Allgemeine Hochschulreife nach 12 Jahren erworben, in anderen Ländern ist der Erwerb nach 12 Jahren im Rahmen von Schulversuchen möglich.

8 Die Berufsoberschule / Erweiterte Fachoberschule besteht bisher nur in einigen Ländern und bietet Absolventen mit Realschulabschluss und abgeschlossener Berufsbildung bzw. fünfjähriger Berufstätigkeit die Möglichkeit zum Erwerb der Fachgebundenen Hochschulreife. Bei Nachweis von Kenntnissen in einer zweiten Fremdsprache ist der Erwerb der Allgemeinen Hochschulreife möglich.

9 Die Fachoberschule ist eine 2-jährige Schulart, die aufbauend auf dem Realschulabschluss mit Jahrgangsstufe 11 und 12 zur Fachhochschulreife führt. Für Absolventen mit Realschulabschluss und einer beruflichen Erstausbildung ist der unmittelbare Eintritt in Jahrgangsstufe 12 der Fachoberschule möglich.

10 Berufsfachschulen sind berufliche Vollzeitschulen verschiedener Ausprägung im Hinblick auf Zugangsvorausetzungen, Dauer und Abschlüsse. Besondere Form der 2-jährigen Berufsfachschule mit Zugangsvoraussetzung Realschulabschluss, die zum Abschluss „staatlich geprüfter Assistent" führt, sowie die ein- oder zweijährige Berufsfachschule zur Vermittlung einer beruflichen Grundbildung. In Verbindung mit dem Abschluss eines mindestens zweijährigen Bildungsganges kann unter bestimmten Voraussetzungen die Fachhochschulreife erworben werden.

11 Zusätzlich zum berufsqualifizierenden Abschluss ggf. Erwerb des Hauptschulabschlusses oder des Mittleren Schulabschlusses.

12 Fachschulen dienen der beruflichen Weiterbildung (Dauer 1–3 Jahre) und setzen grundsätzlich den Abschluss einer einschlägigen Berufsausbildung in einem anerkannten Ausbildungsberuf und eine entsprechende Berufstätigkeit voraus. Unter bestimmten Voraussetzungen ist zusätzlich der Erwerb der Fachhochschulreife möglich. Im Rahmen der Internationalen Standardklassifikation des Bildungswesens (ISCED97) werden die Fachschulen dem tertiären Bereich zugeordnet.

13 Einschließlich Hochschulen mit einzelnen universitären Studiengängen (z. B. Theologie, Philosophie, Medizin, Verwaltungswissenschaften, Sport).

14 Die Berufsakademie ist eine Einrichtung des tertiären Bereichs in sieben Ländern, die eine fachwissenschaftliche Ausbildung an einer Studienakademie mit einer praktischen Berufsausbildung in einem Betrieb im Sinne eines dualen Systems verbindet.

Stand: Januar 2000

Quelle: Grund- und Strukturdaten des BMBF 1999/2000

In allen Schulen gibt es **Zeugnisse** (Ausnahme: erstes oder erstes und zweites Grundschuljahr, je nach Bundesland verschieden). Die Noten setzen sich aus den Ergebnissen der (in der Zahl vorgeschriebenen) Klassenarbeiten und aus der mündlichen Leistung zusammen. Letztere testiert auch das Ausmaß der Mitarbeit im Unterrricht. Die sechsstufige Notenskala wird in bestimmten weiterführenden Schulen auf eine 15-Punkte-Skala ausgeweitet. Die Punkte werden auf Noten umgerechnet und erlauben eine genauere Differenzierung.

Noten müssen sein, denn Bewertungen sind in einer Leistungsgesellschaft systemimanent. Ihre Aussagekraft muß freilich relativiert werden. Sie beschreiben weniger den Leistungsstand des Beurteilten, sondern seinen relativen Leistungsstand im Beurteilungsspektrum der von ihm besuchten Klasse. Mündliche Leistungen und Mitarbeit sind in Notenform nur sehr subjektiv festhaltbar. Eine Ausnahme bilden die Ergebnisse in bestimmten Leistungstechniken wie Maschineschreiben oder Textverarbeitung, bei denen der Leistungsgrad objektiv messbar ist.

Ein **Abschlusszeugnis** bescheinigt den erfolgreichen Besuch der Schule – gleich ob eine Abschlußprüfung vorgegeben ist oder nicht. Jeder Schüler, der die letzte Jahrgangsstufe der Schule mit Erfolg besucht hat, ist berechtigt, bei einer weiterführenden Schule die nächste Jahrgangsstufe zu besuchen (»Er ist versetzt«). Die näheren Bestimmungen (erforderliches Notenbild) legen Länderverordnungen (Erlasse) fest.

Ein **Abgangszeugnis** dokumentiert den Abgang von der Schule, aus welchem Grund auch immer. Die mit einem erfolgreichen Besuch dieser Schule verbundene Qualifikation (Berechtigung) wurde nicht erreicht.

5.2.1.2 Berufliche Schulen

Um die Vielfalt dieser Schulformen besser überblicken zu können, empfiehlt sich die Strukturierung in berufsbildende Schulen, die

– vor Abschluß eines Ausbildungsvertrages,
– während der Laufzeit des Ausbildungsvertrages oder anstelle einer Ausbildung im Dualen System und
– nach Beendigung der Lehre

besucht werden können.

Auch hier gilt: Es gibt länderspezifische Regelungen.

Vor Abschluß eines Berufsausbildungsvertrages

Berufsfachschulen (zweijährig, bei mittlerem Bildungsabschluß als Eingangsvoraussetzung einjährig) sind berufsfeldorientierte Vollzeitschulen mit Anrechnungsverordnung auf die Dauer der anschließenden Berufsausbildung.

Das **Berufsgrundbildungsjahr** vermittelt eine allgemeine oder berufsfeld-/schwerpunktbezogene berufliche Grundbildung, ebenfalls mit Anrechnungsverordnung auf die Dauer der Berufsausbildung.

Berufliche Gymnasien sind als Oberstufengymnasien (Sekundarstufe II, Jahrgangsstufe 11 bis 13) eine hervorragend geeignete Schulform für alle, die anschließend Wirtschafts-, Ingenieur- oder Ernährungswissenschaften studieren wollen. Der Abschluß verleiht die Hochschulreife für alle Fakultäten. Nahezu allen Absolventen dieser Schulform wird die Ausbildungsdauer bis zu einem Jahr verkürzt, wenn der Ausbildungsberuf der gewählten Fachrichtung entspricht.

Während der Laufzeit des Ausbildungsvertrages oder anstelle einer Ausbildung im Dualen System

Während der Berufsausbildung im Dualen System besteht gemäß BBiG **Berufsschulpflicht**. Außerdem sind jugendliche Arbeitnehmer ohne Berufsausbildung nach dem Schulpflichtgesetz des jeweiligen Bundeslandes berufsschulpflichtig.

Vollschulische Berufsausbildung (Eingangsvoraussetzung mittlerer Bildungsabschluß) findet an zweijährigen **Berufsfachschulen** statt (z. B. Fremdsprachensekretariat, Informatik, Assistentenberufe).

An den **Kollegschulen** in Nordrhein-Westfalen und an den **Berufsakademien** in Baden-Württemberg, Berlin, Sachsen kann eine Doppelqualifikation erworben werden: Abschluß im Sekundar- oder Tertiärbereich und Ausbildungsabschluß. Der Akademiebesuch setzt Hochschulreife (Abschlussjahrgangsstufe 13) oder Fachhochschulreife (Abschlussjahrgangsstufe 12) voraus und einen Ausbildungsvertrag mit einer an der Berufsakademie beteiligten Ausbildungsstätte. Die dreijährige Ausbildung führt zum Diplom-Betriebswirt (BA) oder zu einem gleichwertigen Diplom einer anderen Fachrichtung. Solche Akademien gibt es auch als Fachakademie in Bayern, als Wirtschaftsakademie in Hamburg, als Akademie für Wirtschaft und Sozialwesen in Saarland und als Verwaltungs- und Wirtschaftsakademie in Hessen (ohne Diplomierung). Die Absolventen dieser Schulen sind nicht berufsschulpflichtig.

Nach Abschluß der beruflichen Erstausbildung

Berufsaufbauschulen in Teilzeit- oder Vollzeitform vermitteln die Fachschulreife (dem Realschulabschluß gleichgestellt).

Berufsoberschulen, Technische Oberschulen setzen einen mittleren Bildungsabschluss und eine abgeschlossene Berufsausbildung oder ausreichende Berufspraxis voraus. Sie führen zur Fachhochschulreife und – mit Ergänzungsprüfung – zur vollen Hochschulreife.

Fachoberschulen setzen einen mittleren Bildungsabschluss voraus und führen in Vollzeitunterricht bei Vorliegen eines Ausbildungsabschlusses in einem Jahr (Form B), ohne Berufsausbildung in zwei Jahren (Form A) zur Fachhochschulreife. Bei Teilzeitunterricht (Form C) sind zwei Jahre Teilzeitunterricht während der Laufzeit des Ausbildungsvertrages und sechs Monate Vollzeitunterricht nach Abschluss der Lehre erforderlich.

Fachschulen werden nach abgeschlossener Berufsausbildung und Berufserfahrung zum Erwerb weiterführender Qualifikationen besucht (Technikerschulen, Meisterschulen, Fachschulen der Wirtschaft).

Der Vollständigkeit halber sei hier auch der tertiäre Bildungsbereich erwähnt:
Hochschulen (Universitäten, theologische Hochschulen, pädagogische Hochschulen, Kunsthochschulen) bereiten auf eine berufliche Tätigkeit vor, die die Auswertung wissenschaftlicher Erkenntnisse und Methoden erfordert.

Fachhochschulen bieten ein praxisorientiertes und gegenüber der Universität kürzeres akademisches Studium. In einigen Ländern berechtigt das FH-Diplom zur Promotion an der Universität. Verwaltungsfachhochschulen bilden den Beamtennachwuchs für den gehobenen nichttechnischen Dienst aus.

Gesamthochschulen umfassen Ausbildungseinrichtungen von Universitäten und von Fachhochschulen, z. T. auch von Kunsthochschulen.

5.2.2   Berufliches Bildungssystem

Das bildungspolitische Postulat von der **Gleichwertigkeit** von allgemeiner und beruflicher Bildung will besagen, daß beiden Bildungsarten der gleiche Stellenwert eingeräumt wird. Während früher (Humanismus) die Allgemeinbildung höher bewertet wurde, wird heute die berufliche Bildung gleichwertig gesehen. Sie soll dem Ausgebildeten in seiner persönlichen, beruflichen und gesellschaftlichen Entwicklung unter gegebenen Voraussetzungen die gleichen Chancen einräumen wie z. B. dem Abiturienten das Abitur. Das Tor zur Universität soll auch durch Berufsabschlüsse mit bestimmten Zusatzqualifikationen durchschritten werden können. Die meisten Bundesländer haben hierzu (unterschiedliche) Regelungen getroffen.

Die Ständige Konferenz der Kultusminister der Länder hat sich im September 1995 darauf verständigt, daß eine abgeschlossene Berufsausbildung (+ Berufsschulabschlußzeugnis im Durchschnitt befriedigende Leistungen + fünf Jahre Fremdsprachenunterricht) dem mittleren Bildungsabschluß entspricht.

Der Gleichwertigkeit entspricht auch das Aufstiegsfortbildungsförderungsgesetz (in Kraft seit 1. Januar 1996), das Arbeitnehmer ebenso finanziell unterstützt wie Schüler und Studenten (vergleiche Abschnitt 3.4.4.1).

Berufsbildung ist ein lebenslanger Lernprozess, ist Teil des Gesamtbildungsprozesses. Lebenslang weiterentwickelt werden müssen die Fähigkeiten

– sich neuen Situationen zu stellen und sie zu bewältigen
– sich schnell und sachgerecht zu informieren
– Fakten zu analysieren und zu ordnen
– sich mit seinen Aufgaben zu identifizieren, sie aber zugleich kritisch in übergreifende Zusammenhänge einzuordnen
– Probleme systematisch und zielstrebig zu lösen
– Kreativität und Phantasie zu entwickeln
– zu disponieren und zu koordinieren
– Alternativen zu erkennen und sich zu entscheiden
– die eigenen Interessen gegen die anderer abzuwägen
– sich durchzusetzen und dabei Rücksicht zu üben
– Konflikte zu ertragen und zu regulieren und
– selbsttätig zu lernen.

Im Zentrum der Berufsbildung als Teil eines ganzheitlichen Bildungsprozesses steht Orientierungswissen, ohne das Selbstständigkeit in der Entscheidungsfindung, Leistungswille und -freude, Team- und Kooperationsfähigkeit im Beruf nicht möglich sind. Dabei umfaßt Orientierungswissen als Grundlage von Beruf und Bildung selbstverständlich nicht nur berufliches Wissen, sondern ebenso strukturierte Kenntnisse über den Wertepluralismus im persönlichen, beruflichen und gesellschaftlichen Bereich.

5.2.2.1   Rahmenbedingungen

Der Beruf bestimmt wesentlich das Dasein, die Selbstachtung, die Lebensqualität. Der ausgeübte Beruf strahlt unmittelbar aus auf das Persönlichkeitsbild des Berufstätigen von sich selbst, auf seine Stellung innerhalb der Betriebshierarchie und auf die Wertschätzung seiner beruflichen Tätigkeit in der Gesellschaft.

Aber die berufliche Tätigkeit unterliegt einem steten Wandel. Das Nürnberger Institut für Arbeitsmarkt- und Berufsforschung (IAB) und die Prognos AG in Basel erstellten für die Entwicklung der Tätigkeiten und der Qualifikation der Arbeitskräfte bis zum Jahr 2010 folgende Projektion:

Veränderung der Erwerbstätigkeit 1987/2010 in Prozent

Land-, Forstwirtschaft, Fischerei	- 35
Bergbau	- 29
Eisenbahnen	- 19
Schiffahrt, Häfen	- 17
Bauhauptgewerbe	- 13
Verarbeitendes Gewerbe	- 12
Energie-, Wasserversorgung	- 11
Großhandel, Handelsvermittlung	- 8
Einzelhandel	- 66
Ausbaugewerbe	- 44
Kreditinstitute	- 2
Übriger Verkehr	+ 6
Gesundheits-, Veterinärwesen	+ 6
Versicherung	+ 8
Nachrichtenübermittlung	+ 16
Staat	+ 25
Gaststätten, Beherbergungsgewerbe	+ 31
Private Haushalte, Org. ohne Erwerbscharakter	+ 43
Bildung, Wissenschaft, Kultur	+ 69
Sonstige Dienstleistungen	+ 69

Quelle: IAB/Prognos-Projektion

Veränderung der Qualifikationsstruktur 1991/2010 in Tausend

	1991	2010	Prozent
Ohne Ausbildung	5 601	2 837	- 49
Duales System	16 352	17 753	+ 9
Fachschulen	2 325	2 756	+ 19
Hochschulen	3 384	4 678	+ 38

Quelle: IAB/Prognos-Projektion

Zwischen Arbeitsmarkt und Ausbildungsstellenmarkt kann keine volle Übereinstimmung erreicht werden. Die handlungsauslösenden Faktoren lassen sich in einer demokratischen Staatsform mit marktwirtschaftlicher Ordnung nicht voll aufeinander abstimmen. Einerseits ist Ausbildung eine gesellschaftliche Verpflichtung, andererseits ist ein Unternehmen erwerbswirtschaftlichen Prinzipien verpflichtet.

Die jährliche Arbeitsmarktstatistik kann den Veröffentlichungen der Bundesanstalt für Arbeit und des Statistischen Bundesamtes entnommen werden. Der Ausbildungsstellenmarkt wird im jährlichen Berufsbildungsbericht und ebenfalls über die Bundesanstalt für Arbeit veröffentlicht.

Beschäftigungsstatistik und Ausbildungsstatistik sind nach unterschiedlichen Kriterien gegliedert: Ein unmittelbarer Vergleich ist daher nicht möglich. Immerhin zeigt die Zahl der bestandenen Ausbildungsabschlussprüfungen, wieviel Fachkräfte dem Arbeitsmarkt zur Verfügung stehen. Zum 31.12.1998 ergab sich folgendes Bild:

	Teilnehmer	v. H.	bestanden	v. H.
Industrie und Handel	273 300	47,32	239 300	87,56
Handwerk	209 300	36,24	164 700	78,69
Landwirtschaft	14 400	2,49	12 000	83,33
Öffentlicher Dienst	18 100	3,13	16 200	89,50
Freie Berufe	54 100	9,37	47 900	88,54
Hauswirtschaft	8 200	1,42	7 000	85,37
Seeschifffahrt	200	0,03	100	50,0
	577 600	**100,00**	**487 200**	**84,35**

Quelle: Grund- und Strukturdaten des BMBF 1999/2000

41,8 Prozent der Prüflinge waren weiblich, davon bestanden 86,9 Prozent.

Der Staat kann und soll nur die Rahmenbedingungen schaffen: Gesetze, Verordnungen, Erlasse (Länderebene) im Bereich der beruflichen Ausbildung – dazu gehört auch die Umschulung – und im Bereich der beruflichen Fortbildung. Innerhalb des Rahmens können Mobiliät und Flexibilität nur dann im jeweils real erforderlichen Ausmaß erreicht werden, wenn dort aus- und fortgebildet wird, wo der Beruf ausgeübt wird: im Unternehmen. Zu den Rahmenbedingungen des Staates gehören ergänzend und zwingend die Rechtsvorschriften der (öffentlichrechtlichen) zuständigen Stellen, vor allem die Ausbildungs- und Fortbildungsprüfungsordnungen.

Die wichtigsten Gesetze und Verordnungen sind in den Abschnitten 3.2.5 und 3.4 aufgeführt.

Das berufliche Bildungssystem muß folgende Postulate erfüllen, wenn es den Bedürfnissen der Gesellschaft, der Unternehmen und des Individuums entsprechen soll:

– Es muss eine ausreichende »berufsunspezifische« Bildung vermitteln. Die Förderung von Aktivität, Initiative und Entscheidungsbereitschaft muß gegenüber der Ausbildung reproduktiver Fähigkeiten und Verhaltensweisen im Vordergrund stehen.

– Es muss möglichst hohe »berufsspezifische« Qualifkationen der verschiedensten Art bereitstellen, die sich soweit wie möglich am Arbeitskräftebedarf orientieren sollen.

– Es muss möglichst lange Korrekturen einer getroffenen Entscheidung zulassen, damit später notwendige Umstellungen so leicht wie möglich erfolgen können.

5.2.2.2   Träger der beruflichen Bildung

Die berufliche Erstausbildung findet im Dualen System – im **Ausbildungsbetrieb** und in der **Berufsschule** – und einigen wenigen Berufen vollschulisch in **Berufsfachschulen** statt (siehe Abschnitt 5.3). Daneben gibt es Sonderausbildungsgänge für Abiturienten, die einen Ausbildungsabschluß und ein weiterführendes Studium erlauben. Träger sind **Berufsakademien** und verwandte Einrichtungen.

Fachhochschulen und **Universitäten** bieten akademische Studiengänge in dualer Kooperation mit Unternehmen an. Das Institut der Deutschen Wirtschaft in Köln hat hierzu einen Studienführer herausgegeben.

Die Träger der Fortbildung sind kaum überschaubar. Als **Einrichtungen der öffentlichen Hand** sind die staatlichen Fachhochschulen und auch die Volkshochschulen zu nennen. Andererseits gibt es eine große Zahl von **privaten Anbietern**. Dazwischen stehen die Organisationen der Wirtschaft: **Kammern, Arbeitgeberverbände, Gewerkschaften** und auch die **Betriebe** selbst (siehe Abschnitt 5.4.2.2) sowie **Fernunterricht**.

Für Bildungsanbieter und -nachfrager hat das Kölner Institut der deutschen Wirtschaft die Datenbank LIQUIDE eingerichtet, die unter den Internet-Adressen »www.liquide.de« oder »www.bildungsanbieter.de« zu erreichen ist. Mit dem Anklicken der Adresse wird sofort die Verbindung zur Homepage des Bildungsanbieters aufgebaut, so daß ein unmittelbarer Zugriff auf alle Informationen möglich ist: vollständiges Angebot, Termine, Zielgruppe, Ausstattung, Kosten, Abschlüsse der Fortbildungen. Für Fortbildungsinteressierte ist der Service kostenlos. Daneben existiert "WIS" das Weiterbildungs-Informations-System der Industrie- und Handelskammern und der Organisationen des Handwerks. Auch dort kann man sich über Themen, Veranstalter, Trainer und Dozenten, Termine, Preise und Inhalte informieren. Die Bundesanstalt für Arbeit hat die Aus- und Weiterbildungsdatenbank KURS unter der Adresse www.arbeitsamt.de eingerichtet, die alle zwei Monate aktualisiert wird.

5.2.3   Berufliche Bildung in anderen Ländern der Europäischen Union

Artikel 127 des Maastrichter Vertrages definiert die Förderung der beruflichen Bildung als Gemeinschaftsaufgabe der Europäischen Union. Neben dem Informations- und Meinungsaustausch sollen gemeinsame Förderprogramme erstellt werden. So können z. B. über die EU-Programme PETRA II und LEONARDO Auszubildende bis zur Vollendung des 27. Lebensjahres einen voll in ihre Ausbildung integrierten Auslandsaufenthalt wahrnehmen und später als Arbeitnehmer an Fortbildungslehrgängen innerhalb der EU teilnehmen.

Die nationalen Berufsabschlüsse müssen innerhalb der EU inhaltlich übereinstimmen (**Gleichentsprechung**), eine rechtsförmliche Anerkennung ist dazu nicht erforderlich. Berufliche Befähigungsnachweise sollen es den Arbeitnehmern erleichtern, ihre Qualifikation als Fachkraft auf dem EU-Arbeitsmarkt geltend machen zu können. Seit 1. Januar 2000 bescheinigt der **Europass Berufsbildung** alle Formen der Ausbildung einschl. Hochschule im Ausland, die einen betrieblichen Ausbildungsteil enthalten. Zwölf europäische Berufsberatungszentren bei den Arbeitsämtern Flensburg, Hamburg, Bremen, Aachen, Rheine, Frankfurt am Main, Trier, Lörrach, Rastatt, Nürnberg, München und Rosenheim informieren über Ausbildungs- und Praktikamöglichkeiten in der Union.

Die zunehmende Vernetzung in Produktions- und mehr noch in Dienstleistungsbereichen führt zu einer grenzüberschreitenden Zusammenarbeit von Unternehmen, die ein anspruchsvolleres Qualifikationsniveau der Fachangestellten und Facharbeiter fordern. An erster Stelle steht neben der Ausbildung zur Fachkraft das Beherrschen von **Fremdsprachen**. Künftige Berufstätige müssen aber auch mehr wissen über die Kultur, die Wirtschaft, die soziale Situation in den EU-Staaten und über die Mentalität der Völker, um mit ihnen besser kommunizieren zu können.

Hier ein kleiner Überblick über die Berufsausbildungssysteme. Die Ausbildung kann grundsätzlich in dualer Form, rein betrieblich oder rein schulisch erfolgen. Es gibt jedoch kein Land, in dem eine dieser drei Grundformen ausschließlich praktiziert wird. In aller Regel sind zwei oder gar alle drei Formen anzutreffen, wenn auch mit unterschiedlicher Gewichtung.

In **Deutschland**, in **Österreich** und in der **Schweiz** findet die Ausbildung überwiegend im Dualen System statt – ausgenommen einige Berufe, die sich vollschulisch besser erlernen lassen (Fremdsprachensekretärin, Informatiker/-in).

In **Belgien** überwiegt die vollzeitschulische Ausbildung in der berufsbildenden Sekundarstufe (sechs Jahre).

In **Dänemark** wird ein betrieblicher Ausbildungsvertrag durch Unterricht an einer Technischen oder Handelsschule begleitet: starke Annäherung an das Duale System.

In **Frankreich** haben Ausbildungsgänge an zweijährigen Berufsfachschulen die größte Bedeutung. Daneben führen zweijährige schulische Ausbildungsgänge zum Berufsabitur (hochqualifizierte Berufe) und dreijährige zum Fachabitur (anschließendes Kurzstudium).

In **Griechenland** bereiten technisch-berufliche Schulen vor. Im ersten Jahr wird voll und im zweiten und dritten Jahr an ein oder zwei Tagen in überbetrieblichen Bildungsstätten ausgebildet.

In **Großbritannien** gibt es nach der elfjährigen Schulpflicht die »Further Education« in unterschiedlichen schulischen Einrichtungen in Voll- und Teilzeitform. Die überlieferte betriebliche drei- bis fünfjährige Lehre in Betrieben mit Teilzeitunterricht wird kaum noch praktiziert.

In **Irland** bereiten »Vocational Schools« in zwei bis vier Jahren auf die Berufstätigkeit vor. Daneben gibt es eine vierjährige Lehre in Betrieben und Ausbildungszentren.

In **Italien** können Schulabgänger ein staatliches Berufsbildungsinstitut besuchen oder ein Lehrverhältnis eingehen, das jedoch eher einem Arbeitsverhältnis mit begleitendem Unterricht entspricht. Erhebliche Qualitätsunterschiede in der Ausbildung bestehen zwischen dem industrialisierten Norditalien und dem Süden.

In **Luxemburg** gibt es ähnlich der Bundesrepublik Deutschland die betriebliche Lehre mit begleitendem Berufsschulunterricht. In der Mittelstufe der Sekundarschulen werden ein fachtheoretisch-technischer und ein berufspraktischer Ausbildungszweig angeboten, die mit betrieblicher Ausbildung kombiniert sind.

In den **Niederlanden**, in **Schweden** und in **Finnland** vermitteln die berufsbildenden Schulen in vier Jahren Allgemeinbildung und Berufsvorbereitung in einem Berufsfeld. Danach kann eine ein- bis zweijährige Lehre begonnen werden.

In **Portugal** gibt es seit 1984 Berufsausbildung im Dualen System.

In **Spanien** kennt man keine Lehre. Berufsbildende Schulen vermitteln in zwei Jahren berufliche Grundbildung und in drei Jahren einen berufsqualifizierenden Abschluß. Zunehmend soll der Schulbesuch mit einem Praktikum verbunden werden.

In den **USA** bieten die »high schools« und die »vocational high schools« berufsbildende Kurse an. Die Berufsbildung ist rein betriebsbezogen.

In **Japan** erfolgt berufliche Aus- und Fortbildung weitgehend in einer betrieblichen Qualifizierung im Rahmen von Arbeitszuweisungen. Eine Außenkontrolle durch Prüfungen gibt es nicht. Der Staat greift nur mit Anreizen ein, nicht mit Gesetzen. Gefördert wird die innerbetriebliche Flexibilität, keinesfalls die zwischenbetriebliche Mobilität.

5.3 Übersicht über die Berufsausbildung

Ausbildung für die spätere berufliche Tätigkeit umfaßt neben der dualen Ausbildung in Betrieb / Verwaltung und Berufsschule oder der vollschulischen Ausbildung für eine Fachangestellten-, Facharbeiter- oder Gesellentätigkeit auch die akademische Ausbildung an einer Fachhochschule oder Universität oder verbundene Ausbildungsgänge, z. B. an einer Berufsakademie. Im Folgenden beschränken wir uns auf die Ausbildung im Dualen System.

5.3.1 Ziele des Dualen Systems

Duales System bedeutet, daß der Auszubildende an zwei Lernorten ausgebildet wird. Der Begriff »Duales System« wurde 1964 vom Deutschen Ausschuß für das Erziehungs- und Bildungswesen in seinem »Gutachten über das berufliche Ausbildungs- und Schulwesen« geprägt.

Der **Betrieb** ist ein erwerbswirtschaftliches Unternehmen mit dem notwendigen Ziel der Gewinnmaximierung, d. h. der Orientierung an Aufwand und Ertrag. Die Ausbildung erfolgt, um so gut wie möglich ausgebildete Arbeitnehmer einsetzen zu können. Die Ausbildungsinhalte folgen dem bundeseinheitlichen Ausbildungsrahmenplan des betreffenden Ausbildungsberufs.

Die **Berufsschule** hat einen Bildungsauftrag zu erfüllen und wird aus Steuermitteln unterhalten. Die Ausbildungsinhalte folgen dem landesspezifischen Lehrplan des entsprechenden Ausbildungsberufs.

Dieser grundsätzliche Unterschied zwischen betrieblicher und schulischer Ausbildung machte deutlich, daß die Zielsetzungen und die Wege an beiden Lernorten unterschiedlich sein müssen.

5.3.1.1 Lernort Betrieb

Der Betrieb ist in der (natürlichen oder juristischen) Person als Ausbildender Partner im Berufsausbildungsvertrag. Daher liegen die Verantwortung für den Ausbildungserfolg und der inhaltliche Schwerpunkt im Unternehmen. Auch der Zeitanteil überwiegt mit mindestens 60%.

Der Betrieb bildet dort aus, wo der Beruf ausgeübt wird. Damit ist einer der grundlegenden Vorteile der betrieblichen Ausbildung angesprochen: Die Ausbildungsinhalte werden an konkreten Fällen erarbeitet, in der sogenannten »Echtsituation«. Ein weiterer Vorteil des Betriebes liegt in der Schulung der »sozialen Kompetenz« der Auszubildenden. Im täglichen Umgang mit Kollegen und Vorgesetzten erlernt der Auszubildende die Grundregeln betrieblicher Kommunikation.

Ein Nachteil der betrieblichen Ausbildung ist in der Vorrangigkeit betriebswirtschaftlicher Erfordernisse zu sehen. Zwar ist der Betrieb verpflichtet, systematisch auszubilden und bemüht sich, dabei didaktisch und methodisch sinnvoll vorzugehen. Es kann jedoch vorkommen, dass Engpässe wie z. B. Termindruck Vorrang haben vor didaktischen Erwägungen. Der Auszubildende soll und muss da anpacken, wo er gebraucht wird. Naturgemäß sind auch viele Elemente der Ausbildung betriebsspezifisch – und damit nicht unbedingt berufsspezifisch. Der Ausbilder ist schließlich oft genug im Rollenkonflikt Arbeitnehmer-Ausbilder. Laut Arbeitsvertrag hat seine Arbeitnehmerfunktion Vorrang, wenn er nicht als Ausbilder eingestellt worden war.

5.3.1.2   Lernort Berufsschule

Die Berufsschule ist keinen wirtschaftlichen Sachzwängen unterworfen und kann damit ihren Unterricht nach rein didaktischen und methodischen Gesichtspunkten organisieren. Die Grundzüge der Doppik z. B. sind in der Berufsschule mittels T-Konten wesentlich strukturierter zu erarbeiten. Sie hat auch die Aufgabe, den betriebsbezogenen Blick des Auszubildenden in überbetriebliche Zusammenhänge zu lenken. In der Berufsschule hat der Auszubildende mit Auszubildenden desselben Berufs aus anderen Firmen Kontakt. Darüber hinaus erteilt die Berufsschule Unterricht in nichtberufsbezogenen Fächern und trägt damit zur Allgemeinbildung der Schüler bei.

Nachteile der Berufsschule liegen zum einen in der Theorielastigkeit (Arbeitsabläufe können nur simuliert werden), zum anderen in der oftmals mangelnden beruflichen Praxis der Lehrkräfte.

Der Berufsschulunterricht findet in Teilzeitform oder als Blockunterricht statt.

In der **Teilzeitform** besucht der Auszubildende in jeder Woche beide Lernorte (in der Regel 1 $\frac{1}{2}$ Tage die Berufsschule, 3 $\frac{1}{2}$ Tage den Ausbildungsbetrieb). Vorteil ist z. B. eine bessere gegenseitige Ergänzung und Abstimmung durch die ständige Begleitung der betrieblichen Ausbildung. Als Nachteil wird von manchen Lehrern empfunden, daß nur kurze Unterrichtszeiten zur Verfügung stehen.

Beim **Blockunterricht** wechseln ein Betriebsblock und ein Schulblock miteinander ab, so daß der Auszubildende nur jeweils einen Lernort besucht. Der Unterricht kann konzentrierter durchgeführt und so ein größerer Lernerfolg errreicht werden. Andererseits kann während des Schulblocks vieles vergessen werden, was während der betrieblichen Ausbildung vermittelt wurde.

Eine besondere effektive Form des Blockunterrichts ist der Phasenunterricht. Hier werden die Inhalte des Betriebsblocks und des Schulblocks zwischen Schule und Betrieb abgesprochen. Diese inhaltliche Abstimmung sichert einen nachhaltigen Lernerfolg.

5.3.1.3   Die Zusammenarbeit beider Lernorte

Ausbilder und Berufsschullehrer fördern denselben Menschen – Kooperation sollte daher selbstverständlich sein. Aber oft begegnet der Auszubildende an beiden Lernorten Berufserziehern, die sich nur unvollkommen mit dem Partner am anderen Lernort abstimmen. Unterschiede in der fachlichen Aussage, in den Begriffen, im Grad der fachlichen Aktualität, aber auch in den erzieherischen Vorstellungen können die unerwünschte Folge sein.

Solche Schwiergkeiten und Unzulänglichkeiten können ausgeräumt werden, wenn

– gegenseitige Informationsbesuche von Ausbildern und Lehrern stattfinden
– der Ausbildungsnachweis vom Ausbilder und vom Lehrer als Informationsquelle genutzt wird und
– die Betriebe der Schule praxisgerechtes Informationsmaterial zur Verfügung stellen.

Beim oft beklagten Praxisdefizit der Lehrer wird zuwenig beachet, dass diese in erster Linie Lehrer sind: ausgebildete Pädagogen – und nicht, wie der Ausbilder, Arbeitnehmer im Betrieb. Aber natürlich ist für die Qualität des Unterrichts auch die Praxisorientierung wichtig, weil die praktische Umsetzung des Schulstoffes den Lernenden zusätzlich motiviert. Durch engen Kontakt mit den Betrieben kann der Lehrer sich über neue Entwicklungen informieren und seinen Unterricht praxisnäher gestalten. Umgekehrt sollte sich der Ausbilder nicht nur über den Inhalt (das erfährt er über den Ausbildungsnachweis), sondern auch über das Ergebnis des Berufsschulunterrichts informieren – nicht erst anlässlich der Zeugnisausgabe, sondern z. B. schon bei Klassenarbeiten). Auf diese Weise kann er

– die betrieblich und schulisch zu vermittelnden Kenntnisse und Fertigkeiten besser koordinieren und
– den theoretischen Stoff durch praktische Beispiele nachhaltiger verständlich machen.

5.3.2   Ordnung der Berufsausbildung

Das »Verzeichnis der anerkannten Ausbildungsberufe« des Bundesinstituts für Berufsbildung (BIBB) in Berlin führt in der Bekanntmachung vom 29. Februar 2000 insgesamt 355 Berufe auf. Für einen anerkannten Ausbildungsberuf darf gemäß § 28 Absatz 1 BBiG nur nach der **Ausbildungsordnung** ausgebildet werden.

5.3.2.1   Ausbildungsordnung

Das Berufsbildungsgesetz ermächtigt den Bundesminister für Wirtschaft oder den sonst zuständigen Fachminister im Einvernehmen mit dem Bundesminister für Bildung, Wissenschaft, Forschung und Technologie durch Rechtsverordnung, die nicht der Zustimmung des Bundesrates bedarf,

– Ausbildungsberufe staatlich anzuerkennen
– die Anerkennung aufzuheben
– für die Ausbildungsberufe Ausbildungsordnungen zu erlassen (§ 25 Absatz 1 BBiG).

Die Ausbildungsordnungen regeln die betriebliche Seite der Berufsausbildung, und zwar bundeseinheitlich. Demgegenüber wird die Ausbildung in den Berufsschulen von den Ländern geregelt. Aufgrund der Vereinbarungen des Bundes und der Länder aus den Jahren 1972 und 1974 werden Ausbildungsordnungen und ländereinheitliche Lehrpläne für den Berufsschulunterricht, bevor sie erlassen werden, inhaltlich und zeitlich aufeinander abgestimmt. Den Lehrplänen der Länder wird in der Regel ein Rahmenlehrplan der Ständigen Konferenz der Kultusminister als Empfehlung vorgegeben.

Die Ausbildungsordnung hat gemäß § 25 Absatz 2 BBiG mindestens festzulegen:

– die Bezeichnung des Ausbildungsberufes
– die Ausbildungsdauer (Sie soll nicht mehr als drei und nicht weniger als zwei Jahre betragen.)
– die Fertigkeiten und Kenntnisse, die Gegenstand der Berufsausbildung sind (Ausbildungsberufsbild)
– eine Anleitung zur sachlichen und zeitlichen Gliederung der Fertigkeiten und Kenntnisse (Ausbildungsrahmenplan)
– die Prüfungsanforderungen.

5.3.2.2 »Zuständige Stelle«

Gemäß § 44 BBiG regelt die »Zuständige Stelle« die Durchführung der Berufsausbildung. Zuständige Stellen sind in der Regel die Kammern. Ihnen hat das BBiG folgende Aufgaben übertragen:

– Feststellen und Überwachen der Eignungen des Ausbildenden, des Ausbilders und der Ausbildungsstätte und Aufforderung zur Beseitigung von Eignungsmängeln und ggf. Mitteilung an die nach Landesrecht zuständige Behörde
– Änderung der Ausbildungsdauer (Abkürzung und Verlängerung, letztere nur auf Antrag des Auszubildenden)
– Einrichten und Führen des »Verzeichnisses der Berufsausbildungsverhältnisse«
– Beratung der Ausbildenden und der Auszubildenden bei der Durchführung der Berufsausbildung und Überwachung der Durchführung der Berufsausbildung
– Errichten von Prüfungsausschüssen
– Erlass von Prüfungsordnungen
– Durchführen von Prüfungen in der Berufsausbildung (Zwischenprüfungen und Abschlussprüfungen)
– Durchführen von Ausbilderprüfungen
– Durchführen von Prüfungen in der beruflichen Fortbildung
– Beraten der Umschüler und Umschulungsträger bei der Durchführung der Umschulung und Überwachen der Durchführung der Umschulung (Vergleiche Abschnitt 5.3.5)
– Durchführen von Umschulungsprüfungen
– Gleichstellung von Prüfungszeugnissen
– Errichten eines Ausschusses zur Beilegung von Streitigkeiten zwischen Ausbildenden und Auszubildenden (Schlichtungsausschuß) und Durchführen der Verfahren.

5.3.3 Planung und Durchführung der betrieblichen Ausbildung

Aufgrund gestiegener Anforderungen an die Mitarbeiter durch Einsatz neuer Technologien sowie veränderter Organisationsformen und -abläufe sind auch die Zielsetzungen in der Ausbildung anspruchsvoller geworden. Zusätzlich zur fachlichen Qualifikation (Aneignen von Fertigkeiten und Entfaltung von Kenntnissen des jeweiligen Ausbildungsberufes / Fachqualifikation) sind ebenso methodische (selbstständiges Beherrschen von Lern- und Arbeitsmethoden) wie auch soziale Fähigkeiten (in der Gruppe / Team mitarbeiten – Persönlichkeit entfalten) zu vermitteln.

5.3.3.1 Planung

Um diese Ziele zu erreichen, hat das Unternehmen eine planmäßige und systematische Ausbildung zu gewährleisten. Eine geplante Ausbildung zielt darauf ab, die einzelnen Ausbildungsabschnitte im voraus festzulegen und so Leerlauf und Überschneidung zu vermeiden sind. Im § 6 BBiG heißt es, daß der Ausbildende die Pflicht hat, »die Berufsausbildung in einer durch ihren Zweck gebotenen Form planmäßig, zeitlich und sachlich gegliedert so durchzuführen, daß das Ausbildungsziel in der vorgegebenen Ausbildungszeit erreicht werden kann«.

In der Ausbildung ergeben sich somit drei Bereiche in der Ausbildungsplanung:

– Zielplanung (Welche Ziele sollen erreicht werden?)
– Stoffplanung (Was soll vermittelt werden?)
– Zeitplanung (Wie lange soll dies dauern?).

Dabei erfolgt die Ausbildungsplanung nicht nur nach sachlichen, sondern auch nach lernpsychologischen Gesichtspunkten:

– vom Einfachen zum Schweren
– vom Allgemeinen zum Speziellen
– vom Konkreten zum Abstrakten.

Diese pädagogischen Prinzipien können Entscheidungshilfen für die Auswahl von Ausbildungsinhalten und für die Reihenfolge der Ausbildungsabteilungen sein.

Vorgehensweise:

1. Feststellen der zu vermittelnden Kenntnisse und Fertigkeiten und deren Reihenfolge. Der Ausbilder übernimmt alle im jeweiligen Ausbildungsrahmenplan aufgeführten Kenntnisse und Fertigkeiten und bringt sie in eine Reihenfolge. Dabei sind gewisse Prinzipien zu beachten, u. a.

   – Die zu vermittelnden Kenntnisse und Fertigkeiten sollen so zusammengefaßt werden, dass Ausbildungseinheiten entstehen, die bestimmten Funktionen oder Abteilungen in der Ausbildungsstätte zugeordnet werden können.

   – Die Probezeit ist so zu gestalten, dass Aussagen über die Eignung des Auszubildenden möglich sind.

   – Die sachliche Gliederung muss auf die Anforderungen der Zwischenprüfung abgestellt werden.

   – Bei der Aufstellung gilt das pädagogische Prinzip »Vom Allgemeinen zum Speziellen«.

2. Festlegen der Dauer der einzelnen Ausbildungsabschnitte.
   Der Ausbildungsrahmenplan liefert nur zeitliche Richtwerte; der Ausbilder muß nun im Hinblick auf die betrieblichen Gegebenheiten festlegen, wieviel Ausbildungszeit er für die einzelnen Sachgebiete ansetzen will. Auch dabei sind Prinzipien zu beachten:
   - Berücksichtigung der Urlaubszeit
   - Berücksichtigung einer evtl. verkürzten Ausbildungszeit
   - Einsatzdauer pro Ausbildungsabschnitt höchstens sechs Monate.
3. Zuordnung der Fertigkeiten und Kenntnisse zu bestimmten Lernorten.
   Der Ausbilder muss genau prüfen und analysieren, welche Kenntnisse und Fertigkeiten an welchen Arbeitsplätzen vermittelt werden können.

5.3.3.2   Durchführung

Oberstes Ziel der beruflichen Qualifikation ist das Erreichen der **Handlungskompetenz des Auszubildenden**.

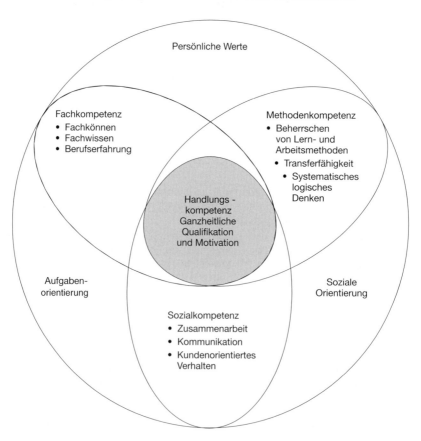

Handlungskompetenz als Ziel der beruflichen Qualifikation

Ausbilder im Betrieb müssen sich vor jeder Unterweisung von Auszubildenden fragen:

– Was soll gelernt werden (Didaktik)?
– Wie soll es gelernt werden (Methodik)?
– Womit soll es gelernt werden (Ausbildungsmittel)?

Didaktik: Festlegung des Lernzieles, d. h. der Verhaltensveränderung, die der Auszubildende nach dem Erlernen erreicht haben soll. Dabei müssen Überforderung wie Unterforderung vermieden werden.

Methodik: Hier ist zu unterscheiden zwischen Unterweisungsformen und Unterweisungsmethoden.

Unterweisungsformen:

– darbietend (vortragend, vorführend, vormachend)
– entwickelnd (fragend, impulsgebend, besprechend)
– aufgebend-erarbeitend (einfache oder komplexe Arbeiten)
– verarbeitend (wiederholend, übend).

Die beiden erstgenannten Unterweisungsformen sind ausbilderzentriert, die beiden folgenden auszubildendenzentriert.

Diesen vier Formen lassen sich die **Unterweisungsmethoden** zuordnen.

darbietend	entwickelnd	aufgebend-erarbeitend	verarbeitend
Vortrag	Lehrgespräch	Leittext-Methode	Lernstatt
Demonstration	Rollenspiel	Projekt-Methode	Übungsfirma
Unterricht	Diskussion	Fall-Methode	Juniorenfirma
Vier-Stufen-Methode	Pinnwand-Methode	Planspiel	
	Brainstorming	Computer Based Training (CBT)	

Ausbildungsmittel sind materielle pädagogische Hilfsmittel, die

– in Form »originaler Gegenstände aus dem Arbeitsgebiet« (z. B. Werkzeuge, Maschinen, Geräte, Formulare, Belege) oder
– in Form von »Medien« (Träger didaktisch aufbereiteter Unterrichtsinformationen sowie die Hilfsmittel zur Darbietung der Unterrichtsinformationen) der Vermittlung beruflicher Kenntnisse und Fertigkeiten entsprechend der jeweiligen Ausbildungsordnungen dienen.

Einteilung der Medien:

– visuelle (Bücher, Fotos, Arbeitsblätter, Tafeln, Metaplan, Modelle, Folien, Dia-Computer (Bildschirmtext), Verhalten des Ausbilders (Gestik und Mimik)
– auditive (Hörfunk, Compact-Disk, Tonband-Kassette, Sprache des Ausbilders)
– audio-visuelle (Film, Fernsehen, Video, Ton-Dia-Schau, Computer, Bildplatte/CD-ROM, Lernprogramme, Verhalten und Sprache des Ausbilders).

5.3.4   Erfolgskontrolle und Beurteilung

Um zu überprüfen, ob die Ausbildung erfolgreich verläuft, d. h. ob alle Inhalte des Ausbildungsplans »angekommen« sind und ob die angewandten Methoden richtig waren, müssen Kontrollen durchgeführt werden.

Diese Kontrollen können intern (im Ausbildungsbetrieb) oder extern (Kammer, Berufsschule) erfolgen.

Interne Kontrollmöglichkeiten sind:
– Gespräche am Arbeitsplatz
– Test nach jedem Ausbildungsabschnitt
– Kurzreferate, Fachberichte
– Beurteilungsbögen, Beurteilungsgespräch.

Externe Kontrollmöglichkeiten sind:
– Zwischenprüfung (Zulassungsvoraussetzung zur Abschlußprüfung) und Abschlußprüfung vor der »Zuständigen Stelle«
– Schulnoten (Berufsschule)
– Lehrgänge mit abschließender Prüfung.

Kontrolliert werden muß aber auch die Effektivität des Ausbildungssystems.

5.3.4.1   Erfolgskontrolle und Beurteilung der Ausbildung

Erfolgskontrollen sind entweder Kontrollen des Lehrerfolgs (seitens des Ausbilders) oder Kontrollen des Lernerfolgs (seitens des Auszubildenden).

Ziele/Begründungen für Erfolgskontrollen sind:

Für die Unternehmung:

– in der Probezeit: Feststellen, ob der Auszubildende tatsächlich für den Beruf geeignet ist.
– bei einer Verkürzung der Ausbildungszeit oder Übernahme nach der Ausbildung: Überprüfung, ob die nach BBiG vorgeschriebenen Ausbildungsziele erreicht worden sind.
– Analyse und Bewertung der Planung und Durchführung der Berufsausbildung.

Für den Auszubildenden:

– seine Eignung für den Beruf festzustellen
– seinen Ausbildungsfortschritt selbst einstufen, sich selbstkritisch beobachten
– Steigerung des Selbstwertgefühls (durch das anschließende Beurteilungsgespräch erhält er das Gefühl, nicht nur beobachtet, sondern beachtet zu werden); bei Steigerung der Anforderung kann er seinen Erfolg selbst messen.

Mit dem Auszubildenden ist am Ende jedes Ausbildungsabschnitts ein **Beurteilungsgespräch** zu führen. Ziel ist, das gezeigte Ausbildungsverhalten gemeinsam zu analysieren, die positiven und negativen Aspekte offen darzulegen und Hilfen / Fördermaßnahmen zu besprechen bzw. zu verabreden.

Es könnte so ablaufen:

1. Termin und Uhrzeit vereinbaren, dabei Zeitdruck ausschließen
2. voraussehbare Störungen vermeiden: rechtzeitige Terminplanung, ankommende Telefonate umleiten
3. vertrauensvolle Atmosphäre schaffen: freundliche offene Haltung, Ziele darlegen
4. positive Aspekte herausstellen: zu Beginn positive Verhaltensweisen aufzeigen, Lob und Anerkennung aussprechen
5. sachliche und aufbauende Kritik: entwicklungsfähige Verhaltensweisen offen ansprechen, aufgezeichnete Beobachtungen zu Rate ziehen
6. den Auszubildenden Stellung nehmen lassen: Gelegenheit zur Selbstüberprüfung bzw. Reflektierung und eigene Sichtweise / Darstellung
7. Lösungsmöglichkeiten aufzeigen bzw. gemeinsam erarbeiten
8. Motivation zur permanenten Überprüfung bzw. Verbesserung des Verhaltens in eigenem Interesse.

Nach dem Gespräch sollte der Auszubildende davon überzeugt sein, dass

– er als Gesprächspartner ernstgenommen wurde,
– das Gespräch zu seiner Förderung beitrug,
– die Vertraulichkeit des Gesprächs gewahrt ist und
– der Ausbilder für weitere Gespräche / Hilfen offen ist.

5.3.4.2   Erfolgskontrolle des Beurteilungswesens

Die Qualität des betrieblichen Beurteilungswesens im Ausbildungsbereich kann aus erzieherischen, aber auch aus rechtlichen Gründen gar nicht hoch genug eingeschätzt werden. Beurteilungen sind Kontrollstationen, Messlatten. Der Auszubildende arbeitet sich als Berufsanfänger in ein ihm bisher unbekanntes (und möglicherweise mit Klischeevorstellungen belastetes) Umfeld sachbezogen wie auch verhaltensbezogen ein. Nur mit Rückkoppelungen kann er kontrollieren, ob er den Weg sachlich und mental angemessen beschreitet. Der Ausbilder muß seinerseits den Erfolg seiner Ausbildungsarbeit – die immer auch erzieherische Elemente einschließt – messen können. Als »Erfüllungsgehilfe« des Ausbildenden ist er rechtlich für das Erfüllen des Zweckvertrages (die Ausbildung im vertraglich vereinbarten anerkannten Ausbildungsberuf) verantwortlich.

Ausbilder und Ausbildungsleiter müssen demgemäß – wenn vorhanden zusammen mit dem mitbestimmungsberechtigten Betriebs- oder Personalrat – den Erfolg des praktizierten Beurteilungssystems kontrollieren.

Zu überprüfen ist zunächst, ob die betrieblichen Beurteilungen ihrer Informationsfunktion, ihrer Selektionsfunktion und ihrer Beweisfunktion genügen: Sie informieren über die erbrachten Leistungen und das Verhalten, sie selektieren für die Teilnahme an Förder- oder an Stützmaßnahmen und sie beweisen bei möglichen Meinungsverschiedenheiten, z. B. über Aussagen im qualifizierten Ausbildungsabschlusszeugnis.

Der Berufspädagoge Werner Wilhelm hat anhand empirischer Untersuchungen in Ausbildungsbetrieben im Regierungsbezirk Rheinhessen-Pfalz Schwachstellen im Beurteilungswesen für Auszubildende dargelegt, die u. E. bundesweit gelten können und hier als Fragen formuliert werden sollen:

1. Wird das Beurteilungssystem in den ersten zwei Wochen der Ausbildung ausführlich dargestellt und besprochen?
2. Wird nur das Erreichen sachbezogener Lernziele beurteilt oder fließen auch ausbildungs- und berufsrelevante Verhaltensweisen ein und in welchem quantitativen Verhältnis stehen beide zueinander?
3. Entsprechen standardisierte Beurteilungsbögen den Gütekriterien?
4. Wieviel Bewertungsstufen sind innerhalb jedes Beurteilungsmerkmals vorgesehen? Sind diese trennscharf voneinander abgegrenzt?
5. Können die Auszubildenden eine schriftliche Stellungnahme zu ihrer Beurteilung einreichen?
6. Sind Ausbildungsleiter, Ausbilder, Auszubildende und Betriebsrat (Personalrat) in der Begutachtung des Beurteilungswesens einbezogen?

5.3.4.3 Weiterentwicklung des Dualen Systems

Das Zentrum für Europäische Wirtschaftsforschung in Mannheim hat ermittelt, daß immer weniger Erwerbstätige ihre in der Lehre erworbenen Fähigkeiten im Arbeitsalltag brauchen. 1979 nützte noch knapp die Hälfte der Befragten (47,5 %) das Wissen aus Berufsschule und betrieblicher Ausbildung, 1992 sank ihr Anteil auf magere 35 %, 1998 auf rund 30% aller Befragten. Die Zahl der Ausbildungsstellen im Dualen System ist zwischen 1990 und 1998 nach Angaben der Bundesanstalt für Arbeit bei Kaufleuten um 20,3 % gesunken, bei Elektrikern/Elektronikern und bei Mechanikern um jeweils 31,3 %, bei Verwaltungsfachleuten um 12,9 %. Dabei folgt die Ausbildungsbereitschaft der Betriebsgröße. 1998 bildeten nach Angaben der Bundesanstalt für Arbeit 94,5 % aller Betriebe mit mehr als 500 Beschäftigten aus, 67 % aller Betriebe zwischen 50 und 500 und 39,7 % aller Betriebe mit weniger als 50 Beschäftigten.

Damit sind Problembereiche im Dualen System der Berufsausbildung angesprochen. Die **Arbeitsgruppe »Aus- und Weiterbildung« im Bündnis für Arbeit** hat sich Ende 1999 auf gemeinsame Grundlagen und Orientierungen für eine strukturelle Weiterentwicklung der dualen Berufsausbildung verständigt. Wahlpflichtbausteine und Zusatzqualifikationen sollen künftig verstärkt Elemente der Ausbildung sein. So soll den zunehmend komplexeren fachlichen, fachübergreifenden und personalen Qualitätsanforderungen der Betriebe wie auch den Erwartungen der Berufseinsteiger an eine gute Ausbildung und einen möglichst reibungslosen Übergang in das Erwerbsleben flexibler entsprochen werden. Die Zusatzqualifikationen sollen auch schon während der Erstausbildung Brücken für die berufliche Fortbildung bauen und Fortbildungselemente einbeziehen. Einer Auflösung der Erstausbildung in schrittweise zu erwerbende Teilqualifikationen erteilen die Bündnispartner eine klare Absage.

Um der zunehmend durch komplexere Prozesse geprägten Arbeitsorganisation Rechnung zu tragen, sollen für alle Berufsfelder Berufsfachkommissionen mit Experten und Praktikern gebildet werden, die die Aktualität der Ausbildungsordnungen ständig überprüfen und neuen Qualifikationsbedarf schon für die Erstausbildung aufgreifen sollen. Auch die Ausbildungsbetriebe sollen systematischer und rascher notwendige Informationen und Hilfen für die Umsetzung in der Praxis erhalten. Eckpunkte sollen für eine effektivere Kommunikation zwischen den beiden Lernorten im Dualen System sorgen.

Der Beirat »**Berufliche Bildung und Beschäftigungspolitik**« der Senatsverwaltung Berlin schlägt in einem Memorandum »Modernisierung der beruflichen Bildung« ein DPM-Berufsbildungssystem vor (Dual, Plural, Modular), das neben der quantitativen vor allem die qualitative Komponente der Berufsausbildung für morgen unterstützt.

Das **Bundesinstitut für Berufsbildung** in Bonn schließlich fordert in seiner AGENDA 2000plus vom Mai 2000 zur Modernisierung des Berufsbildungssystems u. a.

– die Einrichtung von Berufsfachgruppen oder Berufsfachkommisionen mit Sachverständigen der Arbeitgeber und der Gewerkschaften mit der Aufgabe, die Neuordnung von Ausbildungsberufen und Aufstiegsfortbildungs-Regelungen zeitgerechter und passgenauer zu leisten

– eine verstärkte Kooperation der vielfältigen Lernorte des Aus- und Fortbildungssystems einschließlich der Förderung von Verbundausbildung

– die Verbesserung der Früherkennung des zu erwartenden Qualifikationsbedarfs

– den Ausbau von berufsfachschulischen Ausbildungsangeboten in den Ländern in Kombination mit betrieblicher Ausbildung

– die Fortentwicklung des Aus- und Fortbildungssystems zu einem eigenständigen, gleichwertigen und integrierten Berufsbildungssystem – angefangen bei der Entwicklung der Voraussetzungen für die Ausbildungsfähigkeit junger Menschen in den allgemein bildenden Schulen über die Berufsberatung, die erste Berufsausbildung in einem staatlich anerkannten Ausbildungsberuf, die Gewinnung praktischer beruflicher Erfahrung, die gesetzlich geregelte Aufstiegsfortbildung bis hin zu Eintrittsmöglichkeiten in duale Fachhochschulstudiengänge und in fachqualifikationsbezogene Universitätsstudien.

Harald Geißler, Professor für Berufs- und Betriebspädagogik an der Bundeswehrhochschule in Hamburg: »Einer ein- bis zweijährigen Grundqualifikation folgt die erste Fortbildung. Es wird nicht die letzte im Berufsleben sein.«

Das Bundeskabinett hat unter Federführung des Bundesministerium für Bildung und Forschung basierend auf dem Dualen System ein **Reformprojekt berufliche Bildung** verabschiedet, das – abgesehen von kurzfristigen Maßnahmen – sechs Forderungen an das Berufsbildungssystem stellt, um mehr Flexibilität bei der Qualifizierung des Berufsnachwuchses und bei der Personalentwicklung zu erreichen.

Diese sechs Forderungen lauten:

1. **Dynamische und gestaltungsoffene Ausbildungsordnungen:** Das bewährte Berufskonzept (Ausbildung in den staatlich anerkannten oder als anerkannt geltenden Berufen) wird beibehalten, aber »die technikoffene Formulierung eines detaillierten einheitlichen Lernzielkataloges in den Ausbildungsberufen des Dualen Systems allein genügt nicht. Die duale Berufsausbildung muß der dynamischen Entwicklung in der Arbeitswelt durch offene Rahmenbedingungen, die von der Praxis 'gefüllt' werden, besser entsprechen als bisher. Sie muß auf multifunktionalen Einsatz in der Arbeit sowie lebensbegleitendes Lernen vorbereiten und starre einzelfachliche Rechtschreibungen vermeiden... Neben dem erforderlichen Kern von Fachinhalten und Schlüsselqualifikationen für einen Beruf soll in Ausbildungsordnungen in der Regel zukünftig ein breites und differenziertes Angebot von Auswahlmöglichkeiten enthalten sein... Für die Erstausbildung sollen nur Qualifikationen festgelegt werden, die in der überwiegenden Zahl der Betriebe dauerhaft gebraucht werden. Qualifikationen, die nur in relativ wenigen Betrieben gebraucht werden oder sich rasch verändern, werden sinnvoller als ausbildungsbegleitende Zusatzqualifikationen angeboten oder der beruflichen Fortbildung zugeordnet.«

2. **Offenhalten der Dualen Berufsausbildung als Weg in die Arbeitswelt für alle Jugendlichen:** Viele Schulabgänger finden wegen mangelnder Ausbildungsreife keinen Ausbildungsplatz. »Zur Ausbildungsreife gehören insbesondere grundlegende Kenntnisse und Fertigkeiten zum Umgang mit der deutschen Sprache in Wort und Schrift, zur Anwendung der elementaren Rechentechniken und der Informationstechniken, in den Naturwissenschaften sowie im Bereich der politisch-historischen und kulturellen Bildung. Ferner gehören dazu die Hinführung zur Arbeits- und Berufswelt

einschließlich einer umfassenden Berufsorientierung... Bei der Entwicklung neuer und Modernisierung bestehender Berufe wird geprüft, ob zukünftig eine Ausbildung in aufeinander aufbauenden Stufen verstärkt möglich ist. Stufenausbildungen vermitteln bereits nach zwei Ausbildungsjahren einen Ausbildungsabschluß, der zu einer Berufstätigkeit befähigt, die dem erreichten Ausbildungsstand entspricht.«

3. **Entwicklung neuer Berufe und beschleunigte Modernisierung für ein breites Angebot zukunftsfähiger Berufe:** Für die Entwicklung oder die vollständige Überarbeitung von Ausbildungsberufen wurde bereits 1995 eine Höchstdauer von zwei Jahren, für Aktualisierungen eine Höchstdauer von einem Jahr festgesetzt.

4. **Moderne Rahmenbedingungen für lebensbegleitendes Lernen in flexiblen Weiterbildungsstrukturen:** »Aufgrund des hohen Innovationstempos und sich wandelnder Qualifikationsanforderungen reicht eine 'Grundausbildung' in Schule, Beruf und Studium schon seit längerer Zeit nicht mehr für das gesamte Berufsleben aus. Das Lernen im Arbeitsprozeß sowie das selbstorganisierte Lernen gewinnen an Bedeutung. Interaktive multimediale Lernsysteme eröffnen dabei neue Möglichkeiten zur Fortbildung.«

5. **Mehr Mobilität in Europa durch transparente Qualifikationen:** Für alle ab 1996 neuen oder modernisierten Ausbildungsordnungen wird ein »Ausbildungsprofil« erarbeitet, in dem Ausbildungsdauer, berufstypisches Arbeitsgebiet und mit der Ausbildung erworbene Fähigkeiten in Deutsch, Englisch und Französisch beschrieben werden.

6. **Gleichwertigkeit allgemeiner und beruflicher Bildung:** »Das generell gestiegene Anforderungsniveau einer dualen Ausbildung sowie die Vermittlung von Schlüsselqualifikationen rechtfertigen die Gleichstellung von berufsbildenden Abschlüssen mit denen des allgemeinbildenden Schulwesens.«

5.3.5 Berufliche Umschulung

Berufliche Umschulung wird erforderlich, wenn der erlernte Beruf aus gesundheitlichen oder arbeitsmarktpolitischen Gründen nicht mehr ausgeübt werden kann. Sie wendet sich an Erwachsene, die bereits Berufs- und Lebenserfahrung besitzen. Daher kann sich berufliche Neuorientierung durch Umschulung inhaltlich und methodisch nicht an der Erstausbildung Jugendlicher ausrichten. Alle Maßnahmen der beruflichen Umschulung müssen nach Inhalt, Art, Ziel und Dauer den besonderen Erfordernissen der beruflichen Erwachsenenbildung entsprechen (§ 47 Absatz 1 BBiG).

Von der Umschulung abzugrenzen ist eine zweite Berufsausbildung im Anschluß an die Erstausbildung. Umschulung liegt nur dann vor, wenn zwischen beiden Ausbildungen eine »erhebliche zwischenzeitliche berufliche Tätigkeit« liegt.

Umschulung erfolgt in der Regel betrieblich oder außerbetrieblich aufgrund eines Umschulungsvertrages. Der Vertragsinhalt kann zwischen Umschulendem und Umschüler unter Beachtung der allgemeinen Vertragsrechtsgrundsätze frei vereinbart werden. Die »Zuständige Stelle« hat die Durchführung der Umschulung zu überwachen (§ 47 Absatz 4 BBiG). Wenn die Umschulung – wie meist – in einem der staatlich anerkannten Ausbildungsberufe erfolgt, ist die entsprechende Ausbildungsverordnung zugrunde zu legen. Die Umschulungsabschlußprüfung wird vor der »Zuständigen Stelle« abgelegt; sie muß den besonderen Erfordernissen beruflicher Erwachsenenbildung entsprechen (§ 47 Absatz 3 BBiG).

5.4   Berufliche Fortbildung

Es gibt kein Gut, daß mehr auf die Person zugeschnitten ist als das Humankapital: das Wissen und Können, das sich der Mensch teils durch Erfahrung, teils durch Bildung und Ausbildung erworben hat. Von Kapital wird in diesem Zusammenhang gesprochen, weil sich Bildung, Ausbildung und Fortbildung zum Erzielen von Einkommen einsetzen läßt: Der Einsatz soll einen angemessenen Zins erbringen. Die volkswirtschaftliche Bedeutung der Quantität und der Qualität von Aus- und Fortbildung ist darin begründet, daß der künftige Lebensstandard entscheidend davon abhängt, wieviel ökonomsich wirksames Humankapital gebildet wird. Seine Quantität und seine Qualität hängen neben den Angebotsmöglichkeiten auch von der Motivation der Nachfrager ab.

Professor Jeffrey Pfeffer (Stanford graduate school of business) hat festgestellt, welche fünf US-Firmen zwischen 1972 und 1992 im Jahresdurchschnitt die höchsten Gewinne pro Aktie erzielt hatten. Als er nach den Gemeinsamkeiten forschte, stellte er fest: Diese fünf Unternehmen verfügten weder über eine beherrschende Marktstellung, noch über eine einzigartige Technologie, noch waren sie Massenproduzenten. Sie agierten auch nicht in ausgesprochenen Wachstumsmärkten und konnten sich auch nicht auf leicht ausbeutbare Zulieferer stützen. Vielmehr zeigte sich, daß der entscheidende gemeinsame Erfolgsfaktor offenbar im richtigen Umgang mit dem Personal lag.

Das »Berichtssystem Weiterbildung« des Bundesministeriums für Bildung und Forschung weist für 1997 aus, daß 53% der befragten leitenden Angestellten an beruflichen Fortbildungsmaßnahmen teilnahmen, 39% der Angestellten, 24% der Selbständigen, 23% der Facharbeiter und 11% der an-/ungelernten Arbeiter.

Zwischen »Weiterbildung« und »Fortbildung« wird im Sprachgebrauch kein Unterschied gemacht. Das Berufsbildungsgesetz freilich gebraucht in den §§ 1 und 46 und entsprechend die Handwerksordnung in § 42 ausschließlich den Begriff »Berufliche Fortbildung«.

5.4.1   Arten, Bedeutung und rechtliche Regelungen

5.4.1.1   Anpassungs- und Aufstiegsfortbildung

In der beruflichen Fortbildung unterscheidet man zwischen Aufstiegs- und Anpassungsfortbildung. Erstere dient dem beruflichen Aufstieg, letztere hat die Anpassung der Kenntnisse und Fertigkeiten an die technisch-wirtschaftliche Entwicklung zum Ziel. Die bekannteste Aufstiegsqualifikation im gewerblich-technischen Bereich ist der Meister (Handwerksmeister, Industriemeister, Ausbildungsmeister im graphischen Gewerbe u. a.). Im kaufmännischen Bereich ist der Fachwirt (Handelsfachwirt, Touristikfachwirt u. a.) eine in etwa vergleichbare Qualifikation oder der Bilanzbuchhalter, der heute als funktionsbezogene Qualifikation den Fachkaufleuten zugerechnet wird (Personalfachkaufmann, Marketing-Fachkaufmann u. a.).Daurauf aufbauende weiterführende Fortbildungsberufe sind der Betriebswirt und der technische Betriebswirt.

Die Anpassungsfortbildung findet meist in Form kürzerer Lehrgänge und Seminare statt, die nicht mit einem besonderen Qualifikationszeugnis abschließen. Zur Anpassungsfortbildung im gewerblich-technischen Bereich gehören z. B. Lehrgänge in der Steuerungstechnik, in der Pneumatik/Hydraulik, in der Elektrotechnik usw. Im kaufmännischen Bereich sind die Datenverarbeitung und die Textverarbeitung anzuführen.

Jede Fortbildungsmaßnahme setzt eine abgeschlossene Ausbildung und in der Regel mindestens 3 Jahre Berufspraxis voraus.

Unsere Übersicht stellt die Merkmale und die Bedeutung von Anpassungs- und Aufstiegsfortbildung aus der Sicht des Arbeitnehmers zusammen.

In der Bundesrepublik Deutschland wurden 1998 insgesamt 142 181 Fortbildungsprüfungen abgenommen (bestanden 79,86 %), davon in Industrie und Handel 62 572 (bestanden 74,81 %) und im Handwerk 66 864 (bestanden 84,28 %).

Quelle: Grund- und Strukturdaten des BMBF 1999/2000

Kriterium	Anpassungsfortbildung	Aufstiegsfortbildung
Qualifikationsziel	zielgenaue / eng begrenzte/ aktuelle differenzierte Qualifizierung	breit angelegtes, dauerhaftes Qualifkations-Profil
ordnungspolitischer Bezug zur Qualifikations-Struktur	keine Änderung des Qualifikations-Profils, des Qualifikations-Niveaus, des Status	höheres Qualifikations-Niveau, höhere Berufsebene: Fortbildungsberuf
Aufwand für Teilnehmer	meistens gering: kurze Dauer, häufig keine formale Veranstaltung, häufig betriebliche Finanzierung, während der Arbeit	hoch: hoher Aufwand an Zeit (lange Dauer) an Kraft (z. B. Familie), Kosten(-beteiligung), auf Förderung angewiesen
Initiative	durch Betrieb und Beschäftigte	i.d.R. durch den / die Teilnehmer/-in
Durchführung/ Zugang	schwerpunktmäßig „Betriebe" (Unternehmen, Behörden), Hersteller/Geschäftspartner, Wirtschafts-/Zweckverbände, aber auch Kammern, freie Träger	überwiegend a) freie Weiterbildungsträger, Kammern, Wirtschafts-/Branchenverbände/-bildungswerke oder b) Fachschulen der Länder
Ergebnisse/ Nutzen	differenzierte, eng auf direkte (betriebliche) Anwendung/Anpassung bezogene Zusatzqualifikation; direkt umsetzbar, enger (regionaler und / oder sektoraler) Verwertungsbereich, Bekanntheit / Anerkennung häufig auf engen betrieblichen Rahmen beschränkt; weit überwiegend ohne Abschluß (ggf. Zertifikat mit Kumulationsmöglichkeit) keine Tarifwirkung	a) berufliche Handlungsfähigkeit, dauerhafte Grundqualifikationen, Weiterbildungsfähigkeit b) fächer-/wissenschaftsorientierte (schulische) Qualifikation; überbetriebliche überregionale Bekanntheit / Anerkennung der Qualifikation; Abschluß; arbeitsmarktgängige Anerkennung im Bildungssystem, soziale Sicherung, gesellschaftlicher Status, tarifliche Höhergruppierung
Nutzenkontrolle/ Risiken	Nutzen direkt überprüfbar, nur kurzfristige Wirkung, geringes Misserfolgsrisiko, geringes Investitionsrisiko	nur längerfristige Verwertungskontrolle, längerfristige Wirkung, hohes Investitionsrisiko für Anbieter und Nutzer

Quelle: Ausbilder-Handbuch, Verlag Deutscher Wirtschaftsdienst

5.4.1.2   Rechtsgrundlagen

Rechtsgrundlagen für die geregelte Fortbildung mit anerkanntem Abschluss sind:

– Rechtsverordnungen der »zuständigen Stellen« (Kammern) gemäß § 46 (1) und § 81 BBiG sowie § 42 (1) HWO, z. B. Personalfachkaufmann
– Rechtsverordnungen des Bundes gemäß § 46 (2) BBiG und § 42 (2) HWO, z. B. Fachwirt, Handwerksmeister, Industriemeister.

Die **Fortbildungsregelung** der zuständigen Stelle erfolgt durch Rechtsvorschriften aufgrund eines Beschlusses des drittelparitätisch mit Vertretern der Arbeitgeber, der Arbeitnehmer und der Lehrer an berufsbildenden Schulen (kein Stimmrecht) besetzten Berufsbildungsausschusses, die von der Vollversammlung verabschiedet werden. In der jüngsten Ausgabe des »Verzeichnis der anerkannten Ausbildungsberufe«, das auch die Fortbildungsregelungen aufführt, sind 2 608 Regelungen für insgesamt 370 Berufe enthalten.

Fortbildungsregelungen des Bundes – 184 an der Zahl – werden in der Regel nur für Berufe vorgesehen, in denen es bereits mit Regelungen der zuständigen Stellen Erfahrungen gibt. Sie bewirken damit eine längerfristige Stabilisierung des Fortbildungssystems und werden nur für solche Berufe erlassen, die auf einer abgeschlossenen Ausbildung und mehrjähriger Berufspraxis aufbauen.

Das BIBB hat ermittelt, daß im Handwerk die Einheitlichkeit der Prüfungsvorschriften aufgrund von Empfehlungen des DHKT (Meisterprüfungen) erheblich größer ist als bei den IHK's aufgrund von Empfehlungen des DIHT (Fachkaufleute, Fachwirte). Andererseits sind Fortbildungsregelungen der regionalen Kammern flexibler, anpassungsfähiger als zentrale Ordnungen auf Bundesebene. Heinrich Tillmann, Abteilungsleiter »Qualifikationsentwicklungen und Fortbildungsregelungen« im BIBB, faßt die Bedeutung von Fortbildungsregelungen des Bundes im »Ausbilder-Handbuch«, Abschnitt 5.10.2, Seite 7 f. zusammen:

– Die Prüfung findet überall in Deutschland mit einheitlichen Zugangsvoraussetzungen, Prüfungsinhalten und Bestehensregelungen statt. Die entsprechenden Fortbildungsgänge werden für jeden zugänglich.
– Das Zertifikat gewährleistet bundesweit eine einheitliche Bewertung im Arbeitsmarkt und im Beschäftigungssystem; es signalisiert ein bestimmtes anerkanntes, im Beschäftigungssystem verwertbares Qualifikationsprofil und eröffnet dadurch bundesweit und betriebsunabhängig planbare Karrieremöglichkeiten.
– Mit dem Zertifikat bzw. der Fortbildungsregelung verbinden sich einheitliche rechtliche Folgewirkungen und Berechtigungen: im Bildungssystem z. B. bei der Zuerkennung der Studienberechtigung durch die Bundesländer, bei der Anrechnung von Fortbildungsleistungen auf andere Prüfungen; im Arbeits- und Versicherungsrecht z. B. bei der Festlegung von zumutbaren Beschäftigungen und zumutbarer Fortbildung in Fällen der Berufsunfähigkeit bzw. Arbeitslosigkeit.

Von den Fortbildungsregelungen zu unterscheiden sind die **Prüfungsordnungen** gemäß

§ 41 BBiG und § 38 HWO (Ausbildungsabschlußprüfungen)
§ 46 (1) BBiG und § 42 (1) HWO (Fortbildungsprüfungen)
§ 47 (2) BBiG und § 42 a (2) HWO (Umschulungsprüfungen).

Prüfungsordnungen regeln die Zulassungsvoraussetzungen und die Gliederung der Prüfung, die Bewertungsmaßstäbe, die Erteilung der Prüfungszeugnisse, die Folgen von Verstößen gegen die Prüfungsordnung und die Wiederholungsprüfungen. Für das Erstellen von Prüfungsordnungen hatten der damalige Bundesausschuß für Berufsbildung 1971 und – seit Inkrafttreten des Berufsbildungsförderungsgesetzes 1981 – der Hauptaus-schuß beim BIBB »Richtlinien für Prüfungsordnungen« und »Musterprüfungsordnungen« zur Verfügung gestellt.

Alle Prüfungsordnungen der zuständigen Stelle werden (wie die Fortbildungsregelung) im Rahmen des statuarischen Rechts über den Berufsbildungsausschuß von der Kammer erarbeitet und von ihrer Vollversammlung verabschiedet. Die Prüfungsordnung bedarf der Genehmigung der Landesregierung als oberster Landesbehörde.

Zur Mitfinanzierung von Fortbildungslehrgängen, die früher mit Mitteln aus der Arbeitslo-senversicherung erfolgte (AFG), ist seit dem 1. Januar 1996 das Aufstiegsfortbildungs-förderungsgesetz (AFBG), das sogenannte »Meister-BAföG« inkraft, das aus Steuermit-teln gespeist wird.

5.4.2 Aktionsfelder, Prozesse und Instrumente betrieblicher Personalentwicklung

Der Ausbau der in unserer Wettbewerbswirtschaft dringend erforderlichen Innovations-fähigkeit setzt eine permanente Entwicklung der Organisation (= lernfähige Unterneh-mung) und permanente Entwicklung des Personals (= lernfähige Mitarbeiter) voraus. Der Deutsche Industrie- und Handelstag (DIHT) hat übersichtlich die wichtigsten Aktionsfel-der, deren Prozesse und die erforderlichen Instrumente zusammengestellt.

Aktionsfelder, Prozesse und Instrumente der betrieblichen Personalentwicklung
Die wichtigsten Zusammenhänge zwischen einzelnen Aktionen, deren Prozesse und den erforderlichen Instrumenten:

Aktionsfeld	Prozesse	Instrumente
Personal-beschaffung: Auswahl-gespräche planen, führen und auswerten	Personalbedarf planen, Leitfaden vorbereiten, Erwartungswerte definieren.	Funktionendiagramm, Stellenplan, Nachfolgeplan, Stellenbeschreibung, Anforderungsprofil, Checkliste vorbereiten.
Neue Mitarbeiter einführen und einarbeiten	Einführung in den Betrieb mit allen Führungskräften vorbereiten und durchführen. Für die Probezeit einen Betreuer bzw. Coach bestimmen. Förder- und Einschätzungsgespräche führen.	Mitteilung über Personalveränderung im Betrieb, Einarbeitungsplan, Checkliste mit Kriterien für Förder-gespräche, Anforderungsprofil.

(Fortsetzung auf der folgenden Seite)

Aktionsfeld	Prozesse	Instrumente
Nachwuchs-kräfte fördern	Potentiale in der Praxis erkennen – training on the job – Jobrotation – etc.	Beurteilungskriterien, Förderkartei
Führungskräfte beraten	Selbstinitiiertes Lernen fördern, berufliche Entwicklung planen	Förderkartei, Stellenbesetzungsplan
Bedarfsanalyse	Fördergespräche und Zielverein-barungsgespräche führen: Stärken-Schwächen-Analyse und Maßnahmeplanung gemeinsam vornehmen.	Führungskonzept und Beurteilungskriterien: z. B. Zielvereinbarungen
Wirtschaftlichkeit erfolgswirksame Kostensteuerung	Kosteneinsparungen durch Personalentwicklungsmaßnahme kalkulieren, erwartete Kostensen-kungen mit tatsächlichen Kosten nach der Maßnahme vergleichen, betriebliche Erfahrungswerte bilden.	Plan-Budget aufstellen, direkt- und indirekt wirksame Einflußgrößen auf die Arbeitsbedingungen als feste Bezugsgrößen eingrenzen und festlegen.
Trainings- und Bildungsmaß-nahmen	Auswahl geeigneter Maßnahmen, Erkundung des Bildungsmarktes, bei firmeninternen Veranstaltungen: ggf. externen Trainer einbeziehen, Kosten-Nutzen-Risiko abwägen, Ziele und Konzept entwickeln.	Auswahlkriterien: Qualität, Kosten, Referenzen, Branchenerfahrung des Trägers/Trainers, Anforderungs-kriterien an Maßnahme, Leistungs-katalog, Vertragsgestaltung
Betriebs-pädagogische Erfolgskontrolle	Erwartungen der Teilnehmer und Zufriedenheit mit der Maßnahme abfragen, Feedback-Gespräche mit Teilnehmern und Trainer führen.	Checkliste mit erwarteten Kriterien, Bewertungsskala und offenen Fragestellungen
Lerntransfer in die Praxis und betriebswirt-schaftliche Erfolgskontrolle	Umsetzung am Arbeitsplatz fördern, Umsetzungshürden beseitigen, Erfolge der Verbesserungen bekanntgeben.	Zielvereinbarung: Berichtspflicht der verantwortlichen Führungskraft an den Vorgesetzten, Feedback-Gespräche, ggf. Führungskräfte-entwicklung

(Fortsetzung)

Personalentwicklung beginnt mit der richtigen **Personalbeschaffung**. Voraussetzung ist eine bedarfsgerechte **Stellenanalyse/-beschreibung** (siehe dazu die Abbildung auf der folgenden Seite).

Personalentwicklung beginnt am ersten Tag der Ausbildung. Wichtig sind daher die rich-tige Einführung und Betreuung, das Führen von Gesprächen, das Zur-Verfügung-stellen eines Partners (Pate, Coach), das Hinführen zu Erkenntnissen auf der Grundlage stabiler Kenntnisse und die Sensibilisierung für selbstinitiiertes Lernen.

Bedeutung und Aufgaben von Stellenanalyse/-beschreibung

Personalplanung	Personaleinsatz	Personalentwicklung
– Grundlage der Personalbedarfsplanung – Gestaltung der Organisationsstruktur/ Aufbauorganisation	– Stellenbesetzung – Einführung/Einarbeitung neuer Mitarbeiter in ihren Aufgabenbereich	– Erfassung Entwicklungspotential – Ermittlung von Qualifika-tionslücken / zukünftigen Anforderungen – Festlegung von Förderungs- und Bildungsmaßnahmen – Indiv. Laufbahnplanung

Personalbeschaffung	Stellenanalyse / -beschreibung	Gehaltsfindung
– interne / externe Stellenausschreibung – Bewerberqualifikation – Info für Stellenbewerber – Bewerberauswahl	– Festlegung der Ziele, Aufgabeninhalte und Verantwortungs-bereiche – Klärung der Beziehungen zwischen verschiedenen Stellen zur Vermeidung von Verantwortungsüberlagerungen und -lücken – Information der Mitarbeiter über ihren Handlungsspielraum (Kompetenzen und Pflichten) – Über- und Unterstellungsverhältnisse, Aktive und Passive Vertretung – fachliche, persönliche Qualifikationsanforderungen (heute/zukünftig)	– Lohn- und Gehaltsstruktur – Orientierungshilfe für die Mitarbeiter-beurteilung

Quelle: Beyer, Schust: »Leitfaden Personalentwicklung«, DIHT Gesellschaft für berufliche Bildung GmbH

5.4.2.1   Fortbildungsbedarfsermittlung

In der Praxis gibt es viele Verfahren, den Fortbildungsbedarf eines Unternehmens zu ermitteln.

5.4.2.1.1   Betrieblicher und persönlicher Bildungsbedarf

Da vor der Teilnahme eines Beschäftigten an einer Fortbildungsmaßnahme die Zustimmung des Vorgesetzten eingeholt werden muß, hat die Personalabteilung eines großen Industrieunternehmens im Rhein-Main-Gebiet sogenannte »Leitgedanken« zur Fortbildungsbedarfsermittlung zusammengestellt. Damit ist der Bildungsbedarf aus der Sicht des Vorgesetzten als betrieblicher Bildungsbedarf, aus der Sicht des Beschäftigten als persönlicher Bildungsbedarf zu definieren.

Leitgedanken für Vorgesetzte

Aufgabenveränderung:

– Was wird sich in meinem Verantwortungsbereich in den kommenden zwei bis drei Jahren ändern?
– Welche wesentlichen Aktivitäten prägen in dieser Zeit die meinem Verantwortungsbereich gestellten Aufgaben?
– Welche Ziele habe ich mit meinen Mitarbeitern verabredet?

Mitarbeiterqualifikation:

– Welchen Bedarf an Anpassungs- und Erweiterungs-Qualifikationen erwarte ich für meine Mitarbeiter aufgrund der sich abzeichnenden Aufgabenveränderungen?
– Weiß ich, welche Erwartung meine Mitarbeiter an ihre berufliche Weiterentwicklung haben?

Maßnahmen:

– An welchen Maßnahmen zur weitergehenden Qualifizierung sollen meine Mitarbeiter teilnehmen?
– Wann spreche ich hierüber mit meinen Mitarbeitern?

Leitgedanken für Mitarbeiter

Aufgabenveränderung:

– Wie verändern sich die Anforderungen an meine Aufgaben in den kommenden zwei bis drei Jahren?
– Wo sehe ich zur Erweiterung meines Wissens in meinen jetzigen Aufgaben Bildungsbedarf?

Ziele:

– Welche Ziele habe ich mir hinsichtlich meiner beruflichen Entwicklung längerfristig gestellt?
– Welche Erwartungen hat mein Vorgesetzter bezüglich der für meine Aufgaben erforderlichen Qualifikation?

Bildungsbedarf:

– Welche Bildungsmaßnahme halte ich für mich und wann für sinnvoll?
– Weiß ich, welchen Bildungsbedarf mein Vorgesetzter für mich sieht?

Weiteres Vorgehen:

– Wann spreche ich mit meinem Vorgesetzten über zu ergreifende Maßnahmen zu meiner weitergehenden beruflichen Entwicklung?

Mit der gewissenhaften Beantwortung dieser Fragen auf beiden Seiten wird ohne Zweifel die erforderliche Kosten-Nutzen-Relation der Fortbildung beachtet werden können (vergleiche Abschnitt 5.6 »Bildungscontrolling«).

5.4.2.1.2   Business Reengineering

In vielen, vor allem größeren Unternehmen zeichnen sich tiefgreifende Änderungen der Organisationsstrukturen und damit auch der Führungsprinzipien ab. Die rasante Entwicklung der Informations- und Kommunikationstechnologien ermöglicht eine Fokussierung auf Kerngeschäftsprozesse, die eine Neugestaltung der Unternehmensorganisation bedingen und einen laufenden Fortbildungsbedarf der Human Ressources vielfältig und permanent voraussetzen. Mit der Zunahme von Marktanforderungen haben sich die Schwerpunkte der Führungstätigkeit einerseits von der Aufgabenrealisierung zur Geschäftsprozeßgestaltung und andererseits von der Rationalisierung hin zur Markt- und Kundenorientierung verlagert. Im Zeichen von Business Reengineering und Lean Management müssen sich Führungsnachwuchskräfte auf Kompetenzentwicklung im fachlichen, methodischen und sozialen Sinn durch Schulung in funktionsübergreifenden Teams einstellen.

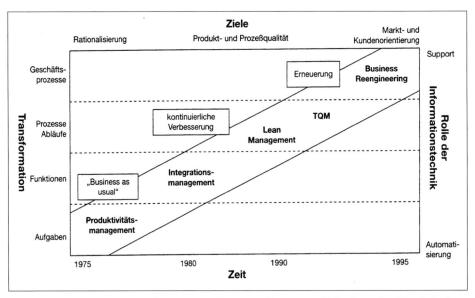

Quelle: Human Ressource Management, Verlag Deutscher Wirtschaftsdienst

Professor Dr. H.-J. Bullinger, Leiter des Frauenhofer-Instituts für Arbeitswirtschaft und Organisation in Stuttgart: »Statt der bisher vertikalen Gliederung der Unternehmen in Funktionen und Produkte gilt es, das Unternehmen an Prozessen orientiert auszurichten. Zur Neugestaltung von Geschäftsprozessen ist bei aggressiven Leistungsvorgaben des Managements der massive Einsatz von Informations- und Kommunikationstechnologien eine notwendige Unterstützung. Die Neugestaltung des Geschäftsnetzwerkes unter Einsatz der Informations- und Kommunikationstechnologien ebnet den Weg zu virtuellen Organisationsformen. Der Nutzen ergibt sich aus den Strategiepotentialen dieser Ebene. Wertschöpfungspartner mit unterschiedlichen Kernkompetenzen werden mittels Informations- und Kommunikationstechnologien vernetzt, so daß ein dezentraler Unternehmensverbund ermöglicht wird. Bei der Neudefinition der Geschäftstätigkeiten werden strategische Grundüberlegungen in bezug auf die Art der Geschäftstätigkeit in Verbindung mit Informationstechnik dargestellt, z. B. können innovative Dienstleistungen durch neue informationstechnologische Möglichkeiten angeboten werden. Eine Basisherausforderung des Reengineering liegt in der Einführung neuer, bisher noch nicht eingesetzter Arbeitsformen und -methoden. Dazu gehört, alte Verhaltensweisen abzulegen und gleichzeitig neue Formen der Kommunikation aktiv zu lernen und zu leben. Dies bedeutet, daß eine neue Art der Zusammenarbeit gefordert ist; eine Zusammenarbeit, die das Neuartige und Risikobehaftete zum Normalfall für alle Beteiligten werden lässt. Der beständige Wandel stellt daher nicht nur eine Chance für die Unternehmen dar, sondern er bietet gleichzeitig Raum für Flexibilität, Phantasie, Innovation und vor allem Kreativität.«

Ohne tiefgreifende Änderung in der Fortbildung aller im Unternehmen Beschäftigten ist dies auch nicht annähernd zu erreichen.

In einer Langzeitstudie (1991 bis 1994) hat die Universität Hannover ermittelt, daß erfolgreiche Unternehmen ihre Personalpolitik bewußt darauf ausrichten, Motivation und Qualifikation der Beschäftigten zu fördern, Qualifikation als wichtigsten Standortfaktor zu pflegen. Nur das »lernende Unternehmen« kann die Zukunft bestehen, Dr. Helmut Pütz, Präsident und Generalsekretär des Bundesinstituts für Berufsbildung: »Alle modernen Managementkonzeptionen können nur dann verwirklicht werden, wenn alle Beteiligten diese Konzepte begriffen und akzeptiert haben. Unabhängig davon, ob just-in-time, total-quality-management, lean-management oder reengineering: Die Personalentwicklung legt die Basis für die erfolgreiche Durchsetzung. Es reicht nicht aus, Stellen mit einem Anforderungsprofil anzubieten. Vielmehr müssen »Laufbahnen« angeboten werden, die Elemente wie Aufstiegsmöglichkeiten durch Fortbildung und selbständiges Arbeiten enthalten«.

5.4.2.2   Externe und interne Fortbildungsmaßnahmen

Unternehmen bieten externe und interne Fortbildungsentwicklungsmaßnahmen an. Dabei verfolgen sie drei Strategien:

1. Strategie: Die Unternehmen schicken ihre Beschäftigten vorrangig in möglichst kurze und kompakte Fortbildungsveranstaltungen. Gerade die Kosten der Freistellung und des Arbeitsausfalls machen für die Firmen das Gros der Fortbildungskosten aus.

2. Strategie: Die Unternehmen bieten die Fortbildung in enger Anlehnung an die konkreten Erfordernisse des Arbeitsplatzes an. Dadurch sind die Lehrgänge von vornherein ergebnisorientiert und auf den Nutzen für die betriebliche Praxis ausgerichtet.

3. Strategie: Die Unternehmen nutzen verstärkt alle Möglichkeiten der arbeitsplatznahen Fortbildung, beispielsweise in Form von interaktiven PC-Lernprogrammen, ein sogenanntes Computer Based Training (CBT).

Die letzte Fortbildungserhebung der deutschen Wirtschaft 1998 bei 1 048 Unternehmen aus Industrie, Handwerk, Dienstleistungen, Land- und Forstwirtschaft ergibt: Im Vordergrund der betrieblichen Aktivitäten steht das Lernen in der Arbeitssituation (95,7%). Es erfolgt vor allem durch Unterweisungsmaßnahmen am Arbeitsplatz durch Kollegen, Vorgesetzten oder Trainer, das organisierte Einarbeiten und Anlernen, Qualitätszirkel sowie Workshops im Rahmen der Organisationsentwicklung.

Stark zunehmende Bedeutung kommt auch dem selbstgesteuerten Lernen zu (95,5%). Im Vordergrund steht nach wie vor die Lektüre von Fachliteratur. Das computerunterstützte Lernen (CBT) oder das Arbeiten mit Multimedia-Systemen wird erst von rund 9 % der Unternehmen genutzt.

Informationsveranstaltungen stehen mit 95,1 % an dritter Stelle: Fachvorträge, Fachtagungen, Erfahrungsaustauschkreise oder Fachmessen.

In fast 90% der befragten Unternehmen hatten die Mitarbeiter an externen Seminaren und Lehrgängen teilgenommen, in fast 80 Prozent der Unternehmen werden Lehrveranstaltungen intern organisiert.

Jeder zweite Mitarbeiter nimmt im Durchschnitt an zwei Veranstaltungen im Jahr teil. Fortbildung ist kein Privileg mehr für einige wenige Fach- und Führungskräfte. Die Themen lassen sich – so die Erhebung von 1998 – vier Gruppen zuordnen. An erster Stelle stehen mit etwa einem Drittel gewerbliche, naturwissenschaftlich-technische und gestalterische Themen, dicht gefolgt mit 30% von kaufmännischen Themen. Der Bereich Informations- und Kommunikationstechniken machte 24% aus und mit 13% folgten 1998 berufsübergreifende Themen, wie z. B. Persönlichkeits- und Verhaltenstraining oder Fremdsprachenkenntnisse.

Ein abnehmender Anteil der Fortbildungsmaßnahmen findet außerhalb der Arbeitszeit statt: 1995 = 21,8 %, 1998 = 19,7 %.

Innerbetriebliche Fortbildung ist nicht nur in der Kosten-Nutzen-Analyse gefragt. Sie ist auch das rationellste Verfahren, denn sie zielt direkt und ohne Umweg auf die Anforderungen am Arbeitsplatz. Eine Fehlrezeptur jedoch ist die innerbetriebliche Fortbildung zur Erhöhung der allgemeinen beruflichen Einsatzbereitschaft. Mobilität und Fortbildung nach den Erfordernissen nur eines Betriebes schließen sich nicht nur begrifflich, sondern auch praktisch gegenseitig aus.

Man kann die Fortbildungsmaßnahmen – gleich ob extern oder intern – nach ihrer Zielorientierung einteilen in Maßnahmen zur Persönlichkeitsentwicklung, in das Fachtraining und in das Führungskräftetraining.

5.4.2.2.1 Persönlichkeitsentwicklung

Der Wandel von der funktionalen zur prozessorientierten Organisation (vergleiche Abschnitt 5.4.2.1.2) verlangt flexible Persönlichkeiten. Fachkräfte oder Abteilungsleiter bekommen die Chance, Geschäftsprozesse zu managen, z. B. vom Auftragseingang bis zur Auslieferung. Moderatoren sind gefragt, keine Offiziere, die Befehle geben. Verantwortlichkeiten werden in den breiten unteren Bereich verlagert. Galt früher die fachliche Kompetenz eines Mitarbeiters als ausreichend, so bildet sie heute nur eine selbstverständliche Voraussetzung, zu der Anforderungen an die jeweilige Persönlichkeit des Mitarbeiters hinzukommen müssen. Jedes Persönlichkeitstraining kann nur der Versuch sein, sich selbst dem Wagnis der persönlichen Veränderungen zu stellen. Daher besteht der Sinn eines wirksamen Persönlichkeitstrainings auch in der Bewusstmachung der Strukturen, die Unterwerfung und Abhängigkeit verschleiern und Gehorsam mit verantwortlichem Handeln gleichsetzen.

Der Geschäftsführer eines mittleren Industrieunternehmens: »Wir ermöglichen unseren Mitarbeitern die Teilnahme an Persönlichkeitstrainings, weil wir sicher sind, daß selbstbewusste, starke Mitarbeiter die wichtigste Voraussetzung für Innovation und Kundenorientierung in einem modernen Unternehmen sind. Unser Betrieb ist flach organisiert und setzt auf Teamarbeit. Hierzu benötigen wir Menschen, die mit sich selbst »im Reinen« sind, die nicht aus Gewohnheit, sondern aus vollem Bewusstsein mit großem Einsatz hinter dem Unternehmen stehen. Durch die Teilnahme vieler Mitarbeiter am Persönlichkeitstraining hat sich das »Wir-Gefühl« massiv verstärkt. Die Mitarbeiter wissen es zu schätzen, daß wir sie bei der Entwicklung ihrer eigenen Persönlichkeit unterstützen. Die Erfahrungen mit diesen Seminaren zeigen uns auch, daß sich die Fähigkeit der Mitarbeiter zur internen und externen Kommunikation erheblich verbessert hat«.

Eine Persönlichkeit hat begründetes Selbstbewusstsein. Dieses ist in der Tat sehr stark von der Kommunikationsfähigkeit abhängig. An den Lernzielen eines Kommunikationsseminars »Grundlagen der Kommunikation, Argumentation und Dialektik« sei gezeigt, wie persönlichkeitsfördernde Entwicklungen angestrebt werden.

Der Teilnehmer

- erhält Einblick in die theoretischen Grundlagen der Kommunikation
- erkennt Stärken und Schwächen des eigenen Gesprächs- und Argumentationsverhaltens
- lernt, Gespräche systematisch zu planen
- lernt, wie Gespräche gesteuert werden können, um gemeinsam zu konkreten Ergebnissen zu kommen
- macht sich sein eigenes Argumentationsverhalten bewußt
- erlernt verschiedene Argumentationstechniken
- verbessert die Fähigkeit, Situationen zu analysieren und die Argumentation darauf einzustellen

- lernt die Grundlagen der dialektischen Gesprächsführung kennen
- lernt, seine Argumentation dialektisch aufzubauen
- lernt, wie durch dialektische Argumentationsmethoden mit Abwehrhaltungen und Störungen konstruktiv umgegangen werden kann
- lernt, wie man durch das Eingehen auf Positionen und Befindlichkeit des Gesprächspartners Probleme lösen und zu einem Konsens gelangen kann
- lernt, die Sprache als wichtigstes Kommunikationsmedium gekonnt einzusetzen
- verbessert seine/ihre sprachliche Sicherheit und Gewandtheit
- kann sich sicher und bewusst vor den Zuhörern darstellen, Ideen und Gedanken überzeugend vortragen

Ein Beispiel aus dem Management-Institut Kitzmann in Münster: »Persönlichkeitsmanagement und selbstsicheres Auftreten«

Seminarinhalt (Auszug):

- die fünf Regeln der Selbstsicherheit
- Selbstsicherheit und soziale Sensibilität
- Wie erlange ich innere Sicherheit?
- Wie bewirke ich bei meinem Gesprächspartner eine positive Resonanz?
- Wie steigere ich durch Selbstsicherheit meine Überzeugungskraft?
- Körpersprache und Selbstsicherheit
- Wann wird Selbstsicherheit zu störender Überheblichkeit?
- Was versteht man unter selbstbewußter Zurückhaltung?

Sowohl dem Persönlichkeits- wie auch dem Fachtraining zugehörig ist ein dreitägiges Firmenseminar »Effektive Problemlösung und Entscheidungsfindung für Mitarbeiter aus allen Bereichen«:

Der Teilnehmer

- geht systematisch und strukturiert an neue Aufgabenstellungen heran
- kann Probleme allein oder im Team wirksam lösen und damit die Qualität der Problemlösung steigern
- bereitet Entscheidungen systematisch vor
- sichert Entscheidungen und deren Umsetzung methodisch

5.4.2.2.2   Fachtraining

Hier beschränken wir uns auf je ein Beispiel aus dem Fortbildungssektor eines Händlers und einer Mitarbeiterin im Sekretariat.

Verkauf und Handel

1. Tag: Marketing als Denk- und Handlungsleitlinie / Voraussetzung für erfolgreiche Kundengespräche / den Überzeugungsvorgang bewußt gestalten
2. Tag: Gezielt fragen, aktiv zuhören / Argumente logisch aufbauen und psychologisch richtig einsetzen (Nutzenverkauf) / Einwände überzeugend entkräften
3. Tag: Das Beratungs- und Verkaufsgespräch zielgerichtet führen (die sieben Phasen der Gesprächsführung) / rhetorische Wirkungsmittel überzeugend einsetzen.
4. Tag: Strategien folgerichtig entwickeln und konsequent realisieren (Gebietsbearbeitung, neue Kundengewinnung, Kundenbindung, Schlüsselkundenmanagement) / schwierige Gesprächssituationen erfolgreich meistern.

Der Teilnehmer

- erlernt, durch kundenorientiertes Verhalten eine positive Kontaktbasis herzustellen und zu vertiefen
- kann durch wirksame Beratungs- und Verkaufstechniken den Kunden vom Vorteil des eigenen Angebots überzeugen
- erhöht durch gezielte Verhandlungsführung die Erfolgschancen zum positiven Abschluss
- kann durch strategisches Vorgehen sinnvoll die Kraft auf das Erreichen der Schlüsselziele konzentrieren

Sekretariat

1. Aufgabenoptimierung im Sekretariat:

Teil 1: Erfolgreiche Arbeitstechnik, Zeitplanung, Terminplanung und -überwachung, Informationssteuerung

Teil 2: Aktive und wirksame Chefentlastung, Verhaltsweise für positive Teamarbeit und gutes Betriebsklima

Die Teilnehmerin

- gewinnt und vertieft ihre Kenntnisse über rationelle Arbeitsweisen
- erlernt, ihre Aufgaben durch systematisches Arbeiten und sinnvolles Planen effektiv durchzuführen
- kann den Vorgesetzten durch Rationalisierung ihrer eigenen Arbeit noch mehr entlasten

2. Gesprächsführung im Sekretariat:

Die Teilnehmerin

- reflektiert ihr eigenes Verhalten und dessen Auswirkungen auf Gesprächssituationen
- verhält sich im Gespräch sicher und situationsgerecht
- wendet Gesprächsregeln an und kann auftretende Gesprächswiderstände reduzieren
- handelt im betrieblichen Spannungsfeld diplomatisch und konstruktiv

Die Teilnahme am Seminar 2 setzt die Teilnahme am Seminar 1 voraus.

Auch hier wiederum wird deutlich, das jedes Fachtraining – wie jedes Führungskräftetraining – persönlichkeitsbildend wirkt: Berufsbildung ist Persönlichkeitsbildung!

5.4.2.2.3   Führungskräftetraining

Führungskollegs und -seminare fördern die Weiterentwicklung der Führungsfähigkeiten und die Erhöhung der Identifizierung mit der Führungsaufgabe und den damit verbundenen fachlichen wie sozialen Verpflichtungen.

Das Modul 1 einer Kollegstufe vermittelt als laufbahnbezogene Veranstaltung das für Führungsaufgaben auf dieser Ebene erforderliche Führungswissen. (Vorgestellt werden die Kollegs »Führen von Mitarbeitern«, »Führen von Vorgesetzten«, »Führen von Geschäftseinheiten«). Das Modul 1 soll vor Übernahme der Führungsaufgabe absolviert werden. Die übrigen Module sind Aufbaustufen und können während der Ausübung der Führungsaufgabe besucht werden. Ziel ist, daß nach einem Zeitraum von rund drei bis fünf Jahren alle Module einer Kollegstufe abgeschlossen sind.

Führen von Mitarbeitern

Modul 1: Grundlagen der Führung von Mitarbeitern / Überblick über Führungsfunktionen / Steuerung der eigenen Person, des eigenen Verhaltens / Bedeutung der Persönlichkeit für Zusammenarbeit und Führung.

Modul 2: Schwerpunkte in den Führungsaufgaben: Konflikte erkennen und bearbeiten:
Leistung beurteilen, Leistungsverbesserung initiieren und begleiten / Führen
von Arbeitskritikgesprächen, Leistungsbeurteilungsgesprächen.

Modul 3: Arbeitsrecht für Vorgesetzte: Grundbegriffe des Arbeitsrechts / Mitbestimmung
in der betrieblichen Praxis, Auswirkung auf Führungsaufgaben / Arbeitsrecht
und Arbeitsverhältnis / arbeitsvertragliche Rechte und Pflichten.

Führen von Vorgesetzten

Modul 1: Grundlagen der Führung von Führungskräften / Arbeitskritik und
Verhaltensbeeinflussung / Mitarbeitermotivation / Führungskontrolle /
Arbeitsübertragung und -kontrolle / Zielvereinbarung / Potentialeinschätzung
und Aufgabenverteilung.

Modul 2: Moderation von Arbeitsgruppen / Einsatz von Moderationstechnik
(Metaplan-Technik) im betrieblichen Alltag / Einbeziehung von Beteiligten zur
Konsenssicherung / Effiziente Gestaltung von Einzel- und Gruppenge-
sprächen.

Modul 3: Arbeitsrecht und Führungspraxis I: Individual-, Betriebs-, Tarifautonomie /
Zusammenhänge Arbeitsrecht und Führung / Zusammenarbeit mit Betriebsrat und Sprecherausschuss.

Modul 4: Projektmanagement: Strukturierung und Steuerung von Problemlösungs- und
Entscheidungsprozessen / Führen von Projektteams / Konfliktsteuerung und
-lösung in der Projektarbeit.

Modul 5: Interviewtechnik: Persönlichkeitseinschätzung im Bewerbergespräch /
Erkennungs- und Fragetechniken / Erstellen von stellenspezifischen
Anforderungsprofilen Planung und Steuerung von Einstellungsgesprächen.

Führen von Geschäftseinheiten

Modul 1: Moderation als Führungshilfe:
Coaching von Mitarbeitern / Potentialschätzung, Schnellerkennung
der Persönlichkeit / Steuerung der Mitarbeiterentwicklung
und -förderung.

Modul 2: Gestaltung von Workshops / Maßnahmen zur Teamentwicklung /
Teamsteuerung durch aktive Beteiligung in Entscheidungsprozessen.

Modul 3: Arbeitsrecht und Führungspraxis II:
Arbeitsrecht und Gesellschaftspolitik /
Aktive Gestaltung der Zusammenarbeit mit Betriebsrat und
Sprecherausschuß / Organstellung und arbeitsrechtliche Haftung.

Modul 4: Profitcentermanagement:
Profitcenterorganisation / Wege zur Ertragssteigerung /
Abgrenzung Profitcenter und Coastcenter /
Profitcenter und Unternehmensplanung.

Modul 5: Workshop Strategische Unternehmensführung:
Strategisches Wirkungsgefüge / Strategische Analysemethoden /
Ansätze zur Strategiefindung / Umsetzung und Kontrolle von Strategien /
Strategie und Organisation.

Auch hier ein 3-Tages-Seminar des Instituts aus Münster: »**Führungsverhalten**«:

Kennenlernen verschiedener Führungsstile und deren Auswirkungen auf das Vorgesetzte-Mitarbeiter-Verhältnis / Bewusstmachen von Führungsverhalten an Führungssituationen aus der Praxis / Grundkenntnisse im situationsgerechten Führungsstil / Grundlagen der Menschenkenntnis für das Führungsverhalten / Kommunikationstechniken beim Führungsverhalten / Die Motivation von Mitarbeitern: Voraussetzung einer erfolgreichen Kooperation / Anerkennung und Kritik als Führungsmittel / Die Integration der Aufgaben und Mitarbeiterziele als Führungsprobleme / Schaffung kreativ nutzbarer Freiräume für sich selbst und für die Mitarbeiter / Verstärkte Zuwendung zur Aufgabe der Arbeitsmotivation / Gestaltung eines dichten Kommunikationsnetzes mit und zwischen den Mitarbeitern / Herbeiführung von Zielkonsens / Kennenlernen von Konfliktfeldern im beruflichen Alltag, um Konflikte zu vermeiden, zu beseitigen oder konstruktiv zu lösen / Kennenlernen der persönlichen Voraussetzungen für eine zeitgemäße und situationsgerechte Mitarbeiterführung / Bewusstes Wahrnehmen und Reflektion des eigenen Verhaltens sowie dessen Wirkung auf andere / Verbesserung der eigenen Kommunikations- und Kooperationsfähigkeiten, sowie Erkennen der wesentlichen Störfaktoren und deren Minderung oder Beseitigung / Wie delegiere ich richtig?

Charakteristisch für solche Kollegs und Seminare ist die durchgängige Erhöhung der Flexibilität und der Verantwortungsfähigkeit und -bereitschaft.

5.4.2.3   Teilnehmeraktive Fortbildungsmethoden

Je ausgeprägter der Teilnehmer in den Fortbildungsprozess und in die Seminarabwicklung einbezogen wird, desto nachhaltiger – und in aller Regel schneller – zeichnet sich der Erfolg der Fortbildungsmaßnahme ab. Als besonders wirksam haben sich die Fallmethode, das Planspiel, der Einsatz von Rollenspielen und – vor allem im Hinblick auf die Prozessorientierung – die Projektmethode herausgestellt.

5.4.2.3.1   Fallmethode

Bei der case method (Fallstudie) werden aufgrund praxisnaher Arbeitssituationen Lösungen in Gruppenarbeit oder auch allein erstellt. Meist wird der Fall in vier Schritten erarbeitet:

– **Analyse**: Der Fall wird untersucht, die relevanten Informationen werden festgestellt. Dies bewirkt das Erkennen des Problems.
– **Alternativenermittlung und -entscheidung**: Die möglichen Alternativen zur Lösung des Falles werden entwickelt, die optimale Lösung muß herausgefiltert werden.
– **Lösungsausarbeitung**: Die Lösung muß in allen Einzelheiten ausgearbeitet und fixiert werden.
– **Lösungsvorschlag**: Die ausgearbeitete Lösung wird im Seminarplenum vorgestellt und diskutiert.

Mit dieser Methode sollen Einsicht in komplexe Situationen, Entscheidungsfähigkeit und Verantwortungsbewusstsein trainiert werden.

5.4.2.3.2 Planspiel

Eine Echtsituation wird über mehrere Zeitperioden von mehreren Gruppen simuliert. Nach der Einarbeitung gibt der Seminarleiter Ereignisse vor, bei denen sich die einzelnen Gruppen verschieden entscheiden können. Ihre Entscheidung hat Auswirkung auf die anderen Gruppen und deren Entscheidungen. Jede Aktion löst eine Reaktion einer anderen Gruppe aus. So wird bewusst, welche Folgen sich aus bestimmten Handlungen ergeben. Am Ende des Spieles wird Bilanz gezogen, die Handlungsweisen der teilnehmenden Gruppen werden analysiert und die Weichenstellungen herausgearbeitet. Damit werden der Blick für das Wesentliche geschärft und das komplexe Denkvermögen, das Lernen in Zusammenhängen gefördert.

5.4.2.3.3 Rollenspiel

Im Rollenspiel soll durch die Übernahme von definierten Rollen in einer betrieblich risikofreien Situation fallgerechtes Denken und Handeln geübt und Unsicherheit in der Kommunikation abgebaut werden. Inadäquate Verhaltensweisen können erkannt werden. Bei Video-Aufzeichnungen des Rollenspiels kann der »Darsteller« sein Verhalten beobachten und analysieren. Daraus ergibt sich die Stufung eines Rollenspielablaufs: Themendarstellung und Rollenzuweisung – Vorbereitung auf die »Rolle« – Spielphase – Analyse mit Training der optimalen Verhaltensmuster.

5.4.2.3.4 Projektarbeit

Hier handelt es sich um die Entwicklung der Planungs-, Problemlösungs-, Kommunikations- und Entscheidungsfähigkeit, verbunden mit der Schulung vernetzten Denkens: Ohne Zweifel die anspruchsvollste, aber auch ergebnisstärkste Fortbildungsmethode. Projektarbeit läuft in fünf Stufen ab:

- Verabredung eines Projekts: Es muß sich um eine komplexe reale Aufgabe mit verwertbaren Ergebnissen handeln.
- Planung des Projektablaufs: Diese Phase erfordert Kooperationsbereitschaft und -fähigkeit, Fähigkeit zur Selbstorganisation.
- Durchführung anhand der differenzierten Planung, Kennenlernen der Interdependenz der einzelnen Projektschritte
- Kontrolle und Beurteilung anhand der Realisierung des von der Gruppe selbst gewählten Projektionsplans
- Dokumentation unter besonderer Betonung der Zusammenhänge komplexer Vorgänge.

Die Vorteile der Projektarbeit:
- Die Komplexität der Projektaufgaben ist gut dosierbar und beliebig zu steigern.
- Es können fachübergreifende Problemstellungen bearbeitet werden.
- Zusammenhänge werden deutlich.
- Kooperatives Lernen und Selbstorganisation der Gruppe werden gefördert.

Die Projektmethode erfordert sehr viel Vorbereitung und genaue Abstimmung mit der Seminarleitung. Sie trägt aber auch wie keine andere Methode gleichzeitig zur Förderung der Fach-, Methoden- und Sozialkompetenz bei und damit zur beruflichen Handlungsfähigkeit.

5.4.2.4 Erfolgskontrolle

Fortbildungsseminare müssen »sich bezahlt machen«: für die Unternehmung und für die Beschäftigten. Zwischen der Personalentwicklungsabteilung und dem Fortbildungsteilnehmer müssen vor und nach dem Seminar Gespräche stattfinden.

Im **Vorgespräch** werden
– der Bedarf begründet
– die Ziele des Seminars auf das Arbeitsgebiet des Mitarbeiters bezogen
– die Vorteile der Seminarteilnahme geklärt
– die Erwartungen an die Teilnahme aus der Sicht des Vorgesetzten und des Mitarbeiters besprochen und
– die Ziele vorformuliert, die nach dem Seminarbesuch angestrebt werden.

Im **Nachgespräch** werden
– die Erkenntnisse für die Arbeit des Mitarbeiters aus dem Seminarbesuch erfragt
– die Zielvereinbarung aus dem Vorgespräch überprüft
– die Planung für die Umsetzung des Erlernten vereinbart (Aktionsplan)
– die Termine zur Überprüfung der Ziele festgelegt und
– geklärt, welche weiteren Mitarbeiter der Abteilung die Bildungsmaßnahme besuchen sollten.

So ergibt sich von der Bildungsbedarfsermittlung über das Vorgespräch, die Seminarteilnahme, das Nachgespräch und die anschließende Anwendung der erarbeiteten Kenntnisse, Fertigkeiten und Fähigkeiten für das Human Capital ein geschlossener Fortbildungskreislauf, dessen Verzinsungshöhe von der Effektivität der Fortbildung bestimmt wird.

5.4.2.5 Mitarbeiterbeurteilung (Leistungsbeurteilung)

Eine Leistungsbeurteilung ist stets vergangenheitsbezogen – im Gegensatz zur zukunftsbezogenen Potentialbeurteilung (vergleiche Kapitel 5.4.2.6), die jedoch stets auf einer Leistungsbeurteilung aufbaut.

Die Leistungsbeurteilung setzt Beurteilungskriterien, deren Gewichtung, einen Beurteilungsmaßstab und eine Verteilungsvorgabe voraus.

5.4.2.5.1 Beurteilungskriterien

Die Vielzahl von möglichen Beurteilungskriterien macht für die Anwendung in der Praxis eine Gruppierung in Hauptkriterien erforderlich. C. Gollnow unterscheidet fünf Hauptkriterien und ordnet folgende Einzelkriterien zu:

Arbeitsverhalten: Arbeitsplanung, Arbeitsqualität, Arbeitstempo, Augenmaß, Ausdauer, Belastbarkeit, Entschlusskraft, Fleiß, Fachkenntnisse, Fehlerhaftigkeit, Initiative, Lernwillen, Pünktlichkeit, Selbstständigkeit, Verantwortungsbereitschaft und Zuverlässigkeit.

Verhalten gegenüber Kollegen und Vorgesetzten: Aggressivität, Aufgeschlossenheit, Empfindlichkeit, Hilfsbereitschaft, Mitteilungsbereitschaft, Toleranz, Zusammenarbeit.

Führungsverhalten: Arbeitsanleitung, Ausgeglichenheit, Delegation, Durchsetzungsvermögen, Kontrolle, Motivationsfähigkeit und Objektivität.

Geistige Anlagen: Auffassungsgabe, Gedächtnis, Kreativität und Logik.

Persönliches Auftreten: Ausdrucksvermögen, Erscheinungsbild, Selbstbewußtsein und Umgangsformen.

5.4.2.5.2   Kriteriengewichtung

Damit erreicht man eine unterschiedliche Gewichtung der Kriterien nach ihrer Bedeutung für die Unternehmung oder/und nach ihrer Bedeutung für verschiedene Beschäftigungsgruppen (z. B. Produktions-, Verwaltungs-, dispositive und ausführende Kräfte). Die Gewichtung kann als Faktor oder als Indexzahl erfolgen.

5.4.2.5.3   Beurteilungsmaßstab

Mit Maßstäben wird einer subjektiven Beurteilung entgegengewirkt. Olfert/Steinbuch (Klaus Olfert und Pitter A. Steinbuch, Personalwirtschaft, 5. Auflage, Friedrich Kiehl Verlag, Ludwigshafen, 1993, Seite 242ff.) unterscheiden vier Verfahren:

Skalenverfahren

– Nominalskala:
  Skalendefinitionen = sehr gut / gut / zufriedenstellend / schlecht oder stets / häufig /
                               manchmal / selten / nie
– Graphische Skala: Auf einer Geraden mit den beiden Eckpunkten stark ausgeprägt und schwach ausgeprägt wird eine Markierung angebracht.
– Skalenwertbeschreibung: Verbale Definition bei jedem Stellenwert.

Natürlich können auch mehrere Skalenarten kombiniert werden, wie ein Beispiel aus einem deutschen Großunternehmen zeigt.

Beurteilungskriterium: Leistungsquantität	
5	Es wird sehr schnell gearbeitet. Alles geht sehr flott von der Hand. Es wird stets die jeweils höchstmögliche Menge ohne Überhastung geschafft.
4	Es wird schnell gearbeitet. Die Arbeit geht flott von der Hand. Die jeweils mögliche Menge wird ohne Überhastung gemacht.
3	Es wird gleichmäßig, wenn auch nicht sehr schnell, gearbeitet. Mengenmäßig wird das geschafft, was man im Durchschnitt erwarten kann.
2	Es wird langsam gearbeitet und zu allem etwas mehr Zeit gebraucht, wenn auch beständig bei der Sache geblieben wird. Die durchschnittliche Mengenleistung wird nicht ganz erbracht.
1	Es wird müde und lahm gearbeitet. Nichts kommt richtig voran. Die zu erwartende Mengenleistung wird bei weitem nicht erbracht.

Rangordnungsverfahren

Für die einzelnen Beurteilungskriterien werden Rangordnungen der Mitarbeiter gebildet. Der zu beurteilende Mitarbeiter wird paarweise mit den anderen Mitarbeitern verglichen.

Beurteilungskriterium	Initiative
Beurteilungsordnung:	1. Schmidt
	2. Mai
	3. Glock Beurteilter
	4. Zerb
	5. Müller

Durch die Rangplätze für die betrachteten Beurteilungskriterien kann bei diesem Verfahren ein Gesamturteil ermittelt werden.

Methode der kritischen Vorfälle

Gesammelt werden in einem genau festgelegten Zeitraum negative und positive Vorfälle, die miteinander aufgerechnet werden.

Vorgabevergleichsverfahren

Die Beurteilungsstufen sind in der Regel Prozentangaben für die Zielerreichung. Ein Wert von 100% bedeutet, daß das vorgegebene Ziel vollständig erreicht wurde, Werte unter 100% bedeuten ein Unterschreiten der vorgegebenen Ziele und Werte über 100% entsprechen einer Übererfüllung der anzustrebenden Ziele.

Personalbeurteilung	Herr Müller-Scharf
Beurteilungskriterium	**Zielerreichung**
Leistungsqualität	110%
Berufliches Können	105%
Verantwortungsbereitschaft	90%
Führungsqualität	100%
Dispositonsfähigkeit	90%
Rationalisierungserfolge	70%
Gesamtergebnis	94%

5.4.2.5.4   Verteilungsvorgabe

Bei der nach dem Mathematiker Gauß benannten Normalverteilungskurve (siehe Abbildung) wird eine Leistung nach dem Mittelwert bewertet, d. h. Leistungen, die am häufigsten vorkommen, stellen den Mittelwert oder Durchschnittswert dar. Leistungen, die davon nach oben oder unten abweichen, kommen seltener vor. Voraussetzung für die Normalverteilung ist jedoch eine größere Anzahl von Beurteilten.

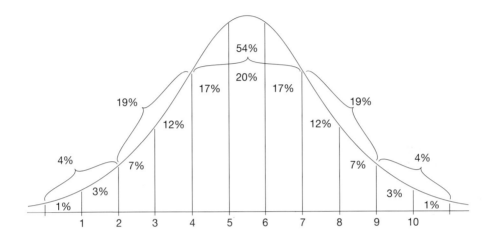

Es gibt auch Abweichungen von dieser Kurve, die auf Fehler des Beurteilers zurückzuführen sind: Phasenverschiebungen.

Positive Phasenverschiebung

Hierbei hat sich die gesamte Kurve nach rechts verschoben. Ein Grund hierfür kann sein, daß der Beurteiler zu großzügig beurteilt hat. Dies kann einen negativen Effekt bewirken: »Wozu sich anstrengen? Ich werde sowieso gut beurteilt«.

Negative Phasenverschiebung

Es wird zu kritisch beurteilt, gute Leistungen werden nicht entsprechend gewürdigt. Negative Auswirkungen: »Wozu sich anstrengen, wenn ich sowieso keine gute Beurteilung bekomme?«

Ist der Beurteiler zu ängstlich in seiner Beurteilung, so ordnet er die meisten seiner Gruppe durchschnittlich ein:

5.4.2.6   Mitarbeiterpotenzialermittlung

Bei der Potenzialermittlung und -beurteilung – sie baut auf der Leistungsbeurteilung auf – stehen die Eignung von Mitarbeitern für bestimmte Aufgaben und die Möglichkeiten ihrer weiteren beruflichen Entwicklung im Mittelpunkt.

Vom Entwicklungspozential sind die Fördermaßnahmen abhängig: Potenzialermittlung ist Voraussetzung für Personalentwicklungsmaßnahmen, nicht zuletzt zum Aufbau eines Nachwuchsführungskräftepools.

Die Abbildung zeigt den Weg zur Ermittlung des Mitarbeiterpotenzials in einem mittelständischen Unternehmen.

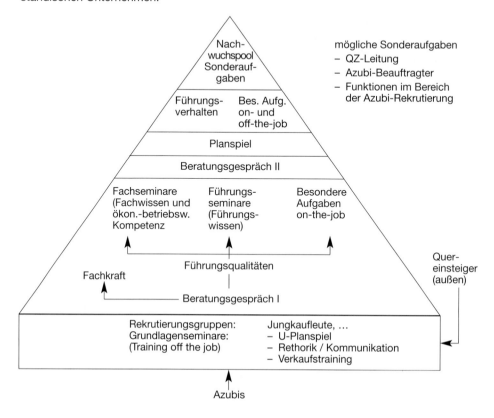

Die Potenzialermittlung kann am Arbeitsplatz oder in besonders dafür geschaffenen Situationen erfolgen.

5.4.2.6.1   Job enlargement, -enrichment, -rotation und -coaching

Durch **Job enlargement** vergrößert sich das Arbeitsfeld durch Hinzufügen qualitativ gleichwertiger Aufgaben. Dadurch kann die starke Unterteilung eines Arbeitsganges aufgehoben und dem Mitarbeiter eine weitgehend abgeschlossene Aufgabe zugeteilt werden (horizontale Erweiterung). So kann der Beschäftigte neue Erfahrungen sammeln.

Durch die Ausweitung der Arbeitsinhalte (**Job enrichment**) sowohl in horizontaler Sicht wie auch vertikal wird der Entscheidungs- und Verantwortungsspielraum des Mitarbeiters erhöht. Dadurch können sich persönliche Erfolgserlebnisse ergeben, Monotonie und einseitige Belastungen lassen sich abbauen.

Durch einen planvollen Wechsel des Arbeitsplatzes (**Job rotation**) und der Arbeitsaufgaben sollen die Kenntnisse und Erfahrungen des Mitarbeiters systematisch erweitert sowie die Flexibilität erhöht werden.

Job coaching vermittelt erste Erfahrungen mit Führungsaufgaben. Coachen ist beraten, betreuen. Der Mitarbeiter wird zu einem »Paten« für einen neuen Mitarbeiter und ist für seine Einweisung am Arbeitsplatz und seine Einführung in das Unternehmen verantwortlich.

5.4.2.6.2   Trainee-Programme, Junior-board

Sie werden in größeren Unternehmen für die Ermittlung und Schulung von Nachwuchs-
führungskräften genutzt. Im Trainee-Programm erhalten die Mitarbeiter im Kurzdurchlauf
einen umfassenden Überblick: Das Bereichs- oder Abteilungsdenken wird durch das
Unternehmensdenken ersetzt. Im Rahmen des Junior-board bearbeiten Führungsnachwuchskräfte Aufgaben der Geschäftsleitung (Senior-board).

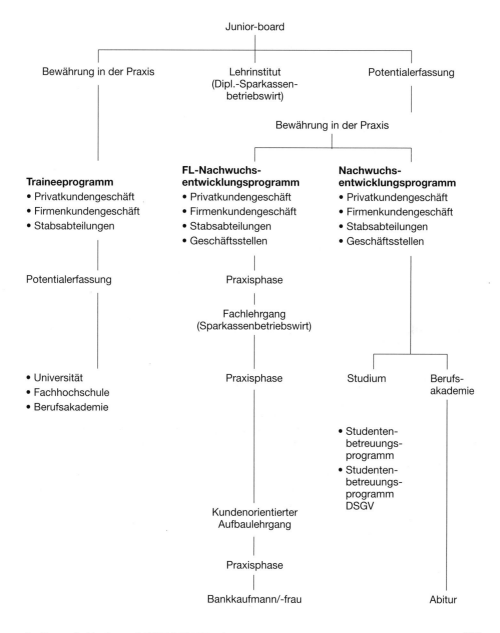

Die Mitglieder geben nach einstimmiger Beschlussfassung (um unausgereifte Entscheidungsempfehlungen auszuschließen) einen Entscheidungsvorschlag an den Seniorboard. Die Annahme oder Ablehnung des Vorschlages wird ausführlich begründet. Die Teilnehmer im Junior-board entwickeln ein Gespür für das Machbare und die Unternehmenspolitik und lernen, Probleme im Team zu lösen. Voraussetzung zur Aufnahme ins Junior-board ist der Durchlauf einer Personalentwicklungsschiene, wie sie an einem Beispiel aus dem Sparkassenbereich wiedergegeben ist.

5.4.2.6.3   Assessment-Center

Neben der Bewerberauswahl eignet sich diese Methode hervorragend zur Potentialfeststellung. Sie ist einer der zuverlässigsten Methoden, weil verschiedene Beurteilungsverfahren zusammenwirken und soll daher etwas ausführlicher dargestellt werden. Die gebräuchlichsten Einzelverfahren hat Willibrord Kramer im »Leitfaden Personalentwicklung« des DIHT zusammengestellt:

Vom Inhalt her lässt sich das Assessment-Center beschreiben als eine Zusammenstellung verschiedener Beurteilungsverfahren. Die gebräuchlichsten Einzelverfahren sind dabei:

– individuell auszuführende Arbeitsproben und Aufgabensimulationen,
– Gruppendiskussionen mit und ohne Rollenvorgabe,
– Gruppenaufgaben mit Kooperations- oder Wettbewerbscharakter,
– Vorträge oder Präsentationen,
– Rollenspiele (Einstellungsinterview, Verkaufsgespräch),
– Interviews,
– Planspiele,
– Fähigkeits- und Leistungstests,
– Persönlichkeits- und Interessentests,
– biographische Fragebogen,
– Lockerungsübungen.

»Aufgrund einer Analyse der Anforderungskriterien für die künftig auszuführende Tätigkeit entnimmt der Moderator – in aller Regel ein auswärtiger Berater – die geeigneten Teile dieser Zusammenstellung und entwickelt dazu die speziellen Übungen samt Beurteilungsmerkmalen. Das Unternehmen stellt einige Beobachter für die Durchführung des Assessment-Centers zur Verfügung. Es handelt sich dabei meist um erfahrene Führungskräfte, jedoch nie um Personen in Vorgesetztenfunktion bezogen auf die betreffende Position«. Sehr bewährt hat sich das Hinzuziehen eines Betriebspsychologen.

»Alle Beobachter werden separat für ihre Tätigkeit vorbereitet. Sie werden dabei in den verschiedenen Beobachtungs- und Beurteilungsverfahren geschult und erhalten die Gelegenheit, jede Übung des Assessment-Centers selbst kennenzulernen.

Das Assessment-Center dauert in der Regel bis zu drei Tagen. Als besonders geeignet haben sich kleinere gut ausgestattete Hotels erwiesen. Die Teilnehmer (bis zu zwölf) und die Beobachter (im Verhältnis 2:1) verbringen dort die Zeit gemeinsam. Die Übungen sind gleichmäßig über den Tag verteilt. Zum Ende des Verfahrens werden die Beobachtungen über die einzelnen Teilnehmer zusammengetragen und in einer gemeinsamen Beurteilung zusammengefaßt. Diese Beurteilung ist Grundlage für das abschließende Einzelgespräch und für das schriftliche Gutachten über den Teilnehmer mit Vorgaben für seine individuelle Förderung«.

5.4.2.7 Qualitätssicherung in der beruflichen Fortbildung

Grundlagen zum Ausbau und Betrieb eines Qualitätsmanagements (TQM) sind die Normen ISO 9000 bis 9004. Sie weisen ausdrücklich auf das Beherrschen des Leistungsprozesses hin, nicht auf das Produkt. Jeder Arbeitsvorgang ist Teil eines Prozesses. Prozesse erfordern von jedem das Denken in Zusammenhängen, das Erkennen von Verknüpfungen sowie das Berücksichtigen des geforderten Endergebnisses. Ganzheitliches Denken und Handeln ist eine unabdingbare Forderung an das Qualitätsmanagement. Berufliche Fortbildung wird zur Daueraufgabe. Einbeziehung möglichst vieler Mitarbeiter in die Verantwortung für den Unternehmenserfolg höhlt zugleich die traditionellen hierarchischen Strukturen aus. Gefragt ist nicht mehr das Herrschaftswissen einzelner, sondern die Fähigkeit selbststeuernder Gruppen, flexibel auf Veränderungen der Kundenwünsche zu reagieren. Befehl und Gehorsam als Lenkungsprinzipien werden weithin außer Kraft gesetzt.

Für ISO muß es Leitkriterien geben, z. B. den European Quality Award 1996 (siehe die folgende Abbildung). Eine anschließende Zertifizierung nach DIN ISO ist mit diesen Kriterien leichter möglich.

Die Spitzenverbände der Wirtschaft haben die »Gesellschaft der Deutschen Wirtschaft zur Förderung und Zertifizierung von Qualitätssicherungssystemen in der beruflichen Bildung« (CERTQUA) gegründet. Die Gesellschaft hat Ende 1994 die Tätigkeit aufgenommen und überprüft und zertifiziert ausschließlich Qualitätssicherungssysteme in der beruflichen Bildung. Sie bietet Trägern und Einrichtungen der beruflichen Fortbildung die Möglichkeit, ihre Qualitätssicherungssysteme nach der internationalen Norm ISO 9000 bis 9004, vor allem 9001 zertifizieren zu lassen.

Der Deutsche Gewerkschaftsbund kritisiert: »Eine Zertifizierung über die CERTQUA bedeutet, daß Weiterbildungsträger (DIHT) zugleich Zertifizierer sind. Diese Aufgabe sollte dem Bundesinstitut für Berufsbildung (BIBB) übertragen werden. Als öffentliche und gesellschaftlich mitbestimmte Einrichtung bietet es die Voraussetzung dafür, dass Qualitätsstandards von allen Beteiligten unterstützt und die Verfahren der Zertifizierung demokratisch festgelegt werden können«.

Während CERTQUA ganze Bildungseinrichtungen überprüft und ggf. zertifiziert, untersucht die im Sommer 2000 gegründete »Stiftung Bildungstest« einzelne Bildungsprodukte wie Lehrgänge und Seminare, Lehr- und Lernmittel, Schulungssoftware usw.

Dieter Gnahs vom Institut für Entwicklungsplanung und Strukturforschung an der Universität Hannover zum Weiterbildungsmarkt: »Noch vor dreißig Jahren glich die Suche nach dem richtigen Weiterbildungsangebot mehr einem Glücksspiel als einer rationalen Entscheidung. Der Weiterbildungsmarkt war unübersichtlich und verworren... Heute kann der Interessierte im kommunalen Weiterbildungszentrum auf alle Informationen des regionalen und überregionalen Angebots per PC-Terminal zurückgreifen. In standardisierter Form sind alle wichtigen Informationen gespeichert. Im Bedarfsfalle stehen neutrale Beraterinnen und Berater zur Verfügung, die im Beratungsgespräch Entscheidungshilfen geben. Dieses Beratungsangebot wird durch schriftliches Informationsmaterial ergänzt. Im übrigen sind die unterschiedlichen Beratungsangebote miteinander vernetzt, so dass das Beratungsergebnis durch Querverweise und Abstimmung optimiert werden kann. Aus Konkurrenzgründen sind alle Weiterbildungseinrichtungen mit allen Weiterbildungsangeboten gespeichert. Die Informationen sind ausführlich und wahrheitsgetreu, weil Fehlleistungen in diesem Feld sofort vom Qualitätsausschuß der Weiterbildungseinrichtungen, einem Gremium der Selbstkontrolle, moniert werden. Bei drei Verwarnungen innerhalb eines Jahres wird der Zugang zur Datenbank für die Einrichtung gesperrt ...

Spätestens seit dem Jahr 2002 hat sich das Prinzip der bedarfsgerechten Weiterbildung durchgesetzt. Die Vorkenntnisse und Zielsetzungen der Teilnehmenden werden über einen modulartigen Kursaufbau und den Einsatz von Lernberatern und Lernberaterinnen möglichst optimal aufgefangen. In ähnlicher Weise ist die Zertifizierung der Leistungen additiv möglich, die punktuelle Prüfung ist die Ausnahme. Im Regelfall wird nach jedem Modul eine Teilprüfung abgelegt. Nach Erreichen einer bestimmten Punktzahl gilt die Prüfung als bestanden ...

Die Kriterien des European Quality Award

European Quality Award

1996

Gruppe/Kriterium   Max. Punktzahl

Gruppe/Kriterium	Max. Punktzahl
BEFÄHIGER	**500**
1 Führung	100
Das Verhalten aller Führungskräfte, um das Unternehmen zu Umfassender Qualität zu führen.	
2 Firmenpolitik und Strategie	80
Daseinszweck, Wertesystem, Leitbild und strategische Ausrichtung des Unternehmens sowie die Art und Weise der Verwirklichung dieser Aspekte.	
3 Mitarbeiterorientierung	90
Der Umgang des Unternehmens mit seinen Mitarbeitern.	
4 Ressourcen	90
Management, Einsatz und Erhaltung von Ressourcen.	
5 Prozesse	140
Das Management aller wertschöpfenden Tätigkeiten im Unternehmen.	
ERGEBNISSE	**500**
6 Kundenzufriedenheit	200
WAS das Unternehmen im Hinblick auf die Zufriedenheit seiner externen Kunden leistet.	
7 Mitarbeiterzufriedenheit	90
WAS das Unternehmen im Hinblick auf die Zufriedenheit seiner Mitarbeiter leistet.	
8 Gesellschaftliche Verantwortung	60
WAS das Unternehmen im Hinblick auf die Erfüllung der Bedürfnisse und Erwartungen der Öffentlichkeit insgesamt leistet.	
9 Geschäftsergebnisse	150
WAS das Unternehmen im Hinblick auf seine geplanten Betriebs- bzw. Unternehmensergebnisse leistet.	

Gesamtpunktzahl: 1000

Quelle: European Foundation für Quality Management (Hrsg.): Selbstbewertung anhand des Europäischen Modells für umfassendes Qualitätsmanagement (CTQM) 1996: Richtlinien für die Identifizierung und Behandlung von Fragen zum umfassenden Qualitätsmanagement, Brüssel 1995

Die Probleme der 90er Jahre kreisen vor allem um Quantitäten: Zahl der Teilnehmenden, Zahl der Weiterbildungsmöglichkeiten, Ausbau der Bildungsinfrastruktur. Die gewachsenen Ansprüche konnten indes mit den knapp gewordenen öffentlichen Mitteln nicht mehr befriedigt werden ... In der Weiterbildung hat das dazu geführt, die öffentliche Förderung dort zu konzentrieren, wo sie am nötigsten ist (Zielgruppenbezug). Gleichzeitig sind integrative Konzepte favorisiert worden, weil sie den höchsten Nutzen versprachen (z. B. Arbeiten und Lernen, Verknüpfung von allgemeiner und beruflicher Bildung).«

Übrigens: Diese Meinungsäußerung trägt den Titel »Die Qualitätsdiskussion aus der Sicht des Jahres 2025 – Ein (zu) optimistischer Rückblick?«

Ein Internet-Service des Instituts der deutschen Wirtschaft »LIQUIDE« informiert über die Internet-Adresse »www.liquide.de« aktuell über Fortbildungsmöglichkeiten. Über »www.bildungsanbieter.de« können Personalentwickler einen direkten Kontakt zu den Seminaranbietern herstellen.

5.5   Einsatzmöglichkeiten der EDV

Der Einsatzschwerpunkt liegt verständlicherweise in der Personalverwaltung, die durch den Einsatz von Personalcomputern oder Großrechnern mit Terminals als Dialogdatenverarbeitung praktiziert wird: Der Sachbearbeiter gibt über die Tastatur Daten und Anweisungen ein, der Computer gibt über den Bildschirm die Ergebnisse aus. Fehlerhafte Eingaben werden sofort angezeigt und können vor ihrer Verarbeitung korrigiert werden.

Voraussetzung für die Dialogdatenverarbeitung ist eine Personaldatenbank: Ein Softwaresystem, daß die Daten archiviert und für betriebliche Auswertungen zur Verfügung stellt (Personalinformationssystem).

Zur Personaldatenverwaltung und zum Datenschutz siehe Abschnitte 4.1.5 und 4.1.6.2 dieses Lehrwerks.

Als Beispiel sei ein modularaufgebautes Software-Produkt genannt, dessen Elemente unabhängig von einander genützt werden können in den Arbeitsbereichen Personalakte, Aus- und Fortbildung, Bewerberverwaltung, Personalplanung, Personakostenplanung und Personalkennzahlen.

Computer und Internet werden das Lernen verändern. Wer als Auszubildender gelernt hat, selbstbestimmt am Computer zu lernen, wird auch später eigenhändig neues Fachwissen abrufen. Daimler-Benz schätzt, daß der Computereinsatz in der Fortbildung die Kosten um ein Fünftel senken kann. Das Modell zielt in Richtung kürzere Erstausbildung und Vermittlung der essentiellen Grundlagen und Ausbau der Fortbildungszeiten im Sinne des lebenslangen Lernens. Parallelen drängen sich auf zur Gründungsphase der Berufsakademien in Baden-Württemberg. Auch damals waren die Unternehmen unzufrieden über Art und Qualität der Ausbildung – allerdings war es Kritik an der Hochschulausbildung. Die Berufsakademien wurden als Alternative erdacht, um theoretische Ausbildung und betriebliche Anwendung enger miteinander zu verzahnen. Der bis heute andauernde Erfolg der Berufsakademien und der Absolventen (Diplom-Abschluß BA) scheint das Konzept zu bestätigen. Soweit ist es im Bereich der beruflichen Erstausbildung zwar noch nicht. Dennoch deutet vieles zur Zeit darauf hin, daß sich die Gewichte zwischen Ausbildung und Fortbildung zugunsten der betrieblichen Weiterqualifizierung verschieben.

Christian Dülker, Professor für Medienpädagogik an der Universität Zürich: »Die reine Informationsvermittlung kann über das Internet prägnanter und effizienter ablaufen als über Frontalunterricht. Danach beginnt die Arbeit der Pädagogen mit dem Einordnen, Gewichten und Beurteilen von Informationen. In den Letzten ist vieles, aber man weiß nie, wie gut und verläßlich die Daten sind. Ohne Hintergrundwissen sind sie wertlos. Der Lehrer wird also wichtiger. Lernen bleibt ein sozialer Akt.«

5.6   Bildungscontrolling

Aufgabe des Bildungscontrollings ist es, Informationen für Planungs-, Steuerungs- und Kontrollaufgaben von Bildungsprozessen bereitzustellen. Das **operative Bildungscontrolling** zielt auf Wirtschaftlichkeit: Input-, Kosten-, Output- und Nutzenentwicklung. Das **strategische Bildungscontrolling** prüft, ob Ziele und Schwerpunkte der Bildungsarbeit richtig gesetzt sind. Beide Arten ergänzen sich gegenseitig. Durch den Einsatz des Bildungscontrolling hat sich ein neuer Trend der betrieblichen Fortbildungsmaßnahmen durchgesetzt: weg von Standard- oder Katalogangeboten hin zur betriebsspezifischen Maßnahme.

Das BIBB hat im Sommer 2000 den Einsatz des Controlling als Instrument zur Planung und Steuerung betrieblicher Bildungsarbeit aktuell untersucht: Bedarfsanalyse, Nutzenbewertung und Benchmarking (siehe Literaturhinweise Kapitel 5).

5.6.1   Funktionsorientiertes Bildungscontrolling

Peter Möser, Abteilung Berufliche Bildung der IHK Berlin, hat im »Leitfaden der Personalentwicklung« der DIHT-Gesellschaft für Berufliche Bildung mbH die Hauptaufgaben des Bildungscontrollings in den hier anschließenden vier Phasen 5.6.1.1 bis 5.6.1.4 durch **Leitfragen** skizziert und in Form einer **Matrix** die Zuordnung betrieblicher Personengruppen zu bestimmten Controlling-Aktivitäten vorgenommen. Anschließend hat er **Methoden und Instrumente** zusammengestellt, die Informationen für weitere Entscheidungen abgeben. Diese Zusammenstellung ist in ihrer Übersichtlichkeit bis heute unübertroffen, so daß wir sie hier übernehmen.

5.6.1.1 Erhebung und Analyse des Bildungsbedarfs

Leitfragen

- Ist die Problemsituation und der sich daraus ergebende Bildungsbedarf richtig erkannt?
- Läßt sich diese Situation allein durch Weiterbildung positiv verändern?
- Ist der beobachtete Engpass wirklich durch Schulung zu beheben oder handelt es sich eher um Organisationsbedarf?
- Stellt Weiterbildung in Kombination mit anderen Personalentwicklungsmaßnahmen eine wirksamere Lösung dar?
- Welche konkreten Sachverhalte (z. B. Kennzahlen, Beobachtungen) führten zur Auslösung eines Bildungsbedarfs?
- Welche Unternehmens- bzw. Geschäftsprozessziele werden durch den erkannten Bildungsbedarf tangiert?
- Welche ungefähren Kosten verursachen bestimmte Personalentwicklungsmaßnahmen (Ausfallzeiten usw.)?

Bildungsbedarfserhebung und -analyse			Beteiligte			
Controlling-Aktivitäten	**MA**	**VG**	**PE**	**OE**	**GF**	**TR**
Formulieren und Festlegen der Unternehmensziele		X			X	
Kennzahlen, Beobachtungskriterien für den Bedarf	X	X	X	X		
Entwickeln und Bereitstellen der Erhebungsverfahren und Instrumente		X	X	X		
Bildungsbedarf erheben	X	X	X			
Bildungsbedarf analysieren		X	X			
Bewertung des Bildungsbedarfs, Ableiten des Budgets			X	X		
Budgetentscheidung		X	X	X	X	

MA=Mitarbeiter, VG=Vorgesetzte, PE=Personalentwicklung, OE=Organisationsentwicklung, GF=Geschäftsführung, TR=Trainer / Dozent

Methoden und Instrumentarien

- Analyse betrieblicher Kennziffern,
- Brainstorming-Konferenzen,
- Expertenbefragung,
- Betriebsklimauntersuchungen,
- Organisationsanalysen,
- repräsentative Befragungen beispielsweise im Rahmen eines Workshops, der über empfundene Defizite und deren Dringlichkeit Auskunft gibt,
- Einzelgespräche z. B. mit oberen Führungskräften im Jahresrhythmus,
- Stichprobeninterviews mit Veranstaltungsteilnehmern (etwa 6 Monate nach Teilnahme) zur Feststellung des Transfers und der Praxiserfahrung,
- Rückmeldungen aus Mitarbeitergesprächen,
- Potenzialanalysen z. B. durch Assessment-Center für jüngere Führungskräfte.

5.6.1.2 Entwicklung und Gestaltung von Personalentwicklungsmaßnahmen

Leitfragen

– Welche Verhaltensziele ergeben sich aus der Bedarfsanalyse bei bestimmten Mitarbeitern (Gruppen) an deren Arbeitsplatz?
– Welches sind die Indikatoren bzw. Kennziffern einer Zielerreichung?
– Handelt es sich bei diesen Soll-Vorstellungen um realistisch erreichbare Vorgaben?
– Welcher monetäre Nutzen kann der Erreichung bestimmter Ziele zugeschrieben werden?
– Welche konkreten Lernziele leiten sich aus den Verhaltenszielen für die Lehr-/Lernsituation ab?
– Welche Bildungsinhalte leiten sich aus den vereinbarten Lern- und Verhaltenszielen ab?
– Wie sind die Inhalte im Hinblick auf die vorgesehene Adressatengruppe aufzubereiten?
– Wie wird der unmittelbare Anwendungsbezug der Bildungsmaßnahme sichergestellt?
– Welche Medien und Materialien sollen eingesetzt werden?
– Sind die vorhandenen Kapazitäten (Zeit, Budget, Personal, Trainer) zur Realisierung der geplanten Maßnahme ausreichend?
– Gab es bereits vergleichbare Fälle eines Bildungsbedarfs, und welche Alternativen wurden hier in Betracht gezogen?
– Inwieweit sind externe Kurse oder Trainingsberater sinnvoll und notwendig?
– Nach welchen Kriterien sind diese externen Leistungen zu beurteilen?
– Welche Methoden und Instrumente der Erfolgskontrolle sind im Hinblick auf den Anspruch der Ergebnisse und den vorhandenen Kapazitäten einzusetzen bzw. einsetzbar?

Entwicklung und Auswahl von Bildungsmaßnahmen			Beteiligte			
Controlling-Aktivitäten	**MA**	**VG**	**PE**	**OE**	**GF**	**TR**
Zielgruppenanalyse		X	X	X		
Definition von Lernzielen			X	X		
Bildungsmarktbeobachtung und -analyse			X			
Auswahl von Trainingsanbietern / Trainern			X			
Stoffsammlung, Fallbeispiele, Übungsmaterial mit Praxisrelevanz	X	X	X	X	X	X
Bestimmen der Transferziele für die Kontrolle am Arbeitsplatz	X	X	X	X	X	
Zeiteinschätzung für die Entwicklung			X			X
Budgetfreigabe und -verfolgung			X	X	X	
Didaktische und methodische Gestaltung			X	X		X

MA=Mitarbeiter, VG=Vorgesetzte, PE=Personalentwicklung, OE=Organisationsentwicklung, GF=Geschäftsführung, TR=Trainer / Dozent

Methoden und Instrumentarien

– Ausbildungskarteien, Beurteilungswesen und Weiterbildungsgespräche geben Informationen über die individuelle Befähigung der Teilnehmer, die zusammen mit den Zielen die Lerninhalte und die didaktische Struktur des auszuarbeitenden Programms bestimmen.
– Interviews und standardisierte Fragebögen können Daten über Bildungsverhalten und -erwartungen der Teilnehmer, bzw. ihrer Mitarbeiter und Vorgesetzten ermitteln.
– Prüflisten dienen der Auswahl von Lehrmethoden und entsprechender Medienausstattung sowie der Beurteilung von Materialien, Lehrpersonal und Veranstaltungsräumen.
– Verschieden ausgestaltete Kostenerfassungsbögen erlauben in dieser Entwicklungsphase bereits eine detailliertere Erfassung des voraussichtlich entstehenden finanziellen Aufwands.

5.6.1.3 Durchführung von Personalentwicklungsmaßnahmen

Leitfragen

– Welche zusätzlichen Lernbedürfnisse ergeben sich während der Bildungsmaßnahme seitens der Teilnehmer?
– Inwieweit stellen sich Lernfortschritte ein?
– Welche zusätzlichen Maßnahmen zur Förderung der Lernmotivation und des Lerntransfers sind sinnvoll und notwendig?
– An welchen Stellen ist die Personalentwicklungsmaßnahme verbesserungswürdig?
– Wie sind die Meinungen und Reaktionen der Teilnehmer am Ende der Maßnahme?
– Wurden die angestrebten Lernziele erreicht?

Durchführung		Beteiligte				
Controlling-Aktivitäten	**MA**	**VG**	**PE**	**OE**	**GF**	**TR**
Auswahl der Teilnehmer		X	X			
Abfrage der Erwartungen und Lernzielbewertung	X					X
Lernzielkontrollen (Übungen, Aufgaben)	X					X
Beurteilung der Weiterbildung durch die Teilnehmer	X					X
Beurteilung der Weiterbildung durch den Trainer						X
Erkennen weiterer Verbesserungen	X					X
Analyse der Beurteilungen			X			

MA=Mitarbeiter, VG=Vorgesetzte, PE=Personalentwicklung, OE=Organisationsentwicklung, GF=Geschäftsführung, TR=Trainer/Dozent

Methoden und Instrumentarien

- Beobachtungen des Lehr-/Lernprozesses durch den Trainer zum unmittelbaren Feedback über Lernfortschritt und Rahmenbedingungen,
- mündliche Befragungen durch Einzel- oder Gruppengespräche zu Lernfortschritt und Lernerfolg einer Maßnahme oder sonstige individuelle Bedürfnisse, Meinungen und Reaktionen,
- schriftliche Befragungen in Form von Skalierungs- oder Beurteilungsbogen, Stimmungsbarometern oder Polaritätsprofilen,
- Tests in schriftlicher Form mit verschiedenen Aufgabentypen auch zur Selbstkontrolle des Lernfortschritts oder des Lernerfolgs,
- Lerntagebuch der Teilnehmer zur Aufnahme von Anregungen während eines Seminars, Aufzeichnung von Lernfortschritten, Nachbereitung des Gelernten.

5.6.1.4   Transfer und Anwendung

Leitfragen

- Zeigt der Mitarbeiter / Teilnehmer in seinem Arbeitsplatzverhalten die gewünschten Änderungen?
- Welche Nebeneffekte lassen sich im Leistungsprozeß erkennen?
- Welche Verbesserungen sind notwendig und möglich?
- Welcher weitere Bildungsbedarf lässt sich erkennen?
- Wie wirken sich Organisationsklima, Vorgesetztenverhalten und die Erwartungen von Mitarbeitern und Kollegen auf die erwünschten Verhaltensweisen des Mitarbeiters / Teilnehmers aus?

Transfer und Anwendung		Beteiligte					
Controlling-Aktivitäten	**MA**	**VG**	**PE**	**OE**	**GF**	**TR**
Einleiten des Transferprozesses (Nachbereitungsgespräch)	X	X				
Abstimmen über konkrete Transferziele	X	X				
Voraussetzungen für den Transfer am Arbeitsplatz schaffen (Arbeitsmittel, Information der Kollegen, Befugnisse etc.)	X	X				
Feststellen von Transferhindernissen	X	X				
Beurteilung des Transfererfolges (z. B. Transferzielprotokoll)	X	X	X	X		
Bedarfsmeldung (Zusatz- und Restbedarf)	X	X				

MA=Mitarbeiter, VG=Vorgesetzte, PE=Personalentwicklung, OE=Organisationsentwicklung, GF=Geschäftsführung, TR=Trainer / Dozent

Methoden und Instrumentarien

– Beobachtungen am Arbeitsplatz nach vorher fixierten Merkmalen durch Vorgesetzte oder die Mitarbeiter / Teilnehmer selbst,
– mündliche Befragungen in Form von strukturierten bis unstrukturierten Interviews, Reviewsitzungen, Feedback-Konferenzen etc.,
– schriftliche Befragung durch Fragebogen nach Meinungen und Reaktionen sowie transferhemmender Faktoren.

5.6.2 Prozessorientiertes Bildungscontrolling

Das **funktionsorientierte** Bildungscontrolling erhöht ohne Zweifel die Kosten- und Leistungstransparenz im Personalbereich. Das **prozessorientierte** Bildungscontrolling ermöglicht eine Service- und Wertschöpfungsorientierung der Personalarbeit, denn die Wertschöpfung im Unternehmen läuft entlang einer Prozesskette, z. B. die Auftragsabwicklung vom Angebot bis zur Rechnungserstellung. Unternehmensstrategien, Führungsgrundsätze und Führungsverhalten bilden die Rahmenbedingungen für den Ablauf der Prozesse.

Das prozessorientierte Bildungscontrolling analysiert die Prozesse durch ein interdisziplinäres Team, ermittelt Kennzeichen zur optimalen Prozessabwicklung und deren Abweichungen nach oben und nach unten (Ist-Analyse) und stellt Bedingungen auf, die zur optimalen Prozessabwicklung erfüllt sein müssen. Unternehmen z. B., die bei der Prozessabwicklung die Grundsätze des Total Quality Management (TQM) befolgen wollen, schreiben sogenannte Prozessvereinbarungen vor, die die Beschäftigten befolgen sollen (müssen).

Typische Anwendungsgebiete des prozessorientierten Bildungscontrolling sind Kosten- und Leistungstransparenz im Personalbereich, Leistungsvereinbarung mit Kunden des Personalbereichs, Analyse und Gestaltung von effizienten Verfahren, Instrumenten und Systemen, Service-, Kunden-, Wertschöpfungs- und Prozessorientierung der entsprechenden Maßnahmen.

Ein Beispiel für wirksames Bildungscontrolling liefert die Flughafen Frankfurt/Main AG. 1998 gab das Unternehmen 29,3 Mio. DM für betriebliche Fortbildung aus. Die Kosten pro Teilnehmertage sanken um 18 %, die Zahl der Teilnehmertage stieg im gleichen Zeitraum um 23 %.

Freilich darf die Effizienz von Fortbildung nicht ausschließlich als Kosten-Nutzen-Analyse betrieben werden. Der Erfolg verbesserter Lernchancen mit effektiveren Lernmedien und Lernformen ist nicht nur mit »Wiegen, Zählen, Messen« erfahrbar.

5.7 Entwicklungsmöglichkeiten der beruflichen Bildung

Bildung ist kein stationärer Prozess. Die Berufsbildung befindet sich aus sich selbst heraus immer im Wandel, weil Technik, Wirtschaft und Gesellschaft eigendynamischen Prozessen ausgesetzt sind. Welchen Wandel hat die Mikroprozessorentechnologie in den letzten 50 Jahren bewirkt! Welchen Wandel hat die Globalisierung der Wirtschaft im letzten Jahrzehnt bewirkt! Welchen Wandel hat der Umbau der Gesellschaftsordnung in ehemals sozialistisch geprägten Strukturen bewirkt! Das Ausmaß und die Geschwindigkeit der Wandlungsprozesse müssen vom Bildungsgeschehen aufgegriffen und verarbeitet werden, wenn der Mensch – ein mündiges Wesen – Mensch bleiben soll und will. Denn niemand kann heute genau voraussagen, welche Qualifikationen am Arbeitsplatz in 10 bis 15 Jahren benötigt werden.

5.7.1 Technische, ökonomische und gesellschaftliche Bestimmungsfaktoren

Der Fortschritt der Technologien und seine Auswirkung im Produktions- und im Informationsbereich machen den Menschen als Individuum und als Mitglied der Gesellschaft, in der er lebt, hilflos, wenn er nicht befähigt wird, diese Veränderungen zu erkennen, zu akzeptieren und darauf zu reagieren. In dieser Situation Bildungsrezepturen von gestern anzuwenden, entspräche eben dieser Hilflosigkeit.

Die Informationswirtschaft beschäftigt heute in der Bundesrepublik Deutschland rund 1,8 Mio. Menschen. Das BIBB hat im Frühjahr 2000 in einer repräsentativen Untersuchung (1 131 Unternehmen) festgestellt, dass 75 % der Betriebe von Lehrstellenbewerbern (also schon vor Beginn der Ausbildung) erwarten, dass diese Grundkenntnisse im Umgang mit dem PC, mit Anwendungssoftware und dem Internet mitbringen. Bei Firmen, die eine Ausweitung ihres dienstleistungsorientierten Geschäftsbereichs beabsichtigen, setzen dies sogar 83 % voraus.

Ausbildung erfolgt mit einem Anteil von über 50% an der gesamten beruflichen Ausbildung im Dualen System. Das Ausbildungsplatzangebot geht zurück, die Nachfrage steigt: Schulabgänger 1995 = 835 010 und 2005 = 1 024 000. Im Jahr 1990 hatten die Unternehmen rund 7% Auszubildende, gemessen an der Zahl ihrer sozialversicherungspflichtigen Belegschaft, 1998 waren es 5,1%: Betriebe unter 50 Beschäftigten = 6,8%, mit 50 bis 499 Beschäftigten = 4,2% und Betriebe mit 500 und mehr Beschäftigten = 4,1%. Diese nüchternen Zahlen sprechen eine deutliche Sprache. Kurzfristig müssen Ausgleichsmöglichkeiten zwischen Angebot und Nachfrage geschaffen werden. Das ist aber nicht mehr als ein Kurieren an und von Symptomen. Das Berufsbildungssystem ist kaum in der Lage, die ständigen Innovationen nachzuvollziehen. Geändert werden muß die Weichenstellung:

– Art und Inhalt der Ausbildungsberufe müssen den realen beruflichen Anforderungen flexibel angepaßt werden.

- Das Verhältnis zwischen Erstausbildung und Fortbildung muss zugunsten der berufs-
  lebenslangen Fortbildungsbedürfnisse anders geschnitten werden.
- Die Inhalte der Ausbildung müssen in Richtung arbeitsplatzübergreifende Fähigkeiten
  zu Lasten von Kenntnissen umstrukturiert werden.
- Die Unterscheidung Berufsbildung und Allgemeinbildung muss aufgegeben werden,
  denn beide Bereiche bedingen sich gegenseitig.
- Das Bildungsangebot für unterdurchschnittlich Begabte und für überdurchschnittlich
  Begabte muss ausgebaut werden.

Am Dualen System der Berufsausbildung muss festgehalten werden. Weder ein rein
schulisches Berufsbildungssystem noch ein rein betriebliches mit seinem Training on the
job, noch reine Modulsysteme oder andere Mischsysteme sind dem Vergleich mit dem
Dualen System gewachsen. Um aber zukunftstüchtig zu bleiben, muss sich unser Aus-
bildungssystem vielfältig differenzieren, flexibilisieren und modernisieren. Neue Berufe
müssen verstärkt entwickelt und eingeführt werden: Berufe, die viel stärker als bisher die
Entwicklung zur Dienstleistungsgesellschaft in Deutschland berücksichtigen. Alte Ausbildungsordnungen müssen permanent aktualisiert und flexibel gestaltet werden.

Der Fortbildungsbereich muss auf eine breitere Basis gestellt werden. Das Aufstiegsfortbildungsförderungsgesetz ist ein Schritt in die richtige Richtung zur aufgrund der Bestimmungsfaktoren erforderlichen Breitenwirkung des Meister-/Fachwirteniveaus, das den
Hochschulzugang auch über den Beruf ausbaut.

5.7.2 Eigen- und Fremdbestimmung des Berufstätigen

Der Beruf wird überwiegend in einem erwerbswirtschaftlichen Unternehmen ausgeübt,
das der Gewinn- und Verlustrechnung unterliegt. Aber der Mensch darf der G+V nicht
untergeordnet werden: Er muss mit seinen Bedürfnissen der G+V gleichgestellt werden.

Jeder Mensch wird fremdbestimmt: Sachzwänge zu leugnen, ist absolute Dummheit.
Viele Arbeitnehmer verhalten sich so wie sie annehmen, dass es von ihnen erwartet wird.
Das ist selbstauferlegte Fremdbestimmung. Aber der Mensch braucht auch Raum zur
Eigenbestimmung. Wenn Personalverantwortliche dies nicht erkennen und berücksichti-
gen, sind sie (auch ökonomisch) eine Fehlbesetzung.

Im Zentrum jeder Berufsbildung steht Orientierungswissen, ohne das Selbständigkeit in
der Urteilsfindung, Leistungswille und Leistungsfreude, Team- und Kooperationsfähigkeit
(also Toleranz, Solidarität und Verantwortungsbewusstsein) nicht möglich sind. Orientierungswissen umfaßt selbstverständlich nicht nur berufliches Wissen, sondern genauso
Kenntnisse über den Wertepluralismus im persönlichen, beruflichen und gesellschaftlichen Bereich. Und strukturiert muß Orientierungswissen sein, damit es gewichtet werden
kann. Das alles ist mit Anstrengung und auch mit Disziplin verbunden. Beides muss der
Betrieb einfordern – von seinen Beschäftigten und von seinen Personalverantwortlichen.

Der Selbstbestimmung sind im Betrieb und Gesellschaft Grenzen gesetzt, die nicht in
Frage gestellt werden können. Aber die Selbstbestimmungsfähigkeit muss bewusst aktiviert und geschult werden, wenn der Mensch sich nicht selbst ausliefern will. Dazu
gehören Fähigkeiten, z. B. zum vernetzten Lernen und Denken, zur Konflikterkennung
und -lösung – aber auch zum Leistenwollen und Leistendürfen. Dazu gehört Problembewusstsein mit der Fähigkeit, Probleme so weit wie möglich aufzubereiten. Das alles ist
Personalentwicklung im umfassenden Sinn.

Fragen zur Kontrolle

Zu Abschnitt 5.1 bis 5.3

168. Wie kann die Personalentwicklung als Produktionsfaktor beschrieben werden?

169. Welche Ziele will moderne Personalentwicklung erreichen?

170. Warum sind Personalentwickler und Betriebsräte / Sprecher Partner?

171. Welche Vorteile und welche Nachteile kann das vertikale allgemeinbildende Schulsystem haben?

172. Welche Vorteile und welche Nachteile kann das horizontale allgemeinbildende Schulsystem haben?

173. Welche Ziele verfolgt der »Lernort Betrieb«, welche der »Lernort Berufsschule«?

174. Welche Aufgaben erfüllt die »Zuständige Stelle« im Bereich der Ausbildung?

175. Welche Überlegungen sind zur Didaktik der Ausbildung anzustellen?

176. Welche Ausbildungsmethoden kennen Sie?

177. Warum ist die Beurteilung von Auszubildenden eine erzieherische Aufgabe?

Zu Abschnitt 5.4 bis 5.7

178. Wie unterscheiden sich »Aufstiegsfortbildung« und »Anpassungsfortbildung«?

179. Was versteht man unter betrieblichem und was unter persönlichem Fortbildungsbedarf?

180. Welche teilnehmeraktiven Fortbildungsmethoden kennen Sie?

181. Welche Möglichkeiten der Persönlichkeitsentwicklung sind Ihnen bekannt?

182. Wie kann unternehmensintern Fortbildung durchgeführt werden?

183. Wie kann der Erfolg einer Fortbildungsmaßnahme kontrolliert werden?

184. Welche Möglichkeiten der Leistungsbeurteilung kennen Sie?

185. Welchen Stellenwert messen Sie der Mitarbeiterpotenzialermittlung zu?

186. Wann entscheiden Sie sich als Personalentwickler für den Einsatz eines Assessment-Centers?

187. Welche Anforderungen stellen Sie an ein funktionsfähiges Bildungscontrolling?

6   Statistik

6.1   Begriff und Aufgaben

Ob in einem Unternehmen die unternehmerisch richtigen Entscheidungen getroffen werden, hängt fast immer von der Qualität der zur Verfügung stehenden Informationen ab. Die Beschaffung von Informationen, die Aufbereitung von Informationen und die Bewertung der Informationen wird im Bereich des Personal- und Sozialwesens von der Personalstatistik übernommen.

6.1.1   Abgrenzung

Es handelt sich hierbei um Begebenheiten und Ereignisse, die in eine durch Zahlen ausgedrückte Form gebracht werden. Es leuchtet ein, dass solche Daten nicht allein für die Arbeit im Personal- und Sozialwesen benötigt werden, sondern dass sie unter Umständen weitgehende unternehmerische Entscheidungen beeinflussen können.

6.1.2   Aufgaben der Personalstatistik

Im Wesentlichen ergeben sich vier Grundaufgaben für die Personalstatistik.

– **Information**
  Eine Darstellung über den im personellen Bereich bestehenden Zustand und über Veränderungen, die sich in der Vergangenheit ergeben haben.
– **Kontrolle**
  Dazu dienen Daten, die eine vergangenheitsbezogene Kontrolle ermöglichen, wie z. B. Ursachen der Fluktuation.
– **Hilfe bei Entscheidungen**
  Ergebnisse aus der Personalstatistik sind Grundlage für Entscheidungen in der gegenwärtigen Personalarbeit und bei zukünftigen Aufgaben, z. B. bei vorgesehenen Maßnahmen zur Fehlzeitenreduzierung.
– **Dokumentation**
  Die Personalstatistik soll dazu dienen, Daten festzuhalten, die auch vergangenheitsbezogen eine Auswertung zulassen; teilweise besteht dazu eine gesetzliche Verpflichtung (Steuerrecht, Sozialversicherung) und für eine bestimmte Zeit Aufbewahrungspflicht.

6.1.3   Nutzer der Personalstatistik

Nutzer können im Unternehmen/Betrieb selbst arbeiten (interne Nutzer), aber auch außerhalb eines Unternehmens/Betriebes gibt es verschiedene Nutzer dieser Daten.

Interne Nutzer sind:
– die Unternehmensleitung/Geschäftsführung
– die Abteilung Personal- und Sozialwesen
– Führungskräfte
– Arbeitnehmervertretungen

Die **Unternehmensleitung** wird in aller Regel Interesse an Daten haben, die mit einer Kostenbetrachtung verbunden sind (z. B. die Entwicklung der Entgelte, die Entwicklung von Fehlzeiten).

Die **Abteilung Personal- und Sozialwesen**, als Träger der betrieblichen Personalarbeit, hat ein umfassendes Interesse an der gesamten Personalstatistik. Zu nennen sind hier besonders Auswertungen über Personaleinstellungen und über Qualifikationspotentiale zur Personalentwicklung.

Führungskräfte benötigen Daten, die im Rahmen der Mitarbeiterführung erforderlich sind (z. B. Urlaubsplanung, Anzahl der geleisteten Überstunden).

Die **Arbeitnehmervertretungen** haben im Rahmen der gesetzlichen Bestimmungen (Betriebsverfassungsgesetz, Personalvertretungsgesetz) Anspruch auf umfangreiche Informationen (z. B. Zahl der Überstunden, Entgeltstruktur). Dieses gesetzlich zugestandene Informationsbedürfnis kann ein Arbeitgeber durch die Personalstatistik umfassend erfüllen.

Nutzer außerhalb eines Betriebes/Unternehmens sind alle Zweige der Sozialversicherung, z. B. die Berufsgenossenschaften (zur Ermittlung des Arbeitgeberbeitrages und der Unfallhäufigkeit). Die Arbeitslosenversicherung (Bundesanstalt für Arbeit) benötigt die Zahl der Vermittlungen, die Zahl der Ausbildungsplätze u.a.m.

Auch das Statistische Bundesamt in Wiesbaden verpflichtet ausgewählte Unternehmen zur Lieferung von statistischen Angaben. Aus diesen Angaben werden die amtlichen Statistiken der Bundesrepublik gewonnen, die jährlich im Statistischen Jahrbuch veröffentlicht werden. Der gesetzlichen Verpflichtung, diese Daten zu liefern, kann sich kein Betrieb entziehen, obwohl sie eine zusätzliche Belastung darstellt.

Andererseits können die Betriebe aus diesen Veröffentlichungen (beispielsweise der Bundesanstalt für Arbeit oder von Forschungseinrichtungen) Erkenntnisse ziehen, die sie für die betriebliche Personalarbeit verwenden können.

6.2 Ausgangsmaterial der Personalstatistik

Wie kann das Ausgangsmaterial, das für die Erstellung von Statistiken erforderlich ist, gewonnen und wie kann es genutzt werden?

Man unterscheidet grundlegend die innerbetriebliche Datengewinnung und die außerbetriebliche Datengewinnung.

6.2.1 Datenmaterial aus dem Betrieb

In der Personalstatistik befinden sich Daten, die sehr aktuell sind und kurzfristig zur Verfügung stehen. Es sind aber auch Daten vorhanden, die bereits seit längerer Zeit erfasst und gespeichert sind. Sie ermöglichen Statistiken über längere Zeiträume.

Wesentliche innerbetriebliche Daten sind auch für die Personalverwaltung erforderlich, z. B. Daten über Anwesenheit und Abwesenheit. Statistische Daten ermöglichen tagesfertige Meldungen über die Abwesenheitszeiten und deren Ursachen. In kleineren Betrieben wird dies wohl nach wie vor per Hand gemacht. In mittleren und größeren Betrieben, die bereits über EDV-Einsatz verfügen, sind diese Daten aus Zeiterfassungssystemen oder aus der täglichen EDV-mäßigen Personaleinsatzplanung zu entnehmen.

Ein Beispiel für eine tagesfertige Meldung:

Personaltagesmeldung v. 14. 8.		**Planstellen**		24
Abteilung: Marketing		**z. Zt. nicht besetzt**		3
		Soll-Bestand heute		21
		Ist-Bestand heute		14

| | | **Dauer** | | |
Abwesend	**Grund**	**vom**	**bis**	**Bemerkungen**
Müller, Hans	Urlaub	07.08.	21.08	
Siegl, Ulrike	Urlaub	07.08.	15.08.	
Kirchner, Werner	Urlaub	01.08.	01.08.	Musterung
Lüding, Peter	Umzug	14.08.	?	voraussichtlich 3 Tage
Reinicke, Sandra	unbez. Urlaub	14.08.	28.08.	Sprachkurs, Paris
Michels, Manfred	Dienstreise	14.08.	15.08.	Hamburg, Projekt A 2

Zugänge	**Anlass**	**Abgänge**	**Anlass**
Castello, Mariana	Versetzung		

Aus den Angaben der einzelnen Abteilungen können in der Personalabteilung für den gesamten Betrieb bzw. das Unternehmen Tages-, Wochen- und Monatsstatisken relativ schnell erstellt werden. Auch wird hier das Datenmaterial gesammelt, um Halbjahres- und Jahresstatistiken oder Statistiken für noch längere Zeiträume zu erstellen.

Es können z. B. entwickelt werden:

- Anwesenheitsstatistiken,
- Fehlzeitenstatistiken,
- Urlaubsstatistiken,
- Fluktuationsstatistiken und
- Versetzungsstatistiken.

Eine weitere wichtige Datenquelle für die Personalstatistik sind die Personalakten.

In der Personalakte werden für alle Mitarbeiterinnen bzw. Mitarbeiter Unterlagen gesammelt und chronologisch geordnet, die im Laufe des Arbeitslebens von Bedeutung sind. Inhalt einer Personalakte sind üblicherweise:

- Bewerbungsunterlagen,
- der Personalfragebogen,
- der Arbeitsvertrag,
- Eingruppierungsunterlagen,
- Umgruppierungen,
- Versetzungen,
- Beurteilungen,
- Veränderungen, die den persönlichen Bereich betreffen (z. B. Heirat).

Häufig ist es jedoch schwierig, die Daten aus bestehenden Personalakten EDV-mäßig aufzubereiten. Das könnte bei weiterer Entwicklung der EDV-Technik, z. B. durch Einscannen von Papierunterlagen, leichter werden.

Wichtig für einen bestimmten Bereich der Personalstatistiken können die Qualifikationsmerkmale sein, die die Mitarbeiter bei ihrer Einstellung bereits mitgebracht haben oder im Zuge ihres weiteren Arbeitslebens beruflich oder persönlich erworben haben. Aus diesen Daten lassen sich gute Angaben für eine Qualifikationsstatistik entnehmen.

In kleineren Betrieben, die noch nicht über ausgedehnte EDV-Einsatzmöglichkeiten verfügen, wird nach wie vor eine Personalkartei geführt. Sie besteht in der Regel aus der Personalstammkartei und Spezialkarteien. In die Stammkartei werden wichtige Angaben über Veränderungen, z. B. Versetzungen, Eingruppierungen, besondere Leistungen aufgenommen. Abgeleitet aus dieser Stammkartei können Spezialkarteien aufgebaut werden, wie z. B.

- Fluktuationskartei
- Fehlzeitenkartei
- Inanspruchnahme von betrieblichen Sozialleistungen.

Soweit Beurteilungssysteme in einem Betrieb vorhanden sind, kann eine gesonderte Beurteilungskartei aufgebaut werden, die Folgendes enthalten sollte:

- die zeitliche Überwachung der Beurteilungstermine
- die Erfassung der Beurteilungsergebnisse
- Vergleiche mit anderen Mitarbeitern.

Bei den in mittleren und großen Unternehmen heute üblicherweise eingesetzten Systemen können derartige Karteien papierlos über die EDV erarbeitet, gepflegt und ausgewertet werden.

Außerhalb des Datenmaterials, das den Personalabteilungen aufgrund ihrer Tätigkeiten zur Verfügung steht, ist das betriebliche Rechnungswesen eine wichtige Datenquelle.

Hier kommen insbesondere Daten in Frage, die den Bereich der Personalkosten betreffen. Auch Daten, aus denen sich Kennzahlen bilden lassen (z. B. Produktionsergebnis je Mitarbeiter/in oder Umsatz je Mitarbeiter/in), können aus den Zahlen des Rechnungswesens in Verbindung mit den Daten der Personalabteilung gebildet werden.

6.2.2   Datenmaterial außerhalb des Betriebes

Das statistische Bundesamt liefert eine Fülle von außerbetrieblichen Informationen, die für die Personalstatistik verwertbar sind, z. B.

- Ergebnisse aus Volkszählungen (Da zwischen zwei Volkszählungen jedoch lange Zeiträume liegen, sind diese Zahlen häufig nicht von besonderer Aktualität.)
- Mikrozensus (eine jährlich durchgeführte Stichprobe bei Haushalten) mit Aussagen über Altersgruppen, über Einkommensstellung im Beruf, Berufsgruppen und ausgeübte Tätigkeit
- Entgelterhebungen in unterschiedlichen Branchen mit Aussagen über Bruttomonatsverdienste von Arbeitnehmern
- Personalkostenerhebungen in unterschiedlichen Branchen. Hier werden z. B. auch die Personalnebenkosten nach Art der Aufwendungen sowie im Vergleich zur geleisteten Arbeitszeit erfasst und dargestellt.
- Statistiken über Schulen mit Angaben über Allgemeinbildende Schulen, Berufsbildende Schulen, Fachhochschulen und Hochschulen. Es wird berichtet über Abschlüsse und Zahl der Absolventen je Jahrgang, bei Fachhochschulen und Hochschulen auch über die Fachrichtung.

Auch die Bundesanstalt für Arbeit (BA) gibt regelmäßig Informationen heraus über:
- die Arbeitsvermittlung, mit Aussagen über offene Stellen und Wirtschaftszweige, über Arbeitslose nach Altersgruppen und Dauer der Arbeitslosigkeit
- ausländische Arbeitnehmer, Angaben über Staatsangehörigkeit, Wirtschaftsgruppe, Zahl der Arbeitslosen
- Heimarbeiter, Anzahl und Umfang der Heimarbeit
- Angaben über die Berufsberatung (Wieviele Berufsberatungen sind durchgeführt worden? Welche Berufe werden von Bewerbern stark nachgefragt?)
- die berufliche Fortbildung und Umschulung mit Beschreibung der Maßnahmen, Zahl der Teilnehmer und Art der Förderung.

Auch die Wirtschaftsverbände in der Bundesrepublik Deutschland (Arbeitgeberverbände und Gewerkschaften) stellen über ihre Institute, z. B. Institut der deutschen Wirtschaft für die Arbeitgeber und das Wirtschafts- und Sozialwissenschaftliche Institut (WWI) der DGB-Gewerkschaften, Material zur Verfügung.

Eine gute Adresse für die Gewinnung von außerbetrieblichem Datenmaterial mit Schwerpunkt Personalarbeit ist auch die DGFP (Deutsche Gesellschaft für Personalführung in Düsseldorf).

Weitere Möglichkeiten, an außerbetriebliches Datenmaterial zu gelangen, bieten die Kammern (Industrie- und Handelskammern, Handwerkskammern usw.) und auch wissenschaftliche Forschungsinstitute (z. B. das Weltwirtschaftsinstitut in Hamburg).

Zusammenfassung der Datenquellen für die Personalstatistik

Innerbetrieblicher Bereich:

- tagesfertige Meldungen und Karteien in Form von Papierträgern oder EDV-Systemen
- die Personalakte
- Spezialkarteien in Papierform oder EDV
- das betriebliche Rechnungswesen

Außerbetrieblicher Bereich:

- das Statistische Bundesamt
- die Bundesanstalt für Arbeit
- verschiedene Verbände
- Kammern
- wissenschaftliche Insitute

6.3   Darstellung

Ergebnisse statistischer Erhebungen müssen in einer Form dargestellt werden, die ihren Sinn und Zweck verdeutlicht. Dafür verwendet man tabellarische und graphische Darstellungen.

6.3.1   Tabellarische Darstellungen

Sie haben den Vorteil, dass **exakte Zahlenwerte** ablesbar sind. Der Benutzer kann das Zahlenmaterial unmittelbar weiterverwenden. Wie eine Tabelle aufgebaut sein kann, ist dem Schema auf der folgenden Seite zu entnehmen.

Mit einer Tabelle ist es möglich, komplette Informationen über die untersuchten Merkmale schnell und in übersichtlicher und gestraffter Form zu vermitteln. Grundsätzlich sollten bei der Aufstellung einer Tabelle folgende Punkte bedacht werden:

- Die Tabelle muss eindeutig und klar aufgebaut sein, so dass sie unabhängig vom Text verständlich ist.
- Überschriften sollten exakt formuliert sein.
- Alle notwendigen Erläuterungen, die zum Verständnis erforderlich sind, müssen in der Tabelle enthalten sein.

Schema einer Tabelle

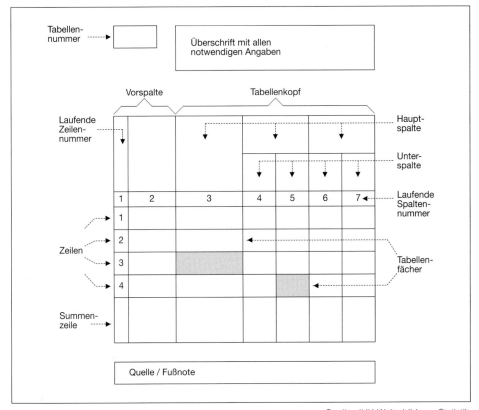

Quelle: IHK-Weiterbildung, Statistik

– Der Aussage entsprechend, die mit der Tabelle erreicht werden soll, müssen die Angaben sinnvoll angeordnet sein.
– Die Maßeinheit, mit der Daten in einer Tabelle gemessen worden sind, darf nicht vergessen werden.

Quellenangaben über die Herkunft der Daten sind erforderlich.

Je mehr Merkmale in einer Tabelle aufgenommen werden, um so mehr besteht die Tendenz der Unübersichtlichkeit. Deshalb wird empfohlen, in eine Tabelle nicht mehr als drei bis fünf Merkmale aufzunehmen (siehe dazu die Abbildung auf der folgenden Seite).

Tabelle Nr. 35: Entwicklung der Ausgaben für Aus- und Weiterbildung

Lfd. Nr.	Jahr	Ausgaben für Aus- und Weiterbildung				
		Gesamt DM	Ausbildung		Weiterbildung	
			DM	%	DM	%
1	2	3	4	5	6	7
1	1994	220 000	180 000	81,8	40 000	18,2
2	1996	240 000	190 000	79,2	50 000	20,8
3	1998	270 000	205 000	75,9	65 000	24,1
4	2000	290 000	210 000	72,4	80 000	27,6

Quelle: angelehnt am RKW-Handbuch Personalplanung, Luchterhand Verlag

6.3.2   Graphische Darstellungen

Um die **Anschaulichkeit** des Datenmaterials zu erhöhen, kann man graphische Darstellungen wählen. Es muss jedoch bedacht werden, daß graphische Darstellungen Tabellen in der Regel nur unterstützen, sie aber nicht komplett ersetzen können.

Es gibt im wesentlichen fünf graphische Darstellungsmöglichkeiten:
- Kreisdiagramm
- Balkendiagramm
- Säulendiagramm
- Kurvendiagramm
- Punktediagramm.

Um die richtige Form der Darstellung zu wählen, müssen zwei Fragen beantwortet werden.

- Welche Aussage soll getroffen werden?
- Welche Art von Vergleich soll angestellt werden?

Bei der Frage nach der Art des Vergleichs müssen wiederum fünf Grundtypen von Vergleichen betrachtet werden.

Strukturvergleich

Dieser Vergleich zielt darauf ab, den Anteil einzelner Elemente an einer Gesamtheit zum Ausdruck zu bringen, z. B.:

- Fast ein Drittel der Mitarbeiter sind Ausländer.
- Von den gesamten Personalaufwendungen eines Betriebes entfallen 78% auf Personalnebenkosten.

Rangfolgenvergleich

Bei dem Rangfolgenvergleich werden die zu untersuchenden Objekte bewertend gegenübergestellt. Es wird danach gefragt, ob sie kleiner, gleich oder größer sind als andere, z. B.:

- Bei der Fehlzeitenquote liegt der Betrieb innerhalb der Branche an sechster Stelle.
- Die Unfallquote der Betriebsstätte X liegt über der von der Betriebsstätte Y und Z.
- Die Leitungsspanne auf der Abteilungsleiterebene ist in allen Abteilungen etwa gleich hoch.

Zeitreihenvergleich

Der Zeitreihenvergleich gibt eine Veränderung der betrachteten Werte über die Zeitachse an (Anstieg, Rückgang oder Stillstand).

Als Raster werden in der Regel Tages-, Monats, Quartals- oder Jahreszeiträume zugrunde gelegt, z. B.:

- Der Krankenstand ist in den letzten beiden Quartalen stark gesunken.
- Die Beteiligungsquote beim betrieblichen Verbesserungswesen war in den vergangenen fünf Jahren starken Schwankungen ausgesetzt.
- Die Arbeitsproduktivität ist seit Anfang des Jahres kontinuierlich angestiegen.

Häufigkeitsvergleich

Hierbei interessiert, wie oft ein bestimmtes Objekt in verschiedenen aufeinanderfolgenden Größenklassen enthalten ist, z. B.:

- 60% der Auszubildenden haben die Prüfung mit der Note 1 oder 2 bestanden.
- Die meisten Überstunden fallen im Juli und August an.
- 56% der Mitarbeiter sind zwischen 10 und 20 Jahren im Unternehmen.

Korrelationsvergleich

Mit Hilfe dieses Vergleiches wird untersucht, ob zwischen zwei Gegebenheiten ein Zusammenhang besteht:

- Der Versorgungsanspruch aus der betrieblichen Altersversorgung der Mitarbeiter steigt mit ihrem Einkommen.
- Mit zunehmender Dauer der Betriebszugehörigkeit steigt die Krankenquote an.
- Es gibt keinen Zusammenhang zwischen den einzelnen Werken und der Fluktuationsquote, die dort auftritt.

In der Matrixtabelle auf der folgenden Seite soll versucht werden, zwischen den Vergleichstypen und Darstellungsformen die Auswahl der geeignetsten Darstellungsform zu erleichtern. Diese Darstellung hat jedoch nur empfehlenden Charakter.

Entsprechend dieser Tabelle kann bei Zeitreihen-, Häufigkeits- und Korrelationsvergleichen jeweils zwischen zwei Darstellungsformen gewählt werden. Die Entscheidung, welche Form gewählt wird, hängt vom Umfang der darzustellenden Daten ab.

Sind relativ wenige, etwa bis zu 7 Werte zu erfassen, so ist zu empfehlen, bei Zeitreihen- und Häufigkeitsvergleichen das Säulendiagramm zu benutzen, ansonsten ist das Kurvendiagramm vorzuziehen.

Bei Korrelationsvergleichen eignet sich bei wenigen Daten das Balkendiagramm am Besten, wenn es mehr Daten sind, das Punktediagramm.

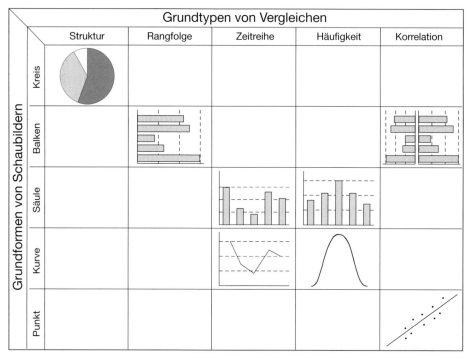

Quelle: Schulte, Personal-Controlling mit Kennzahlen, Verlag Franz Vahlen

Zur Erläuterung werden einige graphische Darstellungen noch einmal vertiefend dargestellt.

Strukturvergleich

Dieser kann durch ein Kreisdiagramm gut dargestellt werden. Man sieht genau den Anteil
einzelner Mitarbeitergruppen am gesamten Personalbestand.

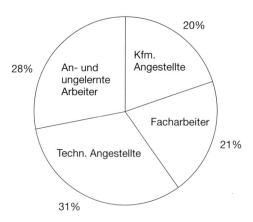

Quelle: Schulte, Personal-Controlling mit Kennzahlen, Verlag Franz Vahlen

Rangfolgenvergleich

Es sind die Wettbewerber dargestellt. In diesem Diagramm ist sehr gut zu erkennen, dass die Fluktuationsquote des dargestellten Unternehmens im Vergleich zu den Mitbewerbern an dritter Stelle steht.

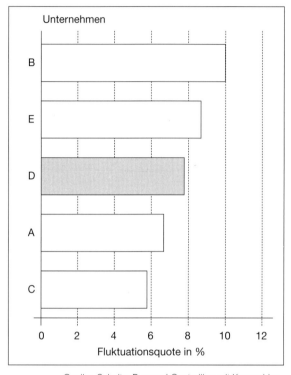

Quelle: Schulte, Personal-Controlling mit Kennzahlen,
Verlag Franz Vahlen

Zeitreihenvergleich

In diesem Säulendiagramm ist dargestellt, dass der Weiterbildungsbedarf in dem Unternehmen über die Jahre stark angestiegen ist, zusätzlich ist hier angegeben der prozentuale Wert, bezogen auf die gesamte Lohn- und Gehaltssumme des Unternehmens.

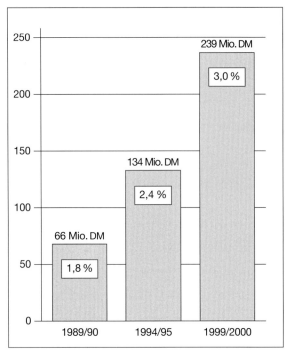

Quelle: Schulte, Personal-Controlling mit Kennzahlen,
Verlag Franz Vahlen

Häufigkeitsvergleich

Es ist die Besetzung der einzelnen Lohngruppen in Prozent dargestellt. Bei dieser Form der Darstellung ist es häufig ein Problem, dass entweder zuwenige oder zuviele Unterteilungen vorgenommen werden. Dadurch lässt sich oft keine eindeutige Struktur erkennen.

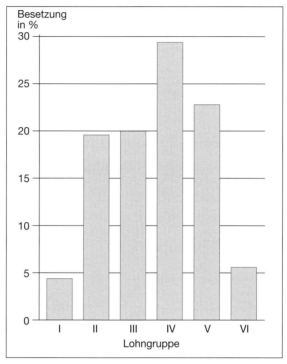

Quelle: Schulte, Personal-Controlling mit Kennzahlen,
Verlag Franz Vahlen

Korrelationsvergleich

Diese Vergleiche lassen sich am besten durch Punktediagramme oder Doppelbalkendia-
gramme abbilden. Ein Punktediagramm kann unübersichtlich wirken. Deswegen kann
man auch auf ein Doppelbalkendiagramm zurückgreifen. Im untenstehenden Beispiel
wird deutlich, dass der vermutete Zusammenhang zwischen zunehmender Dauer der
Betriebszugehörigkeit und abnehmender Fluktuationsquote vorhanden ist.

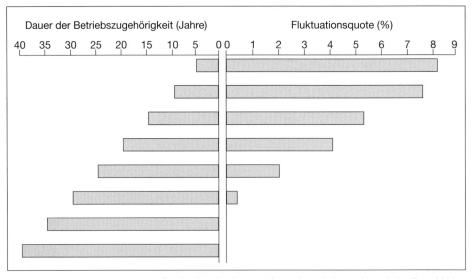

Quelle: Schulte, Personal-Controlling mit Kennzahlen, Verlag Franz Vahlen

6.4   Statistische Messzahlen

Massendaten und Massenerscheinungen sind Untersuchungsgegenstand innerhalb der
Statistik. Die Analyse soll zu bestimmten Schlussfolgerungen führen.

Man unterscheidet Bestandsmassen und Bewegungsmassen.

– Bestandsmassen sind auf einen bestimmten Zeitpunkt bezogen, z. B. Stand des
   Personals am Ende eines Kalenderjahres.

– Bewegungsmassen zeigen die Entwicklung in einem Zeitraum, z. B. die Zu- und
   Abgänge von Mitarbeitern in den einzelnen Monaten des Kalenderjahres.

Um erste Erkenntnisse zu gewinnen, ist es manchmal ausreichend, die statistischen
Daten nach einem bestimmten Merkmal auszurichten. Meist ist es aber notwendig, das
statistische Material durch rechnerische Umformung handhabbarer zu machen.

Dazu verwendet man im Wesentlichen die Bildung von Mittelwerten und Streuungs-maßen, Verhältniszahlen, Indexzahlen und Zeitreihen.

Eine Statistik darf niemals um ihrer selbst willen erstellt werden, sondern man muss hier stets den Nutzen und die Kosten gegeneinander abwägen.

6.4.1 Mittelwerte

Durch die Bildung von Mittelwerten ist das Typische einer Menge von Einzelergebnissen, Daten usw. kenntlich zu machen. So wird es möglich, die gesamte Masse zu überschau-en und zu beurteilen. Dies geschieht

– durch Vergleich der Einzelwerte mit dem Mittelwert der Masse oder
– durch den Vergleich eines Mittelwertes einer Masse mit den Mittelwerten anderer Massen.

Arithmetisches Mittel

Das arithmetische Mittel, meistens Durchschnitt genannt, ist der am häufigsten benutzte Mittelwert der Statistik.

Berechnet wird er nach folgender Formel:

$$\text{Arithmetisches Mittel} = \frac{\text{Summe der Einzelwerte}}{\text{Anzahl der Einzelwerte}}$$

Das nachfolgende **Beispiel 1** mit dem durchschnittlichen Mitarbeiterbestand eines Jah-res soll dieses verdeutlichen:

Monatsende	Mitarbeiter
Januar	1269
Februar	1268
März	1258
April	1262
Mai	1247
Juni	1249
Juli	1245
August	1235
September	1230
Oktober	1249
November	1248
Dezember	1240
Summe	**15000**

$$\text{Einfaches arithmetisches Mittel (Durchschnitt)} = \frac{1269 + 1268 + \ldots + 1240}{12} = \frac{15000}{12} = 1250 \text{ Mitarbeiter}$$

Beziehen sich die Einzelwerte auf Gruppen mit unterschiedlicher Häufigkeit, kann man das gewogene arithmetische Mittel ermitteln. Dazu gilt die Formel:

$$\text{Gewogenes arithmetisches Mittel} = \frac{\text{Summe der Einzelwerte mal Häufigkeit}}{\text{Anzahl der Häufigkeiten}}$$

Beispiel 2: Durchschnittlicher Stundenlohn je Lohnempfänger

Platznummer	Anzahl der Lohnempfänger	Stundenlohn in DM
1	3	7,49
2	5	7,65
3	5	7,79
4	1	8,13
5	6	8,50
6	2	8,81
7	8	9,11
8	9	9,81
9	4	10,23
10	7	11,07

$$\text{Einfaches arithmetisches Mittel} = \frac{7,49 + 7,65 + \dots + 11,07}{10} = \frac{88,59}{10} = DM\ 8,86$$

$$\text{Gewogenes arithmetisches Mittel} = \frac{3 \cdot 7,49 + 5 \times 7,65 + \dots + 7 \cdot 11,07}{3 + 5 + \dots + 7} = \frac{456}{50} = DM\ 9,12$$

Medianwert

Der Medianwert wird auch Zentralwert genannt. Er ist der Wert, der die gesamte Untersuchungsmasse in zwei gleiche Hälften teilt, so dass jeweils 50% unter dem Median und 50% darüber liegen.

Um diesen Medianwert zu ermitteln, müssen Einzelwerte in auf- oder absteigender Folge geordnet werden.

Bei Beispiel 2 liegt der Zentral- oder Medianwert zwischen dem 25. Und 26. Lohnempfänger, das ist die Platz-Nr. 7. Der Wert beträgt DM 9,11 und liegt in diesem Beispiel damit dicht unter dem gewogenen arithmetischen Mittel.

Modalwert

Der **häufigste Wert**, Modalwert, Modus oder auch dichtester Wert genannt, ist jener Einzelwert in einer statistischen Reihe, der am häufigsten vorkommt. Er wird ermittelt, indem die Werte nach der Häufigkeit der einzelnen Größen geordnet werden.

Am Beispiel 2 läßt sich auch der Mittelwert ablesen. Am häufigsten wird der Stundenlohn von DM 9,81 gezahlt, nämlich an 9 Lohnempfänger. Der Modalwert ist demnach DM 9,81.

6.4.2   Streuungsmaße

Unter dem Begriff »Streuung« wird die Verteilung der Einzelwerte um einen Mittelwert verstanden. Die Streuungsmaße geben Aufschluss über die Breite der Verteilung, und über die Aussagekraft eines Mittelwertes. Je größer die Streuung, desto weniger wahrscheinlich ist es, dass ein Einzelwert dem Mittelwert entspricht. Das einfachste Streuungsmaß bezeichnet man als **Spannweite**. Sie ist die Differenz zwischen dem kleinsten und dem größten Einzelwert.

Beispiel 3: Durchschnittlicher Mitarbeiterbestand im Jahr

Monatsende	Fall A		Fall B	
	Mitarbeiter	Abw. vom arithmetischen Mittel	Mitarbeiter	Abw. vom arithmetischen Mittel
Januar	1269	+ 19	1173	− 77
Februar	1268	+ 18	1188	− 62
März	1258	+ 8	1214	− 36
April	1262	+ 12	1262	+ 12
Mai	1247	− 3	1273	+ 23
Juni	1249	− 1	1290	+ 40
Juli	1245	− 5	1304	+ 54
August	1235	− 15	1312	+ 62
September	1230	− 20	1299	+ 49
Oktober	1249	− 1	1276	+ 26
November	1248	− 2	1232	− 18
Dezember	1240	− 10	1177	− 73
Summe	15000	± 0	15000	± 0

Im Fall A ergibt sich eine Spannweite von 39 (1230 Mitarbeiter im September und 1269 Mitarbeiter im Januar).

Im Fall B ist dagegen die Differenz 139 Mitarbeiter (1173 Mitarbeiter im Januar, 1312 Mitarbeiter im August).

Genauere Angaben über die Streuung der Einzelwerte um den Mittelwert herum liefert die **durchschnittliche Abweichung**. Sie ist zu errechnen, indem die absoluten Abstände der Einzelwerte vom arithmetischen Mittel addiert und durch die Anzahl der Einzelwerte dividiert werden.

Bezogen auf das Beispiel 3 ergeben sich folgende Berechnungen:

Fall A:

$$\text{Durchschnittliche Abweichung} = \frac{\text{Summe der Abweichungen}}{\text{Anzahl der Einzelwerte}}$$

$$= \frac{19 + 18 + 8 + \ldots + 1 + 2 + 10}{12} = \frac{114}{12} = 9{,}50$$

Fall B:

$$= \frac{77 + 62 + 36 + \ldots + 26 + 18 + 73}{12} = \frac{532}{12} = 44{,}33$$

6.4.3 Verhältniszahlen

Große Bedeutung innerhalb der Personalstatistik haben Verhältniszahlen. Verhältniszahlen kennzeichnen absolute statistische Massen (Gesamt- oder Teilmassen), die zueinander in Beziehung gesetzt werden. Man unterscheidet: Gliederungszahlen, Beziehungszahlen, Meßzahlen und Indexzahlen.

Gliederungszahlen

Bei Gliederungszahlen stellt die Zählermasse einen Teil der Nennermasse dar. Das bedeutet: Gliederungszahlen zeigen an, welchen Anteil eine Teilmasse an der zugehörigen Gesamtmasse hat. Die prozentualen Werte ergeben sich durch Multiplikation mit 100.

Beispiel 4: Berechnung einer Gliederungszahl

Für einen bestimmten Stichtag soll der Anteil der Ausländer an der Zahl der Mitarbeiter berechnet werden:

Zahl der Mitarbeiter: 1220

Zahl der Ausländer: 80

$$\text{Ausländeranteil} = \frac{80 \cdot 100}{1220} = 6,56\ (\%)$$

Beziehungszahlen

Bei Beziehungszahlen werden ungleichartige Massen zueinander in Beziehung gesetzt. Es ist dabei zu beachten, dass eine sinnvolle Beziehung hergestellt wird.

Beispiel 5: Berechnung einer Beziehungszahl

Es soll der Umsatz je Mitarbeiter im abgelaufenen Kalenderjahr festgestellt werden:

Umsatz: 100 Mio DM

Mitarbeiter: 1220

$$\text{Umsatz je Mitarbeiter} = \frac{100\,000\,000}{1220} = 81\,967\ (\text{DM})$$

Messzahlen

Bei Messzahlen werden gleichartige Massen zueinander in Beziehung gesetzt.

Beispiel 6: Berechnung einer Meßzahl

Belegschaftsstruktur: 188 Angestellte, 1032 Arbeiter

$$\text{Angestellte je 100 Arbeiter} = \frac{188 \cdot 100}{1032} = 18,33\ (\%)$$

6.4.4   Indexzahlen

Wenn die zeitliche Entwicklung nicht nur einer einzigen Größe, sondern mehrerer Größen gleichzeitig dargestellt werden soll, so kann man einen Index aufstellen.

Nachfolgend ein Beispiel über die Entwicklung von Tarifentgelten in einzelnen Entgeltsgruppen:

Beispiel 6

a) Absolute Zahlen

	1996	1997	1998	1999	2000
Belegschaft	3281	3295	3150	3070	3190
Umsatz in Mio DM	321	315	305	345	375
Personalaufwand in TDM	12272	13167	13510	13284	14798

b) Indexwerte

	1996	1997	1998	1999	2000
Belegschaft	100	100,4	96,0	93,6	97,2
Umsatz	100	98,1	95,0	107,5	116,8
Personalaufwand	100	107,3	110,1	108,2	120,6

Die Indexzahlen beziehen sich auf einen festen Zeitpunkt (das Basisjahr), der gleich 100 gesetzt wird.

Auch eine graphische Darstellung von Indexzahlen ist möglich:

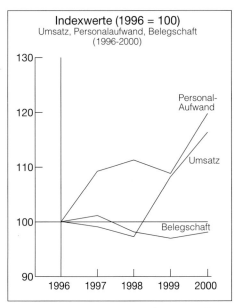

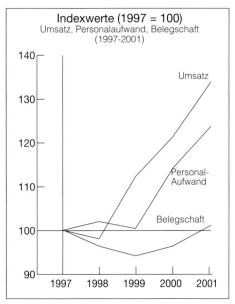

Quelle: angelehnt am RKW-Handbuch Personalplanung, Luchterhand Verlag

6.4.5 Zeitreihen

Wenn Daten über ein und denselben Sachverhalt für eine Reihe von Zeiträumen bzw. Zeitpunkten zur Verfügung stehen, spricht man von Zeitreihen.

Beispiel 7:

Monatsende	Mitarbeiter	Messzahlen	
		Januar = 100	Juli = 100
Januar	1269	100,0	101,9
Februar	1268	99,9	101,8
März	1258	99,1	101,0
April	1262	99,4	101,4
Mai	1247	98,3	100,2
Juni	1249	98,4	100,3
Juli	1245	98,1	100,0
August	1235	97,3	99,2
September	1230	96,9	98,8
Oktober	1249	98,4	100,3
November	1248	98,3	100,2
Dezember	1240	97,7	96,6

Der Personalfachkaufmann © FELDHAUS VERLAG, Hamburg

6.5 Anwendungsgebiete mit Beispielen

Nachfolgend werden einige ausgewählte Beispiele dargestellt, wie sich in der praktischen Arbeit mit statistischen Methoden aussagekräftige Personalstatistiken erstellen lassen.

6.5.1 Personalbestand

Der durchschnittliche Personalbestand eines Zeitabschnittes kann als arithmetisches. Mittel aus der Zahl von Stichtagsbeständen errechnet werden:

$$\text{Durchschnittlicher Personalbestand} = \frac{\text{Bestand Stichtag 1} + \text{Bestand Stichtag 2} + \dots}{\text{Anzahl der Stichtage}}$$

Danach ergibt sich für die Ermittlung des durchschnittlichen jährlichen Personalbestandes folgende Rechnung:

$$\text{Durchschn. jährl. Personalbestand} = \frac{\text{Summe der monatl. Personalendbestände}}{12}$$

Die Entwicklung des durchschnittlichen Personalbestandes lässt sich in Form einer Tabelle oder einer graphischen Darstellung (siehe folgende Seite) über einen längeren Zeitraum verfolgen:

Veränderung des Personalbestands

Jahresende	Durchschnittlicher Personalbestand	Veränderung	
		absolut	relativ (%)
1983	1270	–	–
1984	1280	+ 10	+ 0,8
1985	1310	+ 30	+ 2,3
1986	1320	+ 10	+ 0,8
1987	1360	+ 40	+ 3,0
1988	1370	+ 10	+ 0,7
1989	1390	+ 20	+ 1,5
1990	1420	+ 30	+ 2,2
1991	1440	+ 20	+ 1,4
1992	1420	– 20	– 1,4
1993	1410	– 10	– 0,7
1994	1440	+ 30	+ 2,1
1995	1460	+ 20	+ 1,4
1996	1480	+ 20	+ 1,4
1997	1500	+ 20	+ 1,4
1998	1520.	+ 20	+ 1,3
1999	1520	± 0	± 0
2000	1460	+ 40	– 3,9

Kurvendiagramm Personalbestand

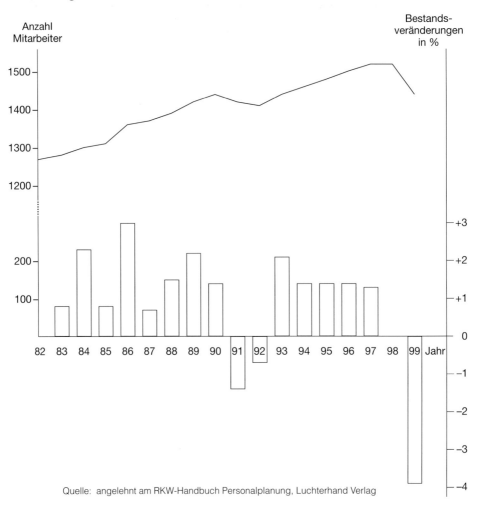

Quelle: angelehnt am RKW-Handbuch Personalplanung, Luchterhand Verlag

Eine wichtige Größe für die Personalplanung eines Unternehmens stellt der Altersaufbau der Belegschaft dar.

Aus der Kenntnis des Altersaufbaus können der **Nachwuchsbedarf** und eine **Nachwuchsquote** ermittelt werden, die für langfristige Personalentwicklungsmaßnahmen und die Personalbeschaffung bedeutsam sind, wenn der Altersaufbau beeinflusst werden soll.

Diese Nachwuchsquote drückt den Prozentsatz vom gesamten Personalbestand aus, der jährlich neu in den Betrieb eintreten muß, damit die bestehende Alterszusammensetzung und der Gesamtpersonalbestand langfristig gehalten werden können.

Zur Ermittlung des Nachwuchsbedarfs und der Nachwuchsquote benötigt man die durchschnittliche Berufstätigkeit der vorhandenen Mitarbeiter. Diese kann man errechnen, wenn man vom Durchschnittsalter der durch Tod, Erreichen des Rentenalters oder Erwerbsunfähigkeit aus dem Betrieb ausscheidenden Mitarbeiter das Durchschnittsalter der in den Betrieb eingetretenen Mitarbeiter abzieht.

Es gilt die folgende Formel:

$$\text{Nachwuchsbedarf} = \frac{\text{durchschnittlicher Personalbestand}}{\text{durchschnittliche Berufstätigkeit}}$$

$$\text{Nachwuchsquote} = \frac{\text{Nachwuchsbedarf} \cdot 100}{\text{durchschnittlicher Personalbestand}}$$

Beispiel:
Die durchschnittliche Berufstätigkeit beträgt in diesem Unternehmen 25 Jahre, der durchschnittliche Personalbestand 2000.

$$\text{Nachwuchsbedarf} = \frac{2000}{25} = 80$$

$$\text{Nachwuchsquote} = \frac{80 \cdot 100}{2000} = 4\ \%$$

Ergebnis: Wenn der bestehende Altersaufbau gehalten werden soll, müssen jährlich 4% der vorhandenen Arbeitnehmer durch neu in den Betrieb eintretende Arbeitnehmer ersetzt werden.

6.5.2 Personalbewegungen

Bei Personalbewegungen unterscheidet man zwei Fälle: Einmal die **außerbetriebliche** Bewegung um den erstmaligen Eintritt in das Berufsleben bzw. das endgültige Ausscheiden. Unter dem **innerbetrieblichen** Personalwechsel versteht man die interne Versetzung von einer Abteilung in eine andere. Sie muss sich zwar nicht auf den gesamten Personalbestand auswirken, kann wegen der unterschiedlichen Entwicklung in verschiedenen Abteilungen jedoch von Interesse sein. In Unternehmen mit mehreren Betrieben kann auch noch der Wechsel zwischen den Betrieben innerhalb eines Unternehmens von Interesse sein.

Fluktuation

Eine einheitliche Definition des Begriffes Fluktuation gibt es nicht. Umstritten ist, ob jedes oder nur das freiwillige Ausscheiden eines Mitarbeiters aus einem Betrieb unter dem Begriff Fluktuation zu erfassen ist.

Eine Fluktuationsstatistik sollte enthalten:

– wieviele Mitarbeiter/innen in einer bestimmten Periode den Betrieb/
  das Unternehmen verlassen haben,
– auf welche Art die Arbeitsverhältnisse geendet haben,
– aufgrund welcher Ursachen dieses geschah.

Wenn die Ursachen der Fluktuation ermittelt werden können, lässt sich u. U. steuernd eingreifen, um sie je nach Situation zu senken oder auf das erwünschte Maß zu bringen.

Die Fluktuation verursacht erhebliche Kosten, die nach folgendem Schema erfasst werden können.

1   **Unmittelbare Fluktuationskosten**

1.1   Ausgabewirksame Kosten

1.1.1   Einstellung
– Inserate
– Vorstellung (evtl. mehrere Bewerber)
– Umzugskosten
– Kosten für die Ablösung von Darlehen

1.1.2   Einarbeitung

1.2   Anteilige Kosten der betroffenen Abteilungen

1.2.1   Personalabteilung
– Bewerbungsgespräche
– Verwaltungsformalitäten für ausscheidenden
  und eintretenden Mitarbeiter
– Vorstellung bei anderen Mitarbeitern

1.2.2   Fachabteilungen
– Beteiligung an Bewerbungsgesprächen
– Einweisung in das Arbeitsgebiet
– Zusätzliche Kosten während der Einarbeitung

2   **Mittelbare Fluktuationsfolgen**
– Produktionsstörungen
– Erhöhter Maschinen- und Werkzeugverschleiß

Verhältnismäßig einfach sind die **unmittelbar** zu den Ausgaben führenden Kosten (z. B. Inserate) zu erfassen.

Die **anteiligen Kosten** werden nach Aufwand ermittelt, können aber auch geschätzt werden.

Die aufgeführten **mittelbaren** Fluktuationskosten werden in ihren kostenmäßigen Auswirkungen kaum erfassbar sein und sollten deshalb kaum Berücksichtigung finden.

Die Fluktuationsrate kann nach unterschiedlichen Formeln berechnet werden. Der BDA empfiehlt folgende Berechnung:

$$\text{Fluktuationsrate (BDA)} = \frac{\text{Anzahl der Abgänge} \cdot 100}{\text{durchschnittl. Personalbestand}} \quad [\%]$$

Beispiel:

Personalbestand am 31.12. (Jahr 1)   = 1280
Personalbestand am 01.01. (Jahr 2)   = 1278
Personalbestand am 31.12. (Jahr 2)   = 1240
durchschnittl. Personalbestand (Jahr 2) = 1250
Abgänge (Jahr 2)   = 360
Zugänge (Jahr 2)   = 320

$$\text{Fluktuationsrate (nach BDA)} = \frac{360 \cdot 100}{1250} = 28,8\%$$

Die Fluktuationskosten kann man nach einem relativ groben Raster ermitteln:

$$\frac{\text{Gesamte jährliche}}{\text{Fluktuationskosten}} = \frac{\text{durchschnittlicher}}{\text{Personalbestand}} \cdot \frac{\text{Fluktuations-}}{\text{rate}} \cdot \frac{\text{durchschn. Fluktuations-}}{\text{kosten je Mitarbeiter}}$$

Sind diese Kosten ermittelt, lassen sich nach folgender Formel die jährlichen Fluktuationskosten errechnen:

Durchschnittlicher Personalbestand   1250
Fluktuationsrate (nach BDA) aus o.g. Beispiel   28,8%
durchschnittl. Fluktuationskosten je Mitarbeiter (geschätzt)   10 000 DM

$$\text{Gesamte jährliche Fluktuationskosten} = \frac{1250 \cdot 28,8 \cdot 10\,000}{100} = 3\,600\,000 \text{ DM}$$

Nach der genannten Fluktuationsformel lassen sich auch Versetzungen innerhalb von Abteilungen eines Betriebes ermitteln:

$$\text{Versetzungsrate der Abt. X (nach BDA)} = \frac{\text{Zahl der Abgänge in Abt. X} \cdot 100}{\text{durchschnittl. Personalbestand der Abt. X}}$$

6.5.3 Arbeitszeit

Die aufgrund eines Arbeitsvertrages und der gesetzlichen Vorschriften mögliche Arbeitszeit und die tatsächliche Arbeitszeit stimmen in der Praxis nicht überein.

Die mögliche Arbeitszeit wird durch Ausfallzeiten vermindert und kann durch Überstunden erhöht werden.

Die tatsächlich geleistete Arbeitszeit in einer Periode kann wie folgt ermittelt werden.

> Vertragliche Arbeitszeit (Soll-Arbeitszeit)
> – Ausfallzeiten (bezahlte und unbezahlte)
> + Mehrarbeitszeiten
> ――――――――――――――――――――――――
> = Ist-Arbeitszeit

Die effektive Arbeitszeit, gemessen an der Soll-Arbeitszeit, ist das Verhältnis zwischen ISt-Arbeitszeit und Soll-Arbeitszeit.

$$\text{Quote der effektiven Arbeitszeit} = \frac{\text{Ist-Arbeitszeit (Tage/Stunden)} \cdot 100}{\text{Soll-Arbeitszeit (Tage/Stunden)}} \ [\%]$$

Ausfallzeiten

Hierzu zählen alle die Zeiten, bei denen es aus persönlichen Gründen oder gesetzlichem Anlass zu einer Minderung der vertraglich vereinbarten Arbeitszeit kommt. Das können sein:

– Urlaub
– Zusatzurlaub nach dem Schwerbehindertengesetz
– freiwilliger Zusatzurlaub
– freiwilliger bezahlter oder unbezahlter Urlaub
– unentschuldigtes Fehlen
– entschuldigtes Fehlen
– Zuspätkommen
– zwischenzeitliche Abwesenheit vom Arbeitsplatz
– vorzeitiges Verlassen des Arbeitsplatzes
– Krankheit
– Kuren und Heilverfahren
– Mutterschutz und Erziehungsurlaub
– Wege- und Betriebsunfälle
– Fehlzeiten gemäß Betriebsverfassungs- oder Personalvertretungsgesetz
– bezahlte oder unbezahlte Arbeitsbefreiungen nach Gesetz, Verordnung oder Tarif
– betrieblich bedingte Gründe
– bezahlte gesetzliche Feiertage
– Bundeswehr und Wehrübungen bzw. Ersatzdienst
– Betriebsversammlungen
– Streik, Aussperrung
– Bildungsurlaub
– Fortbildungsmaßnahmen
– Schulbesuch von Auszubildenden
– Ausfallzeiten durch betriebliche, freiwillige Sozialleistungen (z. B. Jubiläen)

Die gesamten Ausfallzeiten (mit Ausnahme der gesetzlichen Feiertage) fasst man unter dem Begriff »Fehlzeiten« zusammen.

Der Anteil der gesamten Fehlzeiten an der Sollarbeitszeit bezeichnet man als **Fehlzeitenquote**. Sie kann sowohl für Tage als auch für Stunden berechnet werden:

$$\textbf{Fehlzeitenquote} = \frac{\text{Fehlzeiten (Tage/Stunden)} \cdot 100}{\text{Sollarbeitszeit (Tage/Stunden)}} \; [\%]$$

Auch eine gesonderte **Ausfallquote** durch Krankheiten kann entsprechend dieser Formel errechnet werden:

$$\textbf{Krankheitsausfallquote} = \frac{\text{Krankheitsausfall (Tage/Stunden)} \cdot 100}{\text{Sollarbeitszeit (Tage/Stunden)}} \; [\%]$$

Wird der Anteil der erkrankten Arbeitnehmer in Beziehung zum gesamten Personalbestand gesetzt, so ergibt sich die Krankenquote:

$$\textbf{Krankenquote (je Periode)} = \frac{\text{Anzahl der Kranken} \cdot 100}{\text{durchschnittl. Personalbestand}} \; [\%]$$

Fehlzeiten sind ein sehr bedeutender Kostenfaktor im Unternehmen. Deswegen ist gerade hier die statistische Auswertung sehr wichtig.

Überstunden

Wie die Ausfallzeit können auch Mehrarbeitszeiten mit einer entsprechenden Formel errechnet werden:

$$\textbf{Überstundenquote} = \frac{\text{Zahl der Überstunden} \cdot 100}{\text{Sollarbeitsstunden}} \; [\%]$$

6.5.4   Personalbeschaffung

Bei der Erstellung und Auswertung von Statistiken über die Personalbeschaffung sollen festgestellt werden:

– die Effizienz der unterschiedlichen Beschaffungswege,
– der Erfolg der Personalbeschaffung,
– die Kosten der Personalbeschaffung.

In welchem Umfang der geplante Personalbedarf in einer Periode durch Personalbeschaffung gedeckt werden konnte, ist nach dieser Formel zu errechnen:

$$\text{Quote der Personalbedarfsdeckung} = \frac{\text{Gedeckter Bedarf einer Periode} \cdot 100}{\text{Geplanter Bedarf einer Periode}} \; [\%]$$

Bewerbergruppe / Beschaffungswege	Führungskräfte und Spezialisten						Sonstige Gehaltsempfänger						Lohnempfänger						Sämtliche Mitarbeiter							
	Bewerbungen		Vorstellungen		Einstellungen		Bewerbungen		Vorstellungen		Einstellungen		Bewerbungen		Vorstellungen		Einstellungen		Bewerbungen		Vorstellungen			Einstellungen		
	abs.	%	abs.	VQ	abs.	EQ	abs.	%	abs.	VQ	abs.	EQ	abs.	%	abs.	VQ	abs.	EQ	abs.	%	abs.	%	VQ	abs.	%	EQ
Anzeigen																										
– Regionale Zeitungen	1	3	–	–	–	–	51	24	28	55	18	35	134	25	59	44	35	26	186	24	87	21	47	53	21	28
– Überregionale Zeitungen	15	43	9	80	4	27	25	12	14	56	9	36	–	–	–	–	–	–	40	5	23	6	57	13	5	32
– Fachzeitschriften	4	11	3	75	1	25	12	6	9	75	4	33	–	–	–	–	–	–	16	2	12	3	75	5	2	21
Arbeitsverwaltung																										
– Örtliches Arbeitsamt	–	–	–	–	–	–	52	24	22	42	11	21	266	50	146	55	98	37	318	41	168	40	53	109	43	34
– Büro für Führungskräftevermittl.	8	23	6	75	2	25	16	7	9	56	5	31	–	–	–	–	–	–	24	3	15	3	63	7	3	29
– Schulen	–	–	–	–	–	–	21	10	15	71	10	48	45	9	39	87	29	64	66	8	54	13	82	39	15	54

Quelle: angelehnt am RKW-Handbuch Personalplanung, Luchterhand Verlag

Da häufig neu eingestellte Mitarbeiter in den ersten Wochen und Monaten den Betrieb wieder verlassen (Anfangsfluktuation), kann erst nach Ablauf dieser Periode festgestellt werden, wie erfolgreich die Beschaffung wirklich war. Dazu dient die **Verbleibquote:**

$$\text{Verbleibquote für Jahr 1} = \frac{\text{Zahl der im Jahr 1 eingestellten und noch vorhandenen Mitarbeiter} \cdot 100}{\text{Zahl der im Jahr 1 eingestellten Mitarbeiter}} \, [\%]$$

Um die Effizienz der unterschiedlichen Beschaffungswege zu prüfen, bietet sich an, eine Vorstellungsquote und eine Einstellungsquote zu ermitteln.

$$\text{Vorstellungsquote} = \frac{\text{Zahl der Vorstellungen} \cdot 100}{\text{Zahl der Bewerbungen}} \, [\%]$$

$$\text{Einstellungsquote} = \frac{\text{Zahl der Einstellungen} \cdot 100}{\text{Zahl der Bewerbungen}} \, [\%]$$

Die Vorstellungsquote gibt an, welcher Anteil der Bewerber/innen in die engere Wahl kam. Die Einstellungsquote macht deutlich, wieviele tatsächlich eingestellt wurden.

Auch der Erfolg innerbetrieblicher Stellenausschreibungen lässt sich in einer Quote ausdrücken:

$$\text{Quote der internen Stellenbesetzungen im Jahr 1} = \frac{\text{Anzahl der Stellenbesetzungen durch interne Ausschreibungen im Jahr 1} \cdot 100}{\text{Gesamtzahl der Stellenbesetzungen im Jahr 1}} \, [\%]$$

6.5.5 Personalentwicklung

Das Erfassen der vorhandenen Qualifikationspotentiale bzw. Entwicklungspotentiale von Mitarbeiter/innen in einem Betrieb bzw. Unternehmen ist eine notwendige Voraussetzung für Personalentwicklung und Personalförderung.

Im Rahmen dieser Aufgabenstellung macht es Sinn, eine Förderkartei einzurichten, die folgende Daten und Angaben der Mitarbeiter enthalten sollte:

– Schule und Berufsausbildung,
– Weiterqualifizierung vor Eintritt in das Unternehmen,
– Qualifizierung innerhalb der Zugehörigkeit im Unternehmen,
– frühere und gegenwärtige Tätigkeiten,
– vorhandene Spezialkenntnisse und Fertigkeiten,
– Entwicklungsziele,
– Entwicklungswünsche.

Daraus ergeben sich eine Fülle von Aussagen im Rahmen der Personalentwicklung:

Es kann die jährliche Weiterbildungszeit pro Mitarbeiter ermittelt werden:

$$\text{Jährliche Weiterbildungszeit pro Mitarbeiter in Tagen} = \frac{\text{Gesamtzahl Weiterbildungstage}}{\text{Gesamtzahl Mitarbeiter}}$$

Desweiteren kann der Anteil der Personalentwicklungskosten an den Gesamtpersonal-kosten ermittelt werden:

$$\text{Anteil der Personalentwicklungskosten an den Gesamtpersonalkosten} = \frac{\text{Personalentwicklungskosten} \cdot 100}{\text{Gesamtpersonalkosten}} \ [\%]$$

Es lassen sich Weiterbildungskosten pro Tag und Teilnehmer ermitteln:

$$\text{Weiterbildungskosten pro Tag und Teilnehmer} = \frac{\text{Summe der Weiterbildungskosten}}{\text{Anzahl Teilnehmer} \cdot \text{Anzahl Tage}}$$

Eine Rentabilitätskontrolle von Bildungs- und Förderungsmaßnahmen kann ermittelt werden:

$$\text{Rendite des Bildungsprojektes} = \frac{(\text{Wert des Projektes in DM} - \text{entstandene Kosten}) \cdot 100}{\text{entstandene Kosten}} \ [\%]$$

Hier stößt man jedoch auf besondere Schwierigkeiten. Man kann natürlich die Kosten relativ leicht ermitteln, indem man für die Zeit der Bildungsmaßnahme das entfallene Arbeitsentgelt sowie die Kosten für Seminargebühren (ggf. Aufenthalts- und Reisekosten und Referentenhonorare) ansetzt. Das ergibt dann eine kostenmäßige Bewertung.

Den tatsächlichen Wert eines Projektes zu ermitteln, stößt jedoch deswegen auf Schwie-rigkeiten, weil eine Bewertung kaum möglich ist. So lassen sich z. B. positive Verhal-tensänderungen gegenüber ihren Mitarbeitern bei Führungsseminaren für Vorgesetzte nicht direkt bewerten.

6.5.6 Personalkosten

In der heutigen wirtschaftlichen Situation sind die gesamten Personalkosten – als ein sehr großer Kostenblock – im Rahmen des gesamten Kostenspektrums näher zu betrachten.

Grundlage für Personalkostenstatistiken bieten einerseits die Erfassung der gesamten Personalkosten, andererseits die bereits beschriebenen Möglichkeiten zur Bildung von unterschiedlichen statistischen Werten.

6.6 Statistik als Entscheidungshilfe

Die wirtschaftliche Steuerung der Arbeit innerhalb der Abteilung Personal- und Sozialwesen hat schon immer Probleme bereitet, wenn ihr Erfolg nachgewiesen werden soll. An allererster Stelle steht nach wie vor der Nachweis der Effektivität von Personalarbeit in Bezug auf die Kostensituation. Damit aber auch mehr und mehr qualitative Aspekte in die Beurteilungen einfließen, kann ein gut aufbereitetes Instrumentarium mit Hilfe der Personalstatistik hilfreich sein. Insofern sollten die Informationen quantifizierbarer und systematisierbarer sowie die Zusammenhänge zwischen Ursache und Wirkung sowie deren gegenseitige Beeinflussbarkeit sichtbar gemacht werden:

– Es kann im betrieblichen Geschehen Wesentliches vom Unwesentlichen durch eine qualifizierte Datenaufbereitung unterschieden werden.

– Es können Stärken und Schwächen der betrachteten Teilbereiche sichtbar gemacht werden.

– Sie kann als wesentliches Unterstützungsinstrument für die betriebliche Führung herangezogen werden.

Insoweit nimmt die Personalstatistik eine wichtige Aufgabe innerhalb der Abteilung Personal- und Sozialwesen wahr und bietet Hilfen für unternehmerische Entscheidungen.

Damit steht der Bereich Personalstatistik gleichrangig neben den Statistiken, die beispielsweise aus dem Finanz- und Rechnungswesen, aus Produktion oder Marketing gewonnen werden können.

Fragen zur Kontrolle

Zu Abschnitt 6.1

188. Wer kann interner Nutzer der Personalstatistik sein?

189. Wer kann externer Nutzer einer Personalstatistik sein?

Zu Abschnitt 6.2

190. Woher können Sie Daten für die Personalstatistik gewinnen?
Unterscheiden Sie dabei zwischen internen Daten und externen Daten!

Zu Abschnitt 6.3

191. Beschreiben Sie verschiedene Darstellungsweisen von personalstatistischen
Angaben!

Zu Abschnitt 6.5

192. Welche Personalstatistiken würden Sie für einen Kleinbetrieb vorsehen
(ca. 50 Mitarbeiter)? Begründen Sie Ihre Antwort!

193. Welche Personalstatistiken würden Sie für einen mittleren Betrieb vorsehen
(ca. 800 Beschäftigte)? Begründen Sie Ihre Antwort!

194. Welche Personalstatistiken würden Sie für einen Großbetrieb
(ca. 10000 Mitarbeiter) vorsehen? Begründen Sie Ihre Antwort!

195. Welche Formel zur Fluktuationsermittlung ist Ihnen bekannt?
Erläutern Sie diese Formel!

Zu Abschnitt 6.6

196. Bei welchen Entscheidungsbereichen innerhalb der Personalarbeit können
Personalstatistiken als Entscheidungsgrundlage verwandt werden?

7　Die Prüfung vor der Industrie- und Handelskammer

7.1　Hinweise zur Prüfung

Die Fortbildungsprüfung für Personalfachkaufleute umfasst einen schriftlichen und einen mündlichen Teil.

In der **schriftlichen** Prüfung sind vier Klausuren unter Aufsicht zu schreiben. Die Bearbeitungszeit beträgt in der Regel 120 Minuten je Prüfungsfach:

– Arbeits-, Sozial- und Berufsbildungsrecht

– Betriebliches Personal- und Sozialwesen einschließlich dessen Organisation und Verwaltung

– Personalplanung, -beschaffung und -steuerung

– Personalentwicklung, -förderung und -führung.

In der erstgenannten Klausur sind arbeitsrechtliche Gesetzestexte und das SGB (keine Kommentare) meist als Hilfsmittel zugelassen; die anderen Klausuren erlauben keine Hilfsmittel.

In der **mündlichen** Prüfung ist mit dem Prüfungsausschuss ein jeweils zehnminütiges Gespräch zu führen in den Fachbereichen

– Volks- und betriebswirtschaftliche Grundlagen

– Grundlagen der Personalarbeit und Personalpolitik

– Personalaufwendungen und -entgelte.

Die **Zulassung** zur mündlichen Prüfung setzt voraus, dass in der schriftlichen Prüfung in höchstens einem Fach keine ausreichenden Leistungen erzielt worden sind.

Die Prüfung ist **bestanden**, wenn in dem Prüfungsfach »Betriebliches Personal- und Sozialwesen einschließlich dessen Organisation und Verwaltung« mindestens ausreichende Leistungen erzielt wurden und von den übrigen Prüfungsfächern nicht mehr als ein Fach schlechter als ausreichend bewertet wurde.

Der rechnerische Durchschnitt aus der Bewertung der sieben Fächer ergibt die Gesamtnote.

Für die Bewertung legt die Prüfungsordnung für die Durchführung von Fortbildungsprüfungen fest:

Eine den Anforderungen in besonderem Maße entsprechende Leistung
= 100 bis 92 Punkte = Note 1 = Sehr gut

Eine den Anforderungen voll entsprechende Leistung
= unter 92 bis 81 Punkte = Note 2 = Gut

Eine den Anforderungen im allgemeinen entsprechende Leistung
= unter 81 bis 67 Punkte = Note 3 = Befriedigend

Eine Leistung, die zwar Mängel aufweist, aber im ganzen den Anforderungen noch entspricht
= unter 67 bis 50 Punkte = Note 4 = Ausreichend

Eine Leistung, die den Anforderungen nicht entspricht, jedoch erkennen lässt, dass gewisse Grundkenntnisse noch vorhanden sind
= unter 50 bis 30 Punkte = Note 5 = Mangelhaft

Eine Leistung, die den Anforderungen nicht entspricht und bei der selbst Grundkenntnisse fehlen
= unter 30 bis 0 Punkte = Note 6 = Ungenügend.

7.2 Übungen zur schriftlichen Prüfung

Wir empfehlen Ihnen, die Übungen jeweils in der für die Prüfungsklausur vorgegebenen Zeit (120 Minuten) durchzuführen. Richtige Zeiteinteilung lernen Sie nur »by doing«. In allen vier Klausurfächern sind sechs Kurzthemen (je 10 Punkte maximal) und ein Aufsatzthema (40 Punkte) zu bearbeiten. Sie sollten im Schnitt entsprechend etwa 80 Minuten für die Kurzthemen und etwa 40 Minuten für die Bearbeitung des gewählten Aufsatzthemas als Richtzeit nutzen.

7.2.1 Arbeits-, Sozial- und Berufsbildungsrecht

Hinweis: Die beiden Kurzthemen zum Berufsbildungsrecht müssen bearbeitet werden. Die Auswahl der vier weiteren Kurzthemen hängt von der Wahl Ihres Aufsatzthemas ab:

– Aufsatz Individualarbeitsrecht: Kurzthemen Kollektivarbeitsrecht und Sozialrecht

– Aufsatz Kollektivarbeitsrecht: Kurzthemen Individualarbeitsrecht und Sozialrecht

– Aufsatz Sozialrecht: Kurzthemen Individualarbeitsrecht und Kollektivarbeitsrecht

A Kurzthemen

Individualarbeitsrecht

A 1: Der Geschäftsführer einer GmbH (326 Mitarbeiter) will mit drei Arbeitnehmern befristete Arbeitsverträge schließen:

Horst Franke ist 41 Jahre. Der Geschäftsführer befristet den Vertrag insgesamt dreimal; es ergibt sich ein Gesamtzeitraum des Arbeitsverhältnisses von 2,5 Jahren. Friedrich Ahrens ist 60 Jahre und wird erstmals für drei Monate eingestellt. Sieben weitere Befristungen für jeweils drei Monate schließen sich an. Frau Kötter wird im Rahmen einer Vertretung für die Elternfreizeit als kaufmännische Sachbearbeiterin eingestellt. Im Arbeitsvertrag liest Frau K.: »Sie werden für die Zeit der Elternfreizeit als Vertretung eingestellt, längstens jedoch bis zum 31.03.20..«.

Sind diese Befristungen zulässig? Bewerten Sie die Fälle und begründen Sie Ihre Ansicht unter Bezugnahme auf die entsprechenden gesetzlichen Bestimmungen!

A 2: Erläutern Sie – kurzgefasst – das Fragerecht des Arbeitgebers bei Bewerbungen im Personalfragebogen und im Einstellungsgespräch (rechtlich zulässiger Rahmen – zulässige/unzulässige Fragen – Reaktionsmöglichkeiten von Bewerbern/innen).

Kollektivarbeitsrecht

A 3: Eine Sachbearbeiterin im Einkauf hat in ihrem Arbeitsvertrag eine so genannte »Versetzungsklausel«. Der Arbeitgeber beabsichtigt, sie unter Bezugnahme auf diese Klausel in einer anderen Abteilung mit gleichwertigen Arbeiten zu beschäftigen. Beschreiben Sie stichwortartig das Beteiligungsrecht des Betriebsrates und zeigen Sie auf, wie der Betriebsrat hier reagieren kann und welche Folgerungen sich ggf. für den Arbeitgeber aus den unterschiedlichen Reaktionsmöglichkeiten des Betriebsrates ergeben können!

A 4: Zur besseren Auslastung der Produktionskapazitäten soll Schichtarbeit eingeführt werden. Die bisherige Arbeitszeit lief von montags bis freitags 07:30 Uhr bis 16:00 Uhr. Nun soll umgestellt werden auf eine Frühschicht (06:30 Uhr bis 15:00 Uhr) und eine Spätschicht (14:30 Uhr bis 23:00 Uhr). Beschreiben Sie kurzgefasst das Beteiligungsrecht des Betriebsrates und gehen Sie darauf ein, welche Konfliktlösungsinstrumente im Rahmen der Betriebsverfassung zur Verfügung stehen!

Sozialrecht

A 5: Frau Schuhmacher ist seit Jahren als Angestellte in der gesetzlichen Krankenversicherung versichert. Bis Juli des laufenden Jahres erhielt Frau Sch. ein monatliches Arbeitsentgelt von 6 000 DM. Seit August erhält sie monatlich 6 100 DM. Außerdem wird ihr gemäß Vertrag ein Weihnachtsgeld von 4 000 DM gezahlt. Im Oktober des lfd. Jahres hat sie einmalig eine Gewinnbeteiligung von 3 000 DM erhalten. Auf wie viel DM beläuft sich das regelmäßige Jahresarbeitsentgelt von Frau Schuhmacher seit August dieses Jahres? Ist Frau Schuhmacher mit Ablauf dieses Jahres aus der Versicherungspflicht in der gesetzlichen Krankenversicherung ausgeschieden?

A 6: Herr Kern, geb. am 03. April 1945, war seit Juli des Kalenderjahres 1 als Kraftfahrer beschäftigt. Zum 28. Februar des Kalenderjahres 3 hatte er dieses Beschäftigungsverhältnis gekündigt, weil ihm die Arbeitsbedingungen insgesamt in der Firma nicht mehr zusagten. Am 1. März desselben Jahres hatte sich Herr Kern persönlich beim zuständigen Arbeitsamt arbeitslos gemeldet und Arbeitslosengeld beantragt.

Hat er grundsätzlich einen Anspruch auf Arbeitslosengeld?

Wenn ja: Wirkt sich die Kündigung des Beschäftigungsverhältnisses durch den Arbeitnehmer auf diesen Anspruch aus?

Berufsbildungsrecht

A 7: Die wichtigste Rechtsquelle im Bereich der Berufsbildung ist das Berufsbildungs-gesetz.

a) Nennen Sie fünf weitere einschlägige Gesetze und Verordnungen!

b) Das Jugendarbeitsschutzgesetz gilt ausschließlich für jugendliche Beschäftigte. Welche Regelungen trifft es hinsichtlich der gesundheitlichen Betreuung und der Arbeitszeit?

c) Beschreiben Sie die typischen Inhalte einer Ausbildungsverordnung!

A 8: Die Auszubildende Nicole Dehmer legt am 14. Januar eine ärztliche Schwanger-schaftsbescheinigung vor, voraussichtliche Entbindung am 26. August. Ihr Ausbil-dungsvertrag endet am 31. August; die Übernahme in ein Angestelltenverhältnis ist nicht vorgesehen. Am 24. Mai findet die schriftliche, am 11. Juni die praktische Abschlussprüfung statt. Informieren Sie Frau Dehmer über die rechtliche Situation lt. Mutterschutzgesetz und beachten Sie auch die Elternfreizeit lt. Bundeserzie-hungsgeldgesetz!

B Aufsatzthema zur Wahl

B 1: Individualarbeitsrecht
Die betriebsbedingte Kündigung (Anlässe, Überlegungen des Arbeitgebers, Durch-führung, gerichtliche Überprüfung)

B 2: Kollektivarbeitsrecht
Beteiligungsrecht des Betriebsrates bei fristgemäßen und fristlosen Kündigungen (Umfang des Informationsrechtes, Reaktionsmöglichkeiten des Betriebsrates, Aus-wirkungen für Arbeitgeber)

B 3: Sozialrecht
Die Altersrenten der gesetzlichen Rentenversicherung (persönliche Voraussetzun-gen, versicherungsrechtliche Voraussetzungen, Wartezeiten)

7.2.2 Betriebliches Personal- und Sozialwesen einschließlich dessen Organisation und Verwaltung

A Kurzthemen

Bei der Erarbeitung Ihrer Antworten gehen Sie bitte von folgender Situation aus:

»Ihre erste Position als Personalreferent/in erhielten Sie in einem Großbetrieb mit Filialen in der gesamten Bundesrepublik. Nach nunmehr fünfjähriger Tätigkeit wechselten Sie vor drei Monaten als Personalleiter/in in ein mittelständisches Han-delsunternehmen. Dort wird moderne Kommunikationstechnologie an den Zwi-schenhandel und an Verbraucher vertrieben. Ihnen zur Seite stehen ein Personal-fachkaufmann und sieben weitere Mitarbeiter/innen. Es besteht keine Tarifbindung.«

A 1: In dem Unternehmen war Personalarbeit – nach Ihrem Eindruck – immer vom »Hand in den Mund - Leben« geprägt. Um eine systematische Personalarbeit einführen zu können, wollen Sie die Abteilungsleiter grundlegend über Personalarbeit in der heutigen Zeit informieren. Sie wollen darstellen, dass sich Personalarbeit zwischen den Polen »soziale Ziele« und »wirtschaftliche Ziele« bewegt. Unter sozialen Zielen sind in erster Linie die der Arbeitnehmer zu verstehen, unter wirtschaftlichen Zielen die Interessen der Arbeitgeber. Entwerfen Sie stichwortartig, wie Sie das Spannungsfeld darstellen wollen! Was leiten Sie daraus für Ihre künftige Arbeit in der Firma ab?

A 2: In Ihrem neuen Unternehmen müssen Sie auch die Organisation des Personalwesens überdenken. In einem ersten Schritt wollen Sie klären, welche Aufgaben zukünftig dezentralisiert werden können und in die Verantwortung der Führungskräfte übergehen sollen. Geben Sie jeweils eine kurze Begründung und nennen Sie nur Schwerpunkte, keine Details!

A 3: Würden Sie sich unter Beachtung einer möglichst weitgehenden Dezentralisierung dazu entschließen, die Personalabteilung als Stabsstelle zu organisieren? Begründen Sie Ihre Meinung!

A 4: Die Unternehmensleitung hat Ihnen genehmigt, die zentrale Personalabteilung als Stabsstelle zu installieren. Würden Sie eine funktionale oder eine objektbezogene Organisationsform bevorzugen? Begründen Sie die gewählte Organisationsform!

A 5: Die Kantine im Unternehmen wurde bisher in »Eigenregie« betrieben. Aus Kostengründen beabsichtigen Sie andere Lösungen vorzusehen. Welche Möglichkeiten bieten sich für diese Firma an? Begründen Sie Ihre Auswahl und schildern Sie aus Ihrer Sicht auch Vor- und Nachteile Ihres Vorschlages!

A 6: Sie wollen vor den Führungskräften Ihrer Firma die Verantwortlichkeiten innerhalb der »Arbeitssicherheit« darstellen. Erläutern Sie diese unterschiedlichen Verantwortlichkeiten!

B Aufsatzthema zur Wahl

B 1: In Ihrem Unternehmen gibt es bisher an betrieblichen Sozialleistungen:

- freiwilliges zusätzliches Weihnachtsgeld (ein Monatsgehalt)
- Altersversorgung in Form der Direktzusage
- Zuwendungen bei »Arbeitnehmerjubiläen« in Höhe der ursprünglichen Steuerfreibeträge, die seit 01. April 1999 steuer- und sozialversicherungspflichtig sind.

Sie sollen diese betrieblichen Sozialleistungen umstrukturieren. Gemäß der Vorgabe soll das gleiche Kostenvolumen zur Verfügung stehen, nur eine geringfügige Erhöhung der Gesamtmittel ist denkbar. Ihre neuen Vorschläge für betriebliche Sozialleistungen sollen nach dem Willen der Geschäftsleitung »mehr Motivation« für die Arbeitnehmer bringen. Erarbeiten Sie Vorschläge und begründen Sie Ihre Auswahl!

B 2: Die Unternehmensleitung ist von den von Ihnen im Personalwesen umgesetzten organisatorischen Maßnahmen begeistert. Sie gibt zu, dass sich mit »Organisation« bisher niemand intensiv beschäftigt hat und jeder Fachbereich frei war, sich selbst zu organisieren. Die Unternehmensleitung überlegt, Ihnen den Auftrag zu erteilen, in Form eines Projektes den »Ist-Zustand« feststellen zu lassen. Wie würden Sie das Projektteam zusammensetzen und welche Durchführungsschritte würden Sie dem Team vorgeben? Sie sollen der Geschäftsleitung aussagefähige Begründungen liefern, damit eine fundierte Entscheidung getroffen werden kann!

7.2.3 Peronalplanung, -beschaffung und -steuerung

A Kurzthemen

A 1: Bei der Personalkostenplanung müssen Sie sowohl interne als auch externe kostenbeeinflussende Faktoren berücksichtigen. Beschreiben Sie jeweils drei der wichtigsten Einflussfaktoren!

A 2: Welche Einflussmöglichkeiten hat der Betriebsrat auf die Einführung und auf die Durchführung der betrieblichen Personalplanung?

A 3: Erklären Sie die betriebswirtschaftliche Bedeutung des »Personalleasing« und den möglichen Einfluss auf die Personalplanung!

A 4: Arbeitszeugnisse sind bei der Vorauswahl von Bewerbern/innen eine wichtige Entscheidungshilfe. Beschreiben Sie Aussagekraft, Form und Inhalt eines »qualifizierten Zeugnisses«!

A 5: Beschreiben Sie in Kurzform Vor- und Nachteile der innerbetrieblichen Personalbeschaffung!

A 6: Sie haben vergeblich in einer regionalen und in einer überregionalen Tageszeitung eine Stellenanzeige für den Leiter des Rechnungswesens geschaltet. Nun wollen Sie einen Personalberater beauftragen, den Sie zu einem Abstimmungsgespräch in Ihr Büro bitten. Die Geschäftsleitung will die Stelle spätestens in sechs Monaten besetzt sehen und gibt Ihnen die Vollmacht, alle erforderlichen Maßnahmen mit dem Personalberater zu besprechen und zu entscheiden.

Was werden Sie schwerpunktmäßig im Gespräch mit dem Personalberater erörtern?

Erstellen Sie mit diesem gemeinsam einen Ablaufplan von der Beschaffungsmethode über die Auswahl bis zur erfolgreichen Einstellung dieses leitenden Angestellten!

B Aufsatzthema zur Wahl

B 1: Die Leiterin der Personalabteilung und ihre Mitarbeiter stellen in Gesprächen mit neu eingestellten Mitarbeitern fest, dass diese sehr unzufrieden mit der Form der Einarbeitung in der jeweiligen Abteilung sind. Aus diesem Grund lädt die Personalleiterin die betroffenen Abteilungsleiter zu einer offenen Aussprache mit anderen Mitarbeitern der Personalabteilung über die Verbesserung der Einarbeitung ein.

a) Entwickeln Sie einen Maßnahmenkatalog!

b) Beschreiben Sie Einzelschritte, wie die Einarbeitung effizienter und effektiver erfolgen kann!

c) Begründen Sie Ihre ausgewählten Maßnahmen!

B 2: Nach Erscheinen einer Stellenanzeige kann die erste Kontaktaufnahme schriftlich, telefonisch oder durch direkte Vorstellung erfolgen. Bewerten Sie die unterschiedlichen Möglichkeiten und zeigen Sie Vor- und Nachteile auf!

7.2.4 Personalentwicklung, -förderung und -führung

A Kurzthemen

A 1: Was verstehen Sie unter Personalentwicklung? Warum ist Personalentwicklung sowohl aus Sicht des Unternehmens als auch aus Sicht der Beschäftigten notwendig?

A 2: Projektarbeit ist eine der anspruchsvollsten teilnehmeraktiven Aus- und Fortbildungsmethoden. Beschreiben Sie die Projektmethode in ihren Stufen!

A 3: Ein wichtiges Führungsmittel ist die Arbeitsbesprechung. Erläutern Sie, wann Sie dieses Führungsmittel einsetzen und begründen Sie Ihre Auswahl!

A 4: Sie praktizieren einen kooperativen Führungsstil. Einer ihrer Mitarbeiter weist seit längerer Zeit einen starken Leistungsabfall auf, den Sie sich nicht erklären können. In einem Gespräch wollen Sie Abhilfe schaffen. Wie könnte ein solches Gespräch ablaufen?

A 5: Bei der Erstellung einer Beurteilung wird ein dreistufiges Verfahren empfohlen: Beobachten – Beschreiben – Bewerten. Erläutern Sie, was bei diesen drei Stufen zu beachten ist!

A 6: Erläutern Sie die Bedeutung von Führungsgrundsätzen!

B Aufsatzthema zur Wahl

B 1: Zu den wichtigsten Aufgaben des Vorgesetzten gehört es, die Motivation der Mitarbeiter/innen sicherzustellen.

Was verstehen Sie unter Motivation und worin erkennen Sie ihre Bedeutung?

Wie können Anerkennung und Kritik als Motivationsmittel eingesetzt werden?

Beschreiben Sie weitere Möglichkeiten der Mitarbeitermotivation mit Beispielen!

B 2: Erarbeiten Sie ein Leistungs- und Potenzialbeurteilungssystem für Führungskräfte in einem Industrieunternehmen mit 1 000 Mitarbeitern!

Was verstehen Sie unter Leistungsbeurteilung, was unter Potenzialbeurteilung?

Stellen Sie einen Leistungs- und Potenzialbeurteilungsbogen dar, mit dem die Beurteilung durchgeführt werden kann!

Wie führen Sie das Beurteilungssystem im Unternehmen ein?

7.3 Lösungsvorschläge zur schriftlichen Prüfung

Arbeits-, Sozial- und Berufsbildungsrecht

A 1: Beschäftigungsförderungsgesetz (BeschFG) § 1 ergibt die Lösung für den 41 Jahre alten Mitarbeiter: Die Befristung ist unzulässig. Der Vertrag mit dem 60jährigen kann gem. § 1 Abs. 2 unbegrenzt weiter befristet werden. Da im ersten Fall der Vertrag nicht automatisch weiter läuft, muss der Arbeitnehmer gem. BeschFG § 1 Abs. 5 innerhalb von drei Wochen nach Ablauf der Befristung eine Feststellungs- klage beim zuständigen Arbeitsgericht erheben, dass die Befristung den Arbeits- vertrag nicht beendet hat. Die kaufm. Sachbearbeiterin wird aufgrund des Bundes- erziehungsgeldgesetzes § 21 eingestellt; gem. Abs. 1 in Verbindung mit Abs. 2 und 3 ist diese Befristung zulässig. Das BeschFG läuft am 31. Dez. 2000 aus und wird durch das Gesetz über befristete Arbeitsverträge und Teilzeitarbeit ersetzt.

A 2: Rechtlich zulässiger Rahmen:

Es ist einerseits die Privatsphäre der AN zu beachten und zu schützen, anderer- seits sollen die Interessen des AG an den Fragen Berücksichtigung finden. Dieses Spannungsfeld sollte etwas erläutert werden. Zulässige Fragen beziehen sich auf das Arbeitsverhältnis: Wettbewerbsverbot, Entgelthöhe, fachliche Qualifikationen, Resturlaubsanspruch, Fragen nach Vorstrafen und Krankheiten (nur soweit Tätig- keitsbezug vorliegt), Fragen nach Schwerbehinderung. Unzulässige Fragen: Vor- strafen, Krankheit ohne Tätigkeitsbezug, Kinderwunsch, Schwangerschaft (bei Gefährdung durch Arbeitsausübung zulässig), Gewerkschaftszugehörigkeit, Mit- gliedschaft Kirche oder Partei (ausgenommen Tendenzbetrieb). Reaktionsmöglich- keiten: Auf zulässige Fragen muss wahrheitsgemäß geantwortet werden. Geschieht dies nicht, kann der AG den Vertrag gem. BGB § 123 f. anfechten oder auch kündigen (Vorzuziehen ist die Anfechtung, da keine Betriebsratsbeteiligung erforderlich). Auf unzulässige Fragen kann ein AN die Antwort verweigern bzw. falsch antworten, ohne dass Sanktionsmöglichkeiten bestehen. Der gesamte Fra- genkomplex ist zu den vorvertraglichen Rechten und Pflichten und in der Recht- sprechung des BAG und des Europäischen Gerichtshofs behandelt.

A 3: Da eine Versetzungsklausel besteht und es sich um eine vergleichbare Tätigkeit handelt, kann der AG im Wege seines Direktionsrechtes versetzen. Der Betriebsrat ist gem. BetrVG § 99 zu beteiligen. Bei mehr als 20 Beschäftigten ist er zu infor- mieren. Erforderliche Unterlagen sind vorzulegen, insbesondere über eine vorzu- nehmende Umgruppierung, die zustimmungsbedürftig ist. Der Versetzungsbegriff ist in § 95 Abs. 3 geregelt. Reaktionsmöglichkeiten des Betriebsrates:

– er kann ausdrücklich (ohne Formvorschrift) zustimmen

– er kann schweigen (nach Ablauf von 7 Tagen gilt die Zustimmung als erteilt)

– er kann mit ausführlicher Begründung widersprechen (Gründe: § 99 Abs. 2); der Widerspruch muss schriftlich innerhalb von 7 Tagen erfolgen. Will der AG trotz- dem an der Versetzung festhalten, kann er die fehlende Zustimmung des Betriebsrates beim Arbeitsgericht einfordern bzw. er kann – soweit dies dringend und sachlich geboten ist – eine vorläufige personelle Maßnahme gem. BetrVG § 100 vornehmen. Auch hier ist die Klärung des Arbeitsgerichtes erforderlich.

A 4: BetrVG § 87 (soziale Angelegenheiten); gem. Abs. 1 Ziffer 2 hat der Betriebsrat über Beginn und Ende der tgl. Arbeitszeit mit zu bestimmen. Für die Reaktionsmöglichkeiten gibt es keine Frist. In jedem Fall ist vor dem Handeln des AG die Zustimmung erforderlich. Kommt keine Einigung zustande, ist gem. § 76 die Einigungsstelle einzuschalten. (Auch hier sollten im Rahmen der Antwort nähere Ausführungen erfolgen).

A 5: Das regelmäßige Jahresarbeitsentgelt beträgt seit August des lfd. Jahres 77 200 DM. Frau Schuhmacher ist nicht mit Ablauf dieses Jahres aus der gesetzlichen Krankenversicherung ausgeschieden. Begründung: Nach SGB V § 6 Abs. 1 Nr. 1 sind Arbeiter und Angestellte in der ges. KV versicherungsfrei, wenn das regelmäßige Jahresarbeits-entgelt 75 % der Beitragsbemessungsgrenze in der Rentenvers. (Jahresarbeitsentgeltgrenze) übersteigt. Sie hat ein jährliches Arbeitsentgelt von 80 200 DM (6 100 x 12 + 4 000 + 3 000). Davon ist die Gewinnbeteiligung als unregelmäßiges Entgelt abzuziehen = 77 200 DM. Die Jahresarbeitsentgeltgrenze wird mit 77 400 DM festgesetzt.

A 6: Herr Kern hat grundsätzlich Anspruch auf Arbeitslosengeld. Seine Kündigung löst eine Sperrzeit von 12 Wochen aus, in der der Anspruch auf Arbeitslosengeld ruht. Begründung: Anspruch haben nach SGB III § 117 Abs. 1 AN, die arbeitslos sind, sich beim Arbeitsamt als arbeitslos gemeldet und die Anwartschaftzeit erfüllt haben. Letztere ist gem. § 123 erfüllt, wenn mindestens 12 Monate ein Versicherungspflichtverhältnis bestanden hat. Nach § 124 beträgt die Rahmenfrist drei Jahre und beginnt mit dem Tag vor der Erfüllung aller sonstigen Voraussetzungen für den Anspruch auf Arbeitslosengeld. Im Fall Kern läuft die Rahmenfrist vom 01. März 00 bis zum 28. Februar 03. Während dieser Zeit war er mehr als 12 Monate in der Arbeitslosenversicherung pflichtversichert. Auch die übrigen Voraussetzungen sind erfüllt, so dass er grundsätzlich einen Anspruch hat. Da Herr Kern durch seine Kündigung die Arbeitslosigkeit vorsätzlich (zumindest grob fahrlässig) ohne einen wichtigen Grund herbeigeführt hat, tritt gem. § 144 die Sperrzeit von 12 Wochen ein und sein Anspruch ruht vom 01. März 03 bis zum 31. Mai 03.

A 7: a) (Es genügt das bloße Nennen der Vorschriften, je Gesetz bzw. VO : 0,5 Punkte). Jugendarbeitsschutzgesetz, Arbeitszeitgesetz, Mutterschutzgesetz, Betriebsverfassungsgesetz, Tarifvertragsgesetz, Ausbildungsverordnung, Ausbildereignungsverordnung.

b) Gesundheitliche Betreuung: Erstuntersuchung + ggf. Nachuntersuchung nach einem Jahr, Anforderung durch den Ausbildenden (JArbSchG §§ 32 ff.); Akkordarbeit (§ 23), Alkoholabgabeverbot (§ 31). Arbeitszeit: 5-Tage-Woche, 8-Stunden-Tag (§ 8), Berufsschulregelung (§ 9), Abschlussprüfungsregelung (§ 10), Pausenregelung (§ 11), Freizeit (§ 13), Nachtruhe (§ 14), Samstag/Sonntag/Feiertagsregelung (§§ 16 ff.).

c) (Die Inhalte sollen nicht nur aufgeführt, sondern auch erläutert werden). Bezeichnung des Ausbildungsberufes, Regeldauer der Ausbildung (= Höchstdauer bei Vertragsabschluss), Ausbildungsberufsbild (zur Berufsausübung erforderliche Qualifikationen), Ausbildungsrahmenplan (bundeseinheitliche Mindestinhalte, sachliche und zeitliche Gliederung der Ausbildung), Prüfungsanforderungen.

A 8: Vorsorgeuntersuchungen während der Arbeitszeit, keine schwangerschaftsgefährdenden Arbeiten, gelockertes Beschäftigungsverbot sechs Wochen vor dem errechneten Entbindungstermin, absolutes Beschäftigungsverbot acht Wochen nach der Entbindung (bei Frühgeburten, Mehrfachgeburten, Unterschreiten Mindestgewicht/-größe: zwölf Wochen), Kündigungsschutz vier Monate nach der Entbindung (entfällt bei bestandener Prüfung mit Ablauf des Fristvertrages). Während der Elternfreizeit (drei Jahre bis zur Vollendung des achten Lebensjahres) ruht der Beschäftigungsvertrag. Möglichkeit der Verlängerung des Berufsausbildungsvertrages auf Antrag der Schwangeren.

B 1: Beschrieben werden sollen die Gründe, die zu einer betriebsbedingten Kündigung führen (z.B. Rationalisierung, Schließung, Verkleinerung, Outsourcing). Dargestellt werden sollen die Überlegungen des Arbeitgebers, der betriebliche und der personelle Rahmen. Die Möglichkeiten des AG, betriebsbedingte Kündigungen zu vermeiden, sollen beschrieben werden (z.B. gezielte Urlaubsplanung, Gleitzeit, Kurzarbeit, Umsetzung u.a.m.). Angesprochen werden müssen die Durchführung der betriebsbedingten Kündigung (Auswahl, Beteiligung des Betriebsrates, Interessenausgleich, Sozialplan) und die Möglichkeiten der Überprüfung der betriebsbedingten Kündigung gem. Kündigungsschutzgesetz § 1 Abs. 1.

B 2: Umfassend soll das Beteiligungsrecht des Betriebsrates gem. BetrVG § 102 dargestellt werden. Reaktionsmöglichkeiten des Betriebsrates und Auswirkungen für AG bei einer fristlosen Kündigung (keine direkten Auswirkungen, Kündigungsschutzklage möglich). Regelungsmöglichkeiten bei Widerspruch gegen eine ordentliche Kündigung. Wie kann der AN einen Weiterbeschäftigungsanspruch realisieren?

B 3: Geschildert werden muss die aktuelle Situation gem. SGB VI (nur Altersrente). Hinterfragt werden sollten auch die Belastung der Generationen und das Prinzip der Eigenvorsorge, d.h. zusätzlich zur gesetzlichen Regelung sollten auch individuelle Zusatzmöglichkeiten einfließen.

Betriebliches Personal- und Sozialwesen einschließlich dessen Organisation und Verwaltung

A 1: Es soll dargestellt werden, welche Pole innerhalb der Personalwirtschaft die wirtschaftlichen und sozialen Ziele darstellen und es soll herausgearbeitet werden, dass die Personalabteilung immer einen wechselnden Kompromiss erreichen muss. Das Spannungsfeld soll stichwortartig dargestellt werden. Zur künftigen Arbeit soll sich begründet herauskristallisieren, dass der Standort der Personalleitung auf der Seite des AG ist, dass sie aber immer versuchen will, ihre Ausgleichsfunktion wahrzunehmen.

A 2: Beurteilung – Entwicklungsplanung – Fortbildung: Der Vorgesetzte kann die Leistungen und das Potenzial seiner Mitarbeiter sowie die erforderlichen Fortbildungsmaßnahmen am besten beurteilen. Gehaltsfindung innerhalb eines vorgegebenen Budgets: In Anlehnung an die Leistungsbeurteilung kann der direkte Vorgesetzte auch die Vergütung beeinflussen. Aktenführung: Sämtliche Unterlagen über die »Entwicklung« des Mitarbeiters kann der Vorgesetzte vor Ort aufbewahren. Er hat immer die aktuellsten Unterlagen und kann dem Mitarbeiter sofort Einsicht gewähren. Administration: Die zentrale Gehaltsabrechnung wird durch Online-Eingaben oder mittels Belegverfahren direkt »bedient«. Budgeterstellung/Personalplanung: Durch die Nähe am Tagesgeschäft ist immer die präziseste Vorausschau möglich. Generell sollte deutlich werden, dass alle »mitarbeiternahen« Tätigkeiten dezentralisiert werden können.

A 3: Die Fragestellung kann nur zustimmend beantwortet werden, da so die Möglichkeit besteht, die Personalabteilung direkt an die Unternehmensleitung anzuhängen und mit Fachspezialisten zu besetzen. Sie benötigt keine Weisungsbefugnisse, sondern muss lediglich beratend tätig werden: Die Entscheidungen treffen die Fachvorgesetzten oder die Unternehmensleitung.

A 4: Es bietet sich eine Funktionalorganisation an, da in der Stabsstelle Fachspezialisten mit mit sehr tiefem Fachwissen arbeiten, die in allen Personalfragen sehr detailliert beraten können. Der im Einzelfall betroffene Mitarbeiter steht hier nicht im Vordergrund.

A 5: Hier bietet sich die Form des Caterings an. Die Wahl kann so begründet werden: Professionelle Firmen, kein eigenes Personal, Risiko trägt die Catererfirma. Nachteile könnten sein: Eine problematische Zusammenarbeit mit dem Betriebsrat, Dreiecksverhältnis. Bei anderen Vorschlägen – z. B. Verpachtung – kann kaum die volle Punktzahl erreicht werden, auch nicht bei sinnvoller Begründung: Alle anderen Formen weisen gegenüber dem Catering zusätzliche Nachteile aus.

A 6: Darzustellen ist, dass der AG der Normadressat ist und er die Verantwortlichkeit abgestuft auf die Führungskräfte im Rahmen einer schriftlichen Übertragung verteilen kann. Es muss deutlich werden, dass Aufsichtspersonen (Ausbilder, Facharbeiter, dem ein Hilfsarbeiter fallweise unterstellt ist) ebenfalls Verantwortung tragen. Auch der einzelne AN ist verantwortlich. Keine Verantwortung im rechtlichen Sinne tragen der Betriebsrat, die Sicherheitsfachkräfte, Betriebsärzte.

B 1: Das Weihnachtsgeld könnte – falls die Unternehmensstruktur dies hergibt – auch in Form von Naturalien (Produkte der Firma, Dienstwagen o.ä.) gewährt werden. Die Altersversorgung sollte abgewandelt werden in eine Direktzusage mit möglicher Beteilgung der Arbeitnehmer, gekoppelt an die Betriebszugehörigkeit. Für die Jubiläen können ebenfalls Waren gegeben werden, kann ein Fest ausgerichtet werden, kann ein Reisegutschein o.a. ausgegeben werden. Es wäre auch denkbar, die Jubiläen abzuschaffen und dafür eine neue betriebliche Sozialleistung zu gewähren, z.B. Fahrgeldzuschuss, Zuschuss zu Fortbildungsmaßnahmen u.ä. Möglicherweise können diese Vorschläge auch die Mitarbeiter/innenmotivation erhöhen.

B 2: Teamzusammensetzung: Externer Unternehmensberater, interne Organisatoren und evtl. Vertreter aus den Fachbereichen. So können spezielle und branchenübergreifende Kenntnisse und Erfahrungen der Unternehmensberater genutzt werden und auch die interne »Betriebspsychologie« wird berücksichtigt. Gegebenenfalls bietet sich für dieses Projekt eine Matrix-Organisation an. Ablauf: Studium der vorhandenen Unterlagen – Fragebogen (Inhaltsübersicht, kein Zeitdruck, präzise Antwortmöglichkeit, Begründung der Aktion, Vorstellung, Gremienabstimmung) – Interview (Bestätigung/Korrektur der Antworten im Fragebogen). Beobachtung (zur persönlichen Einschätzung der Gesamtsituation sollten sich Teammitglieder an Arbeitsplätzen aufhalten).

Personalplanung, -beschaffung und -steuerung

A 1: Externe Faktoren: Änderungen durch Tarifverträge (Entgelt, Arbeitszeit, Urlaub) – Änderungen bei den Sozialversicherungsbeiträgen – Änderungen der Arbeitsmarktsituation, konjunkturelle Lage. Interne Faktoren: Schulungskosten – Entgeltsystem – Personalstruktur (Alter) – Ausfallzeiten (Sonderurlaub, Krankheitsquote), Fluktuationsquote (= hohe Beschaffungs- und Einarbeitungskosten). Von diesen Faktoren sollten je drei ausgewählt und näher beschrieben werden. Andere Faktoren sind ebenfalls zulässig, wenn sie zur Aufgabenstellung passen.

A 2: Der Betriebsrat hat gem. BetrVG § 92 Informations- und Beratungsrechte bei der Personalplanung. Es muss beim AG keine vollendet ausgefeilte Personalplanung bestehen; es reicht, wenn vorausschauende Angaben möglich sind. Darüber hinaus kann der Betriebsrat Vorschläge für die Einführung eine Personalplanung machen, ohne Mitbestimmungsrechte zu haben.

A 3: Betriebswirtschaftliche Aspekte: Die Personalreserve kann geringer sein. Es können kurzfristig Arbeitsspitzen bewältigt werden. Mit Personalleasing können Personalkosten kurzfristig abgebaut werden (Personalleasing = variable Kosten; Gehälter = fixe Kosten). Das Sichtrennen vom AN ist wesentlich leichter: kein Kündigungsschutz, keine Entgeltfortzahlung im Krankheitsfall, keine Urlaubsgewährung u.a. Die Personalplanung kann insoweit auch flexibel gehandhabt werden.

A 4: Das Zeugnis soll wohlwollend, wahrheitsgemäß, vollständig und individuell gestaltet sein. Inhalt: Name und Geburtsdatum, Beschreibung der Tätigkeit, Entwicklung, besondere Fähigkeiten, Bewertung der Leistung, Bewertung der Führung (Verhalten zu Vorgesetzten, Mitarbeitern, ggf. Kunden), Schlussklausel.

A 5: Vorteile: Geringere Beschaffungskosten, schnellere Verfügbarkeit, bessere Einpassung in die Entgeltstruktur, Kenntnis des Unternehmens, bessere Beurteilungsmöglichkeiten, motivatorische Aspekte, Übernahmechance für Auszubildende. Nachteile: Keine »Frischblutzufuhr«, Akzeptanzprobleme, u.U. erhöhte Schulungskosten. Ähnliche Aspekte, die in das Gesamtbild passen, sind entsprechend zu bewerten.

A 6: Gespräch mit dem Personalberater: Briefing über das Unternehmen (Ziel- und Strategiedarstellung, Unternehmenskultur, Führungsgrundsätze; Aufbauorganisation, Bereichsorganisation Finanzen) – Erstellung des Anforderungsprofils der Funktion Leiter Rechnungswesen – Wahl der Beschaffungsmethode – Festlegung der Verantwortlichkeiten zwischen Unternehmensvertretern und Personalberater – Zeitplan – Interviewführung mit den Bewerbern – Auswahlverfahren.
Ablaufplan: Personalberater spricht im »Direct Search« potenzielle Kandidaten an. Vorselektion durch den Personalberater, Präsentation der z.B. drei aussichtsreichsten Kandidaten nach vorangegangenem Abgleich. Anforderungsprofil und Eignungsprofil. Erste Vorstellungsrunde (Einzelgespräche Bereichsleiter, Personalleiter und -berater. Einzel- oder Gruppenassessment. Auswertung der Ergebnisse im Team und Gespräch mit dem erfolgreichsten Bewerber. Erstellung des Arbeitsvertrages mit Unterschrift der Vertragspartner. Anlegen der Personalakte.

B 1: Die Einarbeitung ist Teil der Führungsaufgabe des jeweiligen Vorgesetzten. Selbstverständlich kann man auch flankierend einen »Paten« beauftragen. Im ersten Schritt sind die Gründe für die Unzufriedenheit festzustellen, z.B. niemand fühlt sich für den neuen Mitarbeiter zuständig, es gibt kein strukturiertes Einarbeitungsprogramm und keinen Zeitplan. Danach ist entsprechend der Analyse ein konkreter Maßnahmenplan zu erstellen.

Maßnahmen vor Arbeitsantritt: Arbeitsplatz herrichten, Arbeitsmittel bereitstellen, Schulungs– und Einweisungsplan erstellen, Kollegen/Mitarbeiter informieren, Empfang sicherstellen.

Maßnahmen bei bzw. nach Arbeitsantritt: Begrüßung und Einführungsgespräch, Rundgang durch alle Geschäftsräume und Vorstellen des neuen Mitarbeiters im Haus. Neuen Mitarbeiter mit Aufbau- und Ablauforganisation vertraut machen mit dem Ziel, betriebliche Zusammenhänge aufzuzeigen. Eine Gesprächsrunde aus Fachabteilungsleitern und Personalabteilung sollte zu einem Konsens finden über ein systematisches und strukturiertes Einarbeitungsprogramm, das in allen Abteilungen der Unternehmung genutzt werden kann.

B 2: Vorteile Kontaktaufnahme schriftlich:
Zeitlich gestreckte Auswertungsmöglichkeiten und Möglichkeit der Vorab-Auswahl
Nachteil: Großer Arbeitsaufwand
Vorteile Kontaktaufnahme telefonisch:
Schneller Kontakt möglich, Abklären von Vorstellungen über den Arbeitsplatz und Gehalt
Nachteile: Großer »Andrang«, evtl. negatives Firmenimage beim Bewerber
Vorteile direkte Vorstellung:
Persönlicher Eindruck, schnelle Entscheidung, Klärung von Vorfragen persönlich
Nachteil: U.U. kurzfristig sehr hoher Arbeitsanfall.

Personalentwicklung, –förderung und –führung

A 1: Personalentwicklung = alle Maßnahmen eines Unternehmens, durch die die Fähigkeiten der Mitarbeiter verbessert, erweitert oder verändert werden = Verstärkung des Leistungspotenzials aller förderungswilligen und förderungsfähigen Mitarbeiter. Voraussetzung ist das Erfassen der vorhandenen Entwicklungspotenziale.

Unternehmenssicht:
Sicherung des Bestandes an Fach– und Führungskräften, Nachwuchsgewinnung aus den eigenen Reihen, Qualifikationsanpassung an veränderte Anforderungen, höhere Flexibilität im Personaleinsatz, Verringerung der Personalbeschaffungs- und -einarbeitungskosten, Mitarbeitermotivation, Senkung der Fluktuationsrate, Sicherung der Managementkontinuität, Verbesserung des Images am Arbeitsmarkt.

Mitarbeitersicht:
Anpassung der persönlichen Qualifikation und damit Vermeidung von Über- und Unterforderung, Grundlage für den persönlichen Aufstieg als Laufbahnplanung, Erhöhung der Selbstverwirklichung (anspruchsvollere Aufgaben, größere Verantwortung), Erhöhung der persönlichen Mobilität am Arbeitsmarkt.

Fachkompetenz	= Kenntnisse und Fertigkeiten
Methodenkonpetenz	= Zielgerichtetes Vorgehen, Lernfähigkeit, Beherrschen von Lern und Präsentationstechniken
Sozialkompetenz	= Motivations-, Integrations- und Kommunikationsfähigkeit, Kooperationsbereitschaft, Konfliktlösungsbereitschaft und -fähigkeit. Ohne Selbstwertgefühl ist Sozialkompetenz nicht erreichbar
Persönlichkeitskompetenz	= Erscheinungsbild, Sprache und Körperhaltung, Selbstbewusstsein, Initiative, Kreativität, Arbeitsethik.

A 2: Verabreden des Projekts:
Komplexe reale Aufgabe, deren Bearbeitung alle Lernbereiche anspricht. Das Ergebnis muss im Unternehmen verwertbar sein.

Planung des Projekts:
Selbstständige Gruppentätigkeit mit beratender Trainertätigkeit, Einbau von Zwischenkontrollen, gemeinsame Verabschiedung des Ablaufplanes.

Durchführung des Projekts:
Volle Selbstständigkeit der Projektgruppe(n), Trainer greift nur auf Anforderung ein, Praktizieren kooperativer Arbeitsabläufe und Lernvorgänge.

Kontrolle des Projektergebnisses:
Zunächst durch die Gruppe(n), anschließend Beurteilung der Realisierung des Projektplanes durch den Trainer.

Dokumentation des Projektaufgabe, des -ablaufs und des -ergebnisses:
Sprachliche und grafische Gestaltung unter besonderer Betonung der Zusammenhänge komplexer Vorgänge und Abläufe.

A 3: Führungsmittel (-instrumente) sind wichtig für die Mitarbeitermotivation, der Vorgesetzte nutzt sie in Ausübung seiner Funktionen. Mit der Arbeitsbesprechung hat er die Möglichkeit

– zu informieren, z.B. über Unternehmensziele, Projekte, Veränderungen usw.

– Entscheidungen gemeinsam mit den Mitarbeitern zu treffen, Fachwissen zu nutzen

– Probleme mit Beteiligung der Mitarbeiter zu lösen, Lösungsvielfalt vorzubereiten

– Projekte, Aufgaben gemeinsam zu planen, zu strukturieren, Verantwortung zu verteilen

– Brainstorming zur Ideenfindung zu betreiben, z.B. bei langfristigen Strategien.

Die Mitarbeiter werden motiviert, weil sie in Entscheidungsprozesse integriert werden und durch Information sich mit den Inhalten identifizieren können und weil sie ihr Fachwissen aktiv einbringen können. Arbeitsbesprechungen stärken den Teamgedanken und die Teamfähigkeit.

A 4: Gesprächsablauf:

– Die Atmosphäre muss gleichgewichtig sein, es darf keine Angreifer/Verteidiger - Situation entstehen, wenn das Gespräch kooperativ gestaltet sein soll.

– Der Vorgesetzte muss zuhören können. Je mehr sich der Mitarbeiter zu Beginn des Gesprächs offenbaren kann, umso erkennbarer wird der Problemlösungsweg.

– Die Gründe des Leistungsabfalls aus Mitarbeitersicht werden vom Vorgesetzten noch einmal zusammengefasst und der Vorgesetzte schildert den Leistungsabfall und seine möglichen Auswirkungen aus Unternehmenssicht.

– Lösungsvorschläge werden vom Mitarbeiter aus seiner Sicht unterbreitet und vom Vorgesetzten aus Unternehmenssicht akzeptiert, ergänzt oder verworfen.

– Das Gespräch schließt mit klaren Verabredungen und mit Terminsetzung. Kooperativer Führungsstil setzt voraus, dass ein Ergebnisprotokoll erstellt und von beiden Gesprächsteilnehmern unterschrieben wird.

A 5: 1. Stufe: Beobachten
Das Beobachten geschieht nicht zufallsbedingt, sondern planmäßig und beiläufig. Zuverlässiges Beobachten muss sich auf einen ausreichend langen Zeitraum stützen. Wenn sich Beobachtungen wiederholen, sind diese typisch. Einmalige Beobachtungen sind ohne Ursachenforschung atypisch. Selbstverständlich müssen persönliche Vorurteile ausgeschaltet werden (ein zweiter Beobachter kann sehr viel zur Objektivität beitragen).

2. Stufe: Beschreiben
Beschreiben bedeutet das Anfertigen schriftlicher Notizen. Selbstverständlich kann man sich auf Notizen besser verlassen als auf das Gedächtnis. Dabei muss darauf geachtet werden, dass nicht nur Negatives beschrieben wird. Positive Eindrücke sind genau so wichtig, erst der Vergleich lässt Schlüsse zu. Oft wird dabei unbewusst falsch formuliert, indem sofort damit eine Bewertung verbunden wird. Richtig: Herr M. hat einen Besprechungstermin vergessen. Falsch: Herr M. ist vergesslich und unpünktlich.

3. Stufe: Bewerten
Bewerten = Urteil abgeben über sachliche Leistungen, persönliches Verhalten und beobachtete Eigenschaften. Der Beurteiler muss sein Urteil vertreten können – vor dem Beurteilten, vor seinen Vorgesetzten und vor sich selbst. Dazu muss es Beurteilungsmaßstäbe geben, die für alle Mitarbeiter in vergleichbarer Position gelten und sich am Leistungsdurchschnitt orientieren.

A 6: Führungsgrundsätze sind Verhaltensleitsätze und Führungsrichtlinien. Sie dienen dem Durchsetzen eines einheitlichen Führungskonzeptes und sind Grundlage zur Beurteilung des Führungsverhaltens von Vorgesetzten. Sie helfen den Führungskräften, einen unternehmensgemäßen Führungsstil zu praktizieren. Mit den

Führungsgrundsätzen wird Führung kontrollierbar (Einhaltung von Normen, deren Verstoß durch Sanktionen geahndet wird).

B 1: Motivation ist sehr wichtig – aber nicht alles! Motivation zielt nur auf die Leistungs-bereitschaft. Zum Erbringen persönlicher Leistung sind aber drei Dimensionen zu besetzen: neben der Leistungsbereitschaft die Leistungsfähigkeit und die Leistungsmöglichkeit. Fähigkeiten kann man nicht durch Motivation ereichen, sondern durch Kenntnisse und Fertigkeiten und durch das Erkennenkönnen von Zusammenhängen. Die Leistungsmöglichkeit im Unternehmen unterliegt stark der Fremdbestimmung. Trotzdem hängen alle drei Dimensionen zusammen: Die Leistungsfähigkeit ist nur erweiterbar, wenn die Möglichkeit zur Leistung vorhanden ist – und dann ist in der Regel auch Leistungsbereitschaft vorhanden.

Anerkennung (Lob) motiviert, denn sie stärkt das Selbstwertgefühl – freilich nur dann, wenn sie nicht inflationiert und damit nicht wahrgenommen wird. Auch Kritik motiviert, wenn es sich um »konstruktive Kritik« handelt. Diese läuft in drei Stufen ab: Feststellen des Fehlverhaltens/der Fehlleistung – Aufzeigen des richtigen Handelns/Verhaltens – und Praktizieren der Stufe 2. Erst mit Learning by doing wird die Kritik zum konstruktiven Erleben. Weitere Motivationsmöglichkeiten sind Ausweiten des Verantwortungsbereiches oder Belohnung für eingereichte Verbesserungsvorschläge, aber auch »extrinsische Faktoren« wie das Zur-Verfügung-Stellen des Firmenwagens auch für private Zwecke, das Einrichten eines größeren Büros u.ä.

B 2: Die Leistungsbeurteilung ist vergangenheitsbezogen, die Potenzialbeurteilung zielt in die Zukunft, will das Potenzial für künftige Aufgaben erkunden.

Beurteilungsbogen:
Personalia, Beurteilungszeitraum, Ziele und Zielerreichung, Beurteilungsmerkmale und -stufen, Gewichtung, festgestelltes Potenzial hinsichtlich Mitarbeiterziele, Mobilität, vorhandene und/oder ausbaufähige Kompetenzen, notwendige Personalentwicklungsmaßnahmen. Unterschrift des Beurteilers, des Beurteilten und des nächsthöheren Vorgesetzten.

Einführung eines Beurteilungssystems:
Vorgaben der Unternehmensleitung – Bilden einer Projektgruppe – Bestandsaufnahme, evtl. geeignete Beispiele aus anderen Unternehmen, Literatur – Erarbeiten des Beurteilungssystems – Vorstellen des Systems bei der Unternehmensleitung und beim Betriebsrat, Erläuterung des Systems auf Betriebsversammlungen – Training/Coaching – Transferkontrolle.

Lösungen zu den Kontrollfragen

Kapitel 2: Volks- und betriebswirtschaftliche Grundlagen

2.1 Volkswirtschaft

Zu Abschnitt 2.1.1 bis 2.1.3

1. Als Bedarf bezeichnet man die mit Kaufkraft ausgestatteten Bedürfnisse. Der Individualbedarf liegt in der körperlichen, geistigen und seelischen Eigenart des Einzelnen begründet. Der Kollektivbedarf ergibt sich aus dem Zusammenleben der Gesellschaft. Zum Kollektivbedarf gehören zum Beispiel der Ausbau der Bildungseinrichtungen, die Verbesserung der Verkehrsanbindung, die Errichtung von Krankenhäusern, die Gestaltung des sozialen Netzes, die Gewähr der Sicherheit.

2. Minimalprinzip: Erreichen eines vorgegebenen Ertrages mit möglichst geringem Aufwand.
   Maximalprinzip: Erreichen eines maximalen Ertrages mit vorgegebenen Finanzmitteln. Die jeweilige Anwendung hängt von den Einkommensverhältnissen, aber auch von den Charaktereigenschaften des Menschen ab: Minimalprinzip = Streben nach Sparsamkeit, Maximalprinzip = Streben nach Ergiebigkeit.

3. Rationalisierung bedeutet meist Ersatz des Produktionsfaktors Arbeitskraft durch den Produktionsfaktor Kapital. Eine derart erzielte Kostensenkung verschafft bessere Wettbewerbschancen. Der Berufstätige kann ggf. durch Qualifizierung gegensteuern, durch Erhöhung seiner Mobilität und durch die Fähigkeit, berufslebenslang zu lernen.

4. Das Individualprinzip findet seine Ausprägung im Liberalismus und im Kapitalismus, das Kollektivprinzip im Sozialismus und im Kommunismus. Grundansatz des Liberalismus ist, dass eine freiheitliche Ordnung die Entfaltung der individuellen Fähigkeiten ermöglicht und zum Wohlstand führt. Das Kollektivprinzip ordnet den Einzelnen der Gesellschaft unter. Die Wirtschaftsordnung garantiert beim Individualprinzip das Privateigentum an Produktionsmitteln, während diese beim Kollektivprinzip Eigentum der Gesellschaft sind (Karl Marx). Das Individualprinzip ist ein Grundelement marktwirtschaftlicher Ordnung, das Kollektivprinzip ist nur in einer Zentralverwaltungswirtschaft realisierbar.

5. Erwerb von Privateigentum ist der Motor wirtschaftlichen Handelns. Wird dieser Motor abgewürgt, fehlt der Leistungsanreiz für Gewinn und Nutzen. Außerdem kann der gesellschaftliche Nutzen nicht die Antriebskraft des Individualnutzens haben. Schließlich sorgt der Markt durch seine Regulierungsfunktion für den ökonomischen Einsatz der Produktionsfaktoren.

6. Unabhängigkeit und Entfaltungsmöglichkeit des Einzelnen sind erst dann optimiert, wenn Eigentum breit gestreut ist. Nur durch Eingriffe der staatlichen Ordnung in den Markt kann der Unterlegenheit des schwächeren Marktpartners entgegengewirkt werden.

Zu Abschnitt 2.1.4

7. Das einfache Wirtschaftskreislaufmodell kennt nur Haushalte und Unternehmen. Das Einkommen der Haushalte wird voll konsumiert, die Kapazität der Unternehmen bleibt gleich. Der Güterkreislauf besteht aus den Faktorleistungen der Haushalte und der Güterbereitstellung durch die Unternehmen (Güterströme oder Realströme) – der Geldkreislauf bewegt sich gegenüber dem Güterkreislauf gegenläufig und umfasst die Einkommen und Konsumausgaben der Haushalte, die zu Erlösen der Unternehmen werden.

   Das erweiterte Wirtschaftskreislaufmodell bezieht Sparen (der Haushalte) und Investitionen (der Unternehmen) ein, wie auch außenwirtschaftliche Beziehungen und steuerliche Aktivitäten auf der Einnahmen- und auf der Ausgabenseite des Budgets der Öffentlichen Hände.

8. Transferzahlungen sind Abgaben der Haushalte und Unternehmen an den Staat zur Finanzierung von Zahlungen an die Unternehmen und die Haushalte. Je größer der Bereich der Transferzahlungen, umso mehr wird das Individualprinzip durch das Kollektivprinzip ersetzt.

9. Die Entstehungsrechnung misst die Wertschöpfung in den einzelnen Sektoren der Volkswirtschaft zu Marktpreisen.

   Die Verteilungsrechnung gibt an, welcher Teil des Volkseinkommens auf unselbstständig Arbeitende und welcher auf Unternehmer und auf Vermögen entfällt.

   Die Verwendungsrechnung zeigt, in welchem Ausmaß die erbrachten Leistungen von den Haushalten, von den Unternehmen, vom Staat und als Außenbeitrag (Saldo Export und Import) verwendet wurden.

10. Funktionelle Einkommensverteilung: Wie teilt sich das Volkseinkommen auf in Arbeitseinkommen, Bodeneinkommen, Kapitaleinkommen und Unternehmergewinne?

    Personelle Einkommensverteilung: Welche Anteile des Volkseinkommens entfallen auf die einzelnen Haushalte?

11. Bruttosozialprodukt = von Staatsangehörigen erbrachte Leistung, Bruttoinlandsprodukt = innerhalb der Staatsgrenzen erbrachte Leistung.

12. Die Haushalte aller Art sparen von ihrem verfügbaren Einkommen bei Kapitalsammelstellen (Banken) und stellen damit Finanzmittel für eigene oder fremde Investitionen (Ersatz- oder Neuinvestitionen) zur Verfügung.

Zu Abschnitt 2.1.5

13. Auf dem Markt werden alle ökonomischen Beziehungen zwischen allen Anbietern und Nachfragern eines bestimmten Gutes in einem bestimmten Raum und zu einer bestimmten Zeit abgewickelt. Es gibt Faktormärkte (Arbeitsmarkt, Immobilienmarkt, Geld- und Kapitalmarkt) und Gütermärkte (Konsumgüter- und Investitionsgütermärkte).

14. Ein vollkommener Markt kann in der Realität nicht vorkommen, denn die Güter müssten gleichartig sein, es dürfte keine Präferenzen geben, jeder Marktteilnehmer müsste vollständige Marktübersicht haben und alle müssten sofort reagieren können auf Veränderungen von Angebot und/oder Nachfrage.

15. Die Nachfrageelastizität eines Gutes ist das prozentuale Verhältnis zwischen Preis- und Einkommensänderungen und Mengenänderungen. Die Nachfrageelastizität nach Gütern des notwendigen Bedarfs (z. B. Brot) ist gering, die nach Gütern des gehobenen Bedarfs (z. B. Schmuck) groß.

16. Neben dem Preis können die Zahl der Anbieter bzw. Nachfrager, das Tempo der technischen Entwicklung, die Bedarfslage u.a. Nachfrage und Angebot beeinflussen.

17. Vorteile: bessere Marktübersicht, Preisstabilisierung durch Mengenrabatte und durch kostengünstige Produktion.

    Nachteile: zu große Marktmacht, Verringerung von Wettbewerb und Einschränkung der Produktvariabilität.

18. Gesetz gegen den unlauteren Wettbewerb, Rabattgesetz, Preisauszeichnungsverordnung, Gesetz gegen Wettbewerbsbeschränkungen, Zugabeverordnung.

Zu Abschnitt 2.1.6

19. Tausch- und Zahlungsmittel: erleichtert den Güter- und Dienstleistungsaustausch, Grundlage der Kreditgewährung.

    Wertaufbewahrungsmittel: sichert Zahlungsfähigkeit und erweitert den Entscheidungsspielraum.

    Wertungsmaßstab und Recheneinheit: Voraussetzung für das gesamte Rechnungswesen.

20. Erste Stufe: Deutsche Bundesbank mit neun Landeszentralbanken (regionale Hauptverwaltungen).

    Zweite Stufe: Geschäftsbanken, eingeteilt in privatrechtliche, öffentlich-rechtliche, genossenschaftliche Banken und Spezialbanken.

21. Geldpolitisches Instrumentarium der EZB:

    Spitzen-Refinanzierungs- und Einlagenfazilität = Zinssatzänderung

    Mindestreservepolitik = Änderung des Kreditvolumens

    Offenmarktgeschäfte = Direkte Geldschöpfung bzw. -vernichtung.

22. Veränderungen des Binnenwertes erkennt man am Preisindex für die Lebenshaltung, Veränderungen des Außenwertes am Wechselkurs.

23. Geldmenge M 3 = Bargeldumlauf + Sichteinlagen + Termineinlagen bis zu vier Jahren + Spareinlagen mit gesetzlicher Kündigungsfrist.

24. Die Festsetzung der Wechselkurse und die einheitliche Währung können die außenwirtschaftlichen Beziehungen (auf die Deutschland sehr angewiesen ist) erheblich ausweiten und die Außenhandelspreise stabilisieren und damit die Konjunktur beleben.

Zu Abschnitt 2.1.7

25. Aufschwung: zunehmende Nachfrage, bessere Auslastung der Kapazitäten und Entlastung des Arbeitsmarktes.

    Boom: Arbeitskräftemangel, erhöhte Preissteigerung auf allen Märkten und hoher Fixkostenanteil der Unternehmen.

    Abschwung: gleichzeitiger Nachfragerückgang auf den Investitions- und Konsumgütermärkten, Freisetzung von Arbeitskräften und Zunahme von Unternehmenszusammenbrüchen.

    Depression: Sie wird ausgelöst durch zunehmende Arbeitslosigkeit, Verringerung der Kaufkraft und zunehmend fehlende Kostendeckung.

26. Bestimmungsgrößen des »magischen Vierecks«:
    - stetiges angemessenes Wirtschaftswachstum, gemessen am realen Brutto-inlandsprodukt
    - Stabilität der Währung, gemessen am Preisindex für die Lebenshaltung
    - hoher Beschäftigungsstand, gemessen an der Arbeitslosenquote
    - außenwirtschaftliches Gleichgewicht, gemessen an der Leistungsbilanz.

27. Friktionelle Arbeitslosigkeit ist eine kurzfristige Arbeitslosigkeit als Folge mangeln-der Übersicht über den Arbeitsmarkt.

    Saisonale Arbeitslosigkeit ist eine Folge jahreszeitlicher Produktions- und Nach-frageschwankungen.

    Konjunkturelle Arbeitslosigkeit liegt vor bei Rückgang der gesamtwirtschaftlichen Güternachfrage und Güterproduktion.

    Strukturelle Arbeitslosigkeit bedeutet Ungleichgewichte auf Teilarbeitsmärkten zwischen angebotenen und nachgefragten Arbeitsleistungen. Diese Arbeitslosig-keit ist in der Regel langfristig.

28. Geldpreispolitik und Geldmengenpolitik. Mit Einführung des Euro ist die Europä-ische Zentralbank (EZB) in Frankfurt am Main für die Sicherung der Währungssta-bilität in den Euro-Ländern verantwortlich. Ihr Leitungsgremium, der Europäische Zentralbankrat, setzt sich aus den Zentralbankgouverneuren aller Mitgliedstaaten zusammen.

29. Über den öffentlichen Haushalt werden die Ausgaben (Investitionen), die ordentli-chen Einnahmen (Steuern) und der Kapitalmarkt (Nettokreditaufnahme) beeinflusst. Eine Ausweitung der Ausgaben durch öffentliche Investitionen erzwingt gleichzeitig ein Zurückführen an anderen Ausgabestellen oder eine Erhöhung der Steuern oder/und eine Erhöhung der Kreditnachfrage der Öffentlichen Hand.

30. Wenn man alle Sparten außerhalb der eigentlichen Güterproduktion zum Dienst-leistungssektor rechnet, arbeiten heute 2/3 aller Erwerbstätigen in den westlichen Industrieländern im Dienstleistungsbereich, 1970 waren es nur knapp 50%. Als Ursache für diese Verlagerung gelten die neuen »intelligenten« Dienste (z. B. For-schung, Softwareerstellung, Finanzdienstleistungen, Informationen). Dazu kommt, dass Industriebetriebe aufgrund günstigerer Stückkosten die Produktion zuneh-mend ins Ausland verlagern. Die Reaktionen auf diese Entwicklung greifen noch nicht: andere Berufsstrukturen, bessere Beherrschung der Schlüsselqualifika-tionen usw.

2.2 Betriebswirtschaft

Zu Abschnitt 2.2.1 bis 2.2.3

31. Der Betrieb ist die technisch-organisatorische Einheit, die Sachgüter bzw. Leistungen erstellt. Als Unternehmung bezeichnet man die juristisch-finanzielle Einheit.

32. Im Gesellschaftsvertrag sollten mindestens die finanzielle Beteiligung und die Haf-tung, die personelle Besetzung der Funktionen, die Gewinnverteilung und ggf. die Kündigungsmöglichkeiten geregelt werden.

33. OHG: nur Vollhafter, KG: Voll- und Teilhafter, Stille Gesellschaft: Stiller Gesellschaf-ter nur haftbar, wenn im Vertrag geregelt. BGB-Gesellschaft: Haftung »zur gemein-samen Hand«.

34. Das Handelsregister ist das Verzeichnis aller Kaufleute eines Amtsgerichtsbezirks.

35. HRB = Kapitalgesellschaften: Name, Geschäftssitz und Gegenstand der Unternehmung, Name der Vorstandsmitglieder (AG) bzw. des Geschäftsführers (GmbH, KGaA,), gezeichnetes Kapital, Prokuraerteilung und -löschung, Liquidation, Vergleichs- und Konkurseröffnung. Der Eintrag wirkt entweder konstitutiv = rechtserzeugend (die juristische Person entsteht durch die Eintragung) oder deklaratorisch = rechtsbezeugend (Prokura).

36. Die Rechtsform muss bei Kapitalgesellschaften und bei Genossenschaften ausgewiesen werden, weil die juristische Person gekennzeichnet sein muß.

37. Vorteile der Konzentration im Einzelhandel: Großunternehmen mit ihren besseren Finanzierungsmöglichkeiten fördern den technischen Fortschritt.
    Unternehmenszusammenschlüsse vermindern das Risiko für die Unternehmung.
    Nachteile: Die Unternehmen können ihre Lieferanten und die Verbraucher zu ihren Gunsten beeinflussen; innerbetrieblich verkörpern sie eine Machtstellung gegenüber ihren Beschäftigten.

38. Gesetz gegen den unlauteren Wettbewerb, Rabattgesetz, Preisauszeichnungsverordnung, Gesetz gegen Wettbewerbsbeschränkungen, Zugabeverordnung.

39. Das Stabliniensystem unterstützt die dispositive Tätigkeit auf verschiedenen Hierarchieebenen und ist damit geeignet, Rentabilität und Produktivität des dispositiven Faktors zu erhöhen.

40. Die Netzplantechnik als Instrument der Ablauforganisation weist auf zeitliche Engpässe und auf Pufferzeiten hin und zeigt Möglichkeiten, die Projektablaufdauer zu verkürzen. Zeit ist Geld!

Zu Abschnitt 2.2.4 und 2.2.5

41. Der dispositive Faktor leitet, plant, organisiert und überwacht die optimale Kombination der Produktionsfaktoren Arbeitskraft, Betriebsmittel und Werkstoffe. Damit ist ihm die Verantwortung für das gesamte Betriebsgeschehen übertragen.

42. Als Marketing-Mix wird die betriebsindividuelle optimale Kombination der Marketingaktivitäten bezeichnet. Dabei sind drei Marketing-Mix-Segmente zu unterscheiden: Mit dem Produktmix versuche ich, nur solche Produkte aufzunehmen, die im Hinblick auf Art, Qualität, Design, Styling, Preis eine optimale Lösung abgeben. Mit dem Kommunikationsmix verfolge ich das Ziel bekanntzumachen, welche optimale Problemlösung (Sortiment) das Unternehmen anzubieten hat. Dazu muss ich Außendienst, Werbung und PR-Aktivitäten aufeinander abstimmen. Mit dem Distributionsmix erreiche ich, dass die Problemlösung (das Sortiment) auch tatsächlich alles zur rechten Zeit preisgünstig anbietet, was im Kommunikationsmix versprochen wurde.

43. Just-in-time: Es wird nicht mehr produziert (eingekauft) als abgesetzt (verkauft), damit keine unnötigen Bestände auftreten und der Eingang von Material (Einkauf von Waren) sofort verarbeitet wird. Die Kapitalbindung wird so niedrig wie möglich gehalten. Nachteile können bei plötzlichem Nachfrageanstieg und bei Unzuverlässigkeit von Lieferanten entstehen.
    Lean-production: kontinuierliche Kostensenkung durch weniger Personal, weniger Produktionsfläche, weniger Fehler, geringere Investitionen, kleinere Lagerbestände, kürzere Entwicklungs- und Durchlaufzeiten. Das setzt eine Dezentralisierung von Aufgaben und Verantwortungsbereichen voraus.

Warenwirtschaftssystem: Die Funktionsbereiche sind EDV-gestützt so eng miteinander verbunden, dass jederzeit gezielte Informationen über das augenblickliche Geschehen abgerufen werden können – eine augenblickliche mengen- und wertmäßige Kontrolle auf allen Ebenen des Warenflusses.

44. Die Wahl der Finanzierungsart ist zunächst vom Verhältnis Eigenkapital zu Fremdkapital abhängig. Eigenkapital steht bei schwacher Geschäftslage aufwandslos zur Verfügung. Neue Gesellschafter haben aber Mitspracherecht. Bei Fremdfinanzierung wird die Liquidität durch den Zinsanspruch des Kapitalgebers (Gläubiger) belastet. Ein hoher Fremdkapitalanteil belastet die Entscheidungsfreiheit des Unternehmens vor allem bei Großkreditgebern. Bei der Selbstfinanzierung handelt es sich um zinsloses Kapital, das möglicherweise weniger ausgeprägt der Kontrolle durch die Rentabilität unterliegt. Selbstfinanzierung erhöht das Eigenkapital.

45. Eine differenzierte Kostenstellenrechnung erlaubt, die Gemeinkosten dort zuzurechnen, wo sie entstanden sind (Verursacherprinzip). Die Richtigkeit der Zuordnung hängt vom Ausmaß der Differenzierung ab. Je differenzierter die Kostenstellen geführt werden, umso genauer ist die Kostenverursachung zu erfassen, zu kontrollieren und abzustellen. Die Zuordnung der Kosten auf die betrieblichen Funktionen (Industrie) bzw. auf die Waren (Handel) erfolgt im Betriebsabrechnungsbogen.

46./47.

$$\text{Rentabilität} = \frac{(\text{Gewinn} \cdot 100)}{\text{Kapital}}$$

$$\text{Wirtschaftlichkeit} = \frac{\text{Leistungen}}{\text{Kosten}}$$

$$\text{Produktivität} = \frac{\text{Output}}{\text{Input}}$$

Lagerkennziffern:

$$\text{durchschnittlicher Lagerbestand} = \frac{(\text{Anfangsbestand} + 12 \text{ Monatsendbestände})}{13}$$

$$\text{Umschlaghäufigkeit} = \frac{\text{Lagerabgang zu Einstandspreisen}}{\text{durchschnittlicher Lagerbestand}}$$

$$\text{durchschnittliche Lagerdauer} = \frac{360}{\text{Umschlaghäufigkeit}}$$

$$\text{Lagerzins} = \frac{(\text{Jahreszinssatz} \cdot \text{Lagerdauer})}{360}$$

Bilanzkennziffern:

$$\text{Verschuldungsgrad} = \frac{\text{Fremdkapital}}{\text{Eigenkapital}}$$

$$\text{Anlageintensität} = \frac{\text{Anlagevermögen}}{\text{Gesamtvermögen}}$$

$$\text{Liquidität} = \frac{(\text{flüssige Mittel} \cdot 100)}{\text{kurzfristige Verbindlichkeiten}}$$

$$\text{Cashflow} = \text{Jahresüberschuss} + \text{Abschreibung auf Anlagevermögen} + \text{Erhöhung der langfristigen Rückstellung}$$

48. Personalentwicklung = alle Maßnahmen eines Unternehmens, durch die die Fähigkeiten der Beschäftigten verbessert, erweitert oder verändert werden. Personalentwicklung wird durchgeführt in der Ausbildung bzw. Umschulung und in der Fortbildung als Anpassungs- und als Aufstiegsfortbildung. Beschäftigte sind Auszubildende und Arbeitnehmer. Nur wenn sich der Beschäftigte in seiner beruflichen und in seiner Persönlichkeitsentwicklung gefördert und zugleich sein Selbstwertgefühl geachtet sieht, ist er ein guter Mitarbeiter.

49. Der Einkauf kann mehr oder weniger kostengünstig und mehr oder weniger zuverlässig und mehr oder weniger wirtschaftlich erfolgen. Damit wirken sich die Einkaufspreise, die Einkaufsmenge und die Einkaufsqualität auf die Marktstellung und das Image des Unternehmens aus. Die Materialkosten (Warenkosten) wirken sich stark auf die Höhe der Selbstkosten aus, die wiederum für den erzielbaren Gewinn bestimmend sind.

50. Informationen sind zweckorientiertes Wissen. Wirtschaften bedeutet auch die Umsetzung von Informationen in Handlungen. EDV-gestützte Personalinformationssysteme erlauben umfassende Speicherung und schnellen Zugriff auf alle Personal- und Arbeitsplatzdaten.

Vorteile: Je differenzierter die Information, desto sachgerechter die Entscheidung (»Wissen ist Macht«).

Nachteil: Die Informationstechnologie erlaubt eine kaum noch zu bewältigende Fülle von Informationen, die in der Regel nur Teilinformationen sind und als solche erkannt werden müssen. Am Beispiel der Werbung ist leicht zu erkennen, wie Information zugleich Manipulation sein kann. Personalinformationssysteme weisen in Richtung des »gläsernen« Arbeitnehmers.

Kapitel 3: Arbeits-, Sozial- und Berufsbildungsrecht

3.2 Arbeitsrecht

Zu Abschnitt 3.2.1 und 3.2.2

51. Die Arbeitnehmer wählen 1/3, die Hauptversammlung (Kapitaleigner) 2/3 der Mitglieder des Aufsichtsrats.

52.

	Mitbestimmungsgesetze	Montan-Mitbestimmung
Zusammensetzung	1:1 Kapitaleigner und Arbeitnehmer	je 5 Vertreter der Kapitaleigner und der Arbeitnehmer + 1 »neutrales« Mitglied
Ausschlag bei Stimmungsgleichheit	Aufsichtsratsvorsitzender	Neutrales Mitglied
Bestellung des Arbeitsdirektors	Aufsichtsrat, auch gegen die Stimme der Arbeitnehmer	Aufsichtsrat, nicht gegen die Stimmen der Arbeitnehmer

53. Entwicklung und Mitbestimmung in Betrieben = Betriebsverfassungsrecht = Betriebsverfassungsgesetz in der Fassung vom 23. Dezember 1988.

    Entwicklung und Mitbestimmung in Unternehmen = Unternehmensverfassungs-recht = Montan-Mitbestimmungsgesetz von 1950, Betriebsverfassungsgesetz von 1952, Mitbestimmungsgesetz von 1976.

54. Organe der Betriebsverfassung sind der Betriebsrat und ggf. der Sprecheraus-schuss (mehr als 10 leitende Angestellte), die Betriebsversammlung (§§ 42 bis 46 BetrVG) und die Jugend- und Auszubildendenvertretung (§§ 60 bis 72 BetrVG).

55. Aktives Wahlrecht = alle volljährigen Arbeitnehmer (AN im Sinne des Betriebsver-fassungsgesetzes = Arbeiter und Angestellte und Auszubildende) (§§ 7 und 5 BetrVG).

    Passives Wahlrecht = alle Wahlberechtigten mit mindestens 6 Monate Betriebs-zugehörigkeit (§ 8 BetrVG).

56. Informationsrecht: Betriebsrat = Fragerecht, Arbeitgeber = Erläuterungspflicht (§ 90 BetrVG).

    Mitspracherecht: Betriebsrat = Anhörungsrecht, Arbeitgeber = Erörterungspflicht (§ 92 BetrVG).

    Widerspruchsrecht bei personellen Einzelmaßnahmen führt zur Nachprüfung durch das Arbeitsgericht (§ 99 BetrVG).

    Mitbestimmungsrecht: Initiativrecht des Betriebsrates, gemeinsame Entscheidung durch Betriebsrat und Arbeitgeber (§§ 87, 91, 98 BetrVG).

57. Beteiligungsrechte des Arbeitnehmers auf der Ebene des Arbeitsplatzes:
    – Recht auf Unterrichtung über seine Aufgaben und die damit verbundene Ver-antwortung sowie über die Einordnung seiner Tätigkeit in den betrieblichen Arbeitsablauf
    – Recht auf Unterrichtung über Unfall- und Gesundheitsgefahren am Arbeitsplatz sowie über Maßnahmen und Einrichtungen zur Abwendung dieser Gefahren
    – Recht auf Anhörung in betrieblichen Angelegenheiten, die seine Person betreffen
    – Recht auf Erörterung der Beurteilung seiner Leistungen
    – Recht auf Einsicht in seine Personalakte
    – Recht auf Beschwerde, wenn er sich benachteiligt oder ungerecht behandelt fühlt.

58. Der Wirtschaftsausschuss (Betriebe mit mehr als 100 ständig beschäftigten Arbeitnehmern) berät wirtschaftliche Angelegenheiten mit dem Unternehmer und unterrichtet den Betriebsrat. Was »wirtschaftliche Angelegenheiten« sind, ist in § 106 Absatz 3 BetrVG aufgezählt. Der Wirtschaftsausschuss soll monatlich einmal zusammentreten (§ 108 BetrVG).

59. Die Einigungsstelle dient der Beilegung von Meinungsverschiedenheiten zwischen Arbeitgeber und Betriebsrat: gleiche Anzahl Beisitzer, bestellt von Arbeitgeber und Betriebsrat + 1 unparteiischer Vorsitzender, auf den sich beide Stellen einigen müssen. Der Spruch der Einigungsstelle gilt in der Regel als Betriebsvereinbarung.

60. Bei Betriebsänderungen kann der Betriebsrat mit dem Unternehmer zur Minde-rung der wirtschaftlichen Nachteile für Arbeitnehmer einen Sozialplan vereinbaren (§ 112 BetrVG). Das Sozialplangesetz im Konkurs- und Vergleichsverfahren vom 20. Februar 1985 tritt am 31. Dezember 1998 außer Kraft, da die Konkursordnung aufgrund des Einführungsgesetzes zur Insolvenzordnung mit Wirkung vom 1. Januar 1999 aufgehoben ist.

Zu Abschnitt 3.2.3 und 3.2.4

61. Tarifverträge sind Vereinbarungen zwischen den Interessenvertretungen der Arbeitnehmer und der Arbeitgeber, die eine Schutz-, eine Ordnungs- und eine Friedensfunktion erfüllen.

    Schutzfunktion: Die Vertragsinhalte sind Mindestbedingungen.

    Ordnungsfunktion: Sie regeln im Entgelttarifvertrag die Bezahlung, im Rahmentarifvertrag die übrigen Beschäftigungsbedingungen des Arbeitsvertrages.

    Friedensfunktion: Das Tarifvertragsgesetz regelt die Einleitung und Durchführung von Arbeitskampfmaßnahmen und schreibt während der Vertragslaufzeit Friedenspflicht vor.

62. Betriebsvereinbarungen sind gemeinsame Entscheidungen zwischen Arbeitgeber und Betriebsrat über Inhalte, die im Betriebsverfassungsgesetz als Aufgaben des Betriebsrates gekennzeichnet sind. Sie werden schriftlich festgelegt. Eine erzwingbare Betriebsvereinbarung kann von einer Seite über die Einigungsstelle durchgesetzt werden.

63. Der Unterschied liegt in den Bezugspersonen:

    Individuelles Arbeitsrecht = Rechtsbeziehungen zwischen dem einzelnen Arbeitgeber und dem einzelnen Arbeitnehmer, z. B. Kündigungsschutz-, Mutterschutzgesetz, Individualarbeitsvertrag.

    Kollektives Arbeitsrecht = Regelungen, von denen die Arbeitnehmer als Gruppe (Kollektiv) betroffen sind, z. B. Tarifvertragsgesetz, Betriebsverfassungsgesetz, Tarifvertrag, Betriebsvereinbarung, Arbeitsvertrag gemäß Tarifrecht.

64. Pflichten des Arbeitgebers: Vergütungspflicht als Hauptpflicht nach § 611 BGB, Beschäftigungspflicht, Fürsorgepflicht, Gleichbehandlungspflicht, Informations- und Anhörungspflicht, Zeugniserteilungspflicht. Nach Kündigung des Arbeitsverhältnisses Gewähren einer angemessenen Zeit zum Aufsuchen eines neuen Arbeitsplatzes gemäß § 629 BGB.

65. Pflichten des Arbeitnehmers: persönliche Arbeitspflicht gemäß § 613 BGB, Weisungsbefolgungspflicht, Treuepflicht (Verschwiegenheitspflicht, Schmiergeldverbot, Wettbewerbsverbot), Schadensersatzpflicht gemäß § 276 BGB. Bei Beendigung des Arbeitsverhältnisses Herausgabe- und Rechenschaftspflichten.

66. Das Arbeitsverhältnis kann beendet werden durch Zeitablauf oder Zweckerreichung des Vertrages, durch Aufhebungsvertrag gemäß § 305 BGB, mit dem Tod des Arbeitnehmers und durch Kündigung. Wegen Irrtum oder Täuschung kann der Arbeitsvertrag gemäß § 123 BGB durch Anfechtung rückwirkend rechtsunwirksam werden.

67. Sozial ungerechtfertigt ist eine Kündigung gemäß Kündigungsschutzgesetz § 1 Absatz 2, wenn sie nicht durch Gründe, die in der Person oder in dem Verhalten des Arbeitnehmers liegen, oder durch dringende betriebliche Erfordernisse, die einer Weiterbeschäftigung des Arbeitnehmers in diesem Betrieb entgegenstehen, bedingt ist.

68. Wird der Betriebsrat nicht bei jeder Kündigung vorher gehört oder wurde er nicht ausreichend informiert, ist die Kündigung gemäß § 101 Absatz 1 BetrVG rechtsunwirksam. Hat der Betriebsrat frist- und ordnungsgemäß widersprochen und der Arbeitnehmer Kündigungsschutzklage erhoben (§ 4 KSchG), muss der Arbeitnehmer bis zum rechtskräftigen Abschluss des Arbeitsgerichtsverfahrens bei unveränderten Arbeitsbedingungen weiterbeschäftigt werden (§ 102 Absatz 5 BetrVG).

69. Besonderer Kündigungsschutz besteht gemäß Mutterschutzgesetz (§ 9), für Betriebsräte und Mitglieder der JAV (KSchG § 15), für Schwerbehinderte (SchwbG §§ 12 bis 19, 21), für Wehr- und Zivildienstleistende (ArbPlSchG § 2) und für Auszubildende nach der Probezeit (BBiG § 15).

70. Leiharbeitsverhältnisse: Ein Arbeitgeber (Verleiher) leiht einem anderen Arbeitgeber (Entleiher) eine Arbeitskraft aus und unterstellt ihn dessen Weisungsrecht (Arbeitnehmerüberlassungsvertrag gemäß AÜG). Die Pflicht zur Entgeltzahlung bleibt beim Verleiher. Für den Entleiher sind diese Personalkosten variabel.

Zu Abschnitt 3.2.5 und 3.2.6

71. Rechtsgrundlagen des Gesundheits- und des Unfallschutzes sind in der Hauptsache zu finden in der Gewerbeordnung, der Arbeitsstättenverordnung, im Gesetz über Betriebsärzte, Sicherheitsingenieure und andere Fachkräfte für Arbeitssicherheit, in den Unfallverhütungsvorschriften der Berufsgenossenschaften und im neuen Arbeitsschutzgesetz (in Kraft seit 21.08.1996).

72. Besonderer Arbeitszeitschutz gilt für jugendliche Beschäftigte, für beschäftigte werdende Mütter und Wöchnerinnen und für Schwerbehinderte.

73. Werdende und stillende Mütter dürfen gemäß § 8 MuSchG nicht mit Mehrarbeit, mit Nachtarbeit und nicht an Sonn- und Feiertagen beschäftigt werden. Grundsätzlich keine schwere körperliche oder gesundheitsgefährdende Arbeit (§ 4), Beschäftigungsverbot sechs Wochen vor und acht Wochen nach der Entbindung (bei Mehrfach- und Frühgeburten 12 Wochen).

74. Maximale Arbeitszeit § 8 JArbSchG, Pausenregelung § 11, Ruhepause § 13, Wochenendbeschäftigung §§ 16 und 17, Nachtarbeit § 14, Berufsschule § 9.

75. Das Arbeitsgericht ist zuständig für
    – bürgerlich-rechtliche Streitigkeiten zwischen Arbeitnehmer und Arbeitgeber aus dem Arbeitsvertrag
    – bürgerlich-rechtliche Streitigkeiten zwischen Tarifvertragsparteien aus dem Tarifvertrag
    – betriebsverfassungsrechtliche Streitigkeiten (§ 2 Absatz 1 ArbGG).

3.3 Sozialrecht

Zu Abschnitt 3.3.1 bis 3.3.6

76. Der Verfassungsauftrag der Sozialstaatlichkeit wird verwirklicht durch
    – das Versicherungsprinzip (Sozialversicherung)
    – das Versorgungsprinzip (Sozialversorgung, z. B. Kriegsopferversorgung, Kindergeld, Aufstiegsförderung)
    – das Sozialhilfeprinzip (Sozialhilfe durch die Kommunen).

77. Das Sozialbudget gibt Auskunft über die Gesamtheit aller sozialen Leistungen, deren Aufteilung auf die verschiedenen Bereiche und über die Finanzierung.

78. Sozialleistungsquote = prozentualer Anteil der Leistungen am Sozialprodukt
    Sozialleistungsziffer = Prokopfanteil der Sozialleistungen.

79. Krankenversicherung: AOK oder Ersatzkasse, Betriebs-, Innungskrankenkassen

    Pflegeversicherung: Pflegekassen bei den Krankenkassen

    Rentenversicherung: Bundesversicherungsanstalt für Angestellte, 16 Landesversicherungsanstalten, Sonderkassen

    Arbeitslosenversicherung: Bundesanstalt für Arbeit

    Unfallversicherung: Berufsgenossenschaften.

80. Selbstverwaltung in der Renten- und Unfallversicherung: Vertreterversammlung und Vorstand

    Selbstverwaltung in der Krankenversicherung: Verwaltungsrat und Vorstand.

    Die Vertreterversammlung (60 Personen) und der Verwaltungsrat (30 Personen) werden je zur Hälfte von Arbeitnehmern und Arbeitgebern gewählt, Neuwahl alle 6 Jahre (Sozialwahlen).

81. Sozialversicherungsausweis: seit Juli 1991 vorgeschrieben, um Missbräuche zu verhindern. Ausgabe durch Träger der Rentenversicherung.

82. Versicherungspflicht:
    – bei der Krankenversicherung: alle Arbeitnehmer mit einem Einkommen bis zu 75% der jährlichen Beitragsbemessungsgrenze
    – bei der Pflegeversicherung: alle gesetzlich und freiwillig Versicherten in der gesetzlichen Krankenversicherung, alle Privatkrankenversicherten
    – bei der Renten-, der Arbeitslosen- und der Unfallversicherung: alle Arbeitnehmer, unabhängig vom Verdienst.

83. Subsidiarität = Grundsatz der Nachrangigkeit der Sozialhilfe: Wer in eine Notlage geraten ist, muss zuerst sein Einkommen, sein Vermögen und seine Arbeitskraft einsetzen. Tatsächliche – auch freiwillige – Leistungen Dritter werden angerechnet.

84. Streitfälle in der Sozialgerichtsbarkeit werden zunächst in einem Vorverfahren bei der Behörde entschieden. Nur bei Entscheidung zuungunsten des Widerspruchsberechtigten kommt es zum Verfahren beim Sozialgericht. Dort gilt der Amtsermittlungsgrundsatz: Im Gegensatz zum Arbeitsgerichtsverfahren hat das Gericht von Amts wegen den Sachverhalt zu ermitteln; das Verfahren ist kostenfrei.

85. Betriebliche Altersversorgung kann gewährt werden als Direktzusage, als Direktversicherung, über eine Pensionskasse und über eine betriebliche Unterstützungskasse (§ 1 BetrAVG).

3.4 Berufsbildungsrecht

Zu Abschnitt 3.4.1 bis 3.4.4

86. Berufsbildung = Berufsausbildung, berufliche Fortbildung als Anpassungs- und Aufstiegsfortbildung und Umschulung (§ 1 BBiG).

87. Gesetze: Berufsbildungsgesetz, Jugendarbeitsschutzgesetz, Tarifvertragsgesetz, Betriebsverfassungsgesetz, Arbeitszeitgesetz, Mutterschutzgesetz, Arbeitsförderungsgesetz, Aufstiegsfortbildungsförderungsgesetz, Berufsbildungsförderungsgesetz.

    Verordnungen: Ausbildungsverordnung für den jeweiligen Beruf, Ausbildereignungsverordnung, Anrechnungsverordnungen, Prüfungsordnungen der zuständigen Stelle im Bereich der Ausbildung und der Fortbildung.

88. Das BBiG schreibt in § 4 die schriftliche Ausfertigung und die Aushändigung an den Vertragspartner bzw. dessen gesetzlichen Vertreter vor sowie die Eintragung des Vertrages in das Verzeichnis der Berufsausbildungsverhältnisse bei der zuständigen Stelle (§ 33 BBiG).

89. Der Ausbildende (Vertragspartner) muss persönlich geeignet sein, der Ausbilder muss persönlich und fachlich geeignet sein (§ 20 BBiG) und die Ausbildungsstätte muss in ihrer Ausstattung und in der Anzahl der Fachkräfte für die Ausbildung geeignet sein (§ 22 BBiG).

90. Die gesetzliche finanzielle Berufsbildungsförderung wird geregelt im
    − Arbeitsförderungsgesetz-SGB III (Mittel der Arbeitslosenversicherung): Berufsausbildungsbeihilfe und Umschulung, institutionelle Förderung von Bildungsträgern
    − Bundesausbildungsförderungsgesetz (Steuermittel): Vollzeitschüler ab Klasse 10 und Studenten
    − Aufstiegsfortbildungsförderungsgesetz (Steuermittel): Lehrgänge, die auf einer Berufsausbildung aufbauen und mit einer Fortbildungsprüfung abschließen.

91. Die Aufgaben des Bundesinstituts für Berufsbildung sind in § 6 BerBiFG niedergelegt. Die wichtigsten Aufgaben sind die Mitwirkung bei der Durchführung der Berufsbildungsstatistik und Erstellung des Berufsbildungsberichts, bei der Vorbereitung von Ausbildungsordnungen und bei der Förderung von Modellversuchen.

Kapitel 4: Personalarbeit und Personalpolitik

4.1 Betriebliches Personalwesen

Zu Abschnitt 4.1.1

92. Mit der Personalarbeit werden zwei Ziele verfolgt: Es handelt sich um wirtschaftliche und soziale Ziele. Wirtschaftliche Ziele sind diejenigen, die von dem Begriff der Wirtschaftlichkeit geprägt sind: kostengünstige Produktion, kostengünstige Dienstleistung, geringe Personalkosten, hohe Ausbringungsmengen. Soziale Ziele sind die Ziele, die den Mitarbeitern und Mitarbeiterinnen zugemessen werden; es geht darum, sich »als Mensch zu verwirklichen«, einen sicheren Arbeitsplatz zu haben, ein gesichertes Einkommen zu haben, sich bei der Arbeit wohl zu fühlen, kommunizieren zu können, Anerkennung zu finden. Diese beiden Ziele stehen oft in einem nicht aufhebbaren Gegensatz zueinander.

Personalarbeit bedeutet, dass ein ständiger Kompromiss zwischen diesen beiden auseinanderdriftenden Zielen erreicht werden muss.

Zu Abschnitt 4.1.2

93. Stabsfunktion der Personalarbeit heißt, dass sich die Tätigkeit der Personalarbeit überwiegend auf Beratungsfunktionen erstreckt. Linienaufgaben, d.h. also direkte Eingriffe in Abläufe, Entscheidungen zu treffen, werden nicht durchgeführt, vielmehr wird bei einer »reinen« Stabsfunktion die Personalarbeit von den jeweiligen Linienvorgesetzten durchgeführt. Personalarbeit beschränkt sich hier auf eine beratende Funktion.

94. Bei der Linienfunktion hat die Personalarbeit eine gestaltende, entscheidende Funktion. Es ist eine »operative Aufgabe«. Im Rahmen der Linienfunktion wird in der Personalabteilung innerhalb der Aufgaben entschieden, die zugewiesen sind.

95. – Mitwirkung an der Berufsbildung, z. B. bei Industrie- und Handelskammern, Handwerkskammern

   – Mitwirkung in Selbstverwaltungsorganen, z. B. innerhalb der Sozialversicherung (Krankenkassen, Landesversicherungsanstalten, Bundesanstalt für Arbeit und Berufsgenossenschaften und mehr)

   – Mitarbeit in den Verbänden, z. B. Arbeitgeberverband, Tarifarbeit

   – Mitarbeit in politischen Gremien, soweit es im Interesse des Unternehmens liegt.

Zu Abschnitt 4.1.3

96. Beim Begriff der Unternehmensorganisation handelt es sich um die Zuordnung von Menschen und Sachmitteln zum Zweck eines geregelten Arbeitsablaufes, um die vorgegebenen Ziele zu realisieren. Der Begriff der Organisation besteht aus drei Unterpunkten:

   – Organisation ist eine Tätigkeit

   – Organisation ist ein Ergebnis und

   – Organisation ist ein Sozialgebilde, da Menschen zueinander in Beziehung treten.

   Elemente der Organisation sind Menschen, Sachmittel, Aufgaben und Informationen.

97. Beziehungen, die sich innerhalb einer Unternehmensorganisation ergeben können, sind: Beziehungen zu Menschen, Beziehungen Mensch – Maschine, Maschine – Maschine, Mensch – Informationen und Maschine – Informationen.

98. Der Grundgedanke des Liniensystems ist, dass untergeordnete Stellen jeweils nur von einer Stelle Anordnungen und Weisungen erhalten. Diese Anordnungen und Weisungen kommen von der Unternehmensspitze und gehen über mehrere Leitungsebenen bis zu jeder Stelle. In der graphischen Darstellung einer Linienorganisation ist die Überstellung sehr gut sichtbar. Ein weiteres Prinzip einer Linienorganisation ist es, dass kein Vorgesetzter in den Zuständigkeitsbereich anderer Abteilungen hineinregieren oder Instanzen überspringen kann. Der »Dienstweg« führt über eine gemeinsame Leitung.

   Das Liniensystem hat folgende Vorteile:

   – einfacher Unternehmensaufbau

   – klare Weisungsbefugnisse

   – Festlegung der Kompetenz

   – Kontrolle ist möglich.

   Es gibt aber auch Nachteile:

   – Die obersten Leitungsstellen sind häufig fachlich überfordert.

   – Die Leitungsstellen können zeitlich überlastet sein.

   – Der »Dienstweg« dauert sehr lange und ist nicht flexibel.

   Aus dem Grunde hat man dem ursprünglichen Liniensystem Stäbe zugeordnet. Stäbe sind Leitungsebenen zugeordnet und haben die Aufgabe, diese Ebenen zu beraten. Sie dürfen nicht in die Leitungswege eingreifen. Durch diese Arbeitsteilung soll das Liniensystem schneller, flexibler werden.

Vorteile: Die Verantwortung und die Weisungsbefugnis ist durch den Aufbau festgelegt, durch die Tätigkeit der Stäbe werden die Entscheidungssicherheit und die Schnelligkeit des »Dienstweges« gesichert.

Nachteile: Zwischen Linie und Stab kann es »Konkurrenz« geben oder die Abgrenzung ist nicht so eindeutig, und die Stäbe greifen auch in die Leitung ein.

99. Das Mehrliniensystem ist von dem amerikanischen Ingenieur Frederick Taylor entworfen worden. Frederick Taylor war Vertreter einer extremen Arbeitsteilung. Sein System hätte in der Praxis dazu geführt, dass unter Umständen ein einzelner Mitarbeiter bzw. eine Mitarbeiterin bis zu zehn unterschiedliche Vorgesetzte gehabt hätte. Diese Vorgesetzten wären zwar nur zu den unterschiedlichen fachlichen Kompetenzen weisungsberechtigt, jedoch leuchtet ein, dass bei einer solchen Konstruktion ein immenser zusätzlicher Koordinationsaufwand entstehen wird. Dadurch geht das einheitliche Weisungsprinzip verloren. Die Quellen, die Weisungen erteilen, sind sehr vielfältig. Eine klare Kompetenzfestlegung innerhalb der einzelnen Weisungsbereiche erscheint kaum möglich zu sein, es fehlt auch die Verantwortlichkeit einer Führungskraft. Deshalb hat sich dieses System nie durchgesetzt.

100. In der Matrixorganisation gibt es eine Funktionshierarchie und eine zweite Führungsebene, die sozusagen darübergelegt, ist aus Produkt- oder Projektmanagern. Dadurch hat ein Unternehmen im Rahmen eines Matrixsystems zwei Kompetenzsysteme. Deswegen wird diese Organisationsform auch als Matrix vorgestellt. In der funktionsorientierten Ebene konzentrieren sich die Mitarbeiter auf die Erledigung ihrer Teilaufgabe. Sie haben ihre Tätigkeit ordnungsgemäß zu erbringen, sie sollen nicht ein Produkt oder ein Projekt im Auge haben. Für die Produktorientierung oder Projektorientierung sind die jeweiligen Produkt- oder Projektmanager verantwortlich. Für die Mitarbeiter bedeutet das, dass sie Anweisungen von ihrem »Abteilungsleiter« und zusätzlich von dem zuständigen Produkt- oder Projektleiter erhalten.

Nachteil: Problem der Kompetenzabgrenzung.

Vorteil: Die Funktions- und Projekt- oder Produktebene arbeiten zugleich an der Aufgabe. Damit vervielfältigen sich die Zielenergien, ein schnelleres Reagieren ist möglich.

101. Spartenorganisation bzw. Divisionsorganisationsform heißt, dass ein Unternehmen in verschiedene Geschäftsbereiche aufgeteilt wird (siehe: Daimler Benz oder Siemens). Gleiche oder ähnliche Objekte, Produkte, Produktgruppen bilden selbständige Divisionen (Sparten). Jeder dieser Geschäftsbereiche ist wirtschaftlich selbstständig. Der jeweilige Leiter trägt die volle Verantwortung für seinen Bereich (Profitcenter). Diese Form ist möglich für größere Unternehmen und Großunternehmen.

102. Ein Projekt ist ein einmaliges Vorhaben, bezogen auf eine Aufgabenausführung. Diese Einmaligkeit einer Aufgabe ist ein kennzeichnendes Merkmal dieser Organisationsform. Projektorganisationsformen können dann sinnvoll angewandt werden, wenn ein definiertes Projekt ein Anfang und ein Ende hat. Für eine Daueraufgabe eignet sich eine Projektorganisation weniger. Die Projektorganisation hat in den letzten Jahren deswegen sehr an Bedeutung gewonnen, weil viele Aufgaben in Unternehmen und Betrieben in dieser Form »abgearbeitet« werden können (Beispiele: Einführen eines neuen EDV-Systems, Entwerfen eines Marketingkonzeptes, Umsetzen eines Controllinginstrumentariums).

Bei komplexen Projekten gibt es die reine Projektorganisation. Diese Projektorganisation wird aus Mitarbeitern gebildet, die im Unternehmen aus ihrem bisherigen Positionen herausgenommen und in die Projektorganisation integriert werden. Auch die disziplinarische »Gewalt« liegt dann beim Projektleiter.

Unterhalb dieser reinen Form gibt es eine Mischform: Mitarbeiter/Mitarbeiterinnen werden aus ihrer bisherigen Aufgabe herausgenommen und arbeiten in einem Projekt. Diese werden fallweise unterstützt durch externe Mitarbeiter. Die einfachere Form einer Projektorganisation ist, dass die Mitarbeiter/Mitarbeiterinnen in ihren alten Abteilungen und Bereichen bleiben, auch die Disziplinargewalt bleibt bei den »alten Vorgesetzten«, sie nehmen nur fallweise an Arbeiten teil, die das Projekt erfordern.

Zu Abschnitt 4.1.4

103. Die alte Organisationsform ist die personenbezogene Form einer Personalabteilungsorganisation. Hier werden die Mitarbeiter/Mitarbeiterinnen nach Arbeitern, Angestellten, leitenden Angestellten, Auszubildenden organisiert. Durch die Aufhebung, insbesondere im Individualarbeitsrecht, ist die Aufteilung in Arbeiter, Angestellte, leitende Angestellte heute nicht mehr zeitgemäß.

Funktionsbezogene Form der Organisation einer Personalabteilung: Hier wird die Personalabteilung nach den entsprechenden Funktionen organisiert, also Personalplanung, -beschaffung, -betreuung, -abrechnung usw. Vorteile dieser Form sind eine hohe Spezialisierung und das Vorhandensein eines hohen Fachwissens bei den eigenen Funktionen. Ein großer Nachteil für die Mitarbeiter ist, dass sie ggf. bei irgendwelchen Fragen, die die Personalarbeit berühren, viele verschiedene Anlaufstationen haben. Bei der objektbezogenen Organisationsform (auch Referentensystem) wird die Personalabteilung nach Objekten organisiert, d.h. jeder Mitarbeiter einer Personalabteilung bearbeitet (idealerweise) das gesamte Spektrum der Personalarbeit. Er plant gemeinsam mit den einzelnen Bereichen Personalbedarf, er beschafft, er stellt ein, er betreut, er rechnet ab, er ist auch verantwortlich für die Beendigung von Arbeitsverträgen und auch für die soziale Betreuung.

Vorteil: Personalarbeit »aus einer Hand«, es gibt nur eine Anlaufstation für die Mitarbeiter und Mitarbeiterinnen. Ein Nachteil dieser »Idealform« ist, dass hierfür Mitarbeiter und Mitarbeiterinnen bereitstehen müssen, die ein enormes Wissen aufweisen und auch über entsprechende Sozialkompetenz verfügen.

Deswegen haben sich in der Praxis häufig Mischformen herausgestellt. Bestimmte Funktionen werden weiter in funktionaler Weise abgearbeitet, wie z. B. Personalplanung. Die Beschaffung bis zum Ende eines Arbeitsvertrages wird von Referenten wahrgenommen, die soziale Betreuung liegt wiederum in Händen anderer Mitarbeiter, die dann wieder nach Funktionen organisiert sind.

104. Zur Zeit ist die Diskussion in der Personalarbeit sehr stark von Kostengesichtspunkten geprägt. Es werden Formen überlegt und ausprobiert, die mehr in Richtung Stabsfunktion der Personalarbeit gehen, d.h. die Führungsaufgaben werden wieder verstärkt in die einzelnen Bereiche bzw. Abteilungen zurückgegeben und müssen dort »abgearbeitet« werden. Die Personalabteilung hat im Wesentlichen beratende Funktionen. Aufgaben wie z. B. die Abrechnung, die ja auch teilweise sehr kostenaufwendig sein kann, werden nach außen gegeben (outgesourct). Inwieweit sich diese »Verschlankung« der Personalarbeit in der skizzierten Form in der Zukunft sinnvollerweise durchsetzen wird, muss der weiteren Entwicklung überlassen bleiben.

Zu Abschnitt 4.1.5

105. Unter Personalverwaltungshilfsmittel versteht man die Hilfsmittel, die im Rahmen einer Ablauforganisation erforderlich sind. Es handelt sich z. B. um Personalakten, Dateien und Karteien (teilweise EDV-gestützt), um Auswertungen, teilweise auch statistische Darstellungen, Formulare, Richtlinien und Anweisungen. Diese Personalverwaltungshilfsmittel haben die Aufgabe, die Personalarbeit zu unterstützen und einen wirtschaftlichen Ablauf bei der Abarbeitung der Aufgaben sicherzustellen.

Zu Abschnitt 4.1.6

106. Der EDV-Einsatz innerhalb von Personalabteilungen bezieht sich im Wesentlichen auf zu verarbeitende Massendaten. Dies sind insbesondere Daten, die sich innerhalb der Personalverwaltung ergeben und bei der Lohn- und Gehaltsabrechnung benötigt werden. Weiterhin ist eine Zeiterfassung über EDV-Systeme möglich, darüber existieren Personalinformationssysteme, die in einem Dialogbetrieb arbeiten. Die höchste Steigerung ist eine Personaldatenbank.

107. Das Bundesdatenschutzgesetz gilt für Unternehmen und Betriebe im privatwirtschaftlichen Bereich und gewährleistet, dass Mitarbeiter/Mitarbeiterinnen im Umgang mit den personenbezogenen Daten in ihren Persönlichkeitsrechten geschützt werden. Das Bundesdatenschutzgesetz definiert und konkretisiert Begriffe, die sich im Zusammenhang mit der maschinellen Verarbeitung von Daten ergeben. Das Gesetz gilt für die Erhebung, Verarbeitung und Nutzung personenbezogener Daten. Es definiert, was personenbezogene Daten sind: Einzelangaben über persönliche oder sachliche Verhältnisse einer natürlichen Person. Darüber hinaus regelt es die Zulässigkeit und Grenzen der Datenverarbeitung.

Es legt fest, dass Mitarbeiter, die Daten verarbeiten, verpflichtet werden, Daten zu schützen (Verpflichtungserklärung). Es regelt Rechte von betroffenen Mitarbeitern und Mitarbeiterinnen durch mögliche Berichtigung, Sperrung und Löschung von Daten. Des weiteren regelt das Gesetz die Bestellung einer/eines Datenschutzbeauftragten in einem Unternehmen. Die Aufgaben der Datenschutzbeauftragten sind im Gesetz definiert. Verschiedene Datensicherungssysteme sind vorgeschrieben.

108. Eine Personaldatenbank ist ein System, das sämtliche Stammdaten von Mitarbeitern/Mitarbeiterinnen umfasst. Dies schließt auch Qualifikationsdaten ein, um damit Personalentwicklung zu betreiben. Darüber hinaus umfasst eine Personaldatenbank alle Formen der Abrechnung. Durch Verknüpfung und Kombination aller erfaßten Daten ist es möglich, schnelle und unterschiedliche Auswertungen vorzunehmen.

109. Für die Verarbeitung von Daten gibt es unterschiedliche Sicherungssysteme: Speicherkontrolle mit einem Benutzerpasswort oder Dateipasswort – die Benutzerkontrolle. Dies kann gewährleistet werden durch ein Programm: Zugriff über Terminalschlüssel, Codekarten, Passwörter und ein Benutzerprotokoll. Als Zugriffskontrolle wäre denkbar: Zu einer Datei haben nur Benutzungsberechtigte Zugang. Dieser Zugang kann gesichert werden über Passwörter, über unterschiedliche Zugangsklassen von Dateien und Datenfelder, durch das Führen eines Zugriffsprotokolls und eine Beschränkung auf bestimmte Terminals. Darüber hinaus hat eine Organisationskontrolle stattzufinden, d.h. dass die betriebliche Organisation auf den besonderen Schutz der Personaldaten abzustimmen ist. Das kann geregelt werden durch eindeutige Aufgabentrennung, eine lückenlose Dokumentation, Aufklärung über das Bundesdatenschutzgesetz und die relevanten Bestimmungen und Hinweise auf Missbrauchsfolgen.

4.2 Betriebliches Sozialwesen

Zu Abschnitt 4.2.1

110. Folgende Motive können Arbeitgeber bewegen, betriebliche Sozialleistungen zu gewähren:
     – Imageförderung und Public Relations
     – Vorteile bei der Gewinnung neuer Arbeitskräfte
     – steuerliche und finanzielle Vorteile
     – Betriebsklima erhalten und fördern
     – Senken von Fluktuation und Absentismus
     – Reduktion von Arbeitsunfällen
     – humanes Anliegen eines Arbeitgebers
     – Einwirken auf die Zufriedenheit der Mitarbeiter und Mitarbeiterinnen.

111. Interne Faktoren:
     – ethische Grundhaltung des Arbeitgebers
     – wirtschaftliche Leistungsfähigkeit eines Unternehmens
     – Unternehmenskultur
     – Betriebsklima
     – Eintreten der Mitarbeiter für das Unternehmen in der Öffentlichkeit.

     Externe Faktoren:
     – Umfang und Leistung der staatlichen Sozialpolitik
     – tarifvertragliche Regelungen
     – Konkurrenzsituation
     – Entwicklung am Arbeitsmarkt.

112. Ziel der betrieblichen Sozialpolitik ist es, einen Ausgleich zwischen den sozialen Ansprüchen der Mitarbeiter/Mitarbeiterinnen und den wirtschaftlichen Notwendigkeiten der Unternehmensführung herbeizuführen und dabei zu versuchen, einen Ausgleich der Spannungen, die in unserer Wirtschaftsordnung angelegt sind, zu erreichen. Dies ist immer nur in Form eines Kompromisses möglich. Teilziele: Leistungen, die zur Ergänzung der Grundsicherung dienen (z. B. betriebliche Altersversorgung), Hilfe in Notsituationen (Hilfe bei Unfällen, Naturkatastrophen usw.), Unterstützung von Eigeninitiativen (z. B. Gewährung von Darlehen zum Wohnungsbau).

113. Umgangssprachlich werden unter dem Begriff von Sozialleistungen häufig die gesetzlichen Sozialleistungen, so die Leistungen der Sozialversicherung gesehen, weiterhin tarifvertraglich vereinbarte Sozialleistungen, z. B. die häufig in Tarifverträgen vereinbarte Weihnachtsgratifikation. Die betrieblichen Sozialleistungen sind diejenigen Leistungen, die ein Betrieb auf freiwilliger Grundlage gewährt. Die anderen Sozialleistungen sind durch den Arbeitgeber nur begrenzt beeinflussbar und steuerbar.

Zu Abschnitt 4.2.2

114. Gewährung von Fahrgeld oder Fahrtkostenzuschüssen: Ziel ist es, Kosten die im Zusammenhang mit dem Erreichen des Arbeitsplatzes entstehen, zu minimieren oder den Individualverkehr (PKW-Nutzung) einzuschränken zugunsten des öffentlichen Personennahverkehrs.

Betriebliche Altersversorgung: als Ergänzung der staatlichen Grundsicherung (LVA, BfA u.a.).

Betreuungsmöglichkeiten für Kinder: Schaffen von Kindergärten oder Kindergartenplätzen, damit weiterhin eine Berufstätigkeit ausgeübt werden kann und für die Kinderbetreuung durch den Betrieb unmittelbar oder mittelbar gesorgt wird.

Betriebsrestaurants: um eine gute Versorgung mit Essen im Betrieb oder Unternehmen zu gewährleisten.

Gewährung von Darlehen: um Unterstützung bei Eigeninitiativen zu unterstützen oder günstigere Darlehen – gemessen an Bankdarlehen – zu gewähren.

115. Unter geldwertem Vorteil verstehen die Finanzämter Aufwendungen, die Arbeitnehmern zufließen und private Aufwendungen ersparen. Das ist zum Beispiel:
    - Ausüben von sportlichen Betätigungen, die vom Arbeitgeber finanziell unterstützt werden
    - wenn ein Kredit gewährt wird, werden Zinsaufwendungen erspart oder (gemessen an Bankzinsen) minimiert.

    Von den Finanzämtern werden diese ersparten Summen fiktiv dem Bruttoentgelt zugeschlagen, um sie damit der Lohnsteuer zu unterwerfen.

116. Hierunter versteht man Einrichtungen, die der Gewährung von Sozialleistungen dienen, und die eine eigene Organisationsform oder gar einen eigenen Rechtscharakter haben (z. B. Kantinen, betriebliche Altersversorgung in Form einer Unterstützungs- oder Pensionskasse, sportliche Einrichtungen, wie z. B. das Unterhalten von Tennisplätzen und Sporthallen, Kindergärten, die einem Unternehmen gehören oder die in betriebseigenen Räumlichkeiten stattfinden).

117. Pensionszusage: Bei dieser Form sagt der Arbeitgeber unmittelbar eine betriebliche Altersversorgung zu. Das Unternehmen erbringt auch später die Rentenleistung, finanziert wird diese Form durch vorgeschriebene Rückstellungen. Es besteht ein Rechtsanspruch auf die Leistungen. Eine Beitragsbeteiligung der Arbeitnehmer ist nicht möglich, es existiert Mitbestimmung des Betriebsrates nach § 87 Absatz 1 Ziffer 10 BetrVG.

    Unterstützungskasse: Diese Form eignet sich ab mittleren Unternehmensklassen, sie ist eine rechtlich selbständige Form. Sie wird betrieben in Form einer GmbH, e.V. oder seltener als Stiftung. Sie tritt organisatorisch neben das Unternehmen. Ein Arbeitgeber zahlt in die Unterstützungskasse Beiträge, die Unterstützungskasse zahlt dann später die Renten an die Rentenempfänger aus. Dies ist die einzige Form, die aus steuerrechtlichen Gründen keinen Rechtsanspruch auf die Leistungen gewährt. Jedoch ist dieser fehlende Rechtsanspruch – arbeitsrechtlich – nicht von großer Bedeutung, weil aus dem Grundsatz der Gleichbehandlung und der betrieblichen Übung ein Rechtsanspruch erwächst. Beitragsbeteiligungen der Arbeitnehmer sind bei dieser Form nicht möglich. Die Mitbestimmung des Betriebsrates besteht nach § 87 Absatz 1 Ziffer 8 BetrVG.

    Pensionskasse: Diese Form eignet sich für größere Unternehmen. Sie ist rechtlich gesehen eine Versicherungsgesellschaft und wird in Form eines VVaG betrieben. Sie unterliegt der Kontrolle durch das Bundesaufsichtsamt für das Versicherungswesen in Berlin. Bei der Pensionskasse sind Beitragsbeteiligungen der Arbeitnehmer möglich. Der Arbeitgeber zahlt Zuschüsse an die Pensionskasse, die Pensionskasse zahlt später die Renten an die Empfänger. Bei dieser Form besteht ein Rechtsanspruch auf die Leistungen. Der Betriebsrat hat Mitbestimmungsrecht nach § 87 Absatz 1 Ziffer 8 BetrVG.

    Direktversicherung: Ein Arbeitgeber schließt zugunsten seiner Arbeitnehmer eine Lebensversicherung bei einem Lebensversicherungsunternehmen ab. Dies kann in Form einer Kapitallebensversicherung (einmalige Auszahlung) oder als Rentenzahlungsform gewählt werden. Voraussetzung ist, dass die Lebensversicherungsbeträge länger als 12 Jahre laufen und frühestens auf ein Abschlussalter vom 60. Lebensjahr an abgeschlossen werden. Es besteht die Möglichkeit, diese Form im Rahmen einer steuerlichen Vergünstigung (Gehaltsumwandlung) zu nutzen. Beitragsbeteiligungen der Arbeitnehmer sind hierbei möglich. Diese Form eignet sich bereits für kleinste Unternehmen. Soweit der Anspruch dem/der Arbeitnehmer/in zugesagt ist, besteht ein Rechtsanspruch auf die Leistungen. Der Betriebsrat ist zu beteiligen nach § 87 Absatz 1 Ziffer 10 BetrVG.

118. Unverfallbarkeit: Ein/e Arbeitnehmer/in, der/die das 35. Lebensjahr vollendet hat und für den/die die Zusage zu einer betrieblichen Altersversorgung 10 Jahre besteht oder in einem Unternehmen eine 12jährige Betriebszugehörigkeit aufweist und deren Zusage zur betrieblichen Altersversorgung mindestens drei Jahre besteht, nimmt den erworbenen Teilanspruch mit, wenn er/sie nach Vollendung des 35. Lebensjahres das Unternehmen verläßt.

Auszehrungsgebot: Ein Arbeitgeber darf nicht in die erstmals gewährte Höhe einer betrieblichen Altersversorgung eingreifen. Werden Anrechnungen durchgeführt, sind diese nur von Zuwächsen der betrieblichen Altersversorgung möglich.

Anpassung: Ein Arbeitgeber hat die Pflicht – Rechtsprechung des Bundesarbeitsgerichts – alle drei Jahre die laufenden Leistungen einer betrieblichen Altersversorgung an den Inflationsausgleich anzupassen. Diese Anpassung kann nur dann geringer ausfallen, wenn in einem Zeitraum von drei Jahren die Entgelte der tätigen Mitarbeiter unterhalb der Inflationsrate angestiegen sind oder das Unternehmen sich in derartigen wirtschaftlichen Schwierigkeiten befindet, dass eine Anpassung nicht erfolgen kann.

Insolvenzsicherung: bei der Unterstützungskasse und bei der Direktzusage. Bei den Direktversicherungen und bei widerruflichem Bezugsrecht ist ein Arbeitgeber, der eine betriebliche Altersversorgung in der skizzierten Form unterhält, verpflichtet, dem Pensionssicherungsverein Beiträge zu leisten, damit im Falle einer Insolvenz Leistungen aus dem Pensionssicherungsverein erbracht werden können. Im Falle einer Insolvenz übernimmt der Pensionssicherungsverein die Anwartschaften und die laufenden Leistungen aus der zugesagten betrieblichen Altersversorgung.

119. – Rentenberatung

– Sozialberatung

– Schuldnerberatung.

120. »Cafeteria-System«: Aus einem Angebot von unterschiedlichen betrieblichen Sozialleistungen kann ein/eine Mitarbeiter/in Leistungen auswählen. Dieses Modell orientiert sich an der modernen Form einer Betriebsverpflegung. Bei dieser Form kann man sein persönliches Essensmenue aus verschiedenen Angeboten und Essenskomponenten zusammenstellen. Dies gilt auch für betriebliche Sozialleistungen. Meistens wird ein Geldwert festgelegt, der dann in Form von Bargeld oder Zuschlägen, aber auch in Form von umgerechneten zusätzlichen Urlaubstagen, Freizeitzuschüssen zu Bildungsmaßnahmen usw. gewährt werden kann. Durch dieses System ist es möglich, dass Mitarbeiter sich nach individuellen Wünschen und Ansprüchen ihr persönliches betriebliches Sozialleistungspaket zusammenstellen können.

Zu Abschnitt 4.2.3

121. – Krankenversicherung
– Pflegeversicherung
– Rentenversicherung
– Arbeitslosenversicherung
– Unfallversicherung.

122. Leistungen der Krankenversicherung umfassen im einzelnen:
– Leistungen zur Förderung der Gesundheit
– Leistungen zur Verhütung von Krankheiten
– Leistungen zur Früherkennung von Krankheiten
– Leistungen zur Behandlung von Krankheiten
– Leistungen bei Schwangerschaft und Mutterschaft.

123. Leistungen der Pflegeversicherung:
– Leistungen zur häuslichen Pflege
– Leistungen zur stationären Pflege.
Die Pflegeversicherung zahlt darüber hinaus Rentenversicherungsbeiträge für diejenigen, die Pflegebedürftige zu Hause pflegen, wenn diese Pflege nicht gewerbsmäßig ausgeübt wird.

124. Leistungen der gesetzlichen Rentenversicherung:
– Heilbehandlung
– Berufsförderung
– Leistungen, die der Besserung und Wiederherstellung der Erwerbsfähigkeit dienen
– Renten wegen Alters
– Renten wegen verminderter Erwerbsfähigkeit oder Berufsunfähigkeit
– Renten wegen eines Todesfalles
– Renten für Witwen, Witwer
– Zuschüsse für die Aufwendungen für die Krankenversicherung und Pflegeversicherung
– Leistungen, die der Kindererziehung dienen (Waisenrenten).

125. Leistungen der gesetzlichen Arbeitslosenversicherung:
– Arbeitsvermittlung und Arbeitsberatung
– Berufsberatung
– Förderung der beruflichen Bildung
– Leistungen zur Förderung der Arbeitsaufnahme und zur Aufnahme einer selbständigen Tätigkeit
– berufsfördernde Leistungen zur Rehabilitation
– Bei Arbeitslosigkeit gewährt die Bundesanstalt für Arbeit das Arbeitslosengeld und das Altersübergangsgeld.
Die Arbeitslosenhilfe ist keine originäre Leistung der Bundesanstalt für Arbeit, sie wird aus Steuermitteln gewährt. Die Bundesanstalt für Arbeit übernimmt die Verwaltung und Auszahlung dieser Leistungen.

Der Personalfachkaufmann © FELDHAUS VERLAG, Hamburg

126. Die gesetzliche Unfallversicherung (für die Privatwirtschaft, Branchen, organisierte Berufsgenossenschaften) sichert die Folgen ab, die durch einen Arbeitsunfall entstehen können. Unter Arbeitsunfall wird der Unfall im Zusammenhang mit der versicherten Tätigkeit, der Wegeunfall und die Berufskrankheit verstanden. Die gesetzliche Unfallversicherung hat die Aufgabe, für eine medizinische Rehabilitation zu sorgen, für eine berufliche Rehabilitation (Wiedereingliederung, Umschulung usw.) und, falls die Folgen eines eingetretenen Arbeitsunfalles nicht vollständig durch Rehabilitationsmaßnahmen aufgehoben werden können, dafür, Renten zu gewähren, sowohl an den betroffenen Mitarbeiter/in als auch an die Angehörigen.

127. Eine Sozialbilanz ist das Instrument gesellschaftsbezogener Rechnungslegung eines Unternehmens. Sie ist gesetzlich nicht vorgeschrieben. Inhalte einer Sozialbilanz können sein:
   – die gewährten freiwilligen betrieblichen Sozialleistungen
   – Förderung von Einrichtungen außerhalb eines Unternehmens, z. B. Zuschüsse für kulturelle und soziale Einrichtungen
   – Maßnahmen, die der Verbesserung des Umweltschutzes dienen
   – Steuern, die ein Unternehmen abführt und die zur Finanzierung gesellschaftlicher Aufgaben dienen, z. B. Steuern, die an die unmittelbar umliegenden Kommunen (Gewerbesteuer) abzuführen sind.

   Die Sozialbilanz gliedert sich allgemein in drei Bestandteile:
   – die Wertschöpfungsrechnung
   – die Sozialrechnung und
   – den Sozialbericht.

   Die Veröffentlichung von Sozialbilanzen dient mehrfachen Zwecken: Die Mitarbeiter/Mitarbeiterinnen sollen Informationen über die für sie erbrachten zusätzlichen Leistungen erhalten. Zugleich ist die Sozialbilanz ein Instrument zur Öffentlichkeitsarbeit.

4.3 Personalaufwendungen

128. Bei der Arbeitsplatzbewertung unterscheidet man die summarischen und analytischen Methoden. Bei den summarischen Methoden differenziert man zwischen dem Rangfolgeverfahren und dem Lohngruppenverfahren. Das Rangfolgeverfahren beginnt mit der Auflistung sämtlicher im Betrieb vorkommenden Arbeiten. Dann wird jede einzelne Arbeit mit den anderen Arbeiten verglichen. Danach wird eine Rangfolge nach dem Schwierigkeitsgrad der Arbeiten für den Gesamtbetrieb erstellt. Diese aufgestellte Rangfolge bildet die Grundlage für die Festsetzung der Personalentgelte. Das Rangfolgeverfahren ist einfach handbar, kostengünstig und leicht verständlich. Nachteile sind, dass die Abstimmung der einzelnen Ränge nicht bekannt, die Anforderungsarten nicht gewichtet und die Bewertung subjektiv ist.

   Das Lohngruppenverfahren bildet mehrere Lohn- oder Gehaltsgruppen, die die unterschiedlichen Schwierigkeitsgrade abbilden. Das Lohngruppenverfahren ist leicht verständlich und einfach zu handhaben. Als Nachteile werden genannt die Gefahr der Schematisierung und mangelnde Berücksichtigung von individuellen Gegebenheiten sowie von technischen Entwicklungen.

Bei der analytischen Arbeitsplatzbewertung unterscheidet man die Rangreihenmethode und die Stufenwertzahlmethode. Bei der Rangreihenmethode wird getrennt nach jeder Anforderungsart eine Einordnung von der einfachen bis zur schwierigen Verrichtung – für jede Anforderungsart getrennt – vorgenommen. Die niedrigst bewertete Arbeitsverrichtung wird mit 0 %, die am höchsten bewertete Arbeitsverrichtung mit 100 % angesetzt. Ferner kann die Rangreihenmethode mit getrennter Gewichtung oder gebundener Gewichtung durchgeführt werden.

Bei der Stufenwertzahlmethode wird für jede einzelne Anforderungsart eine Punktwertreihe aufgestellt. Jede Bewertungsstufe dieser Punktwertreihe wird definiert und anhand von einzelnen Arbeitsbeispielen erläutert. Auch bei der Stufenwertzahlmethode unterscheidet man eine getrennte und eine gebundene Gewichtung.

129. Bei den Arbeitslöhnen unterscheidet man Zeitlohn, Akkordlohn und Prämienlohn. Im Gegensatz zum Zeitlohn sind Akkord- und Prämienlöhne leistungsbezogen.

Der reine Zeitlohn wird ohne Berücksichtigung der Leistung gezahlt. Der Zeitlohn tritt in den verschiedensten Formen auf. Es kann sich hierbei um einen Stundenlohn, Schichtlohn, Tageslohn, Wochenlohn oder Monatslohn handeln. Der Zeitlohn findet häufig Anwendung bei hoher Anforderung an die Arbeitsqualität, bei Unfallgefahr, bei kontinuierlichem Ablauf der Arbeit, bei nichtvorhersehbarer Arbeit, bei quantitativ nicht messbarer Arbeit und bei kreativer Arbeit.

Der Akkordlohn ist eine leistungsabhängige Lohnform. Bei Anwendung eines Akkordlohns müssen Akkordfähigkeit, Akkordreife und Beeinflussbarkeit gegeben sein. Bei den Akkordlohnformen werden ferner der Stückakkord, der Zeitakkord sowie der Einzel- und Gruppenakkord unterschieden.

Während bei der Akkordentlohnung der gesamte Lohn leistungsbezogen ist, ist bei den Prämienlohnformen nur die Prämie leistungsbezogen. Der Prämienlohn unterteilt sich in den leistungsunabhängigen Grundlohn und die leistungsabhängige Prämie. Bei den Prämienarten unterscheidet man Mengenleistungsprämien, Qualitätsprämien, Ersparnisprämien, Nutzungsgradprämien und Terminprämien.

130. Die Abgrenzung zwischen Arbeitnehmer und einem selbstständigen Tätigen sind nicht immer leicht vorzunehmen. Ein Arbeitnehmerverhältnis liegt vor, wenn der Beschäftigte seine Arbeitskraft schuldet. Dies ist der Fall, wenn die tätige Person unter der Leitung des Arbeitgebers steht und dessen geschäftlichen Willen im Rahmen des geschäftlichen Organismus des Arbeitgebers dessen Weisung zu folgen verpflichtet ist. Folgende Merkmale sprechen insbesondere für die Annahme einer Arbeitnehmereigenschaft: persönliche Abhängigkeit; Weisungsgebundenheit bezüglich Ort; Zeit und Inhalt der Tätigkeit; feste Arbeitszeiten; feste Bezüge; Urlaubsanspruch; Anspruch auf sonstige Sozialleistung; Fortzahlung der Bezüge im Krankheitsfall; Überstundenvergütung; zeitlicher Umfang der Dienstleistung; Unselbständigkeit in Organisation und Durchführung der Tätigkeit; kein Unternehmerrisiko; keine Unternehmerinitiative; kein Kapitaleinsatz; keine Pflicht zur Beschaffung von Arbeitsmitteln; Eingliederung in den Betrieb; Schulden der Arbeitskraft und nicht eines Arbeitserfolges.

131. Zuwendungen eines Arbeitgebers an Arbeitnehmer anlässlich eines Arbeitnehmerjubiläums sind in bestimmter Höhe steuerfrei, soweit der Arbeitnehmer in einem gegenwärtigen Dienstverhältnis zu ihm steht. Ebenso begünstigt sind Zuwendungen des Arbeitgebers an seine Arbeitnehmer anlässlich eines Geschäftsjubiläums.

Bei einem Arbeitnehmerjubiläum von 10 Jahren kann ein Betrag von 600 DM, bei 25 Jahren ein Betrag von 1 200 DM, bei 40, 50 und 60 Jahren jeweils ein Betrag von 2 400 DM steuerfrei gezahlt werden.

Im Zusammenhang mit einem Geschäftsjubiläum kann der Arbeitgeber seinem Arbeitnehmer bis zu 1 200 DM Jubiläumszuwendungen steuerfrei zahlen. Voraussetzung ist ein Geschäftsjubiläum von 25 Jahren oder ein mehrfaches von 25 Jahren.

Übersteigen die Jubiläumszuwendungen die vorgenannten Beträge, so sind sie der Lohnsteuer zu unterwerfen.

132. In einem bestimmten Umfang sind nach § 3 Nr. 9 EStG Abfindungen wegen einer vom Arbeitgeber veranlassten oder gerichtlich ausgesprochenen Auflösung des Dienstverhältnisses steuerfrei. Unter den Voraussetzungen des § 3 Nr. 9 EStG sind grundsätzliche 24 000 DM steuerfrei. Hat der Arbeitnehmer das 50. Lebensjahr vollendet, und ein Dienstverhältnis von mindestens 15 Jahren geleistet, so bleibt ein Betrag von 30 000 DM steuerfrei. Bei Vollendung des 55. Lebensjahres und einem Dienstverhältnis von mindestens 20 Jahren unterliegen 36 000 DM nicht der Lohnsteuer.

Übersteigen die Abfindungen die vorgenannten Beträge, so sind die übersteigenden Teile der Lohnsteuer zu unterwerfen. Wenn die Abfindung eine Entschädigung im Sinne des § 24 Nr. 1 EStG darstellt (Ersatz für entgangene oder entgehende Einnahmen), sind diese Beträge als außerordentliche Einnahmen zu besteuern. Diese können mit dem halben Steuersatz versteuert werden. Voraussetzung ist, dass es sich um außerordentliche Einkünfte handelt, d.h. um einen einmaligen größeren Zufluss und dieser Zufluss eine Zusammenballung von Einnahmen darstellt.

133. Nach § 8 Abs. 1 EStG sind Einnahmen alle Güter, die in Geld oder Geldeswert bestehen und dem Steuerpflichtigen im Rahmen seiner nichtselbständigen Arbeit zufließen. § 8 Abs. 2 EStG regelt, wie Einnahmen, die nicht in Geld bestehen zu bewerten sind. Zu den Sachbezügen gehören u.a. Kleidung, Wohnung, Unterkunft, Kost (Frühstück, Mittagessen, Abendessen), Waren und Dienstleistungen sowie Deputate. Die Bewertung dieser Sachbezüge ist in § 8 Abs. 2 und 3 EStG sowie in der Sachbezugsverordnung geregelt.

Handelt es sich um Bezug von Waren und Dienstleistungen, die vom Arbeitgeber nicht überwiegend für den Bedarf seiner Arbeitnehmer hergestellt, vertrieben oder erbracht werden, so werden diese Leistungen mit den üblichen Endpreisen am Abgabeort als Sachbezug besteuert. Hierbei kann von den üblichen Preisen ein Abzug von 4 % vorgenommen werden. Die sich nach Abzug der vom Arbeitnehmer gezahlten Entgelte ergebenden Vorteile sind der Steuer zu unterwerfen, soweit sie einen Betrag von insgesamt 2 400 DM im Kalenderjahr übersteigen.

134. Die Lohnsteuerkarte ist die Grundlage für die Erhebung der Steuer auf Einkünfte aus nichtselbständiger Arbeit. Sie enthält die für den Lohnsteuerabzug wichtigen Daten.

Auf der Lohnsteuerkarte werden die Lohnsteuerklasse, Kinder und besondere Freibeträge eingetragen.

135. Die Sozialversicherung umschließt Rentenversicherung, Krankenversicherung, gesetzliche Unfallversicherung, Arbeitslosenversicherung und die Pflegeversicherung. Die Arbeitslosenversicherung gehört im herkömmlichen Sinne nicht zur Sozialversicherung. Ferner ist auch der Begriff »Arbeitslosenversicherung« seit der Geltung des Arbeitsförderungsgesetzes (SGB III) entfallen. Man spricht jetzt von Beiträgen zur Bundesanstalt für Arbeit.

136. Die Jahresarbeitsentgeltgrenze ist wichtig für die Feststellung, ob ein Arbeitnehmer wegen deren Überschreitung von der Versicherungspflicht von der Krankenversicherung befreit ist. Krankenversicherungspflicht liegt nur dann vor, wenn das regelmäßige Jahresarbeitsentgelt die Versicherungspflichtgrenzen nicht übersteigen.

Die Jahresarbeitsentgeltgrenze beträgt 75 % der Beitragsbemessungsgrenze der Rentenversicherung.

137. Neben der gesetzlichen Sozialversicherung kann der Arbeitgeber dem Arbeitnehmer noch folgende Möglichkeiten der betrieblichen Altersversorgung anbieten: Pensionszusagen, Pensionskassen, Unterstützungskassen und Direktversicherungen.

Mit der Pensionszusage gewährt das Unternehmen direkt dem Arbeitnehmer eine zusätzliche Versorgungsleistung.

Pensionskassen werden in der Regel nur von größeren Unternehmen eingerichtet. Denn die Pensionskassen können nur in der Rechtsform eines Versicherungsvereins auf Gegenseitigkeit oder eine AG betrieben werden. Bei der Pensionskasse erwirbt der Arbeitnehmer einen verbindlichen Versorgungsanspruch gegenüber der Pensionskasse.

Die Unterstützungskassen werden in der Rechtsform einer GmbH, einer Stiftung oder eines eingetragenen Vereins geführt. Die Unterstützungskassen gewähren Versorgungsleistungen im Alter sowie Hilfe in Notfällen. Der Mitarbeiter hat hier in der Regel keinen Rechtsanspruch auf Versorgungsleistungen.

Direktversicherungen werden bei privaten Lebensversicherungsgesellschaften abgeschlossen. Diese sind auch Träger dieser Versorgungsleistung. Der Arbeitnehmer hat hier einen direkten Anspruch gegenüber der privaten Lebensversicherungsgesellschaft.

4.4 Personalplanung und -beschaffung

Zu Abschnitt 4.4.1

138. Personalplanung bedeutet das Projizieren eines gedachten und gewollten Tuns in die Zukunft. Grundsätzliches Ziel von Personalplanungen ist es, dass erforderliche Personal für die Erfüllung jetziger und künftiger Aufgaben in einem Betrieb/Unternehmen zur Verfügung zu stellen mit
   – den erforderlichen Qualifikationen
   – in der richtigen Anzahl
   – zum richtigen Zeitpunkt
   – am richtigen Ort.

Zu Abschnitt 4.4.2

139. – Personalbedarfsplanung
   – Personalbeschaffungsplanung
   – Personaleinsatzplanung
   – Personalanpassungsplanung
   – Personalentwicklungsplanung
   – Personalkostenplanung.

140. – Schätzverfahren
   Für kleinere und mittlere Betriebe zur kurz- und mittelfristigen Bedarfsermittlung. Dieses Verfahren ist unbestimmt, setzt Erfahrung voraus und die Kenntnis anderer Unternehmenspläne.

– Globale Bedarfsprognose
Ist geeignet für Mittel- und Großbetriebe, in überwiegend produzierendem Gewerbe. Es werden bestimmte Größen aus der Vergangenheit ermittelt und bestimmt. Aus daraus vermuteten Zusammenhängen werden Kennzahlen gebildet, diese Kennzahlen werden durch entsprechende Rechenoperationen (Trendextrapolation, Regressionsrechnung) in die Zukunft projiziert.

141. – Kennzahlenmethode
Geeignet für Betriebe in allen Größenklassen, wenn bestimmte Betriebsteile oder Gruppen von Arbeitsplätzen betrachtet werden. Hier werden Kennzahlen im Zusammenhang mit der Arbeitsproduktivität oder anderer messbarer Zahlen gebildet. Auch hier wird im Wege von Rechenoperationen (ebenfalls Trendextrapolation, Regressionsrechnung) ein Zukunftsbezug hergestellt.

– Arbeitswissenschaftliche Methoden
Geeignet für Betriebe, die arbeitswissenschaftliche Methoden anwenden können (REFA, MTM). Es wird der Zeitbedarf pro Arbeitseinheit oder Arbeitsmenge festgestellt. Daraus kann der nötige Personalbedarf errechnet werden.

– Stellenplanmethode
Geeignet für alle Betriebe, wenn die organisatorischen Voraussetzungen erfüllt sind (Stellenpläne, Stellenbesetzungspläne sind vorhanden). Grundlage für die Planung ist die gegenwärtige und zukünftige Organisationsstruktur.

142. – Fehlzeiten (Urlaub, Krankheit)
– Fluktuation
– Schulungsbedarf
– Prognose der zukünftigen Arbeitszeit.

143. Interne Beschaffung:
Vorteile:
– Die Versetzung durch eigene Mitarbeiter vermindert das Risiko einer Fehlbesetzung (Beurteilung ist leichter möglich). Interne Bewerber/innen kennen das Unternehmen und die Struktur.
– Motivatorische Elemente werden durch Eröffnung von Aufstiegschancen im Unternehmen erhöht.
– Eine schnellere Besetzung ist meistens möglich.
– Beschaffungskosten werden gespart.

Nachteile:
– begrenzte Auswahlmöglichkeit
– fehlende »Frischblutzufuhr«
– Bei abgelehnten Bewerbern kann »Frust« entstehen.
– mangelnde Akzeptanz »aufgestiegener Mitarbeiter/innen«
– Verlagerung der Beschaffungsproblematik auf andere frei werdende Stellen (»Kettenbesetzung«).

144. Die externe Beschaffung ist im Grundsatz die Umkehrung der Vor- und Nachteile bei der internen Beschaffung.
Vorteile:
– größere Auswahlmöglichkeit
– »Frischblutzufuhr«
– qualifiziertere Besetzung häufig möglich
– weniger Akzeptanzprobleme.

Nachteile:
- Beschaffungskosten
- Beschaffungszeitpunkt
- keine optimalen Beurteilungsmöglichkeiten.

145. – Bewerbungsschreiben
- tabellarischer Lebenslauf
- Schulzeugnisse/Arbeitszeugnisse
- Nachweis besonderer Qualifikationen
- Lichtbild
- ggf. Referenzen oder Arbeitsproben.

146. – Zeitpunkt klären
- ungestörte Gesprächsmöglichkeit schaffen (Raumfrage)
- Auswertung der schriftlichen Bewerbungsunterlagen
- Festlegung der noch im Gespräch zu klärenden offenen Punkte.

Am Tage des Gespräches:
- Empfang sicherstellen
- Gesprächsteilnehmer vorher festlegen
- positives Gesprächsklima schaffen
- Unternehmen kurz darstellen
- Motive des/der Bewerbers/Bewerberin ergründen
- Stärken/Schwächen im Gespräch erkennen
- fachliche Qualifikationen überprüfen
- Entgeltvorstellung klären
- positiver Schluss.

147. Ein Assessment-Center bietet sich an, wenn Führungskräfte, Trainees oder Spezialisten gesucht werden und wenn mehrere Bewerber/innen zur Verfügung stehen. Inhalte von Assessment-Center sind, dass verschiedene praxisbezogene Leistungssituationen simuliert werden. Es sind fachliche Aufgaben zu bewältigen, Gespräche werden trainiert, Fälle müssen gelöst werden, Entscheidungssituationen werden simuliert.

Vorteile: Es entsteht Zeitersparnis, da Bewerber/innen zur gleichen Zeit geprüft werden können, die Bewertungssicherheit wird erhöht.

Nachteile: Hoher Aufwand wird erfordert und – auch zeitlich gesehen – sehr aufwendig.

148. Personaleinsatzplanung heißt, die jeweilige Personalbesetzung muss den kurz- und mittelfristigen tatsächlichen Arbeitsanfall angepasst werden. Alle verfügbaren Mitarbeiter/innen sind so einzusetzen, dass ein Optimum an Arbeitsproduktivität und Arbeitsqualität bei möglichst geringen Kosten erzielt werden kann.

149. Bei jugendlichen Arbeitnehmern sind die rechtlichen Einschränkungen (Jugendarbeitsschutzgesetz) zu beachten; darüber ist die noch nicht ausgereifte Persönlichkeitsstruktur von Jugendlichen im Blick zu behalten.

Bei schwerbehinderten Arbeitnehmern sind ebenfalls die rechtlichen Einschränkungen (Schwerbehindertengesetz) zu bedenken. Darüber hinaus sind Schwerbehinderte entsprechend ihren Leistungseinschränkungen einzusetzen. Weiterhin muss häufig eine besonders sensible Führung dieser Mitarbeitergruppe erfolgen.

150. – Abbau von Überstunden
     – gezielte Urlaubsplanung
     – Umwandlung von Voll- in Teilzeitstellen
     – Einstellungsstop
     – Auslaufen von Zeitverträgen
     – Auslaufen von Arbeitnehmerüberlassungsverträgen
     – Umsetzungen und Versetzungen
     – Flexibilisierung der Arbeitszeit (Verkürzung, Einführung von Jahres-
       arbeitszeitkonten)
     – Kurzarbeit.

151. Aufhebungsverträge, Eigenkündigungen, »Parken« bei befreundeten Firmen, Hilfe-
     stellung beim »Selbstständig machen«, vorzeitiger Ruhestand, Altersteilzeit,
     betriebsbedingte Kündigung.

152. Nutzen der Fluktuation, Einstellungsstop:
     Bei längerer Handhabung kann es zu Überalterung der Belegschaft, zu wenig
     mobilem Personal und zu Belastungs- und Qualifikationsengpässen führen.
     Auslaufen befristeter Verträge:
     Für die betreffenden Arbeitnehmer nachteilig, für das Unternehmen sinnvolles
     Mittel.
     Abbau von Leiharbeit:
     Für die betreffenden Mitarbeiter nachteilig, für Unternehmen sinnvolles Mittel.
     Arbeitszeitgestaltung (Überstunden, Teilzeitarbeit, gezielte Urlaubsplanung):
     Bei sinnvoller Regelung (sozial zumutbar), wirksames Instrument für die Perso-
     nalanpassung.

     Vorzeitiger Ruhestand:
     Sehr kostenaufwendiges Instrument, aber wirksam. Problematischer bei bestimm-
     ten Beschäftigungsgruppen (z. B. wenn Spezialisten im großen Maße ein Unter-
     nehmen durch den vorzeitigen Ruhestand verlassen).

     Aufhebungsvertrag:
     Im Einzelfall wirksame Maßnahme, da häufig Abfindungen gezahlt werden, unter
     Umständen kostenaufwendig.

     Betriebsbedingte Kündigungen:
     Birgt für Arbeitnehmer und Arbeitgeber große Risiken, sollte deswegen nur als
     äußerstes Mittel angewandt werden.

153. Personalentwicklungsbedarf kann entstehen, wenn:
     – die derzeitigen Anforderungen an die Tätigkeiten nicht mehr erfüllt werden
       können
     – mangelnde Ausführungen der Tätigkeiten festgestellt werden
     – neue Arbeitsanforderungen entstehen
     – Stellen wegfallen und sich daraus ergebende Umsetzungen oder Umschulun-
       gen erforderlich werden
     – neue Techniken eingeführt werden
     – die Organisation verändert wird
     – externe Änderungen vorliegen, z. B. durch Änderung tarifvertraglicher oder
       gesetzgeberischer Regelungen.

154. Qualifizierungsnachweise aus den Personalunterlagen:
    – Leistungsbeurteilungen
    – Potentialbeurteilungen
    – Kenntnisse über zusätzlich erworbene Qualifikationen
    – Nachfolgepläne.

155. – Personalbestand
    – Personalstruktur
    – Personalkosten je Mitarbeiter.

156. – Änderung von Tarifverträgen
    – Gestaltung von Arbeitszeiten
    – Vorruhestandsregelungen
    – die gesamte Arbeitssituation und
    – die gesamtwirtschaftliche Entwicklung.

157. Kleine Betriebe:
    – Entgelte
    – Personalzusatzkosten.

    Großbetriebe:
    – Entgelte
    – Personalzusatzkosten aufgegliedert für Arbeiter und Angestellte
    – Personalkosten zu Umsatz und zur Gesamtleistung
    – durchschnittliche Fehlzeiten
    – Aus- und Fortbildungskosten.

4.5 Personalführung

158. Um Führung erfolgreich praktizieren zu können, benötigen die Unternehmen zunächst ein langfristiges Konzept für Führung und Zusammenarbeit, an dem sich das Verhalten der Führungskräfte und Mitarbeiter im betrieblichen Alltag orientieren kann. Dazu gehören u.a. Führungsgrundsätze, klar definierte Zielsetzungen im wirtschaftlichen und sozialen Bereich, deren Planung, Realisierung und Kontrolle, sowie der richtige Einsatz von Führungstechniken und Führungsstilen.

159. Die Vokabel »Führungsgrundsätze« hat in der betrieblichen Praxis eine erhebliche Vermehrung gefunden in Ausdrücken wie »Leitlinien zur Führung«, »Leitsätze für Führung und Zusammenarbeit im Unternehmen«, »Führungshilfen für Vorgesetzte«, »Führungsrichtlinien«, »Grundsätze des Führungsverhaltens« usw. Allen gemeinsam ist die schriftliche Festlegung von formalisierten Führungsgrundsätzen für Vorgesetzte und Mitarbeiter. Diese Grundregeln gelten als Orientierungsrahmen für das Verhalten der Vorgesetzten und Mitarbeiter aller Bereiche und Ebenen in Bezug auf die Erfüllung der Führungsaufgabe und die Intensität der Zusammenarbeit im jeweiligen Unternehmen.

160. Herzberg stellt unter anderem fest, dass z.B. eine Gehaltserhöhung nicht automatisch zu erhöhter Leistung führt und erkennt deshalb, dass es zwei Arten unterschiedlicher Einflussfaktoren gibt und zwar:

- Motivatoren, deren Vorhandensein die Zufriedenheit erhöht, deren Fehlen aber Zufriedenheit verhindert, ohne gleichzeitig Zufriedenheit zu erzeugen (z. B. Lob für gute Arbeit).

- Hygiene-Faktoren, deren Fehlen Unzufriedenheit hervorruft; ihr Vorhandensein hebt zwar Unzufriedenheit wieder auf, wird aber in kurzer Zeit zur motivationslosen Selbstverständlichkeit (z.B. eine Gehaltserhöhung).

161. Die Vielfalt der Erscheinungsformen von Konflikten reichen von leichten Spannungen bis zu gewalttätigen Auseinandersetzungen. Die Führungskraft hat im Rahmen der Konfliktbewältigung die Ursache des Konfliktes zu überprüfen. Der kooperativ Führende wird mit den Konfliktparteien Gespräche führen, gegebenenfalls die Angelegenheit versachlichen und alle Beteiligten zu einer gemeinsamen Lösung des Problems auffordern. Ist eine Übereinstimmung nicht zu erreichen, wird er selbst die erforderlichen Entscheidungen treffen und den Mitarbeitern die getroffenen Entscheidungen erläutern.

162. Eine Führungskonzeption zu erstellen ist eine langfristige Herausforderung an das Management, da wirtschaftliche und soziale Wandlungsprozesse das Unternehmen verändern. Bei der Planung dieser »Phase des Umbruchs« kommt es entscheidend darauf an, den Vorgesetzten auf allen Hierarchieebenen klar und eindeutig festgeschriebene Verhaltensleitsätze in die Hand zu geben, die bei den Mitarbeitern Gefühle der Unsicherheit zerstreuen. Zunächst muss geklärt werden, ob die geplante Führungskonzeption mit den rechtsverbindlichen Regelungen innerhalb des Unternehmens vereinbar ist. Wenn auch die Einführung einer Führungskonzeption nicht mitbestimmungspflichtig durch die Belegschaftsvertretung ist und in das Direktionsrecht des Arbeitsgebers fällt, sollte die Mitarbeitervertretung in die Gesamterstellung einbezogen werden. Die Unternehmensleitung muss voll und ganz hinter dem Vorhaben stehen, damit die im Laufe des Projekts mit großer Wahrscheinlichkeit auftretenden Widerstände und Schwierigkeiten überwunden werden. Eine Projektgruppe aus Führungskräften der wichtigsten Unternehmens- und Funktionsbereiche, aus dem Personalwesen, aus der Organisationsabteilung ist zu bilden. Ein externer Sachverständiger sollte hinzugezogen werden. Die Projektgruppe hat bei systematischem Vorgehen u.a. folgende Schritte einzuhalten:

- Information der Führungskräfte über relevantes Führungswissen und erfolgreiche Führungspraxis.

- Erfassung und Auswertung positiver und negativer Erfahrung anderer Unternehmen mit ihren Führungsgrundsätzen sowie einschlägiger Literatur.

- Analyse des inneren Zustandes und der besonderen Führungssituation sowie der bereits bestehenden informellen Führungsrichtlinien im eigenen Unternehmen.

- Entwickeln und Konzipieren hauseigener Führungsgrundsätze.

- Entwickeln und Erarbeiten des Textentwurfs der Führungskonzeption.

- Der Entwurf wird einem größeren Gremium, aus Führungskräften und erfahrenen Fachkräften, die im ganzen Unternehmen Bescheid wissen, eingehend diskutiert und evtl. im Detail überarbeitet.

- Ist ein Konsens über Text und Gestaltung erreicht, wird die endgültige Fassung formuliert und von der Unternehmensleitung – nach Abstimmung mit der Betriebsvertretung – für verbindlich erklärt.

Ein Vielzahl von Informationsveranstaltungen für alle Bereiche ist bis zur Einführung der neuen Führungskonzeption erforderlich.

163. Führung ist ohne Kommunikation und Information nicht möglich. Durch rechtzeitige, klare und vollständige Information soll der Mitarbeiter in die Lage versetzt werden, seine Aufgabe entsprechend der Zielvorgaben zu erfüllen. Es sollte beachtet werden, dass der Mitarbeiter nicht zu viel, aber auch nicht zu wenig Information erhält. Hausinterne Abteilungsrundschreiben und EDV-Listen können zu einer Informationsüberflutung und dadurch zu einer Belastung führen. Das gegenseitige Informieren ist Pflicht des Vorgesetzten und des Mitarbeiters.

Informationen müssen aktuell, umfassend, übersichtlich und verständlich sein.

164. In den Führungsgrundsätzen eines Unternehmens sind Delegationsregelungen enthalten. Die Führungsverantwortung liegt immer beim Vorgesetzten. Sie regelt die Vorgesetzten- und Mitarbeiterpflichten. Delegierte Führungsverantwortung kann vom Vorgesetzten nicht zurückgenommen werden. Die Delegation von Führungsverantwortung muss deshalb die Mitarbeiterfähigkeit berücksichtigen. Der Vorgesetzte hat die Pflicht, bei Fehlern und außergewöhnlichen Fällen einzugreifen.

165. Ausländische Mitarbeiter sind als Sondergruppe zu sehen. Sprachschwierigkeiten, nationale Mentalitäten und Vorurteile, Konflikte zwischen Ausländern verschiedener Nationen können zu Problemsituationen führen. Vorgesetzte müssen auf die Probleme reagieren und sollten z. B. nationale Mentalitäten oder religiöse Eigenheiten tolerieren, soweit sie nicht den betrieblichen Interessen entgegenstehen, bedeutsame Betriebs- und Arbeitsvorgänge mit visueller Unterstützung erläutern, gegebenenfalls einen Dolmetscher zur Unterstützung hinzuziehen. Bei der Zusammenstellung von Arbeitsgruppen muss beachtet werden, dass nicht Ausländer aus verfeindeten Nationen zusammenkommen. Werden Arbeitsergebnisse kritisiert, sind Unterschiede zwischen Aus- und Inländern zu vermeiden.

166. Führungsstile sind Varianten der Willensdurchsetzung von situationsabhängigen und regelmäßig wiederkehrenden Verhaltensmustern des Vorgesetzten gegenüber dem Mitarbeiter.

Beim autoritären Führungsstil werden die betrieblichen Aktivitäten einseitig vom Führenden gestaltet. Er erwartet Gehorsam vom Mitarbeiter und geht auf Distanz. Der Vorgesetzte kontrolliert, ob seine Anordnungen befolgt werden. Autoritäre Vorgesetzte gehen von der Theorie X (nach Mc Gregor) aus. Mitarbeiter sind wenig motiviert.

Beim kooperativen Führungsstil werden die betrieblichen Aktivitäten gemeinsam von Vorgesetzten und Mitarbeitern gestaltet. Durch Delegation werden die Entscheidungen auf diejenige betriebliche Ebene verlagert, die die größte fachliche Kompetenz besitzt. Die Mitarbeiter kontrollieren sich selbst und sind gut motiviert. Der Mitarbeiter hat gegenüber dem Vorgesetzten Kontrollrechte.

167. Bevor man großen geistigen und finanziellen Aufwand betreibt, muss mit aller Sorgfalt und Systematik die Qualifikation durch Selektion des Nachwuchses sichergestellt sein. Führungsqualitäten hängen weitgehend von Charakter, Persönlichkeit und vorhandener Intelligenz ab. Führungswissen beinhaltet sach- und personenbezogenes Führungsverhalten und sollte durch Ausüben von Verantwortung und Übernahme neuer Aufgaben trainiert werden. Intelligenz, soziales Verständnis und Organisationsfähigkeit, strategische Denkfähigkeit müssen im betrieblichen Ablauf praxisorientiert gezeigt werden. Interne oder externe Schulungsmaßnahmen können unterstützend Anregungen und Impulse geben und das Verhalten beeinflussen.

Kapitel 5: Personalentwicklung

Zu Abschnitt 5.1 bis 5.3

168. Menschliche Ressourcen sind der wichtigste und der wertvollste Erfolgsfaktor für Unternehmen. Das bedeutet, dass der Mensch ebenso als Produktionsfaktor berücksichtigt werden muss wie das Kapital, der Standort, die Unternehmensorganisation. Der produktive Beitrag der menschlichen Arbeitskraft wird bestimmt durch seine Qualifikation und durch seine Motivation. Beides kann und muss von der Personalentwicklung gesteuert werden. Damit beginnt Personalentwicklung mit dem ersten Tag der Ausbildung und hat als Ziel, den richtigen Arbeitnehmer am richtigen Arbeitsplatz einsetzen zu können. Die Qualifikation des Personalentwicklers ist dabei genauso wichtig wie seine Fähigkeit, effektives Personalentwicklungscontrolling durchführen zu können.

169. Alle Maßnahmen der Personalentwicklung zielen heute auf eine Erhöhung der Handlungskompetenz der Beschäftigten, die sich aus der fachlichen, der methodischen, der sozialen und der Persönlichkeitskompetenz zusammensetzt. Ziele und damit Aufgaben moderner Personalentwicklung sind
    − Erhaltung und Erhöhung der Wettbewerbsfähigkeit des Unternehmens, z. B. durch Senkung der Personalfluktuationsquote
    − Erhöhung der Flexibilität und der Mobilität der Beschäftigten, z. B. durch Ausbau der Teamfähigkeit und der Mehrfachqualifikation
    − Verbesserung der Motivation und der Lernfähigkeit, z. B. durch ein einsichtiges Konzept von Lernbausteinen und durch Reaktivieren der Unternehmenskultur
    − Sicherung eines qualifizierten Stammpersonals, z. B. durch Anhebung des Eingangsqualifikationsniveaus und durch Erhöhung des Qualifikationspotentials
    − Berücksichtigung des individuellen und des sozialen Wertewandels, z. B. durch Ausbau des Selbstverwirklichungspotenzials der Beschäftigten. Es ist immer zu beachten, dass nicht nur die Unternehmung berechtigte Forderungen an die Personalentwicklung stellt, sondern dass auf der anderen Seite der Arbeitnehmer persönliche Entwicklungsziele realisieren will. Erst aus der Kombination dieser beiden Sektoren entsteht produktive Personalentwicklung.

170. Mitwirkung und Mitbestimmung sind in §§ 91 bis 105 und 106 bis 113 BetrVG und in den §§ 30 bis 32 SprAuG geregelt. Diese Rechte umfassen alle Personalentwicklungsmaßnahmen. Es versteht sich von selbst, dass eine Mitwirkung von Beginn der Planung an die Effizienz jeglicher Personalarbeit erhöht. Dazukommen müssen Visionen, die aktives Gestalten ermöglichen. Eine solche Personalentwicklung identifiziert das Humankapital.

171. Kennzeichen der vertikalen Struktur ist der dreigliedrige Stufenaufbau: nach der

172. Grundschule entweder Haupt- oder Realschule oder Gymnasium.
    Vorteil: Möglichkeit der persönlichkeitsbedingten Beschulung des Heranwachsenden.
    Nachteil: keine Durchlässigkeit, Schule als »öffentlicher Zuteilungsapparat von Berufs- und damit auch Lebenschancen«.
    Kennzeichen des horizontalen Schulsystems (Gesamtschule) ist die Durchlässigkeit, die in der gesamten »Schullaufbahn« den Erwerb höherer Abschlüsse möglich macht.
    Vorteil: soziale Integration, Berücksichtigung von Spätentwicklern.
    Nachteil: Überforderung beim Wechsel in anspruchsvollere Zweige, möglicher Abbau von Leistungsanreizen.

Als Nachteil beider Systeme muss deutlich erkannt werden, dass Lehrpläne aller Art auch parteipolitischer Ideologie ausgeliefert sind.

173. Ziele des Lernorts Betrieb: Der Betrieb als Vertragspartner hat die juristische Verantwortung für die Vertragserfüllung (Ausbildungserfolg). Er bildet dort aus, wo der Beruf ausgeübt wird, also in der Echtsituation. Auch die notwendige Sozialkompetenz, der Umgang mit Kollegen und Vorgesetzten, kann nur im Betrieb erfahren und erlernt werden.

Nachteile der betrieblichen Ausbildung sind ihre nur betriebsspezifischen Lerninhalte und der in der Vorrangigkeit betrieblicher Abläufe bedingte Verzicht auf die Befolgung pädagogischer Prinzipien, wie z. B. vom Leichten zum Schweren, vom Allgemeinen zum Besonderen.

Diese sind in der Berufsschule erreichbar, da diese nicht erwerbswirtschaftlichen Zwängen unterliegt. Die Grundsätze der Doppik z. B. sind in der Berufsschule wesentlich strukturierter zu erarbeiten. Ein weiterer Vorteil ist der Kontakt der Berufsschüler mit Auszubildenden aus anderen Betrieben, der die betriebsspezifische Ausbildung im Unternehmen auf eine breitere Basis stellt.

Nachteile liegen in der Theorielastigkeit (Arbeitsabläufe können nur simuliert werden) und in der in der Regel mangelnden betrieblichen Praxis der Lehrkräfte.

174. Die wichtigsten Aufgaben der Kammern im Bereich der Berufsausbildung sind:
    – Feststellen und Überwachen der Eignungen
    – Führen des Verzeichnisses der Berufsausbildungsverhältnisse und Überprüfung des Berufsausbildungsvertrages
    – Beratung und Überwachung bei der Durchführung der Berufsausbildung
    – Berufen von Prüfungsausschüssen und Durchführen der Prüfungen, Vergabe der Zertifikate.

175. Didaktik = »Was« soll gelernt werden? Die Inhalte sind im betrieblichen Ausbildungsplan festgeschrieben. Sie müssen in Lernziele umgesetzt werden, die in einer bestimmten Zeit erreicht werden sollen. Dabei sollen Unter- und Überforderung der Auszubildenden vermieden werden.

176. Methodik = »Wie« soll gelernt werden? Man unterscheidet vier Ausbildungsformen, denen sich die Ausbildungsmethoden zuordnen lassen:
    – darbietend: Vortrag, Demonstration, Unterricht, Vier-Stufen-Methode
    – entwickelnd: Lehrgespräch, Rollenspiel, Diskussion, Pinwand-Methode, Brainstorming
    – aufgebend-verarbeitend: Leittext-Methode, Projekt-Methode, Fall-Methode, Planspiel, Computer Based Training (CBT)
    – verarbeitend: Lernstatt, Übungsfirma, Juniorenfirma.

177. Ziel des Beurteilungsgesprächs am Ende jedes Ausbildungsabschnittes ist, gezeigtes Verhalten in der Ausbildung gemeinsam zu analysieren, die positiven und die negativen Aspekte offen darzulegen und Hilfen/Fördermaßnahmen zu besprechen. Jedes Beurteilungsgespräch soll das Selbstwertgefühl des Auszubildenden steigern, in dem er zur Beurteilung selbst Stellung nimmt und so zur Überprüfung seiner Kenntnisse und Fertigkeiten und seines Erkenntnisstandes motiviert wird.

Der Personalfachkaufmann © FELDHAUS VERLAG, Hamburg

Zu Abschnitt 5.4 bis 5.7

178. Der Unterschied liegt in der Zielsetzung: Anpassungsfortbildung = Fortbildung zum Erhalt des derzeitigen Arbeitsplatzes, z. B. EDV-Kurse, Steuerungstechnik.

   Aufstiegsfortbildung = Fortbildung zum Erreichen der Qualifikation für besser dotierte Arbeitsplätze (z. B. Fachkaufleute, Fachwirte, Meister).

179. Betrieblicher Fortbildungsbedarf = Bildungsbedarf der Beschäftigten aus der Sicht des Vorgesetzten: Welchen Qualifikationsbedarf erwarte ich für meine Beschäftigten aufgrund von Aufgabenveränderungen?

   Persönlicher Fortbildungsbedarf = Bildungsbedarf aus der Sicht des Beschäftigten: Welche Bildungsmaßnahme halte ich für mich wann für sinnvoll?

   Es liegt auf der Hand, dass Vorgesetzte die Erwartungen ihrer Arbeitnehmer an ihre berufliche Entwicklung kennen, erkunden müssen, wie umgekehrt Arbeitnehmer über die Erwartung des Vorgesetzten bezüglich der für ihre Aufgaben erforderlichen Qualifikation informiert sein müssen. Personalentwicklung ohne durchlässige Informationen ist nicht mehr als Personalverwaltung.

180. Fallstudie: Analyse / Alternativenentwicklung und -entscheidung / Lösungserarbeitung / Lösungsvorschlag. Mit dieser Methode sollen Einsicht in komplexe Zusammenhänge, Entscheidungsfähigkeit und Verantwortungsbewusstsein trainiert werden.

   Planspiel: Die Echtsituation wird über mehrere Zeitperioden von mehreren Gruppen simuliert. Auswahl unter verschiedenen Entscheidungsmöglichkeiten.

   Rollenspiel: Themendarstellung und Rollenzuweisung / Vorbereitung auf die Rolle/ Spielphase / Analyse mit Training optimaler Verhaltensmuster.

   Projektarbeit = anspruchsvollste Fortbildungsmethode: Verabredung des Projekts/ Planung des Ablaufs / Durchführung / Kontrolle und Beurteilung / Dokumentation. Entwicklung der Planungs-, Problemlösungs-, Kommunikations- und Entscheidungsfähigkeit, Schulung vernetzten Denkens.

181. Fortbildungsmaßnahmen können eingeteilt werden in Maßnahmen zur Persönlichkeitsentwicklung, Fachtraining und Führungskräftetraining. Eine Persönlichkeit hat begründetes Selbstbewußtsein. Dies ist sehr stark von der Kommunikationsfähigkeit abhängig. Aus den Lernzielen eines Kommunikationsseminars ist ersichtlich, wie weit es sich zur Persönlichkeitsentwicklung eignet: Selbstsicherheit, soziale Sensibilität, selbstbewusste Zurückhaltung u.a.m. Auch der Ausbau der Problemlösungsfähigkeit – einzeln oder im Team – ist wesentlicher Bestandteil der Persönlichkeitsentwicklung. Letztlich ist jede Berufsbildung zugleich Persönlichkeitsbildung.

182. Unternehmensinterne Fortbildung erfolgt in enger Anlehnung an die konkreten Erfordernisse des gegebenen oder des zukünftigen Arbeitsplatzes. Freilich muss auch hier der Mitarbeiter seinen persönlichen Nutzen erkennen können. Aktuelle Möglichkeiten sind über die Weiterbildungsdatenbank KURSDIREKT des Instituts der Deutschen Wirtschaft in Köln abrufbar. Interne Maßnahmen bieten auch das job enlargement, job enrichment, job rotation und das job coaching.

183. Fortbildung muss »sich bezahlt machen«. Die Spanne von der Ermittlung des Fortbildungsbedarfs bis hin zur Erfolgskontrolle nennt man Fortbildungskreislauf: Vorgespräch, Seminarteilnahme, Nachgespräch. Im Vorgespräch des Personalentwicklers mit dem Fortbildungsteilnehmer werden der Bedarf begründet, die Ziele des Seminars auf das Arbeitsgebiet des Mitarbeiters bezogen, die Vorteile der Seminarteilnahme geklärt, die Erwartungen an die Teilnahme aus der Sicht des Vorgesetzten und des Mitarbeiters besprochen und die Ziele vorformuliert, die nach dem Seminarbesuch angestrebt werden.

Im Nachgespräch werden die Erkenntnisse für die Arbeit des Mitarbeiters aus dem Seminarbesuch erfragt, die Zielvereinbarung aus dem Vorgespräch überprüft, die Planung für die Umsetzung des Erlernten vereinbart, die Termine zur Überprüfung der Ziele festgelegt und geklärt, welche weiteren Mitarbeiter der Abteilung die Bildungsmaßnahme besuchen sollten.

184. Leistungsbeurteilung setzt gewichtete Beurteilungskriterien, einen Beurteilungsmaßstab und eine Verteilungsvorgabe voraus.

Beurteilungskriterien können sein das Arbeitsverhalten, das Verhalten gegenüber Kollegen und Vorgesetzten, das Führungsverhalten, geistige Anlagen und persönliches Auftreten.

Alle Kriterien werden nach ihrer Bedeutung für die Unternehmung/die Gruppe gewichtet.

Die häufigsten Beurteilungsmaßstäbe sind Skalenverfahren, Rangordnungsverfahren und Vorgabevergleichsverfahren (prozentuale Angaben der Zielerreichung). Eine Verteilungsvorgabe ist z. B. die gaußsche Normalverteilungskurve.

185. Mitarbeiterpotenzialentwicklung baut auf der Leistungsbeurteilung auf und ist zukunftsbezogen. Vom Entwicklungspotential sind die Fördermaßnahmen abhängig. Potentialermittlung ist daher die Hauptaufgabe der Personalabteilung, wenn Arbeitsplätze richtig besetzt werden sollen. In größeren Unternehmen werden für die Ermittlung von Nachwuchskräftepotential Trainee-Programme, Junior-boards und ggf. Assessment-Center eingesetzt.

186. Das Assessment-Center ist eine der zuverlässigsten Methoden zur Potenzialermittlung. Ich setze es bei der Führungskräfte- oder Führungsnachwuchskräftegewinnung vor allem deshalb ein, weil verschiedenartige Beurteilungskriterien ein abgerundetes Bild ergeben können.

187. Aufgabe des Bildungscontrolling ist es, Informationen für Planungs-, Steuerungs- und Kontrollaufgaben von Bildungsprozessen bereitzustellen. Das operative (funktionsorientierte) Bildungscontrolling zielt auf Wirtschaftlichkeit: Input-, Kosten-, Output- und Nutzenentwicklung. Das strategische (prozessorientierte) Bildungscontrolling prüft, ob Ziele und Schwerpunkte der Bildungsarbeit richtig gesetzt sind. Beide Arten ergänzen sich gegenseitig.

Wirksame Entscheidungsunterlagen muss das Bildungscontrolling geben bei der Erhebung und Analyse des Bildungsbedarfs, bei der Entwicklung und Gestaltung von Personalentwicklungsmaßnahmen und bei ihrem Transfer und der Anwendung.

Kapitel 6: Statistik

Zu Abschnitt 6.1

188. Als interner Nutzer kommen die Unternehmensleitung/Geschäftsführung, die Abteilung Personal- und Sozialwesen, die Führungskräfte/Abteilungsleiter und Arbeitnehmervertretungen in Frage.

189. Externe Nutzer sind die gesamten Zweige der Sozialversicherung (Krankenversicherung, Pflegeversicherung, Arbeitslosenversicherung, Rentenversicherung und insbesondere die gesetzliche Unfallversicherung). Auch das Statistische Bundesamt in Wiesbaden und die statistischen Landesämter sind Nutzer von Personalstatistiken. Weitere Nutzer können auch Forschungseinrichtungen, wie z. B. an Fachhochschulen oder Universitäten sein.

Zu Abschnitt 6.2

190. Interne Daten können aus den Angaben, die für die Personalverwaltung erforderlich sind, gewonnen werden. Personalakten weisen eine große Zahl von Daten auf. Darüber hinaus sind unterschiedliche Karteien Quellen für die Gewinnung von Daten.

Externe Daten sind zu erhalten:

– aus Volkszählungen

– aus Entgeltserhebungen, die vom Statistischen Bundesamt bzw. von privaten Firmen erhoben werden

– aus Statistiken

– von der Bundesanstalt für Arbeit

– von den unterschiedlichen Wirtschaftsverbänden innerhalb der Bundesrepublik Deutschland.

Zu Abschnitt 6.3

191. Darstellungsweisen können sein:

– tabellarische Darstellung

Der Vorteil ist, dass exakte Zahlenwerte vorhanden sind. Durch eine Tabelle ist es möglich, die untersuchten Merkmale in schneller und übersichtlicher Form darzustellen. Die Gefahr besteht, dass eine Tabelle – wenn zu viele Merkmale auftreten – unübersichtlich wird.

– graphische Darstellung

Diese Form der Darstellung wird gewählt, wenn die Anschaulichkeit sichergestellt werden muss.

Formen der graphischen Darstellung sind:

– Kreisdiagramm

– Balkendiagramm

– Säulendiagramm

– Kurvendiagramm

– Punktediagramm.

Zu Abschnitt 6.5

192. Für einen kleinen Betrieb (mit ca. 50 Mitarbeitern) bieten sich folgende Personalstatistiken an:
   - Personalbestand
   - Fehlzeitenstatistik
   - Fluktuationsstatistik
   - Altersstruktur.

   Diese Personalstatistiken reichen für diese Größenordnung aus. Sie sind mit relativ wenig Aufwand zu ermitteln und reichen für zukunftsbezogene Planungen aus.

193. Für einen mittleren Betrieb bieten sich folgende Personalstatistiken an:
   - Personalbestand
   - Fehlzeitenstatistik
   - Fluktuationsstatistik
   - Fluktuationskosten
   - Nachwuchsbedarf
   - Nachwuchsquote
   - Altersstruktur.

   Die genannten Daten dürften für einen Betrieb der skizzierten Größe (ca. 800 Mitarbeiter) ausreichend sein. Auch hier ist das Verhältnis zwischen Aufwand und daraus entstehenden Kosten gewahrt.

194. Für einen Großbetrieb (ca. 10 000 Mitarbeiter) bieten sich folgende Personalstatistiken an:
   - Quote der Personalbedarfsdeckung
   - Einstellungsquote
   - Quote der internen Stellenbesetzung
   - Personalbestand
   - Fehlzeitenstatistik
   - Fluktuationsstatistik
   - Fluktuationskosten
   - Nachwuchsbedarf
   - Nachwuchsquote
   - Altersstruktur

   Dazu kommen Daten, die die Personalentwicklung betreffen:
   - Statistik über Personalentwicklungskosten
   - Statistik über Weiterbildungskosten.

   Auch hier stehen die genannten Statistiken im Verhältnis zueinander und stellen ein ausgewogenes Verhältnis zwischen ermittelten Daten und deren Auswertungsmöglichkeiten dar.

195. Zur Fluktuationsermittlung nimmt man folgende Formel:

$$\frac{\text{Anzahl der Abgänge x 100}}{\text{durchschn. Personalbestand}} = \%$$

   Die entsprechende Prozentzahl ist die Kennzahl für die Fluktuationsquote und lässt sich mit anderen Unternehmen – möglichst der gleichen Branche – vergleichen.

Der Personalfachkaufmann © FELDHAUS VERLAG, Hamburg

Zu Abschnitt 6.6

196. In folgenden Bereichen können Personalstatistiken eine Entscheidungsgrundlage sein:
    - Personalkosten
    - Personalbeschaffungskosten
    - Personalentwicklungsbedarf, hier insbesondere Altersstruktur, Qualifikationsstruktur
    - Stärken- und Schwächenanalyse.

Literaturhinweise

Kapitel 1: Arbeitsmethodik

Alef, Paul, Stein, Helmut:
Die Ausbildereignung, 7., neubearbeitete Auflage, FELDHAUS VERLAG, Hamburg, 2000

Ehlertsen/Hartig:
Moderne Rhetorik, 8. Auflage, Sauer-Verlag, 1979

Bergerhausen/Frank/Kalow/Osenger/Schmidt/Tolkmit:
Der Industriefachwirt, 4., neu gefasste Auflage, FELDHAUS VERLAG, Hamburg, 2000

Gäde/Listing:
Gruppen erfolgreich leiten, 3. Auflage, Grünewald-Verlag, 1995

Hoberg, Gerrit:
Training und Unterricht, 2. Auflage, Klett WBS, 1991

Mangold, Peter:
Der Reden-Berater, Bonn, 1996

Schaper/Schreiber/Seyd:
Der Berufsausbilder, 6., neu gefasste Auflage, FELDHAUS VERLAG, Hamburg, 2000

Schmidt, Elke H. u.a.:
Der Technische Betriebswirt, 2. Auflage, FELDHAUS VERLAG, Hamburg, 2000

Vester, Frederic:
Denken-Lernen-Vergessen, Deutscher Taschenbuch Verlag, 1991

Kapitel 2: Volks- und betriebswirtschaftliche Grundlagen

Amann, Christine:
IHK-Textband Fachwirte/Fachkaufleute, Volkswirtschaftliche Grundlagen, Bielefeld, 1992

Beyer, Andrea:
IHK-Textband Fachwirte/Fachkaufleute, Betriebswirtschaftliche Grundlagen, Bielefeld, 1991

Bischoff, O., Weigel, E., Zehnpfenning, E.:
Wirtschaftsinformatik – Organisationslehre, 4. Auflage, Verlag Dr. Max Gehlen,
Bad Homburg v.d.H., 1993

Bergerhausen/Frank/Kalow/Osenger/Schmidt/Tolkmit:
Der Industriefachwirt, 4., neu gefasste Auflage, FELDHAUS VERLAG, Hamburg, 2000

Kaiser, F.-J., Weitz, B. O. (Hrsg.):
Allgemeine Wirtschaftslehre BWL, Cornelsen Verlag, Berlin, 1996

Meffle, G., Stein, H., Weber, P.:
Das Rechnungswesen der Unternehmung als Entscheidungsinstrument
Band 1: Finanzbuchführung, Verlag Dr. Max Gehlen, Bad Homburg v.d.H., 1993
Band 2: Kosten- und Leistungsrechnung, Investitionen und Finanzierung, Bilanzierung, 2. Auflage,
Verlag Dr. Max Gehlen, Bad Homburg v.d.H., 1996

Röhr, Rudolf (Hrsg.):
Der Industriemeister, 11. Auflage, FELDHAUS VERLAG, Hamburg, 1997

Schmidt, Elke H. u.a.:
Der Technische Betriebswirt, 2. Auflage, FELDHAUS VERLAG, Hamburg, 2000

Seidel, Horst, Temmen, Rudolf:
Grundlagen der Betriebswirtschaftslehre, 10. Auflage, Verlag Dr. Max Gehlen, Bad Homburg v.d.H.,
1999

Seidel, Horst, Temmen, Rudolf:
Grundlagen der Volkswirtschaftslehre, 18. Auflage, Verlag Dr. Max Gehlen, Bad Homburg v.d.H., 2000

Wittekind, H.:
Einführung in die Volkswirtschaftslehre, Verlag Leske + Budrich, Opladen, 1994

Kapitel 3: Arbeits-, Sozial- und Berufsbildungsrecht

3.2 Arbeitsrecht

Arbeitsgesetze, Beck-Texte im dtv Nr. 5006, 58. Auflage, 2000

Berg, Jörg:
IHK-Textband Personalfachkaufmann, Arbeitsrecht Band 1, Bielefeld, 1993

Buschmann, Rudolf u.a.:
Die neuen Arbeitnehmerrechte, Bund-Verlag, Frankfurt 1999

Grill, Wolfgang, Reip, Hubert und Stefan:
Einführung in das Arbeits- und Sozialrecht, 14. Auflage, Verlag Dr. Max Gehlen,
Bad Homburg v.d.H., 2000

Kittner, Michael:
Arbeits- und Sozialordnung - Ausgewählte und eingeleitete Gesetzestexte, 25. Aufl., Bund-Verlag,
Frankfurt 2000

Klußmann, Manfred:
IHK-Textband Personalfachkaufmann, Arbeitsrecht Band 2, Bielefeld, 1993

Olfert, Klaus, Steinbuch, Pitter A.:
Personalwirtschaft, 5. Auflage, Friedrich Kiehl Verlag, Ludwigshafen/Rhein, 1993

Röhr, Rudolf (Hrsg.):
Der Industriemeister, 11. Auflage, FELDHAUS VERLAG, Hamburg, 1997

Stein, Helmut, Weitz, Bernd O.:
Personalwirtschaft, Essen, 1993

3.3 Sozialrecht

Arbeitsmappe »Sozial- und Wirtschaftskunde« – Zahlenbilder,
Erich Schmidt Verlag, Berlin, 1955ff.

Grill, Wolfgang, Reip, Hubert und Stefan:
Einführung in das Arbeits- und Sozialrecht, 14. Auflage, Verlag Dr. Max Gehlen,
Bad Homburg v.d.H., 2000

Kraushaar, Hans-Georg:
IHK-Textband Personalfachkaufmann, Sozialrecht, Bielefeld, 1994

Lohre, Werner u.a. (Hrsg.):
Arbeitsförderung/Sozialgesetzbuch III, 2. Aufl., Bund-Verlag, Frankfurt 1999

Röhr, Rudolf (Hrsg.):
Der Industriemeister, 11. Auflage, FELDHAUS VERLAG, Hamburg, 1997

Sozialgesetzbuch, Reichsversicherungsordnung,
Beck-Texte im dtv Nr. 5024, 22. Auflage, 1996

3.4 Berufsbildungsrecht

Alef, Paul, Stein, Helmut:
Die Ausbildereignung, 7., neubearbeitete Aufl. FELDHAUS-VERLAG, Hamburg 2000

Beckert, Hans-Joachim:
IHK-Textband Personalfachkaufmann, Ausbildung der Ausbilder, Rechtsgrundlagen, Bielefeld, 1993

Cramer Günther (Hrsg): Aufgaben und Stellung des Ausbilders, Köln, 2000

Cramer, Günther, Schmidt, Hermann, Wittwer, Wolfgang (Hrsg.):
Ausbilderhandbuch, Loseblattsammlung, Köln, 1994ff.

Freytag, H.-P., Gmel, F., Grasmeher, F.:
Der Ausbilder im Betrieb Teil 1 Berufs- und arbeitspädagogische Kenntnisse, 29. Auflage, Kassel, 1999

Schlotthauer, Hans, Stein, Helmut:
Ausbildung der Ausbilder, 1. Auflage, U-Form-Verlag, Solingen, 2001

Schaper/Schreiber/Seyd:
Der Berufsausbilder, 6., neu gefasste Auflage, FELDHAUS VERLAG, Hamburg, 2000

Sander, Peter:
Praxishilfe Berufsausbildungsrecht, Köln, 2000

Kapitel 4: Personalarbeit und Personalpolitik

4.1 Betriebliches Personalwesen

Birk, Ulrich-Arthur:
Betriebliche Altersversorgung, Beck-Rechtsberater im dtv, 1996

Bischoff, O.:
Organisationslehre, Verlag Dr. Max Gehlen, Bad Homburg v.d.H., 1984

Informationsbroschüre zum Bundesdatenschutzgesetz,
8. Auflage, Oldenbourg Verlag, München, 1992

Maess, K./Maess, Th.:
Das Personaljahrbuch '96, Luchterhand Verlag, Neuwied, 1996

Rüster, Manfred:
IHK-Textband Industriefachwirte, Organisation des Industriebetriebes Teil 1, Bielefeld, 1992

Steinbuch, Pitter A.:
Organisation, 7. Auflage, Friedrich Kiehl Verlag, Ludwigshafen/Rhein, 1988

4.2 Betriebliches Sozialwesen

Böhm, Dr. Hans/Hauke, Christoph:
Personalmanagement in der Praxis, Wirtschaftsverlag Bachem, Köln, 1995

Bundesministerium für Arbeit und Sozialordnung (Hrsg.):
Übersicht über das Sozialrecht, 3. Auflage, 1994

Maess, K./Maess, Th.:
Das Personaljahrbuch '96, Luchterhand Verlag, Neuwied, 1996

4.3 Personalaufwendungen

Hentze, Joachim:
Personalwirtschaftslehre 1 und 2, 6. Auflage, Verlag Paul Haupt, Bern, Stuttgart und Wien, 1994

Kupsch/Marr, Personalwirtschaft, in E. Heinen (Hrsg.):
Industriebetriebslehre, 7. Auflage, Wiesbaden, 1983

Maurer /Weiss:
Praktische Lohnabrechnung 1997, Dr. F. Weiss Verlag, 1996

Olfert /Steinbuch:
Personalwirtschaft, 6. Auflage, Friedrich Kiehl Verlag, Ludwigshafen/Rhein, 1995

Oppermann /Klöckner:
Entgeltabrechnung, Band 2 Lohnsteuerrecht, 2. Auflage, DataKontext-Fachverlag, Frechen, 1995

Oppermann, Klaus:
Entgeltabrechnung, Band 3 Sozialversicherungsrecht, 3. Auflage, DataKontext-Fachverlag, Frechen, 1995

Schreiber, Rolf:
Die Prüfung der Personalfachkaufleute, 2. Auflage, Friedrich Kiehl Verlag, Ludwigshafen/Rhein, 1994

Werner, Thomas:
Handbuch für Lohnsteuer und Sozialversicherung 1996, Dr. F. Weiss Verlag, 1996

4.4 Personalplanung und -beschaffung

Albert, Günther:
IHK-Textband Personalfachkaufmann, Personalplanung und -beschaffung, Bielefeld, 1992

Maess, K./Maess, Th.:
Das Personaljahrbuch '96, Luchterhand Verlag, Neuwied, 1996

Mentzel, Wolfgang:
Unternehmenssicherung durch Personalentwicklung, 4. Auflage, Rudolf Haufe Verlag, Freiburg, 1989

Rischar/Titze:
Wie wähle ich den richtigen Mitarbeiter aus?, 2. Auflage, FELDHAUS VERLAG, Hamburg, 1994

RKW-Handbuch, Personalplanung, 2. Auflage,
Luchterhand Verlag, Neuwied, 1990

4.5 Personalführung

Bisani, F.:
Personalwesen und Personalführung, 4. Auflage, Wiesbaden, 1995

Blake /Mouton:
Verhaltenspsychologie im Betrieb, Düsseldorf/Wien, 1968

Blake, R.B./Mouton, J.S.:
The Managerial Grid, Houston, 1964

DIHT (Hrsg.):
Berufliche Bildung, Weiterbildung, Bildungspolitik 1997/98. Bonn 1998 (erscheint jährlich)

Dunkel, Dieter:
Mitarbeiter beurteilen und fördern, U-Form-Verlag, Solingen 1999

Evans, M.G.:
Führungstheorien – Weg-Ziel-Theorie, (Hrsg. A. Kieser/G. Reber/R. Wunderer) Stuttgart, 1987

Fiedler, F.E.:
A Theory of Leadership Effectiveness, New York u.a., 1967

Glueck, W.F.:
Personnel-A Diagnostic Approach, 3. Auflage, Plano, TX 1982

Hentze, J.:
Personalwirtschaftslehre, Bände 1 und 2, 6. Auflage, Bern /Stuttgart, 1994 und 1995

Höhn, R.:
Führungsmodelle – Harzburger Modell, in HWFü, (Hrsg. Kieser/Reber/Wunderer), Stuttgart

Maslow, A.H.:
Motivation and personality, New York u.a., 1954

Maslow, A.H.:
Motivation und Persönlichkeit, Freiburg i. Br., 1977

McGregor, D.:
Der Mensch im Unternehmen, 3. Auflage, Düsseldorf/Wien, 1973 (engl.: 1960)

Olfert/Rahn:
Personalführung, Friedrich Kiehl Verlag, Ludwigshafen/Rhein, 1996

Olfert/Steinbuch:
Personalwirtschaft, Friedrich Kiehl Verlag, Ludwigshafen/Rhein, 1995

Rauen, Christopher (Hrsg):
Handbuch Coaching, Verlag für angewandte Psychologie, Göttingen, 2000

Reddin, W.J.:
Das 3-D-Programm zur Leistungssteigerung des Managements, München, 1977

Rischar, Klaus:
Erfolgreiche Mitarbeiterführung, 3. Auflage, FELDHAUS VERLAG, Hamburg, 1983

Rischar, Klaus:
Schwierige Mitarbeitergespräche, Nachdruck, FELDHAUS VERLAG, Hamburg, 1994

Schlaffke, Winfried, Weiss, Reinhold (Hrsg.):
Gestaltung des Wandels - Die neue Rolle der Führungskräfte, Deutscher Instituts-Verlag GmbH,
Köln 1996

Steuber, Dr. Kurt:
Mit Menschen Ziele erreichen, Schweizerischer Bankverein, Basel, 1986

Stopp, U.:
Betriebliche Personalwirtschaft, 18. Auflage, Stuttgart, 1992

Stroebel/Stroebe:
Grundlagen der Führung, 8. Auflage, Heidelberg, 1994

Tannenbaum, R./Schmidt, W.H.:
How to Choose a Leadership Pattern, in: HBR, Vol. 36 (1958)

Tannenbaum, R./Schmidt, W.H.:
Retrospective Commentary how to Choose a Leadership Pattern, im: HBR, May /June 1973

Vroom/Yetton:
Leadership and decision-making, Pittsburgh, 1973

Wunderer/Grundwald:
Führungslehre, 2 Bände, Berlin/New York, 1980

Kapitel 5: Personalentwicklung

Becker, F.G.:
Lexikon des Personalmanagements, Beck-Wirtschaftsberater im dtv Nr. 5872, 1994

Bekanntmachung des Verzeichnisses der anerkannten Ausbildungsberufe und des Verzeichnisses
der zuständigen Stellen. In »Bundesanzeiger« Nr. 81b, ausgegeben am 28. April 2000

BMB+F: CD-ROM Berufsbildungsberichte 1997-2000 und Literaturdatenbank

Bötel, Chr., Krekel, E. M. (Hrsg):
Bedarfsanalyse, Nutzenbewertung und Benchmarking, Bielefeld, 2000

DIHT Gesellschaft für berufliche Bildung mbH (Hrsg.):
Leitfaden Personalentwicklung, Bertelsmann Verlag, Bielefeld, 1994

Faulstich, P.:
Strategien der betrieblichen Weiterbildung, Verlag Franz Vahlen, München, 1998

Gaugler, E. (Hrsg.):
Handwörterbuch des Personalwesens, 2. Auflage, Stuttgart, 1982

Krämer-Stürzl, A.:
Handlungsorientierte Ausbilderqualifikation, Schneider Verlag Hohengehren, Baltmannsweiler, 1998

Krekel, E. M., Sensing, B. (Hrsg):
Bildungscontrolling-ein Konzept zur Optimierung der betrieblichen Weiterbildung; Bertelsmann Verlag, Bielefeld 1999

Lang, R. W.:
Schlüsselqualifikationen, Beck-Wirtschaftsberater im dtv, 1. Auflage, 2000

Meier, H.:
Personalentwicklung, Wiesbaden, 1991

Mentzel, W.:
Unternehmenssicherung durch Personalentwicklung, 5. Auflage, Rudolf Haufe Verlag, Freiburg, 1992

Olfert, K., Steinbuch, P.A.:
Personalwirtschaft, 5. Auflage, Friedrich Kiehl Verlag, Ludwigshafen/Rhein, 1993

Papmehl/Walsh:
Personalentwicklung im Wandel, Wiesbaden, 1991

Pieper, A., Süthoff, M. (Hrsg.):
Prozeßorganisation und Controlling – Vom Mitarbeiten zum Mitdenken. Beiträge des IW zur Gesellschafts- und Bildungspolitik Nr. 209, Deutscher Industrie Verlag, Köln, 1996

Schlotthauer, Hans, Stein, Helmut:
Ausbildung der Ausbilder, 1. Auflage, U-Form-Verlag, Solingen, 2001

Riekhof, H.:
Strategien der Personalentwicklung, 3. Auflage, Wiesbaden, 1992

Rischar, K.:
Objektives Beurteilen von Auszubildenden 2. Auflage, FELDHAUS VERLAG, Hamburg, 1994

Saamann/Pollak/Brede/Maier:
Neue Wege der Personalentwicklung, Wiesbaden, 1992

Schanz, G.:
Personalwirtschaftslehre, 2. Auflage, Verlag Franz Vahlen, München, 1993

Schwuchow, K., Gutmann, J. (Hrsg.):
Jahrbuch Personalentwicklung und Weiterbildung 2000/2001, Luchterhand Verlag, Neuwied, 2000

Stein, H., Weitz, W.O.:
Personalwirtschaft, Verlag Die blaue Eule, Essen, 1993

Steinbuch, P.A.:
Organisation, 8. Auflage, Friedrich Kiehl Verlag, Ludwigshafen/Rhein, 1991

Wilhelm, W.:
Betriebliche Beurteilung von Auszubildenden, FELDHAUS VERLAG, Hamburg, 1998

Wunderer, R., Fröhlich, K.:
Personalentwicklungscontrolling, Verlag Franz Vahlen, München, 1997

»Wirtschaft und Berufserziehung« Sonderheft 2/1997:
»Zukunft der Berufsausbildung«, Bertelsmann Verlag, Bielefeld

Kapitel 6: Statistik

Lagemann, Walter:
Mathematik + Statistik, 1. Auflage, FELDHAUS VERLAG, Hamburg, 1997

RKW-Handbuch, Personalplanung, 2. Auflage,
Luchterhand Verlag, Neuwied, 1990

Schulte, Dr. Christof:
Personalcontrolling mit Kennzahlen, Verlag Franz Vahlen, München, 1989

Spegele, Adelheid:
IHK-Textband Fachwirte/Fachkaufleute, Statistik, Bielefeld, 1987

Stichwortverzeichnis

Der Personalfachkaufmann © FELDHAUS VERLAG, Hamburg

Der Personalfachkaufmann © FELDHAUS VERLAG, Hamburg

Der Weg nach oben beginnt bereits auf Seite eins.

Wer heute in der Berufswelt bestehen will, baut am besten auf eine solide Ausbildung. Und sorgt mit gezielter Weiterbildung dafür, auch morgen noch auf dem neuesten Wissensstand zu sein. Der FELDHAUS VERLAG mit seinem umfassenden Angebot ist dabei der richtige Partner.

Unsere Titel auf einen Blick:

Kenntnisse des Ausbilders (AEVO)
• Die Ausbilder-Eignung
• Der Berufsausbilder

Praxis der betrieblichen Ausbildung
• Ausbildung rationell und zuverlässig planen
• Objektives Beurteilen von Auszubildenden
• Die Auswahl von Auszubildenden
• Rhetorik und Kinesik für Ausbilder
• Fallstudien Betriebsorganisation
• Fallstudien Materialwirtschaft
• Schlüsselqualifikationen
• Schlüsselqualifikation, Selbstorganisation, Lernorganisation
• It's time for team
• Situation – Handlung – Persönlichkeit

Gastgewerbe
• Ausbildungsprogramm Gastgewerbe
• Französisch für das Gastgewerbe

Außenhandel
• Verkehrslehre
• Repetitorium Betriebslehre

Spedition, Transportwesen
• Transportmanagement

Büroberufe
• Betriebliches Rechnungswesen

Industriekaufleute
• Die betriebliche Berufsausbildung

Fremdsprachen
• Handelskorrespondenzen für Französisch, Spanisch, Italienisch, Englisch, Japanisch
• Französisch für das Gastgewerbe
• Español Actual (Umgangssprache Spanisch)
• Umgangssprache Japanisch

Berufliche Weiterbildung
• Der Industriemeister
• Mathematik und Statistik
• Physik und Chemie
• Wirtschaftsmathematik und Statistik
• Der Handwerksmeister
• Meisterwissen
• Qualitätssicherung
• Der Industriefachwirt
• Der Technische Betriebswirt
• Der Personalfachkaufmann
• Volks- und Betriebswirtschaft für Fachwirte und Fachkaufleute

Ausbildungsnachweise (Berichtshefte)
• für alle Berufe

Ordnungsmittel
• Ausbildungsordnungen und -rahmenpläne

Formulare
• für die Ausbildung

Testverfahren
• Grundwissen-Test für Auszubildende

Fragen? Wir informieren Sie gern.

FELDHAUS VERLAG
22122 Hamburg
www.feldhaus-verlag.de

Telefon (0 40) 67 94 300
Fax (0 40) 67 94 30 30
eMail post@feldhaus-verlag.de